Russian

Russian: From Novice High to Intermediate is a mu
grammar, vocabulary, culture, music, film, and lite
life.

With a flexible modular approach structured around contemporary themes, this
course builds on students' reading, listening, speaking, and writing skills while also
expanding their cultural literacy. Each chapter contains projects and scenarios that
enable language learners to practice and demonstrate communicative competence. An
interactive website full of videos, audio, and self-correcting exercises accompanies the
course and can be accessed through www.routledge.com/9780367137137.

This comprehensive resource is ideal for use in second- and third-year Russian classes.

Anna S. Kudyma is Senior Lecturer in Russian and Ukrainian at the University of
California Los Angeles. She holds an MA in Russian language pedagogy and a PhD in
linguistics.

Russian
From Novice High to Intermediate

Anna S. Kudyma

Routledge
Taylor & Francis Group

LONDON AND NEW YORK

First published 2022
by Routledge
2 Park Square, Milton Park, Abingdon, Oxon OX14 4RN

and by Routledge
Routledge is an imprint of the Taylor & Francis Group, an informa business

British Library Cataloguing-in-Publication Data
A catalogue record for this book is available from the British Library

Library of Congress Cataloging-in-Publication Data
Names: Kudyma, Anna, author.
Title: Russian: from novice high to intermediate/Anna S. Kudyma.
Description: Abingdon, Oxon; New York, NY: Routledge, 2022. | Includes
    bibliographical references and index.
Identifiers: LCCN 2020051409 (print) | LCCN 2020051410 (ebook) |
Subjects: LCSH: Russian language – Textbooks for foreign speakers – English.
Classification: LCC PG2129.E5 K84 2021 (print) | LCC PG2129.E5 (ebook) |
    DDC 491.782421 – dc23
LC record available at https://lccn.loc.gov/2020051409
LC ebook record available at https://lccn.loc.gov/2020051410

ISBN: 978-0-367-13712-0 (hbk)
ISBN: 978-0-367-13713-7 (pbk)
ISBN: 978-0-429-02822-9 (ebk)

Typeset in Cambria
by Apex CoVantage, LLC

Access the companion website: www.routledge.com/9780367137137

I dedicate this textbook to the memory of my colleague, co-author, and friend Olga E. Kagan (1946–2018).

CONTENTS

PREFACE

Russian: From Novice High to Intermediate is a textbook designed to help learners already familiar with basic morphological patterns and the standard beginner's vocabulary to achieve intermediate proficiency in Russian in reading, listening, speaking, and writing. Students will also gain intercultural knowledge and competence that will not only facilitate communication with Russian speakers abroad but also make them receptive to daily interactions with a large variety of conversational partners. Gaining knowledge and understanding of other cultures is a "foundational component in foreign language learning," as the Standards for Foreign Language Learning state.[1]

Russian: From Novice High to Intermediate can be perfectly used as the main textbook for a second- and third-year Russian course. Along with the textbook, learners have access to an interactive website full of videos, audio, and self-correcting exercises (https://ccle.ucla.edu/course/view/russian-nov-to-int).

Russian: From Novice High to Intermediate includes 17 chapters structured around intermediate-level conversational themes and appropriate language functions typically required at oral proficiency interviews conducted according to ACTFL Standards.[2] These themes also include those that students have consistently named the most interesting and relevant in past course surveys. Each chapter focuses on the three modes of communication: interpretive, interpersonal, and presentational.[3] Each chapter contains projects and scenarios that enable language learners to practice and demonstrate communicative competence using the Russian language in a realistic but simulated way.

Russian: From Novice High to Intermediate provides the following instructional materials, which are aligned with the *ACTFL Proficiency Guidelines* (2012) and the *NCSSFL-ACTFL Can-Do Statements* (2017):[4]

- pronunciation and intonation review and practice;
- vocabulary development and word formation;
- a set of novice high and intermediate-level scenarios;
- various intermediate-level readings (magazine articles, infographics, blogs, forums, social media posts, emails, classifieds, commercials, recipes, menu, PSAs, weather forecasts, TV guides, biographies, short excerpts from Russian poetry, etc.) with assignments that help learners develop efficient reading skills;
- a set of listening assignments for authentic video clips (video blogs, advertisements, news reports, etc.) that are posted on the accompanying textbook website;
- various intermediate-level writing activities (blog posts and comments, Tweets, Facebook posts, WhatsApp messages, emails, advertisements, report writing, etc.). The writing tasks focus on developing both interpersonal and academic writing;
- cultural references that help build students' intercultural competence;
- topics for class oral presentations;

---

1   Byrd, D. (2011). *An examination of culture knowledge: A study of L2 teachers' and teacher educators' beliefs and practices.* Foreign Language Annals, 44 (1), 4–39.
2   *ACTFL Proficiency Guidelines.* Alexandria, VA: American Council on the Teaching of Foreign Languages.
3   *The World-Readiness Standards for Learning Languages* (National Standards Collaborative Board, 2015)
4   *NCSSFL-ACTFL Can-Do Statements 2017* (retrieved from www.actfl.org/publications/guidelines-and-manuals/ncssfl-actfl-can-do-statements)

- guidelines for individual and group projects;
- grammatical explanations and authentic (real-life) activities that integrate form, meaning, and content.

VOCABULARY

At the end of this course, students should have an active vocabulary of approximately 2000 words. The vocabulary is carefully selected to reflect learners' need to express themselves and also understand texts for reading and listening on a large variety of topics at the intermediate level.

The selection of lexical items is based on the *Russian Federation Lexical Minimums*[5] as well as on word frequency according to dictionaries and the Russian National Corpus (main and spoken corpora).[6] Country-specific vocabulary that allows students to discuss their own experiences in the American context has been included in the lexical items. The introduction of various means of word formation helps students expand their vocabulary as well.

GRAMMAR

The selection of grammar topics in each chapter is aligned with the practical needs of communication at the intermediate level. The grammar activities are contextualized around the topic covered in each chapter. The main points of Russian grammar are carefully selected for use at the novice high to intermediate levels of proficiency. *Russian: From Novice High to Intermediate* reviews basic Russian grammar points that present the most difficulty for active use and expands on them to allow students to increase their repertoire of spoken Russian as well as increase their comprehension of written and aural text. Certain grammar topics traditionally included in the second-year curriculum, such as participles and verbal adverbs, are introduced to establish receptive knowledge and prepare students for active production at the next stage of language learning.

In the textbook, grammar is contextualized in texts for interpretive reading and listening as well as in micro-dialogs targeting interpersonal communication. Grammar practice is combined with authentic (real-life) activities that integrate form, meaning, and content. From the very beginning, *Russian: From Novice High to Intermediate* stresses strategies for cohesive short paragraph-length oral and written production.

---

5   Andrushina, N. P. & Kozlova, T. V. (2000). Лексический минимум по русскому языку как иностранному. Базовый уровень. Общее владение [The lexical minimum of Russian as a foreign language. Basic level. General proficiency]. St. Petersburg: Zlatoust.

6   Russian National Corpus: https://ruscorpora.ru

CULTURAL MATERIALS

The content of *Russian: From Novice High to Intermediate* offers students an opportunity to acquire culturally appropriate behaviors by introducing them to those topics that constitute the fabric of the Russian cultural background. When selecting cultural content, we targeted both "big C" and "little c" culture. In our approach to the former, we selected materials that are well known and immediately recognizable to Russian speakers and that do not date rapidly.

HOW TO USE THIS TEXTBOOK

We encourage instructors using this textbook in their Russian courses to select the parts from each chapter that best address their students' needs in whatever order helps achieve their pedagogical goals. Certain exercises and activities in the textbook, including writing compositions, preparing class presentations, creating video blogs, and conducting surveys with Russian speakers, can be given as homework assignments. The textbook website contains interactive multimedia exercises targeting vocabulary, grammar, pronunciation, and intonation that can also be used as homework assignments.

ACKNOWLEDGMENTS

Like every textbook, *Russian: From Novice High to Intermediate* is a collaborative project. There are many people I would like to thank who helped along the way. I am grateful to **Michael Lavery** (UCLA) and **Polina Kopylova** (The Peoples' Friendship University of Russia), project editors, who did an outstanding job proofreading and editing the manuscript. The layout designed by Apex will make it easy for students to navigate through the textbook.

I thank **Manat Mussatayeva** (Abai Kazakh National Pedagogical University) and **Olga Fedorova** for proofreading the Russian text. I am grateful to **Irina Mikaelian** (PSU) and **Vitaly Yefimenkov** (UCLA), who made many valuable suggestions that led to significant improvements. I also thank **Katya Andriushechkina** and **Elena Skudskaia** for providing audio and video recordings. I am grateful to **Annelie Rugg** and **Thomas Garbelotti** of the UCLA Humanities Technology (HumTech), who provided space on the UCLA server and helped me with designing the website.

And, finally, I am grateful to the instructors and students who worked with the textbook in manuscript form and made many helpful comments that improved the final product.

Anna S. Kudyma

ГЛАВА́ 1. О ЖИ́ЗНИ И О СЕБЕ́   1

Topics:
- Biography
- Interests, likes and dislikes
- Using social media

Pronunciation:
- The pronunciation of unstressed **O** and **A**

Word formation:
- Words with the same root

Communicative situations:
- Greetings/Farewells
- Introductions/Getting acquainted
- Asking for clarification

Reading/Video:
- Instagram posts «О жи́зни и о себе́»
- «Алекса́ндр Серге́евич Пу́шкин», «Ты и вы»
- Video blog «Расска́з о себе́»

Writing:
- Blog post «О себе́», posts and comments on social media networks

Interviews and project:
- Conducting interviews «Расскажи́те о себе́» on people's lives, interests, likes and dislikes, etc.
- Creating a video blog post about yourself

Cultural notes:
- Using **ты** and **вы**
- Using first names and patronymics

Grammar:
- Review of the prepositional case functions and endings for nouns, adjectives, and pronouns
- The reflexive pronoun **СЕБЯ́** oneself (myself, yourself, himself, herself, ourselves, themselves)
- Reflexive possessive pronoun **СВОЙ (one's own)**
- Complex sentences: the conjunctions **потому́ что, та́к как**, and **кото́рый** in the prepositional case

ГЛАВА́ 2. СТА́РЫЙ ДРУГ ЛУ́ЧШЕ НО́ВЫХ ДВУХ   31

Topics:
- Personal appearance
- Personality traits
- Interests, likes and dislikes

Pronunciation:
- The pronunciation of unstressed **E**

Word formation:
- The suffix **-ость**
- Shortened and diminutive first name forms

Communicative situations:
- Greetings/Farewells
- Introductions/Getting acquainted
- Asking for clarification
- Discussing and describing people

Reading/Video:
- VKontakte group: «Ищу́ друзе́й»

- Twitter discussion: «Ваш лу́чший друг»
- Video «Лу́чший друг?»

Writing:
- Posts and comments on social media networks about friends and friendship

Interviews and project:
- Conducting interviews «Ваш лу́чший друг»
- Creating a video blog post about your best friend

Cultural notes:
- Referring to a person in their presence
- Using shortened and diminutive first name forms

Grammar:
- Review of first- and second-conjugation verbs
- Connectors for adding information
- Some basics of Russian word order

ГЛАВА́ 3. СЕМЬЯ́ – Э́ТО СЕМЬ Я!   57

Topics:
- Family members and their relationships
- Family history

Pronunciation:
- The pronunciation of **hushers (Ж, Ш, Ч, Щ)**
- Pronouncing **СЧ**

Communicative situations:
- Greetings/Farewells
- Asking for and giving information about one's family

Reading/Video:
- Blog: «Блог Поли́ны Моро́зовой»
- «Лев Никола́евич и Со́фья Андре́евна Толсты́е»
- Video blog: «Моя́ семья́»

Writing:
- Blog post about your family

Interviews and project:
- Conducting interviews: «Ва́ша семья́»
- Creating a video blog post about your family

Grammar:
- Review of the nominative case functions and endings for nouns and adjectives
- Review of the genitive case functions and endings for nouns, adjectives, and pronouns
- Reflexive pronouns **СЕБЯ́** and **СВОЙ** in the genitive case
- Complex sentences: the conjunctions **что, где, как, когда́**, and **кото́рый** in the genitive case
- Review and learn new time expressions

ГЛАВА́ 4. РОМАНТИ́ЧЕСКИЕ ОТНОШЕ́НИЯ   87

Topics:
- Personal relationships
- Dating and marriage

Pronunciation:
- How to pronounce unstressed **Я**
- Pronouncing **-ТЬСЯ** and **-ТСЯ**

Communicative situations:
- Greetings/Farewells
- Asking about someone else's private life
- Expressing happiness
- Giving advice
- Expressing positive and negative attitudes, agreement and disagreement
- Offering support and encouragement

Reading/Video:
- Poll results: «Молода́я семья́ в Росси́и»
- «Исто́рия любви́: Серге́й Есе́нин и Айседо́ра Дунка́н»
- Chat on Telegram: «Вы получи́ли сообще́ние!»
- Website «Всё для же́нщины: Моя́ исто́рия»
- Video «Го́ша и Са́ша»

Writing:
- Comments on social media (giving advice)
- Collective short story «Исто́рия любви́»
- Movie script «Исто́рия любви́»

Interviews and project:
- Conducting interviews «Ли́чная жизнь»
- Making a movie about romantic relationships «Исто́рия любви́»

Cultural note:
- Russian weddings: «Го́рько!»

Grammar:
- The past tense of verbs
- Verbal aspect in the past tense
- Connectors for ordering and adding information

ГЛАВА́ 5. ЕДА́ БЕЗ ВРЕДА́! 115

Topics:
- Food and cooking
- Healthy eating plans
- Recipes

Pronunciation:
- Devoicing of voiced consonants at the ends of words and before voiceless consonants

Word formation:
- Diminutive forms of Russian nouns

Communicative situations:
- Greetings/Farewells
- Discussing eating habits
- Sharing recipes
- Expressing positive and negative attitudes, agreement and disagreement

Reading/Video:
- Article: «Еди́м пра́вильно!»
- Instagram post: «#Инстаку́хня. Кулина́рный блог: котле́ты из свини́ны»
- Video «Гото́вим украи́нский борщ»

Writing:
- Реце́пт люби́мого блю́да

Interviews and project:
- Conducting interviews «Как вы еди́те в тече́ние дня?»
- Making a culinary video «Моё люби́мое блю́до»

Cultural note:
- About **борщ**, one of the most popular dishes in Russia

Grammar:
- Review of the accusative case functions and endings for nouns, adjectives, and pronouns
- The reflexive pronouns **СЕБЯ́** and **СВОЙ** in the accusative case
- Complex sentences: **кото́рый** in the accusative case
- Connectors for ordering and adding information
- Russian word order in sentences: new information

Interviews and project:
- Conducting interviews «Расскажи́те о свое́й учёбе»
- Creating a video blog post about your studies

Cultural notes:
- Education in Russia
- Russian **Grading Scale**
- The Day of Knowledge

Grammar:
- Review of the dative case functions and endings for nouns, adjectives, and pronouns. Reflexive pronouns **СЕБЯ** and **СВОЙ** in the dative case
- Complex sentences: **кото́рый** in the dative case
- Review **Где? Куда́? Отку́да?** with animate and inanimate nouns

Topics:
- Choosing a university
- My university

Pronunciation:
- Hard [Л] vs. soft [Л]

Word formation:
- Suffixes -ани(е), -ени(е)

Communicative situations:
- Greetings/Farewells
- Getting and giving information on university rankings, enrollment, fields of study, research, financial support, health care, dorms, student life, etc.
- Recommending and advertising your school

Reading/Video:
- Article «Четы́ре причи́ны вы́брать Тóмский госуда́рственный университéт»
- Students' posts «Что ду́мают студéнты о Тóмском госуда́рственном университéте»
- Video commercial «Тóмский госуда́рственный университéт»

Writing:
- A short advertisement for your university website for Russian high school students
- Blog post «Мой университéт»
- Questions for an admission committee

Interviews and projects:
- Conducting interviews «Расскажи́те о ва́шем университéте»
- Video blog «Мой университéт»
- TV commercial for your school

Cultural note:
- Is university in Russia free?

Grammar:
- The future tense: Using aspect in the future tense
- Complex sentences: Aspect and tense in "when," "if," "after," "before" clauses
- The conditional mood: Real and unreal conditions
- Connectors for ordering and adding information

Topics:
- Everyday routines
- Telling time

Pronunciation:
- The pronunciation of time expressions

Communicative situations:
- Greetings/Farewells
- Giving and getting information about daily schedules
- Making, accepting, and declining invitations

Reading/Video:
- Survey «Распоря́док дня студе́нтов»
- Blog posts «Оди́н мой день»
- Video blog «Оди́н день из жи́зни Кароли́ны»

Writing:
- Мой блог: «Оди́н день из мое́й жи́зни»
- СМС-приглаше́ние

Interviews and projects:
- Conducting interviews «Как вы прово́дите ваш обы́чный день»
- Видеобло́г. Те́ги: мой день, оди́н день из мое́й жи́зни, мой день за 3 мину́ты, мой день по часа́м, как вы прово́дите свой день
- Digital story about what a typical day is like for a student at your university

Cultural note:
- Russian clock time

Grammar:
- Clock time
- Complex sentences: the conjunctions **до того́ как**, **по́сле того́ как**
- Connectors for ordering information
- Verbs of position: встава́ть/встать, стоя́ть; ложи́ться/лечь, лежа́ть; сади́ться/сесть, сиде́ть
- Review **Где? Куда́? Отку́да?** with inanimate and animate nouns

Topics:
- Free time
- Interests and hobbies: sports, music, art
- Likes and dislikes
- Cultural and sporting events

Pronunciation:
- **Hard** and **soft** consonants

Word formation:
- Suffixes -**ист**/-**истка**

Communicative situations:
- Greetings/Farewells
- Discussing interests and hobbies
- Expressing likes and dislikes
- Discussing where to go and what to do in your spare time

Reading/Video:
- Survey «Свобо́дное вре́мя»
- Posts «Мои́ увлече́ния и хо́бби»
- Announcements of upcoming events on the website "Афи́ша"
- Video survey «Свобо́дное вре́мя»

Writing:
- Invitation to an event
- Blog post «Моё свобо́дное вре́мя, увлече́ния и хо́бби»
- Essay «Мои́ выходны́е»

Interviews and projects:
- Conducting interviews «Увлече́ния, хо́бби и свобо́дное вре́мя»
- Presentation about a Russian artist, athlete, composer, writer, or poet
- Creating a video blog post about your interests and hobbies, likes and dislikes, free time

Grammar:
- Review of the instrumental case functions and endings for nouns, adjectives, and pronouns
- The reflexive pronouns **СЕБЯ́** and **СВОЙ** in the instrumental case
- Complex sentences: the conjunctions **потому́ что**, **та́к как**, and **кото́рый** in the instrumental case

Writing:
- Blog post «Мой го́род»
- Online encyclopedia entry about the city you live in

Interviews and projects:
- Conducting interviews «Наш го́род»
- Multimedia presentation on a Russian city
- Urban beautification competition «Сде́лаем наш го́род лу́чше!»
- Creating a video blog post about your hometown or the city you live in right now

Grammar:
- Unprefixed verbs of motion

Topics:
- City news: traffic accidents, events and incidents, sales, etc.
- Getting around to different places in cities

Intonation:
- Question without question words (**ИК-3**)

Word formation:
- Formation of adjectives with the help of suffixes **-ск-, -н-, -енн-**

Communicative situations:
- Greetings/Farewells
- Sharing news about events and things to do where you live
- Asking for and giving directions

Reading/Video:
- Article «Совреме́нные спа́льные райо́ны в кру́пных города́х Росси́и»
- Online newspaper «Про Каза́нь: у́тренние и вече́рние но́вости»
- Video news report «Велопара́д»

Writing:
- Blog post or social media page about the most interesting events in the city you live in
- Five pieces of advice for the mayor of your hometown

Interviews and project:
- Conducting interviews «Как сде́лать жизнь в на́шем го́роде комфо́ртнее?»
- Making the first issue of a city newspaper in Russian
- Creating a video blog post about important events in your hometown

Cultural notes:
- About **спа́льные райо́ны**
- Giving up your seat on public transportation

Grammar:
- Complex sentences with **ЧТО́БЫ**-clauses
- Prefixed verbs of motion

Topics:
- Traveling: choosing and buying a tour package, preparing for a trip
- Likes and dislikes about traveling

Intonation:
- Intonation Type 2 **(ИК-2)**

Communicative situations:
- Greetings/Farewells
- Asking and giving advice on traveling
- Discussing likes and dislikes about traveling
- Buying a tour package

Reading/Video:
- Short article «Куда́ е́здят россия́не?»
- Tourist brochures «Путеше́ствие в Казахста́н: две столи́цы за пять дней» and «Гастрономи́ческий тур в Ки́ев на 6 дней»
- Article «Я ненави́жу путеше́ствовать!»
- Travel blog «Что я беру́ с собо́й в пое́здку»

Writing:
- Russian visa application form
- Essay «Почему́ я люблю́ путеше́ствовать/Почему́ я ненави́жу путеше́ствовать»
- Travelogue

Interviews and project:
- Conducting interviews «Путеше́ствия: лайфха́ки»
- Creating a video commercial for a local travel agency

Grammar:
- The particles -**то** and -**нибу́дь**
- Negative constructions: **ни**-words
- Complex sentences with **то, что**

ГЛАВА́ 15. У ПРИРО́ДЫ НЕТ ПЛОХО́Й ПОГО́ДЫ ...   417

Topics:
- Seasons and weather
- Clothing, footwear, and accessories
- Shopping

Intonation:
- Intonation Type 4 (**ИК-4**)

Word formation:
- Forming adverbs from adjectives

Communicative situations:
- Greetings/Farewells
- Asking and answering questions about the weather
- Giving advice on what to wear
- Shopping for clothes

Reading/Video:
- Article «Как узна́ть прогно́з пого́ды?»
- Article «Как оде́ться по пого́де?»
- Video «Прогно́з пого́ды»

Writing:
- Blog post «Люби́мое вре́мя го́да»
- Article for a fashion and lifestyle magazine: «Мои́ сове́ты мо́дницам и мо́дникам»

Interviews and project:
- Conducting interviews «Моё люби́мое вре́мя го́да»
- Creating a fashion video blog on what to wear to school or work

Cultural notes:
- Telling the temperature in Russian

Grammar:
- Verbs for getting dressed and wearing clothes
- Comparatives and superlatives
- Temporal conjunctions

ГЛАВА́ 16. БУ́ДЬТЕ ЗДОРО́ВЫ! 449

Topics:
- Parts of the body
- Illness symptoms, health advice

Intonation:
- Intonation Type 5 (**ИК-5**)
- Intonation in enumerations

Communicative situations:
- Greetings/Farewells
- Talking to a doctor about illness symptoms
- Giving health advice

Reading/Video:
- Article «Лайфха́кер. Как научи́ться не боле́ть?»
- Comments to the article «Лайфха́кер. Как научи́ться не боле́ть?»
- Video «Как не боле́ть; как не простужа́ться»

Writing:
- Blog post «Как не боле́ть», posts and comments on social media networks

Interviews and project:
- Conducting interviews «Что вы де́лаете, чтобы не боле́ть?»
- Creating a video blog post about «Как никогда́ не боле́ть . . .»
- Public health ad

Cultural notes:
- Бу́дьте здоро́вы!

Grammar:
- Long and short forms of adjectives
- Using the infinitive
- Reflexive verbs

ГЛАВА́ 17. ТЕЛЕВИ́ДЕНИЕ И́ЛИ ИНТЕРНЕ́Т? 471

Topics:
- TV and online shows and movies
- Biographies of famous Russian composers and writers

Intonation:
- Syntagmas
- Intonation of enumerations with a generalizing word

Communicative situations:
- Greetings/Farewells
- Talking about your favorite TV and online shows
- Giving advice on what show or movie to watch

Reading/Video:
- Russian TV guide (Телепрогра́мма, «Пе́рвый кана́л»)
- About Russian TV and online programs
- Famous Russian composers and writers
- Video survey «Телеви́дение и́ли интерне́т»

Writing:
- Movie review for your blog or on social media

Interviews and project:
- Conducting interviews «Телеви́дение и́ли интерне́т?»
- Multimedia presentation about a Russian film director or actor

Grammar:
- Grammar for reading: Participles and verbal adverbs

Icons used in this textbook

 Reading

 Speaking

 Video

 Listening

 Writing

 Group Work

 Pair Work

 Internet Search

 Cultural Note

 Attention

 Social Media

Photo credits

Chapter 1 Pictures. The following images were sourced from pixabay.com: Галя Чернова, SVETIC/Света Левина, MAXPHOTOS/Максим Смирнов, Стас Копылов, compass, iPad, Саша Фёдоров. Айгера Ахметова ©Kudyma; Анна Алексеевна Оленина (1828) ©Orest Kiprensky (www.museum-online.ru).

Chapter 2 Pictures. Pie Chart ©Kudyma; social media page ©Kudyma; drawings ©Anastassia Drobyazko, Kudyma; bird, Борис Киселёв @boryak (from pixabay.com).

Chapter 3 Pictures. Полина Морозова (from pixabay.com); Лена Петрова ©Kudyma; Лев Николаевич Толстой и его жена Софья Андреевна (1910) ©Cassel and Co, NY, 1911.

Chapter 4 Pictures. Couple, smartphone (from pixabay.com); Есенин и Дункан (1923), фотография Бениславской Б.А. (начало 20 века), logo «Всё для женщин», public domain (https://commons.wikimedia.org); Гоша и Саша ©Kudyma.

Chapter 5 Pictures. The following images were sourced from pixabay.com: cooking, veggies, food, Instagram logo, cutlet, hamburger. Ukrainian borsch ©Brucke-Osteuropa.

Chapter 6 Pictures. The following images were sourced from pixabay.com: Christmas tree, Russian holiday table, red caviar, silverware set, smartphone. Drawings ©Anastassia Drobyazko, Kudyma; karaoke club ©Kudyma; трипадвизор ©Kudyma; обзор ©Kudyma; guests ©Kudyma.

Chapter 7 Pictures. The following images were sourced from pixabay.com: students, Лена Северина, The Day of Knowledge, Настя Ивлева. Social media page ©Kudyma; Андрей Сытов ©Kudyma.

ГЛАВА́ 1 | О ЖИ́ЗНИ И О СЕБЕ́

In this chapter, you will:

- read posts from social media networks and watch video blogs related to Russian students' lives and personal interests;
- learn how to greet people, introduce yourself, give basic biographical information, and bid farewell;
- talk about your interests, likes and dislikes, and your use of social media;
- learn to ask questions about other people's lives, interests, and use of social media;
- write a personal blog, posts and comments on Russian social networks;
- create a video blog post about yourself.

ВВЕДЕ́НИЕ

 1–1 | Знако́мство. Let's meet your classmates! 1) Read the following **script** (questions and answers) out loud. 2) Go around the classroom and interview two classmates. Make sure to use the appropriate form of address (**ты** or **вы**) and the appropriate greeting and farewell expressions. Read Cultural Note #1. 3) Write down or circle your classmates' answers and find out who has the same major and interests. 4) Summarize their answers in five to six sentences and share them with the rest of the class.

I. Opening conversation lines	Responses
Приве́т!/Здра́вствуй/те! Дава́й/те познако́мимся! Я хочу́ с тобо́й/с ва́ми познако́миться!	Приве́т!/Здра́вствуй/те! Дава́й/те познако́мимся!
II. Questions	**Answers**
1. Я … *(name)*. А как тебя́/вас зову́т?	Я … *(name)*./ Меня́ зову́т … *(name)*
2. Ско́лько тебе́/вам лет? Повтори́/те, пожа́луйста!	Мне … • 15–20, 30, 40 лет. • 21, 31, 41 год. • 22–24, 32–34, 42–44 го́да. • 25–29, 35–39 лет. • друго́е:
3. Где ты у́чишься? Где вы у́читесь?	Я учу́сь … • в шко́ле. • в ко́лледже. • в университе́те. • друго́е:
4. Кака́я у тебя́/вас специа́льность?	• Би́знес. • Гражда́нская инжене́рия • Графи́ческий диза́йн • Информа́тика • Исто́рия. • Междунаро́дные отноше́ния. • Политоло́гия. • Пра́во. • Социоло́гия. • Друго́е:
	• Я ещё не зна́ю, кем я хочу́ стать.

5. Где ты рабо́таешь? Где вы рабо́таете?	• В рестора́не. • В библиоте́ке. • В магази́не. • В кафе́.[1] • В газе́те/журна́ле. • В лаборато́рии. • Друго́е:
	• Я не рабо́таю.
6. Что тебе/вам нра́вится де́лать в свобо́дное вре́мя?	Мне нра́вится . . . • чита́ть. • смотре́ть фи́льмы. • фотографи́ровать. • занима́ться спо́ртом. • ходи́ть на фи́тнес. • игра́ть в компью́терные и́гры. • встреча́ться с друзья́ми. • друго́е:
III. Closing lines	**Responses**
Очень прия́тно! Очень прия́тно познако́миться! Рад/ра́да познако́миться! До свида́ния!/Пока́!	Мне то́же прия́тно! Очень прия́тно! Очень прия́тно познако́миться! До свида́ния!/Пока́!

Cultural note #1: Ты and Вы

Use **ТЫ** when speaking with children, pets, family members, friends, or classmates your age/under the age of 30.

Use **ВЫ** when speaking with two or more people or with adults (unless they suggest that you use the more informal **ТЫ**). Don't forget to use **ВЫ** with professors and strangers!

Use **Здра́вствуй! Приве́т! Дава́й познако́мимся! Пока́!** only with people your age/under the age of 30, friends or family members.

1–2 | Произноше́ние. The pronunciation of unstressed **O** and **A**. 1) Read about the pronunciation of unstressed **O** and **A**. 2) Listen to the speaker and underline unstressed **O** and **A** in the following sentences. 3) Listen again and pronounce the sentences after the speaker.

Be sure to pronounce unstressed **O** and **A** as a short "a" in the syllable *before* the stress, and "uh" in all other positions. Remember that prepositions are pronounced as a part of the next word (e.g. в[v]+университе́т, в[f]+ты́сяча девятьсо́т девя́том, в[f]+про́шлом году́).

---

1 **Кафе́** is an indeclinable noun. This means that it does not change its form when it is used with different cases.

1. Как тебя́ зову́т?
2. Ско́лько тебе́ лет?
3. Повтори́, пожа́луйста!
4. Где ты родила́сь? Где ты вы́росла?
5. Я роди́лся в Москве́, а вы́рос в То́мске.
6. Я родила́сь в ты́сяча девятьсо́т девяно́сто шесто́м году́.
7. Что ты лю́бишь де́лать в свобо́дное вре́мя?
8. Я люблю́ фотографи́ровать и смотре́ть фи́льмы.
9. Он лю́бит игра́ть в компью́терные и́гры.
10. Она́ око́нчила шко́лу в две ты́сячи трина́дцатом году́.
11. Её люби́мые предме́ты – э́то биоло́гия и психоло́гия.
12. Она́ поступи́ла в университе́т в про́шлом году́.
13. Очень прия́тно познако́миться!
14. Ра́да познако́миться!
15. Пока́! До свида́ния!

1–3 | Однокоренны́е слова́. Words with the same root. Read through the words in the table and separate them into groups of words formed from the same root. Write them down, determine the part of speech (noun, adjective, or verb) for each word and provide equivalents in English.

блог	фотогра́фия	студе́нческий
аспира́нт	учи́ть	игра́ть
фотографи́ровать	ви́деть	бло́гер
игра́	ненави́деть	фотоаппара́т
учи́тель	видеобло́г	аспиранту́ра
фото́граф	студе́нт	люби́мый
люби́ть	учи́ться	учи́тельница

1–4 | Биогра́фия. 1) Create a timeline of your life. 2) In pairs, ask each other about the main stages of your life using the following verbs and write down your partner's answers. 3) Summarize his/her answers in six to seven sentences and share them with the rest of the class. Review the prepositional case as needed (see pages 16–27).

Приме́р/Example:

— Где ты роди́лся/родила́сь? Где вы роди́лись?
— Я роди́лся/родила́сь в Вашингто́не.

роди́ться *pfv.* где? – *to be born*	*Past:* он роди́лся, она́ родила́сь, они́ роди́лись
вы́расти *pfv.* где? – *to grow up*	*Past:* он вы́рос, она́ вы́росла, они́ вы́росли
учи́ться *impf.* где? (в шко́ле, ко́лледже, университе́те) – *to study*	*Pres.:* я учу́сь, ты у́чишься, они́ у́чатся *Past:* он учи́лся, она́ учи́лась, они́ учи́лись

окóнчить *pfv.* что? (шкóлу, кóлледж, университéт) – *to graduate from*	*Fut.:* я окóнчу, ты окóнчишь, они́ окóнчат *Past:* он окóнчил, онá окóнчила, они́ окóнчили
поступи́ть *pfv.* куда́? (в кóлледж, университéт) – *to be accepted*	*Fut.:* я поступлю́, ты посту́пишь, они́ посту́пят *Past:* он поступи́л, онá поступи́ла, они́ поступи́ли
получи́ть *pfv.* что? (стéпень бакала́вра, маги́стра) – *to receive* (BA, MA)	*Fut.:* я получу́, ты полу́чишь, они́ полу́чат
стать *pfv.* кем? (бакала́вром, маги́стром) – *to become*	*Fut.:* я ста́ну, ты ста́нешь, они́ ста́нут

ЧИТА́ЕМ И ГОВОРИ́М

1–5 | Пéред чтéнием. In pairs or small groups, discuss the following questions:

1. Вам нра́вится чита́ть блóги и́ли смотрéть видеоблóги?
2. У вас есть люби́мый блóгер?
3. О чём он/онá пи́шет и́ли расска́зывает?
4. У вас есть свой блог и́ли ви́деоблог?
5. О чём вы пи́шете и́ли расска́зываете в своём блóге?

1–6 | О жи́зни и о себé. Read the following social media posts made by young Russian people and 1) decide whom you want to follow or add as a friend, 2) explain your decision in English, and 3) analyze what kind of content bloggers usually include in posts about themselves.

О жи́зни и о себé

аспиранту́ра – *graduate school*
бéрег (*prep.* на берегу́) – *coast, shore*
все – *everyone*/**всё** *n.* – *everything*
весь (вся, всё, все) – *all, the whole*
добавля́ть/доба́вить что? (комментáрий) – *to add (a comment)*
ненави́деть *impf.* когó? что? – *to hate*
мечта́ть *impf.* о ком? о чём? – *to dream*
(о) себé *prep.* – *(about) oneself (myself, yourself, himself, herself, ourselves, themselves)*
подписа́ться *pfv.* на когó? на что? – *to subscribe; follow*
подпи́счик – *follower, subscriber*
социа́льная сеть – *social network*
ссы́лка – *link*
ста́вить/поста́вить лайк – *to "like" a post (on social media)*

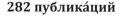

Га́ля Черно́ва | Подписа́ться
Петербу́рг, Росси́я

Га́ля Черно́ва. Приве́т ВСЕМ! Ра́да ви́деть вас всех в своём бло́ге в Инстагра́ме! В э́том бло́ге я пишу́ о му́зыке и обо всех фи́льмах, кото́рые люблю́.

Немно́го о себе́. Я родила́сь в го́роде Волгогра́д в 1996-м году́, в ию́не. Этот го́род я никогда́ не люби́ла, поэ́тому в 2013-м уе́хала учи́ться в Петербу́рг и поступи́ла в Петербу́ргский университе́т. В про́шлом году́ я получи́ла сте́пень бакала́вра и сейча́с учу́сь в аспиранту́ре на истори́ческом факульте́те. Мечта́ю стать преподава́телем исто́рии.

И ещё . . .
Люби́мое вре́мя го́да – зима́.
Знак зодиа́ка – близнецы́.
Люби́мая еда́ – пи́цца.
Люби́мый напи́ток – ко́фе.
Мою́ люби́мую соба́ку зову́т Жу́ля.

#блог#блогер#блогеры#блогосебе#пишуосебе#Петербург#университет
#lifestyle#фильмы#музыка#Россия#история

Нра́вится: 85
20 ма́я

Доба́вьте коммента́рий

SVETIC | Подписа́ться
Ряза́нь, Росси́я

SVETIC. Всем приве́т! Дава́йте познако́мимся! Меня́ зову́т Све́та Ле́вина.

А э́то **8 фа́ктов** обо мне!
1. Мне 16 лет.
2. Живу́ в Ряза́ни, в кото́рой родила́сь и вы́росла. Ряза́нь нахо́дится недалеко́ от Москвы́, на ю́го-восто́ке.

3. Учу́сь в сре́дней шко́ле № 2, в це́нтре го́рода. В шко́ле я изуча́ю англи́йский язы́к.
4. Хочу́ поступи́ть в Ряза́нский медици́нский университе́т в сле́дующем году́ и стать врачо́м.
5. Люблю́ смотре́ть сериа́лы, ток-шо́у и слу́шать но́вые рок гру́ппы на Юту́бе!
6. Люблю́ социа́льные се́ти! У меня́ есть акка́унт в Фэйсбу́ке, в ВКонта́кте и Тви́ттере.
7. В Инстагра́ме у меня́ 544 подпи́счика.
8. У меня́ миллио́н друзе́й в социа́льных сетя́х!☹ А в жи́зни – то́лько одна́ подру́га, Ля́ля Бори́сова. Я могу́ с ней говори́ть обо всём и обо все́х!

#блог#блогер#блогеры#блогосебе#пишуосебе#моя история#lifestyle

Нра́вится: 230
20 ию́ня

Доба́вьте коммента́рий

MAXPHOTOS | Подписа́ться
Tomsk, Russia

MAXPHOTOS. Приве́т! Меня́ зову́т Макси́м Смирно́в. Мне 19 лет. Я роди́лся и вы́рос в Сиби́ри, в го́роде Томск, кото́рый нахо́дится на берегу́ реки́ Томь. В То́мске я око́нчил сре́днюю шко́лу в про́шлом году́ и сейча́с учу́сь в То́мском госуда́рственном университе́те. Я хочу́ стать журнали́стом и мечта́ю об интере́сной рабо́те.

Я учу́сь и рабо́таю в газе́те «То́мские но́вости», пишу́ о на́шей студе́нческой жи́зни, обо все́х свои́х друзья́х. А ещё я люблю́ фотографи́ровать, и поэ́тому люблю́ Инстагра́м! Я фотографи́рую всё и всех, но ненави́жу се́лфи☹. Мечта́ю о но́вом фотоаппара́те! Не люблю́ фотографи́ровать телефо́ном.

Все говоря́т, что я тала́нтливый фото́граф, а мой фотогра́фии о́чень интере́сные. Вот ссы́лка на мой вебса́йт: maxphotos.ru. У меня́ ещё есть акка́унт в ВКонта́кте и страни́ца в Фэйсбу́ке. У меня́ уже́ 1000 друзе́й в Фэйсбу́ке! Если вам нра́вятся мой фотогра́фии, то ста́вьте ла́йки!

#блог#блогосебе#пишуосебе#фотографии#фотограф#Томск#Россия

Нра́вится: 135
3 а́вгуста

Доба́вьте коммента́рий

1–7 | О жи́зни и о себé. Reread the posts in 1–6, find Russian equivalents for the following words and word combinations, and read them out loud:

account –

Instagram –

photo correspondent –

student life –

talk show –

TV series –

YouTube –

Facebook –

medical –

selfie –

talented –

to take photos –

Twitter –

Zodiac sign –

1–8 | О жи́зни и о себé. Reread the posts in 1–6 and mark whether the following statements correspond to the content. Read each statement out loud.

Да	Нет	1. Гáля ýчится на факультéте журналúстики в Петербýргском университéте.
Да	Нет	2. У Гáли любúмое врéмя гóда – лéто, а любúмая едá – салáт. Онá ненавúдит сéлфи.
Да	Нет	3. Гáля пúшет в блóге о себé, мýзыке и обо всéх фúльмах, котóрые онá любит.
Да	Нет	4. Гáле нрáвится слýшать нóвые рок грýппы на Ютýбе.
Да	Нет	5. Свéта лю́бит добавля́ть всех в друзья́ в социáльных сетя́х.
Да	Нет	6. Свéта пúшет о студéнческой жúзни, обо всéх своúх друзья́х.
Да	Нет	7. У Свéты есть аккáунты в ВКонтáкте, Инстагрáме, Фейсбýке и Твúттере.
Да	Нет	8. Свéта лю́бит смотрéть сериáлы, ток-шóу и слýшать рок.
Да	Нет	9. У Максúма есть аккáунт в ВКонтáкте и странúца в Фейсбýке.
Да	Нет	10. Максúм – аспирáнт. Он ýчится в аспирантýре.
Да	Нет	11. Томск нахóдится в Сибúри на берегý рекú Томь.
Да	Нет	12. Ряза́нь нахóдится на ю́го-востóке от Москвы́.

1–9 | О жи́зни и о себé. Reread the posts in 1–6. In pairs or small groups, answer the following questions:

1. Как называ́ется гóрод, в котóром, родила́сь Гáля Чернóва?
2. Как называ́ется гóрод, в котóром сейчáс ýчится Гáля Чернóва?
3. Как зовýт её любúмую собáку?
4. Как называ́ется университéт, в котóрый хóчет поступúть Свéта Лéвина?
5. Как зовýт лýчшую подрýгу Свéты Лéвиной?
6. Как называ́ется газéта, в котóрой рабóтает Смирнóв?
7. Как зовýт Смирнóва?

Remember:
Use называ́ться *impf. (to be called)* when talking about cities, books, magazines, movies, universities, and so on.
Use **звать** *impf. (to be called)* when talking about people and animals.

1-10 | О жи́зни и о себе́. 1) Reread the posts in 1–6 and fill out the following table. 2) In pairs, talk about **Га́ля**, **Све́та**, and **Макси́м in full sentences** using information from the table.

Кто?/Что де́лает?	Га́ля Черно́ва	Све́та Ле́вина	Макси́м Смирно́в
1. Где сейча́с живёт?			
2. Где роди́лся/родила́сь?			
3. Где вы́рос/вы́росла?			
4. Ско́лько лет?			
5. В како́м году́ роди́лся/ родила́сь?			
6. Око́нчил/око́нчила шко́лу?			
7. Куда́ поступи́л/а?			
8. Где у́чится?			
9. Где хо́чет учи́ться?			
10. Где рабо́тает?			
11. Кем хо́чет стать?			
12. О чём мечта́ет?			
13. Что лю́бит?			
14. Что не лю́бит и́ли ненави́дит?			
15. В каки́х социа́льных сетя́х есть акка́унт?			
16. Ско́лько друзе́й/ подпи́счиков в социа́льных сетя́х и в жи́зни?			

1-11 | По́сле чте́ния. Explain in Russian whom you would like to follow on Instagram.

Я хочу́ подписа́ться на (кого́?) . . . , **потому́ что/та́к как** . . .

___ мне то́же . . . лет;
___ я то́же студе́нт/студе́нтка, аспира́нт/аспира́нтка;
___ у меня́ така́я же специа́льность;
___ я то́же люблю́ (+ что? *or* + *infinitive*);
___ я то́же мечта́ю о . . .
___ он/она́ интере́сный па́рень/интере́сная де́вушка;
___ друга́я причи́на *(another reason)* _____

СМО́ТРИМ И ГОВОРИ́М

1–12 | ТЕГ: Знако́мство. «Расска́з о себе́». 1) Watch the video blog three times and choose the correct answers for the following questions. There may be more than one correct answer. 2) In pairs, talk about the author of the video blog in 11 sentences.

Расска́з о себе́

1. Как зову́т а́втора ви́део бло́га?
   a. Её зову́т Со́ня.
   b. Её зову́т Оля.
   c. Её зову́т По́ля.
2. Где она́ родила́сь и прожила́ всю жизнь?
   a. в Москве́.
   b. в Му́рманске.
   c. в То́мске.
3. Когда́ у неё день рожде́ния?
   a. 1 октября́.
   b. 31 ноября́.
   c. 31 октября́.
4. Како́й университе́т она́ око́нчила?
   a. Моско́вский госуда́рственный университе́т.
   b. Моско́вский госуда́рственный педагоги́ческий университе́т.
   c. Ми́нский госуда́рственный педагоги́ческий университе́т.
5. Кака́я у неё специа́льность?
   a. Она́ социо́лог.
   b. Она́ педаго́г.
   c. Она́ фило́лог.
6. Где она́ рабо́тала?
   a. Она́ рабо́тала в ба́нке.
   b. Она́ рабо́тала в страхово́й компа́нии.
   c. Она́ рабо́тала в шко́ле.
7. Что она́ хоте́ла де́лать всю жизнь?
   a. Она́ хоте́ла быть бло́гером.
   b. Она́ хоте́ла быть журнали́стом.
   c. Она́ хоте́ла писа́ть кни́ги.
8. Каку́ю му́зыку она́ лю́бит?
   a. Она́ лю́бит ста́рую рок му́зыку.
   b. Она́ лю́бит ди́ско.
   c. Она́ лю́бит класси́ческую му́зыку.
9. Каки́е она́ лю́бит фи́льмы?
   a. Она́ лю́бит ста́рые фи́льмы.
   b. Она́ лю́бит сериа́лы и ток-шо́у.
   c. Она́ лю́бит но́вые фи́льмы.

10. Кого́ она́ лю́бит?
    a. Она́ лю́бит соба́к.
    b. Она́ лю́бит ко́шек.
    c. Она́ лю́бит всех живо́тных.
11. Каку́ю соба́ку она́ хо́чет?
    a. Она́ хо́чет ма́ленькую бе́лую соба́чку.
    b. Она́ хо́чет большу́ю соба́ку.
    c. Она́ не хо́чет име́ть до́ма соба́ку, так как с ней на́до ка́ждый день гуля́ть.

 1-13 | Видеобло́г «Расска́з о себе́». 1) On a separate piece of paper, write four to five questions to the author of the video blog in 1–12. 2) Would you like to subscribe to her YouTube channel? Explain why.

ДАВА́ЙТЕ ПОГОВОРИ́М

 1-14 | Социа́льные се́ти: кра́ткая информа́ция. In pairs or small groups, take turns talking about **Стас Копыло́в** using the information in the following table. Speak in full sentences. Review the prepositional case as needed (see pages 16–27).

Стас Копыло́в

Информа́ция

День рожде́ния:	2 ма́я
Го́род:	Росто́в-на-Дону́
Семе́йное положе́ние:	не жена́т
Ме́сто рабо́ты:	не рабо́таю
ВУЗ:[2]	Росто́вская госуда́рственная консервато́рия
Шко́ла:	шко́ла № 101 г. Росто́в-на-Дону́
Интере́сы:	му́зыка, путеше́ствия
Люби́мая му́зыка:	класси́ческая
Люби́мые фи́льмы:	коме́дии и детекти́вы
Люби́мые кни́ги:	детекти́вы
О себе́:	хоро́ший, до́брый челове́к
Гла́вное в жи́зни:	семья́, друзья́

2 **ВУЗ** (вы́сшее уче́бное заведе́ние) – *institution of higher education, such as* акаде́мия, университе́т, институ́т, ко́лледж.

1-15 | Социа́льные се́ти: кра́ткая информа́ция. 1) Working together with your partner, take turns asking and answering questions in order to fill in all the blanks in the following table. 2) Once you've filled in the table, take turns talking about **Айге́ра Ахме́това** in full sentences.

Приме́р/Example:

— Где живёт Айге́ра?
— Она́ живёт в Алматы́.

Partner 1

Айге́ра Ахме́това

Кра́ткая информа́ция

Рабо́тает	
У́чится	
Учи́лась	
Живёт	
О себе́	
Собы́тия из жи́зни	день рожде́ния – 12/03/1998
Друзья́	856 друзе́й
Спорт	хожу́ на те́ннис
Му́зыка	рок, поп
Телепереда́чи	но́вости, ток-шо́у
Кни́ги	Га́рри По́ттер

Partner 2

Айге́ра Ахме́това

Кра́ткая информа́ция

Рабо́тает	библиоте́ка университе́та
У́чится	Каза́хский Национа́льный университе́т
Учи́лась	шко́ла № 3 г. Алматы́
Живёт	г. Алматы́, Казахста́н
О себе́	весёлая и о́чень у́мная

Собы́тия из жи́зни (день рожде́ния)
Друзья́
Спорт
Му́зыка
Телепереда́чи
Кни́ги

1–16 | Сцена́рий. Scenario. Imagine that you went to Russia and want to make new friends. Act out the following situation in pairs.

You meet **Стас Копыло́в** or **Айге́ра Ахме́това** for the first time. Introduce yourself and come up with eight to ten questions that you can ask your new friend to get to know him/her better. Be ready to answer questions about yourself that **Стас Копыло́в** or **Айге́ра Ахме́това** might ask you. Use the expressions from 1–1 and 1–4 and the information about **Стас** or **Айге́ра** from 1–14 and 1–15.

ПИ́ШЕМ О СЕБЕ́

1–17 | О себе́. Write a 10–12-sentence post about yourself for your blog or social media page that answers the following questions:

1. Как вас зову́т?
2. В како́м году́ вы роди́лись?
3. Где вы роди́лись?
4. Где вы вы́росли?
5. В како́м году́ вы око́нчили шко́лу и куда́ вы поступи́ли?
6. Где вы сейча́с живёте, у́читесь и́ли рабо́таете?
7. Кака́я у вас специа́льность?
8. Кем вы хоти́те стать?
9. О чём вы мечта́ете?
10. Что вы лю́бите де́лать в свобо́дное вре́мя?
11. В каки́х социа́льных сетя́х у вас есть акка́унт?
12. Ско́лько у вас друзе́й в социа́льных сетя́х и в жи́зни?

ИНТЕРВЬЮ́ И ПРОЕ́КТЫ

1–18 | Интервью́ «Расскажи́те о себе́». In small groups or as a class, write a list of questions that you could ask your classmates or other Russian speakers to get to know them better. Read Cultural Note #2. 1) Conduct interviews with two classmates. Write down their answers and share your results with the class. 2) Conduct interviews with two Russian speakers outside of class. Write down their answers, create a two-minute multimedia presentation, and present it in class.

Interview form

Questions	Person 1	Person 2

Cultural note #2: Имя, о́тчество и фами́лия

All Russians have three names: **и́мя** – first or given name; **о́тчество** – a patronymic, derived from one's father's name; and **фами́лия** – a surname, last name (e.g. Ива́н Ива́**нович** Смирно́в, Анна Ива́**новна** Смирно́ва; Ива́н Алексе́**евич**, Анна Алексе́**евна**). It's more formal to ask: **Как ва́ши и́мя и о́тчество?**

Use **a person's first name only** when addressing children, family members, friends, or classmates your age/under the age of 30.

Use a **person's first name** together with his/her **patronymic** when speaking with adults, particularly one's seniors in age or status (unless they suggest that you use only their first name).

1-19 | Видеобло́г. Те́ги: знако́мство, обо мне́, расска́зываю о себе́, 10 фа́ктов о себе́. 1) Create your personal video blog. Record yourself answering the questions in 1–17. Make it interesting and exciting for your classmates to watch. Be creative! 2) Show your video blog in class and watch your classmates' videos. You may want to have a competition for the best video blog.

ГРАММА́ТИКА

1-20 | Что вы зна́ете? Reread the following sentences from the social media posts in 1–6. 1) Underline all words and phrases that answer the following questions: **Где?** *Where?* **О ком?/О чём?** *About whom?/About what?* **В како́м году́?** *In what year?/ When?* **В како́м ме́сяце?** *In what month?/When.* 2) What are the noun and adjective endings for the prepositional case?

Га́ля Черно́ва
1. Очень ра́да ви́деть вас всех в своём бло́ге.
2. В э́том бло́ге я пишу́ о му́зыке и фи́льмах, кото́рые люблю́.
3. Я родила́сь в го́роде Волгогра́д в 1996-м (в ты́сяча девятьсо́т девяно́сто шесто́м) году́, в ию́не.
4. В про́шлом году́ я получи́ла сте́пень бакала́вра.
5. Сейча́с я учу́сь в аспиранту́ре на истори́ческом факульте́те.

Све́та Ивано́ва
1. Я живу́ в Ряза́ни, в кото́рой родила́сь и вы́росла!
2. Ряза́нь нахо́дится недалеко́ от Москвы́, на ю́го-восто́ке.
3. Я учу́сь в сре́дней шко́ле № (но́мер) 2, кото́рая нахо́дится в це́нтре го́рода.
4. Я хочу́ поступи́ть в Ряза́нский медици́нский университе́т в сле́дующем году́.
5. Я люблю́ смотре́ть сериа́лы, ток-шо́у и слу́шать но́вые рок гру́ппы на Юту́бе!
6. У меня́ есть акка́унт в Фейсбу́ке и Тви́ттере.
7. У меня́ миллио́н друзе́й в социа́льных сетя́х!

Макси́м Смирно́в
1. Я роди́лся и вы́рос в Сиби́ри, в го́роде Томск, кото́рый нахо́дится на берегу́ реки́ Томь.
2. Я сейча́с учу́сь в То́мском госуда́рственном университе́те.
3. Я рабо́таю в газе́те «То́мские но́вости».
4. Я пишу́ о на́шей студе́нческой жи́зни, обо всех свои́х друзья́х.
5. Мечта́ю о но́вом фотоаппара́те!
6. У меня́ ещё есть акка́унт в ВКонта́кте и страни́ца в Фейсбу́ке.
7. У меня́ уже́ 1000 друзе́й в Фейсбу́ке!

The prepositional case
Предло́жный паде́ж

Review the prepositional case functions and the endings for the prepositional singular and plural forms of nouns, adjectives, and pronouns.

I. The uses of the prepositional case

Use the prepositional case:

1. with the prepositions **В** and **НА** (see the following for when to use **В** and when to use **НА**) to show where someone or something is located or where something is happening when answering the question **Где?** *Where?*

    Я живу́ **в Ряза́ни**. Я родила́сь и вы́росла **в э́том го́роде**!
    I live in Riazan'. I was born and grew up in this city!

2. with the preposition **О (ОБ/ОБО)**[3] to show who or what you are talking, thinking, reading, or writing about when answering the questions **О ком?/О чём?** *About whom?/About what?*

    Я пишу́ для университе́тской газе́ты "Alma Mater" **о на́шей студе́нческой жи́зни, о свои́х друзья́х.**
    I write for the university newspaper "Alma Mater" about life on campus and about my friends.

3. with the preposition **В** to indicate the year or month in which something occurs when answering the questions **В како́м году́?/В како́м ме́сяце?** *In what year?/In what month?/When?*

    Я родила́сь **в 1996-м** (в ты́сяча девятьсо́т девяно́сто **шесто́м**) году́, **в ию́не**.
    I was born in 1996, in June.

    В како́м году́ вы родили́сь?
    In what year were you born?

4. with the preposition **В** to indicate *this, last,* or *next year, month*, and so on.

    Я поступи́л/а в университе́т **в про́шлом/э́том году́**.
    I got into college last year/this year.

    Я око́нчу университе́т **в э́том/сле́дующем году́**.
    I will graduate from college this year/next year.

5. with the preposition **НА** to indicate *this, last,* or *next week*.

    Я получу́ сте́пень маги́стра **на э́той/сле́дующей неде́ле**!
    I will get a master's degree this week/next week.

    Я доба́вила тебя́ в друзья́ в ВКонта́кте **на э́той/про́шлой неде́ле**.
    I added you as a friend on VKontakte this week/last week.

---

3   **ОБ/ОБО** is a variant of **О**. Use **ОБ** before words beginning with the vowels **А, Э, И, О, У** *(об Анне, об Ири́не, об э́том, об университе́те)*. Use **ОБО** before **ВСЁМ, ВСЕЙ, ВСЕХ**, and **МНЕ** *(обо всём, обо всей, обо всех, обо мне)*.

Verbs that are frequently used with the prepositional case:

ГДЕ?	О КОМ?/О ЧЁМ?
быть *impf.* где? – *to be* **жить** *impf.* где? – *to live* **занима́ться** *impf.* где? – *here: to do one's homework, study* **находи́ться** *impf.* где? – *to be located* **рабо́тать** *impf.* где? – *to work* **расти́/вы́расти** где? – *to grow up* **роди́ться** *impf.* где? – *to be born* **учи́ться** *impf.* где? – *to be a student, study*	**говори́ть/сказа́ть** о ком?/о чём? – *to talk* **ду́мать/поду́мать** о ком?/о чём? – *to think* **мечта́ть** о ком?/о чём? – *to dream* **писа́ть/написа́ть** о ком?/о чём? – *to write* **чита́ть/прочита́ть** о ком?/о чём? – *to read*

II. Noun endings for the prepositional case

Most nouns take the ending **-E** in the prepositional **singular**.

Nominative sing. (Кто? Что?)	Prepositional sing. (Где? О ком? О чём?)	Examples
Волгогра́д	Волгогра́д-**е**	Я родила́сь **в Волгогра́де**. *I was born in Volgograd.*
Владивосто́к	Владивосто́к-**е**	Этот университе́т нахо́дится **во**[4] **Владивосто́ке**. *This university is located in Vladivostok.*
ию́нь	ию́н-**е**	Он роди́лся **в ию́не**. *He was born in June.*
музе́й	музе́-**е**	Они́ бы́ли **в музе́е**. *They were at the museum.*
письм-**о́**	письм-**е́**	О чём ты написа́ла **в письме́**? *What did you write about in the letter?*
библиоте́к-**а**	библиоте́к-**е**	Она́ рабо́тает **в библиоте́ке**. *She works in a library.*
семь-**я́**	семь-**е́**	Она́ написа́ла **о семье́**. *She wrote about her family.*

Nouns with nominative singular forms ending in **-ИЙ, -ИЕ,** and **-ИЯ**, as well as feminine nouns ending in a soft sign (**-Ь**), take the ending **-И**.

---

4 **BO** is a variant of **B** that is used before consonant clusters such as **ВЛ- ВС-, ФР-, ФЛ-** (*во Флори́де, во Фра́нции, во Вьетна́ме*).

Nominative sing. (Кто? Что?)	Prepositional sing. (Где? О ком? О чём?)	Examples
Васи́лий (*masc. name*)	Васи́ли-**и**	Она́ говори́т **о Васи́лии**. *She talks about Vasiliy.*
общежи́тие	общежи́ти-**и**	Га́ля живёт **в общежи́тии**. *Galya lives in a dorm.*
Росси́я	Росси́-**и**	Она́ родила́сь **в Росси́и**. *She was born in Russia.*
Сиби́рь *f.*	Сиби́р-**и**	Он рассказа́л **о Сиби́ри**. *He told us about Siberia.*

Several masculine nouns, which must be memorized, have the prepositional singular ending **-У** (stressed) in answer to the question **Где?** For now, memorize the following nouns:

Nominative sing. (Что?)	Prepositional sing. (Где?)	Examples
аэропо́рт	в аэропорт-**у́**	Я был **в аэропорту́**. *I was at the airport.*
бе́рег	на берег-**у́**	Томск нахо́дится **на берегу́** реки́ Томь. *Tomsk is located on the bank of the Tom River.*

Note the special form for **год** in answer to the question **Когда́?**: В 1998-м **год-у́**.

In the prepositional **plural**, all nouns, regardless of gender, take the endings **-АХ/-ЯХ**.

Nominative sing. (Кто? Что?)	Nominative pl. (Кто? Что?)	Prepositional pl. (Где? О ком? О чём?)	Examples
го́род	города́	город-**а́х**	Я была́ **во** мно́гих **города́х**. *I was in (visited) many cities.*
друг	друзья́	друзь-**я́х**	Я ду́маю **о друзья́х**. *I think about my friends.*

III. Prepositional case forms for personal pronouns and the reflexive pronoun СЕБЯ́

Nom.	кто?	что?	я	ты	он	оно́	она́	мы	вы	они́	-
Prep.	о ком?	о чём?	обо мне́	о тебе́	о нём		о ней	о нас	о вас	о них	о себе́

The reflexive pronoun **СЕБЯ́** *oneself (myself, yourself, himself, herself, ourselves, themselves)* has no *nominative case* form and refers back to the subject of the sentence. The same form is used for all grammatical persons and numbers:

Она́ пи́шет о **себе́**.   *She is writing about herself.*
Они́ пи́шут о **себе́**.   *They are writing about themselves.*

Remember:

Он пи́шет обо **мне́**.   *He is writing about me.*

But: Я пишу́ о **себе́**.   *I am writing about myself.*

1–21 | Предло́жный паде́ж. Working in pairs, put the words in parentheses into the prepositional case and then talk about **Га́ля** and **Све́та**.

Га́ля Черно́ва

Га́ля родила́сь в (го́род) _____ Волгогра́д в 1996-м

(год) _____ в (ию́нь) _____. У неё есть свой блог, и

она́ пи́шет о (му́зыка) _____ и (фи́льмы) _____,

кото́рые она́ лю́бит. Га́ля ра́да ви́деть всех в своём (блог)

_____. Сейча́с она́ у́чится в (Петербу́рг) _____.

Га́ля у́чится в (университе́т) _____ в (аспиранту́ра)

_____ на истори́ческом (факульте́т) _____.

Све́та Ле́вина

Све́та родила́сь, вы́росла и живёт в (Ряза́нь) _____.

Ряза́нь нахо́дится недалеко́ от Москвы́, на (ю́го-восто́к)

_____. Све́та у́чится в сре́дней (шко́ла) _____

№ 2, кото́рая нахо́дится в (центр) _____ го́рода. Све́та

лю́бит слу́шать но́вые рок гру́ппы на (Юту́б) _____!

У неё мно́го друзе́й в (Фейсбу́к) _____ и в (Тви́ттер)

_____. У неё миллио́н друзе́й в социа́льных (се́ти)

_____!

1–22 | **Сто́роны све́та.** 1) Look at the compass **ко́мпас** and name the four cardinal directions. 2) In pairs, make small talk following the subsequent example.

Приме́р/Example:

— Где за́пад?
— Вот э́то за́пад.

восто́к – *East*   **се́веро-за́пад** – *Northwest*
за́пад – *West*   **се́веро-восто́к** – *Northeast*
се́вер – *North*   **ю́го-восто́к** – *Southeast*
юг – *South*   **ю́го-за́пад** – *Southwest*

 1–23 | **Где нахо́дится э́тот го́род?** 1) Look at maps of Russia and the United States (you may use Google or **Яндекс** maps) and find where the following cities are located. 2) In pairs, make small talk following the subsequent example.

Приме́р/Example:

— Где нахо́дится Омск?
— **На** ю́го-восто́ке Росси́и.
— Вы бы́ли в Омске?
— Да, я был/была́ **в** Омске./Нет, я никогда́ не был/была́ **в** Омске.

Росси́я	**США (Соединённые шта́ты Аме́рики)**
Ряза́нь	Сан-Франци́ско
Волгогра́д	Мэ́дисон
То́мск	Бо́стон
Но́вгород	Атла́нта
Яку́тск	Но́вый Орлеа́н
Тюме́нь	Лос-А́нджелес
Уфа́	Остин
Арха́нгельск	Нью-Йо́рк
Каза́нь	Вашингто́н

 1–24 | **Предло́жный паде́ж.** 1) Fill out the following questionnaire. The first one has been done for you. 2) In small groups, ask each other the following questions and circle your partners' answers. 3) Sum up the information gathered by your group and present the results to your class, starting with the following phrases: **Мы лю́бим говори́ть о . . . Мы лю́бим чита́ть о . . . Все мы лю́бим сиде́ть в . . .**

Вопро́сы *Questions*	Отве́ты *Answers*
1. О чём вы лю́бите говори́ть?	**Я люблю́ говори́ть . . .**
друзья́	*о друзья́х*
семья́	
фи́льмы	
ток-шо́у[5]	
сериа́лы	
но́вости	
кни́ги	
поэ́зия	
путеше́ствия	
рестора́ны	
поли́тика	
друго́е:	
2. О чём вы лю́бите чита́ть?	**Мне нра́вится чита́ть . . .**
исто́рия	*об исто́рии*
му́зыка	
компози́торы	
худо́жники	
футбо́л	
музе́и	
города́	
моря́ и океа́ны	
путеше́ствия	
друго́е:	
3. В како́й социа́льной сети́ вы ча́сто сиди́те?	**Я люблю́ сиде́ть . . .**
Инстагра́м	*в Инстагра́ме*
Фейсбу́к	
Тви́ттер	
Гу́гл плюс	
Однокла́ссники	
ВКонта́кте	
друго́е:	

1–25 | О ком/О чём вы говори́те? Insert the appropriate prepositional case forms for personal pronouns.

О (кто) _____ и (что) _____ я пишу́ в своём бло́ге? Я пишу́ о свои́х друзья́х. О (они́) _____ мо́жно мно́го написа́ть. Я пишу́, о (что) _____ мы говори́м и что мы де́лаем. Я та́кже пишу́ о свое́й лу́чшей подру́ге. Я мно́го ду́маю о (она́) _____. Я зна́ю, что она́ то́же ду́мает обо (я) _____! Я ча́сто пишу́ о (мы) _____. Я та́кже пишу́ о (я) _____, о (что) _____ я ду́маю и о (что) _____ я мечта́ю. А вы? О (что) _____ и о (кто) _____ вы пи́шете в своём бло́ге?

---

5 **Ток-шо́у** is an indeclinable noun.

IV. Adjective and pronoun endings for the prepositional case.
The reflexive possessive pronoun СВОЙ (one's own)

Adjectives for masculine and neuter singular nouns take the endings **-ОМ/-ЕМ**.[6] Adjectives for feminine nouns take the endings **-ОЙ/-ЕЙ**.[7] In the plural, the endings are **-ЫХ/-ИХ**.[8] Possessive pronouns for masculine and neuter singular nouns take the ending **-ЁМ/-ЕМ**. Possessive pronouns for feminine nouns take the ending **-ЕЙ**. In the plural, the ending is **-ИХ**. The possessives **ЕГО́, ЕЁ, ИХ** never change forms.

Remember that ordinal numerals (*пе́рвый, второ́й, тре́тий, четвёртый, пя́тый, шесто́й*, etc.) decline like adjectives (*в пе́рвом, во второ́м, в тре́тьем, в четвёртом, в пя́том, в шесто́м*, etc.):

Я роди́лся/родила́сь в ты́сяча девятьсо́т во́семьдесят втор-**о́м** год-**у́**.

	Nominative singular	Prepositional singular	Prepositional plural
		M./N.: -ОМ/-ЕМ *F.: -ОЙ/-ЕЙ*	*Pl.: -ЫХ/-ИХ*
M.	мой (твой, наш, ваш) ча́стный **университе́т**	в мо-**ём** (тво-**ём**, на́ш-**ем**, ва́ш-**ем**) ча́стн-**ом** университе́те	в мо-**и́х** (тво-**и́х**, на́ш-**их**, ва́ш-**их**) ча́стн-**ых** университе́тах
		о сво-**ём** дру́ге	о сво-**и́х** друзья́х
N.	моё (твоё, на́ше, ваше) хоро́шее **общежи́тие**	в мо-**ём** (тво-**ём**, на́ш-**ем**, ва́ш-**ем**) хоро́ш-**ем** общежи́тии	в мо-**и́х** (тво-**и́х**, на́ш-**их**, ва́ш-**их**) хоро́ш-**их** общежи́тиях
		о сво-**ём** общежи́тии	о сво-**и́х** общежи́тиях
F.	моя́ (твоя́, на́ша, ва́ша) социа́льная **сеть** *f.*	в мо-**е́й** (тво-**е́й**, на́ш-**ей**, ва́ш-**ей**) социа́льн-**ой** сети́	в мо-**и́х** (тво-**и́х**, на́ш-**их**, ва́ш-**их**) социа́льн-**ых** сетя́х
		о сво-**е́й** подру́ге	о сво-**и́х** друзья́х

Use either a **possessive** (мой, твой, наш, ваш, моя́, твоя́, на́ша, ва́ша, моё, твоё, на́ше, ва́ше, его́, её, их) or the reflexive pronoun **СВОЙ** *(one's own)* when speaking in the **first** (я, мы) or **second** (ты, вы) **person**, as **СВОЙ** *(one's own)* refers to the subject of the sentence.

Я ча́сто говорю́ о **моём/своём** дру́ге.　　*I often talk about my friend.*
Вы говори́те о **ва́ших/свои́х** друзья́х.　　*You often talk about your friends*

But when talking about someone else in the **third person** (он, она́, они́), use:

1. the reflexive pronoun **СВОЙ** when referring to the subject of the sentence, and
2. the **possessive pronoun ЕГО́, ЕЁ** or **ИХ** when referring to another person.

6　Remember spelling rule #1: an unstressed **О** in grammatical endings is written as **Е** after hushers (**Ж, Ш, Щ, Ч**) and **Ц**.
7　Remember spelling rule #1.
8　Remember spelling rule #2: write **-И** instead of **-Ы** after velars (**К, Г, Х**) and hushers (**Ж, Ш, Щ, Ч**).

But: Она́ ча́сто говори́т о **своём** дру́ге. *She often talks about her (own) friend.*

Она́ ча́сто говори́т о **её** дру́ге. *She often talks about her (someone else's) friend.*

Remember that **СВОЙ** *(one's own)* agrees in **gender**, **number**, and **case** with the noun it modifies.

Он ча́сто говори́т о **своём** дру́ге. *He often talks about his friend (male).*

Он ча́сто говори́т о **свое́й** подру́ге. *He often talks about his friend (female).*

Он ча́сто говори́т о **свои́х** друзья́х. *He often talks about his friends.*

Note the prepositional endings for **ВЕСЬ (ВСЯ, ВСЁ, ВСЕ)** – *all, the whole*; **Э́ТОТ (Э́ТА, Э́ТО, Э́ТИ)** – *this or that*; **ТОТ (ТА, ТО, ТЕ)** – *that (that one vs. this one)*

	Nominative	Prepositional	Examples
M./N.	весь/всё э́тот/тот э́то/то	во всём в э́том/том	Во **всём** университе́те нет ни одного́ интерне́т-кафе́! *There is not a single internet cafe in the whole university!* Я вы́рос в **э́том/том** го́роде. *I grew up in this/that city.*
F.	вся э́та/та	обо все́й в э́той/той	Я пишу́ в бло́ге обо **все́й** мое́й жи́зни. *I write about everything in my life in my blog.* Я роди́лся в **э́той/той** стране́. *I was born in this/that country.*
PL.	все э́ти/те	во все́х об э́тих/о тех	Во **все́х** бло́гах бло́геры пи́шут о себе́. *Bloggers write about themselves in all blogs.* В бло́ге я пишу́ об **э́тих/тех** пробле́мах. *I write about these/those problems in my blog.*

1–26 | Предло́жный паде́ж. 1) Fill out the following questionnaire. The first one has been done for you. 2) In small groups, ask each other the following questions and circle your partners' answers. 3) Sum up the information gathered by your group and present the results to your class, starting with the phrase: **Мы ду́маем, что в бло́ге мо́жно писа́ть о . . .**

Вопро́с *Questions*	Отве́ты *Answers*
О ком/о чём мо́жно писа́ть в своём бло́ге?	**В бло́ге мо́жно писа́ть . . .**
вся своя́ жизнь свой го́род все интере́сные фи́льмы те популя́рные сериа́лы э́ти популя́рные ток-шо́у все на́ши компью́терные и́гры вся ру́сская ку́хня все свои́ друзья́ вся своя́ семья́ все мои́ после́дние но́вости америка́нская ку́хня все свои́ интере́сы друго́е:	*обо всей свое́й жи́зни*

1-27 | Предло́жный паде́ж. Working in pairs, put the words in parentheses into the prepositional case and then talk about **Макси́м**.

Макси́м Смирно́в

Макси́м роди́лся и вы́рос в (Си́бирь) _____, в (небольшо́й го́род) _____ _____ Томск, кото́рый нахо́дится на (бе́рег) _____ реки́ Томь. Он рабо́тает в (на́ша городска́я газе́та) _____ _____ _____ «То́мские но́вости». Он пи́шет о (на́ша студе́нческая жизнь) _____ _____ _____, о (свои́ друзья́) _____ _____. Макси́м мечта́ет о (но́вый фотоаппара́т) _____ _____! У Макси́ма есть акка́унт в (ВКонта́кте) _____ и страни́ца в (Фейсбу́к) _____. У него́ 1000 друзе́й в (Фейсбу́к) _____!

1-28 | Предло́жный паде́ж. 1) Fill out the questionnaire. The first one has been done for you. 2) In small groups, ask each other the following question and circle your partners' answers. 3) Sum up the information gathered by your group and present the results to your class, starting with the phrase: **Мы мечта́ем о (об) . . .**

Вопро́с	Отве́ты
О чём вы мечта́ете?	**Я мечта́ю . . .**
но́вый компью́тер но́вый смартфо́н после́дний айфо́н после́дний планше́т (айпе́д) хоро́шая маши́на хоро́шая кварти́ра большо́й телеви́зор интере́сная рабо́та друго́е:	*о но́вом компью́тере*

1–29 | В како́м году́? В како́м ме́сяце? 1) Read the following paragraph and note how the year and the month are expressed. 2) In pairs, take turns asking and answering the following questions. Write down all of your partner's answers and report them to the class.

О Са́ше Фёдорове

Са́ша роди́лся в ты́сяча девятьсо́т девяно́сто тре́тьем году́, в ию́не. В ты́сяча девятьсо́т девяно́сто девя́том году́, в сентябре́, он пошёл в шко́лу. Он око́нчил шко́лу в две ты́сячи деся́том году́, в ма́е. В две ты́сячи оди́ннадцатом году́ он поступи́л в университе́т. Он око́нчил университе́т в две ты́сячи пятна́дцатом году́.

А вы? В како́м году́ вы роди́лись? В како́м ме́сяце вы роди́лись? В како́м году́ вы пошли́ в шко́лу? В како́м ме́сяце вы пошли́ в шко́лу? В како́м году́ поступи́ли в университе́т? В како́м году́ вы око́нчите университе́т?

1–30 | Когда́? Complete the sentences.

Что?	Когда́?
1. Он поступи́л в университе́т (last year) . . .	в э́том году́
2. Она́ око́нчила университе́т (this year) . . .	в про́шлом году́
3. Он откры́л акка́унт в Живо́м Журна́ле (last week) . . .	в сле́дующем году́
4. Она́ доба́вила 150 челове́к в друзья́ (this month) . . .	в э́том ме́сяце
5. Мой друг напи́шет о на́шем университе́те в газе́те (next month) . . .	в про́шлом ме́сяце в сле́дующем ме́сяце
6. Я хочу́ откры́ть акка́унт в Тви́ттере (next week) . . .	на э́той неде́ле
7. Он был на ю́ге Росси́и (this week) . . . и мно́го фотографи́ровал.	на про́шлой неде́ле на сле́дующей неде́ле
8. У неё бу́дет миллио́н друзе́й в социа́льных сетя́х (next year) . . . !	

V. Кото́рый (кото́рая, кото́рое, кото́рые) in the Prepositional Case: в/на, о кото́ром (кото́рой, кото́ром, кото́рых)

The English equivalents of **кото́рый** (кото́рая, кото́рое, кото́рые) are *that*, *which*, or *who*. **Кото́рый** (кото́рая, кото́рое, кото́рые) can be used to form complex sentences by introducing a subordinate clause to the main clause.

Remember the following:

1. **Кото́рый** and all its forms have adjective endings.
2. It agrees in **gender** and **number** with the noun it refers to in the main clause (e.g. го́род, в кото́ром; у́лица, на кото́рой; общежи́тие, в кото́ром; кни́ги, в кото́рых, студе́нты, о кото́рых).
3. Its case is determined by the role it plays in the subordinate clause.
4. **Кото́рый** may not be omitted, unlike the words "which" and "that" in English.

Я люблю́ **го́род**. Я живу́ **в го́роде**. (**в го́роде** *m.* is in the prepositional case)
Я люблю́ **го́род**, **в кото́ром** я живу́. (**в кото́ром** *m.* is in the prepositional case)
I love the city I live in (in which I live).

Это **шко́ла**. Я учу́сь **в шко́ле**. (**в шко́ле** *f.* is in the prepositional case)
Это **шко́ла**, **в кото́рой** я учу́сь. (**в кото́рой** *f.* is in the prepositional case)
This is the school I study in (in which I study).

1–31 | Кото́рый. 1) Read the text and explain the use of each ending for **кото́рый** (кото́рая, кото́рое, кото́рые). 2) In pairs, take turns asking and answering the following questions in full sentences using **кото́рый** (кото́рая, кото́рое, кото́рые) in the prepositional case. Write down all of your partner's answers and report them to the class.

Мы уже́ зна́ем, что Макси́м живёт в го́роде Томск, **кото́рый** нахо́дится в Сиби́ри. Это го́род, **в кото́ром** он роди́лся и вы́рос. Это го́род, **в кото́ром** он поступи́л в университе́т. В университе́те есть спорти́вный клуб, **в кото́ром** он игра́ет в те́ннис, и стадио́н, **на кото́ром** он игра́ет в футбо́л. Библиоте́ка, **в кото́рой** Макси́м занима́ется, нахо́дится в це́нтре го́рода. Макси́м, **о кото́ром** мы говори́м, о́чень лю́бит фотографи́ровать.

1. Как называ́ется го́род, **в кото́ром** вы родили́сь? *Го́род, в кото́ром я роди́лся/ роди́ла́сь, называ́ется . . .*
2. Как называ́ется го́род, **в кото́ром** вы вы́росли?
3. Как называ́ется шко́ла, **в кото́рой** вы учи́лись?
4. Как называ́ется университе́т, **в кото́ром** вы у́читесь/учи́лись?
5. Как называ́ется факульте́т, **на кото́ром** вы у́читесь/учи́лись?
6. Как называ́ется социа́льная сеть, **в кото́рой** у вас есть акка́унт?

VI. Prepositions В and НА

The prepositions **В** and **НА** are used with nouns in the prepositional case to denote the location of a person or an object. In answer to the question **Где**?, **В** denotes location *inside of*, and **НА** denotes location *on the surface of*: **в столе́** – *in the table (in a drawer)*; **на столе́** – *on the table*.

Many nouns are used only with **В** or only with **НА**. Learn the following guidelines for usage.

Use the preposition **В** with the names of cities and countries and with nouns that denote closed or covered spaces.

Names of cities and countries	Closed or covered spaces	Months and years	Internet or social networks
в Росси́и в А́нглии в Москве́	в университе́те в до́ме в магази́не	в ию́не в а́вгусте в 1996-м году́	в интерне́те в Инстагра́ме в Фейсбу́ке

Use the preposition **НА** in the following contexts.

Open spaces	Functions or events	Points of the compass	Names of islands, seas, oceans, rivers, lakes
на пло́щади на стадио́не на у́лице на берегу́	на футбо́ле, на баскетбо́ле, на те́ннисе	на се́вере на се́веро-за́паде на ю́ге на ю́го-восто́ке на восто́ке на за́паде	на Сахали́не, на Кури́льских острова́х
	на у́жине, на за́втраке, на обе́де		на Чёрном мо́ре,[9] на Ти́хом океа́не
	на ле́кции, на заня́тии, на экза́мене		на Во́лге
	на конце́рте, на о́пере, на фи́льме		на Байка́ле

---

9 **Remember:** Я был/жил/отдыха́л (где?) **на** Чёрном мо́ре, **but** Я купа́лся/пла́вал (где?) **в** Чёрном мо́ре.

The following commonly used nouns combine with the preposition **НА**: на по́чте, на вокза́ле, на (пе́рвом, второ́м, тре́тьем . . .) этаже́, на факульте́те, на Юту́бе.

1–32 | В и́ли НА? 1) Read the following stories and insert the appropriate prepositions. 2) In pairs, take turns asking and answering the following questions:

1. Где роди́лись Га́ля и Све́та? Где роди́лся Макси́м?
2. Где нахо́дятся Ряза́нь и То́мск?
3. Где у́чатся Га́ля, Све́та и Макси́м?
4. В како́м го́роде жила́ Га́ля, на како́й у́лице?
5. Где живёт (го́род, у́лица) и рабо́тает Макси́м?
6. В каки́х социа́льных сетя́х (соцсетя́х) у Све́ты и Макси́ма есть акка́унты?
7. Ско́лько друзе́й у Све́ты и Макси́ма есть в соцсетя́х?
8. Где была́ Све́та в э́том году́?
9. Где был Макси́м в про́шлом году́?

Га́ля родила́сь ____ го́роде Волгогра́де ____ 1996-м (ты́сяча девятьсо́т девяно́сто шесто́м) году́, ____ ию́не. Она́ жила́ ____ у́лице Го́рького. Сейча́с она́ у́чится ____ аспиранту́ре ____ истори́ческом факульте́те. В про́шлом году́ она́ была́ ____ Чёрном мо́ре.

Све́та живёт ____ Ряза́ни. Она́ родила́сь и вы́росла ____ э́том го́роде! Ряза́нь нахо́дится ____ юго-восто́ке от Москвы́. Све́та у́чится ____ сре́дней шко́ле № 2, кото́рая нахо́дится ____ це́нтре го́рода. Све́та лю́бит слу́шать но́вые рок гру́ппы ____ Юту́бе! У неё есть акка́унт ____ Фейсбу́ке и ____ Тви́ттере. У неё миллио́н друзе́й ____ социа́льных сетя́х! В э́том году́ она́ была́ ____ Байка́ле.

Макси́м роди́лся и вы́рос ____ Сиби́ри, ____ го́роде То́мск, кото́рый нахо́дится ____ берегу́ реки́ Томь. Он живёт ____ Ю́жной пло́щади, кото́рая нахо́дится ____ це́нтре го́рода. Макси́м у́чится ____ То́мском госуда́рственном университе́те. Он быва́ет ____ ле́кциях ка́ждый день. Макси́м рабо́тает ____ газе́те «То́мские но́вости». У него́ есть акка́унт ____ ВКонта́кте и страни́ца ____ Фейсбу́ке. У него́ уже́ 1000 друзе́й ____ Фейсбу́ке! В про́шлом году́ он был ____ Англии.

1–33 | В и́ли НА? 1) Read the following story and insert the appropriate prepositions. 2) In pairs, take turns asking and answering the following questions:

1. В како́м году́ роди́лся Пу́шкин?
2. Где роди́лся Пу́шкин?
3. Что отмеча́ют в Росси́и в день рожде́ния Пу́шкина?
4. В како́м году́ бы́ло напи́сано стихотворе́ние «Ты и вы»?
5. О чём стихотворе́ние «Ты и вы»?

Алекса́ндр Серге́евич Пу́шкин

Алекса́ндр Серге́евич Пу́шкин – гениа́льный ру́сский поэ́т, со́лнце ру́сской поэ́зии. Пу́шкина зна́ют и чита́ют все ____ Росси́и. Де́ти чита́ют ска́зки Пу́шкина, молоды́е лю́ди – романти́ческие стихи́ и по́вести, взро́слые (*adults*) – филосо́фские дра́мы.

Пу́шкин роди́лся 6 ию́ня 1799 го́да ____ Москве́. В день его́ рожде́ния ____ Росси́и отмеча́ют госуда́рственный пра́здник – День ру́сского языка́ и́ли Пу́шкинский день.

Стихотворе́ние «Ты и вы» Пу́шкин написа́л ____ 1828-м году́. Он написа́л его́ Анне Алексе́евне Оле́ниной. Ей он та́кже написа́л стихотворе́ния «Я вас люби́л», «Её глаза́» и други́е.

Ты и вы

Пусто́е *вы* серде́чным *ты*

Она́, обмо́лвясь, замени́ла

И все счастли́вые мечты́

В душе́ влюбленной возбуди́ла.

Пред ней заду́мчиво стою́,

Свести́ оче́й с неё нет си́лы;

И говорю́ ей: как *вы* ми́лы!

И мы́слю: как *тебя́* люблю́!

СЛОВА́РЬ

аспиранту́ра – *graduate school*
бе́рег, *prep.:* на берегу́ – *coast, shore*
весь (вся, всё, все) – *all, the whole*
всё *n.* – everything/**все** – *everyone*
вы́расти *pfv.* где? – *to grow up*
    Past: он вы́рос, она́ вы́росла, они́ вы́росли
добавля́ть/доба́вить что? (комме́нта́рий) – *to add (a comment)*
    Pres.: я добавля́ю, ты добавля́ешь, они́ добавля́ют
    Fut.: я доба́влю, ты доба́вишь, они́ доба́вят
мечта́ть *impf.* о ком? о чём? – *to dream*
    Pres.: я мечта́ю, ты мечта́ешь, они́ мечта́ют

называ́ться *impf.* – *to be named, called*
  Pres.: он (она́, оно́) называ́ется, они́ называ́ются
находи́ться *impf.* где? – *to be located*
  Pres.: он (она́, оно́) нахо́дится, они́ нахо́дятся
ненави́деть *impf.* кого? что? – *to hate*
  Pres.: я ненави́жу, ты ненави́дишь, они́ ненави́дят
роди́ться *pfv.* где? – *to be born*
  Past: он роди́лся, она́ родила́сь, они́ роди́лись
око́нчить *pfv.* что? (шко́лу, ко́лледж, университе́т) – *to graduate from*
  Fut.: я око́нчу, ты око́нчишь, они́ око́нчат
  Past: он око́нчил, она́ око́нчила, они́ око́нчили
подписа́ться *pfv.* на кого? на что? – *to subscribe; follow*
  Fut.: я подпишу́сь, ты подпи́шешься, они́ подпи́шутся
подпи́счик – *follower, subscriber*
получи́ть *pfv.* что? (сте́пень бакала́вра, маги́стра) – *to receive (B.A., M.A)*
  Fut.: я получу́, ты полу́чишь, они́ полу́чат
поступи́ть *pfv.* куда́? (в ко́лледж, университе́т) – *to be accepted*
  Fut.: я поступлю́, ты посту́пишь, они́ посту́пят
  Past: он поступи́л, она́ поступи́ла, они́ поступи́ли
(о) себе́ *prep.* – *(about) oneself (myself, yourself, himself, herself, ourselves, themselves)*
собы́тие – *event*
социа́льная сеть – *social network*
ссы́лка – *link*
ста́вить/поста́вить лайк – *to "like" a post (on social media*
  Pres./Fut.: я (по)ста́влю, ты (по)ста́вишь, они́ (по)ста́вят
стать *pfv.* кем? – *to become*
  Fut.: я ста́ну, ты ста́нешь, они́ ста́нут
та́к как – *because*
учи́ться *impf.* где? (в шко́ле, ко́лледже, университе́те) – *to study*
  Pres.: я учу́сь, ты у́чишься, они́ у́чатся
  Past: он учи́лся, она́ учи́лась, они́ учи́лись

ГЛАВА́ 2 | СТА́РЫЙ ДРУГ ЛУ́ЧШЕ НО́ВЫХ ДВУХ

In this chapter, you will:

- read social media group discussions on friends and friendship, write posts and comments;
- watch the results of a video poll on best friends;
- talk about your friends: time spent together, your common interests, likes and dislikes, topics you usually discuss;
- learn to describe your friends' appearance and personality traits;
- learn to ask questions about others' appearance and personality traits;
- create a video blog post about your best friend.

ВВЕДЕ́НИЕ

 2-1 | Мой друг/моя́ подру́га. 1) Read the following **script** (questions and answers) out loud. Read Cultural Note #1. 2) Go around the classroom and interview two classmates. Make sure to use the appropriate form of address (**ты** or **вы**). 3) Write down or circle your classmates' answers. 4) Summarize their answers in six to seven sentences and share them with the rest of the class.

I. Opening conversation lines	Responses	
Приве́т!/Здра́вствуй/те! Как дела́? Как твоя́/ва́ша жизнь? *(How's life?)*	Приве́т!/Здра́вствуй/те! Спаси́бо, всё хоро́шо (непло́хо, норма́льно).	
II. Вопро́сы *Questions*	**Отве́ты** *Answers*	
1. У тебя́/вас есть друг и́ли подру́га?	Да, коне́чно! Да, у меня́ есть друг/ подру́га.	Нет, к сожале́нию *(unfortunately)*. Нет, у меня нет друзе́й. Хочу́ найти́ дру́га/ подру́гу.
2. Как зову́т твоего́/ ва́шего дру́га?	Его́ зову́т _____.	
3. Како́й он челове́к?	Он у́мный *(smart, clever)*. Он серьёзный *(serious)*. Он че́стный *(honest)*. Он сме́лый *(bold, daring)*. Он си́льный челове́к *(strong)*. Он о́чень акти́вный челове́к. Он интере́сный челове́к. Он с чу́вством ю́мора *(sense of humor)*. Друго́е:	
4. Как зову́т твою́/ва́шу подру́гу?	Её зову́т _____.	
5. Како́й она́ челове́к?	У неё хоро́ший/плохо́й хара́ктер *(personality)*. Она́ до́брая *(kind)*. Она́ споко́йная *(calm)*. Она́ внима́тельная *(attentive)*. Она́ весёлая *(cheerful, fun-loving)*. У неё хоро́шее чу́вство ю́мора. Она́ тала́нтливая во всём. Она́ креати́вная. Друго́е:	
6. Как он/она́ вы́глядит?	Он (не)высо́кий ма́льчик/па́рень/мужчи́на. Она́ (не)высо́кая де́вочка/де́вушка/же́нщина. У него́/неё све́тлые/тёмные/седы́е во́лосы. У него́/неё голубы́е/зелёные/се́рые/ка́рие глаза́. Друго́е:	

III. Closing lines	Responses
Пока́!/До свида́ния! Ещё уви́димся! *(We'll see each other again!)*	Пока́/До ско́рой встре́чи! *(See you soon!)* До встре́чи! Всего́ хоро́шего! *(All the best!)*

Cultural note #1

Russians generally avoid referring to a person using a third-person pronoun **in their presence**, as this is considered disrespectful. It is more polite to refer to a person using a proper noun or their name. For example, one should say "А́нна до́брая" rather than "она́ до́брая" and "мой друг зна́ет" rather than "он зна́ет".

2–2 | Произноше́ние. How to pronounce unstressed **Е**. 1) Read about the pronunciation of unstressed **Е**. 2) Listen to the speaker and underline unstressed **Е** in the following sentences. 3) Listen again and pronounce the sentences after the speaker.

Be sure to pronounce unstressed **Е** in the syllables *before* the stress as a short **И** [ɪ]. Pronounce unstressed **Е** as [ə] in syllables *after* the stress, after the consonant **Ш** (e.g. хороше**е**) and in nominative forms of neuter adjectives and nouns (e.g. пе́рво**е**, второ́**е**, общежи́ти**е**).

Remember that **Г** is pronounced as **В** [v] in the following words: твое**г**о́, ва́ше**г**о, е**г**о́, у не**г**о́, все**г**о́ хоро́ше**г**о, се**г**о́дня.

---

1. Как дела́?
2. Как зову́т твоего́ дру́га? Как зову́т ва́шего дру́га?
3. Како́й у него́ хара́ктер? Како́й у неё хара́ктер?
4. У него́ хоро́ший хара́ктер! У неё хоро́ший хара́ктер!
5. Он о́чень интере́сный челове́к.
6. Она́ серьёзная де́вушка.
7. У неё хоро́шее чу́вство ю́мора!
8. Что вы лю́бите де́лать с друзья́ми?
9. Мы вме́сте хо́дим в кафе́ и рестора́ны, игра́ем в и́гры.
10. Вме́сте слу́шаем му́зыку, занима́емся спо́ртом.
11. Всего́ хоро́шего!
12. Ещё уви́димся сего́дня!

2–3 | Словообразова́ние. The suffix **-ость-**. 1) Read the following **feminine abstract nouns** formed from adjectives out loud. Give English equivalents for the nouns. 2) In pairs, make small talk using these nouns following the example subsequently.

Приме́р/Example:

— Что вам нра́вится и́ли не нра́вится в лю́дях?
— Мне нра́вится ве́рность.

Adjectives	Suffix	Nouns (*f.*)
1. акти́вн-ый *active*	– ость-	акти́вн**ость**
2. ве́рн-ый *true, faithful*		ве́рн**ость**
3. внима́тельн-ый *attentive*		внима́тельн**ость**
4. глу́п-ый *stupid*		глу́п**ость**
5. креати́вн-ый *creative*		креати́вн**ость**
6. молод-о́й *young*		мо́лод**ость**
7. позити́вн-ый *positive*		позити́вн**ость**
8. сме́л-ый *bold, daring*		сме́л**ость**
9. че́стн-ый *honest*		че́стн**ость**

2–4 | О чём вы говори́те с друзья́ми? 1) Read the following list out loud and mark what you usually talk about with your friends. 2) In small groups, ask your partner what they usually talk about with their friends and circle their answers. 3) Sum up the information gathered by your group and share them with the rest of the class, starting with the phrase: **Обы́чно мы говори́м со свои́ми друзья́ми о . . .**

О чём вы обы́чно говори́те со свои́ми друзья́ми?
Мы говори́м . . .

____ о кни́гах.
____ о фи́льмах.
____ о пла́нах на выходны́е/кани́кулы.
____ о выходны́х/кани́кулах.
____ о на́ших друзья́х.
____ о шко́ле/об университе́те.
____ об экза́менах.
____ о после́дних новостя́х.
____ о но́вых компью́терных и́грах.
____ о но́вых програ́ммах для смартфо́нов.
____ о друго́м (напиши́те, о чём):

2–5 | Опро́с «Что вам нра́вится де́лать, когда́ вы встреча́етесь с друзья́ми?» Study the chart. Review numbers in Appendix 5 as needed. 1) Name the activities that are the most popular and least popular among young Russians. 2) In small groups, discuss which activities are the most popular among young people in your country. 3) Compare your results with those of the other groups in your class.

Опро́с «Что вам нра́вится де́лать, когда́ вы встреча́етесь с друзья́ми?»

Опро́с проводи́лся онла́йн.

7%	Хо́дим в кино́, на конце́рты.
2%	Игра́ем в компью́терные и́гры.
10%	Слу́шаем вме́сте му́зыку.
6%	Занима́емся спо́ртом.
28%	Хо́дим в кафе́, рестора́ны, клу́бы.
20%	Хо́дим по магази́нам.[1]
22%	Гуля́ем.
5%	Друго́е (напиши́те, что вы де́лаете).

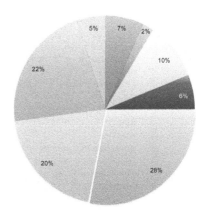

Друго́е:

- Сиди́м до́ма.
- Говори́м обо всём и обо всех.
- Пьём ко́фе.
- Хо́дим в теа́тр.

ЧИТА́ЕМ И ГОВОРИ́М

2–6 | Пе́ред чте́нием. In pairs or small groups, discuss the following questions.

1. Как вы ду́маете, мо́жно найти́ дру́га/подру́гу по интерне́ту?
2. Где мо́жно найти́ друзе́й?
3. Где вы познако́мились со свои́м дру́гом и́ли подру́гой?

2–7 | Ищу́ друзе́й. Read the following posts from a group on the Russian social network **ВКонта́кте**. 1) What is the purpose of this group? What are the **ВКонта́кте** users discussing? 2) Analyze the content of the posts made by the members of the group.

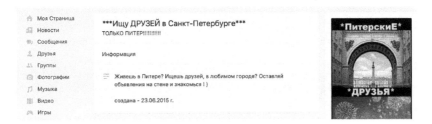

---

1 **ходи́ть по магази́нам** – *to go shopping*

Ищу́ друзе́й в Санкт-Петербу́рге

блонди́нка – *blonde (woman)*
ве́рный, -ая, -ые – *true, faithful*
глу́пый, -ая, -ые – *stupid*
для + *gen.* – *for, for the purpose of*
дру́жба – *friendship*
иска́ть *impf.* кого́? что? – *to look for, search*
найти́ *pfv.* кого́? что? – *to find*
настоя́щий, -ая, -ие – *genuine, here: true*
переезжа́ть/перее́хать куда́? – *to move*
позити́вный, -ая, -ые – *positive*
энерги́чный, -ая, -ые – *energetic*

Expression: Это кла́ссно/кру́то! – *That's cool!*

Друзья́, дава́йте писа́ть здесь о себе́ и о тех, кого́ вы хоти́те найти́ в на́шем го́роде!

Дмитри́й Смирно́в   *28 сентября́ в 1:37*

Приве́т всем! Хочу́ найти́ друзе́й. До́брых, у́мных, акти́вных люде́й. Сам я о́чень акти́вный и энерги́чный, не люблю́ сиде́ть до́ма. Мне 35 лет. Не жена́т. Что ещё . . . У меня́ хоро́шее чу́вство ю́мора! Это ва́жно. Пиши́те!!! Добавля́йте меня́ в друзья́!

Са́ша Алексе́ев   *2 октября́ в 22:00*

До́брый ве́чер! Живу́ в Пи́тере. Мне 14. Ищу́ друзе́й для акти́вного о́тдыха. Интере́сы: фи́льмы, кни́ги, и́гры, ко́миксы, аниме́. Са́ша (он)☺

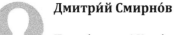

Викто́рия Родио́нова   *15 октября́ в 22:00*

Здра́вствуйте! Мне 22 го́да. Живу́ в Пи́тере. У меня́ хоро́ший хара́ктер! Я о́чень весёлый челове́к. Очень симпати́чная: высо́кая блонди́нка с голубы́ми глаза́ми.☺ Слу́шаю рок, смотрю́ аниме́ и сериа́лы. Люблю́ танцева́ть. Ищу́ хоро́ших, ве́рных друзе́й. Если вы то́же танцу́ете, то э́то кру́то!

Сла́ва Во́лков   *20 октября́ в 14:00*

Всем приве́т! Ищу че́стных, сме́лых, весёлых люде́й для дру́жбы. У меня́ лёгкий хара́ктер и хоро́шее чу́вство ю́мора. Рабо́таю гейм-диза́йнером. Если вы то́же гейм-диза́йнер, то э́то кла́ссно! Пиши́те, отве́чу. Добавля́йте меня́ в друзья́!

Любо́вь Мама́ева   *23 октября́ в 19:00*

Приве́т. Я Лю́ба. Мне 30 лет. Сейча́с я живу́ в Москве́, но переезжа́ю в Петербу́рг. Хочу́ найти́ друзе́й в э́том го́роде. Каки́х? Умных, до́брых, внима́тельных, серьёзных, настоя́щих . . .

О себе́. Я споко́йная, позити́вная и весёлая. Неглу́пая! Симпати́чная! Люблю́ рисова́ть и фотографи́ровать. Очень тала́нтливая!

2-8 | Ищу́ друзе́й. Reread the posts in 2–7 and choose the correct statements in the following. There may be more than one correct answer. Read the correct answers out loud.

1. Лю́ба Мама́ева хо́чет найти́ друзе́й, потому́ что . . .
    a. у неё нет друзе́й в Москве́.
    b. она́ переезжа́ет в Петербу́рг, и у неё нет друзе́й в Петербу́рге.
    c. она́ не хо́чет ходи́ть в кино́ сама́ (одна́).
2. Лю́ба Мама́ева и́щет . . .
    a. у́мных, до́брых, внима́тельных, серьёзных, настоя́щих друзе́й.
    b. хоро́ших, ве́рных друзе́й.
    c. че́стных, сме́лых и весёлых друзе́й.
3. Сла́ва Во́лков и́щет . . .
    a. гейм-диза́йнеров для дру́жбы.
    b. че́стных, сме́лых и весёлых люде́й для дру́жбы.
    c. друзе́й для акти́вного о́тдыха.
4. Викто́рия Родио́нова и́щет . . .
    a. у́мных, до́брых, внима́тельных, серьёзных и настоя́щих друзе́й.
    b. че́стных, сме́лых и весёлых друзе́й.
    c. хоро́ших и ве́рных друзе́й.
5. Дми́трий Смирно́в и́щет . . .
    a. до́брых, у́мных, акти́вных люде́й для дру́жбы.
    b. че́стных, сме́лых и весёлых друзе́й.
    c. у́мных, до́брых, внима́тельных, серьёзных, настоя́щих друзе́й.
6. Са́ша Алексе́ев и́щет . . .
    a. че́стных, сме́лых и весёлых друзе́й.
    b. хоро́ших и ве́рных друзе́й.
    c. друзе́й для акти́вного о́тдыха.

2-9 | Ищу́ друзе́й. Reread the posts in 2–7 and find out the following: 1) what character traits the group members value in friends and what kind of people they are hoping to meet, 2) how the group members describe themselves, 3) what interests they have. Fill in the blanks in the following.

1. Молоды́е лю́ди и́щут: _____

_____

_____

_____

2. О себе́ лю́ди пи́шут: _____

_____

_____

_____

_____

3. Интере́сы: _____

_____

_____

_____

_____

2-10 | По́сле чте́ния. Scan the posts in 2–7 and decide who could be your friend. Explain why.

2-11 | По́сле чте́ния. What character traits do you value in your friends?

Я ду́маю, что друг/подру́га до́лжен/должна́ быть . . . (каки́м?)

___ акти́вным челове́ком	*active person*
___ энерги́чным, -ой	*energetic*
___ ве́рным, -ой	*true, faithful*
___ весёлым, -ой	*cheerful, fun-loving*
___ внима́тельным, -ой	*attentive*
___ глу́пым, -ой	*stupid*
___ до́брым, -ой	*kind*
___ интере́сным челове́ком	*interesting person*
___ позити́вным, -ой	*positive*
___ серьёзным, -ой	*serious*
___ си́льным челове́ком	*strong*
___ сме́лым, -ой	*bold, daring*
___ споко́йным, -ой	*calm*
___ у́мным, -ой	*smart, clever*
___ че́стным, -ой	*honest*

2–12 | По́сле чте́ния. In pairs, take turns talking about what kind of person you are. Use five to six adjectives that describe you from the list in 2–11.

2–13 | Как они́ вы́глядят? 1) Look at the following pictures and match them with the descriptions. 2) Read the descriptions out loud.

Как они́ вы́глядят?

борода́ – *beard*; усы́ *pl.* – *mustache*
дли́нные/коро́ткие во́лосы *pl.* – *long/short hair*
по́лный, -ая, -ые (по́лненький, -ая, -ие; полнова́тый, -ая, -ые) – *full-figured*
симпати́чный, -ая, -ые – *good-looking, handsome/pretty*
стро́йный, -ая, -ые – *well-proportioned, svelte*
худо́й, -ая, -ые (ху́денький, -ая, -ие) – *thin, skinny*

Expressions:
У неё хоро́шая фигу́ра. – *She has a good figure.*
У него́ спорти́вная фигу́ра. – *He has an athletic figure.*

---

1 2 3 4

___ Она́ симпати́чная де́вушка. У неё дли́нные тёмные во́лосы и зелёные глаза́. Она́ в очка́х. Она́ полнова́тая.

___ Он симпати́чный па́рень. У него́ се́рые глаза́. Он высо́кий. У него́ спорти́вная фигу́ра. У него́ есть борода́ и усы́. Он в очка́х.

___ У него́ голубы́е глаза́. Он высо́кий, и у него́ коро́ткие све́тлые во́лосы. Он стро́йный. У него́ спорти́вная фигу́ра.

___ Она́ симпати́чная невысо́кая блонди́нка. У неё коро́ткие во́лосы и ка́рие глаза́. Она́ ху́денькая. У неё хоро́шая фигу́ра!

2–14 | Как он/она́ вы́глядит? Look at the following pictures and describe these people by answering the following questions:

1. Како́й у него́/неё рост?
2. Кака́я у него́/неё фигу́ра?
3. Каки́е у него́/неё во́лосы?
4. У него́ есть борода́ и усы́?
5. Он/она́ хо́дит в очка́х?
6. Как вы ду́маете, ско́лько ему́/ей лет?

Как они́ вы́глядят?

Коля   Лена   Сергей

Светлана   Виктор

2–15 | Мой друг/моя́ подру́га. What does your best friend look like? In small groups, show each other a picture of your friend and describe him or her by answering the questions in 2–14.

СМО́ТРИМ И ГОВОРИ́М

 2–16 | Видеорепорта́ж «Лу́чший друг?» 1) Watch the video three times and choose the correct answers. There may be more than one correct answer. 2) Summarize in Russian who is the best friend of the interviewees.

Лу́чший друг?

> лу́чший друг/подру́га – *best friend*
> однокла́ссник, однокла́ссница – *classmate (in the same grade as you in elementary, middle, or high school)*
> одноку́рсник, одноку́рсница – *classmate (studies the same major and is in your year in college)*

1. Лю́да говори́т, что её лу́чший друг – э́то . . .
   a. муж.
   b. ма́ма.
   c. брат.
   d. оте́ц.
   e. сестра́.
2. Ва́ля говори́т, что её лу́чшие друзья́ – э́то . . .
   a. роди́тели.
   b. колле́ги.
   c. однокла́ссники.
   d. одноку́рсники.
   e. де́ти.
3. Ни́на Петро́вна говори́т, что её лу́чший друг – э́то . . .
   a. муж.
   b. ма́ма.
   c. брат.
   d. оте́ц.
   e. сын.
4. Анна Ива́новна говори́т, что её лу́чший друг – э́то . . .
   a. муж.
   b. ма́ма.
   c. брат.
   d. оте́ц.
   e. сын.

5. Ира говори́т, что её лу́чший друг – э́то . . .
   a. ба́бушка.
   b. ма́ма.
   c. брат.
   d. оте́ц.
   e. сестра́.

6. Юра говори́т, что его́ лу́чший друг – э́то . . .
   a. сестра́.
   b. ма́ма.
   c. брат.
   d. жена́.
   e. оте́ц.
   f. сын.

7. Ольга Миха́йловна говори́т, что её лу́чший друг – э́то . . .
   a. ма́ма.
   b. брат.
   c. оте́ц.
   d. муж.
   e. сын.

ЧИТА́ЕМ И ПИ́ШЕМ

2-17 | Пе́ред чте́нием. In pairs or small groups, discuss the following questions:

1. Как вы ду́маете, мо́жет ли кни́га быть лу́чшим дру́гом челове́ка?
2. Как вы ду́маете, почему́ лю́ди говоря́т, что соба́ка – э́то лу́чший друг челове́ка?
3. Как вы ду́маете, почему́ лю́ди говоря́т, что Тви́ттер – э́то лу́чший друг челове́ка?

2-18 | Тви́ттер: «Ваш лу́чший друг». Skim the following tweets from **Тви́ттер**. Explain in English the main topic of the discussion.

  Ваш лу́чший друг

дружи́ть *impf.* с кем? – *to be friends*
замеча́тельный, -ая, -ое -ые – *remarkable, wonderful*
знамени́тость – *celebrity*
комменти́ровать/прокомменти́ровать что? – *to comment*
удиви́тельный, -ая, -ое, -ые – *astonishing*
шу́тка – *joke*

Proverb:
Ста́рый друг – лу́чше но́вых двух. – *Make new friends, but keep the old. One is silver, the other gold.* (Literally: "An old friend is better than two new ones.")

Бори́с Киселёв@boryak

Когда́ я спра́шиваю, кто твой лу́чший друг, то ча́сто слы́шу: «Моя́ соба́ка – мой лу́чший друг! Му́зыка – мой лу́чший друг! Кни́га – мой лу́чший друг! Инстагра́м – мой лу́чший друг!» А кто ваш друг? Что вы лю́бите де́лать вме́сте?
11:45 AM – 24 ма́я

Тви́тнуть в отве́т

Же́ня Петро́ва@petroff | 24 ма́я
В отве́т @boryak

Мой лу́чший друг – э́то мой па́па! Он замеча́тельный челове́к! Си́льный, сме́лый, надёжный друг! Он всегда́ помога́ет мне во всём. Он тако́й споко́йный и внима́тельный! Мы вме́сте занима́емся спо́ртом, игра́ем в те́ннис, пла́ваем. Игра́ем в видеои́гры, хо́дим в кино́, в музе́и, на рок концérты. Да, мой па́па лю́бит рок, и э́то кру́то!

Ирочка @irishacraft | 24 ма́я
В отве́т @boryak

Моя́ лу́чшая подру́га – э́то Валенти́на. Она́ стро́йная, симпати́чная блонди́нка с голубы́ми глаза́ми. Ва́ля у́мная, до́брая, удиви́тельная! Мы дру́жим давно́. Мы вме́сте вы́росли, поступи́ли в университе́т. Я могу́ говори́ть с ней обо всём и обо всех! Это пра́вда, ста́рый друг – лу́чше но́вых двух! А ещё мы лю́бим шо́пинг, вме́сте хо́дим по магази́нам . . .

Валенти́на@vsuvorova
В отве́т @irishacraft

Спаси́бо, Ира! Ты у меня́ замеча́тельная подру́га:)

Ко́ля@sifon | 24 ма́я
В отве́т @boryak

Мой лу́чший друг – Тви́ттер! Всегда́ интере́сно и ве́село! Он о́чень
у́мный и внима́тельный друг☺ Весь день могу́ чита́ть посты́
о футбо́ле, о но́вых фи́льмах, о на́ших знамени́тостях, актёрах,
музыка́нтах. Чита́ю и комменти́рую, иногда́ ста́влю ла́йки.

Серге́й Петро́вич@petrovich | 25 ма́я
В отве́т @boryak

А я ду́маю, что соба́ка – э́то лу́чший друг челове́ка! И э́то не шу́тка☺
Мою́ соба́ку зову́т Ма́рвин. Ма́рвин – надёжный, до́брый, удиви́тельный
друг! Мы всё де́лаем вме́сте: гуля́ем в па́рке, смо́трим телеви́зор, хо́дим
в магази́н . . . Бори́с, а кто ваш лу́чший друг?

Бори́с Киселёв@boryak
В отве́т @petrovich
Кни́га!

2-19 | **Тви́ттер: «Ваш лу́чший друг».** Scan the tweets in 2–18 and find
the following information:

1. Лу́чший друг Бори́са – э́то _____.
2. Лу́чший друг Же́ни Петро́вой – э́то _____.
3. Лу́чший друг Иро́чки – э́то её _____.
4. Лу́чший друг Ко́ли – э́то _____.
5. Лу́чший друг Серге́я Петро́вича – э́то его́ _____.

2-20 | **Ру́сские имена́.** Read the full names in the left column and try to guess the
corresponding shortened and endearing name forms in the right column. Read Cultural
Notes #2.

1. Андре́й
2. Ви́ктор
3. Викто́рия
4. Бори́с
5. Никола́й
6. Евге́ния
7. Ири́на
8. Вячесла́в
9. Михаи́л
10. Валенти́на
11. Любо́вь
12. Серге́й

___ Ва́ля
___ Лю́ба
___ Ми́шенька
___ Серёжа
___ Иро́чка
___ Ви́тя
___ Сла́ва
___ Ми́ша
___ Андрю́ша
___ Бо́ря
___ Ви́ка
___ Ко́ля
___ Же́ня

Cultural note #2: Ру́сские имена́

The majority of Russian first names have shortened forms (e.g. Алекса́ндр – Са́ша, Дми́трий – Ди́ма, Анна – Аня, Ири́на – Ира). These shortened forms can be made into diminutive forms, which can express a variety of emotional attitudes ranging from endearment to condescension. Russians often use the *endearing* name forms when addressing their children and those to whom they are very close.

Full form of name	Shortened form	Endearing name form
Алекса́ндр	Са́ша, Шу́ра, Шу́рик	Са́шенька
Дми́трий	Ди́ма	Ди́мочка
Ири́на	Ира	Иро́чка
Анна	Аня	Ане́чка, Аню́та
Влади́мир	Воло́дя, Во́ва	Воло́денька

2-21 | Тви́ттер: «Ваш лу́чший друг». Reread the tweets in 2–18 and choose the correct statements in the following. Read them out loud.

1. Когда́ Бори́с спра́шивает, кто твой лу́чший друг, то он ча́сто слы́шит: . . .
   a. «Тви́ттер – мой лу́чший друг!»
   b. «Моя́ соба́ка – мой лу́чший друг!»
   c. «Мой па́па – мой лу́чший друг!»
2. Па́па Же́ни Петро́вой . . .
   a. о́чень у́мный и внима́тельный друг!
   b. надёжный, до́брый, удиви́тельный друг!
   c. си́льный, сме́лый, надёжный друг!
3. Валенти́на – . . .
   a. полнова́тая де́вушка с коро́ткими тёмными волоса́ми и ка́рими глаза́ми.
   b. стро́йная, симпати́чная блонди́нка с голубы́ми глаза́ми.
   c. ху́денькая де́вушка с дли́нными тёмными волоса́ми.
4. У Иро́чки . . .
   a. есть удиви́тельная, у́мная, до́брая подру́га.
   b. есть замеча́тельный, споко́йный и внима́тельный друг.
   c. есть надёжный, до́брый и удиви́тельный друг!
5. Иро́чка ду́мает, что . . .
   a. ста́рый друг – лу́чше всех.
   b. ста́рый друг – лу́чше но́вых двух.
   c. ста́рый друг – ху́же но́вых двух.
6. Ко́ля мо́жет весь день . . .
   a. ходи́ть по магази́нам и́ли игра́ть в видеои́гры.
   b. смотре́ть телеви́зор и́ли гуля́ть в па́рке.
   c. сиде́ть в Тви́ттере, чита́ть и комменти́ровать посты́.

7. Же́ня Петро́ва с па́пой . . .
     a. гуля́ет в па́рке, хо́дит в магази́н, смо́трит телеви́зор.
     b. игра́ет в видеои́гры, хо́дит в кино́, в музе́и и на рок конце́рты.
     c. хо́дит по магази́нам и говори́т обо всём и обо все́х.

ДАВА́ЙТЕ ПОГОВОРИ́М

2-22 | Расскажи́те. In pairs, talk about your best friend in 10–12 sentences using the following connectors for adding information: **кро́ме того́** – *besides, furthermore*; **при э́том** – *at the same time, at that*; **ещё** – *in addition, also*. Don't forget to include the following information:

1. как его́/её зову́т;
2. ско́лько ему́/ей лет;
3. ско́лько лет вы зна́ете друг дру́га;
4. где и когда́ вы познако́мились;
5. где он/она́ у́чится;
6. где он/она́ рабо́тает;
7. каки́е у него́/неё интере́сы;
8. како́й у него́/неё хара́ктер;
9. како́й он/она́ челове́к;
10. есть ли у него́/неё чу́вство ю́мора;
11. как он/она́ вы́глядит;
12. что вы лю́бите де́лать вме́сте.

2-23 | Кто э́то? Guess who! In small groups, take turns thinking of one of your classmates or a famous person your classmates would know. Give your other group members clues like this: **Я ду́маю о де́вушке/па́рне из на́шей гру́ппы. . . .** The other group members should try to guess who it is by asking ten questions, such as 1) Как он/она́ вы́глядит? 2) Он/она́ но́сит очки́? 3) У него́ есть борода́ и усы́? 4) Како́й у него́/неё хара́ктер? and others.

ПИ́ШЕМ О СЕБЕ́

2-24 | Како́й я челове́к? On a separate piece of paper, write five sentences about what kind of person you are. Use five to six adjectives that describe you.

2-25 | Ищу́ друзе́й. You want to find a friend in **Са́нкт Петербу́рг**. On a separate piece of paper, write a post for the **ВКонта́кте** group in 2–7. Use one of the posts in 2–7 as a model.

2-26 | О дру́ге/подру́ге. Write a tweet about your best friend on **Тви́ттер** answering Boris's questions in 2–18: «А кто ваш друг? Что вы лю́бите де́лать вме́сте?»

ИНТЕРВЬЮ́ И ПРОЕ́КТЫ

2–27 | Интервью́ «Ваш лу́чший друг». In a small group or as a class, write a list of questions to find out information about your classmates' best friends. 1) Conduct interviews with two classmates. Write down their answers and share your results with the class. 2) Conduct interviews with two Russian speakers outside of class. Write down their answers, create a two-minute multimedia presentation, and present it in class.

Interview form

Questions	Person 1	Person 2

2–28 | Видеобло́г. Те́ги: мой лу́чший друг, мои́ друзья́, о мое́й лу́чшей подру́ге. 1) Create a video about your best friend. Make it interesting and exciting for your classmates to watch. Be creative! 2) Show your video in class and watch other students' videos. You may want to have a competition for the best video.

ГРАММА́ТИКА

Verbs: review of conjugations
Спряже́ние глаго́лов

As you know, we conjugate verbs in Russian. Almost all Russian verbs, except a few irregular ones, are classified as **first- or second**-conjugation verbs. Conjugated imperfective verbs form the **present tense**, and conjugated perfective verbs form the **perfective future tense**.

The infinitive of a verb does not always indicate if it follows the first or second conjugation pattern. Therefore, it is helpful to learn the first-person singular (я) and the third-person plural (они) forms for each new verb that you encounter. You also need to learn the stress pattern of each verb.

2–29 | Глагóлы. Compare the conjugations of three first-conjugation verbs and three second-conjugation verbs. How do they differ? Pay special attention to the third-person plural forms.

First conjugation			Second conjugation		
Present tense		Future tense	Present tense		Future tense
идти́	чита́ть	прочита́ть *pfv.*	дружи́ть	говори́ть	купи́ть *pfv.*
я ид-у́	чита́-ю	прочита́-ю	друж-у́	говор-ю́	купл-ю́
ты ид-ёшь[2]	чита́-ешь	прочита́-ешь	дру́ж-ишь	говор-и́шь	ку́п-ишь
он/á ид-ёт	чита́-ет	прочита́-ет	дру́ж-ит	говор-и́т	ку́п-ит
мы ид-ём	чита́-ем	прочита́-ем	дру́ж-им	говор-и́м	ку́п-им
вы ид-ёте	чита́-ете	прочита́-ете	дру́ж-ите	говор-и́те	ку́п-ите
они́ ид-у́т	чита́-ют	прочита́-ют	дру́ж-ат	говор-я́т	ку́п-ят

First-conjugation verbs

Most first-conjugation verbs have an infinitive that ends in **-АТЬ** or **-ЯТЬ** and are conjugated like the verb **чита́ть** *impf. – to read* (see previously) or **гуля́ть** *impf. – to go for a walk, stroll; to go out, to party.*

гуля́ть *impf.*	
я гуля́-ю	мы гуля́-ем
ты гуля́-ешь	вы гуля́-ете
он/á гуля́-ет	они́ гуля́-ют

Some first-conjugation verbs have infinitives that end in **-АТЬ**, but they have a stem change in their conjugation. Consonant alteration occurs before all personal endings.

писа́ть impf. (с>ш) – *to write*		**сказа́ть** pfv. (з>ж) – *to tell, say*	
я пиш-у́	мы пи́ш-ем	я скаж-у́	мы ска́ж-ем
ты пи́ш-ешь	вы пи́ш-ете	ты ска́ж-ешь	вы ска́ж-ете
он/á пи́ш-ет	они́ пи́ш-ут	он/á ска́ж-ет	они́ ска́ж-ут

2　**E > Ё** when these endings are stressed.

Conjugate the following verbs like **писа́ть** and **сказа́ть**: рассказа́ть (я расскажу́, они́ расска́жут) *pfv. – to tell about*; иска́ть (я ищу́, они́ и́щут) *impf. – to look for, search*.

Verbs with the suffix **-ОВАТЬ/-ЕВАТЬ** are first-conjugation verbs. **-ОВА-/-ЕВА-** is replaced by **-У** before all personal endings.

рисова́ть *impf. – to draw*		**танцева́ть** *impf. – to dance*	
я рису́-**ю**	мы рису́-**ем**	я танцу́-**ю**	мы танцу́-**ем**
ты рису́-**ешь**	вы рису́-**ете**	ты танцу́-**ешь**	вы танцу́-**ете**
он/á рису́-**ет**	они́ рису́-**ют**	он/á танцу́-**ет**	они́ танцу́-**ют**

Conjugate the following verbs like **рисова́ть** and **танцева́ть**: **фотографи́ровать** *impf. – to take pictures*, **путеше́ствовать** *impf. – to travel*; **комменти́ровать** *impf. – to comment*.

Other types of first-conjugation verbs (for a complete list of the first-conjugation verb types used in this textbook, see Appendix 3, 3–1):

жить *impf. – to live*		**мочь** *impf. – to be able*	
я жив-**у́**	мы жив-**ём**	я мог-**у́**	мы мо́ж-**ем**
ты жив-**ёшь**	вы жив-**ёте**	ты мо́ж-**ешь**	вы мо́ж-**ете**
он/á жив-**ёт**	они́ жив-**у́т**	он/á мо́ж-**ет**	они́ мо́г-**ут**

Conjugate **помо́чь** *pfv. – to help* like **мочь**.

Remember, when you conjugate **-СЯ** verbs (we'll discuss -СЯ verbs in detail in Chapter 16), use **-СЯ** after consonant endings and **-СЬ** after vowel endings:

занима́ться *impf. – to study; practice*	
я занима́-**ю-сь**	мы занима́-**ем-ся**
ты занима́-**ешь-ся**	вы занима́-**ете-сь**
он/á занима́-**ет-ся**	они́ занима́-**ют-ся**

2–30 | Глаго́лы. Fill in the missing verb forms. Use the present tense forms of the verbs in parentheses.

1. Са́ша (жить) _____ в Пи́тере и (иска́ть) _____ друзе́й для акти́вного о́тдыха.
2. Викто́рия (писа́ть) _____, что она́ (слу́шать) _____ рок и смо́трит аниме́, фи́льмы и сериа́лы. Она́ хорошо́ (танцева́ть) _____ Она́ (иска́ть) _____ хоро́ших, ве́рных друзе́й.
3. Лю́ба хорошо́ (рисова́ть) _____ и (фотографи́ровать) _____.
4. Серге́й Петро́вич (гуля́ть) _____ со свое́й соба́кой в па́рке. Соба́ка – его́ лу́чший друг.
5. Же́ня Петро́ва (занима́ться) _____ спо́ртом, (игра́ть) _____ в те́ннис, (пла́вать) _____, (игра́ть) _____ в видеои́гры.

6. Ирочка (мочь) _____ говори́ть с подру́гой о кни́гах, фи́льмах, о пла́нах на бу́дущее! Её подру́га её (понима́ть) _____!

7. Ко́ля весь день (чита́ть) _____ посты́ о футбо́ле, о но́вых фи́льмах, о знамени́тостях в Тви́ттере. Он (чита́ть) _____ и (комменти́ровать) _____.

8. Све́та (слу́шать) _____ но́вые рок гру́ппы на Юту́бе! Она́ (мочь) _____ говори́ть с подру́гой обо все́х и обо всём!

9. Макси́м (жить) _____ в То́мске и (рабо́тать) _____ в газе́те. Он (писа́ть) _____ о студе́нческой жи́зни и обо все́х свои́х друзья́х. Он (фотографи́ровать) _____ всё и всех и (мечта́ть) _____ о но́вом фотоаппара́те.

10. Сла́ва (иска́ть) _____ че́стных, сме́лых, весёлых люде́й для дру́жбы.

2–31 | Глаго́лы. 1) Fill in the missing verb forms. Use the present tense forms of the verbs in parentheses. 2) In pairs, take turns asking and answering the following questions. Write down all of your partner's answers and report them to the class.

1. Где ты/вы (жить) _____?
2. Где ты/вы (рабо́тать) _____?
3. О чём ты/вы (мечта́ть) _____?
4. Ты/Вы (иска́ть) _____ друзе́й?
5. Каки́х друзе́й ты/вы (иска́ть) _____?
6. С кем ты/вы (дружи́ть) _____?
7. Ты/вы всех (добавля́ть) _____ в друзья́ в социа́льных сетя́х?
8. О чём ты/вы (чита́ть) _____ посты́ в социа́льных сетя́х?
9. О чём ты/вы (мочь) _____ говори́ть с друзья́ми?
10. Ты/Вы (фотографи́ровать) _____ свои́х друзе́й?
11. Что ты/вы (фотографи́ровать) _____?
12. Ты/вы (рисова́ть) _____?
13. Ты/вы (танцева́ть) _____?
14. Ты/вы (игра́ть) _____ в видеои́гры?
15. Ты/вы (слу́шать) _____ рок? Что ты/вы (слу́шать) _____?

Second-conjugation verbs

Most second-conjugation verbs have infinitives ending in -**ИТЬ** and are conjugated like **говори́ть** (see previously). You probably remember such verbs as **поступи́ть** *pfv. – to enroll in*, **око́нчить** *pfv. – to graduate*, **получи́ть** *pfv. – to receive*, and others.

Some second-conjugation verbs have consonant alternations before the first-person singular ending (я). For instance (for a complete list, see Appendix 3, 3–2):

д > ж	ходи́ть *impf.*: я хожу́, они́ хо́дят
	сиде́ть *impf.*: я сижу́, они́ сидя́т
	ненави́деть *impf.*: я ненави́жу, они́ ненави́дят

б > бл	люби́ть *impf.*: я лю**бл**ю́, они́ лю́бят
в > вл	ста́вить *impf.*: я ста́**вл**ю, они́ ста́вят
т > ч	отве́тить *pfv.*: я отве́**ч**у, они́ отве́тят
п > пл	поступи́ть *pfv.*: я поступ**л**ю́, они́ посту́пят

A few second-conjugation verbs have infinitives ending in **-ЕТЬ** and **-АТЬ** or **-ЯТЬ**.

смотре́ть *impf. – to look*		слы́шать *impf. – to hear*	
я смотр-**ю́**	мы смо́тр-**им**	я слы́ш-**у**	мы слы́ш-**им**
ты смо́тр-**ишь**	вы смо́тр-**ите**	ты слы́ш-**ишь**	вы слы́ш-**ите**
он/á смо́тр-**ит**	они́ смо́тр-**ят**	он/á слы́ш-**ит**	они́ слы́ш-**ат**

The verb **хоте́ть** *impf. – to want, wish* is **irregular**. Look at the conjugation and determine what is irregular about it.

хоте́ть *impf. – to want, wish*	
я хоч-**у́**	мы хот-**и́м**
ты хо́ч-**ешь**	вы хот-**и́те**
он/á хо́ч-**ет**	они́ хот-**я́т**

Remember, when you conjugate **-СЯ** verbs, use **-СЯ** after consonant endings and **-СЬ** after a vowel ending:

учи́ться *impf. – to study*		познако́миться *pfv. – to get acquainted*	
я уч-**у́-сь**	мы у́ч-**им-ся**	я познако́мл-**ю-сь**	мы познако́м-**им-ся**
ты у́ч-**ишь-ся**	вы у́ч-**ите-сь**	ты познако́м-**ишь-ся**	вы познако́м-**ите-сь**
он/á у́ч-**ит-ся**	они́ у́ч-**ат-ся**	он/á познако́м-**ит-ся**	они́ познако́м-**ят-ся**

2–32 | Глаго́лы. Fill in the missing verb forms. Use the present tense forms of the verbs in parentheses.

1. Бори́с ча́сто (слы́шать) _____: «Моя́ соба́ка – мой лу́чший друг! Му́зыка – мой лу́чший друг! Кни́га – мой лу́чший друг!»
2. Же́ня Петро́ва (писа́ть) _____ о своём лу́чшем дру́ге. Её лу́чший друг – э́то её па́па! Они́ вме́сте (ходи́ть) _____ в кино́, в музе́и, на рок концéрты. Её па́па (люби́ть) _____ рок!
3. Иро́чка (говори́ть) _____ с подру́гой обо всём и обо всех! Её подру́га её хорошо́ (понима́ть) _____!
4. Све́та (люби́ть) _____ смотре́ть сериа́лы. Она́ (смотре́ть) _____ ток-шо́у по телеви́зору и (слу́шать) _____ но́вые рок гру́ппы на Ютубе. Све́та (ду́мать) _____ поступа́ть в медици́нский университе́т.

5. Дми́трий о́чень акти́вный и не (сиде́ть) _____ до́ма. Он (хоте́ть) _____ найти́ друзе́й.

6. Серге́й Петро́вич (де́лать) _____ всё вме́сте со свое́й соба́кой: (гуля́ть) _____ в па́рке, (смотре́ть) _____ телеви́зор, (ходи́ть) _____ в магази́н.

7. Макси́м (люби́ть) _____ фотографи́ровать, но (ненави́деть) _____ се́лфи. Все (говори́ть) _____, что он тала́нтливый фото́граф. Макси́м не (люби́ть) _____ фотографи́ровать телефо́ном. Он (хоте́ть) _____ купи́ть но́вый фотоаппара́т. Если лю́дям (нра́вится) _____ его́ фотогра́фии, то они́ (ста́вить) _____ ла́йки!

8. Ко́ля весь день (сиде́ть) _____ в Тви́ттере. Тви́ттер – его́ лу́чший друг.

2-33 | Глаго́лы. 1) Fill in the missing verb forms. Use the present tense forms of the verbs in parentheses. 2) In pairs, ask your partner the following questions. Write down all of your partner's answers and report them to the class.

1. Ты/Вы (хоте́ть) _____ найти́ друзе́й?
2. Что ты/вы (хоте́ть) _____ де́лать с друзья́ми сего́дня?
3. Что ты/вы обы́чно (люби́ть) _____ де́лать вме́сте с друзья́ми?
4. Куда́ ты/вы ча́сто (ходи́ть) _____ с друзья́ми?
5. Ты/вы ча́сто (сиде́ть) _____ в социа́льных сетя́х?
6. Каки́е посты́ ты/вы (ненави́деть) _____ в социа́льных сетя́х?
7. Когда́ ты/вы (ста́вить) _____ ла́йки в социа́льных сетя́х?
8. Каки́е ты/вы (смотре́ть) _____ фи́льмы и́ли сериа́лы?

Some basics of Russian word order
Поря́док слов

A typical Russian or English sentence contains **a subject** (подлежа́щее) and **a predicate** (сказу́емое). The subject denotes the thing or person the sentence is about and answers the questions Who? **Кто**? What? **Что**? The predicate denotes an action performed by the subject or anything that is said about the subject. It answers the questions: *What does the subject do? What does the subject undergo? What (or who) is the subject?*

(Кто?) **Мой друг** (Что де́лает?) **живёт** в Москве́. *My friend lives in Moscow.*
     subject   *predicate*

In English, we have a fairly stable word order: subject, predicate, object. In Russian, the word order is much more flexible than in English. It is not random, however, as it conforms to certain principles and rules.

Generally, Russians put new information or information they want to emphasize at the end of a sentence. Therefore, the **subject** of a sentence could be at the end of the sentence. Look at how the information is given in the following sentences.

Neutral word order:

<u>Мой друг</u> живёт в Москве́. *My friend lives in Moscow.*
subject
<u>Ма́ша</u> нашла́ но́вого дру́га по интерне́ту. *Masha's found a new friend on the internet.*
subject

New information:

— <u>Кто</u> живёт в Москве́?   *"Who lives in Moscow?"*
— В Москве́ живёт <u>мой друг</u>.   *"It's my friend who lives in Moscow."*
         new information
         subject

Helpful hint: When you answer questions in complete sentences, repeat the old information from the question and then give the new information.

— <u>Кто</u> нашёл но́вого дру́га по интерне́ту?
— <u>Но́вого дру́га по интерне́ту</u> нашла́ <u>Ма́ша</u>.
      old information   *new information*
                    subject
— <u>С кем</u> вы обы́чно хо́дите в кино́?
— <u>Я обы́чно хожу́ в кино́</u> <u>со свои́ми друзья́ми</u>.
      old information   *new information*

2–34 | Поря́док слов. In pairs, take turns asking and answering the following questions in complete sentences. Pay attention to the word order in your answers: repeat the old information from the question and then give the new information.

1. Как зову́т ва́шего лу́чшего дру́га/подру́гу?
2. Как его́/её фами́лия?
3. Како́й он/она́ челове́к?
4. Како́й у него́/неё хара́ктер?
5. Ско́лько раз в неде́лю вы встреча́етесь?
6. О чём вы лю́бите говори́ть?
7. Что вы люби́те де́лать вме́сте?

СЛОВА́РЬ

блонди́н/блонди́нка – *blond (man)/blonde (woman)*
борода́ – *beard*
ве́рный, -ая, -ое, -ые – *true, faithful*
весёлый, -ая, -ое, -ые – *cheerful, fun-loving*
внима́тельный, -ая, -ое, -ые – *attentive*

вы́глядеть *impf. – to look like*
 Pres.: я вы́гляжу, ты вы́глядишь, они́ вы́глядят
глу́пый, -ая, -ое, -ые – *stupid*
гуля́ть *impf. – to go for a walk, stroll; to go out, to party*
 Pres.: я гуля́ю, ты гуля́ешь, они́ гуля́ют
дли́нные во́лосы *pl. – long hair*
для + *gen. – for, for the purpose of*
до́брый, -ая, -ое, -ые – *kind*
дру́жба – *friendship*
дружи́ть *impf.* с кем? – *to be friends*
 Pres.: я дружу́, ты дру́жишь, они́ дру́жат
ещё – *in addition, also*
замеча́тельный, -ая, -ое -ые – *remarkable, wonderful*
знамени́тость *f. – celebrity*
иска́ть *impf.* кого? что? – *to look for, search*
 Pres.: я ищу́, ты и́щешь, они́ и́щут
ка́рие глаза́ – *brown eyes*
комменти́ровать/прокомменти́ровать что? – *to comment*
 Pres./Fut.: я (про)комменти́рую, ты (про)комменти́руешь, они́
 (про)комменти́руют
коро́ткие во́лосы *pl. – short hair*
кро́ме того́ – *besides, furthermore*
лу́чший друг/подру́га – *best friend*
найти́ *pfv.* кого? что? – *to find*
 Fut.: я найду́, ты найдёшь, они́ найду́т
 Past: он нашёл, она́ нашла́, они́ нашли́
настоя́щий, -ая, -ее, -ие – *genuine, here: true*
однокла́ссник, однокла́ссница – *classmate (in the same grade as you in elementary, middle, or high school)*
одноку́рсник, одноку́рсница – *classmate (studies the same major and is in your year in college)*
переезжа́ть/перее́хать куда́? – *to move*
 Pres.: я переезжа́ю, ты переезжа́ешь, они́ переезжа́ют
 Fut.: я перее́ду, ты перее́дешь, они́ перее́дут
позити́вный, -ая, -ое, -ые – *positive*
по́лный, -ая, -ое, -ые (по́лненький, -ая, -ое, -ие; полнова́тый, -ая, -ое, -ые) – *full-figured*
седо́й, -а́я, -ы́е – *gray haired*
серьёзный, -ая, -ое, -ые – *serious*
си́льный, -ая, -ое, -ые – *strong*
симпати́чный, -ая, -ые – *good-looking, handsome/pretty*
сме́лый, -ая, -ое, -ые – *bold, daring*
споко́йный, -ая, -ое, -ые – *calm*
стро́йный, -ая, -ое, -ые – *well-proportioned, svelte*
удиви́тельный, -ая, -ое, -ые – *astonishing*
у́мный, -ая, -ое, -ые – *smart, clever*
усы́ *pl. – mustache*
худо́й, -ая, -ое, -ые (ху́денький, -ая, -ое, -ие) – *thin, skinny*
че́стный, -ая, -ое, -ые – *honest*

шу́тка – *joke*

энерги́чный, -ая, -ое, -ые – *energetic*

Expressions:

Всего́ хоро́шего! – *All the best!*

До ско́рой встре́чи! – *See you soon!*

Ещё уви́димся! – *We'll see each other again!*

К сожале́нию – *Unfortunately*

Как твоя́/ва́ша жизнь? – *How's life?*

при э́том – *at the same time, at that*

Ста́рый друг – лу́чше но́вых двух. – *Make new friends, but keep the old. One is silver, the other gold. (Literally: "An old friend is better than two new ones.")*

У него́ спорти́вная фигу́ра. – *He has an athletic figure.*

У него́/неё есть чу́вство ю́мора. – *He/she has a good sense of humor*

У него́/неё хоро́ший/плохо́й хара́ктер. – *He/she has a good/bad temper.*

У неё хоро́шая фигу́ра. – *She has a good figure.*

Это кла́ссно/кру́то! – *That's cool!*

Connectors

ещё – *in addition, also.*

кро́ме того́ – *besides, furthermore*

при э́том – *at the same time, at that*

ГЛАВА́ 3 | СЕМЬЯ́ – Э́ТО СЕМЬ Я!

In this chapter, you will:

- expand the vocabulary you need to talk about your family members;
- read, watch, and write blog posts about family members and family history;
- create your family tree;
- learn to ask questions and talk about family members and family history;
- create a video blog post about your family.

ВВЕДЕ́НИЕ

3–1 | Кака́я у тебя́/вас семья́? 1) Read the following script out loud. See *"Семья Family"* on page 86 for more Russian words for family members. 2) Go around the classroom and interview two classmates. 3) Write down or circle your classmates' answers. 4) Summarize their answers in eight to ten sentences and share them with the rest of the class.

I. Opening conversation lines	Responses	
Доброе у́тро! До́брый день (ве́чер)! Я рад/ра́да тебя́/вас ви́деть! *(I'm glad to see you!)* Как ты/вы? *(How are you)?*	До́брое у́тро, до́брый день (ве́чер)! Я то́же рад/ра́да тебя́/вас ви́деть! *(I'm glad to see you, too!)*	
II. Вопро́сы *Questions*	**Отве́ты** *Answers*	
1. Кака́я у тебя́/вас семья́?	Больша́я/небольша́я.	
2. Где живёт твоя́/ва́ша семья́? Повтори́/те, пожа́луйста!	В _____./Моя́ семья́ живёт в _____.	
3. У тебя́/вас есть бра́тья и сёстры? Что-что? (*What was that?*)	Да, у меня́ есть . . . • ста́рший/мла́дший брат. • ста́ршая/мла́дшая сестра́. • два бра́та/две сестры́. • три бра́та/сестры́. • друго́е:	Нет, у меня́ нет бра́тьев и сестёр. Я еди́нственный ребёнок в семье́.
4. Твой/ваш брат жена́т (*for men*)?	Да, он жена́т./Да, у него́ есть жена́.	Нет, он не жена́т.
5. Твоя́/ва́ша сестра́ за́мужем (*for women*)?	Да, она́ за́мужем./Да, у неё есть муж.	Нет, она́ не за́мужем.
6. У ва́шего бра́та/сестры́ есть де́ти?	Да, у него́/неё . . . • оди́н сын/одна́ дочь. • два сы́на/две до́чери. • три сы́на/до́чери.	Нет, у него́/неё нет дете́й.
7. У тебя́/вас есть де́душка и ба́бушка?	Да, у меня́ есть . . . • де́душка. • ба́бушка.	Нет, у меня́ нет де́душек и ба́бушек.

8. У тебя́ есть тёти или́ дя́ди?	Да, у меня́ есть . . . • тётя/тёти. • дя́дя/дя́ди.	Нет, у меня́ нет тётей и дя́дей.
III. Closing lines	**Responses**	
Спаси́бо! Бы́ло прия́тно с тобо́й/с ва́ми поговори́ть! Всего́ хоро́шего!	Пожа́луйста! Не́ за что! (*No problem!/You're welcome!*) Мне то́же! (*Me, too!*) Счастли́во! (*Good luck!*)	

3-2 | Произноше́ние. The pronunciation of **hushers** (Ж, Ш, Ч, Щ).
1) Read about the pronunciation of **hushers**. 2) Listen to the speaker
and underline **Ж, Ш, Ч, Щ** in the following sentences. 3) Listen again and
pronounce the sentences after the speaker.

Ж and **Ш** are *always* pronounced **hard**. Pronounce them with the tip of your tongue
curled back and pointing to the top of your mouth.

After **Ж** and **Ш**, always pronounce:
- **И** as **Ы** (жить), **Ё** as **О** (мно́го жён),
- stressed **Е** as **Э** (шесть), unstressed **Е** as **Ы** (инжене́р).

---

1. Расскажи́те о свое́й семье́.
2. Моя́ больша́я семья́ живёт в Жито́мире.
3. Повтори́те, пожа́луйста! Где живёт ва́ша семья́?
4. Это ва́ши роди́тели?
5. Это на́ши роди́тели. Наш па́па инжене́р, а ма́ма журнали́стка.
6. У меня́ есть мла́дший брат. Он мой хоро́ший друг! Его́ зову́т Са́ша. Он не
   жена́т.
7. Это на́ша ста́ршая сестра́. Её зову́т Ма́ша. Она́ инжене́р. Она́ за́мужем.
8. Они́ лю́бят живо́тных.
9. Это наш брат, у него́ бы́ло мно́го жён.
10. Всего́ хоро́шего! Хоро́шего дня!

Ч and **Щ** are *always* pronounced **soft**. Pronounce them with the tip of your tongue
pointed downward and close to your lower front teeth. Pronounce **Щ** as a long **"shh"**
sound, as in "fre**sh sh**eets". Remember 1) to pronounce **СЧ** as **Щ** (e.g. **сч**астли́во); 2)
to pronounce **Ч** as **Ш** in a few words: **ч**то, коне́**ч**но, ску́**ч**но, ску́**ч**ный.

---

1. У неё есть дочь. У неё три до́чери. Я зна́ю, что ей не ску́чно!
2. Моя́ сестра́ о́чень счастли́вая же́нщина! Ей никогда́ не ску́чно!
3. У вас есть о́тчим (*stepfather*)? У меня́ нет о́тчима.
4. У вас есть ма́чеха (*stepmother*)? У меня́ нет ма́чехи.

5. Я её ви́жу ча́сто-ча́сто! Я рад, коне́чно!
6. Где сейча́с твой муж? Где сейча́с твоя́ жена́?
7. Что чита́ет ва́ша ба́бушка?
8. Счастли́во!

 3-3 | Ро́дственники. Relatives. Listen to the recording and fill in the gaps. Read the following sentences out loud and answer the questions. Review the genitive case as needed (see pages 71–85).

1. Е́сли ваш брат жена́т, и у него́ есть де́ти, то **племя́нник** – э́то _____ ва́шего бра́та, а **племя́нница** – э́то _____ ва́шего бра́та.
2. Е́сли ва́ша сестра́ за́мужем, и у неё есть де́ти, то **племя́нник** – э́то _____ ва́шей сестры́, а **племя́нница** – э́то _____ ва́шей сестры́.
3. Е́сли у вас есть тётя и́ли дя́дя, и у них есть де́ти, то **двою́родный брат** – э́то _____ ва́шего дя́ди и́ли ва́шей тёти, а **двою́родная сестра́** – э́то _____ ва́шего дя́ди и́ли ва́шей тёти.
4. Е́сли ва́ши роди́тели развели́сь (*get divorced*), то **о́тчим** – э́то но́вый _____ ва́шей ма́тери.
5. Е́сли ва́ши роди́тели развели́сь, то **ма́чеха** – э́то но́вая _____ ва́шего отца́.
6. У вас есть **племя́нник** и́ли **племя́нница**?
7. У вас есть **двою́родный брат** и́ли **двою́родная сестра́**?
8. У вас есть **о́тчим** и́ли **ма́чеха**?

ЧИТА́ЕМ И ГОВОРИ́М

 3-4 | Пе́ред чте́нием. In pairs or small groups, discuss the following questions.

1. Как вы ду́маете, ва́жно знать исто́рию ва́шей семьи́?
    Я ду́маю, **что** . . .
2. Что вы зна́ете об исто́рии ва́шей семьи́?
    Я зна́ю, **что** . . . /Ничего́ не зна́ю об э́том.

 3-5 | Блог Поли́ны Моро́зовой. 1) Read the headings in **Поли́на Моро́зова**'s blog. Notice how reading these headings gives you a good idea about the meaning of the text. Answer the question: **О чём мо́жно прочита́ть в бло́ге Поли́ны Моро́зовой?** 2) Reread the blog post and draw **Поли́на Моро́зова**'s family tree on her mother's side.

Блог Поли́ны Моро́зовой
Подписа́ться: Telegram/Facebook/Twitter/ВКонта́кте/Instagram

без + *gen.* – *without*
воспи́тывать/воспита́ть кого? – *to bring up, raise*
жени́ться/пожени́ться – *to get married (for a couple)*
мири́ться/помири́ться с кем? – *to make up*
сра́зу – *immediately*
член семьи́ – *family member*
внук *m.*, **вну́чка** *f.*, **вну́ки** *pl.* – *grandson, granddaughter, grandchildren*
дру́жная семья́ – *happy family*
как – *like, as*
осо́бенно – *especially*
ссо́риться/поссо́риться с кем? – *to quarrel, disagree*

Expressions:
Добро́ пожа́ловать! – *Welcome!*
по ли́нии мое́й ма́тери/моего́ отца́ – *on my mother's/father's side*

Добро́ пожа́ловать на мой блог! Здесь я
пишу́ обо всём: о себе́, о мои́х друзья́х, о мое́й
замеча́тельной семье́, об университе́те, в кото́ром
сейча́с учу́сь, о го́роде Сара́тов, в кото́ром я живу́.

Обо мне

Меня́ зову́т Поли́на, Поли́на Моро́зова. Я родила́сь
9-го сентября́ 2001-го го́да в Сара́тове. Сейча́с я
учу́сь в Сара́товском госуда́рственном университе́те на факульте́те психоло́гии и
хочу́ стать психо́логом, как мой де́душка Макси́м.

У меня́ хоро́ший хара́ктер, я до́брая и весёлая. Не за́мужем! Люблю́ люде́й и
живо́тных, осо́бенно соба́к. Соба́ка – лу́чший друг челове́ка! Мою́ соба́ку зову́т
Альма, и я не могу́ жить без неё.

О мое́й семье́

Па́па, ма́ма, де́душка, мла́дший брат и я – э́то на́ша дру́жная семья́! Мы все живём
вме́сте, де́лаем всё вме́сте. Да, моя́ соба́ка Альма – э́то то́же член на́шей семьи́!

Мой па́па, Вале́рий Петро́вич, рабо́тает инжене́ром на заво́де уже́ мно́го лет, а
моя́ ма́ма, Анна Макси́мовна, – учи́тельница биоло́гии в шко́ле. У нас с ма́мой нет
секре́тов – мы лу́чшие подру́ги! С бра́том мы то́же дру́жим. Его́ зову́т Макси́м, ему́
10 лет. Он у́чится в шко́ле в четвёртом кла́ссе. Я ему́ мно́го помога́ю. Иногда́ мы
ссо́римся, но сра́зу ми́римся.☺

Моего́ де́душку (по ли́нии мое́й ма́тери) то́же зову́т Макси́м, Макси́м Ива́нович, но
фами́лия его́ не Моро́зов, а Бори́сов. Де́душка сейча́с на пе́нсии и живёт с на́ми, а
ба́бушка Ни́на умерла́ три го́да наза́д. Она́ воспита́ла меня́ и моего́ бра́та. Ба́бушка
о́чень люби́ла меня́ и Макси́ма, жила́ для нас. Мы то́же о́чень люби́ли её, она́ была́

удиви́тельным челове́ком! Я люби́ла слу́шать её расска́зы об исто́рии на́шей семьи́. Она́ мне рассказа́ла, как она́ познако́милась с де́душкой в Ленингра́де в 1971-м году́, как пото́м они́ пожени́лись. В Ленингра́де у них роди́лись две до́чери, моя́ ма́ма и её сестра́ Ве́ра, моя́ тётя. В 1978-м году́ де́душка и ба́бушка перее́хали из Ленингра́да в Сара́тов, где жила́ семья́ ба́бушки. В Сара́тове роди́лись вну́ки: я, Макси́м, моя́ двою́родная сестра́ Ка́тя и двою́родный брат Лёва. Ба́бушка рассказа́ла мне, что мой праде́душка, её оте́ц, был изве́стным фармаце́втом в Сара́тове и рабо́тал в апте́ке в це́нтре го́рода. Его́ фами́лия была́ Абра́мов, а зва́ли его́ Ви́ктор Мака́рович. Он хорошо́ говори́л по-неме́цки и знал латы́нь. Сейча́с моя́ двою́родная сестра́ Ка́тя то́же рабо́тает фармаце́втом. У неё своя́ апте́ка!

Вот кака́я у меня́ больша́я и замеча́тельная семья́!

Мои́ друзья́

Мои́ интере́сы

Мой университе́т

Мой го́род Сара́тов

Подпи́сывайтесь на мой блог, ста́вьте ла́йки, пиши́те комме́нтарии, бу́ду о́чень ра́да!

3–6 | Блог Поли́ны Моро́зовой. Reread the blog post in 3–5 and find Russian equivalents for the following words and word combinations:

biology –	blog –
engineer –	family history –
great grandfather –	interests –
Latin –	pharmacist –
pharmacy –	psychologist –
secret –	to like –
to write comments –	

3–7 | Блог Поли́ны Моро́зовой. Reread the blog post in 3–5 and choose the correct answers. There may be more than one correct answer.

1. Поли́на у́чится на . . .
   a. на факульте́те биоло́гии и хо́чет стать био́логом.
   b. на факульте́те психоло́гии и хо́чет стать психо́логом.
   c. на факульте́те исто́рии и хо́чет стать исто́риком.
2. Де́душка Поли́ны, Макси́м Ива́нович Бори́сов, был . . .
   a. изве́стным фармаце́втом.
   b. психо́логом.
   c. инжене́ром.
3. Ба́бушка Поли́ны . . .
   a. умерла́ три го́да наза́д.
   b. живёт в Сара́тове.
   c. умерла́ мно́го лет наза́д.

4. Ба́бушка Ни́на и де́душка Макси́м – э́то . . .
   a. роди́тели ма́мы.
   b. роди́тели па́пы.
   c. роди́тели тёти Ве́ры.
5. Поли́ну и её бра́та воспи́тывала . . .
   a. ма́ма
   b. тётя Ве́ра
   c. ба́бушка Ни́на
6. Ба́бушка Ни́на и де́душка Макси́м познако́мились в . . .
   a. Сама́ре в 1971-м году́.
   b. Ленингра́де в 1971-м году́.
   c. Ленингра́де в 1978-м году́.
7. У ма́мы Поли́ны, Анны Макси́мовны, есть . . .
   a. брат Макси́м.
   b. тётя Ве́ра.
   c. сестра́ Ве́ра.
8. У тёти Ве́ры есть . . .
   a. сын и дочь.
   b. две до́чери.
   c. два сы́на.
9. Поли́на и её мла́дший брат Макси́м . . .
   a. всё вре́мя ссо́рятся.
   b. дру́жат.
   c. иногда́ ссо́рятся и сра́зу ми́рятся.

 3–8 | Блог Поли́ны Моро́зовой. 1) Reread the blog post in 3–5 and fill out the following table. 2) In pairs or small groups, take turns asking and answering the questions about **Поли́на** and **Поли́на's** family members. Use complex sentences in your questions and answers: Вы зна́ете, как (где, когда́) . . . ? Я (не) зна́ю, что (где, когда́, как) . . . [1]

Приме́р/Example:

— Вы зна́ете, как зову́т праде́душку Поли́ны?
— Да я зна́ю, что его́ зову́т Ви́ктор Мака́рович.
— А вы зна́ете, где и когда́ он роди́лся?
— Нет, я не зна́ю, где и когда́ он роди́лся.

Чле́ны семьи́	Имя, и́мя о́тчество, фами́лия	Где и когда́ роди́лся/родила́сь, где живёт	Где у́чится и́ли рабо́тает/ рабо́тал/а
Поли́на			

---

1 Many of the question words you know (**что, где, как, когда́,** etc.) can be used as conjunctions to introduce clauses after the verbs **ду́мать/поду́мать, знать, говори́ть/сказа́ть, писа́ть/ написа́ть,** and so on. Use the conjunction **что** (*that*) to introduce someone's statement or thought. The conjunction ***that*** is often omitted in English, but **что** cannot be omitted in Russian.

Чле́ны семьи́	Имя, и́мя о́тчество, фами́лия	Где и когда́ роди́лся/родила́сь, где живёт	Где у́чится и́ли рабо́тает/ рабо́тал/а
Праде́душка			
Ба́бушка			
Де́душка			
Оте́ц			
Мать			
Брат			
Тётя			
Двою́родный брат			
Двою́родная сестра́			

3–9 | Блог Поли́ны Моро́зовой. Reread the blog post in 3–5 and finish the following sentences. Review the genitive case as needed (see pages 71–85).

1. Поли́на Моро́зова – э́то дочь (кого́?) . . .
2. Поли́на Моро́зова – э́то сестра́ (кого́?) . . .
3. Поли́на Моро́зова – э́то вну́чка (кого́?) . . .
4. Поли́на Моро́зова – э́то пра́внучка[2] (кого́?) . . .

5. Макси́м – э́то сын (кого́?) . . .
6. Макси́м – э́то брат (кого́?) . . .
7. Макси́м – э́то внук (кого́?) . . .
8. Макси́м – это пра́внук[3] (кого́?) . . .

9. Праде́душка, Ви́ктор Мака́рович Абра́мов, – э́то оте́ц (кого́?) . . .
10. Ви́ктор Мака́рович Абра́мов – э́то де́душка (кого́?) . . .
11. Ви́ктор Мака́рович Абра́мов – э́то праде́душка (кого́?) . . .

12. Ба́бушка Ни́на – э́то мать (кого́?) . . .
13. Ба́бушка Ни́на – э́то ба́бушка (кого́?) . . .

---

2 **пра́внучка** – *great granddaughter*
3 **пра́внук** – *great grandson*

14. Дéдушка, Макси́м Ива́нович Бори́сов, – э́то отéц (когó?) . . .
15. Макси́м Ива́нович Бори́сов – э́то дéдушка (когó?) . . .

16. Тётя Вéра – э́то дочь (когó?) . . .
17. Тётя Вéра – э́то сестрá (когó?) . . .
18. Вéра – э́то тётя (когó?) . . .

19. Двою́родная сестрá Кáтя – э́то дочь (когó?) . . .
20. Двою́родный брат Лёва – э́то сын (когó?) . . .

3–10 | Блог Поли́ны Морóзовой. Пóсле чтéния. 1) In pairs, talk about Polina's family **in full sentences.** You can use your answers from 3–7, 3–8, and 3–9. 2) Would you like to subscribe to her blog? Explain why, using the conjunctions **потомý что, тáк как.**

ДАВÁЙТЕ ПОГОВОРИ́М . . .

3–11 | Сцена́рий. Scenario. Imagine that you have been accepted to a summer study abroad program in Saratov and will be living with Polina's family (see 3–5). Act out the following situation in pairs.

You meet Polina's mother **Анна Макси́мовна** or her brother **Макси́м.** Your partner will play her/his role. Introduce yourself and come up with eight to ten questions to ask **Анна Макси́мовна** or **Макси́м** about their family. Be ready to answer questions that **Анна Макси́мовна** or **Макси́м** might ask you about your own family. Use the expressions from 3–1 and the information about Polina's family from 3–5.

3–12 | Семéйное дéрево. Family tree. Many immigrants from the Russian Empire came to the United States at the beginning of the 20th century. Here's a family tree for one such family. 1) Translate and draw the Bloom family tree. 2) In pairs, talk about the Bloom family in Russian. Speak in full sentences. Review the nominative case plural and the genitive case as needed (see pages 69–85).

The Bloom family tree

Great grandparents
Great grandfather: Simon Bloom, born in St. Petersburg on May 16, 1900; Immigrated (иммигри́ровал) in 1917; Died on March 18, 1989, in Los Angeles.
Great grandmother: Sima Agron, born 1910 in Kyiv; Immigrated in 1918; Got married in 1930, New York; Died on August 23, 2000, Los Angeles.

Children
Son: Michael Bloom, born in New York on September 30, 1932; Died on October 3, 2018, in Los Angeles.
Daughter: Anna Bloom, born in Chicago on February 25, 1935.

Grandchildren
Grandson: Daniel Bloom (parents Michael Bloom and Eva Komarov, married 1962 in Los Angeles), born on December 15, 1965, in Los Angeles.
Granddaughter: Alisa Broner (parents Peter Broner and Anna Bloom, married in Washington, 1967), born on November 17, 1968, in Santa Barbara.

Great grandchildren (пра́внуки)
Great grandson (пра́внук): Maxim Bloom (parents Daniel Bloom and Nina Carmen, married 1995 in Los Angeles), born on June 19, 1998, in Portland.
Great granddaughter (пра́внучка): Anastasia Broner (parents Andrew Bronstein and Alisa Broner, married in Washington, 1993), born on August 27, 1996, in Washington.

СМО́ТРИМ И ГОВОРИ́М

3-13 | **Видеобло́г «Моя́ семья́».** Watch the video blog three times and fill in the gaps.

О Ле́не Петро́вой

1. Ле́на Петро́ва живёт в _____.
2. Ле́не Петро́вой _____ лет.
3. Она́ у́чится в _____.
4. Ле́на хо́чет стать _____.
5. У неё _____ и _____ семья́.
6. Чле́ны семьи́: ба́бушка, _____, _____, ста́ршая сестра́ _____, ста́рший брат _____, мла́дшая сестра́ _____ и их дома́шние _____, кот и соба́ка.

3-14 | **Видеобло́г «Моя́ семья́».** 1) Watch the video blog three times and mark whether the following statements correspond to the content. Read each statement out loud. 2) In pairs, talk about the blogger's family.

Да	Нет	1. У Ле́ны Петро́вой одна́ сестра́ и два бра́та.
Да	Нет	2. Ле́на живёт вме́сте с роди́телями, ба́бушкой, мла́дшей сестро́й, кото́м и соба́кой в большо́й кварти́ре.
Да	Нет	3. Ста́ршая сестра́ Ле́ны за́мужем. Её му́жа зову́т Андре́й.
Да	Нет	4. Андре́й – инжене́р, а Ири́на – домохозя́йка.
Да	Нет	5. У Ле́ны есть племя́нница. Её зову́т Ксе́ния, Ксю́ша.
Да	Нет	6. Ста́ршему бра́ту Ле́ны 31 год, и он лю́бит игра́ть на саксофо́не.
Да	Нет	7. Мла́дшей сестре́ Ле́ны 22 го́да, и она́ у́чится в музыка́льном учи́лище.
Да	Нет	8. Роди́тели Ле́ны – врачи́. Её отца́ зову́т Па́вел Петро́вич, а мать – Евге́ния Миха́йловна.
Да	Нет	9. Ба́бушку Ле́ны зову́т Валенти́на Никола́евна. Она́ всю жизнь рабо́тала учи́тельницей ру́сского языка́ и литерату́ры.
Да	Нет	10. Де́душка Ле́ны, Михаи́л Петро́вич, у́мер 4 го́да наза́д. Он был инжене́ром и проекти́ровал ста́нции метро́ в Москве́ и Ленингра́де.
Да	Нет	11. Де́душка и ба́бушка Ле́ны роди́лись в Ленингра́де, где они́ познако́мились.
Да	Нет	12. Де́душка и ба́бушка Ле́ны роди́лись в Сиби́ри, в го́роде Новосиби́рск, где они́ познако́мились.

3–15 | Ви́деоблог «Моя́ семья́». 1) On a separate piece of paper, write four to five questions to the author of the video blog in 3–13. 2) Would you like to subscribe to her YouTube channel? Explain why using the conjunctions **потому́ что**, **та́к как**.

ПИ́ШЕМ О СЕБЕ́

3–16 | Моё семе́йное де́рево. Draw your family tree.

3–17 | Мой блог. You are writing a blog post in Russian that you want to share on social media. Write a 15–20-sentence essay about your family using the questions below as an outline. Review the vocabulary words on page 86 (Семья́, Профе́ссии) as needed in order to describe your family.

1. Кака́я у вас семья́? Где живёт ва́ша семья́?
Роди́тели
2. Как зову́т ва́шего отца́/па́пу? Ско́лько ему́ лет? Где он роди́лся и вы́рос? Како́й он челове́к?
3. Как зову́т ва́шу мать/ма́му? Ско́лько ей лет? Где она́ родила́сь и вы́росла? Како́й она́ челове́к?
4. Где ва́ши роди́тели рабо́тают? Кто они́? Как они́ познако́мились? Когда́ и где они́ пожени́лись?

Бра́тья и сёстры

5. Вы еди́нственный ребёнок в семье́ и́ли у вас есть бра́тья и сёстры? Как их зову́т, ско́лько им лет? Они́ у́чатся и́ли рабо́тают? Где они́ живу́т? У них есть де́ти? Вы ча́сто ссо́ритесь? Вы бы́стро ми́ритесь?

Дя́ди и тёти (по ли́нии мое́й ма́тери/моего́ отца́)

6. У тебя́ есть тёти и дя́ди? Как их зову́т? Где они́ рабо́тают? Кто они́? У них есть де́ти?

Ба́бушки и де́душки (по ли́нии мое́й ма́тери/моего́ отца́)

7. У тебя́ есть ба́бушки и де́душки? Как их зову́т? Ско́лько им лет? Где они́ живу́т? Как они́ познако́мились? Когда́ они́ пожени́лись? Что они́ де́лают? У них есть други́е вну́ки?

Праде́душка и праба́бушка (по ли́нии мое́й ма́тери/моего́ отца́)

8. Что вы зна́ете о своём праде́душке и свое́й проба́бушке? Как их зва́ли? Где они́ жи́ли? Как они́ познако́мились? Когда́ они́ пожени́лись? Кем они́ бы́ли? Где они́ рабо́тали? Чем они́ занима́лись?

ИНТЕРВЬЮ́ И ПРОЕ́КТЫ

3-18 | Интервью́ «Ва́ша семья́». 1) In a small group or as a class, write a list of questions that you could ask Russian speakers about his/her family. 2) Conduct interviews with two Russian speakers outside of class. Write down their answers, create a two-minute multimedia presentation, and present it in class.

Interview form

Questions	Person 1	Person 2

3–19 | Видеобло́г. Тег: моя́ семья́. 1) Create a personal video blog about your family. Record yourself answering the questions in 3–17. Make it interesting and exciting for your classmates to watch. Be creative! 2) Show your video blog in class and watch your classmates' videos. You may want to have a competition for the best video blog.

ГРАММА́ТИКА

3–20 | Что вы зна́ете? Reread the following sentences from the blog post in 3–5. 1) Underline all words and phrases that answer the following questions: **Кто?** *Who?* **Что?** *What?* 2) What are the noun and adjective endings for the nominative case?

Поли́на Моро́зова

1. Мои́ роди́тели, де́душка, мла́дший брат и я – э́то на́ша дру́жная семья́!
2. Моя́ соба́ка Альма – э́то то́же член на́шей семьи́!
3. Мой па́па рабо́тает инжене́ром на заво́де.
4. Моя́ ма́ма – учи́тельница биоло́гии в шко́ле.
5. Мой брат Макси́м у́чится в шко́ле в четвёртом кла́ссе.
6. Поли́на и Ма́ксим дру́жат.
7. Ба́бушка Ни́на умерла́ три го́да наза́д.
8. Семья́ ба́бушки жила́ в Сара́тове.

The nominative case
Имени́тельный паде́ж

Nominative case functions

1. Nouns and pronouns in the nominative case can indicate **the subject** of a sentence or a clause. The subject (**подлежа́щее**) denotes the thing or a person we are speaking about and answers the questions **Кто?** *Who?* **Что?** *What?*

Кто?	**Кто** твой па́па/твоя́ мама?	*What does your father/mother do?*
	Моя́ ма́ма – программи́ст.	*My mother is a programmer.*
Что?	**Моя́ специа́льность** – программи́ст.	*I majored in programming.*

Nouns, pronouns, and adjectives after the unexpressed present tense of the verb **быть** and after the introductory word **э́то** *(this is, that is, these are, those are)* are also in the nominative case and can indicate the **predicate** of a sentence or a clause.

Её оте́ц – **инжене́р**.	*Her father is an engineer.*
Поли́на о́чень **симпати́чная**.	*Polina is very pretty.*
Это **моя́ семья́**.	*This is my family.*

3–21 | **Об имени́тельном падеже́**. Study the examples and give the rules for nouns that have regular forms in the nominative plural.

-Ы	-И	-А/-Я	Memorize
студе́нт – студе́нты журна́л – журна́лы	но́вость – но́вости сеть – се́ти музе́й – музе́и семья́ – се́мьи дя́дя – дя́ди тётя – тёти блог – бло́ги ба́бушка – ба́бушки врач – врачи́ ко́лледж – ко́лледжи	лицо́ – ли́ца мо́ре – моря́ профе́ссор – профессора́ учи́тель – учителя́ го́род – города́	брат – бра́тья сестра́ – сёстры муж – мужья́ жена́ – жёны сын – сыновья́ дочь – до́чери мать – ма́тери оте́ц – отцы́ друг – друзья́ челове́к – лю́ди ребёнок – де́ти

Remember: Adjectives in the nominative plural end in **-ЫЕ/-ИЕ:** люби́м**ые** роди́тели, двою́родн**ые** сёстры, ста́рш**ие** бра́тья.

3–22 | **Подлежа́щее.** Reread the following sentences from the blog post in 3–5; find and underline the subject in these sentences:

1. Мой па́па – инжене́р на заво́де.
2. Моя́ ма́ма – учи́тель биоло́гии в шко́ле.
3. Фами́лия моего́ де́душки – Бори́сов.
4. Де́душка живёт с на́ми, а ба́бушка Ни́на умерла́ три го́да наза́д.
5. Мы о́чень люби́ли на́шу ба́бушку.
6. Ба́бушка была́ удиви́тельным челове́ком!
7. Я люби́ла слу́шать её расска́зы об исто́рии на́шей семьи́.
8. Ба́бушка познако́милась с де́душкой в Ленингра́де в 1971-м году́.
9. Ба́бушка и де́душка пожени́лись в Ленингра́де, сейча́с э́то Петербу́рг.
10. У ба́бушки и де́душки родили́сь две до́чери, А́нна и Ве́ра.
11. В Сара́тове родили́сь вну́ки.
12. Мой прадеду́шка был изве́стным фармаце́втом в Сара́тове и рабо́тал в апте́ке в це́нтре го́рода.
13. Фами́лия прадеду́шки – Абра́мов.

3–23 | Мно́жественное число́. Fill in the blanks by giving the plural forms of the nouns in parentheses. Read the story out loud.

Семе́йный фотоальбо́м

Это мой (сестра́) _____ и (брат) _____. Они́ мой (хоро́ший друг) ___
_____ _____.

Мой (сестра́) _____ живу́т во Владивосто́ке. Это их (семья́) _____.
Это их (муж) _____ и (ребёнок) _____. Мой (сестра́) _____ (хоро́шая
мать) _____ _____, и у них хоро́шие (муж) _____.

Мой (брат) _____ живу́т в Москве́. Это их (жена́) _____. А э́то их
(дочь) _____, мой (племя́нница) _____. А э́то их (сын) _____,
мой (племя́нник) _____. Мой (брат) _____ хоро́шие (отéц) _____,
и у них (хоро́шая жена́) _____ _____.

А э́то мой (тётя) _____ и (дя́дя) _____. Они́ (сестра́) _____ и
(брат) _____ мои́х роди́телей. Они́ живу́т в Сама́ре, Москве́ и Петербу́рге.
Сама́ра, Москва́ и Петербу́рг – э́то (большо́й го́род) _____ _____,
и там живу́т (хоро́ший челове́к) _____ _____. Все мой (тётя)
_____ – (замеча́тельный учи́тель) _____ _____, а мой (дя́дя)
_____ – (изве́стный врач) _____ _____.

3–24 | Что вы зна́ете? Reread the following sentences from the blog post in 3–5.
1) Underline all words and phrases that are in the genitive case and answer the questions: **Кого́? Чего́?** 2) What are the noun and adjective endings for the genitive case?

1. Я родила́сь 9-го сентября́ 2001-го го́да в Сара́тове.
2. Соба́ка – лу́чший друг челове́ка!
3. Моя́ соба́ка Альма – э́то то́же член на́шей семьи́!
4. У нас с ма́мой нет секре́тов – мы лу́чшие подру́ги!
5. Ба́бушка о́чень люби́ла меня́ и Макси́ма, жила́ для нас.
6. Я люби́ла слу́шать расска́зы ба́бушки об исто́рии на́шей семьи́.
7. В Ленингра́де у них родили́сь две до́чери.
8. В 1978-м году́ де́душка и ба́бушка перее́хали из Ленингра́да в Сара́тов.
9. Семья́ ба́бушки жила́ в Сара́тове.
10. Мой прадéдушка, отéц ба́бушки Ни́ны, рабо́тал в апте́ке в це́нтре го́рода.

The genitive case
Роди́тельный паде́ж

I. The genitive case without prepositions

Use the genitive case without prepositions:

1. To indicate the absence or lack of something.
   У меня́ **нет** (нé было, не бу́дет) **кота́**.   *I don't (didn't, won't) have a cat.*
   У меня́ **нет** (нé было, не бу́дет) **соба́ки**.   *I don't (didn't, won't) have a dog.*

2. To indicate possession.

— Чья э́то сестра́?   *"Whose sister is this?"*
— Э́то сестра́ **Макси́ма.**   *"It's Maksim's sister."*
Э́то библиоте́ка **университе́та.**   *This is the university library.*

3. To describe other nouns.

Он преподава́тель **ру́сского языка́.**   *He's a Russian language teacher.*

4. To indicate the day of the month: the ordinal number is in the nominative case and the month is in the genitive case.

— Како́е сего́дня число́?   *"What is today's date?"*
— Сего́дня второ́е **января́.**   *"Today is January 2."*

5. To indicate the date and year when something occurs.

— Когда́ вы роди́лись?   *"When were you born?"*
— **Пя́того сентября́** ты́сяча девятьсо́т   *"On September 5, 1996."*
    девяно́сто **шесто́го го́да.**
— **Пе́рвого апре́ля** две ты́сячи **шесто́го** *"On April 1, 2006."*
    го́да

6. With words denoting quantity and with numerals other than **оди́н** (**одна́, одно́**).[4]

- Use the genitive singular of a noun after the numbers 2 (**два, две**), 3 (**три**), 4 (**четы́ре**) and numbers ending in **2, 3, 4.**
  2 бра́та (**два** бра́та)
  3 сестры́ (**три** сестры́)
  22 го́да (**два́дцать два** го́да)
  23 го́да (**два́дцать три** го́да)

- Use the genitive plural of a noun after all other numbers.
  5 бра́тьев и сестёр (**пять** бра́тьев и сестёр)
  11 вну́ков (**оди́ннадцать** вну́ков)

- Use the genitive **plural** of the noun "children" (**де́ти > дете́й**) after the collective numerals **дво́е, тро́е, че́тверо, пя́теро, ше́стеро,** and **се́меро.**
  У сестры́ тро́е **дете́й.**
  But: У ба́бушки бы́ло **во́семь** (**де́вять . . .**) дете́й.

- Use the genitive **singular** of a noun after **ско́лько** (*how much*), **мно́го** (*much, a lot*), **немно́го** (*a little, some*), and **ма́ло** (*too little, not enough*) for things that are not countable.
  У меня́ бы́ло мно́го **рабо́ты** и ма́ло **вре́мени.**

- Use the genitive **plural** of a noun after **ско́лько** (*how many*), **не́сколько** (*several*), **мно́го, немно́го,** and **ма́ло** for things that are countable.
  У меня́ не́сколько **бра́тьев** и **сестёр.**
  У него́ мно́го **племя́нников** и **племя́нниц.**
  Ско́лько у вас **дете́й?**

---

4   Use the nominative singular of a noun after "one" (**оди́н, одна́, одно́**) and numbers ending in "one": 1 брат (**оди́н** брат), 1 сестра́ (**одна́** сестра́), 41 год (**со́рок оди́н** год), 101 год (**сто оди́н** год).

Remember: Use singular forms of verbs with **ско́лько, не́сколько, мно́го, немно́го, ма́ло**. In the past tense, use the neuter form of verbs with these words.

— Ско́лько у ба́бушки **бы́ло** сестёр?   *How many sisters did grandma have?*
— У неё **бы́ло** не́сколько сестёр.   *She had several sisters.*

II. Noun endings for the genitive case singular

Masculine and neuter nouns take the ending **-А/-Я.**

Nominative sing. (Кто? Что?)	Genitive sing. (Кого́? Чего́?)	Examples
брат	бра́т-**а**	У меня́ нет **бра́та**. *I don't have a brother.*
племя́нник	племя́нник-**а**	Это жена́ **племя́нника**. *That's (my) nephew's wife.*
сын	сы́н-**а**	У меня́ три **сы́на**. *I have three sons.*
ребён|о|к	ребёнк-**а**	У сестры́ нет **ребёнка**. *My sister doesn't have a child.*
май	ма́-**я**	Сего́дня 9 **ма́я**. *Today is May 9th.*
февра́ль	феврал-**я́**	Сего́дня 19 **февраля́**. *Today is February 19th.*

Remember: вре́мя – *gen. sing.* **вре́мени**.

У меня́ нет **вре́мени**!   *I don't have time.*

Feminine nouns as well as masculine nouns that end in **-А/-Я** in the nominative case and refer to male people (**па́па, дя́дя**) take the endings **-Ы/-И.**

Nominative sing. (Кто? Что?)	Genitive sing. (Кого́? Чего́?)	Examples
сестр-а́	сестр-**ы́**	Это де́ти **сестры́**. *These are my sister's kids.*
жен-а́	жен-**ы́**	Это оте́ц **жены́**. *This is my wife's father.*
семь-я́	семь-**и́**	У него́ нет **семьи́**. *He doesn't have a family.*
дочь	до́ч-ер-**и**	У меня́ две **до́чери**. *I have two daughters.*
дя́дя и тётя	дя́д-**и** и тёт-**и**	У меня́ нет **дя́ди** и́ли **тёти**. *I don't have an aunt or uncle.*

III. Noun endings for the genitive case plural

The genitive plural form of a noun depends on the shape of its nominative singular form.

1. The genitive plural ending is **zero** for nouns that have **a vowel ending** in the nominative singular.

Nominative sing. (Кто? Что?)	Genitive pl. (Кого́? Чего́?)	Examples
племя́нница-**а**	племя́нниц	У него́ пять **племя́нниц**. *He has five nieces.*
жен-**а́**	жён	У бра́та бы́ло не́сколько **жён**. *My brother has had multiple wives.*
сестр-**а́**	сест|ё|р	У меня́ шесть **сестёр**. *I have six sisters.*
де́вушк-**а**	де́вуш|е|к[5]	Он зна́ет мно́го **де́вушек**. *He knows many young women.*
ба́бушк-**а**	ба́буш|е|к	У меня́ нет **ба́бушек**. *I don't have any grandmothers.*
де́душк-**а**	де́душ|е|к	У меня́ нет **де́душек**. *I don't have any grandfathers.*
семь-**я́**	сем|е́|й	В э́том до́ме живёт не́сколько **семе́й**. *Several families live in this building.*
неде́л-**я**	неде́ль[6]	Брат не рабо́тал не́сколько **неде́ль**. *My brother hasn't worked for several weeks.*

2. The genitive plural ending is **-ЕЙ** for nouns with a nominative singular form ending in a "husher" (**Ш, Ж, Ч, Щ**) or **-Ь**. The ending **-ЕЙ** can be stressed or unstressed.

Nominative sing. (Кто? Что?)	Genitive pl. (Кого́? Чего́?)	Examples
муж	муж-**е́й**	У неё бы́ло не́сколько **муже́й**. *She has had multiple husbands.*
мать	мат-ер-**е́й**	Ско́лько **матере́й** воспи́тывают дете́й са́ми? *How many mothers raise their kids on their own?*
дочь	доч-ер-**е́й**	У него́ пять **дочере́й**. *He has five daughters.*

---

5 When the final vowel is dropped, some nouns end in consonant cluster that is difficult to pronounce. To break up a consonant cluster, **fill vowels** (|о|, |е|, |ё|) are inserted.

6 Soft consonant must be indicated.

3. The genitive plural ending is **-OB/-EB** for nouns with a nominative singular form ending in a **hard consonant** other than a "husher" or **-Й**.

Nominative sing. (Кто? Что?)	Genitive pl. (Когó? Чегó?)	Examples
племя́нник	племя́нник-**ов**	У меня́ мнóго **племя́нников**. *I have many nephews.*
внук	внýк-**ов**	У негó нет **внýков**. *He doesn't have any grandchildren.*
ви́део блог	ви́део блóг-**ов**	Я смотрю́ мнóго ви́део **блóгов**. *I watch many video blogs.*
мéсяц	мéсяц-**ев**	Скóлько **мéсяцев** вы жи́ли в Росси́и? *How many months did you live in Russia?*
музéй	музé-**ев**	В Сарáтове нéсколько **музéев**. *There are several museums in Saratov.*

4. Memorize these forms and pay attention to word stress:

Nominative sing. (Кто? Что?)	Nominative pl. (Кто? Что?)	Genitive plural (Когó? Чегó?)
брат	брáт-**ь-я**	брáт-**ь-ев**
друг сын	друз-**ь-я́** сын-**ов-ь-я́**	друз-**éй** сын-**ов-éй**
человéк ребён|о|к дя́дя тётя	лю́ди дéти дя́ди тёти	люд-**éй** дет-**éй** дя́д-**ей** тёт-**ей**

Remember:
- After **numerals** (5–20, 25–30, 35–40, etc.) and the words **скóлько**, **нéсколько**, use the word **человéк**: пять человéк, скóлько человéк, нéсколько человéк;
- After the words **мнóго**, **немнóго**, **мáло**, use the word **людéй**: мнóго/немнóго, людéй, мáло людéй.

IV. Genitive case forms for personal pronouns and the reflexive pronoun СЕБЯ́

Nom.	кто?	что?	я	ты	он	оно́	она́	мы	вы	они́	-
Gen.	кого́?	чего́?	меня́	тебя́	его́		её	нас	вас	их	себя́
					у него́		у неё			у них	у себя́

Note that third-person pronoun forms are preceded by **-Н-** when they are the object of a preposition. Do not confuse the third-person personal pronouns in the genitive case **ЕГО́**, **ЕЁ**, and **ИХ** with the posessive pronouns **ЕГО́**, **ЕЁ**, and **ИХ**, which never change form:

У **него́** есть семья́.   *He has a family.*
У **его́** бра́та есть семья́.   *His brother has a family.*

У **неё** есть де́ти.   *She has kids.*
У **её** сестры́ есть де́ти.   *Her sister has kids.*

У **них** есть дочь.   *They have a daughter.*
У **их** бра́та есть дочь.   *Their brother has a daughter.*

Remember:
The reflexive pronoun **СЕБЯ́** *oneself (myself, yourself, himself, herself, ourselves, themselves)* has no *nominative case* form and refers back to the subject of the sentence.

Она́ живёт то́лько для **себя́**.   *She lives only for herself.*
Я была́ **у себя́** весь день.   *I was at my place all day.*
Ма́ма живёт для **меня́**.   *My mom lives for me.*

But: Я живу́ для **себя́**. *I live for myself.*

3-25 | Роди́тельный паде́ж. Working in pairs, read the following story and 1) underline all words and phrases that are in the genitive case and explain the usage of the genitive case, 2) then answer the following questions in full sentences:

1. Когда́ Лев Никола́евич Толсто́й и Со́фья Андре́евна Берс пожени́лись?
2. Ско́лько лет они́ про́жили вме́сте?
3. Ско́лько у них бы́ло дете́й? Ско́лько дете́й у́мерло в де́тстве?
4. Како́й дипло́м получи́ла Со́фья Андре́евна, когда́ она́ око́нчила Моско́вский университе́т?
5. Когда́ Со́фья Андре́евна и Лев Никола́евич поссо́рились после́дний раз?
6. Когда́ у́мер Толсто́й?

Лев Никола́евич и Со́фья Андре́евна Толсты́е

В сентябре́ 1862 (ты́сяча восемьсо́т шестьдеся́т второ́го) го́да изве́стный ру́сский писа́тель Лев Никола́евич Толсто́й написа́л письмо́ Со́фье Андре́евне Берс: «Скажи́те, как че́стный челове́к, хоти́те ли вы быть мое́й жено́й?» Ей бы́ло 18 лет, ему́ – 34 го́да. Они́ пожени́лись 23 сентября́ 1862 го́да и про́жили вме́сте 48 лет. У них роди́лось 13 дете́й, пя́теро из кото́рых у́мерли ещё в де́тстве *(childhood)*.

Пе́рвого сы́на Серёжу Со́фья Андре́евна родила́ в 1863 году́. Толсто́й же тогда́ на́чал писа́ть рома́н «Война́ и мир». Со́фья Андре́евна учи́ла и воспи́тывала всех дете́й до́ма. Она́ сама́ воспи́тывалась до́ма, получи́ла хоро́шее дома́шнее образова́ние *(homeschooling)*, поступи́ла в Моско́вский университе́т, око́нчила его́ и получи́ла дипло́м дома́шней учи́тельницы.

Лев Никола́евич и Со́фья Андре́евна ча́сто ссо́рились. Последний раз они́ поссо́рились 28 октября́ 1910 го́да. Толсто́й ушёл из до́ма. Он написа́л жене́: «Не дума́й, что я уе́хал, потому́ что не люблю́ тебя́. Я люблю́ тебя́ и жале́ю . . .» А в ноябре́ Со́фья Андре́евна узна́ла, что Лев Никола́евич заболе́л и умира́ет. Умер Лев Никола́евич Толсто́й 7 ноября́ 1910 го́да.

3–26 | Роди́тельный паде́ж. Read the sentence and state the opposite. The first one has been done for you.

1. **Я и мой друг**. У меня́ есть **семья́**, а у моего́ дру́га нет *семьи́*. У меня́ есть **роди́тели**, а у моего́ дру́га нет _____, он сирота́ *(orphan)*. У меня́ есть **брат** и **сёстры**, а у моего́ дру́га нет _____ и _____. У меня́ есть **племя́нницы** и **племя́нники**. А у моего́ дру́га нет _____ и _____. У меня́ есть **ба́бушка** и **тётя**, а у дру́га нет _____ и _____.

2. **Мой брат**. У бра́та есть **жена́**, а у меня́ нет _____. У него́ есть **де́ти**, а у меня́ нет _____. У него есть **сыновья**, а у меня нет _____.

3. **Сёстры Оля** и **Аня**. У мое́й сестры́ Оли есть **муж**. А у сестры́ Ани нет _____. У Оли есть **дочь** и **сын**, а у Ани нет _____ и _____.

4. А у тебя́/вас есть **ма́чеха, о́тчим, брат, сестра́, муж/жена́, де́ти**?

3–27 | Роди́тельный паде́ж. 1) Read the following blog post and fill in the blanks. 2) In pairs, take turns asking and answering the following questions.

О мое́й семье́

Хорошо́, когда́ у вас больша́я семья́! У меня́, наприме́р, пять (сестра́) _____ и три (брат) _____ . У мое́й ста́ршей сестры́ уже́ тро́е (де́ти) _____ : у меня́ оди́н (племя́нник) _____ и две (племя́нница) _____ !

Кро́ме того́, у ма́мы четы́ре (брат) _____ и две (сестра́) _____ , а у отца́ три (сестра́) _____ и два (брат) _____ .

А тепе́рь посчита́йте и отве́тьте на вопро́сы:

1. Ско́лько у мои́х роди́телей (де́ти) _____ ?
2. Ско́лько у мои́х роди́телей (внук) _____ ?
3. Ско́лько у мое́й сестры́ (сын) _____ ?
4. Ско́лько у мое́й сестры́ (дочь) _____ ?
5. Ско́лько у меня́ (дя́дя) _____ и (тётя) _____ ?
6. А ско́лько у мое́й ба́бушки по ли́нии моего́ отца́ (де́ти) _____ ?
7. А ско́лько у мое́й ба́бушки по ли́нии мое́й ма́тери (де́ти) _____ ?

 3-28 | Роди́тельный паде́ж. In pairs, make small talk following the subsequent example.

Приме́р/Example:

— Ско́лько у тебя́ бра́тьев?
— У меня́ не́сколько бра́тьев.

Вопро́сы	Отве́ты
1. Ско́лько у тебя́/вас (сестра́)?	У меня́ мно́го (сестра́).
2. Ско́лько у тебя́/вас (брат)?	У меня́ мно́го (брат).
3. Ско́лько у тебя́/вас (племя́нник)?	У меня́ не́сколько (племя́нник).
4. Ско́лько у тебя́/вас (племя́нница)?	У меня́ не́сколько (племя́нница).
5. Ско́лько у тебя́/вас (тётя)?	У меня́ мно́го (тётя).
6. Ско́лько у тебя́/вас (дя́дя)?	У меня́ не́сколько (дя́дя).
7. Ско́лько у тебя́/вас бу́дет (де́ти)?	У меня́ бу́дет мно́го (де́ти).
8. Ско́лько у тебя́/вас (друг)?	У меня́ ма́ло (друг).
9. Ско́лько (челове́к) у тебя́/вас бы́ло на дне рожде́ния в э́том году́?	Бы́ло ма́ло/немно́го (лю́ди). Бы́ло всего́ не́сколько …
10. У тебя́/вас обы́чно мно́го (рабо́та)?	Да/Нет, ма́ло/мно́го (рабо́та).
11. У тебя́/вас мно́го (пробле́ма)?	Да/Нет, ма́ло/мно́го (пробле́ма).
12. У тебя́/вас сейча́с есть вре́мя отве́тить на мои́ вопро́сы?	Да, у меня́ мно́го (вре́мя). Нет, у меня́ ма́ло (вре́мя).

3–29 | Роди́тельный паде́ж. Finish the following sentences.

Ро́дственники

1. **Племя́нник** – э́то сын (брат) _____ и́ли (сестра́) _____, а
   племя́нница – э́то дочь (брат) _____ и́ли (сестра́) _____.
2. Ва́ша **тётя** – э́то сестра́ (оте́ц) _____ и́ли (мать) _____.
3. Ваш **дя́дя** – э́то брат (оте́ц) _____ и́ли (мать) _____.
4. **Двою́родный брат** – э́то сын (дя́дя) _____ и́ли (тётя) _____, а
   двою́родная сестра́ – э́то дочь (дя́дя) _____ и́ли (тётя) _____.
5. Е́сли ва́ши роди́тели развели́сь (*divorced*), то **о́тчим** – э́то но́вый муж (мать)
   _____.
6. Е́сли ва́ши роди́тели развели́сь, то **ма́чеха** – э́то но́вая жена́ (оте́ц) _____.
7. **Ба́бушка** – э́то мать (мать) _____ и́ли (оте́ц) _____.
8. **Де́душка** – э́то оте́ц (мать) _____ и́ли (оте́ц) _____.
9. **Внук** – э́то сын (дочь) _____ и́ли (сын) _____.
10. **Вну́чка** – э́то дочь (дочь) _____ и́ли (сын) _____.
11. **Праде́душка** – э́то оте́ц (ба́бушка) _____ и́ли (де́душка) _____.
12. **Праба́бушка** – э́то мать (ба́бушка) _____ и́ли (де́душка) _____.

3–30 | **Роди́тельный паде́ж**. In pairs, 1) review the names of the months,
2) ask and answer the following questions, 3) come up with your own
questions to ask your partner. Remember that in Russian, you write the day
first and the month second: 26.12; 3.IX; 20 ноября́.

1. Како́е сего́дня число́ (день, ме́сяц)?
2. Како́е вчера́ бы́ло число́ (день, ме́сяц)?
3. Како́е за́втра бу́дет число́ (день, ме́сяц)?
4. Когда́ ты/вы роди́лся/родила́сь/роди́лись (день, ме́сяц)?
5. Когда́ день рожде́ния у твое́й/ва́шей сестры́ (день, ме́сяц)?
6. Когда́ день рожде́ния у твоего́/ва́шего бра́та (день, ме́сяц)?
7. Когда́ роди́лись твои́/ва́ши роди́тели (день, ме́сяц)?
8. Когда́ твои́/ва́ши роди́тели пожени́лись (день, ме́сяц)?
9. Ва́ши вопро́сы _____.

V. The genitive case with prepositions

Use the genitive case:

1. With the preposition **У** to express possession. Use **У** with nouns that denote *persons*.
   Otherwise use **В** + the prepositional case.
   > **У Анны** два бра́та и три сестры́.
   > *Anna has two brothers and three sisters.*

   > **But: В моём до́ме** есть три ко́мнаты.
   > *My house has three rooms. (There are three rooms in my house.)*

2. With the preposition **У** to indicate location at a person's residence or office and to answer the questions **Где? У кого́?** Use **У** with nouns that denote *persons*. Otherwise, use **В** + the prepositional case.

> — **У кого́ и где** она́ живёт?
> — Она́ живёт **у роди́телей в Москве́**.
> "She lives at her parents'/with her parents in Moscow."

3. With the prepositions **ИЗ, С,**[7] and **ОТ** to indicate the origin of movement and answer the questions **Отку́да? От кого́?** Use **ИЗ, С** with *place names* and **ОТ** with nouns that denote *persons*.

> — **Отку́да** вы верну́лись?
> — Мы прие́хали **из Петербу́рга от ба́бушки**.
> "We came (returned) from grandmother's house in St. Petersburg."

Verbs that are frequently used in **отку́да**-constructions:
возвраща́ться/верну́ться отку́да? – *to return, come back*
приходи́ть/прийти́ отку́да? – *to come, arrive (by foot)*
приезжа́ть/прие́хать отку́да? – *to come, arrive (by vehicle)*

4. With the preposition **БЕЗ** *(without)*.
> Я не могу́ жить **без тебя́**.
> *I can't live without you.*

5. With the preposition **ДЛЯ** *(for, for whose benefit, for what purpose)*.
> Ей ну́жно купи́ть пода́рок **для вну́ка**.
> *She has to buy a present for her grandson.*

 3–31 | Роди́тельный паде́ж. 1) Fill out the table. 2) In pairs, make small talk following the subsequent example and using the words from the table.

Приме́р/Example:

— Где вы бы́ли?
— **У ма́мы**.
— Отку́да вы верну́лись?
— Я верну́лся/верну́лась **от ма́мы**.

---

7 Remember: **ИЗ** is opposite of **В**, and **С** is opposite of **НА**: Я иду́ **в** магази́н, я пришла́ **из** магази́на. Я иду́ **на** конце́рт. Я пришла́ **с** конце́рта.

Кто? Что?	Где вы были? У кого вы были?	Откуда вы вернулись/пришли/приехали?
	У+ genitive (people) **В +** prepositional (place names)	**ОТ +** genitive (people) **ИЗ/С +** genitive (place names)
1. брат 2. сестра́ 3. музе́й 4. роди́тели 5. дя́дя 6. тётя 7. университе́т 8. ба́бушка 9. де́душка 10. Сара́тов 11. племя́нник 12. Ряза́нь *f.*, ма́ма 13. Ту́ла, мать 14. оте́ц, Томск 15. друзья́, Москва́		

 3–32 | Роди́тельный паде́ж. 1) Fill out the questionnaire. The first one has been done for you. 2) In small groups, ask each other the following questions and circle your partners' answers. 3) Sum up the information gathered by your group and present the results to your class.

Вопро́сы *Questions*	Отве́ты *Answers*
Для кого́ вы живёте?	**Я живу́ . . .**
лю́ди	*для люде́й*
я	*для себя́*[8]
семья́	
роди́тели	
де́ти	
сын	
дочь	
друзья́	
друго́е (напиши́те, что и́менно)	

---

8 **(для) себя́** *gen.* – (*for*) *oneself (myself, yourself, himself, herself, ourselves, themselves)*

Без кого́/чего́ вы не мо́жете жить?	Я не могу́ жить . . .
семья́	*без семьи́*
сёстры	
бра́тья	
роди́тели	
интерне́т	
компью́тер	
друзья́	
Инстагра́м	
телефо́н	
планше́т (айпе́д)	
Тви́ттер	
Гу́гл	
друго́е (напиши́те, что и́менно)	

VI. Adjective and pronoun endings for the genitive case. The reflexive possessive pronoun СВОЙ (one's own) in the genitive case

Adjectives for masculine and neuter singular nouns take the endings **-ОГО/-ЕГО**.[9] Adjectives for feminine nouns take the endings **-ОЙ/-ЕЙ**.[10] In the plural, the endings are **-ЫХ/-ИХ**.[11] Possessive pronouns for masculine and neuter singular nouns take the ending **-ЕГО**. Possessive pronouns for feminine nouns take the ending **-ЕЙ**. In the plural, the endings are **-ИХ. Remember** that the possessives **ЕГО, ЕЁ, ИХ** never change forms.

	Nominative sing. (Кто? Что?)	Genitive sing. (Кого́? Чего́?)	Genitive plural (Кого́? Чего́?)
		M./N.: -ОГО/-ЕГО *F.:* -ОЙ/-ЕЙ	*Pl.:* -ЫХ/-ИХ
M.	мой (твой, наш, ваш) **двою́родный брат**	мо-**его́**[12] (тво-**его́**, на́ш-**его**, ва́ш-**его**, сво-**его́**) двою́родн-**ого** бра́та	мо-**и́х** (тво-**и́х**, на́ш-**их**, ва́ш-**их**, сво-**и́х**) двою́родн-**ых** бра́тьев
N.	моё (твоё, на́ше, ва́ше) **люби́мое живо́тное**	мо-**его́** (тво-**его́**, на́ш-**его**, ва́ш-**его**, сво-**его́**) люби́м-**ого** живо́тного	мо-**и́х** (тво-**и́х**, на́ш-**их**, ва́ш-**их**, сво-**и́х**) люби́м-**ых** живо́тных
F.	моя́ (твоя́, на́ша, ва́ша) **двою́родная сестра́**	мо-**е́й** (тво-**е́й**, на́ш-**ей**, ва́ш-**ей**, сво-**е́й**) двою́родн-**ой** сестры́	мо-**и́х** (тво-**и́х**, на́ш-**их**, ва́ш-**их**, сво-**и́х**) двою́родн-**ых** сестёр

---

9 Remember spelling rule #1: an unstressed **O** in grammatical endings is written as **E** after hushers (**Ж, Ш, Щ, Ч**) and **Ц**.

10 Remember spelling rule #1.

11 Remember spelling rule #2: write **-И** instead of **-Ы** after velars (**К, Г, Х**) and hushers (**Ж, Ш, Щ, Ч**).

12 Remember to pronounce **Г** as **В** [v] in **-ОГО/-ЕГО** endings.

Remember that ordinal numerals (*пе́рвый, второ́й, тре́тий,* etc.) decline like adjectives:

Я роди́лся/родила́сь втор-**о́го** январ-**я́** ты́сяча девятьсо́т во́семьдесят втор-**о́го** го́д-**а**.

The reflexive possessive pronoun **СВОЙ** *(one's own)* is used when referring to the subject of the sentence.

Remember:
    Он купи́л дом для **свое́й** семьи́.
    He bought a house for his (own) family.

But: Он купи́л дом для **его́** семьи́.
    He bought a house for his (someone else's) family.

Note the genitive endings for **ВЕСЬ (ВСЯ, ВСЁ, ВСЕ)** – *all, the whole*; **Э́ТОТ (Э́ТА, Э́ТО, Э́ТИ)** – *this or that*; **ТОТ (ТА, ТО, ТЕ)** – *that (that one vs. this one)*.

	Nominative (Кто? Что?)	Genitive (Кого́? Чего́?)	Examples
M./N.	весь/всё	всего́	**Всего́** хоро́шего! *All the best!/Take care!*
	э́тот/тот; э́то/то	э́того/того́	Для **э́того/того́** челове́ка семья́ не важна́. *Family isn't important to this/that person.*
F.	вся	всей	Он купи́л дом для **всей** семьи́. *He bought a house for the whole family.*
	э́та/та	э́той/той	Для **э́той/той** же́нщины са́мое гла́вное в жи́зни – де́ти. *For this/that lady, children are the most important thing in life.*
PL.	все	всех	Семья́ важна́ для **всех** люде́й. *Family is important to everyone.*
	э́ти/те	э́тих/тех	Для **э́тих/тех** люде́й са́мое гла́вное в жи́зни – семья́. *For these/those people, family is the most important thing in life.*

Remember!
The stress is on the last syllable in the genitive singular masculine and neuter forms of the modifiers **тот** and **весь/всё**.

3–33 | Роди́тельный паде́ж. Working in pairs, put the words in parentheses into the genitive case (singular or plural), and then answer the following questions:

1. Ско́лько сестёр у Да́ши?
2. У кого́ есть муж Сла́ва и дочь Ка́тя?

3. Чья Ка́тя племя́нница?
4. У кого́ есть кот Ва́ська?
5. Чей Макси́м друг? Когда́ они́ хотя́т пожени́ться?
6. Где (у кого́) живу́т ба́бушка Ма́ша и де́душка Ви́тя?
7. Чей дя́дя Ко́ля брат?
8. Где (у кого́) живёт ба́бушка Ли́за?
9. Чья тётя Све́та сестра́?

Сочине́ние о семье́

Моя́ семья́ – э́то ма́ма, па́па и мы, три (сестра́) _____: я, Со́ня и Поли́на.
Мы о́чень дру́жные и живём все вме́сте. Иногда́ мы ссо́римся, но пото́м бы́стро
ми́римся. Ещё у меня́ есть две люби́мые (ба́бушка) _____ и оди́н де́душка, и
э́то то́же моя́ семья́.

Ба́бушка Ма́ша и де́душка Ви́тя живу́т у (свой ста́рший сын) _____
_____ _____, у (мой дя́дя Ко́ля) _____ _____ _____, (ста́рший
брат) _____ _____ (моя́ ма́ма) _____ _____. Ба́бушка Ли́за живёт
у (своя́ ста́ршая дочь) ____ _____ ____, у (моя́ тётя Све́та) _____ _____
_____, (ста́ршая сестра́) _____ _____ (мой па́па) _____ _____.

У (моя́ сестра́ Со́ня) _____ _____ _____ уже́ есть своя́ семья́: дочь
Ка́тя и о́чень симпати́чный муж Сла́ва. А ещё у (на́ша Со́ня) _____ _____
есть кот Ва́ська, кото́рый всегда́ спит на дива́не в гости́ной.

У (на́ша Поли́на) _____ _____ нет (своя́ семья́) _____ _____,
но у неё есть о́чень хоро́ший друг Макси́м. Они́ хотя́т пожени́ться в сентябре́
(э́тот год) _____ _____. Оте́ц (Макси́м) _____ о́чень рад, а вот ма́чеха
(Макси́м) _____ не хо́чет, что́бы они́ пожени́лись. Она́ не хо́чет, что́бы
Поли́на жила́ у (они́) _____.

Вот така́я у меня́ семья́.☺

Да́ша Поляко́ва, 6-Б класс
Шко́ла 145, г. Москва́

VII. *Кото́рый (кото́рая, кото́рое, кото́рые) in the genitive case*

The relative pronoun **кото́рый** declines in the genitive case as a regular adjective:
кото́рого (кото́рой, кото́рого, кото́рых).

3–34 | Кото́рый. 1) Read the text and render it into English (translate ideas, not
words). 2) Identify and explain the case of **кото́рый** (кото́рая, кото́рое, кото́рые).

Мы уже́ зна́ем, что Поли́на Моро́зова, **кото́рая** родила́сь 9-го сентября́
2001-го го́да, живёт в Сара́тове. Университе́т, **в кото́ром** Поли́на сейча́с у́чится,
называ́ется Сара́товский госуда́рственный университе́т. Поли́на, **у кото́рой**
де́душка был психо́логом, то́же хо́чет стать психо́логом. Факульте́т, **на кото́ром**
Поли́на у́чится, называ́ется факульте́т психоло́гии.

У Поли́ны есть роди́тели, **без кото́рых** она́ не мо́жет жить. Роди́тели, **у
кото́рых** Поли́на живёт, о́чень её лю́бят. Поли́на лю́бит живо́тных, и у неё есть
соба́ка Альма, **без кото́рой** она́ не мо́жет жить.

3–35 | Кото́рый. Make a complex sentence from two simple ones using **кото́рый.** The first one has been done for you.

1. Это мой **брат**. У **бра́та** есть дочь. > *Это мой брат, **у кото́рого** есть дочь.*
2. Это моя́ **сестра́**. Я живу́ у **сестры́**.
3. Я люблю́ своего́ **бра́та**. Я не могу́ жить без **бра́та**.
4. Это моя́ **тётя**. У **тёти** нет семьи́.
5. Это мой **племя́нник**. Я получи́ла электро́нное сообще́ние от **племя́нника**.
6. Это моя́ **ба́бушка**. У **ба́бушки** нет акка́унта в Инстагра́ме.
7. Это **де́ти**. У **дете́й** нет роди́телей.
8. Я не зна́ю **люде́й**. Для **люде́й** семья́ – это не гла́вное в жи́зни.

СЛОВА́РЬ

без + *gen. – without*
внук – *grandson*
вну́ки – *grandchildren*
вну́чка – *granddaughter*
воспи́тывать/воспита́ть кого́? – *to bring up, raise*
  Pres.: я воспи́тываю, ты воспи́тываешь, они́ воспи́тывают
  Fut.: я воспита́ю, ты воспита́ешь, они́ воспита́ют
двою́родная сестра́ – *female cousin*
двою́родный брат – *male cousin*
дочь, *gen.* до́чери/**до́чка** – *daughter*
дру́жная семья́ – *happy family*
дя́дя – *uncle*
жени́ться/пожени́ться – *to get married (for a couple)*
  Pres./Fut.: мы (по)же́нимся, вы (по)же́нитесь, они́ (по)же́нятся
  Past: они́ (по)жени́лись
как – *like, as*
мать, *gen.* ма́тери – *mother*
ма́чеха – *stepmother*
мири́ться/помири́ться с кем? – *to make up*
  Pres./Fut.: я (по)мирю́сь, ты (по)ми́ришься, они́ (по)ми́рятся
осо́бенно – *especially*
от|е́|ц – *father*
о́тчим – *stepfather*
племя́нник – *nephew*
племя́нница – *niece*
ребён|о|к *pl.:* де́ти – *baby, child*
роди́тели – *parents*
семья́ – *family*
сра́зу – *immediately*
ссо́риться/поссо́риться с кем? – *to quarrel, disagree*
  Pres./Fut.: я (по)ссо́рюсь, ты (по)ссо́ришься, они́ (по)ссо́рятся
сын, *pl.:* сыновья́ – *son*
тётя – *aunt*
член семьи́ – *family member*

Expressions:

Добро́ пожа́ловать! – *Welcome!*
Мне то́же! – *Me, too!*
Не́ за что! – *No problem!/You're welcome!*
По ли́нии мое́й ма́тери/моего́ отца́ – *on my mother's/father's side*
Счастли́во! – *Good luck!*
Что-что́? – *What was that?*
Я рад/ра́да тебя́/вас ви́деть! – *I'm glad to see you!*

Семья́ *Family*

ба́бушка и де́душка – *grandparents*
внук/вну́чка – *grandson/granddaughter;* **вну́ки** – *grandchildren*
роди́тели, *pl. only* – *parents*
   приёмные/патрона́тные роди́тели – *adopted/foster parents*
от|е́|ц /мать, *gen.* ма́тери – *father/mother*
   о́тчим/ма́чеха – *stepfather/stepmother*
   приёмный оте́ц/приёмная мать – *adopted father/mother*
брат/сестра́ – *brother/sister*
   двою́родный брат/двою́родная сестра́ – *male cousin/female cousin*
   сво́дный брат/сво́дная сестра́ – *half-brother/half-sister*
муж/жена́ – *husband/wife*
сын, *gen.* сыновья́**/ дочь**, *gen.* до́чери**/до́чка** – *son/daughter*
   приёмный сын/приёмная дочь – *adopted son/daughter*
   па́сынок/па́дчерица – *stepson/stepdaughter*
племя́нник/племя́нница – *nephew/niece*
ребён|о|к, *pl.* де́ти – *baby, child*
дя́дя/тётя – *uncle/aunt*
сирота́ – *orphan*

Профе́ссии *Professions*

актёр/актри́са – *actor/actress*
архите́ктор – *architect*
врач – *physician, doctor*
инжене́р – *engineer*
медбра́т/медсестра́ – *nurse (male/female)*
музыка́нт – *musician*
по́вар – *cook*
продаве́ц/продавщи́ца – *salesperson (male/female)*
профе́ссор – *professor*
санте́хник – *plumber*
строи́тель – *construction worker*
убо́рщик/убо́рщица – *janitor; housekeeper (male/female)*
учи́тель/учи́тельница – *teacher (male/female)*
экономи́ст – *economist*
эле́ктрик – *electrician*
юри́ст – *lawyer*

ГЛАВА́ 4 | РОМАНТИ́ЧЕСКИЕ ОТНОШЕ́НИЯ

In this chapter, you will:

- review and expand the vocabulary you need to talk about relationships, dating, and marriage;
- learn about what young people in Russia today think about marriage and starting a family;
- read about love stories and relationship problems;
- watch a short pre-wedding film and talk about Russian superstitions;
- learn how to ask questions about someone's private life;
- learn how to give advice and calm people down;
- write a movie script and make a movie about romantic relationships.

ВВЕДЕ́НИЕ

4-1 | Ли́чная жизнь. Private life. 1) Read the following script out loud. 2) Go around the classroom and interview two classmates. Make sure to use the appropriate form of address (**ты** or **вы**). 3) Write down or circle your classmates' answers. 4) Summarize their answers in seven to eight sentences and share them with the rest of the class.

I. Opening conversation lines	Responses	
Приве́т!/Здра́вствуй/те! Я рад/ра́да тебя́/вас ви́деть! Как ты/вы? Как дела́? Как твоя́/ва́ша жизнь?	Приве́т!/Здра́вствуй/те! Я то́же рад/ра́да тебя́/вас ви́деть! Спаси́бо, всё хорошо́/норма́льно.	
II. Вопро́сы *Questions*	**Отве́ты** *Answers*	
1. У тебя́/вас есть па́рень (*boyfriend*)/ де́вушка (*girlfriend*)?	Да, его́/её зову́т . . .	Нет, у меня́ нет па́рня/ де́вушки.
2. Где вы познако́мились?	Мы познако́мились . . . • в университе́те, мы учи́лись в одно́й гру́ппе. • в кафе́/рестора́не. • в тренажёрном за́ле. • в библиоте́ке. • в кинотеа́тре. • в магази́не. • на у́лице, когда́ я шёл/шла в . . . • в социа́льных сетя́х. • друго́е:	
3. Ско́лько лет вы встреча́етесь/ встреча́лись (*to date*)?	Мы встреча́емся уже́/встреча́лись . . . год/го́да/лет.	
4. У тебя́/вас есть жена́? Ты/Вы жена́т/ы?	Да, у меня́ есть жена́. Я жена́т.	Нет, у меня́ нет жены́. Я не жена́т.
5. У тебя́/вас есть муж? Ты/Вы за́мужем?	Да, у меня́ есть муж. Я за́мужем.	Нет, у меня́ нет му́жа. Я не за́мужем.
6. Где и как вы познако́мились?	Мы познако́мились в/на . . .	
7. Вы ча́сто ссо́ритесь?	Да, о́чень ча́сто!	• Нет, о́чень ре́дко. • Практи́чески никогда́.

III. Closing lines	Responses
Спаси́бо! Бы́ло прия́тно с тобо́й/ва́ми поговори́ть! Всего́ хоро́шего!	Пожа́луйста! Не́ за что! Счастли́во! Мне то́же! Всего́ до́брого! *(All the best!)* Ещё уви́димся! *(We'll see each other again!)*

4–2 | Произноше́ние. How to pronounce unstressed **Я**. 1) Read about the pronunciation of unstressed **Я**. 2) Listen to the speaker and underline unstressed **Я** in the following sentences. 3) Listen again and pronounce the sentences after the speaker several times.

Pronounce unstressed **Я** as a short **И** [ɪ] in the syllable(s) *before* the stress. In syllables after the stress, pronounce unstressed **Я** as [ə]. Always pronounce **-ТЬСЯ** and **-ТСЯ** as a long hard "tssə" sound.

---

1. Мы хоти́м пожени́ться пя́того января́ (сентября́, октября́, ноября́).
2. Я родила́сь пе́рвого января́ (сентября́, октября́, ноября́).
3. Он роди́лся второ́го апре́ля (ма́я, ию́ня, ию́ля).
4. Он хо́чет с ней познако́миться. Она́ ему́ нра́вится.
5. Где он у́чится?
6. Она́ у́чится в университе́те.
7. Они́ встреча́ются (*have been dating*) уже́ 2 го́да и реши́ли (*decided*) пожени́ться.
8. Она́ не хо́чет разводи́ться (*get divorced*).
9. Они́ хотя́т пожени́ться по́сле оконча́ния (*graduation*) университе́та.

4–3 | Ли́чная жизнь. Private life. Read the following vocabulary words and learn the words and expressions you do not already know.

па́рень/де́вушка	*boyfriend/girlfriend*
влюбля́ться/влюби́ться в кого?	*to fall in love*
встреча́ться *impf.* с кем?	*to date*
свида́ние с кем? (идти́/ходи́ть на свида́ние)	*date (to go on a date)*
жени́х/неве́ста	*fiancé, groom/fiancée, bride*
сва́дьба	*wedding, wedding reception*
выходи́ть/вы́йти за́муж за кого?	*to get married (for a woman)*
Она́ вы́шла за́муж **за** Андре́я.	*She married Andrew.*
жени́ться *impf. & pfv.* **на** ком?	*to get married (for a man)*
Он жени́лся **на** Ле́не.	*He married Lena.*
жени́ться/пожени́ться	*to get married (for a couple)*
Они́ пожени́лись.	*They got married.*
изменя́ть/измени́ть кому? с кем?	*to cheat on somebody with someone*
ревнова́ть *impf.* кого? к кому?	*to be jealous*
разводи́ться/развести́сь с кем?	*to get divorced*

 4-4 | Опро́с «Молода́я семья́». 1) Read the results of the following survey and figure out what questions were asked to get these results. Write them down. Review numbers in Appendix 5 as needed. 2) In small groups, discuss the differences in current attitudes on marriage and family held by young people in Russia and in your country. Use the vocabulary from 4–3. 3) Summarize your discussion in a few sentences and compare with the other groups in your class.

Результа́ты опро́са «Молода́я семья́ в Росси́и»

вечери́нка – *party*	**име́ть** *impf.* кого? что? – *to have, to own (formal)*
по́сле + *gen.* – *after*	**реша́ть/реши́ть** что? – *to decide*
среди́ – *among*	

Среди́ молоды́х люде́й в во́зрасте от 18 до 30 лет 30% жена́ты, 56% не за́мужем и не жена́ты, 14% развели́сь.

57% молоды́х люде́й, кото́рые жена́ты и́ли за́мужем, познако́мились друг с дру́гом на дискоте́ках и вечери́нках у друзе́й. 21% познако́мились в университе́те и́ли ко́лледже. Интере́сно, что 80% молоды́х люде́й пожени́лись по́сле оконча́ния университе́та и́ли ко́лледжа.

82% молоды́х люде́й сказа́ли, что они́ реши́ли пожени́ться, потому́ что они́ лю́бят друг дру́га, «э́то любо́вь». 11% молоды́х люде́й сказа́ли, что они́ реши́ли пожени́ться, потому́ что они́ хотя́т име́ть семью́ и дете́й. 80 % хотя́т име́ть двух дете́й, 15% – трёх дете́й, одного́ ребёнка плани́руют то́лько 5%.

Опро́с был проведён в Росси́и. На вопро́сы отве́тили 2 ты́сячи челове́к в во́зрасте от 18 до 30 лет.

4-5 | Исто́рия любви́. Read the following story and fill in the gaps using the vocabulary from 4–3. You might want to read more about Sergei Yesenin on the internet.

Исто́рия любви́: Серге́й Есе́нин и Айседо́ра Дунка́н

Ста́рая фотогра́фия. На фотогра́фии Серге́й Есе́нин, изве́стный ру́сский поэ́т. А э́то его́ жена́ Айседо́ра Дунка́н, америка́нская танцо́вщица. Они́ (met, got acquainted) _____ в 1921 году́ в Москве́ на (party) _____ у дру́га Есе́нина и полюби́ли друг дру́га.

Серге́й Есе́нин (get married) _____ **на** Айседо́ре Дунка́н. Ему́ бы́ло 26 лет, и он уже́ был ра́ньше (married) _____. Айседо́ра Дунка́н (get married) _____ **за** Серге́я Есе́нина. Ей бы́ло 44 го́да, и она́ никогда́ не была́ (married) _____.

Есе́нин и Дунка́н (get married) _____ 2 ма́я 1922-го го́да в Москве́. (Wedding) _____ была́ небольшо́й, бы́ло всего́ не́сколько челове́к. Пра́здновали ве́чером на кварти́ре Дунка́н. Пи́ли шампа́нское, говори́ли то́сты, крича́ли «Го́рько!».

В 1924 году́ они́ (get divorced) _____, так как Серге́й (cheat on) _____ Айседо́ре. Он написа́л ей: «Я люблю́ другу́ю. (Married) _____. Сча́стлив. Есе́нин».

Cultural note #1: «Го́рько!»

 It is a Russian wedding tradition for wedding guests to shout "**Го́рько**!" **Го́рький/го́рько** means "bitter." The newlyweds must then kiss to make it "sweet."

ЧИТА́ЕМ И ГОВОРИ́М

 4-6 | Пе́ред чте́нием. In pairs or small groups, discuss the following questions.

1. Каки́е вы зна́ете ме́ссенджеры?
2. Каки́ми ме́ссенджерами вы по́льзуетесь (*use*)?
3. Како́й сейча́с са́мый популя́рный ме́ссенджер?
4. Что вы пи́шете в сообще́ниях?/О чём вы пи́шете?
5. Каки́е сообще́ния вы получа́ете?/О чём э́ти сообще́ния?

 4-7 | Сообще́ние. Scan the following Telegram conversation and answer the questions: 1) What news did Ira share with Lenochka? 2) What news did Lenochka share with Ira?

Вы получи́ли сообще́ние!

бы́вший муж – *ex-husband*
всё вре́мя – *all the time*
обнима́ть/обня́ть кого́? – *to hug*
парикма́херская – *hair salon*
знако́мить/познако́мить кого́? с кем? – *to introduce somebody to someone*
похо́ж, похо́жа, похо́жи на кого́? – *to look like someone*
сде́лать *pfv.* **причёску** (маникю́р, педикю́р) – *to get one's hair (nails, toes) done*
скро́мный, -ая, -ое, -ые – *modest, humble*

Expressions:
Это что́-то но́вое! – *That's something new!*
Это ужа́сно – *That's terrible!*

TELEGRAM ЧАТЫ

Суббо́та, 5 ма́я

> **Ира Васи́льева**
> Ко́ля же́нится! Сва́дьба в а́вгусте.
> 16:30

> **Ле́ночка Бут**
> Вот э́то но́вость! На ком? Кто неве́ста?
> 16:35

> **Ира Васи́льева**
> Раи́са. Его́ однокла́ссница. Они́ учи́лись в одно́й шко́ле
> 5 лет наза́д. Я её не зна́ю.
> 16:40

> **Ленóчка Бут**
> Я её зна́ю! Она́ симпати́чная, похо́жа на Джу́лию Ро́бертс:
> невысо́кая, ху́денькая, дли́нные тёмные во́лосы. Споко́йная,
> до́брая, скро́мная. Она́ уже́ была́ за́мужем, но развела́сь год
> наза́д. Говори́ла, что никогда́ бо́льше не вы́йдет за́муж☺ И
> вот опя́ть сва́дьба!
> 16:43

> **Ира Васи́льева**
> А почему́ развела́сь?
> 16:50

Ле́ночка Бут
Бы́вший муж изменя́л ей, они́ всё вре́мя ссо́рились, и он не хоте́л име́ть дете́й. 🙁
16:55

Ира Васи́льева
Это ужа́сно! Пойдём в кино́ сего́дня?
17:00

Ле́ночка Бут
Нет, не могу́, иду́ на свида́ние сего́дня ве́чером. Я влюби́лась!
17:05

Ира Васи́льева
Влюби́лась? Свида́ние? С кем? Это что́-то но́вое!
17:07

Ле́ночка Бут
С Андре́ем. Он замеча́тельный! И у него́ хоро́шее чу́вство ю́мора. Мы уже́ два ме́сяца встреча́емся.
17:15

Ира Васи́льева
Где вы познако́мились?
18:18

Ле́ночка Бут
В кафе́! Мой двою́родный брат Лёва нас познако́мил. Андре́й его́ одноку́рсник. Бегу́ сейча́с в парикма́херскую! На́до сде́лать причёску, маникю́р и педикю́р. Пока́!
17:20

Ира Васи́льева
Обнима́ю! Всего́ хоро́шего!
17:21

4–8 | **Сообщéние**. 1) Reread the conversation in 4–7 and choose the correct statements in the following. There may be more than one correct answer. Read them out loud. 2) Using the correct statements, summarize the conversation in 10–12 sentences.

1. На ком жéнится Кóля?
    a. Кóля жéнится на Лéночке.
    b. Кóля жéнится на Рáйсе.
    c. Кóля жéнится на Ире.
2. Когдá свáдьба?
    a. Свáдьба бýдет в сентябрé.
    b. Свáдьба бýдет в мáе.
    c. Свáдьба бýдет в áвгусте.
3. Где Кóля познакóмился со своéй невéстой?
    a. Они́ познакóмились в университéте, они́ однокýрсники.
    b. Они́ познакóмились на вечери́нке у друзéй.
    c. Они́ познакóмились в шкóле, они́ однокла́ссники.
4. На когó похóжа невéста Кóли?
    a. Онá похóжа на Шéрен Стóун.
    b. Онá похóжа на Дéми Мур.
    c. Онá похóжа на Джýлию Рóбертс.
5. Невéста Кóли былá ужé зáмужем?
    a. Онá не былá зáмужем.
    b. Онá былá зáмужем оди́н раз.
    c. У неё ужé бы́ло два мýжа.
6. Почемý невéста Кóли развелáсь со свои́м пéрвым мýжем?
    a. Муж ей изменя́л и не хотéл имéть детéй.
    b. Онá изменя́ла мýжу с Кóлей.
    c. Они́ всё врéмя ссóрились.
7. Кудá Ира хóчет пойти́ вéчером?
    a. Онá хóчет пойти́ на вечери́нку.
    b. Онá хóчет пойти́ на свáдьбу.
    c. Онá хóчет пойти́ в кинó.
8. Почемý Лéночка не мóжет пойти́ с Ирой?
    a. Онá идёт в парикмáхерскую дéлать причёску, маникю́р и педикю́р.
    b. Онá идёт на свидáние с Андрéем.
    c. Онá идёт на свáдьбу вéчером.
9. Скóлько врéмени Лéночка и Андрéй встречáются?
    a. Они́ встречáются ужé две недéли.
    b. Они́ встречáются ужé два мéсяца.
    c. Они́ встречáются ужé два гóда.
10. Где Лéночка и Андрéй познакóмились?
    a. Они́ познáкомились в университéте.
    b. Они́ познакóмились на вечери́нке у Лёвы.
    c. Они́ познакóмились в кафé, Лёва их познакóмил.
11. Кто такóй Лёва?
    a. Лёва – двою́родный брат Лéночки.
    b. Лёва – однокýрсник Андрéя.
    c. Лёва – однокýрсник Рáйсы.

12. Почему́ Андре́й нра́вится Ле́ночке?

    a. Потому́ что Андре́й симпати́чный па́рень, до́брый и внима́тельный.

    b. Потому́ что у Андре́я хоро́шее чу́вство ю́мора.

    c. Потому́ что он у́мный, споко́йный и позити́вный челове́к.

4–9 | Сообще́ние. Reread the conversation in 4–7 and jot down 1) what you've found out about **Ко́ля**, **Раи́са**, **Ле́ночка Бут**, **Андре́й** and 2) what kind of relationships they have.

Ко́ля _____

_____

Раи́са _____

_____

Ле́ночка Бут _____

_____

Андре́й _____

_____

4–10 | Сообще́ние. По́сле чте́ния. In small groups, take turns talking about one of the following people: Ко́ля, Раи́са, Ле́ночка Бут, or Андре́й. Use the following connectors for adding information: **та́кже** – *also*; **кро́ме того́** – *besides that*; **ещё** – *in addition, also*.

СМО́ТРИМ И ГОВОРИ́М

4–11 | Ви́део «Го́ша и Са́ша». 1) Watch the video three times and choose the correct answers. There may be more than one correct answer. 2) In pairs, describe **Са́ша** and **Го́ша** and their relationships in seven to ten sentences.

Го́ша и Са́ша

отноше́ния *pl.* ме́жду кем? – *relationship (between whom?)*
передава́ть/переда́ть что? **че́рез поро́г** – *to give something over a threshold*
переходи́ть/перейти́ (доро́гу; на англи́йский) – *to cross a road; to switch to English*
понима́ть/поня́ть кого? что? – *to understand*
принима́ть/приня́ть кого? что? – *to accept*
свисте́ть *impf.* – *to whistle*
ску́чно: Мне ску́чно. – *I am bored.*
сюсю́кающий язы́к – *baby talk*
суеве́рие – *superstition*
рассы́пать *pfv.* **соль** – *to spill salt*
у́гол *prep.:* в/на углу́ – *corner*

1. Каки́е отноше́ния ме́жду Го́шей и Са́шей?
    a. Они́ жена́ты.
    b. Они́ живу́т вме́сте.
    c. Они́ встреча́ются.
    d. Они́ хотя́т пожени́ться.
2. Са́ша понима́ет Го́шу?
    a. Она́ хорошо́ понима́ет Го́шу.
    b. Очень сло́жно поня́ть, что в голове́ у Го́ши.
    c. Она́ не хо́чет его́ понима́ть.
    d. Она́ хо́чет, но не мо́жет поня́ть Го́шу.
3. Что Го́ша де́лает, когда́ они́ с Са́шей ссо́рятся?
    a. Го́ша перехо́дит на англи́йский язы́к, начина́ет говори́ть по-англи́йски.
    b. Го́ша перехо́дит на сюсю́кающий язы́к.
    c. Го́ша хо́чет сра́зу помири́ться с Са́шей.
    d. Он не разгова́ривает с Са́шей.
4. Что Са́ша говори́т о настоя́щих отноше́ниях ме́жду людьми́?
    a. Настоя́щие отноше́ния – э́то когда́ лю́ди лю́бят друг дру́га.
    b. Настоя́щие отноше́ния – э́то когда́ мы принима́ем друг дру́га таки́ми, каки́ми мы есть.
    c. Настоя́щие отноше́ния – э́то когда́ вы зна́ете, что нра́вится люби́мому челове́ку, а что нет.
    d. Настоя́щие отноше́ния – э́то когда́ вы де́лаете то, что нра́вится люби́мому челове́ку.
5. В каки́е суеве́рия ве́рит Са́ша?
    a. Нельзя́ свисте́ть в до́ме, у вас не бу́дет де́нег.
    b. Пло́хо, е́сли чёрная ко́шка перешла́ вам доро́гу.
    c. Нельзя́ сиде́ть на углу́ стола́, вы семь лет не вы́йдите за́муж и́ли не же́нитесь.
    d. Вы мо́жете поссо́риться с кем-то, е́сли вы рассы́пали соль.
    e. Нельзя́ передава́ть ве́щи че́рез поро́г, мо́жно поссо́риться.
    f. Пло́хо, е́сли вы что́-то забы́ли, и верну́лись домо́й. На́до посмотре́ть на себя́ в зе́ркало.
6. Каки́е фи́льмы нра́вятся Го́ше?
    a. Документа́льные фи́льмы, документа́лки.
    b. Ве́стерны.

     c. Фи́льмы Ву́ди Алле́на, Таранти́но, Тарко́вского.

     d. Детекти́вы.

7. Каки́е фи́льмы нра́вятся Са́ше?

     a. Ве́стерны.

     b. Детекти́вы.

     c. Фи́льмы Ву́ди Алле́на, Таранти́но, Тарко́вского.

     d. Документа́льные фи́льмы, документа́лки.

ЧИТА́ЕМ, ГОВОРИ́М И ПИ́ШЕМ

4–12 | Пе́ред чте́нием. In pairs or small groups, discuss the following questions and write down your answers. If you don't know the answer to any of these questions, you can ask your classmates or look for more information on the internet.

1. В Росси́и есть журна́лы для же́нщин, а есть журна́лы для мужчи́н. А у вас в стране́?
2. О чём пи́шут в журна́лах и́ли на вебса́йтах для же́нщин?
3. О чём пи́шут в журна́лах и́ли на вебса́йтах для мужчи́н?

4–13 | Моя́ исто́рия. Read the first sentence of each paragraph in Svetlana's post in the following. Figure out the main topic of the post and why Svetlana decided to write it. Notice how reading the first sentence of each paragraph gives you a good idea about the meaning of the text.

Гла́вная/О са́йте/Рассказа́ть свою́ исто́рию
Изме́на, любо́вь, разво́д, семья́

взро́слый, -ая, -ые *n. & adj. – adult; grown-up*
гру́стный, -ая, -ое, -ые – *sad*
жа́дный, -ая, -ое, -ые – *greedy*
забо́титься/позабо́титься о ком? о чём? – *to take care of*
измени́ть *pfv.* кого́? что? – *to change someone, something*
измени́ться *pfv. – to change (intransitive)*
меша́ть/помеша́ть кому́? чему́? – *to disturb, bother*
проси́ть/попроси́ть кого́? + *inf. – to ask*
смея́ться/посмея́ться – *to laugh*
сове́т (дава́ть/дать сове́т) – *advice (to give advice)*
ста́рше/мла́дше кого́? – *older/younger*
це́лый (день) – *entire(day)*

Что де́лать?

У меня́ есть па́рень. Он меня́ на 5 лет ста́рше. Мне 23 го́да, а ему́ 28 лет. Я ду́маю, что же́нщина должна́ быть мла́дше мужчи́ны, а не ста́рше. Мы познако́мились у друзе́й на сва́дьбе. Я в него́ сра́зу влюби́лась – тёмные во́лосы, зелёные глаза́, спорти́вная фигу́ра! Мы на́чали встреча́ться. Я це́лый год бе́гала на свида́ния с ним, а тепе́рь уже́ два го́да мы живём вме́сте.

Он до́брый, весёлый, внима́тельный, забо́тится обо мне́, не изменя́ет мне. Он меня́ лю́бит, хо́чет жени́ться, име́ть семью́ и дете́й. У нас хоро́шие отноше́ния, но есть три пробле́мы, о кото́рых я хочу́ рассказа́ть.

Пробле́ма но́мер оди́н: он о́чень жа́дный. Он не да́рит мне цветы́ и пода́рки, хотя́ де́ньги у него́ есть. Кро́ме того́, он меня́ ревну́ет и контроли́рует всё вре́мя! Звони́т ка́ждый час и́ли посыла́ет СМСки: «Ты где? Что ты де́лаешь? Когда́ ты бу́дешь до́ма?» Ско́лько раз я проси́ла его́ не звони́ть и не писа́ть мне сообще́ния, когда́ я на рабо́те! Я проси́ла его́ не меша́ть мне рабо́тать! Но он не понима́ет.

У нас есть ещё одна́ пробле́ма: у нас ра́зные интере́сы. Ему́ не интере́сно то, что мне интере́сно! Он всё вре́мя игра́ет в видеои́гры, как ребёнок. Я ему́ говорю́, что он уже́ взро́слый, а не ребёнок, то́лько де́ти игра́ют в видеои́гры. А он всё вре́мя игра́ет, шу́тит и смеётся, говори́т, что я ничего́ не понима́ю в жи́зни!

Мне ну́жен сове́т . . . Я понима́ю, что идеа́льных отноше́ний нет, идеа́льных люде́й нет. Но я его́ люблю́ и хочу́ име́ть семью́, дете́й. Мечта́ю о большо́й сва́дьбе, краси́вом бе́лом пла́тье, сва́дебном то́рте! Что мне де́лать? Мо́жет, я смогу́ его́ измени́ть? Мо́жет, жизнь его́ изме́нит? Или он сам изме́нится, когда́ у нас родя́тся де́ти?

Вот така́я гру́стная исто́рия.

Автор: Све́та

У Вас есть своя́ исто́рия? Пожа́луйста, напиши́те об э́том (*регистри́роваться не ну́жно*).

4–14 | Моя́ исто́рия. 1) Read Svetlana's post in 4–13 and jot down three problems that have been bothering Svetlana for the last two years. 2) In pairs, read your answers out loud and compare them with your partner's answers.

Пробле́ма № 1: _____

Пробле́ма № 2: _____

Пробле́ма № 3: _____

4–15 | Моя́ исто́рия. 1) Reread Svetlana's post in 4–13 and list her boyfriend's positive and negative character traits (**черты́ хара́ктера)** and behavior (**поведе́ние**). The first one has been done for you. 2) Discuss what you like and don't like about Sveta's boyfriend (**Све́тин па́рень**) with your classmates.

	Positive	Negative
Черты́ хара́ктера	*до́брый*	
Поведе́ние	*не изменя́ет Све́те*	

Как по-ру́сски?

Sveta's boyfriend – **Све́тин** па́рень. (Све́т|а – Све́т+ин – Све́тин)
Tanya's boyfriend – **Та́нин** па́рень (Та́н|я – Та́н+ин – Та́нин)
Misha's girlfriend – **Ми́шина** де́вушка (Ми́ш|а – Ми́ш+ ин+а – Ми́шина)
Petya's kids – **Пе́тины** де́ти (Пе́т|я – Пе́т+ ин+ы – Пе́тины)

See how to decline these adjectives in Appendix 2.

 4-16 | Моя́ исто́рия. Read Svetlana's post in 4–13 one more time and answer the following questions. Pay attention to the word order in your answers: repeat the old information from the question first and then give the new information.

1. Где познако́милась Светла́на со свои́м па́рнем?
2. Кто ста́рше, Светла́на и́ли её па́рень? На ско́лько лет?
3. Каки́е у них отноше́ния?
4. Ско́лько вре́мени они́ живу́т вме́сте?
5. Что хо́чет и о чём мечта́ет Светла́на? А Све́тин па́рень?
6. Почему́ Светла́на проси́ла своего́ па́рня не звони́ть и не писа́ть ей СМСки, когда́ она́ на рабо́те?
7. Почему́ её па́рень ча́сто ей звони́т и пи́шет СМСки?
8. Почему́ Све́тин па́рень шу́тит и смеётся, когда́ Светла́на говори́т, что в видеои́гры игра́ют то́лько де́ти?

4–17 | Моя́ исто́рия. По́сле чте́ния. 1) Take turns talking about the problems in Svetlana's relationship with her boyfriend. Use the new vocabulary and the following connectors for ordering and adding information: **во-пе́рвых** – *firstly*; **во-вторы́х** – *secondly*; **та́кже** – *also*; **кро́ме того́** – *besides, furthermore*; **ещё** – *in addition, also*. 2) What kind of problems have you experienced in your relationship with your boyfriend or girlfriend, your husband or wife?

 4–18 | Моя́ исто́рия. Scan the **Коммента́рии** to Svetlana's post and define which one is positive and which one is negative. Explain your reasoning in English.

 Гла́вная/О са́йте/Рассказа́ть свою́ исто́рию
Изме́на, любо́вь, разво́д, семья́

Коммента́рии

прекра́сный, -ая, -ое, -ые – *great adj.*
расходи́ться/разойти́сь с кем? – *to break up*
сове́товать/посове́товать кому́? + *inf.* – *to advise*
тако́й, -ая, -ое, -ие – *such*

Expression: Бу́дьте сча́стливы! – *Be happy!*

Ми́ла К. | 15.06 11:09

Светла́на, вы са́ми всё понима́ете. Это не ваш челове́к. Вы ра́зные! Вы его́ не изме́ните, он сам то́же не изме́нится! Я сове́тую вам разойти́сь и найти́ хоро́шего па́рня, кото́рый не бу́дет вас контроли́ровать и ревнова́ть всё вре́мя.

Ири́на Я. | 15.06 12:11

Све́точка, ваш па́рень тако́й прекра́сный челове́к! Лю́бит и забо́тится о вас! Он вас ревну́ет, потому́ что си́льно лю́бит.☺ Когда́ вы вы́йдите за него́ за́муж, ста́нете жено́й, он изме́нится: он не бу́дет вас контроли́ровать, бу́дет дава́ть вам де́ньги. Вот уви́дите! Мой сове́т: живи́те вме́сте, не расходи́тесь! Бу́дьте сча́стливы!

 4–19 | Моя́ исто́рия. Reread the **Коммента́рии** in 4–18 and find the information necessary to complete the following sentences. In pairs, read the sentences out loud and compare your answers.

1. Ми́ла К. сове́тует Светла́не *(+ infinitive)* _____

_____

_____

2. Ири́на Я. сове́тует Светла́не *(+ infinitive)* _____

_____

_____

3. Ми́ла К. ду́мает, что па́рень Све́ты (Све́тин па́рень) _____

_____

_____

4. Ири́на Я. ду́мает, что па́рень Све́ты (Све́тин па́рень) _____

_____

_____

5. Ири́на Я. жела́ет Светла́не и её па́рню _____

_____

_____

4–20 | Коллекти́вный отве́т. 1) Write a short comment advising Svetlana how to handle her situation. 2) Share your advice with the rest of the class and figure out together what you should tell her.

ДАВА́ЙТЕ ПОГОВОРИ́М . . .

4–21 | Спроси́те. Ask each other the following questions. Use the new vocabulary from this chapter and the following phrases to express your positive or negative attitudes, agreement or disagreement, as needed:

Коне́чно, да! – *Certainly!* **Коне́чно, нет**! – *Of course not!* **К сожале́нию, нет**. – *Unfortunately, no.* **Совсе́м нет**. – *Not at all.*

1. Вы хоти́те име́ть свою́ семью́?
2. В како́м во́зрасте вы хоти́те вы́йти за́муж/жени́ться? В 18 лет? В 25 лет? В 40 лет?

3. У вас есть жени́х/неве́ста? Опиши́те его́/её. Расскажи́те, каки́е у вас отноше́ния.

4. У вас есть па́рень/де́вушка? Опиши́те его́/её. Расскажи́те, каки́е у вас отноше́ния.

5. У вас есть друзья́/подру́ги, кото́рые жени́лись/вы́шли за́муж? Расскажи́те о них.

6. Вы когда́-нибу́дь бы́ли на сва́дьбе? Кто жени́лся? Кто выходи́л за́муж? Кака́я э́то была́ сва́дьба? Бы́ло мно́го госте́й?

4–22 | Сцена́рий. Act out the following situation in pairs.
Imagine that you are meeting a friend that you have not seen for five years. He/she has let you know that he/she's broken up with his/her girlfriend/boyfriend and is now really upset about this situation. Ask him/her about his/her girlfriend/boyfriend and why they've broken up and try to calm him/her down using the following expressions:

Не пережива́й! – *Don't worry about it! Take it easy!*
Не расстра́ивайся! – *Don't be upset!*
Всё бу́дет хорошо́! – *Everything will be fine!*

ПИ́ШЕМ РАССКА́З

4–23 | Исто́рия любви́. 1) In small groups of three, write a collaborative story (in the past tense, at least ten sentences long) about two young people who meet, start dating, get married, then both cheat and get divorced. Describe your protagonists, give them names, and don't forget to mention where the drama happens. Be creative! 2) Share your story with the class. You may want to have a competition for the best love story.

ИНТЕРВЬЮ́ И ПРОЕ́КТЫ

4–24 | Интервью́ «Ли́чная жизнь». In a small group or as a class, write a list of questions that you could ask your classmates or other Russian speakers about their private lives (ли́чная жизнь). 1) Conduct interviews with two classmates. Write down their answers and share your results with the class. 2) Conduct interviews with two Russian speakers outside of class. Write down their answers, create a two-minute multimedia presentation, and present it in class.

Interview form

Questions	Person 1	Person 2

4–25 | Проéкт. In small groups, write a movie script and make a movie based on your love story from 4–23 (**Истóрия любви́**). You may want to have a competition for the best movie.

ГРАММÁТИКА

4–26 | Что вы знáете? 1) Read the following sentences and underline all verbs that are in the past tense. Write down the infinitive forms of the verbs in the past tense. 2) Write down the rules for forming the past tense of verbs.

1. Мы познакóмились у друзéй на свáдьбе.
   Infinitive: _____
2. Я в негó срáзу влюби́лась – тёмные вóлосы, зелёные глазá, хорóшая фигýра!
   Infinitive: _____
3. Мы встречáлись с ним год, кáждый день я бéгала на свидáние.
   Infinitive: _____
   Infinitive: _____
4. 82% молоды́х людéй сказáли, что они́ реши́ли пожени́ться, потомý что они́ лю́бят друг дрýга, «э́то любóвь».
   Infinitive: _____
   Infinitive: _____
5. 11% молоды́х людéй написáли, что они́ хотя́т имéть семью́ и детéй.
   Infinitive: _____

6. Серге́й Есе́нин жени́лся на Айседо́ре Дунка́н, когда́ ему́ бы́ло 26 лет.
Infinitive: _____
Infinitive: _____
7. Айседо́ра Дунка́н вы́шла за́муж за Серге́я Есе́нина, ей бы́ло 44 го́да.
Infinitive: _____
Infinitive: _____
8. Айседо́ра Дунка́н никогда́ не была́ за́мужем.
Infinitive: _____

The past tense of verbs. Verbal aspect in the past tense
Проше́дшее вре́мя глаго́лов. Вид глаго́ла в проше́дшем вре́мени

Forming the past tense

Russian verbs **do not conjugate** in the past tense. They agree with the subject of the sentence 1) in **number**, and 2) in **gender** (in the singular).

1. For most verbs that have the infinitive ending **-ТЬ**, 1) remove the **-ТЬ** and 2) add **-Л** (masculine) or **-ЛА** (feminine), **-ЛО** (neuter), **-ЛИ** (plural):

рассказа́ть *pfv.*	Он рассказа́-**л**.	Она́ рассказа́-**л**-**а**.	Они́ рассказа́-**л**-**и**.
to tell			
влюби́ться *pfv.*	Он влюби́-**л**-**ся**.	Она́ влюби́-**л**-**а**-**сь**.	Они́ влюби́-**л**-**и**-**сь**.
to fall in love			

Note: When you form the past tense of **-СЯ** verbs (we'll discuss **-СЯ** verbs in detail in Chapter 16), use **-СЯ** after a consonant ending and use **-СЬ** after a vowel ending, for instance: Он жени́л-ся. Они́ пожени́ли-сь.
Remember that **кто** is always masculine and singular; **всё** and **что** are always neuter and singular:

Кто э́то сде́лал?	*Who did it?*
Что случи́**лось** с Ле́ной?	*What happened to Lena?*
Всё бы́**ло** ужа́сно.	*Everything was terrible.*

2. Some verbs that have the infinitive ending **-ТЬ**, as well as those with the infinitive endings **-ЧЬ**, **-ТИ**, do not have the suffix **-Л** in the masculine past tense form. However, the feminine, neuter, and plural forms have **-Л**. Memorize the following examples (pay attention to word stress!):

умере́ть *pfv. to die*	Он у́мер.	Она́ умерла́.	Они́ у́мерли.
мочь *impf. to be able*	Он мог.	Она́ могла́.	Они́ могли́.
помо́чь *pfv. to help*	Он помо́г.	Она́ помогла́.	Они́ помогли́.
вы́расти *pfv. to grow up*	Он вы́рос.	Она́ вы́росла.	Они́ вы́росли.

For a complete list of the verbs used in this textbook that do not have the suffix **-Л** in the masculine past tense form, see *Appendix 3, 3–3*.

3. Memorize the past tense of the following verbs:

идти́ *impf.* *to go*	Он шёл.	Она́ шла.	Они́ шли.
разойти́сь *pfv.* *to break up*	Он разошёлся.	Она́ разошла́сь.	Они́ разошли́сь.
вы́йти за́муж *pfv.* *to get married (for a woman)*	-	Она́ вы́шла за́муж.	Де́вушки вы́шли за́муж.
развести́сь *pfv.* *to get divorced*	Он развёлся.	Она́ развела́сь.	Они́ развели́сь.

Stress in past tense verb forms

Most verbs have fixed stress in their past-tense forms, but there are some common exceptions you should know.

1. **НАЧА́ТЬ** *pfv.* – *to start;* **ПОНЯ́ТЬ** *pfv.* – *to understand.* The feminine singular ending is stressed. In all other forms, stress is on prefix.

нача́ть *pfv.*	Он на́чал.	Она́ начала́.	Они́ на́чали.
поня́ть *pfv.*	Он по́нял.	Она́ поняла́.	Они́ по́няли.

2. For the verbs **БЫТЬ** *impf.* – *to be;* **ЖИТЬ** *impf.* – *to live;* **ДАТЬ** *pfv.* – *to give,* the feminine singular ending is stressed. In all other forms, the stress is on the stem.

быть *impf.*	Он был.	Она́ была́.	Они́ бы́ли.
	Он не́ был.	Она́ не была́.	Они́ не́ были.
жить *impf.*	Он жил.	Она́ жила́.	Они́ жи́ли.
дать *pfv.*	Он дал.	Она́ дала́.	Они́ да́ли.

3. **РОДИ́ТЬСЯ** *pfv.* – *to born.* This verb is the only second-conjugation verb with a stress shift onto the endings in the past tense:

Он роди́лся. Она́ родила́сь. Они́ родили́сь

4–27 | Проше́дшее вре́мя. Read the following story. Put the verbs in parenthesis in the past tense. Mark the stresses.

Журна́л для же́нщин «Али́на»
О Маргари́те

Эта симпати́чная молода́я де́вушка – Маргари́та. Мы вме́сте (вы́расти) _____ в То́мске. Маргари́та (быть) _____ мое́й лу́чшей подру́гой, когда́ мы ещё (учи́ться) _____ в шко́ле. Мы (дружи́ть) _____ мно́го лет и практи́чески никогда́ не (ссо́риться) _____. По́сле шко́лы она́ (уе́хать) _____ в Москву́ и (поступи́ть) _____ в Моско́вский университе́т. Мно́го лет я её не (ви́деть) _____ и абсолю́тно ничего́ о ней не (знать) _____. Но совсе́м неда́вно Маргари́та (прие́хать) _____ в Томск на сва́дьбу свое́й сестры́ Ни́ны . . .

Мы (встре́титься) _____ в моём люби́мом кафе́ в це́нтре го́рода. Я (быть) _____ о́чень ра́да э́той встре́че! Маргари́та то́же. Она́ (рассказа́ть) _____ мне, что она́ уже́ (быть) _____ за́мужем. Она́ (вы́йти) _____ за́муж за Ники́ту по́сле оконча́ния университе́та. У них (роди́ться) _____ ребёнок, де́вочка. Они́ (прожи́ть) _____ вме́сте то́лько 2 го́да, а пото́м (развести́сь) _____, потому́ что они́ всё вре́мя (ссо́риться) _____. Кро́ме того́, Ники́та (нача́ть) _____ ей изменя́ть. Маргари́та (реша́ть) _____, что она́ бо́льше не бу́дет выходи́ть за́муж и бу́дет воспи́тывать до́чку сама́.

Я (хоте́ть) _____ дать сове́т подру́ге, но (реши́ть) _____ не де́лать э́то. Да и что я (мочь) _____ ей посове́товать? Чем я (мочь) _____ ей помо́чь?

Вот така́я гру́стная исто́рия.

Ири́на В.
г. Томск

4-28 | Проше́дшее вре́мя. Reread the story about Margarita in 4–27 and answer the following questions in full sentences. The first one has been done for you. Pay attention to word stresses and to the word order in your answers: repeat the old information from the question first and then give the new information.

Что вы по́няли?

1. Где Маргари́та и Ири́на вы́росли?
   Я по́нял/поняла́, что Маргари́та и Ири́на вы́росли в То́мске.
2. Ско́лько лет они́ дружи́ли?
3. Куда́ Маргари́та перее́хала по́сле оконча́ния шко́лы?
4. Куда́ Маргари́та поступи́ла по́сле оконча́ния шко́лы?
5. Почему́ Маргари́та реши́ла прие́хать в Томск?
6. Где подру́ги встре́тились? Они́ бы́ли ра́ды встре́че?
7. Маргари́та была́ за́мужем? Ско́лько лет?
8. Кто у Маргари́ты роди́лся?
9. Почему́ Маргари́та развела́сь с му́жем?
10. Ири́на дала́ сове́т Маргари́те?

Verbal aspect in the past tense

As you already know, most Russian verbs have two aspects: **imperfective** and **perfective**. Both aspects are used in the **past** and **future** tenses (we'll discuss verbal aspect in the future tense in Chapter 8). In the **present** tense, only the imperfective is used.

The past tense	The present tense	The future tense
Imperfective/perfective	Only imperfective	Imperfective/perfective

In the past tense, use **imperfective verbs**:

1. When talking about an action that has taken place but whose result is unimportant and not mentioned (the focus is on an action in the past itself).

   — Что вы **дéлали** вчерá вéчером?   *"What did you do last night?"*
   — Вчерá мы хорошó **погуля́ли** на   *"Yesterday we had fun at our friends'*
        свáдьбе нáших друзéй.   *wedding."*

2. When talking about habitual/repeated actions or an action that lasted over a period of time.

   Онá **выходи́ла** зáмуж два рáза.   *She's been married twice.*
   Они́ **жи́ли** вмéсте два гóда.   *They were living together for two years.*

Remember that the following adverbs and time expressions indicating the duration of an action or how often it is repeated correspond to the imperfective aspect:

всегдá – *always*/**иногдá** – *sometimes*
обы́чно – *usually*
постоя́нно – *constantly*
чáсто – *often*/**рéдко** – *rarely*
дóлго – *for a long time*/**бы́стро** – *fast*
мнóго раз, два рáза и т.п. – *many times, two times, etc.*
всё ýтро, весь вéчер, всю недéлю и т.п. – *all morning, all evening, all week, etc.*
по утрáм, по вечерáм, по ночáм – *every morning, every evening, every night*
кáждый день, кáждую недéлю, кáждый год – *every day, every week, every*
     year
цéлый день, цéлую недéлю, цéлый мéсяц – *the whole/entire day, the*
whole/entire week, the whole/entire month
всю зи́му, всё лéто, весь год и т.п. – *all winter, all summer, all year*
два часá, два дня, три гóда и т.п. – *two hours, two days, three years*

3. When speaking about simultaneous actions.
   Когдá они́ **жи́ли** вмéсте, они́ всё врéмя **ссóрились**.
   When they were living together, they were always arguing.

In the past tense, use **perfective verbs**:

1. When describing a one-time result-producing action.
   Мы бы́ли рáды, что они́ **пожени́лись** в прóшлом годý.
   We were happy that they got married last year.

2. When describing a one-time result-producing action that interrupts another action in the past.
   Я былá на вечери́нке у друзéй, когдá я **познакóмилась** с Антóном.
   I was at my friends' party when I met Anton.

3. When describing consecutive one-time actions.
   Они́ **пожени́лись** в áвгусте, а чéрез 3 мéсяца **развели́сь**.
   They got married in August and divorced three months later.

Negation with imperfective and perfective verbs in the past tense

• Use a negated **imperfective** verb to indicate no action or lack of action.
  Они́ **не разгова́ривали** пять лет.
  They haven't spoken for five years.

• Use a negated **perfective** verb to indicate lack of an expected result.
  Почему́ она́ не **вы́шла** за него́ за́муж?
  Why didn't she marry him?

4–29 | Ви́ды глаго́ла. Mark whether the types of actions in the following are indicated by imperfective verbs (*impf.*) or perfective verbs (*pfv.*).

___ An action whose result is unimportant and not mentioned
___ A repeated or habitual action
___ An action that lasted over a period of time
___ One-time result-producing action
___ One-time result-producing action that interrupts another action in the past
___ Consecutive actions
___ Simultaneous actions
___ No action or lack of action
___ Lack of action with an expected result

4–30 | Ви́ды глаго́ла. Read the following story and circle the verbs that fit best in the context of the story. Explain your choices.

Журна́л для настоя́щих мужчи́н

Моя́ исто́рия

Приве́т всем! Я хочу́ рассказа́ть одну́ исто́рию, что́бы па́рни не (повторя́ли/повтори́ли) мои́ оши́бки.

Я (знако́мился/познако́мился) с Аней весно́й, 14 апре́ля. Мы бы́ли сча́стливы вме́сте, всё свобо́дное вре́мя (проводи́ли/провели́) вме́сте. Я (знако́мился/познако́мился) с её роди́телями, и они́ меня́ о́чень (люби́ли/полюби́ли). Я (рабо́тал/порабо́тал), но по́сле рабо́ты я бежа́л к ней, что́бы уви́деть её зелёные глаза́.

Ле́том мы ста́ли ча́сто ссо́риться. Она́ (начина́ла/начала́) ревнова́ть меня́, (ревнова́ла/приревнова́ла) да́же к свои́м подру́гам. Я (понима́л/по́нял), что мне таки́е отноше́ния не нужны́. В о́бщем, я (изменя́л/измени́л) ей. Днём я был с Аней, а ве́чером уезжа́л к друго́й. Когда́ Аня мне (звони́ла/позвони́ла), я (говори́л/сказа́л), что я на рабо́те и́ли с дру́гом. Но она́ узна́ла (*found out*), что я ей изменя́ю. Я прие́хал к ней, что́бы поговори́ть о на́ших отноше́ниях. Разгово́р был нелёгкий, и я (говори́л/сказа́л), что бо́льше не люблю́ её и что нам на́до расста́ться.

Че́рез ме́сяц Аня мне (звони́ла/позвони́ла) и (говори́ла/сказа́ла), что она́ бере́менна (*pregnant*). Я не пове́рил (*to believe*) и бо́льше не разгова́ривал с ней. Но че́рез не́сколько неде́ль мне (звони́ла/позвони́ла) подру́га Ани и (говори́ла/сказа́ла), что Аня (теря́ла/потеря́ла) ребёнка. Я был в шо́ке!

Была́ уже́ зима́, дека́брь ме́сяц. Я шёл домо́й по у́лице и вдруг (ви́дел/уви́дел) Аню. Я сра́зу (понима́л/по́нял), что я всегда́ (люби́л/полюби́л) её. Я хоте́л поговори́ть с ней, но она́ была́ про́тив (*against*) э́того. Она́ (говори́ла/сказа́ла), что у неё есть друго́й па́рень, но я знал, что э́то непра́вда. Я (проси́л/попроси́л) её, чтобы она́ прости́ла (*to forgive*) меня́, (говори́л/сказа́л), что люблю́ её! И она́ меня́ (проща́ла/прости́ла)! Уже́ почти́ три го́да как мы вдвоём (*together*). Вот така́я исто́рия любви́!

Михаи́л П.
Омск, Росси́я

4–31 | Ви́ды глаго́ла. 1) Read the following sentences and circle the verbs that fit best in the context. Explain your choice. 2) Put the sentences into the correct order to reflect the content of the story in 4–30. 3) In pairs, retell the story.

___ Михаи́л и Аня уже́ почти́ три го́да вме́сте.
___ Ле́том Михаи́л и Аня ста́ли ча́сто (ссо́риться/поссо́риться).
___ Михаи́л (знако́мился/познако́мился) с Аней весно́й.
___ Всё свобо́дное вре́мя они́ (проводи́ли/провели́) вме́сте.
___ Михаи́л и Аня (расстава́лись/расста́лись).
___ Аня (звони́ла/позвони́ла) Михаи́лу и (говори́ла/сказа́ла), что она́ бере́менна.
___ Аня (теря́ла/потеря́ла) ребёнка. Михаи́л был в шо́ке!
___ Михаи́л (проси́л/попроси́л) Аню прости́ть его́.
___ Аня (проща́ла/прости́ла) Михаи́ла.
___ Зимо́й, в декабре́, Михаи́л (ви́дел/уви́дел) Аню на у́лице.
___ Михаи́л стал (изменя́ть/измени́ть) Ане.
___ Аня (начина́ла/начала́) ревнова́ть Михаи́ла да́же к свои́м подру́гам.

4–32 | Ви́ды глаго́ла. 1) Read the following story and circle the verbs that fit best in the context of the story. Explain your choices. 2) Write down at least five questions about the text. 3) In pairs, ask and answer the questions you've written. Pay attention to verbal aspect.

Семе́йная исто́рия

Здра́вствуйте, у меня́ вот кака́я исто́рия. Мы с му́жем вчера́ (отмеча́ли/отме́тили) 10-ю годовщи́ну сва́дьбы. Я (покупа́ла/купи́ла) себе́ но́вое пла́тье, (де́лала/сде́лала) причёску, маникю́р. Снача́ла мы (у́жинали/поу́жинали) в кафе́, пото́м пошли́ в кино́. Он мне (дари́л/подари́л) зо́нтик, а я ему́ га́джет. Все непло́хо, но мне ка́к-то гру́стно. А вот ра́ньше бы́ло так ве́село!

Мы с ним (знако́мились/познако́мились) на вечери́нке у друзе́й, (влюбля́лись/влюби́лись) друг в дру́га и сра́зу (реша́ли/реши́ли) пожени́ться. По́сле сва́дьбы я (переезжа́ла/перее́хала) к му́жу, у него́ была́ больша́я кварти́ра в це́нтре го́рода. Мы ча́сто ходи́ли в музе́и и теа́тры, (встреча́лись/встре́тились) с друзья́ми по вечера́м. А сейча́с он ничего́ не хо́чет, ему́ ничего́ не интере́сно. Дом рабо́та, рабо́та – дом. В Москве́ живём, а никуда́ не хо́дим вме́сте. Я его́ два го́да (проси́ла/попроси́ла), пойти́ со мной на уро́ки та́нцев! Не хо́чет! А де́ти!? Я всегда́ (хоте́ла/захоте́ла) име́ть дете́й, но мой муж не (хоте́л/захоте́л) и не хо́чет, говори́т, что нам на́до подожда́ть.

А вообще́-то я своего́ му́жа люблю́, но мне стра́шно за на́ше бу́дущее (*future*).

4–33 | Ви́ды глаго́ла. 1) Read the following story and circle the verbs that fit best in the context of the story. Explain your choices. 2) Read the following poem out loud and find a translation of this poem online.

«Не криви улы́бку, ру́ки теребя́. . .»

Стихотворе́ние «Не криви́ улы́бку, ру́ки теребя́» Серге́й Есе́нин (писа́л/написа́л) Гали́не Бенисла́вской. Их любо́вь была́ недо́лгой, Серге́й ча́сто (изменя́л/измени́л) Гали́не. Они́ (расходи́лись/разошли́сь), но Га́ля продолжа́ла люби́ть Серге́я. А когда́ он (умира́л/у́мер), Гали́на смогла́ (жить/прожи́ть) без него́ ме́ньше го́да. 3 декабря́ 1926 го́да она́ поко́нчила с собо́й *(commited suicide)* на моги́ле *(grave)* Есе́нина. «Самоуби́лась здесь . . . В э́той моги́ле для меня́ всё са́мое дорого́е . . .», – написа́ла Га́лина в свое́й предсме́ртной запи́ске.

Похорони́ли *(buried)* Гали́ну ря́дом с поэ́том и (писа́ли/написа́ли) «Ве́рная Га́ля» . . .

> Не криви́ улы́бку, ру́ки теребя́,
> Я люблю́ другу́ю, то́лько не тебя́.
> Ты сама́ ведь зна́ешь, зна́ешь хорошо́ –
> Не тебя́ я ви́жу, не к тебе́ пришёл.
> Проходи́л я ми́мо, се́рдцу всё равно́ –
> Про́сто захоте́лось загляну́ть в окно́.
>
> 1925

СЛОВА́РЬ

бы́вший муж – *ex-husband*
вечери́нка – *party*
взро́слый, -ая, -ые *n. & adj.* – *adult; grown-up*
влюбля́ться/влюби́ться в кого? – *to fall in love*
    Pres.: я влюбля́юсь, ты влюбля́ешься, они́ влюбля́ются
    Fut.: я влюблю́сь, ты влю́бишься, они́ влю́бятся
    Past pfv.: он влюби́лся, она́ влюби́лась, они́ влюби́лись (друг в дру́га)
всё вре́мя – *all the time*
встреча́ться *impf.* с кем? – *to date*
    Pres.: я встреча́юсь, ты встреча́ешься, они́ встреча́ются
    Past: он встреча́лся, она́ встреча́лась, они́ встреча́лись
выходи́ть/вы́йти за́муж за кого? – *to get married (for a woman)*
    Pres.: я выхожу́, ты выхо́дишь, они́ выхо́дят за́муж
    Fut.: я вы́йду, ты вы́йдешь, они́ вы́йдут за́муж
    Past pfv.: она́ вы́шла за́муж, они́ вы́шли за́муж
гру́стный, -ая, -ое, -ые – *sad*
(моя́) де́вушка – *girlfriend*
ещё – *in addition, also*

жа́дный, -ая, -ое, -ые – *greedy*

жени́ться *impfv. & pfv.* на ком? – *to get married (for a man)*
Pres./Fut.: я женю́сь, ты же́нишься, они́ же́нятся
Past pfv.: он жени́лся, они́ жени́лись

жени́ться/пожени́ться – *to get married (for a couple)*
Pres./Fut.: мы (по)же́нимся, вы (по)же́нитесь, они́ (по)же́нятся
Past pfv.: они́ (по)жени́лись

жени́х/неве́ста – *fiancé, groom/fiancée, bride*

забо́титься/позабо́титься о ком? о чём? – *to take care of*
Pres./Fut.: я (по)забо́чусь, ты (по)забо́тишься, они́ (по)забо́тятся

знако́мить/познако́мить кого? с кем? – *to introduce somebody to someone*
Pres./Fut.: я (по)знако́млю, ты (по)знако́мишь, они́ (по)знако́мят

измени́ться *pfv.* – *to change oneself*
Fut.: я изменю́сь, ты изме́нишься, они́ изме́нятся

изменя́ть/измени́ть кому́? с кем? – *to cheat on somebody with someone;* кого́?
что? – *to change someone or something*
Pres.: я изменя́ю, ты изменя́ешь, они́ изменя́ют
Fut.: я изменю́, ты изме́нишь, они́ изме́нят

име́ть *impf.* кого́? что? – *to have, to own (formal)*
Pres.: я име́ю, ты име́ешь, они́ име́ют

кро́ме того́ – *besides that*

ли́чная жизнь – *private life*

меша́ть/помеша́ть кому́? чему́? – *to disturb, bother*
Pres./Fut.: я (по)меша́ю, ты (по)меша́ешь, они́ (по)меша́ют

обнима́ть/обня́ть кого́? – *to hug*
Pres.: я обнима́ю, ты обнима́ешь, они́ обнима́ют
Fut.: я обниму́, ты обни́мешь, они́ обни́мут

отноше́ния *pl.* – *relationship*

(мой) па́рень – *boyfriend*

парикма́херская – *hair salon*

передава́ть/переда́ть что? че́рез поро́г – *to give something over a threshold*
Pres.: я передаю́, ты передаёшь, они́ передаю́т
Fut.: я переда́м, ты переда́шь, они́ передаду́т

переходи́ть/перейти́ доро́гу; на англи́йский – *to cross a road; to switch to*
English
Pres.: я перехожу́, ты перехо́дишь, они́ перехо́дят
Fut.: я перейду́, ты перейдёшь, они́ перейду́т

понима́ть/поня́ть кого́? что? – *to understand*
Pres.: я понима́ю, ты понима́ешь, они́ понима́ют
Fut.: я пойму́, ты поймёшь, они́ пойму́т
Past pfv.: он по́нял, она́ поняла́, они́ по́няли

по́сле + *gen.* – *after*

похо́ж, похо́жа, похо́жи на кого́? – *to look like someone*

прекра́сный, -ая, -ое, -ые – *great adj.*

принима́ть/приня́ть кого́? что? – *to accept*
Pres.: я принима́ю, ты принима́ешь, они́ принима́ют
Fut.: я приму́, ты при́мешь, они́ при́мут
Past pfv.: он при́нял, она́ приняла́, они́ при́няли

проси́ть/попроси́ть кого? + *inf.* – *to ask*
   Pres./Fut.: я (по)прошу́, ты (по)про́сишь, они́ (по)про́сят

разводи́ться/развести́сь с кем? – *to get divorced*
   Pres.: я развожу́сь, ты разво́дишься, они́ разво́дятся
   Fut.: я разведу́сь, ты разведёшься, они́ разведу́тся
   Past pfv.: он развёлся, она́ развела́сь, они́ развели́сь

рассы́пать *pfv.* соль – *to spill salt*
   Past: он рассы́пал, она́ рассы́пала, они́ рассы́пали

расходи́ться/разойти́сь с кем? – *to break up*
   Pres.: я расхожу́сь, ты расхо́дишься, они́ расхо́дятся
   Fut.: я разойду́сь, он разойдётся, они́ разойду́тся
   Past pfv.: он разошёлся, она́ разошла́сь, они́ разошли́сь

ревнова́ть *impf.* кого? к кому? – *to be jealous*
   Pres.: я ревну́ю, ты ревну́ешь, они́ ревну́ют
   Past: он ревнова́л, она́ ревнова́ла, они́ ревнова́ли

реша́ть/реши́ть что? – *to decide*
   Pres.: я реша́ю, ты реша́ешь, они́ реша́ют
   Fut.: я решу́, ты реши́шь, они́ реша́т

сва́дьба – *wedding, wedding reception*

свида́ние с кем? (идти́/ходи́ть на свида́ние) – *date (to go on a date)*

свисте́ть *impf.* – *to whistle*
   Pres.: я свищу́, ты свисти́шь, они́ свистя́т

сде́лать *pfv.* причёску (маникю́р, педикю́р) – *to get one's hair (nails, toes) done*

скро́мный, -ая, -ое, -ые – *modest, humble*

ску́чно: Мне ску́чно. – *I am bored.*

смея́ться/посмея́ться – *to laugh*
   Pres./Fut.: я (по)смею́сь, ты (по)смеёшься, они́ (по)смею́тся

сове́т (дава́ть/дать сове́т) – *advice (to give advice)*

сове́товать/посове́товать кому? + *inf.* – *to advise*
   Pres./Fut.: я (по)сове́тую, ты (по)сове́туешь, они́ (по)сове́туют

среди́ – *among*

ста́рше/мла́дше кого? – *older/younger*

суеве́рие – *superstition*

сча́стлив, сча́стлива, сча́стливы – *happy*

сюсю́кающий язы́к – *baby talk*

та́кже – *also*

тако́й, -ая, -ое, -ие – *such*

у́гол, *prep.:* в/на углу́ – *corner*

Expressions:

Бу́дьте сча́стливы! – *Be happy!*
Всё бу́дет хорошо́! – *Everything will be fine!*
Всего́ до́брого! – *All the best!*
Ещё уви́димся! – *We'll see each other again!*
К сожале́нию, нет. – *Unfortunately, no.*
Коне́чно, да! – *Certainly!*
Коне́чно, нет! – *Of course not!*
Не пережива́й! – *Don't worry about it! Take it easy!*

Не расстрáивайся! – *Don't be upset!*
Совсéм нет. – *Not at all.*
Это ужáсно! – *That's terrible!*
Это что-то нóвое! – *That's something new!*

Connectors:

во-пéрвых – *firstly*
во-втóрых – *secondly*
ещё – *in addition, also*
крóме тогó – *besides, furthermore*
тáкже – *also*

ГЛАВА́ 5 | ЕДА́ БЕЗ ВРЕДА́!

In this chapter, you will:

- review and expand the vocabulary you need to talk about food and cooking;
- read about healthy eating plans and popular Russian recipes;
- learn how to cook your favorite Russian dishes;
- talk about your eating habits and how to make your favorite dishes;
- make a culinary video.

ВВЕДЕ́НИЕ

 5–1 | Что вы еди́те? 1) Read the following script out loud. 2) Go around the classroom and interview two classmates. Make sure to use the appropriate form of address (**ты** or **вы**) and the appropriate greeting and farewell expressions. 3) Write down or circle your classmates' answers. 4) Summarize their answers in six to seven sentences and share them with the rest of the class.

I. Opening conversation lines	Responses	
Приве́т!/Здра́вствуй/те! Как ты/вы? Как дела́? Рад/ра́да тебя́/вас ви́деть! Как твоя́/ва́ша жизнь?	Приве́т!/Здра́вствуй/те! Спаси́бо, всё хорошо́/норма́льно. Я то́же рад/ра́да тебя́ ви́деть!	
II. Вопро́сы *Questions*	**Отве́ты** *Answers*	
1. Что ты лю́бишь есть на за́втрак? Что вы лю́бите есть на за́втрак?	Я ем . . . • я́йца • хле́б (бе́лый, чёрный) • ма́сло • сыр • колбасу́ • апельси́н • я́блоко • друго́е:	Я пью . . . • ко́фе • чай • сок (апельси́новый, я́блочный) • молоко́ • друго́е:
	Обы́чно я не за́втракаю. Я пью то́лько ко́фе и́ли чай.	
2. Что ты лю́бишь есть на обе́д? Что вы лю́бите есть на обе́д? Что-что?	Я ем . . . • бутербро́д • сала́т • суп • пи́ццу • фру́кты • пече́нье • шокола́д • друго́е:	Я пью . . . • во́ду • пи́во • друго́е:
3. Что ты лю́бишь есть на у́жин? Что вы лю́бите есть на у́жин? Что ты сказа́л/а? Что вы сказа́ли?	Я ем . . . • мя́со • ку́рицу • ры́бу • карто́шку • рис • о́вощи • моро́женное • друго́е:	Я пью . . . • во́ду • вино́ • друго́е:
	Обы́чно я не у́жинаю. Я на дие́те.	

4. Где ты лю́бишь есть? Где вы лю́бите есть?	Я люблю́ за́втракать … обе́дать … у́жинать … • до́ма • в кафе́ • в рестора́не • друго́е:
5. А где ты покупа́ешь проду́кты? А где вы покупа́ете проду́кты?	Я покупа́ю проду́кты … • в магази́не • в суперма́ркете • на ры́нке • по интерне́ту, онла́йн • друго́е:
III. Closing lines	**Responses**
Спаси́бо! Бы́ло прия́тно с тобо́й/ва́ми поговори́ть! Всего́ хоро́шего! Извини́/те, что я тебя́/вас задержа́л/а! (*I'm sorry I've kept you.*)	Пожа́луйста! Не́ за что! Счастли́во! Всего́ до́брого! Хоро́шего дня! Ещё уви́димся!

5–2 | Произноше́ние. Devoicing of voiced consonants at the end of words and before voiceless consonants. 1) Read about devoicing of voiced consonants. 2) Listen to the speaker and pay attention to the consonants in bold in the following words. 3) Listen again and pronounce the words after the speaker.

We use our vocal cords to pronounce the voiced consonants **Б, В, Д, З, Г**, and **Ж**. We don't use our vocal cords to pronounce the voiceless consonants **П, Ф, Т, С, К**, and **Ш**.

Remember!
1. A voiced consonant **at the end of a word** is pronounced as voiceless.
2. A voiced consonant **before** a voiceless consonant is pronounced as voiceless.

Б as П	В as Ф	Д as Т
хле**б** гри**б** (*mushroom*)	морко́**вь** (*carrots*) за́**в**трак **в**то́рник **в**торо́й	обе́**д** шокола́**д** лимона́**д** (*soda*) фаст-фу́**д** во́**д**ка ре́**д**ко

З as С	**Г as К**	**Ж as Ш**
пять ра**з** арбу́**з** (watermelon)	кулина́рный бло**г** пиро́**г** (pie) творо́**г** (cottage cheese)	му**ж** пирожки́ (small pies)

5-3 | Проду́кты. 1) Listen to the recording, repeat after the speaker, and mark the category to which each word belongs. The first one has been done for you. 2) On a separate piece of paper, list your favorite vegetables, fruits, meat and fish, and seasonings and spices. Use a vocabulary if needed. Read it out loud.

Проду́кты *Groceries*	**Овощи**	**Фру́кты**	**Мя́со** **Ры́ба**	**Припра́вы** *Seasonings* **Спе́ции** *Spices*
апельси́н – *orange*		✓		
бана́н – *banana*				
виногра́д, *sg. only* – *grapes*				
говя́дина – *beef*				
грибы́ *pl.* – *mushrooms*				
гру́ша – *pear*				
ды́ня – *melon*				
капу́ста, *sg. only* – *cabbage*				
карто́фель, *sg. only* – *potatoes*				
карто́ш|ка, *gen. pl.*-ек – *potato*				
ке́тчуп – *ketchup*				
лимо́н – *lemon*				
лосо́сь – *salmon*				
лук – *onion*				
майоне́з – *mayonnaise*				
морко́вь *f., sg. only* – *carrots*				
морко́в|ка, *gen. pl.* -ок – *carrot*				
огуре́ц – *cucumber*				
оли́вковое ма́сло – *olive oil*				
пе́рец – *pepper*				
помидо́р – *tomato*				
са́хар, *sg. only* – *sugar*				
свини́на – *pork*				
соль *f.* – *salt*				
чесно́к – *garlic*				
я́блоко – *apple*				

5–4 | Словообразова́ние. Diminutive forms of Russian nouns. Read about diminutive forms of Russian nouns. Study the examples and give English equivalents.

While not very common in English, the diminutive forms of nouns are quite widespread in conversational Russian. Most of the time, these forms are used to indicate the speaker's attitude toward the subject. Russians use diminutives when talking about things they consider cute, small, lovable, or the like: Кака́я **карто́шечка**! *What a tasty potato!*

They often use diminutives when making requests in order to express that it won't be too much of a burden and to show their affection for the person they are addressing.

— Принеси́те мне **кофеёк**!	*"Bring me a coffee!"*
— **Мину́точку**, пожа́луйста!	*"Just a moment, please!"*
— Ку́пи **помидо́рчики** и **пе́рчик**.	*"Could you buy some tomatoes and a pepper?"*
— Хорошо́.	*"OK."*

Diminutive forms of nouns are formed by adding the following diminutive suffixes to the stem of the noun.

Masculine

-ок-, -ек-, -ёк-	чай – **чаёк**, ко́фе – **кофеёк**, пиро́г – **пирожо́к**, лук – **лучо́к** **Remember** that the consonants **-г, -к, -х** undergo mutation: **г** changes to **ж**, **к** changes to **ч**, **х** changes to **ш**.
-ик-	виногра́д – **виногра́дик**, майоне́з – **майоне́зик**
-чик-	помидо́р – **помидо́рчик**, бана́н – **бана́нчик**, пе́рец – **пе́рчик**

Feminine

-к-	морко́вь – **морко́вка**, гру́ша – **гру́шка**
-ичк-	вода́ – **води́чка**
-очк-, -ечк-	капу́ста – **капу́сточка**, карто́шка – **карто́шечка**

5–5 | Я – по́вар! 1) In pairs, ask and answer the following questions using the list of groceries from 5–3. Answer the questions in one or two complete sentences. 2) Write down your partner's answers. Pay attention to the word order in your answers: repeat the old information from the question first and then give the new information.

1. Каки́е фру́кты и о́вощи вы лю́бите?
2. Из чего́ мо́жно пригото́вить овощно́й (*vegetable*) сала́т?
3. Каки́е припра́вы и спе́ции вы обы́чно добавля́ете в овощно́й сала́т?
4. Из чего́ мо́жно пригото́вить фрукто́вый (*fruit*) сала́т?
5. Вы лю́бите мя́со и́ли ры́бу? Како́е мя́со вы лю́бите?
6. Каки́е припра́вы и спе́ции вы обы́чно добавля́ете в мя́со и ры́бу, когда́ гото́вите?

5-6 | Я – по́вар! Coking verbs. Read the following vocabulary words and learn the words and expressions you do not already know.

Cooking verbs

вари́ть/свари́ть что? где? (в кастрю́ле)	– *to cook in water, boil (in a pot)*
гото́вить/пригото́вить что? из чего́?	– *to cook*
добавля́ть/доба́вить что? куда́?	– *to add*
жа́рить/поджа́рить[1] что? где? (на сковоро́дке, на гри́ле)	– *to fry (in a pan), grill*
запека́ть/запе́чь в духо́вке что? (мя́со, о́вощи)	– *to roast (in an oven)*
мыть/помы́ть что?	– *to wash*
печь/испе́чь что? где? (в духо́вке)	– *to bake (in an oven)*
переме́шивать/перемеша́ть что?	– *to mix*
ре́зать/наре́зать что?	– *to slice, cut, chop*
чи́стить/почи́стить что?	– *to clean, peel, scrub*

5-7 | Я – по́вар! Cooking verbs. 1) In pairs, answer the following questions by circling the correct words. 2) Read your answers out loud. Don't forget to put all words into the accusative case. Review the accusative case as needed (see pages 131–134).

---

1   Russian speakers sometimes use the verb **пожа́рить** instead of **поджа́рить**.

1. Каки́е о́вощи и фру́кты **чи́стят**?	
Обы́чно **чи́стят** (что?) . . .	карто́фель, капу́ста, грибы́, чесно́к, лук, помидо́ры, пе́рец, огурцы́, морко́вь, апельси́ны, я́блоки, бана́ны, виногра́д, ды́ни, арбу́з, гру́ши, лимо́ны
2. Каки́е о́вощи и фру́кты **мо́ют**?	
Обы́чно **мо́ют** (что?) . . .	карто́фель, капу́ста, грибы́, чесно́к, лук, помидо́ры, пе́рец, огурцы́, морко́вь, апельси́ны, я́блоки, бана́ны, виногра́д, ды́ни, арбу́з, гру́ши, лимо́ны
3. Что обы́чно **ва́рят**?	
Обы́чно **ва́рят** (что?) . . .	ры́ба, говя́дина, свини́на, ку́рица, лосо́сь, карто́фель, капу́ста, грибы́, чесно́к, лук, помидо́ры, пе́рец, огурцы́, морко́вь, апельси́ны, я́блоки, бана́ны, виногра́д, ды́ни
4. Что обы́чно **жа́рят**?	
Обы́чно **жа́рят** (что?) . . .	ры́ба, говя́дина, свини́на, ку́рица, лосо́сь, карто́фель, капу́ста, грибы́, чесно́к, лук, помидо́ры, пе́рец, огурцы́, морко́вь, апельси́ны, я́блоки, виногра́д, ды́ни, арбу́з, гру́ши, лимо́ны.
5. Что обы́чно **запека́ют**?	
Обы́чно **запека́ют** (что?) . . .	ры́ба, говя́дина, свини́на, ку́рица, лосо́сь, карто́фель, грибы́, чесно́к, лук, помидо́ры, пе́рец, огурцы́, морко́вь, я́блоки, виногра́д, ды́ни, арбу́з, лимо́ны.

ЧИТА́ЕМ И ГОВОРИ́М

5-8 | Пе́ред чте́нием. Discuss the following questions in small groups.

1. Как вы счита́те, на́до забо́титься о своём здоро́вье?
2. Как вы ду́маете, на́до есть мя́со (говя́дину, свини́ну, ку́рицу) и́ли ры́бу?
3. Как вы ду́маете, каки́е проду́кты не на́до есть?

5-9 | Еди́м пра́вильно! 1) Look at the title and subtitles of the following article. Make sure you understand the title and subtitles. 2) Write down three questions that you think the article will answer. 3) Read the text and try to answer your questions.

Еди́м пра́вильно!

бел|о́|к, *pl.* белки́ – *protein*	**бу́лочка** – *roll, bun*
вре́дный, -ая, -ое, -ые/**вре́дно** – *unhealthy, harmful adj./adv.*	**жи́рный,** -ая, -ое, -ые – *greasy, rich*
жиры́ – *fats*	**инде́йка** – *turkey*
колбаса́ – *sausage*	**овся́нка** – *oatmeal*
отка́зываться/отказа́ться от кого́? от чего́? – *to give something up*	**перекус** – *snack*
пиро́жное – *any kind of pastry*	**полезный,** -ая, -ое, -ые/**полезно** – *healthy adj./adv.*
сла́дкий, -ая, -ое, -ие – *sweet*	**солёный,** -ая, -ое, -ые – *salty*
худе́ть/похуде́ть – *to lose weight*	**сосиски** – *hot dogs*
	углево́ды – *carbohydrates*

Уже́ о́чень давно́ лю́ди ста́ли ду́мать о том, что они́ едя́т, каки́е проду́кты поле́зные для челове́ка, а каки́е вре́дные, что на́до есть, а чего́ не на́до. Если вы забо́титесь о своём здоро́вье, то э́то статья́ для вас!

Поле́зные проду́кты

Авока́до. Авока́до – э́то о́чень поле́зный проду́кт. Его́ мо́жно добавля́ть в сала́ты, наприме́р. Если вы хоти́те похуде́ть, то на́до есть авока́до ка́ждый день. Это о́чень поле́зно!

Капуста бро́кколи. В капу́сте бро́кколи мно́го витами́нов С и К. Её лу́чше не вари́ть, а хорошо́ помы́ть, наре́зать и пригото́вить в микроволно́вке.

Карто́фель. Карто́фель о́чень поле́зный проду́кт, е́сли его́ не жа́рить на ма́сле, а почи́стить и свари́ть, и́ли запе́чь в духо́вке.

Овся́нка. Овся́нка – о́чень поле́зный проду́кт, так как в ней мно́го витами́нов, минера́лов и углево́дов. Если вы бу́дете есть овся́нку на за́втрак ка́ждый день, вы бу́дете жить 100 лет!

Мя́со. Мно́гие не едя́т мя́со, но э́то непра́вильно. Вегетариа́нцы! Мя́со на́до есть! Это о́чень поле́зно! В мя́се мно́го ра́зных витами́нов и минера́лов, кото́рых нет в други́х проду́ктах. В говя́дине и ку́рице, наприме́р, мно́го витами́нов гру́ппы В: В6, В12. Са́мое поле́зное мя́со – э́то инде́йка, потому́ что в инде́йке ма́ло кало́рий и жиро́в.

Говя́дину лу́чше вари́ть, а не жа́рить на сковоро́дке. Свини́ну мо́жно запе́чь в духо́вке и́ли пригото́вить на гри́ле. Говя́дину и́ли свини́ну на́до есть два и́ли три ра́за в неде́лю, не бо́льше.

Ры́ба. Ры́ба – поле́зный проду́кт, в кото́ром соде́ржатся минера́лы, витами́ны, оме́га-3 и оме́га-6. Жи́рную ры́бу, наприме́р, лосо́сь, врачи́ сове́туют есть два и́ли три ра́за в неде́лю. В ры́бе мно́го белка́: в 100 гра́ммах – 27 гра́ммов протеина.

Яблоки. В я́блоках есть це́лый ко́мплекс минера́лов и витами́нов, мно́го воды́ и ма́ло кало́рий. Яблоки – э́то хоро́ший проду́кт для переку́са.

Лимо́н. В лимо́нах мно́го витами́на C. Оди́н лимо́н – э́то но́рма витами́на C в день. Лимо́нный сок – э́то хоро́шая припра́ва для сала́тов. Лимо́н ещё мо́жно добавля́ть в чай. Это о́чень поле́зно!

Вре́дные проду́кты

А чего́ не на́до есть? Что вре́дно? От чего́ на́до отказа́ться? Во-пе́рвых, на́до отказа́ться от са́хара и проду́ктов, в кото́рых есть са́хар: моро́женое, лимона́д, то́рты, пече́нье, пиро́жные, сла́дкие бу́лочки и др. А, во-вторы́х, на́до отказа́ться от жи́рной и солёной еды́, беко́на, колбасы́ и соси́сок. И ещё, есть фаст-фу́д – э́то о́чень вре́дно!

Автор: Васи́лий Аксёнов, врач-дието́лог

5–10 | Еди́м пра́вильно! Reread the posts in 5–9 and find Russian equivalents for the following words and word combinations. Read them out loud.

vitamin C –   avocado –
B vitamins –   bacon –
broccoli –   calories –
fast food –   gram –
microwave –   minerals and vitamins –
recommended daily intake –   omega-3 –
protein –   salad –
vegetarian –

 5–11 | Еди́м пра́вильно! 1) Read the first sentence of each paragraph in the article in 5–9 and list all **поле́зные и вре́дные проду́кты**. This should give you a good idea of what the article is about. If you need more details, read the text the whole way through. 2) Check your answers with your partner. Use the following connectors for ordering and adding information: **во-пе́рвых** – *firstly*; **во-вторы́х** – *secondly*; **та́кже** – *also*; **кро́ме того́** – *besides, furthermore*; **ещё** – *in addition, also*.

Это есть поле́зно! Поле́зные проду́кты – э́то . . .	Это есть вре́дно! Вре́дные проду́кты – э́то . . .

5–12 | Еди́м пра́вильно! 1) Reread the article in 5–9 and finish the following sentences according to the information in the article. 2) In pairs, read these sentences out loud.

1. Что́бы похуде́ть на́до . . .
2. Капу́сту бро́кколи лу́чше не вари́ть, а . . .
3. Карто́фель о́чень поле́зный проду́кт, е́сли . . .
4. Мно́гие не едя́т мя́со, но . . .
5. В мя́се мно́го ра́зных . . .
6. Са́мое поле́зное мя́со – э́то . . . , потому́ что . . .
7. Говя́дину лу́чше вари́ть, а не . . .
8. Свини́ну мо́жно запе́чь . . . и́ли . . .
9. Ры́ба – поле́зный проду́кт, в кото́ром . . .
10. В ры́бе мно́го . . .
11. Вы бу́дете жить 100 лет, е́сли . . .
12. Я́блоки – э́то хоро́ший проду́кт для . . . , в них есть . . .
13. Оди́н лимо́н – э́то но́рма в день . . . , а лимо́нный сок – э́то . . .

5–13 | По́сле чте́ния. 1) In small groups, create a three-day healthy meal plan, including the cooking methods you use to prepare your meals. Each day should include three meals (**за́втрак, обе́д, у́жин**) and two snacks (**переку́с**) and have a healthy balance of *carbohydrates* **углево́ды**, *fats* **жиры́**, and *proteins* **белки́**. Feel free to add more water, coffee, or tea to any day, but keep in mind that adding milk or sugar also adds calories. The first day's breakfast menu has been done for you.

Дие́та на три дня

Понеде́льник	За́втрак: 1 апельси́н, 2 яйца́ (свари́ть), 1 небольшо́й помидо́р, хлеб (1 кусо́к), ко́фе без са́хара и молока́, 1 стака́н воды́
	Переку́с:
	Обе́д:
	Переку́с:
	У́жин:
Вто́рник	За́втрак:
	Переку́с:
	Обе́д:
	Переку́с:
	У́жин:
Среда́	За́втрак:
	Переку́с:
	Обе́д:
	Переку́с:
	У́жин:

5-14 | По́сле чте́ния. Share your meal plan from 5–13 with your classmates using the following expressions. Explain why you chose the meals in your meal plan. Review the accusative case (Using the accusative case in time expressions) as needed (see pages 141–142).

Дие́та на три дня

1. В понеде́льник на́до есть/пить . . .
2. Ка́ждый вто́рник на́до есть/пить . . .
3. В сре́ду на́до есть/пить . . .
4. Ка́ждый день на́до есть/пить . . .
5. Два ра́за в день на́до . . .
6. Це́лый/Весь день обяза́тельно на́до пить . . .
7. О́вощи и фру́кты на́до есть (как ча́сто?) . . .
8. Мя́со на́до есть (как ча́сто?) . . .
9. Ры́бу мо́жно есть (как ча́сто?) . . .

СМО́ТРИМ И ГОВО́РИМ

5-15 | Ви́део блог «Гото́вим украи́нский борщ». Watch the video three times and mark the main ingredients you need to make **борщ**.

Украи́нский борщ

___ болга́рский пе́рец (*bell pepper*)   ___ говя́дина

___ инде́йка   ___ капу́ста

___ карто́фель   ___ ку́рица

___ лук   ___ морко́вь

___ оли́вковое ма́сло   ___ ко́рень петру́шки (*parsley root*)

___ са́ло (*lard*)   ___ са́хар

___ свёкла (*beets*)   ___ свини́на

___ смета́на (*sour cream*)   ___ соль

___ помидо́ры   ___ чёрный пе́рец

___ чесно́к   ___ тома́тная па́ста

Cultural note #1: Борщ

Борщ is a sour soup commonly consumed in Eastern Europe and one of the most popular dishes in Russia. The variety most often associated with the name in English is of Ukrainian origin and includes **свёкла** (*beets*) as one of the main ingredients, which gives the dish its distinctive red color. It is often served with **смета́на** *(sour cream)* and **пампу́шки с чесноко́м**, small savory yeast-raised **бу́лочки** *(buns, dinner rolls)*.

5–16 | Ви́део блог «Гото́вим украи́нский борщ». 1) Watch the video blog three times and place the instructions in the recipe listed in the following in the correct order. 2) In pairs, talk about how to make **борщ** in ten sentences using the following connectors for ordering information: **во-пе́рвых** – *firstly*; **во-вторы́х** – *secondly*; **пото́м, зате́м** – *then*; **да́лее** – *further*; **наконе́ц** – *finally*.

Как пригото́вить украи́нский борщ

___ На́до доба́вить капу́сту, ко́рень петру́шки и болга́рский пе́рец в кастрю́лю.

___ Доба́вить тома́тную па́сту и са́хар.

___ На́до свари́ть говя́дину и свини́ну.

___ На́до доба́вить соль и пе́рец.

___ На́до доба́вить в кастрю́лю лук и морко́вь, кото́рые вы поджа́рили.

___ На́до почи́стить и наре́зать свёклу, а пото́м пригото́вить её на сковоро́дке.

___ На́до доба́вить карто́фель в кастрю́лю.

___ На́до почи́стить и наре́зать карто́фель.

___ На́до поджа́рить лук и морко́вь на сковоро́дке.

___ На́до наре́зать морко́вь, капу́сту и лук.

___ Наре́зать мя́со и доба́вить его́ в кастрю́лю.

___ Доба́вить в кастрю́лю свёклу и всё хорошо́ перемеша́ть.

___ На́до доба́вить ещё соль и пе́рец.

ЧИТА́ЕМ И ГОВОРИ́М

5–17 | Инстаку́хня. Read the following post on Instagram and find the following information.

1. Кто а́втор кулина́рного бло́га?
2. Где она́ живёт?
3. Что она́ лю́бит де́лать?
4. Реце́пт како́го блю́да она́ предложи́ла чита́телям своего́ бло́га?
5. Кто ей дал э́тот реце́пт?

#Инстаку́хня

блю́до – *dish*
карто́фельное пюре́ – *mashed potatoes*
мука́ *only sing.* – *flour*
подава́ть/пода́ть что? кому́? – *to serve*
просто́й, -ая, -ое, -ые – *simple*
фарш – *ground meat*

гарни́р – *side dish*
котле́ты – *ground meat patties*
по́вар – *cook, chef*
предлага́ть/предложи́ть кому́? что? – *to offer, suggest*
реце́пт – *recipe*

Expressions:
Добро́ пожа́ловать! – *Welcome!*
Прия́тного аппети́та! – *Enjoy your meal!*

#КУЛИНА́РНЫЙ БЛОГ

Сиби́рь, Новосиби́рск

Меня́ зову́т Юля! Я не по́вар, я про́сто о́чень люблю́ гото́вить. Добро́ пожа́ловать на мою́ Инстаку́хню!

Сего́дня я предлага́ю вам о́чень просто́й реце́пт котле́т из свини́ны. Это реце́пт мое́й ба́бушки Ма́ши, наш семе́йный реце́пт. Это моё люби́мое блю́до! Его́ мо́жно приготови́ть всего́ за 30 мину́т.

КО́ТЛЕТЫ ИЗ СВИНИ́НЫ

ВРЕ́МЯ ПРИГОТОВЛЕ́НИЯ: 30 мину́т
КАЛОРИ́ЙНОСТЬ: одна́ по́рция – 230 ккал
ПРОДУ́КТЫ НА 8 ПО́РЦИЙ:

Свини́на (фарш) – 450 грамм
Майоне́з – 2 столо́вых ло́жки
Мука́ – 1 стака́н
Яйца – 2 шту́ки
Лук – 1 небольша́я лу́ковица

Чесно́к – 2 зу́бчика
Пе́рец (чёрный) – 1 ча́йная ло́жка
Соль – 1 ча́йная ло́жка
Ма́сло (оли́вковое) – 2 столо́вых ло́жки

РЕЦЕ́ПТ ПРИГОТОВЛЕ́НИЯ КОТЛЕ́Т

Что́бы приготови́ть котле́ты из свини́ны, вам на́до . . .

✓ Почи́стить, помы́ть и ме́лко наре́зать лук и чесно́к.
✓ Хорошо́ перемеша́ть свино́й фарш, лук, чесно́к, 2 яйца́ и майоне́з.
✓ Доба́вить соль, пе́рец и муку́. Всё хорошо́ перемеша́ть.
✓ Сформирова́ть котле́ты и жа́рить их на оли́вковом ма́сле 10–15 мину́т.
✓ Поста́вить котле́ты в духо́вку на 10–15 мину́т.

Рекоменду́ю подава́ть котле́ты с овощны́м сала́том из огурцо́в и помидо́ров, а та́кже с са́мым класси́ческим гарни́ром – карто́фельным пюре́.

ПРИЯ́ТНОГО АППЕТИ́ТА!

#рецептдня#рецепткотлет#котлеты#какприготовитькотлеты

5–18 | Инстаку́хня. Reread the posts in 5–17 and find Russian equivalents for the following words and word combinations. Read them out loud.

Bon appétit! –
culinary (cooking, food) blog –
family recipe –
glass –
serves: 8 –
teaspoon –
to recommend –

calories –
step-by-step instructions –
garlic: 2 cloves –
ready in 30 minutes –
tablespoon –
to form meat patties –

5–19 | Инстаку́хня. Reread the posts in 5–17 and answer the following questions in full sentences. Pay attention to the word order in your answers: repeat the old information from the question first and then give the new information.

1. За како́е вре́мя мо́жно пригото́вить котле́ты из свини́ны?
2. Каки́е проду́кты на́до купи́ть, что́бы пригото́вить котле́ты из свини́ны?
3. Каки́е о́вощи на́до почи́стить и помы́ть?
4. Каки́е о́вощи на́до наре́зать?
5. Что на́до перемеша́ть?
6. Ско́лько на́до доба́вить со́ли, пе́рца и муки́?
7. Как на́до гото́вить котле́ты? (*choose two of the following statements*)
    a. На́до вари́ть в кастрю́ле.
    b. На́до жа́рить на сковоро́дке.
    c. На́до жа́рить на гри́ле.
    d. На́до запека́ть в духо́вке.

ДАВА́ЙТЕ ПОГОВОРИ́М . . .

5–20 | Спроси́те. In pairs, take turns asking and answering the following questions:

1. Как ча́сто вы еди́те о́вощи и фру́кты (кру́глый год, ка́ждый день, че́рез день, раз в ме́сяц, два ра́за в неде́лю, три ра́за в день, др.)?
2. Как ча́сто вы еди́те мя́со и ры́бу?

3. Како́й ваш люби́мый переку́с? Почему́?
4. Как вы ду́маете, каки́е проду́кты поле́зные? Почему́?
5. Как вы ду́маете, каки́е проду́кты вре́дные? Почему́?
6. Как вы ду́маете, как лу́чше всего́ гото́вить мя́со, ры́бу и о́вощи?
7. Как вы ду́маете, что на́до и́ли не на́до есть, что́бы похуде́ть?
8. Како́е ва́ше люби́мое блю́до?

5–21 | Сцена́рий. Scenario. Act out the following situation in pairs. Imagine that you are hanging out with friends from Russia. They are curious about what people like to eat where you live. Tell them about some common eating habits and favorite dishes!

ПИ́ШЕМ РЕЦЕ́ПТ

5–22 | Реце́пт моего́ люби́мого блю́да. Write a recipe of your favorite dish. Make sure to read the following instructions on how to write a recipe first (for an example of how to do this, see 5–17).

There are two main parts of a recipe, the ingredient list (**ингредие́нты/проду́кты**) and the cooking instructions (**реце́пт приготовле́ния**). At the heading of the recipe, you will find the title, cooking time (**вре́мя приготовле́ния**), calories (**калори́йность**), and number of servings (**на 6 по́рций**).

Ingredient list: List the most important ingredients first. Spell out everything: tablespoons (**столо́вые ло́жки**), teaspoons (**ча́йные ло́жки**), grams (**гра́ммы**), and so on.

Cooking instructions: Where helpful, indicate the size of bowls and cookware. For example, **в большо́й кастрю́ле, на ма́ленькой сковоро́дке**, and so on. Separate each step into a different sentence. Finish with serving instructions, including how to garnish the dish.

ИНТЕРВЬЮ́ И ПРОЕ́КТЫ

5–23 | Интервью́ «Как вы еди́те в тече́ние дня?» 1) Ask three of your classmates about their eating habits following the subsequent chart. Write down their answers and report the results in class. 2) Conduct surveys with three Russian speakers outside of class. Write down their answers, create a one-minute multimedia presentation, and present it in class. 3) As a class, summarize the survey results in Russian. Decide whether your survey respondents are following a healthy eating plan.

Как вы еди́те в тече́ние дня?

Отве́ты	Респонде́нт 1	Респонде́нт 2	Респонде́нт 3
1. Станда́ртно: за́втрак, обе́д и у́жин.			
2. За́втрак, обе́д, у́жин, переку́сы 2–3 ра́за в день (фру́кты и́ли йо́гурт).			
3. За́втрак, обе́д, у́жин, переку́сы 2–3 ра́за в день (бу́лочки или шокола́д).			
4. Не за́втракаю, но ка́ждый день обе́даю и у́жинаю.			
5. Переку́сываю 2–3 ра́за в день, но ве́чером у́жинаю.			
6. Переку́сываю 3–4 ра́за в день, ем фастфу́д.			
7. Друго́е (что и́менно).			

5-24 | Ви́део блог. Тег: моё люби́мое блю́до. 1) Create a culinary video for your blog. Record yourself making your favorite dish and describing the steps in the recipe. Make it interesting and exciting for your classmates to watch. Be creative! 2) Show your video blog in class and watch your classmates' videos. You may want to have a competition for the best video blog.

ГРАММА́ТИКА

5-25 | Что вы зна́ете? Reread the following sentences. 1) Underline all words and phrases that are in the accusative case and answer the questions: **Кого́? Что?** 2) What are the noun endings for the accusative case?

1. На́до есть авока́до ка́ждый день!
2. Е́сли вы бу́дете есть овся́нку на за́втрак ка́ждый день, вы бу́дете жить 100 лет.
3. Мно́гие не едя́т мя́со. Мя́со на́до есть!
4. Говя́дину лу́чше вари́ть, а не жа́рить.
5. Лимо́н ещё мо́жно добавля́ть в чай.
6. Сего́дня я предлага́ю о́чень просто́й реце́пт котле́т.
7. Почи́стить, помы́ть и ме́лко наре́зать лук и чесно́к.
8. Хорошо́ перемеша́ть свино́й фарш, лук, чесно́к, 2 яйца́ и майоне́з.
9. Доба́вить соль, пе́рец и му́ку.
10. Рекоменду́ю подава́ть котле́ты с овощны́м сала́том.

The accusative case
Вини́тельный паде́ж

Review the accusative case functions and the endings for the accusative singular and plural forms of nouns, adjectives and pronouns.

I. The uses of the accusative case

Use the accusative case:

1. To denote **the direct object** of a transitive verb.

Она́ ча́сто ест **сала́т** и **ку́рицу**.	*She often eats salad and chicken.*
Я зна́ю **шеф по́вара** э́того рестора́на.	*I know the head chef of this restaurant.*
По́вара зову́т Никола́й.	*The chef's name is Nikolai.*

2. With the prepositions **В, НА**, and *an inanimate noun* to show the destination of motion answering the question **КУДА́?**

   a. The prepositions **В** or **НА** and *an inanimate noun* in the accusative case denote going places in Russian.

   Я хожу́ **в магази́н** ка́ждый день.   *I go to the store every day.*

Verbs of motion that are frequently used in such sentences:

идти́ (я иду́, ты идёшь, они́ иду́т) – *to go by foot, be on one's way (unidirectional)*

ходи́ть (я хожу́, ты хо́дишь, они́ хо́дят) – *to walk (multidirectional)*

е́хать (я е́ду, ты е́дешь, они́ е́дут) – *to go by vehicle, be on one's way (unidirectional)*

е́здить (я е́зжу, ты е́здишь, они́ е́здят) – *to go by vehicle (multidirectional)*

You'll learn more about verbs of motion in Chapter 12.

   b. The preposition **В** and *an inanimate noun* in the accusative case denote motion to the inside of something; the preposition **НА** denotes motion onto the surface of something in the context of placement in a particular direction.

На́до поста́вить ку́рицу **в духо́вку**!	*You should put the chicken in the oven!*
На́до поста́вить борщ **в холоди́льник**.	*You should put the borscht in the refrigerator.*
На́до доба́вить соль и пе́рец **в сала́т**.	*You should add salt and pepper to the salad.*
На́до поста́вить сала́т **на стол**!	*You should put the salad on the table!*

Verbs of placement that are frequently used in such sentences:

ста́вить/поста́вить (я (по)ста́влю, они́ (по)ста́вят) – *to put, place (vertically)*

класть/положи́ть (я кладу́/положу́, они́ кладу́т/поло́жат) – *to put, place (horizontally)*

You'll learn more about verbs of placement and position in Chapters 6 and 11.

Remember!
- Nouns used with **В** in the prepositional case are also used with **В** in the accusative case. Nouns used with **НА** in the prepositional case are also used with **НА** in the accusative case (see Chapter 1 pp. 27–28).
- Nouns used with **ИЗ** in the genitive case are used with **В** in the accusative case. Nouns used with **С** in the genitive case are used with **НА** in the accusative case.

Где?	Куда́?	Отку́да?
В/НА + prepositional case	**В/НА + accusative case**	**ИЗ/С + genitive case** **ИЗ** is the opposite of **В** **С** is opposite of **НА**
Я была́ **в рестора́не.** *I was in the restaurant.*	Я ча́сто хожу́ **в рестора́н.** *I often go to the restaurant.*	Я то́лько что пришла́ **из рестора́на.** *I just came back from the restaurant.*
Я запека́ю о́вощи **в духо́вке.** *I roast vegetables in the oven.*	На́до поста́вить о́вощи **в духо́вку.** *You need to put the vegetables in the oven.*	На́до вы́нуть о́вощи **из духо́вки.** *You need to take the vegetables out of the oven.* На́до убра́ть сала́т **со²** **стола́.** *You need to clear the salad from the table.*

II. Noun endings for the accusative case

1. Masculine ***inanimate nouns*** and neuter nouns have the same form in the accusative singular as they do in the nominative singular. Masculine ***animate nouns*** that end in a consonant in the nominative case take the endings **-А/-Я**.

Nominative sing. (Кто? Что?)	Accusative sing. (Кого́? Что?)	Examples
суп	суп	Она́ гото́вит **суп**. *She is cooking soup.*
по́вар Никола́й	по́вар-**а** Никола́-**я**	Я зна́ю по́вар**а** э́того рестора́на Никола́**я**. *I know Nikolai, the chef of this restaurant.*

2. Feminine nouns ending in **-А/-Я** (both ***animate and inanimate***) take the endings **-У/-Ю** in the accusative singular. Feminine nouns that end in a soft sign **-Ь** (соль, морко́вь) in the nominative singular have the same form in the accusative singular.

---

2 The preposition **СО** is used when a consonant cluster follows the preposition **С**. This makes pronunciation easier.

Nominative sing. (Кто? Что?)	Accusative sing. (Кого? Что?)	Examples
говя́дин-**а**	говя́дин-**у**	Ты ешь говя́дин-**у**? *Do you eat beef?*
ды́н-**я**	ды́н-**ю**	Вы лю́бите ды́н-**ю**? *Do you like melons?*
Ан-**я**	Ан-**ю**	Ты зна́ешь Ан-**ю**? *Do you know Anya?*
морко́в-**ь**	морко́в-**ь**	На́до купи́ть морко́в-**ь**! *You need to buy carrots!*

3. In the plural, all ***inanimate nouns*** have the same form in the accusative as they do in the nominative plural.

Nominative pl. (Что?)	Accusative pl. (Что?)	Examples
огурц-**ы́**	огурц-**ы́**	Я люблю́ огурц-**ы́**. *I love cucumbers.*
помидо́р-**ы**	помидо́р-**ы**	Она́ не ест помидо́р-**ы**. *She doesn't eat tomatoes.*

4. In the plural, all ***animate nouns*** have the same forms in the accusative plural that they have in the genitive plural.

Genitive plural (Кого́?)	Accusative plural (Кого́?)
Среди́ мои́х знако́мых нет вегетариа́нц-**ев**. *None of my friends are vegetarians.*	Я зна́ю мно́гих вегетариа́нц-**ев**. *I know many vegetarians.*
Я пригото́вила у́жин для свои́х **сестёр**. *I cooked dinner for my sisters.*	Я люблю́ свои́х **сестёр**. *I love my sisters.*

Here is **a summary** of the accusative case endings for nouns.

	Inanimate	Animate
Masculine	same as nominative	-А/-Я same as genitive
Feminine in -А/-Я	-У/-Ю	-У/-Ю
Feminine in -Ь	same as nominative	same as nominative
Neuter	same as nominative	same as nominative
Plural	same as nominative	same as genitive

III. Accusative case and genitive case forms for personal pronouns and the reflexive pronoun СЕБЯ́

Nom.	кто?	что?	я	ты	он	оно́	она́	мы	вы	они́	-
Accus.	кого́?	что?	меня́	тебя́	его́		её	нас	вас	их	себя́
Gen.	кого́?	чего́?	меня́	тебя́	его́		её	нас	вас	их	себя́
					у него́		у неё			у ни́х	у себя́

Remember:
1. The accusative forms **ЕГО́, ЕЁ**, and **ИХ** can refer to both animate and inanimate nouns. Do not confuse third-person personal pronouns in the accusative case (**ЕГО́, ЕЁ,** and **ИХ)** with the posessive pronouns **ЕГО́, ЕЁ**, and **ИХ,** which never change form:

| Я зна́ю **его́**! | I know him! |
| Я зна́ю **его́** бра́та. | I know his brother. |

2. The reflexive pronoun **СЕБЯ́** *oneself (myself, yourself, himself, herself, ourselves, themselves)* has no *nominative case* form and refers back to the subject of the sentence.

| | Он лю́бит **меня́**! | He loves me! |
| **But**: | Я люблю́ **себя́**! | I love myself! |

5–26 | Вини́тельный паде́ж. Реши́те зада́чу. Read the following problems and underline all words in the accusative case. Solve the problems.

Зада́ча 1. У ма́мы бы́ло не́сколько морко́вок. Когда́ она́ наре́зала в суп 4 морко́вки, у неё оста́лось ещё 8. Ско́лько морко́вок бы́ло у ма́мы?
Отве́т: _____

Зада́ча 2. Ма́ма с до́чкой гото́вили обе́д. До́чка почи́стила 7 карто́шек, а ма́ма на 10 карто́шек бо́льше. Ско́лько карто́шек почи́стила ма́ма?
Отве́т: _____

5–27 | Вини́тельный паде́ж. 1) Fill out the questionnaire. The first one has been done for you. 2) In small groups, ask each other the following question and circle your partners' answers. 3) Sum up the information gathered by your group and report the results to your class.

Вопро́с *Question*	Отве́ты *Answers*
Что вы лю́бите гото́вить?	**Я люблю́ гото́вить . . .**
пи́цца	*пи́ццу*
сала́т	
ры́ба	
лосо́сь в духо́вке	
говя́дина	
свини́на в духо́вке	
бро́кколи	
ку́рица на гри́ле	
карто́фель	
о́вощи в духо́вке	
борщ	
га́мбургеры на гри́ле	
омле́т на сковоро́дке	
яи́чница (*fried eggs*)	
котле́ты на сковоро́дке	
друго́е (напиши́те, что и́менно)	

5-28 | В и́ли НА? 1) Fill in the blanks and give English equivalents for the following sentences. 2) In pairs, make small talk following the subsequent example and using the sentences from the table.

Приме́р/Example:

— Где стоя́т ча́шки?
— Ча́шки стоя́т в шкафу́.
— Куда́ их поста́вить?
— На́до поста́вить ча́шки на стол.

Где?	Куда́?
1. Таре́лки и стака́ны стоя́т . . . шкафу́.	На́до поста́вить таре́лки и стака́ны . . . стол!
2. Салфе́тки лежа́т . . . шкафу́.	На́до положи́ть салфе́тки . . . стол!
3. Ло́жки и ви́лки лежа́т . . . столе́.	На́до положи́ть ви́лки и ло́жки . . . шкаф!
4. Ку́рица стои́т . . . духо́вке.	На́до поста́вить ку́рицу . . . холоди́льник!
5. Кастрю́ля с мя́сом стои́т . . . плите́.	На́до поста́вить кастрю́лю с мя́сом . . . холоди́льник!
6. . . . котле́тах мно́го спе́ций.	Не на́до бо́льше добавля́ть спе́ции . . . котле́ты!
7. На́до пригото́вить стейк . . . сковоро́дке.	Положи́те стейк . . . сковоро́дку и жа́рьте его́ 10 мину́т.
8. На́до свари́ть карто́шку . . . кастрю́ле.	Положи́те карто́шку . . . кастрю́лю, налейте воды́ и вари́те её 20 мину́т.

5–29 | Где? Куда́? Отку́да? 1) Fill out the following table. 2) In pairs, make small talk following the subsequent example and using the words from the table.

Приме́р/Example:

— Где **был/была́**? Куда́? **идёшь/е́дешь**? Отку́да **пришёл/пришла́**?
— Я был/была́ в магази́не. Я иду́ в магази́н. Я пришёл/пришла́ из магази́на.

Что?	Где?	Куда́?	Отку́да?
	В/НА + prepositional	**В/НА + accusative**	**ИЗ/С + genitive case** **ИЗ** is the opposite of **В** **С** is opposite of **НА**
	Я был/была́ ...	Я иду́/е́ду ...	Я пришёл/пришла́ ... Я верну́лся/верну́лась ...
ры́нок			
магази́н			
университе́т			
поликли́ника			
рабо́та			
кинотеа́тр			
рестора́н, у́жин			
кафе́,[3] за́втрак			
столо́вая, обе́д			

---

3   **Кафе́** is an indeclinable noun.

5–30 | Вини́тельный паде́ж. Insert the appropriate accusative case forms for personal pronouns.

— Вы бу́дете гото́вить ку́рицу сего́дня?
— Нет, я не бу́ду . . . гото́вить.

— Вы лю́бите есть омле́т на за́втрак?
— Да, я . . . люблю́.

— Вы зна́ете э́того по́вара?
— Нет, я . . . не зна́ю.

— Вам поджа́рить карто́шку?
— Нет, не на́до . . . жа́рить, лу́чше свари́ть.

— Вы поста́вили свини́ну в духо́вку?
— Да, я . . . поста́вила в духо́вку на 3 часа́.

— На́до поста́вить таре́лки и стака́ны на стол.
— Хорошо́! Сейча́с я . . . поста́влю.

— На́до положи́ть ло́жки и ви́лки на стол.
— Сейча́с я . . . положу́.

— На́до доба́вить соль и пе́рец в суп.
— Сейча́с я . . . доба́влю.

— На́до испе́чь пиро́г.
— Хорошо́. Сейча́с я . . . испеку́.

— На́до помы́ть и нареза́ть о́вощи для борща́.
— Сейча́с я . . . помо́ю, почи́щу и наре́жу.

IV. Adjective and pronoun endings for the accusative case. The reflexive possessive pronoun СВОЙ (one's own) in the accusative case

1. Adjectives and pronouns that modify *inanimate* masculine and neuter nouns have the same form in the accusative **singular** and **plural** as they do in the nominative singular and plural. Adjectives and pronouns that modify *animate* masculine nouns take the accusative **singular** endings **-ОГО/-ЕГО**[4] and have the same form in the accusative **plural** as they do in the genitive plural (see Chapter 3 pp. 82–83).

---

4   Remember to pronounce **Г** as **В** [v] in **-ОГО/-ЕГО** endings.

Masculine and neuter

	Nominative (Кто? Что?)	Accusative (Кого? Что?)
Inanimate	мой (твой, наш, ваш) люби́мый **суп** моё (твоё, на́ше, ва́ше) люби́мое **блю́до**	Она́ пригото́вила **мой** (твой, наш, ваш) люби́мый суп. *She cooked my (your, our, your) favorite soup.* Ма́ма пригото́вила мо-**ё** (тво-**ё**, наш-**е**, ваш-**е**) люби́м-**ое** блю́до. *Mom cooked my (your, our, your) favorite dish.* Ма́ма пригото́вила сво-**ё** люби́м-**ое** блю́до. *Mom cooked her favorite dish.*
	все овощны́е **сала́ты** э́ти (те) **фру́кты**	Я люблю́ **все** овощн-**ы́е** сала́т-**ы**. *I love all salads.* Мне нра́вятся **э́ти** (те) фру́кт-**ы**. *I like these (those) fruits.*
Animate	мой (твой, наш, ваш) лу́чший **друг**	Я встре́тил мо-**его́** (тво-**его́**, наш-**его**, ваш-**его**) лу́чш-**его** дру́г-**а** в кафе́. *I met my (your, our, your) best friend in a café.* Он встре́тил сво-**его́** лу́чш-**его** дру́г-**а** в кафе́. *He met his best friend in a café.*
	э́тот (тот) **по́вар**	Они́ зна́ют э́т-**ого** (т-**ого́**) по́вар-**а**. *They know this (that) chef.*
	э́ти хоро́шие **повара́**	Они́ зна́ют э́т-**их** хоро́ш-**их** повар-**о́в**. *They know these good chefs.*
	те/все хоро́шие **повара́**	Они́ зна́ют те-**х**/все-**х** хоро́ш-**их** повар-**о́в**. *They know those/all the good chefs.*

The reflexive possessive pronoun **СВОЙ** *(one's own)* is used when referring to the subject of the sentence.

Remember:

Он встре́тил **своего́** дру́га в кафе́. *He met his (own) friend in a café.*

But: Он встре́тил **его́** дру́га в кафе́. *He met his (someone else's) friend in a café.*

2. Adjectives that modify ***inanimate and animate*** feminine nouns take the accusative **singular** endings **-УЮ/-ЮЮ**. Adjectives that qualify ***inanimate and animate*** feminine nouns have <u>the same form</u> in the accusative **plural** as they do in the genitive plural.

   Pronouns that modify feminine nouns take the accusative **singular** endings **-У/-Ю**. Pronouns that modify feminine nouns have <u>the same form</u> in the accusative **plural** as they do in the genitive plural (see Chapter 3, pp. 82–83).

Feminine

		Nominative (Кто? Что?)	Accusative (Кого? Что?)
Inanimate		моя́ (твоя́, на́ша, ва́ша) люби́мая **пи́цца**	Ма́ма пригото́вила мо-**ю́** (тво-**ю́**, на́ш-**у**, ва́ш-**у**) люби́м-**ую** пи́ццу. *Mom cooked my (your, our, your) favorite pizza.* Ма́ма пригото́вила сво-**ю́** люби́м-**ую** пи́цц-**у**. *Mom cooked her favorite pizza.*
		э́та **пи́цца**	Они́ пригото́вили э́т-**у** пи́цц-**у**. *She cooked this pizza.*
		вся **пи́цца**	Он съел вс-**ю** пи́цц-**у**. *She ate the whole pizza.*
		все твои́ вку́сные **котле́-ты**	Я съе́ла вс-**е** тво-**и́** вку́сн-**ые** котле́т-**ы**. *I ate all of your tasty meat patties.*
Animate		моя́ (твоя́, на́ша, ва́ша) **лу́чшая подру́га**	Я встре́тила мо-**ю́** (тво-**ю́**, на́ш-**у**, ва́ш-**у**) лу́чш-**ую** подру́г-**у** в кафе́. *I met my (your, our, your) best friend in a café.* Она́ встре́тила сво-**ю́** лу́чш-**ую** подру́г-**у** в кафе́. *She met her best friend in a café.*
		все мои́ лу́чшие **подру́ги**	Я встре́тила все-**х** мо-**и́х**/сво-**и́х** лу́чш-**их** подру́г в кафе́. *I met all of my best friends in a café.*

Here is **a summary** of the accusative case endings for adjectives and pronouns.

	Inanimate	Animate
Masculine	same as nominative	-ОГО/-ЕГО same as genitive
Feminine	-УЮ/-ЮЮ -У/-Ю	-УЮ/-ЮЮ -У/-Ю
Neuter	same as nominative	same as nominative
Plural	same as nominative	same as genitive

Remember that the possessives **ЕГО́, ЕЁ, ИХ** never change forms.

5-31 | Вини́тельный паде́ж. 1) Fill out the questionnaire. The first one has been done for you. 2) In small groups, ask each other the following question and circle your partners' answers. 3) Sum up the information gathered by your group and present the results to your class.

Вопро́с *Question*	Отве́ты *Answers*
Что вы обы́чно гото́вите на у́жин?	**Я гото́влю . . .**
итальянская пи́цца	*итальянскую пи́ццу*
овощно́й сала́т	
фрукто́вый сала́т	
морска́я ры́ба	
лосо́сь	
говя́дина	
вку́сная свини́на в духо́вке	
вку́сная ку́рица на гри́ле	
ра́зные о́вощи в духо́вке	
украи́нский борщ	
америка́нские га́мбургеры	
испа́нский омле́т	
друго́е (напиши́те, что и́менно)	

5-32 | Вини́тельный паде́ж. Working in pairs, put the words in parentheses into the accusative case.

1. Я зна́ю, как гото́вить (блю́да ру́сской ку́хни) . . .
2. Я зна́ю (все твои́ хоро́шие друзья́) . . .
3. На́до попроси́ть (наш по́вар) . . . , что́бы он пригото́вил котле́ты.
4. На́до пойти́ в (та итальянская пиццери́я) . . .
5. Он/Она́ лю́бит (все фрукто́вые сала́ты) . . .
6. Он/Она́ лю́бит (все бра́тья и сёстры) . . .
7. На обе́д мой друг поджа́рил (вот э́тот молодо́й карто́фель, лук и грибы́) . . .
8. На́до запе́чь в духо́вке (э́та говя́дина и те о́вощи) . . .

V. *Кото́рый (кото́рая, кото́рое, кото́рые) in the accusative case*

The relative pronoun **кото́рый** (кото́рая, кото́рое, кото́рые) is declined in the accusative case as a regular adjective: **кото́рый/кото́рого** (кото́рую, кото́рое, кото́рые/кото́рых).

5-33 | Кото́рый. 1) Read the following sentences and render them into English (translate ideas, not words). 2) Identify and explain the case of **кото́рый** (кото́рая, кото́рое, кото́рые) in each sentence.

1. Я пригото́вила котле́ты, кото́рые вы лю́бите.
2. Вам на́до попро́бовать (*taste*) пи́ццу, кото́рую пригото́вила моя́ ма́ма.
3. Это овся́нка, кото́рую на́до есть ка́ждый день.

4. Вот свини́на, кото́рую на́до поста́вить в духо́вку.
5. Вот о́вощи, кото́рые на́до почи́стить и помы́ть.
6. Вот пиро́г, кото́рый я испекла́.
7. Вон стол, на кото́рый на́до поста́вить э́тот сала́т.
8. Вот котле́ты, кото́рые я пригото́вила по семе́йному реце́пту.
9. Это италья́нский рестора́н, в кото́рый мы ча́сто хо́дим.
10. Это мой друг, кото́рого зову́т Ива́н.

5–34 | Кото́рый. Create complex sentences from the following statements using **кото́рый**. The first one has been done for you.

1. Это о́вощи. Я запекла́ о́вощи в духо́вке. > *Это о́вощи, кото́рые я запекла́ в духо́вке.*
2. Это францу́зский рестора́н. Мы ходи́ли во францу́зский рестора́н.
3. Это по́вар. По́вара зову́т Михаи́л.
4. Это котле́ты. Котле́ты на́до поджа́рить.
5. Это я́блочный пиро́г. Я люблю́ я́блочный пиро́г.
6. Вот ры́ба. Ры́бу на́до поджа́рить на сковоро́дке.
7. Это ку́рица. Ку́рицу на́до зажа́рить в духо́вке.
8. Это пиро́г. Я вчера́ испекла́ я́блочный пиро́г в духо́вке.

VI. *Using the accusative case in time expressions*

Use the accusative case:

1. In time expressions with the adjective **ка́ждый** to indicate frequency.
   На́до есть авока́до **ка́ждый день**.　*You need to eat avocado every day.*
   Ка́ждую пя́тницу мы гото́вим　*Every Friday we cook fish for dinner.*
   ры́бу на у́жин.

2. To indicate the amount of time spent doing (or not doing) something.
   Я **весь день** гото́вила борщ.　*I was cooking borscht all day.*
   Я **це́лый год** не ел/а мя́со.　*I didn't eat meat for an entire year.*
   На́до есть о́вощи и фру́кты　*You need to eat fruits and vegetables*
   кру́глый год.　*all year round.*

3. With the preposition **В (ВО)** and days of the week or time on the hour.
   Я ем мя́со то́лько **в сре́ду** и **в**　*I eat meat only on Wednesdays and*
   пя́тницу.　*Fridays.*
   Обы́чно мы обе́даем **в 2 часа́** дня.　*We usually eat lunch at 2:00 pm.*

4. With the preposition **В** and **a "time word"** after the noun **раз** to indicate the frequency of an action.
   Я ем фру́кты на переку́с оди́н **раз** (два, три, четы́ре ра́за; пять, шесть, семь, во́семь, де́вять, де́сять раз) **в день**.
   I eat fruit as a snack once (twice, three, four, five, six, seven, eight, nine, ten times) a day.

5. With the preposition **НА** and a **time expression** (with or without numerals) to indicate the duration of an action.

Это вáша диéта **на недéлю/на мéсяц**.	*This is your diet for the week/for the month.*
Я хочý уйтú **на два часá.**	*I want to leave for two hours.*

6. With the preposition **ЗА** and a **time expression** (with or without numerals) plus a **perfective verb** to indicate the time necessary to achieve the result of an action.

Это блю́до мóжно приготóвить **за 30 минýт/за час**.
You can cook that dish in thirty minutes/in an hour.

7. With the preposition **ЧÉРЕЗ** and a **time expression** (with or without numerals) to indicate the time that lapses before an action occurs.

Я ем мя́со **чéрез день**.	*I eat meat every other day.*
Борщ бýдет готóв **чéрез час**.	*The borscht will be ready in an hour.*

5-35 | Винúтельный падéж. 1) In pairs, ask and answer the following questions in full sentences. Write down your partners' answers. 2) Sum up the information gathered by your group and present the results to your class.

1. Скóлько раз в недéлю вы хóдите в ресторáн úли кафé?
2. Скóлько раз в недéлю вы готóвите дóма?
3. Что вы готóвите кáждый день?
4. Что вы готóвите кáждый понедéльник, кáждую срéду и пя́тницу?
5. Что вы готóвите чéрез день, какóе блю́до? За скóлько мóжно приготóвить э́то блю́до?
6. Во скóлько вы зáвтракаете, обéдаете и ýжинаете?

Russian word order: new information
Поря́док слов

As you already know, Russians put the new information in a sentence at the very end (see Chapter 2, p. 52–53). In English, the articles **a**, **an** point to new information in a sentence, and the article **the** often points out something that is already known. Compare how the information is given in the following sentences.

— Что в духóвке?	*"What's in the oven?"*
— В духóвке <u>я́блочный пирóг</u>.	*"<u>An apple pie</u> is in the oven."*
new information, subject	*new information, subject*

Also, in English, we use **there is/are** to point out new information. When translating a sentence of this kind into Russian, put the new information at the end of the sentence.

There's <u>a coffee</u> on the table.	На столé (стоúт) <u>кóфе</u>.
new information	*new information, subject*

5–36 | Поря́док слов. In pairs, read the sentences and underline new information. Explain the word order. Translate into English.

Вре́дные проду́кты

А что не на́до есть? От чего́ на́до отказа́ться? Во-пе́рвых, на́до отказа́ться от са́хара и проду́ктов, в кото́рых есть са́хар: моро́женое, лимона́д, то́рты, пече́нье, пиро́жные, сла́дкие бу́лочки и др. А, во-вторы́х, на́до отказа́ться от жи́рной и солёной еды́, фаст-фу́да, беко́на, колбасы́ и соси́сок.

Семе́йный реце́пт

Сего́дня я предлага́ю вам о́чень просто́й реце́пт котле́т из свини́ны. Это реце́пт мое́й ба́бушки Ма́ши, наш семе́йный реце́пт. Котле́ты из свини́ны – э́то моё люби́мое блю́до! Их мо́жно пригото́вить всего́ за 30 мину́т.

СЛОВА́РЬ

бел|о́|к, *pl.* белки́ – *protein*
блю́до – *dish*
вку́сный, -ая, -ое, -ые – *delicious*
вре́дный, -ая, -ое, -ые/**вре́дно** – *unhealthy adj./adv.*
гарни́р – *side dish*
гриль – *grill*
да́лее – *further*
духо́вка – *oven*
жи́рный, -ая, -ое, -ые – *greasy, rich*
жиры́ – *fats*
зате́м – *then*
кастрю́ля – *pot*
класть/положи́ть что? куда́? – *to put, place (horizontally)*
   Pres.: я кладу́, ты кладёшь, они́ кладу́т
   Fut.: я положу́, ты поло́жишь, они́ поло́жат
ку́хня – *cuisine; kitchen*
мука́ *only sing.* – *flour*
наконе́ц – *finally*
отка́зываться/отказа́ться от кого́? от чего́? – *to give something up*
   Pres.: я отка́зываюсь, ты отка́зываешься, они́ отка́зываются
   Fut.: я откажу́сь, ты отка́жешься, они́ отка́жутся
переку́с – *snack*
по́вар – *cook, chef*

подава́ть/пода́ть что? кому? – *to serve*
  Pres.: я подаю́, ты подаёшь, они́ подаю́т
  Fut.: я пода́м, ты пода́шь, они́ подаду́т
поле́зный, -ая, -ое, -ые/**поле́зно** – *healthy adj./adv.*
предлага́ть/предложи́ть кому? что? – *to offer, suggest*
  Pres.: я предлага́ю, ты предлага́ешь, они́ предлага́ют
  Fut.: я предложу́, ты предло́жишь, они́ предло́жат
припра́вы – *seasonings*
просто́й, -ая, -ое, -ые – *simple*
реце́пт – *recipe*
сковоро́дка – *frying pan*
сла́дкий, -ая, -ое, -ие – *sweet*
солёный, -ая, -ое, -ые – *salty*
спе́ции – *spices*
ста́вить/поста́вить что? куда́? – *to put, place (vertically)*
  Pres./Fut.: я (по)ста́влю, ты (по)ста́вишь, они́ (по)ста́вят
углево́ды – *carbohydrates*
фарш – *ground meat*
худе́ть/похуде́ть – *to lose weight*
  Pres./Fut.: я (по)худе́ю, ты (по)худе́ешь, они́ (по)худе́ют

Expressions:

Добро́ пожа́ловать! – *Welcome!*
Извини́/те, что я тебя́/вас задержа́л/а! – *I'm sorry I've kept you.*
Прия́тного аппети́та! – *Enjoy your meal!*
Совсе́м нет. – *Not at all.*

Food

апельси́н – *orange*
арбу́з – *watermelon*
бана́н – *banana*
бу́лочка – *roll, bun*
виногра́д, *sg. only* – *grapes*
говя́дина – *beef*
грибы́ *pl.* – *mushrooms*
гру́ша – *pear*
ды́ня – *melon*
инде́йка – *turkey*
капу́ста, *sg. only* – *cabbage*
карто́фель, *sg. only* – *potatoes*
карто́фельное пюре́ – *mashed potatoes*
карто́ш|ка, *gen. pl.* -ек – *potato*
ке́тчуп – *ketchup*
колбаса́ – *sausage*
котле́ты – *ground meat patties*
лимо́н – *lemon*
лимона́д – *soda*
лосо́сь – *salmon*

лук – *onion*
майоне́з – *mayonnaise*
морко́вь *f., sg. only* – *carrots*
морко́в|ка, *gen. pl.* -ок – *carrot*
овся́нка – *oatmeal*
огуре́ц – *cucumber*
оли́вковое ма́сло – *olive oil*
пе́рец – *pepper*
пирожки́ – *small pies*
пиро́жное – *any kind of pastry*
помидо́р – *tomato*
са́хар, *sg. only* – *sugar*
свини́на – *pork*
соль *f.* – *salt*
соси́ски *pl.* – *hot dogs*
творо́г – *cottage cheese*
чесно́к – *garlic*
я́блоко – *apple*

Cooking verbs

вари́ть/свари́ть что? где? (в кастрю́ле) – *to cook in water, boil (in a pot)*
　　Pres./Fut.: я (с)варю́, ты (с)ва́ришь, они́ (с)ва́рят
гото́вить/пригото́вить что? из чего? – *to cook*
　　Pres./Fut.: я (при)гото́влю, ты (при)гото́вишь, они́ (при)гото́вят
добавля́ть/доба́вить что? куда́? – *to add*
　　Pres.: я доба́вляю, ты добавля́ешь, они́ добавля́ют
　　Fut.: я доба́влю, ты доба́вишь, они́ доба́вят
жа́рить/поджа́рить что? где? (на сковоро́дке, на гри́ле) – *to fry (in a pan), grill*
　　Pres./Fut.: я (под)жа́рю, ты (под)жа́ришь, они́ (под)жа́рят
запека́ть/запе́чь в духо́вке (что? мя́со, о́вощи) – *to roast (in an oven)*
　　Pres. я запека́ю, ты запека́ешь, они́ запека́ют
　　Fut.: я запеку́, ты запечёшь, они́ запеку́т
　　Past pfv.: он запёк, она́ запекла́, они́ запекли́
мыть/помы́ть что? – *to wash*
　　Pres./Fut.: я (по)мо́ю, ты (по)мо́ешь, они́ (по)мо́ют
　　Past: он (по)мы́л, она́ (по)мы́ла, они́ (по)мы́ли
печь/испе́чь что? где? (в духо́вке) – *to bake (in an oven)*
　　Pres./Fut.: я (ис)пеку́, ты (ис)печёшь, они́ (ис)пеку́т
　　Past: он (ис)пёк, она́ (ис)пекла́, они́ (ис)пекли́
переме́шивать/перемеша́ть что? – *to mix*
　　Pres.: я переме́шиваю, ты переме́шиваешь, они́ переме́шивают
　　Fut.: перемеша́ю, ты перемеша́ешь, они́ перемеша́ют
ре́зать/наре́зать что? – *to slice, cut, chop*
　　Pres./Fut.: я (на)ре́жу, ты (на)ре́жешь, они́ (на)ре́жут
чи́стить/почи́стить что? – *to clean, peel, scrub*
　　Pres./Fut.: я (по)чи́щу, ты (по)чи́стишь, они́ (по)чи́стят

ГЛАВА́ 6 | С ПРА́ЗДНИКОМ!

In this chapter, you will:

- review and expand the vocabulary you need to talk about holidays, special events, and celebrations;
- talk about holiday recipes, setting the table, giving gifts to hosts, and so on;
- learn how to write invitations and express holiday wishes and greetings;
- learn the proper expressions used to greet your guests, invite them in, ask them to come to the table, help set and clean the table, and see them to the door;
- learn how to hold dinner party conversations and offer your guests food;
- learn how to ask for a table, order food, and ask for the bill in a restaurant;
- recommend restaurants and cafés to your friends.

ВВЕДЕ́НИЕ

6-1 | Пра́здники. 1) Read the following script out loud. Read Cultural Note #1. 2) Go around the classroom and interview two to three classmates. Make sure to use the appropriate form of address (**ты** or **вы**) and the appropriate greeting and farewell expressions. 3) Write down or circle your classmates' answers. 4) Summarize their answers in five to six sentences and share them with the rest of the class.

I. Opening conversation lines	Responses
Приве́т!/Здра́вствуй/те! Рад/ра́да тебя́/вас ви́деть! Как ты? Как дела́? Как твоя́/ва́ша жизнь?	Приве́т!/Здра́вствуй/те! Я то́же рад/ра́да тебя́ ви́деть! Спаси́бо, всё хорошо́/норма́льно. Не жа́луюсь. (*I can't complain.*)
II. Вопро́сы *Questions*	**Отве́ты** *Answers*
1. Каки́е пра́здники ты лю́бишь отмеча́ть? Каки́е пра́здники вы лю́бите отмеча́ть?	Я люблю́ пра́здновать . . . • Рождество́. • Но́вый год. • день рожде́ния. • День благодаре́ния (*Thanksgiving*). • Па́сху (*Easter*). • День влюблённых/День свято́го Валенти́на (*Valentine's Day*). • Хеллоуи́н. • друго́е:
2. Где ты обы́чно отмеча́ешь пра́здники? Где вы обы́чно отмеча́ете пра́здники?	Обы́чно я отмеча́ю (како́й пра́здник?) . . . (где?) . . . • в рестора́не и́ли кафе́. • в ночно́м клу́бе. • до́ма с семьёй. • до́ма с друзья́ми. • на приро́де (*outdoors*). • друго́е:
3. Как ты обы́чно отмеча́ешь пра́здники? Как вы обы́чно отмеча́ете пра́здники? Что ты сказа́л/а? Что вы сказа́ли?	Обы́чно . . . • я поздравля́ю всех с пра́здником, посыла́ю откры́тки/электро́нные сообще́ния/СМСки. • я дарю́ пода́рки, цветы́ и́ли шокола́д. • я приглаша́ю госте́й/друзе́й домо́й. • я хожу́ в го́сти. • мы с друзья́ми/с семьёй хо́дим в рестора́н. • мы собира́емся (*get together*) всей семьёй. • друго́е:

4. Что ты лю́бишь гото́вить на пра́здники? Что вы лю́бите гото́вить на пра́здники?	Я люблю́. . . • печь торт и́ли пиро́г. • гото́вить барбекю́. • запека́ть мя́со и́ли ры́бу в духо́вке. • запека́ть инде́йку в духо́вке. • гото́вить мно́го ра́зных сала́тов. • друго́е:
5. А где ты покупа́ешь цветы́ и пода́рки? А где вы покупа́ете цветы́ и пода́рки?	Я покупа́ю цветы́ и пода́рки . . . • в торго́вом це́нтре *(shopping mall)*. • в суперма́ркете. • на ры́нке. • по интерне́ту, онла́йн. • друго́е:
III. Closing lines	**Responses**
Спаси́бо! Бы́ло прия́тно с тобо́й/с ва́ми поговори́ть! Всего́ хоро́шего! Извини́/те, что я тебя́/вас задержа́л/а!	Пожа́луйста! Не́ за что! Счастли́во! Всего́ до́брого! Хоро́шего дня! Ещё уви́димся!

Cultural note #1: Пра́здники

In Russian culture, **пра́здник** has a much wider range of meanings than the English "holiday." **Пра́здник** can be used to denote any kind of celebration or festival day, including not only official state holidays **госуда́рственные пра́здники** and church holidays **церко́вные пра́здники** but also family celebrations, such as **дни рожде́ния**.

6-2 | Произно́шение. The letter **Ц**. 1) Read about the pronunciation of the letter **Ц**. 2) Listen to the speaker and underline **Ц** in the following sentences. 3) Listen again and pronounce the sentences after the speaker. Pay attention to the intonation.

The letter **Ц** [ts] should always be pronounced as a hard consonant, with the tip of your tongue placed slightly behind your upper front teeth. The tongue should also be curved upwards, as with other unpalatalized (hard) consonants.

After **Ц**, always pronounce **Е** as **Э** (реце́пт) and **И** as **Ы** (ци́фра).

---

1. Реце́пт. Вот реце́пт сала́та.
2. Огурцы́ и пе́рец. Э́тот сала́т с огурца́ми и пе́рцем.
3. Це́лый день. Она́ гото́вила у́жин це́лый день.
4. Центр. Рестора́н – в це́нтре го́рода.

5. Улица. Рестора́н – в це́нтре, на у́лице Пу́шкина.
6. Ку́рица. Вы бу́дете есть ку́рицу?
7. Яи́чница (*fried eggs*). Я не хочу́ яи́чницу!
8. Горчи́ца. Дать вам горчи́цу?
9. Цветы́. Я купи́л цветы́ в торго́вом це́нтре.
10. Проце́нты. Во́семьдесят четы́ре проце́нта россия́н лю́бят Но́вый год!
11. Проце́нты. Рождество́ лю́бят пятна́дцать проце́нтов россия́н.
12. Це́рковь (*church*). На Рождество́ лю́ди хо́дят в це́рковь.
13. Це́нный (*valuable*) пода́рок. Роди́тели подари́ли нам це́нные пода́рки на сва́дьбу.
14. Танцева́ть. Мы лю́бим танцева́ть.
15. Ци́фра. 1, 2, 3 – э́то ци́фры.

 6–3 | Опро́с «Како́й ваш люби́мый пра́здник?» 1) In small groups, analyze and discuss the results of the following survey by answering the following questions. Review the pronunciation of numerals in Appendix 5 as needed. If you don't know the Russian holidays mentioned in the survey, you can ask your instructor or look for more information on the internet. 2) Summarize the comments made by your group members and share your thoughts with the rest of the class. 3) Read Cultural Note #2.

- Каки́е пра́здники са́мые (*the most*) популя́рные в Росси́и?
- Каки́е пра́здники ме́нее (*less*) популя́рные в Росси́и?
- Како́й проце́нт люде́й, у кото́рых нет люби́мых пра́здников?
- Каки́е из э́тих пра́здников вы не зна́ете?

Опро́с «Како́й ваш люби́мый пра́здник?»

Пра́здник	Проце́нты (%)
Но́вый год	84,6 %
Рождество́	15,2 %
Па́сха	50,2 %
День трудя́щихся (1 ма́я)	22,1 %
День Побе́ды (9 ма́я)	40,3 %
День рожде́ния (свой, друзе́й, кота́ Му́рзика 😊 и т.д.)	62,2 %
День защи́тника оте́чества (23 февраля́)	10,0 %
Же́нский день (8 ма́рта)	58,4 %
Како́й-то друго́й пра́здник	6,1 %
Нет люби́мых пра́здников.	12 %

Опро́с был проведён в Москве́ и Петербу́рге. В нём при́няли уча́стие 544 челове́ка в во́зрасте от 15 до 35 лет.

Cultural note #2: Но́вый год

Russian *New Year's Eve* **Но́вый год** trumps *Christmas* **Рождество́** in importance, with significant celebrations occurring all over the country in recognition of the holiday. There are actually two New Year's holidays celebrated in Russia. The "New" New Year's celebrations occur on December 31st and January 1st. Russia's *"Old" New Year* **Ста́рый Но́вый год** is celebrated on January 14th according to the Julian, or Orthodox, calendar.

On December 31st, most families have a very late dinner. A short presidential address comes on TV at 11:55 pm local time in each of Russia's time zones. At midnight, the Kremlin Clock chimes **Кура́нты** and the Russian national anthem plays.

New Year's Day is a time when the *Russian Santa Claus*, **Дед Моро́з**, visits children and passes out gifts **да́рит пода́рки**. He brings along his granddaughter, **вну́чка**, *The Snow Maiden* **Снегу́рочка**, to help him. Each family decorates a *New Year's tree* **нового́дняя ёлка**, and it is left up to celebrate both New Year's holidays.

6-4 | Пра́здники. Read the following vocabulary words and learn the words and expressions you do not already know.

гото́вить/пригото́вить пра́здничный стол	*to cook a holiday meal (literally: holiday table)*
дари́ть/подари́ть что? пода́рки кому́?	*to give gifts*
идти́/ходи́ть в го́сти	*to visit*
накрыва́ть/накры́ть на стол	*to set the table*
отмеча́ть/отме́тить что? (пра́здник, день рожде́ния)	*to observe, celebrate*
поздравля́ть/поздра́вить кого́? с чем?	*to congratulate*
посыла́ть/посла́ть поздрави́тельные откры́тки (СМСки и т.п.)	*to send greeting cards*
пра́здновать/отпра́здновать что? (день рожде́ния, сва́дьбу)	*to celebrate, observe*
приглаша́ть/пригласи́ть кого́? (госте́й)	*to invite*
собира́ться/собра́ться (вме́сте, всей семьёй, компа́нией)	*to gather, get together*
убира́ть/убра́ть со стола́	*to clear the table*

6–5 | Прáздники. 1) Read the story and fill in the gaps using the vocabulary from 6–4. 2) In pairs, take turns asking and answering the following questions:

1. Какúе прáздники отмечáет семьÁ Боголюбовых?
2. Как онú отмéчают прáздники?
3. Кто готóвит прáздничный стол?
4. Кто накрывáет и убирáет со столá?
5. Как отмечáет свой день рождéния Никúта Боголюбов?

Прáздники

Привéт всем! МенÁ зовýт Никúта, и сегóдня я хочý рассказáть вам, как мы в нáшей семьé Боголюбовых (celebrate) _____ прáздники.

Обы́чно на Нóвый год, Рождествó, Пáсху и День благодарéния вся нáша семьÁ (gathers) _____ вмéсте. Мы (congratulate) _____ друг дрýга и (give gifts) _____ _____ МоÁ мáма готóвит (holiday meal) _____ _____, мой сёстры помогáют ей (to set up the table) _____ _____ _____ и (to clear the table) _____ _____ _____.

На мой день рождéния обы́чно я (invite) _____ мойх друзéй и готóвлю моё любúмое (dish) _____. ДрузьÁ (congratulate) _____ менÁ и (give me gifts) _____ _____ _____. Иногдá мой друзьÁ (invite) _____ менÁ в кафé úли карáоке-клуб, и мы вéсело (celebrate) _____ мой день рождéния, танцýем и поём пéсни.

6–6 | Глагóлы. Verbs of placement and position. Read the following vocabulary words and learn about verbs of placement and position in Russian.

Verbs of placement and position

Кудá? **Verbs of placement**	Где? **Verbs of position**
постáвить *pfv.* что? – *to put (vertically)*	**стоÁть** *impf.* – *to stand, be standing*
Онá **постáвила** тарéлки на стол. *She put the plates on the table.*	Тарéлки **стоÁт** на столé. *The plates are on the table.*
положúть *pfv.* что? – *to put (horizontally)*	**лежáть** – *to lie, be lying*
Он **положúл** лóжки на стол. *He put the forks on the table.*	Лóжки **лежáт** на столé. *The forks are on the table.*

The verbs **постáвить** кудá? *to put (vertically)* and **положúть** кудá? *to put (horizontally)* are **verbs of placement.** Verbs of placement indicate placing a direct object that appears in the accusative case: Онá постáвила **тарéлку** (кудá?) на стол.

In contrast to verbs of placement, **стоÁть** *to stand* and **лежáть** *to lie* are **verbs of position.** They describe where an object is located and are often used as equivalents of "to be." Use the prepositional case with these verbs: Тарелки стоÁт (где?) на **столé.**

Remember!

You will need to use different verbs of position and placement for different kinds of objects:

- Use the verbs **поста́вить** and **стоя́ть** with the nouns таре́лка, стака́н, бока́л, ча́шка, кастрю́ля и сковоро́дка.
- Use the verbs **положи́ть** and **лежа́ть** with the nouns ло́жка, ви́лка, нож и салфе́тка.

6-7 | Глаго́лы. Verbs of position. 1) Match the following pictures with their descriptions. 2) In pairs, take turns asking and answering these questions: **Что стои́т на столе́? Что лежи́т на столе́?**

__ Таре́лка, стака́н, бока́л и ча́шка **стоя́т** на столе́.

__ Ло́жка, ви́лка, нож и салфе́тка **лежа́т** на столе́.

__ Ма́ша **положи́ла** ло́жку, ви́лку, нож и салфе́тку на стол.

__ Ма́ша **поста́вила** таре́лку, стака́н, бока́л и ча́шку на стол.

ЧИТА́ЕМ, ГОВОРИ́М, ПИ́ШЕМ

6-8 | Пе́ред чте́нием. In pairs or small groups, discuss the following questions.

1. Вы лю́бите ходи́ть в го́сти и́ли приглаша́ть к себе́ госте́й?
2. Когда́ к вам прихо́дят го́сти, вы гото́вите и́ли покупа́ете гото́вую еду́ (*ready-to-eat food*)?
3. Когда́ вы идёте в го́сти, что вы с собо́й обы́чно прино́сите?
   a. Ничего́.
   b. Цветы́.
   c. Шокола́д
   d. Друго́е (что и́менно) _____

6–9 | С пра́здником! Scan the following chat and answer the following question: **Где Ми́ша отмеча́л Но́вый год, а где Мари́ша?**

С Но́вым го́дом!

буты́лка – *bottle*
жа́реный карто́фель – *fried potatoes, home fries*
корми́ть/накорми́ть кого́? чем? – *to serve food (literally: to feed)*
коро́бка – *box*
приноси́ть/принести́ что? с собо́й – *to bring*
про́бовать/попро́бовать что? – *to taste*
сла́дкий, -ая, -ое, -ие (на сла́дкое) – *sweet (for dessert)*

горя́чее (на горя́чее) *n.* – *entrée, main course (as an entrée, main course)*
заку́ска (на заку́ску) – *appetizer (as an appetizer)*
конфе́та – *candy*
переда́ча – *TV show*
присыла́ть/присла́ть[1] кому́? что? – *to send*
селёдка – *herring*
я́года – *berry*

TELEGRAM ЧА́ТЫ

Понеде́льник, 1 января́

Ми́ша
Мари́ночка, дорога́я! С Но́вым го́дом! С но́вым сча́стьем! Пусть всё у тебя́ бу́дет хорошо́ в но́вом году́!
12:50

Мари́ша С.
Спаси́бо, Ми́ша! С Но́вым го́дом! Жела́ю тебе́ всего́ са́мого хоро́шего в но́вом году́!
12:55

Ми́ша
Где отмеча́ла Но́вый год?
13:00

Мари́ша С.
Была́ в гостя́х у роди́телей.
13:10

Ми́ша
Что де́лали?
13:15

---

1 **Присла́ть** means it was sent and delivered. **Посла́ть** means sending was done, without mentioning if it was delivered to the addressee.

Мари́ша С.
Весь ве́чер е́ли и пи́ли, говори́ли то́сты, смотре́ли нового́дние переда́чи и фи́льмы. Все уже́ не могли́ есть, а ма́ма всё говори́ла: «Ку́шайте, попро́буйте, возьми́те ещё!»
13:20

Ми́ша
Нового́дняя ёлка была́? Мно́го бы́ло госте́й?
13:21

Мари́ша С.
Была́! Вся семья́ собрала́сь вме́сте! Я помога́ла ма́ме накрыва́ть на стол, а сестра́ и брат – убира́ть со стола́.
13:24

Ми́ша
А что ма́ма пригото́вила на пра́здничный у́жин?
13:25

Мари́ша С.
Как обы́чно.☺ На заку́ску бы́ли сала́т «Оливье́» и «Селёдка под шу́бой», а на горя́чее – свини́на, кото́рую ма́ма запекла́ в духо́вке, и жа́реный карто́фель. На сла́дкое ба́бушка испекла́ мои́ люби́мые сла́дкие пирожки́ с я́годами.
13:30

Ми́ша
А ты что пригото́вила?
13:35

Мари́ша С.
Ничего́. Я принесла́ коро́бку шокола́дных конфе́т, мандари́ны и буты́лку шампа́нского. А вот жена́ бра́та испекла́ пиро́жные «Карто́шка», о́чень вку́сные, ты до́лжен обяза́тельно попро́бовать!
13:40

Ми́ша
Пришли́ фотогра́фии пра́здничного стола́!
13:45

Мари́ша С.
Сейча́с пришлю́. А ты? Где отмеча́л?
13:50

Мари́ша С.

Пра́здничный стол!

13:53

Ми́ша
Был в клу́бе с друзья́ми. Бы́ло ве́село, пе́ли карао́ке и танцева́ли до утра́.

13:55

Мари́ша С.
А в како́м клу́бе?

14:00

Ми́ша
В карао́ке-клу́бе Semenov, о́коло метро́ Че́ховская.

14:05

Мари́ша С.
А чем там ко́рмят? Кака́я там ку́хня?

14:10

Миша
Ру́сская ку́хня и европе́йская.

14:15

Мари́ша С.
Я там никогда́ не была́. <u>Дай</u> мне ссы́лку на их вебса́йт.

14:20

Ми́ша

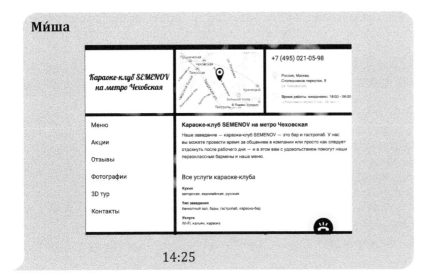

14:25

Ми́ша
<u>Дава́й</u> за́втра туда́ пойдём! Я тебя́ приглаша́ю!
14:30

Мари́ша С.
Спаси́бо! Когда́?
14:35

Ми́ша
<u>Дава́й</u> в 7 часо́в. Столе́шников, 8.
14:40

Remember!
In addition to **есть**, many Russians, especially in a home environment, say **ку́шать** (я ку́шаю, ты ку́шаешь, они́ ку́шают; ку́шай/ку́шайте).

6-10 | С пра́здником! Reread the chat in 6–9 and find Russian equivalents for the following words and word combinations. Read them out loud.

chocolate candies –

club –

dear –

karaoke –

Russian cuisine –

champagne –

European cuisine –

New Year meal (holiday meal) –

toast –

6-11 | С пра́здником! Reread the chat in 6–9 and try to understand the underlined words. Read "Requests and Commands. The Imperative" on pp. 167–171.

6–12 | С пра́здником! Put the following questions in the correct order to reflect the content of the chat in 6–9. Answer the questions in full sentences.

___ Куда́ Ми́ша пригласи́л Мари́шу?
___ Где Мари́ша отмеча́ла Но́вый год?
___ Как Мари́на отмеча́ла Но́вый год? Что она́ де́лала?
___ Что ма́ма Мари́ши приготовила на Но́вый год?
___ Где Ми́ша отмеча́л Но́вый год?
___ Как Ми́ша отмеча́л Но́вый год? Что он де́лал?
___ Что Мари́шина ба́бушка испекла́?
___ Что жена́ Мари́шиного бра́та испекла́?
___ Что принесла́ Мари́на на Но́вый год?
___ Кто помога́л ма́ме Мари́ны накрыва́ть и убира́ть со стола́?
___ Кака́я ку́хня в караоке-клу́бе Semenov?

6–13 | С пра́здником! 1) In small groups, analyze the results of the following survey and mark which dishes Marisha's mother made for New Year's Eve. 2) Look up on the internet how to make **оливье́**, **селёдка под шу́бой**, and **холоде́ц**. 3) What kind of food do people make for New Year's Eve in your country?

Топ-8 нового́дних блюд

Коне́чно, в ка́ждой семье́ в Росси́и есть своя́ тради́ция гото́вить то и́ли ино́е пра́здничное блю́до на Но́вый год. Но всегда́ стоя́т на столе́ вот э́ти **топ-8 нового́дних блюд:**

___ Горя́чие блю́да из мя́са и́ли ку́рицы
___ Грибны́е заку́ски: марино́ванные грибы́, жа́реные грибы́ с лу́ком
___ Кра́сная икра́ *(caviar)*. Без бутербро́дов с кра́сной икро́й нет Но́вого го́да.
___ Сала́т «Оливье́» – си́мвол Но́вого го́да.
___ Селёдка под шу́бой
___ Холоде́ц
___ Ци́трусовые: мандари́ны, апельси́ны
___ Шампа́нское

Опро́с был проведён в Росси́и. В нём при́няли уча́стие 500 челове́к.

6–14 | С пра́здником! 1) Reread the chat in 6–9, and in the following list, mark which statements Misha and Marisha wrote to congratulate each other on New Year's Day. 2) Write three short notes and congratulate three of your classmates on New Year's Day, Christmas Day, and on his or her birthday. 3) Exchange your notes and write a reply.

___ Мари́ночка, дорога́я!
___ Дорого́й Ми́ша!
___ Уважа́емый Михаи́л! *(formal)*

___ Уважа́емая Мари́на! *(formal)*
___ С Но́вым го́дом!
___ С днём рожде́ния!
___ С Рождество́м!
___ С но́вым сча́стьем!
___ Жела́ю[2] тебе́ всего́ са́мого хоро́шего в но́вом году́!
___ Жела́ю вам хоро́шего но́вого го́да!
___ Жела́ю сча́стья, здоро́вья и ра́дости!
___ Жела́ю тебе́ большо́го сча́стья, любви́ и ра́дости!
___ Всего́ наилу́чшего! *(All the best!)*
___ Пусть всё у тебя́ бу́дет хорошо́ в но́вом году́!

СМО́ТРИМ, ГОВОРИ́М, ПИ́ШЕМ

6-15 | В како́й рестора́н пойти́? 1) Watch these three restaurant advertisements and mark what each restaurant offers. 2) In what restaurant would you like to have lunch or dinner to celebrate your *birthday* **день рожде́ния**, *wedding day* **сва́дьбу**, or some other special event? Explain why, using information from the following table.

Рестора́н предлага́ет . . .	«Годуно́в»	«Гусь-Кара́сь»	«Бе́рег»
1. Ру́сская ку́хня			
2. Европе́йская ку́хня			
3. Жива́я му́зыка			
4. Ру́сский наро́дный коллекти́в			
5. Шеде́вры старору́сской ку́хни			
6. Наро́дная и национа́льная ку́хня			
7. Стиль, комфо́рт и ую́т			
8. Истори́ческая ру́сская ку́хня			

6-16 | Ва́ше приглаше́ние. Write an invitation to one of your classmates inviting him/her to a Russian restaurant to celebrate your birthday, wedding day, or some other special event. Exchange your invitations and write a response following the subsequent models.

---

2   Remember to use the genitive case after **жела́ть/пожела́ть** чего́? (сча́стья, уда́чи, успе́хов) – *to wish.*

> **Expressions:**
> **С уваже́нием** – *Respectfully*
> **С удово́льствием приду́!** – *I would love to come!*

Приглаше́ние

Дорого́й/Дорога́я . . . !

Приглаша́ю тебя́/Вас на (мой день рожде́ния, День свято́го Валенти́на и т.п.) . . .

Жду тебя́/Вас в рестора́не . . . по а́дресу . . . (число́) . . . (вре́мя) . . .

С уваже́нием, (ва́ше и́мя и фами́лия) . . .

Отве́т

Дорого́й/Дорога́я . . . !

Спаси́бо тебе́/Вам за приглаше́ние! С удово́льствием приду́!

Твой/Твоя́ (ва́ше и́мя) . . ./Ваш/Ва́ша (ва́ше имя́) . . .

Note:

In written correspondence (invitations, emails, official letters, etc.), Russians capitalize the second-person pronouns **Вы** and **Ваш** (and all their declined forms) as a polite way of addressing one person formally. When addressing multiple people, Russians use the lowercase forms **вы** and **ваш**.

ЧИТА́ЕМ И ГОВОРИ́М

6–17 | Пе́ред чте́нием. In pairs or small groups, discuss the following questions.

1. Вы лю́бите ходи́ть в рестора́ны, кафе́ и́ли есть до́ма?
2. В каки́е рестора́ны и́ли кафе́ вы хо́дите?
3. Где мо́жно найти́ информа́цию о но́вом рестора́не и́ли кафе́?
   - Мо́жно услы́шать по ра́дио.
   - Мо́жно уви́деть по телеви́дению.
   - Мо́жно найти́ по интерне́ту на са́йте.
   - Друго́е: _____.
4. Вы обы́чно чита́ете обзо́ры (*overviews*) рестора́нов и́ли кафе́?

6–18 | Моско́вские рестора́ны и кафе́. 1) Look at the title of the following post on TripAdvisor Russia (tripadvisor.ru) and then come up with three questions you could ask that you hope the post will answer. 2) Read the post and try to answer your questions.

Рестора́ны и кафе́ Москвы́

блин, *pl.* -ы́ – *pancake*	**горя́чий**, -ая, -ее, -ие – *hot*
дома́шний, -яя, -ее, -ие – *homemade*	**кио́ск** – *kiosk, food stall*
креди́тная ка́рта – *credit card*	**любо́й**, -ая, -ое, -ые – *any*
нали́чные де́ньги – *cash*	**принима́ть/приня́ть** что? **креди́тные**
при́нято – *it is customary*	**ка́рты** – *to accept credit cards*
счёт – *bill*	**ра́зный**, -ая, -ое, -ые – *various, different*

В Москве́ о́чень мно́го ра́зных рестора́нов, где мо́жно попро́бовать любу́ю ку́хню: италья́нскую, ру́сскую, грузи́нскую, францу́зскую и т.д. Информа́цию о рестора́нах и кафе́ мо́жно найти́ сейча́с в интерне́те на са́йтах rambler.ru, mail.ru, restotube.ru.

Недороги́е рестора́ны Москвы́ – э́то «Му-му́», «Шокола́дница», «Гра́бли». В э́тих небольши́х ую́тных рестора́нах ру́сской ку́хни мо́жно бы́стро пообе́дать. Здесь дома́шняя ку́хня, блю́да просты́е и о́чень вку́сные.

В Москве́ вы мо́жете вы́пить ко́фе в любо́м из кафе́ го́рода. Очень популя́рны сейча́с «Ко́фе ха́ус» и «Кофема́ния». Здесь та́кже мо́жно вы́пить сок и́ли кокте́йль, съесть бутербро́д, сала́т и́ли пиро́жное.

Если нет вре́мени сиде́ть в кафе́, мо́жно купи́ть еду́ на у́лице. Недорогу́ю и вку́сную еду́ мо́жно купи́ть в кио́сках «Кро́шка карто́шка» (больша́я горя́чая карто́шка с сала́том) и́ли «Ру́сские блины́» (блины́ с мя́сом, я́годами и др.).

В дороги́х рестора́нах вы мо́жете заплати́ть по счёту и́ли креди́тной ка́ртой, и́ли нали́чными деньга́ми. В небольши́х рестора́нах и кафе́ сейча́с уже́ то́же принима́ют ка́рты. И ещё, у ру́сских при́нято, что пла́тит за всё обы́чно мужчи́на, е́сли он приглаша́ет же́нщину в рестора́н и́ли кафе́.

6–19 | Моско́вские рестора́ны и кафе́. Reread the post in 6–18 and mark whether the following statements correspond to the content. Read each statement out loud.

Да	Нет	1. В Москве́ о́чень ма́ло рестора́нов, где мо́жно попро́бовать италья́нскую, ру́сскую, грузи́нскую, францу́зскую ку́хню.
Да	Нет	2. В Москве́ о́чень мно́го ра́зных рестора́нов, где мо́жно попро́бовать любу́ю ку́хню: италья́нскую, ру́сскую, грузи́нскую, францу́зскую и т.д.
Да	Нет	3. В дороги́х рестора́нах Москвы́ вы мо́жете заплати́ть и́ли креди́тной ка́ртой, и́ли нали́чными деньга́ми.
Да	Нет	4. «Му-му́», «Шокола́дница», «Гра́бли» – э́то недороги́е рестора́ны с дома́шней ку́хней.
Да	Нет	5. На у́лицах Москвы́ в кио́сках «Кро́шка карто́шка» и́ли «Ру́сские блины́» мо́жно купи́ть недорогу́ю и вку́сную еду́.
Да	Нет	6. В кио́сках «Кро́шка карто́шка» мо́жно купи́ть блины́ с мя́сом и я́годами.
Да	Нет	7. У ру́сских при́нято, что мужчи́на пла́тит за еду́ и напи́тки, е́сли он приглаша́ет же́нщину в рестора́н и́ли кафе́.
Да	Нет	8. У ру́сских при́нято, что мужчи́на пла́тит за себя́ в рестора́не и́ли кафе́, а же́нщина – за себя́.

6–20 | **Обзо́р рестора́нов и кафе́ Москвы́.** 1) Scan the following overview of the restaurant **«Гра́бли»** and choose the answers that correspond to the content of the overview. 2) Imagine that you meet your friend in Moscow and want to recommend **«Гра́бли»** to him/her. Act out this scenario in pairs using the seven following statements and the following connectors: **во-пе́рвых** – *firstly*; **во-вторы́х** – *secondly*; **та́кже** – *also*; **кро́ме того́** – *besides, furthermore*; **ещё** – *in addition, also*.

1. У рестора́на «Гра́бли» **высо́кий/ни́зкий** ре́йтинг.
2. 41% (проце́нт) клие́нтов рестора́на пи́шут, что э́то **о́чень хоро́ший/о́чень плохо́й** рестора́н.
3. То́лько 5% (проце́тов) клие́нтов рестора́на счита́ют, что э́то **отли́чный/ ужа́сный** рестора́н.
4. В рестора́не еда́ **вку́сная/невку́сная**.
5. В рестора́не **хоро́шая/плоха́я** атмосфе́ра.
6. Это **дорого́й/дешёвый** рестора́н.

Обзор

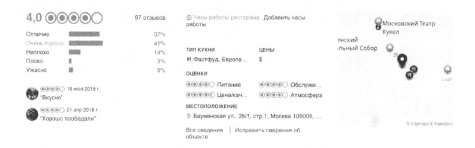

6–21 | Рестора́ны и кафе́. On the internet, search for restaurants in Moscow or St. Petersburg and choose one to talk about in class. Describe the restaurant you chose: где нахо́дится, меню́, це́ны, ре́йтинг, атмосфе́ра и т.п.

ДАВА́ЙТЕ ПОГОВОРИ́М . . .

6–22 | В рестора́не. You have decided to go to a Russian restaurant with your friends. 1) Read the following script out loud. 2) In small groups, take turns playing each role (waiter **официа́нт** and restaurant customer **посети́тель рестора́на «Таре́лка»**) and act out the script using the menu. If you don't know some of the dishes from the menu, look them up on the internet or ask your instructor.

Официа́нт/официа́нтка	Посети́теть/гость рестора́на
Добро́ пожа́ловать в наш рестора́н!	Спаси́бо.
На ско́лько челове́к вам ну́жен сто́лик?	Сто́лик . . . , пожа́луйста! на двои́х на трои́х на четверы́х на пять челове́к на шесть челове́к и т.д.[3]
Вот ваш сто́лик.	Дай/те, меню́, пожа́луйста!
Вот меню́. Я могу́ вам помо́чь?	Да! Скажи́те, а что тако́е . . . винегре́т?
Винегре́т – э́то сала́тик из карто́шки, морко́вочки, свёклы и солёных огурцо́в (pickles).	Спаси́бо!
Что вы бу́дете зака́зывать?	На заку́ску принеси́те . . . На горя́чее я бу́ду . . . На гарни́р принеси́те . . . На сла́дкое я бу́ду . . .
Что вы бу́дете пить?	Принеси́те мне, пожа́луйста, во́ду со льдом (ice).
Вы ещё бу́дете что́-то зака́зывать?	Нет, спаси́бо. Дай/те счёт, пожа́луйста.
Вот ваш счёт! Мы принима́ем ка́рты и нали́чные.	Спаси́бо. Вот моя́ креди́тная ка́рта.

---

3   и т.д. – etc.

Рестора́н «Таре́лка»
Цветно́й бульва́р, д. 5

МЕНЮ́

Заку́ски
Икра́ чёрная
Икра́ кра́сная
Селёдка под шу́бой
Сала́т «Оливье́»
Винегре́т моско́вский
Пирожки́ с карто́шкой
Пирожки́ с капу́стой
Блины́ с икро́й
Грибы́ в смета́не
Сала́т из помидо́ров
Сала́т из капу́сты

Горя́чие блю́да
Котле́ты по-ки́евски
Плов
Бефстро́ганов
Шашлы́к из свини́ны
Шашлы́к из говя́дины
Пельме́ни сиби́рские
Ры́ба по-моско́вски
Жа́реный лосо́сь

Сла́дкое
Моро́женое
Пиро́г с я́блоками
Торт «Наполео́н»
Пиро́жные
Шокола́дный торт

Супы́
Суп грибно́й
Щи
Борщ с пирожко́м
Уха́

Гарни́ры
Рис
Карто́фельное пюре́
Жа́реный карто́фель
Овощи

Напи́тки
Чай
Ко́фе
Вода́
Сок
Квас
Вино́
Пи́во

6-23 | В гостя́х. You're invited! 1) Read the following script and Cultural Note #3. 2) In small groups, decide who plays which part (hostess **хозя́ин/ хозя́йка** and guests **гость/го́стья**) and act out the script. 3) Read "Requests and Commands. The Imperative" on pp. 167–171.

В гостя́х у друзе́й

Бу́дь/те как до́ма. – *Make yourself at home.*
Всё гото́во! – *Everything is ready!*
Переда́й/те хлеб! – *Pass the bread.*
Раздева́йся/раздева́йтесь. – *Take off your coat/jacket and shoes/boots.*
С удово́льствием! – *With pleasure!*
Спаси́бо за гостеприи́мство! – *Thank you for your hospitality!*
Я голо́дный/ая! – *I am hungry!*
Я так нае́лся/нае́лась! – *I am so full!*

Хозя́ин/Хозя́йка	Гость/Го́стья
Здра́вствуйте!/Приве́т! Входи́/те, пожа́луйста.	Здра́вствуйте!/Приве́т! Вот цветы́ и шокола́д.
Спаси́бо! Проходи́/те, пожа́луйста, и раздева́йся/раздева́йтесь.	Спаси́бо!
Бу́дь/те как до́ма.	Спаси́бо! Дава́й/те я тебе́/вам помогу́!
У меня́ уже́ всё гото́во! Помоги́/те то́лько накры́ть на стол.	С удово́льствием!
Положи́/те ло́жки, ви́лки, ножи́ и салфе́тки, а я поста́влю таре́лки, стака́ны и бока́лы.	Хорошо́.
Сади́сь/сади́тесь за стол.	Спаси́бо! Я тако́й голо́дный/Я така́я голо́дная!
Возьми́/те сала́т. Бери́/те пирожки́ (сала́т, мя́со, ры́бу). Переда́й/те, пожа́луйста, хлеб (соль, пе́рец).	Спаси́бо! С удово́льствием! Всё так вку́сно!
Ку́шай/те, попро́буй/те ещё э́тот сала́т (мя́со, ры́бу)!	Спаси́бо. Я так нае́лся/нае́лась!
Дава́й/те уберём со стола́!	С удово́льствием!
Приходи́/те ко мне/к нам ещё. Звони́/те.	Спаси́бо за гостеприи́мство!

Cultural note #3: Идём в го́сти!

Russians like visiting each other and getting together for dinner. It is considered rude to accept an invitation and show up without bringing a gift for the hosts, "**прийти́ с пусты́ми рука́ми**" (literally means "to come with empty hands"). A *box of chocolates* **коро́бка шокола́да**, *flowers* **цветы́**, *dessert items* **десе́рт**, or *a bottle of wine* **буты́лка вина́** will make a good gift. If you are visiting a family with children, make sure to bring a treat for the kids, such as some small *toys* **игру́шки**, *candy* **конфе́ты**, *chocolate* **шокола́д**, or *fruits* **фру́кты**. When you receive an invitation, don't forget to ask whether you can bring something for the party **Что принести́?** It is customary that the hosts will say **no**, but it is recommended to bring something anyway.

ИНТЕРВЬЮ́ И ПРОЕ́КТЫ

6-24 | Интервью́ «Как вы ду́маете?» 1) Conduct interviews with two classmates using the following Interview form. Write down their answers and share your results with the class. 2) Conduct interviews with two Russian speakers outside of class. Write down their answers, create a two-minute multimedia presentation, and present it in class.

Interview form

Questions	Person 1	Person 2
1. Должна́ ли[4] семья́ отмеча́ть все пра́здники вме́сте?		
2. Каки́е пра́здники вы отмеча́ете всей семьёй?		
3. Что вы обы́чно гото́вите на пра́здники?		
4. Ну́жно ли гото́вить еду́, когда́ прихо́дят го́сти?		
5. Что вы обы́чно гото́вите, когда́ прихо́дят го́сти?		
6. Мо́жно ли не гото́вить еду́, когда́ прихо́дят го́сти?		

6-25 | Прое́кт. In small groups, find Russian recipes on the internet and make one of the dishes. Organize a Russian potluck and present the dish you made to your class using the following expressions:

1. Это (что?) . . .
2. Это блю́до пригото́вили из (чего́?) . . .
3. Это о́чень вку́сно! Попро́буйте!

---

4   **Ли** is an interrogative particle and is usually placed after a verb, modals (e.g. **до́лжен, должна́, должно́, должны́** *must, have;* **на́до, ну́жно** *need;* **мо́жно** *it is allowed to, it is possible;* **нельзя́** *is not allowed/possible*), or short-form adjectives. Using **ли** makes a general question more formal and polite.

6–26 | Презента́ция. Choose one of the Russian holidays from the following list in the left column. Find information online about the holiday you chose and create a short multimedia presentation (1–2 minutes) about it, answering the questions in the right column.

Пра́здники	Вопро́сы
Но́вый год	Како́й э́то пра́здник?
Рождество́	Когда́ отмеча́ют э́тот пра́здник?
Па́сха	
День трудя́щихся (1 ма́я)	Как отмеча́ют э́тот пра́здник?
День Побе́ды (9 ма́я)	Что гото́вят на э́тот пра́здник?
День защи́тника оте́чества (23 февраля́)	
Же́нский день (8 ма́рта)	Что да́рят на э́тот пра́здник?
Друго́е _____	

ГРАММА́ТИКА

Requests and commands: the imperative
Повели́тельное наклоне́ние

I. The second-person (ты/вы) imperative

To express command or requests, use the verb in the **second-person** imperative. The imperative has two forms: a **singular form** for addressing one person (children, pets, family members, friends, or classmates your age/under the age of 30) and a **plural form** for addressing more than one person or one person in a formal manner.

To form imperatives:

1. Conjugate the verb in the third-person plural. Remove the third-person plural ending. This will give you the imperative stem.
   попро́бовать – (они́) попро́бу- ~~ют~~
   принести́ – (они́) принес-у́~~т~~
   наре́зать – (они́) наре́ж-~~ут~~

2. **A**. Add **-й/-йте** if the imperative stem ends in a **vowel**.

Infinitive	Third-person plural form (они́)	Imperative	
		Singular	Plural
попро́бовать	попро́бу- ~~ют~~	попро́бу-**й**	попро́бу-**йте**
помы́ть	помо́- ~~ют~~	помо́й-**й**	помо́й-**йте**

B. Add **-и/-ите** if the imperative stem ends in two consonants or if it ends in one consonant and the first-person singular (я) form of the verb is stressed on the ending. The stress in the imperative is the same as that of the first-person singular.

Infinitive	First-person singular form (я)	Third-person plural form (они́)	Imperative	
			Singular	Plural
почи́стить	почи́щу	почи́ст-ят	почи́ст-**и**	почи́ст-**ите**
принести́	принесу́	принес-у́т	принес-**й**	принес-**и́те**
испе́чь	испеку́	испек-у́т	испек-**й**	испек-**и́те**

C. Add **-ь/-ьте** if the imperative stem ends in a single consonant and the first-person singular (я) form of the verb does not have end stress:

Infinitive	First-person singular form (я)	Third-person plural form (они́)	Imperative	
			Singular	Plural
пригото́вить	пригото́влю	пригото́в-ят	пригото́в-**ь**	пригото́в-**ьте**
наре́зать	наре́жу	наре́ж-ут	наре́ж-**ь**	наре́ж-**ьте**
познако́миться	познако́млюсь	познако́м-ят-ся	познако́м-**ь-ся**	познако́м-**ьте-сь**

Note: In the imperative forms of reflexive verbs, **-ся** is used after a **consonant**, **-й**, **-ь**, and **-сь** is used after a **vowel**.

Learn the imperative forms for the following verbs that do not form imperatives according to the models described previously:

дава́ть: дава́й, дава́йте
дать: дай, да́йте
переда́ть: переда́й, переда́йте
есть: ешь, е́шьте
пить: пей, пе́йте

6–27 | Ви́део блог «Гото́вим украи́нский борщ». Watch the video from 5–14 several times and write down the imperative forms of the following verbs. The first one has been done for you.

1. **помести́ть** говя́дину в кастрю́лю – *помести́те*
2. **зали́ть** водо́й –
3. **довести́** во́ду до кипе́ния –
4. **доба́вить** свини́ну –
5. **доба́вить** соль и пе́рец –
6. **наре́зать** свёклу соло́мкой –
7. **разогре́ть** ма́сло –
8. **доба́вить** свёклу –
9. **очи́стить** и **наре́зать** карто́фель –

10. **наре́зать** соло́мкой морко́вь –
11. **нашинкова́ть** капу́сту –
12. **доба́вить** в бульо́н карто́фель –
13. **наре́зать** мя́со на кусо́чки –
14. **вари́ть** две-три мину́ты –
15. **перемеша́ть** всё –
16. **попро́бовать** и **доба́вить** соль –

6–28 | Про́сьба. Ask your friend to make ground meat patties **котле́ты** and give him/her a recipe. Give the imperatives for the verbs in the following directions. Think carefully about using the appropriate form of address, singular or plural (**ты** or **вы**). Remember that the stress is the same as in the first-person singular.

Пожа́луйста, (пригото́вить) _____ котле́ты из свини́ны! Снача́ла (почи́стить) _____, (помы́ть) _____ и ме́лко (наре́зать) _____ лук и чесно́к. Хорошо́ (перемеша́ть) _____ свино́й фарш, лук, чесно́к, 2 яйца́ и майоне́з. (Доба́вить) _____ соль, пе́рец и муку́. Всё хорошо́ (перемеша́ть) _____. (Сформирова́ть) _____ котле́ты и (поджа́рить) _____ их на оли́вковом ма́сле 10–15 мину́т. (Поста́вить) _____ котле́ты в духо́вку на 10–15 мину́т. Котле́ты гото́вы!

II. Requests and commands: choice of aspect

1. Use the **perfective** aspect:
   a. For indicating a **one-time action** that is intended to produce results.
   Пригото́вьте борщ на обе́д!   *Make borsch for lunch!*
   Купи́ о́вощи!   *Buy (some) vegetables!*

   b. With negative imperatives if you are afraid someone might do something accidentally or inadvertently.
   Не забу́дь, что за́втра у ма́мы   *(Make sure) you don't forget that*
   день рожде́ния!   *Mom's birthday is tomorrow.*
   Не опозда́йте!   *Don't be late!*

2. Use the **imperfective** aspect:
   a. For repeated actions.
   Е́шьте авока́до ка́ждый день.   *Eat avocado every day.*
   Пе́йте бо́льше воды́!   *Drink more water!*
   Приходи́те к нам ещё!   *Come see us again!*

   b. To ask someone to continue an action.
   Е́шьте, е́шьте!   *Keep on eating!*
   Сиди́те, сиди́те!   *Stay seated (no need to get up)!*

c. When you **don't want** someone to do something or to go somewhere, come somewhere, or bring something.

Не покупа́йте о́вощи!	*Don't buy vegetables!*
Не пе́йте пи́во!	*Don't drink beer!*
Не ходи́те туда́!/**Не е́здите** туда́!	*Don't go there!*
Не приноси́те торт!	*Don't bring a cake!*

6-29 | Вид глаго́ла в повели́тельном накло́нении. Вот така́я ситуа́ция!

1. Вы приглаша́ете госте́й и говори́те: "Don't come on Saturday. Come see us on Sunday." (приходи́ть/прийти́)
2. Вы хоти́те пригласи́ть друзе́й на Но́вый год! А ва́ша подру́га говори́т: "Invite your boyfriend over for New Year's Eve."/"Don't invite your boyfriend for New Year's Eve." (приглаша́ть/пригласи́ть)
3. Вы хоти́те пригото́вить борщ, но у вас нет карто́шки. Вы звони́те дру́гу и говори́те: "Please buy some potatoes!" (покупа́ть/купи́ть)
4. Вы хоти́те испе́чь торт "Наполео́н", а ва́ша подру́га говори́т: "Don't do that." (де́лать/сде́лать) "I'm on a diet!"
5. Ва́ша подру́га на дие́те. Вы ей сове́туете: "Eat fish every day!" (есть/съесть) "Drink more water!" (пить/вы́пить)
6. Вам звоня́т ва́ши друзья́. Они́ хотя́т прийти́ в го́сти и принести́ десе́рт. А вы им говори́те: "Come, come to see us tonight!" (приходи́ть/прийти́) "Don't bring dessert, bring salad instead." (приноси́ть/принести́)
7. Вы хоти́те пригото́вить сала́т, но не зна́ете како́й. Ва́ша подру́га говори́т: "Make Olivier salad today."/"Don't make Olivier salad, make Vinegret salad instead" (гото́вить/пригото́вить)

III. Third-person (он, она́, они́) imperatives: "Let him/her/them do something."

Third-person imperative is formed using the indeclinable word **пусть** and a **third-person verb form**, either singular or plural, depending on whom you are talking about.

— Они́ хотя́т пригото́вить обе́д.	*They want to make lunch.*
— **Пусть (при)гото́вят.**	*Let them make it.*
— Она́ хо́чет испе́чь пиро́г.	*She wants to bake a pie.*
— **Пусть (ис)пече́т.**	*Let her bake it.*

6-30 | Пусть! Suggest that someone else do it.

Приме́р: Вы не мо́жете идти́ на ры́нок, потому́ что вы больны́. (Ира) →
Я не могу́ идти́ на ры́нок, потому́ что я больна́. Пусть Ира пойде́т!

1. Вы не мо́жете пригото́вить обе́д, потому́ что вам на́до идти́ на рабо́ту. (Ми́ра)
2. Вы не хоти́те гото́вить пи́ццу, та́к как у вас нет вре́мени. (Ксе́ния)

3. Вы не мо́жете сде́лать сала́т, потому́ что вы гото́вите борщ. (Са́ша)
4. Вы не мо́жете купи́ть проду́кты, та́к как вы за́няты. (Ко́ля)
5. Вы не мо́жете пригото́вить котле́ты, потому́ что вы не уме́ете их гото́вить. (Ни́на)

IV. First-person (я, мы) imperatives: "Let's do something." "Let's not."

1. This imperative is formed using:
    a. **дава́й/те** and **infinitive** of imperfective verbs;
    Дава́й/те гото́вить у́жин!   *Let's make dinner.*
    Meaning: The speaker suggests that you do something together.

    b. **дава́й/те** and **the first-person singular (я)** or **plural (мы)** form of perfective verbs.
    — **Дава́й/те пригото́вим** борщ.   *"Let's make some borsch."*
    — **Дава́й/те.**   *"All right, let's do it."*
    Meaning: The speaker suggests that you do something together.

    — **Дава́й/те я уберу́** со стола́!   *"Let me clear the table."*
    — Анна, **дава́й/те, мы** вам **помо́жем.**   *"Anna, let us help you."*
    Meaning: The speaker(s) volunteers to do something.

2. If you use **ты** with someone, use **дава́й**. If you use **Вы** with someone, or if you are speaking to more than one person, use **дава́йте**.

3. Use **дава́й/те не бу́дем** + **imperfective infinitive** when you don't want to do something.
    Дава́йте **не бу́дем гото́вить** у́жин, а пойдём в рестора́н.
    Let's not cook dinner, let's go out.

4. "Going" verbs are often used in the first-person plural without **дава́й/те**.
    Пойдём/Пое́дем вме́сте!   *Let's go together.*
    Идём/Едем!   *Let's go. Let's get going.*

 6–31 | Дава́й/те сде́лаем вме́сте! In pairs, suggest to your partner that you do the following actions together. The first one has been done for you.

Partner 1	Partner 2
1. Я хочу́ испе́чь пиро́г с мя́сом.	*Дава́й испечём пиро́г с мя́сом вме́сте!*
2. Я хочу́ пригото́вить мя́со по-францу́зски.	
3. Я хочу́ сде́лать сала́т «Оливье́».	
4. Я хочу́ пригото́вить селёдку под шу́бой.	
5. Я хочу́ пойти́ в карао́ке-клуб.	
6. Я хочу́ поздра́вить моего́ бра́та с днём рожде́ния.	
7. Я хочу́ пойти́ в ру́сский рестора́н.	
8. Я хочу́ отме́тить Но́вый год в рестора́не.	

6–32 | Дава́й/те я сде́лаю! Imagine that you're visiting your Russian friends. In pairs, volunteer to do something. The first one has been done for you.

Хозя́ин/Хозя́йка	Гость/Го́стья
1. У нас нет фру́ктов на десе́рт.	купи́ть → *Дава́й/те я куплю́!*
2. Нет со́ли!	купи́ть соль
3. Нет пе́рца!	купи́ть пе́рец
4. Мне нужна́ по́мощь.	помо́чь
5. Ну́жно накры́ть на стол.	накры́ть на стол
6. Ну́жно поста́вить таре́лки, бока́лы и стака́ны.	поста́вить таре́лки, бока́лы и стака́ны
7. На́до положи́ть ло́жки, ви́лки и ножи́.	положи́ть ло́жки и ви́лки
8. На́до почи́стить карто́шку.	почи́стить карто́шку
9. На́до наре́зать хлеб.	наре́зать хлеб
10. Ну́жно убра́ть со стола́.	убра́ть со стола́
11. Ну́жно помы́ть посу́ду.	помы́ть посу́ду (*to do the dishes*)

6–33 | Гото́вим обе́д вме́сте! Вы с друзья́ми реши́ли приготовить обе́д: свари́ть борщ и сде́лать котлеты. Реши́те, кто что бу́дет де́лать: чи́стить и ре́зать о́вощи, кто бу́дет де́лать котле́ты и т. д. Use different kinds of imperatives: "Дава́й/те . . .", "Пусть . . .".

6–34 | Императи́в в ру́сской поэ́зии. 1) Read the following excerpts from famous Russian poems and underline all the imperatives. 2) Translate the poems. 3) Find some interesting facts about the authors of these poems on the internet. Share your findings with the rest of the class.

Константи́н Си́монов

Жди меня́, и я верну́сь.
То́лько о́чень жди,
Жди, когда́ наво́дят грусть
Жёлтые дожди́,
Жди, когда́ снега́ мету́т,
Жди, когда́ жара́,
Жди, когда́ други́х не ждут,
Позабы́в вчера́.

Лев Оша́нин

Пусть всегда́ бу́дет со́лнце,
Пусть всегда́ бу́дет не́бо,
Пусть всегда́ бу́дет ма́ма,
Пусть всегда́ бу́ду я.

Була́т Окуджа́ва

Дава́йте понима́ть друг дру́га с полусло́ва,
чтоб, ошиби́вшись раз, не ошиби́ться сно́ва.
Дава́йте жить, во всём друг другу потака́я, –
тем бо́лее, что жизнь коро́ткая така́я.

СЛОВА́РЬ

блин, *pl.* -ы́ – *pancake*
буты́лка – *bottle*
вку́сный, -ая, -ое, -ые – *delicious*
горя́чее (на горя́чее) *n.* – *entrée, main course (as an entrée, main course)*
горя́чий, -ая, -ее, -ие – *hot*
гото́вить/пригото́вить пра́здничный стол (обед, ужин) – *to cook a holiday meal (literally: holiday table)*
    Pres./Fut.: я (при)гото́влю, ты (при)гото́вишь, они́ (при)гото́вят
дари́ть/подари́ть что? (пода́рки) кому́? (ма́ме) – *to give gifts*
    Pres./Fut.: я (по)дарю́, ты (по)да́ришь, они́ (по)да́рят
дома́шний, -яя, -ее, -ие – *homemade*
европе́йский, -ая, -ое, -ие – *European*
жа́реный карто́фель – *fried potatoes, home fries*
жела́ть/пожела́ть кому́? чего́? – *to wish*
    Pres./Fut.: я (по)жела́ю, ты (по)жела́ешь, они́ (по)жела́ют
зака́зывать/заказа́ть что? – here: *to order*
    Pres.: я зака́зываю, ты зака́зываешь, они́ зака́зывают
    Fut.: я закажу́, ты зака́жешь, они́ зака́жут
заку́ска (на заку́ску) – *appetizer (as an appetizer)*
идти́/ходи́ть в го́сти – *to visit*
инде́йка – *turkey*
кио́ск – *kiosk, food stall*
конфе́та – *candy*
корми́ть/накорми́ть кого́? чем? – *to serve food (literally: to feed)*
    Pres./Fut.: я (на)кормлю́, ты (на)ко́рмишь, они́ (на)ко́рмят
коро́бка – *box*
креди́тная ка́рта – *credit card*
ку́хня – *cuisine*
лежа́ть *impf.* – *to lie/be lying*
    Pres.: я лежу́, ты лежи́шь, они́ лежа́т
    Past: он лежа́л, она́ лежа́ла, они́ лежа́ли
любо́й, -ая, -ое, -ые – *any*
мыть/помы́ть посу́ду – *to do the dishes*
    Pres./Fut.: я (по)мо́ю, ты (по)мо́ешь, они́ (по)мо́ют
накрыва́ть/накры́ть на стол – *to set the table*
    Pres.: я накрыва́ю, ты накрыва́ешь, они́ накрыва́ют
    Fut.: я накро́ю, ты накро́ешь, они́ накро́ют
нали́чные де́ньги *pl.* – *cash*

отмеча́ть/отме́тить что? (пра́здник, день рожде́ния, сва́дьбу) – *to observe, celebrate*

    Pres.: я отмеча́ю, ты отмеча́ешь, они́ отмеча́ют

    Fut.: я отме́чу, ты отме́тишь, они́ отме́тят

переда́ча – *TV show*

поздравля́ть/поздра́вить кого? с чем? – *to congratulate*

    Pres.: я поздравля́ю, ты поздравля́ешь, они́ поздравля́ют

    Fut.: я поздра́влю, ты поздра́вишь, они́ поздра́вят

положи́ть *pfv.* что? – *to put (horizontally)*

    Fut.: я положу́, ты поло́жишь, они́ поло́жат

посыла́ть/посла́ть (поздрави́тельные откры́тки, электро́нные сообще́ния и т.п.) – *to send (greeting cards, emails)*

    Pres.: я посыла́ю, ты посыла́ешь, они́ посыла́ют

    Fut.: я пошлю́, ты пошлёшь, они́ пошлю́т

поста́вить *pfv.* что? – *to put (vertically)*

    Fut.: я поста́влю, ты поста́вишь, они́ поста́вят

пра́здновать/отпра́здновать что? (день рожде́ния, сва́дьбу) – *to celebrate, observe*

    Pres./Fut.: я (от)пра́здную, ты (от)пра́зднуешь, они́ (от)пра́зднуют

приглаша́ть/пригласи́ть кого? (госте́й) – *to invite*

    Pres.: я приглаша́ю, ты приглаша́ешь, они́ приглаша́ют

    Fut.: я приглашу́, ты пригласи́шь, они́ приглася́т

принима́ть/приня́ть что? **креди́тные ка́рты** – *to accept credit cards*

    Pres: я принима́ю, ты принима́ешь, они́ принима́ют

    Fut.: я приму́, ты при́мешь, они́ при́мут

    Past pfv.: он при́нял, приняла́, при́няли

приноси́ть/принести́ что? с собо́й – *to bring*

    Pres.: я приношу́, ты прино́сишь, они́ прино́сят

    Fut.: я принесу́, ты принесёшь, они́ принесу́т

    Past pfv.: он принёс, она́ принесла́, они́ принесли́

приро́да (на приро́де) – *nature (outdoors)*

присыла́ть/присла́ть кому? что? – *to send*

    Pres.: я присыла́ю, ты присыла́ешь, они́ присыла́ют

    Fut.: я пришлю́, ты пришлёшь, они́ пришлю́т

про́бовать/попро́бовать что? – *to taste*

    Pres./Fut.: я (по)про́бую, ты (по)про́буешь, они́ (по)про́буют

ра́зный, -ая, -ое, -ые – *different; various*

селёдка – *herring*

сла́дкий, -ая, -ое, -ие (на сла́дкое) – *sweet (for dessert)*

собира́ться/собра́ться (вме́сте всей семьёй, компа́нией) – *to gather, get together*

    Pres.: я собира́юсь, ты собира́ешься, они́ собира́ются

    Fut.: я соберу́сь, ты соберёшься, они́ соберу́тся

стоя́ть *impf.* – *to stand, be standing*

    Pres.: я стою́, ты стои́шь они́ стоя́т

счёт – *bill*

торго́вый центр – *shopping mall*

убира́ть/убра́ть со стола́ – *to clear the table*
   Pres.: я убира́ю, ты убира́ешь, они́ убира́ют
   Fut.: я уберу́, ты уберёшь, они́ уберу́т
я́года – *berry*
яи́чница – *fried eggs*

Посу́да – *tableware*
   бока́л – *wine glass*
   ви́лка – *forkё*
   ло́жка – *spoon*
   нож – *knife*
   салфе́тка – *napkin*
   стака́н – *glass*
   таре́лка – *plate*
   ча́шка – *cup*

Expressions:

Бу́дь/те как до́ма. – *Make yourself at home.*
Всё гото́во! – *Everything is ready!*
Не жа́луюсь. – *I can't complain.*
Переда́й/те хлеб! – *Pass the bread.*
Положи́/те на стол. – *Put it on the table (horizontally).*
Поста́вь/те на стол. – *Put it on the table (vertically).*
При́нято, что . . . – *It is customary . . .*
Раздева́йся/рездева́йтесь. – *Take off your coat/jacket and shoes/boots.*
С уваже́нием – *Respectfully*
С удово́льствием приду́! – *I would love to come!*
С удово́льствием! – *With pleasure!*
Спаси́бо за гостеприи́мство! – *Thank you for your hospitality!*
Я голо́дный/ая! – *I am hungry!*
Я так нае́лся/лась! – *I am so full!*

ГЛАВА́ 7 | ВЕК ЖИВИ́ – ВЕК УЧИ́СЬ!

In this chapter, you will:

- review and expand the vocabulary you need to talk about going to school and taking classes;
- read posts from social media networks and watch a video clip about student life in Russia;
- talk about your school year, classes, exams, grades, favorite professors, and internships;
- give advice to first-year students;
- learn new ways to talk about your class schedule;
- learn to ask questions about other students' classes, exams, grades, and favorite professors.
- write a personal blog post about your studies as well as comments on Russian social networks;
- create a video blog post about your studies.

ВВЕДЕ́НИЕ

7–1 | Моя́ учёба. 1) Read the following script out loud. 2) Go around the classroom and interview two to three classmates. Make sure to use the appropriate form of address (**ты** or **вы**) and the appropriate greeting and farewell expressions. 3) Write down or circle the answers. 4) Summarize their answers in five to six sentences and share them with the rest of the class.

I. Opening conversation lines	Responses	
Приве́т!/Здра́вствуй/те! Как дела́? Рад/ра́да тебя́/вас ви́деть! Как твоя́/ва́ша жизнь?	Приве́т!/Здра́вствуй/те! Я то́же рад/ра́да тебя́ ви́деть! Спаси́бо, всё хорошо́/норма́льно. Не жа́луюсь.	
II. Вопро́сы *Questions*	**Отве́ты** *Answers*	
1. В како́м кла́ссе ты у́чишься? *(What grade are you in school?)*	Я учу́сь … кла́ссе. • в шесто́м • в седьмо́м • в восьмо́м • в девя́том • в деся́том • в оди́ннадцатом • в двенна́дцатом	Я не шко́льник/ шко́льница! Я студе́нт/студе́нтка!
2. На како́м факульте́те ты у́чишься/вы у́читесь?	Я учу́сь на … факульте́те. • биологи́ческом • географи́ческом • геологи́ческом • истори́ческом • математи́ческом • физи́ческом • филологи́ческом • хими́ческом Я учу́сь на факульте́те психоло́гии. Я учу́сь на факульте́те политоло́гии (*political science*).	
3. На како́м ку́рсе ты у́чишься/вы у́читесь в университе́те? *(Which year are you in university?)*	Я учу́сь … • на пе́рвом ку́рсе. • на второ́м ку́рсе. • на тре́тьем ку́рсе. • на четвёртом ку́рсе.	Я магистра́нт/ магистра́нтка. Я учу́сь в магистрату́ре. Я аспира́нт/аспира́нтка. Я учу́сь в аспиранту́ре.

4. Каки́е предме́ты ты изуча́ешь в э́том году́? Каки́е предме́ты вы изуча́ете в э́том году́?	Я изуча́ю . . . • биоло́гию. • литерату́ру. • психоло́гию. • фи́зику. • матема́тику. • хи́мию. • эконо́мику. • геогра́фию. • ру́сский язы́к. • друго́е:
5. Как ты у́чишься? Как вы у́читесь?	Я учу́сь . . . • хорошо́. • отли́чно. • пло́хо.
III. Closing lines	**Responses**
Спаси́бо! Бы́ло прия́тно с тобо́й/с ва́ми поговори́ть! Всего́ хоро́шего! Извини́/те, что я тебя́/вас задержа́л/а!	Пожа́луйста! Не́ за что! Счастли́во! Всего́ до́брого! Ещё уви́димся! Хоро́шего дня!

Cultural note #1: Education in Russia

In Russia, primary and secondary school students **шко́льники** study for 11 years, and college students **студе́нты** usually study for 4 years. If someone is a first-year school student, we say that he/she **у́чится в пе́рвом кла́ссе**, and so on. If someone

is a first-year college student, we say that he/she **у́чится на пе́рвом ку́рсе.** If someone is a second-year college student, we say that he/she **у́чится на второ́м ку́рсе**; third-year college student, he/she **у́чится на тре́тьем ку́рсе**; fourth-year college student, he/she **у́чится на четвёртом ку́рсе**.[1]

---

1 Remember that ordinal numerals (**пе́рвый, второ́й, тре́тий,** etc.) are adjectives: Я учу́сь на **тре́тьем** ку́рсе. *(Note the spelling of тре́тий.)*

7–2 | Произноше́ние. Hard **Р** [r] vs. Soft **Р** [r̠]. Listen to the pronunciation of "hard" **Р** [r] and "soft" **Р** [r̠] in the following words and then repeat the words after the speaker.

"Hard" Р [r]

универси**т**е́**т**
спо**р**тза́л *(gym)*
ру́сский язы́к
конт**р**о́льная **р**або́та
прове́**р**ка *(quiz)*
семина́**р**
семе́ст**р** *(semester)*
че́тве**р**ть *(quarter)*
т**р**о́йка, четвё**р**ка, пятё**р**ка – *C, B, A (letter grades)*
геог**р**а́фия
ку**р**с
учи́ться на пе́**р**вом ку́**р**се, на вто**р**о́м ку́**р**се, на четвё**р**том ку́**р**се
бакала́в**р** – сте́пень бакала́в**р**а
маги́ст**р** – сте́пень маги́ст**р**а
аспи**р**анту́**р**а
аспи**р**а́нт, аспи**р**а́нтка

"Soft" Р [r̠]

учи́ться на т**р**е́тьем ку́рсе
исто́**р**ия
п**р**еподава́тель *(instructor)*
п**р**еподава́ть *(to teach)*
он п**р**еподаёт, она́ п**р**еподаёт
он п**р**еподава́л, она́ п**р**еподава́ла
п**р**едме́ты

7–3 | Как по-ру́сски: to learn, to study and to teach? Read the following vocabulary words. In pairs, ask and answer the **Questions** in the right column. Learn the words and expressions you do not already know.

To learn, to study and to teach

Vocabulary words	Questions
учи́ть/вы́учить что? – *to learn, study something (to memorize)*	Что ты у́чишь? Что тебе́ на́до вы́учить? (но́вые слова́, диало́г и т.п.)
изуча́ть/изучи́ть что? – *to study something in depth*	Что ты изуча́ешь? (ру́сский язы́к, хи́мию, исто́рию, фи́зику т.п.)
учи́ться *impf.* где? – *to be a student, to have class, go to class* **учи́ться/научи́ться** + *inf. - to learn, study (to gain new knowledge, skills and experience)*	Где ты у́чишься? Когда́ ты научи́лся/научи́лась чита́ть и писа́ть?

Vocabulary words	Questions
учи́ть/научи́ть кого́? + *inf. – to teach someone to do something*	Кто тебя́ научи́л чита́ть и писа́ть по-ру́сски?
преподава́ть *impf.* что? кому́? *– to teach (to give lessons, to instruct, lecture; to be a teacher)*	Кто преподаёт твой люби́мый предме́т/курс?
занима́ться *impf.* где? *– to do homework, prepare for class*	Где ты обы́чно занима́ешься?

7–4 | Моя́ исто́рия. Read the following story and fill in the gaps using the vocabulary words from 7–3.

Из сочине́ния Ле́ны Севери́ной

Меня́ зову́т Ле́на. Моя́ фами́лия Севери́на́. Я (am a student) _____ в Калифорни́йском госуда́рственном университе́те и (study) _____ фи́зику и ру́сский язы́к. Я (learn) _____ чита́ть, писа́ть и говори́ть по-ру́сски. Я уже́ (learned/memorized) _____ ру́сский алфави́т и мно́го ру́сских слов. А ещё я (study in depth) _____ ру́сскую литерату́ру! Это о́чень интере́сный предме́т. Мне нра́вится ру́сская поэ́зия, и я (memorized) _____ одно́ стихотворе́ние Бори́са Пастерна́ка.

Моя́ ма́ма – преподава́тель Колумби́йского университе́та. Она́ (teaches) _____ ру́сский язы́к и литерату́ру. Она́ (studied) _____ ру́сский язы́к в Росси́и, в То́мске, где она́ (was a student) _____ в То́мском университе́те. В То́мске она́ познако́милась с мои́м отцо́м, кото́рый то́же (was a student) _____ в То́мском университе́те. Они́ познако́мились в библиоте́ке, где моя́ ма́ма обы́чно (did her homework, prepared for class) _____.

Мой оте́ц – ру́сский. Он (studied in depth) _____ фи́зику и англи́йский язы́к. Сейча́с он (teaches) _____ фи́зику в сре́дней шко́ле в Нью Йо́рке. Он о́чень хоро́ший учи́тель, и все ученики́ его́ лю́бят. Я мечта́ю то́же (teach) _____ фи́зику в университе́те и́ли в шко́ле!

7–5 | Уче́бный год. School year. 1) Match the Russian words in the left column to their English equivalents in the right column. 2) Read the Russian words out loud and make sure you get the stress right.

1. семе́стр   ___ *semester*
2. че́тверть *f.*   ___ *grade*
3. курс (по биоло́гии)   ___ *subject*
4. предме́т   ___ *office hours*
5. заня́тие (по ру́сскому языку́)   ___ *finals week*
6. ле́кция (по хи́мии)   ___ *quarter*
7. семина́р (по литерату́ре)   ___ *course*
8. консульта́ция (по фи́зике)   ___ *lecture*
9. се́ссия   ___ *practical course, practicum*
10. экза́мен (по исто́рии)   ___ *seminar*
11. контро́льная рабо́та (по геогра́фии)   ___ *class*
12. оце́нка (по литерату́ре)   ___ *exam*
13. пра́ктика   ___ *test*

7–6 | Заня́тия. Read the following vocabulary words and learn the words and expressions you do not already know. Read Cultural Note #2.

выбира́ть/вы́брать что? (факульте́т, специа́льность)	*to declare (literally: choose) a major*
запи́сываться/записа́ться на курс по чему́? (по фи́зике)	*to register for, sign up for*
гото́виться/подгото́виться к чему́? (к экза́мену)	*to prepare for, to study for (an exam)*
сдава́ть/сдать экза́мен	*to take/pass an exam*
получа́ть/получи́ть оце́нку по чему́? (по фи́зике)	*to get a grade*
броса́ть/бро́сить курс по чему́? (по исто́рии)	*to drop a course (a history course)*

Cultural note #2: Russian Grading Scale

In Russia, most educational institutions have traditionally used a 5-point grading scale, in which 5 is the highest and 1 is the lowest. In practice, however, receiving a "1" is quite rare and is used to represent a student's behavior and attitude rather than his or her knowledge.

      5 (**пятёрка**) – **A** letter grade
      4 (**четвёрка**) – **B** letter grade
      3 (**тро́йка**) – **C** letter grade
      2 (**дво́йка**) – **D** and **F** letter grades

Many Russian universities now use a 100-point grading scale instead of the traditional 5-point scale.

7-7 | Опро́с. 1) Go around the classroom and interview two to three classmates. 2) Write down their answers. 3) Summarize the answers in five to six sentences and share them with the rest of the class. Use the following connectors for adding information: **та́кже** – *also*; **кро́ме того́** – *besides, furthermore*; **ещё** – *in addition, also*. Review the dative case as needed (see pages 195–205).

Вопро́сы	Отве́ты
1. Каку́ю специа́льность ты вы́брал/а?	Я вы́брал/а (что?) . . . Я ещё не вы́брал/а специа́льность.
2. На каки́е ку́рсы ты записа́лся/записа́лась в э́той че́тверти/в э́том семе́стре?	Я записа́лся/записа́лась на курс **по** (чему́?) . . .
3. Ты бро́сил/а каки́е-нибу́дь ку́рсы в э́том году́/в про́шлом году́?	Я бро́сил/а курс **по** (чему́?) . . . Я не броса́л/а никаки́х ку́рсов.
4. К каки́м экза́менам ты бу́дешь гото́виться в э́той че́тверти/в э́том семе́стре?	Я бу́ду гото́виться **к** (чему́?) . . .
5. Каки́е экза́мены ты сдава́л/а в про́шлой че́тверти/в про́шлом семе́стре?	Я сдава́л/а экза́мен **по** (чему́?) . . .
6. Как ты сдал/сдала́ экза́мены? Каки́е оце́нки ты получи́л/а?	Я получи́л/а (что?) . . .

ЧИТА́ЕМ И ГОВОРИ́М

7-8 | Уче́бный год. School year. In pairs, study the following academic calendar and find answers to the following questions:

1. То́мский университе́т ча́стный и́ли госуда́рственный?
2. Ско́лько лет студе́нты у́чатся на факульте́те журнали́стики?
3. Когда́ начина́ется пе́рвый семе́стр? А второ́й семе́стр?
4. Ско́лько раз в год у студе́нтов се́ссия? Когда́?
5. Когда́ у студе́нтов зи́мние и ле́тние кани́кулы?
6. Когда́ у студе́нтов пра́ктика?
7. Почему́ студе́нты не занима́ются 4 ноября́, 1–8 января́, 23 февраля́, 8 ма́рта, 1 ма́я, 9 ма́я и 12 ию́ня?
8. Каки́е пра́здники отмеча́ют 4 ноября́, 1–8 января́, 23 февраля́, 8 ма́рта, 1 ма́я, 9 ма́я и 12 ию́ня? If you don't know, you can ask your instructor or look for information on the internet.

ТÓМСКИЙ ГОСУДÁРСТВЕННЫЙ УНИВЕРСИТÉТ

Календáрный учéбный грáфик

Специáльность 42.03.02 Журналúстика
Квалификáция (стéпень): бакалáвр
Срок обучéния: 4 гóда

I курс

I семéстр			II семéстр			
сентя́брь – декáбрь	янвáрь	феврáль	феврáль – ию́нь	ию́нь	ию́ль	áвгуст
недéли 1–18	недéли 19–22	недéли 23–24	недéли 25–40	недéли 41–43	недéли 44–47	недéли 48–52
заня́тия: лéкции и семинáры	сéссия: экзáмены	зúмние канúкулы	заня́тия: лéкции и семинáры	сéссия: экзáмены	прáктика	лéтние канúкулы

Прáздничные дни: 4 ноября́, 1–8 января́, 23 февраля́, 8 мáрта, 1 мáя, 9 мáя, 12 ию́ня.

7-9 | Мúтя Иванóв. Read the following posts from **ВКонтáкте**, a Russian social media network, and summarize them in English.

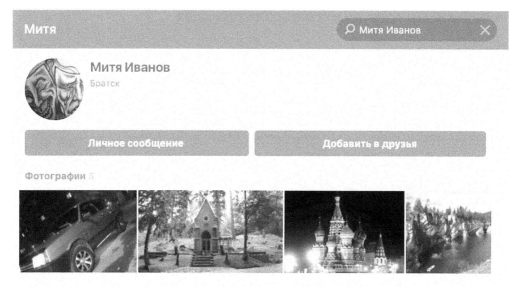

Ми́тя Ивано́в

заходи́л 20 а́вгуста в 12:30

381	270	5	32	195
друг	подпи́счиков	фотогра́фий	видеоза́писи	аудиоза́писей

выпускни́к – *alumnus*
ЕГЭ (еди́ный госуда́рственный экза́мен) – *Unified State Exam, a series of exams every student must pass after graduation from high school to enter a university*
обяза́тельно – *definitely, for sure*
оконча́ние (университе́та, шко́лы) – *graduation*
опа́здывать/опозда́ть на что? – *to be late for*
па́ра – *90-minute lecture*
первоку́рсник – *first-year student, freshman*
подава́ть/пода́ть докуме́нты куда? в университе́т – *to submit documents, apply*
прогу́ливать/прогуля́ть что? (заня́тия) – *to skip (classes)*

Expressions:
Век живи́ – век учи́сь! – *You're never too old to learn (a proverb, literally: "Live for a century, learn for a century")*
Ура́! – *Hooray!*

За́писи Ми́ти

Ми́тя Ивано́в　　　　　　　*20 а́вгуста в 12:37*

Друзья́! Мо́жете меня́ поздра́вить! Я – студе́нт! Я поступи́л в То́мский госуда́рственный университе́т на факульте́т журнали́стики и уже́ вы́брал специа́льность! По́сле оконча́ния получу́ сте́пень бакала́вра и ста́ну тележурнали́стом. Пе́рвое сентября́ – пе́рвый день заня́тий. Ура́!

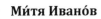

На́стя Ивлева　　　　　　ответи́ла Ми́те Ивано́ву

Поздравля́ю!!! Это замеча́тельно, что ты поступи́л! Ура́! Я то́же хочу́ поступи́ть на журфа́к, то́лько не на тележурнали́стику, а на докумета́льное кино́. Начала́ уже́ гото́виться к ЕГЭ. Мне на́до сдать экза́мены по ру́сскому языку́, матема́тике и исто́рии. Хочу́ пода́ть докуме́нты в Моско́вский и То́мский университе́ты.
20 а́вгуста в 12:45
Нра́вится　　　　Отве́тить

Андре́й Сы́тов　　　　　　ответи́л Ми́те Ивано́ву

Молоде́ц!!!! Поздравля́ю! Расписа́ние заня́тий на э́тот семе́стр уже́ ви́дел? Кто преподаёт тебе́ исто́рию журнали́стики? Мне Ти́хонов преподава́л, он прекра́сный преподава́тель!
20 а́вгуста в 1:50
Нра́вится　　　　Отве́тить

Ми́тя Ивано́в   отве́тил Андре́ю Сы́тову

Да, расписа́ние ви́дел уже́ на вебса́йте университе́та☺ Ле́кции и
семина́ры ка́ждый день! По понеде́льникам и сре́дам у меня́ три па́ры:
ле́кция по журнали́стике, ле́кция по филосо́фии и англи́йский язы́к.
По вто́рникам и четверга́м у меня́ семина́р по журнали́стике, Media
Toolbox (Ба́зовые инструме́нты масс-ме́диа) и ле́кция по исто́рии
ру́сской журнали́стики, кото́рую преподаёт Ти́хонов. А по пя́тницам –
физкульту́ра и ле́кция по исто́рии журнали́стики стран Евро́пы, Азии
и Аме́рики. Кро́ме того́, я записа́лся на семина́р «Челове́к и приро́да».
Он – по пя́тницам то́же. Ду́маю, что э́то интере́сный семина́р, и я его́
не бро́шу. Не зна́ю, мне на́до и́ли не на́до ходи́ть на консульта́ции к
преподава́телям?
20 а́вгуста в 2:30
Нра́вится   Отве́тить

Андре́й Сы́тов   отве́тил Ми́те Ивано́ву

Обяза́тельно ходи́ на консульта́ции, е́сли хо́чешь хорошо́ сдать
экза́мены! Когда́ я учи́лся на журфа́ке, ходи́л на консульта́ции к
преподава́телям ка́ждую неде́лю. Ещё два сове́та: не опа́здывай на
заня́тия и не прогу́ливай па́ры!
20 а́вгуста в 2:40
Нра́вится   Отве́тить

Ми́тя Ивано́в   отве́тил Андре́ю Сы́тову

Спаси́бо за сове́ты, друг! Век живи́ – век учи́сь! Заня́тия прогу́ливать не
бу́ду и обяза́тельно бу́ду ходи́ть на консульта́ции☺
20 а́вгуста в 2:45
Нра́вится   Отве́тить

Андре́й Сы́тов   отве́тил Ми́те Ивано́ву

Подпиши́сь на страни́цу Журфа́к ТГУ, там мо́жно найти́ мно́го хоро́ших
сове́тов первоку́рсникам от выпускнико́в! Вот ссы́лка: https://vk.com/
journTGU
20 а́вгуста в 2:50
Нра́вится   Отве́тить

Ми́тя Ивано́в   отве́тил Андре́ю Сы́тову

Обяза́тельно подпишу́сь☺! Я не знал, что ВКонта́кте есть така́я
страни́ца!
20 а́вгуста в 3:00
Нра́вится   Отве́тить

7–10 | Ми́тя Ивано́в. 1) Reread the posts from **ВКонта́кте** in 7–9 and mark whether the following statements correspond to the content of the posts. Read each statement out loud. 2) In pairs, talk about what you've learned about **Ми́тя Ивано́в**, **На́стя Ивлева** and **Андре́й Сы́тов**.

Да	Нет	
Да	Нет	1. Ми́тя Ивано́в поступи́л в То́мский госуда́рственный университе́т на факульте́т журнали́стики (на журфа́к) на тележурнали́стику. Он первоку́рсник.
Да	Нет	2. Ми́тя Ивано́в поступи́л в То́мский госуда́рственный университе́т на журфа́к на документа́льное кино́.
Да	Нет	3. По́сле оконча́ния университе́та Ми́тя полу́чит сте́пень маги́стра.
Да	Нет	4. Пе́рвый день в университе́те – э́то пе́рвое октября́.
Да	Нет	5. На́стя Ивлева ещё шко́льница. Она́ хо́чет поступи́ть в университе́т на истори́ческий факульте́т.
Да	Нет	6. На́стя Ивлева уже́ начала́ гото́виться к ЕГЭ. Ей на́до сдать экза́мены по ру́сскому языку́, матема́тике и исто́рии, чтобы поступи́ть в университе́т.
Да	Нет	7. На́стя Ивлева хо́чет пода́ть докуме́нты в Моско́вский, То́мский и Сама́рский университе́ты.
Да	Нет	8. Андре́й Сы́тов сейча́с у́чится на журфа́ке.
Да	Нет	9. Андре́й Сы́тов уже́ око́нчил факульте́т журнали́стики. Он – выпускни́к факульте́та журнали́стики.
Да	Нет	10. Ми́тя Ивано́в записа́лся на семина́р «Челове́к и приро́да».
Да	Нет	11. На́до ходи́ть на консульта́ции к преподава́телям, е́сли хо́чешь хорошо́ сдать экза́мены!
Да	Нет	12. Не на́до опа́здывать на заня́тия и прогу́ливать па́ры.

7–11 | Ми́тя Ивано́в. 1) Reread the posts from **ВКонта́кте** in 7–9 and fill in Mitya Ivanov's schedule for the fall semester. 2) In pairs, discuss Mitya Ivanov's schedule and answer the question: **Что у Ми́ти по понеде́льникам, по вто́рникам, по сре́дам, по пя́тницам, по суббо́там и воскресе́ньям?** Review the dative case as needed (see pages 195–205).

Расписа́ние заня́тий на пе́рвый семе́стр

Понеде́льник	Вто́рник	Среда́	Четве́рг	Пя́тница	Суббо́та	Воскресе́нье
					Выходно́й	Выходно́й

СМО́ТРИМ И ГОВОРИ́М

 7-12 | Видеорепорта́ж «День зна́ний». 1) Read Cultural Note #3. 2) Watch the video clip three times and choose what first-year students say about their university on September 1, the first day of classes. There may be more than one correct answer. 3) Read the correct answers out loud.

День зна́ний

> **ВУЗ** (вы́сшее уче́бное заведе́ние) – *institution of higher education, such as* акаде́мия, университе́т, институ́т, ко́лледж
> **зна́ние** – *knowledge*
> **мечта́** – *dream*
> **това́рищ** – *here: buddy, friend*

Этот видеорепорта́ж о том, как отмеча́ют **День зна́ний** пе́рвого сентября́ в То́мском госуда́рственном университе́те (ТГУ). Что говоря́т первоку́рсники в э́тот день?

1. Ле́на говори́т, что . . .
    a. она́ всегда́ хоте́ла поступи́ть в То́мский госуда́рственный университе́т.
    b. поступи́ть в То́мский госуда́рственный университе́т – э́то была́ её мечта́.
    c. ей бы́ло о́чень тру́дно поступи́ть в университе́т.
2. Матве́й говори́т, что . . .
    a. ему́ интере́сно бу́дет учи́ться в э́том университе́те.
    b. ему́ бы́ло тру́дно поступи́ть в университе́т.
    c. он хо́чет найти́ в университе́те това́рищей и друзе́й.
3. Алекса́ндр говори́т, что . . .
    a. ему́ в университе́те всё о́чень нра́вится.
    b. ему́ тру́дно бы́ло вы́брать специа́льность.
    c. ему́ бы́ло тру́дно поступи́ть в университе́т.
4. Алекса́ндр говори́т, что он вы́брал . . .
    a. юриди́ческий факульте́т (юрфа́к) ТГУ.
    b. филосо́фский факульте́т ТГУ.
    c. факульте́т политоло́гии ТГУ.
5. Све́та говори́т, что . . .
    a. ей прия́тно бы́ло поступи́ть в оди́н из лу́чших ВУЗов Росси́йской Федера́ции.
    b. ей бы́ло легко́ поступи́ть в университе́т, и ей здесь о́чень нра́вится.
    c. ей бу́дет интере́сно учи́ться в э́том университе́те.

Cultural note #3: День зна́ний

The Day of Knowledge **День зна́ний**, often simply called **Пе́рвое сентября́,** marks the start of the academic year for *schoolchildren* **шко́льники** and *college students* **студе́нты**.

On the Day of Knowledge, students form a *line* **лине́йка**, and the *principal of the school* **дире́ктор шко́лы** utters a solemn speech. *First graders* **первокла́ссники** give flowers to their first *teachers* **учителя́**.

For students in colleges or universities, on *the Day of Knowledge* **День зна́ний**, *first-year students* **первоку́рсники** are usually issued a *student ID card* **студе́нческий биле́т**. First-year students are greeted by the university's *Rector* **ре́ктор университе́та** and famous *alumni* **выпускники́** address the new students. The meeting is followed by various events, including meetings where students can get familiar with each other and university, and meet their *deans* **дека́ны** and *professors* **преподава́тели**.

7-13 | Видеорепорта́ж «День зна́ний». In pairs, take turns asking and answering the following questions in complete sentences. Pay attention to the word order in your answers: repeat the old information from the question first and then provide the new information.

1. Како́й пра́здник отмеча́ют пе́рвого сентября́ в То́мском госуда́рственном университе́те (ТГУ)? Тебе́/вам нра́вится э́тот пра́здник?
2. Этот пра́здник отмеча́ют в твое́й/ва́шей стране́? Когда́?
3. Нра́вится ли студе́нтам То́мский госуда́рственный университе́т (ТГУ)? Что они́ говоря́т?
4. Кто хо́чет найти́ но́вых друзе́й в университе́те?
5. Вы нашли́ но́вых друзе́й в университе́те?

ЧИТА́ЕМ И ГОВОРИ́М

7-14 | Пе́ред чте́нием. In pairs or small groups, discuss the following questions:

1. В каки́х социа́льных сетя́х есть страни́ца у ва́шего университе́та и́ ли факульте́та?
2. Вы подписа́лись на страни́цу ва́шего университе́та и́ли факульте́та в социа́льных сетя́х?
3. О чём мо́жно прочита́ть на страни́це ва́шего университе́та и́ли факульте́та в социа́льных сетя́х?

7-15 | Журфа́к ТГУ. Ми́тя Ивано́в has subscribed to the **Журфа́к ТГУ** page on **ВКонта́кте** and has found there a list of recommendations and advice for first-year students. Scan the following post and explain in English what two kinds of advice are given to college freshmen by alumni.

Сове́ты первоку́рсникам от выпускнико́в

блокно́т – *notebook*	**выключа́ть/вы́ключить** что? **звук** – *to turn off the sound, to mute*
декана́т – *dean's office*	
общи́тельный, -ая, -ые – *sociable*	**задава́ть/зада́ть вопро́с** кому? – *to ask a question*
переме́на – *here: break between classes*	
студе́нческий биле́т – *student ID card*	**о́чередь** – *line, queue*
улыба́ться/улыбну́ться кому? – *to smile*	**старшеку́рсник** – *senior*
	узнава́ть/узна́ть что? о ком? о чём? – *to find out*
что́-то – *something*	**чита́тельский биле́т** – *library card*

Пе́рвое сентября́ – пе́рвый день в университе́те!

Пе́рвого сентября́...

- Возьми́те в университе́т па́спорт, де́ньги, фотоаппара́т, блокно́т и ру́чку.
- Познако́мьтесь с одногру́ппниками и со старшеку́рсниками, потому́ что старшеку́рсники мо́гут рассказа́ть вам мно́го интере́сного.
- Узна́йте расписа́ние заня́тий в декана́те, сфотографи́руйте его́.
- Узна́йте, где нахо́дятся аудито́рии, в кото́рых бу́дут ва́ши ле́кции и семина́ры.
- Получи́те в декана́те студе́нческий биле́т и чита́тельский биле́т в библиоте́ку.
- Узна́йте, где мо́жно получи́ть уче́бники.
- Не пережива́йте! Всё бу́дет хорошо́!

Сове́ты на ка́ждый день...

- Не опа́здывайте на ле́кции и семина́ры! Преподава́телям э́то не нра́вится.
- Не прогу́ливайте заня́тия! Вы поступи́ли в университе́т, чтобы учи́ться!
- Задава́йте вопро́сы преподава́телям, е́сли вы не понима́ете что́-то.
- Выключа́йте звук ва́ших моби́льных телефо́нов на ле́кциях и семина́рах, потому́ что э́то всем меша́ет: и студе́нтам, и преподава́телям.
- Бу́дьте общи́тельными, позити́вными и до́брыми. Это всем нра́вится.

- Улыба́йтесь всем! Лю́ди лю́бят, когда́ им улыба́ются.
- Бери́те в университе́т еду́! В столо́вых быва́ют больши́е о́череди, и во вре́мя переме́ны нереа́льно что́-то купи́ть, что́бы съесть.
- Не пережива́йте, потому́ что всё бу́дет хорошо́!

 7–16 | Журфа́к ТГУ. As you already know, the new academic year in Russia begins on the Day of Knowledge, September 1. Reread the post in 7–15 and finish the *to-do list* **спи́сок дел** for college freshmen on September 1.

Спи́сок дел на 1 сентября́:

1. Взять в университе́т _____
2. Узна́ть в декана́те _____
3. Узна́ть, где нахо́дится _____
4. Узна́ть, где мо́жно _____
5. Получи́ть в декана́те _____
6. Познако́миться с _____
7. Не пережива́ть! Всё бу́дет _____

 7–17 | Докуме́нты. 1) Reread the post in 7–15 and mark which documents **Ми́тя Ивано́в** should get on September 1 from the dean's office. 2) In small groups, ask and answer the question: **Каки́е у тебя́/у вас есть докуме́нты?** Show the documents you have with you.

Докуме́нты

- води́тельские права́ – *driver's license*
- креди́тная ка́рта – *credit card*
- медици́нская страхо́вка – *medical insurance*
- па́спорт – *passport*
- студе́нческий биле́т – *student ID card*
- чита́тельский биле́т – *library card*

 7–18 | Журфа́к ТГУ. Reread the post in 7–15. 1) Take turns asking and answering the following questions in complete sentences according to the context of the post. 2) In small groups, discuss what your group considers the *three most valuable pieces of advice* **три са́мых поле́зных сове́та** for first-year students and share them with the rest of the class. You may want to add your advice for first-year students. Use the following connectors: **во-пе́рвых** – *firstly;* **во-вторы́х** – *secondly;* **в-тре́тьих** – *thirdly;* **кро́ме того́** – *besides, furthermore.*

1. Почему́ студе́нтам нельзя́ опа́здывать на ле́кции и семина́ры?
2. Почему́ студе́нтам нельзя́ прогу́ливать заня́тия?
3. Почему́ первоку́рсникам на́до обяза́тельно познако́миться со старшеку́рсниками в университе́те?
4. Почему́ студе́нтам на ле́кциях и семина́рах на́до выключа́ть звук моби́льных телефо́нов?
5. Почему́ студе́нтам на́до быть общи́тельными, позити́вными и до́брыми?

6. Почему́ всем на́до улыба́ться?
7. Почему́ студе́нтам ну́жно брать еду́ в университе́т?
8. Почему́ не на́до пережива́ть?
9. Ваш сове́т: _____

ДАВА́ЙТЕ ПОГОВОРИ́М

7-19 | Уче́бный год. School year. In pairs, talk about your school's academic calendar. Answer all questions in full sentences. Pay attention to the word order in your answers: repeat the old information in the question first and then provide the new information.

1. Когда́ начина́ются и зака́нчиваются заня́тия в пе́рвом и во второ́м семе́стре?/в пе́рвой, во второ́й, в тре́тьей и в четвёртой че́тверти?
2. Ско́лько раз в год у тебя́/вас се́ссия? В како́м ме́сяце?
3. Когда́ у тебя́/у вас пра́ктика?
4. Когда́ у тебя́/у вас зи́мние (ле́тние, осе́нние, весе́нние) кани́кулы?
5. Когда́ у тебя́/у вас нет заня́тий? (У меня́ нет заня́тий **на** Рождество́, **на** День благодаре́ния и т.д.)

7-20 | Моё расписа́ние. 1) Fill in your schedule for the coming week. 2) In pairs, compare your schedules and decide when you could get together for lunch. Review the dative case as needed (see pages 195–205).

Приме́р/Example:

— Мы мо́жем пообе́дать вме́сте в понеде́льник? Ты не за́нят/занята́?
— По понеде́льникам я обы́чно за́нят/занята́. У меня́ ле́кция и семина́р по ру́сской литерату́ре, а пото́м заня́тия по ру́сскому языку́. По́сле э́того я иду́ на консульта́цию по исто́рии к профе́ссору Смирно́ву. А что у тебя́ во вто́рник? По вто́рникам я обы́чно свобо́ден/свобо́дна.

Расписа́ние заня́тий на неде́лю

Понеде́льник	
Вто́рник	
Среда́	
Четве́рг	
Пя́тница	
Суббо́та	
Воскресе́нье	

7–21 | Сцена́рий. Scenario. Imagine that you are applying for an internship at a Russian company that has an office in your hometown and you have been invited for an interview. Introduce yourself and be ready to answer the manager's questions about your educational background. Act out this scenario in pairs, and take turns playing each role (prospective intern and company interviewer).

ПИ́ШЕМ О СЕБЕ́

7–22 | Моя́ учёба. Write a 10–12-sentence post about an interesting event in your city for your blog or social media page that answers the following questions:

1. Где вы ра́ньше учи́лись? Что вы око́нчили?
2. Куда́ вы поступа́ли? Куда́ вы поступи́ли?
3. Где вы сейча́с у́читесь? На како́м ку́рсе/на како́м факульте́те вы у́читесь?
4. Вы уже́ вы́брали специа́льность? Кака́я ва́ша специа́льность?
5. На каки́е ку́рсы вы записа́лись в э́той че́тверти/в э́том семе́стре?
6. Како́е у вас расписа́ние в э́той че́тверти/в э́том семе́стре?
7. Вы бро́сили каки́е-нибу́дь ку́рсы в э́том уче́бном году́? Почему́?
8. Кто преподаёт ваш люби́мый предме́т/курс? Кто ваш люби́мый учи́тель/преподава́тель?
9. Как вы у́читесь?
10. Когда́ у вас се́ссия? К каки́м экза́менам вам на́до гото́виться? Где вы обы́чно занима́етесь?
11. Каки́е экза́мены вы сдава́ли в про́шлой че́тверти/в про́шлом семе́стре? Каки́е вы получи́ли оце́нки?
12. Каку́ю сте́пень вы полу́чите, когда́ око́нчите университе́т (сте́пень бакала́вра, сте́пень маги́стра, до́кторскую сте́пень)?
13. Кем вы хоти́те стать?

ИНТЕРВЬЮ́ И ПРОЕ́КТЫ

7–23 | Интервью́ «Расскажи́те о свое́й учёбе». In small groups or as a class, write down a list of questions that you could ask your classmates or other Russian speakers to get to know about their studies. 1) Conduct interviews with two classmates. Write down their answers and share your results with the class. 2) Conduct interviews with two Russian speakers outside of class. Write down their answers, create a two-minute multimedia presentation, and present it in class.

Interview form

Questions	Person 1	Person 2

 7-24 | Видеобло́г. Те́ги: где я учу́сь, моя́ учёба, мой люби́мый предме́т, мой люби́мый учи́тель/преподава́тель. 1) Create your personal video blog. Record yourself answering the questions in 7–22. Make it interesting and exciting for your classmates to watch. Be creative! 2) Show your video blog in class and watch your classmates' videos. You may want to have a competition for the best video blog.

ГРАММА́ТИКА

7-25 | Что вы зна́ете? Reread the following sentences from the posts in 7–9 and 7–15. 1) Underline all words and phrases that answer the following questions: **Кому́? Чему́? Куда́? (К кому́?) К чему́? По кому́? Когда́?** 2) What are the noun and adjective endings for the dative case?

1. Я начала́ уже́ гото́виться к экза́мену.
2. Мне на́до сдать экза́мены по ру́сскому языку́, матема́тике и исто́рии.
3. По понеде́льникам и сре́дам у меня́ три па́ры: ле́кция по журнали́стике, ле́кция по филосо́фии и англи́йский язы́к.
4. По вто́рникам и четверга́м у меня́ семина́р по журнали́стике.
5. Не зна́ю, мне на́до и́ли не на́до ходи́ть на консульта́ции к преподава́телям?
6. Когда́ я учи́лся на журфа́ке, ходи́л на консульта́ции к преподава́телям ка́ждую неде́лю.

7. Кто преподаёт тебе́ исто́рию журнали́стики?
8. Мне Ти́хонов преподава́л, он прекра́сный преподава́тель!
9. Познако́мьтесь с одногру́ппниками и со старшеку́рсниками, потому́ что старшеку́рсники мо́гут рассказа́ть вам мно́го интере́сного.
10. Улыба́йтесь всем! Лю́ди лю́бят, когда́ им улыба́ются.

The dative case
Да́тельный паде́ж

Review the dative case functions and the endings for the dative singular and plural forms of nouns, adjectives, and pronouns.

I. The uses of the dative case without prepositions

Use the dative case without prepositions:

1. to denote an **indirect object** (to indicate to whom or for whom something is done).
   Мой оте́ц преподаёт **иностра́нным студе́нтам** ру́сский язы́к.
   My father teaches foreign students Russian.

Review some common verbs that take the dative case and learn the ones you do not already know:

   говори́ть/сказа́ть что? кому́? (дру́гу, преподава́телю) – *to say, tell*
   расска́зывать/рассказа́ть что? кому́? (дру́гу, роди́телям) – *to tell*
   звони́ть/позвони́ть кому́? (подру́ге, роди́телям) – *to call*
   писа́ть/написа́ть что? кому́? (бра́ту, сестре́) – *to write*
   помога́ть/помо́чь кому́? (ба́бушке) – *to help*
   дава́ть/дать что? кому́? (друзья́м) – *to give*
   покупа́ть/купи́ть что? кому́? (бра́ту) – *to buy*
   дари́ть/подари́ть что? кому́? (ма́ме) пода́рки – *to give gifts*
   посыла́ть/посла́ть что? кому́? (дека́ну) – *to send*
   сове́товать/посове́товать что? кому́? (подру́ге) – *to advise*
   преподава́ть *impf.* что? кому́? (студе́нтам) – *to teach*
   улыба́ться/улыбну́ться кому́? (всем) – *to smile*
   задава́ть/зада́ть вопро́с кому́? (преподава́телю) – *to ask a question*
   отвеча́ть/отве́тить кому́? (дру́гу) – *to answer*

2. to indicate the person or thing whose age is being given.
   Мое́й подру́ге два́дцать оди́н год.   *My friend is 21 years old.*
   То́мскому госуда́рственному   *Tomsk State University is 140 years old.*
   университе́ту сто со́рок лет.

3. to indicate the person who likes someone or something with the verb **нра́виться/ понра́виться** кто? что? кому́? – *to like.*
   Им понра́вился преподава́тель по   *They liked their history professor.*
   исто́рии.
   Ей не **нра́вится** курс по фи́зике.   *She doesn't like the physics course.*

4. in **impersonal constructions** with the short form adjectives **ну́жен** *m.*, **нужна́** *f.*, **ну́жно** *n.*, **нужны́** *pl.* to indicate the person or thing who needs something or someone. The thing or person needed is in the nominative case and must agree in gender and number with the appropriate form of **ну́жен, нужна́**, and so on. The auxiliary verb **быть** in the past or future tense must also agree in gender and number with the thing or person needed.

Вам ну́жен репети́тор по исто́рии?	*Do you need a history tutor?*
Вчера́ **мне ну́жен был** твой сове́т.	*I needed your advice yesterday.*
Им нужна́ бу́дет твоя́ по́мощь.	*They'll need your help.*

5. in **impersonal constructions** with the following modal verbs and adverbs:
    - **мо́жно** (бы́ло, бу́дет) + *inf.* – *may, is permitted*
    - **на́до, ну́жно** (бы́ло, бу́дет) + *inf. (synonymous and interchangeable)* – *is necessary, one should, one needs, one has to do something.*
    - **нельзя́** (бы́ло, бу́дет) + *impf. inf.* – *is forbidden, is prohibited, is not allowed*
    - **интере́сно, тру́дно, прия́тно, ску́чно, ве́село**, etc. (бы́ло, бу́дет) + *inf.* – *interesting, difficult, pleasant, boring, cheerful, enjoyable*

    Remember that impersonal constructions do not have a subject in the nominative case. The logical subject in those constructions is in the dative case.

    Мне мо́жно (бу́дет) сдать экза́мен в пя́тницу?
    May I take the exam on Friday?

    Вам на́до бы́ло пода́ть докуме́нты в университе́т в декабре́.
    You had to submit the documents to the university in December.

    Студе́нтам нельзя́ прогу́ливать заня́тия.
    It is forbidden for students to skip classes.

    Мне интере́сно бу́дет учи́ться в э́том университе́те.
    It will be interesting for me to study at this university.

6. in **impersonal negative constructions** with
    - **не́где** (бы́ло, бу́дет) + *inf.* – *there is nowhere (location)*
    - **не́куда** (бы́ло, бу́дет) + *inf.* – *there is nowhere (destination)*
    - **не́когда** (бы́ло, бу́дет) + *inf.* – *there is no time*
    - **не́кому** (бы́ло, бу́дет) + *inf.* – *there is no one (indirect object)*
    - **не́чего** (бы́ло, бу́дет) + *inf.* – *there is nothing*

 Remember that impersonal constructions do not have a subject in the nominative case. The logical subject in those constructions is in the dative case.

Утром **мне не́когда бы́ло** пое́сть.	*In the morning, I had no time to eat.*
Мне не́чего (бы́ло) сказа́ть.	*I have (had) nothing to say.*

II. Noun endings for the dative case

Masculine and **neuter** nouns have the endings **-У/-Ю**.

Nominative sing. (Кто? Что?)	Dative sing. (Кому́? Чему́?)	Examples
студе́нт	студе́нт-**у**	**Студе́нту** на́до всё вре́мя занима́ться. *Students need to be studying all the time.*
преподава́тель	преподава́тел-**ю**	Он посла́л сообще́ние **преподава́телю** по име́йлу. *He sent an email to the instructor.*

Feminine and **masculine** nouns ending in **-А/-Я** take the ending **-Е**. Feminine nouns ending in a soft sign (**-Ь**) or **-ИЯ** take the ending **-И**.

Nominative sing. (Кто? Что?)	Dative sing. (Кому́? Чему́?)	Examples
аспира́нтка	аспира́нтк-**е**	**Аспира́нтке** на́до сдать экза́мен по хи́мии. *The graduate student needs to pass the chemistry exam.*
Ми́тя	Ми́т-**е**	Да́йте сове́т **Ми́те**! *Give Mitya advice!*
Мари́я	Мари́-**и**	**Мари́и** интере́сно учи́ться в университе́те. *Mariya finds it interesting to go to college.*
Любо́вь	Любо́в-**и**	**Любо́ви** на́до бро́сить курс по фи́зике. *Liubov needs to drop the physics course.*

In the **dative plural**, all nouns, regardless of gender, have endings **-АМ/-ЯМ**.

Nominative pl. (Кто? Что?)	Dative pl. (Кому́? Чему́?)	Examples
студе́нты	студе́нт-**ам**	**Студе́нтам** на́до ходи́ть на консульта́ции. *Students must go to office hours.*
преподава́тель	преподава́тел-**ям**	**Преподава́телям** не́когда отдыха́ть. *Instructors have no time to relax.*

III. Dative case for personal pronouns and the reflexive pronoun СЕБЯ́

Nom.	кто?	что?	я	ты	он оно́	она́	мы	вы	они́	-
Dat.	кому́?	чему́?	мне	тебе́	ему́	ей	нам	вам	им	себе́
	к кому́?	к чему́?	ко мне́	к тебе́	к нему́	к ней	к нам	к вам	к ним	к себе́

Remember:

The reflexive pronoun **СЕБЯ́** *oneself (myself, yourself, himself, herself, ourselves, themselves)* has no *nominative case* form and refers back to the subject of the sentence.

Он купи́л но́вый компью́тер **мне**.   *He bought a new computer for me.*

But: Я купи́ла но́вый компью́тер **себе́**.   *I bought a new computer for myself.*

По́сле заня́тий она́ идёт **ко мне́**.   *After classes he's coming to my place.*

But: По́сле заня́тий я иду́ **к себе́**.   *After classes I'm going to my place.*

7–26 | Да́тельный паде́ж. 1) Fill out the following questionnaire. The first one has been done for you. 2) In pairs, ask each other the following questions and circle your partners' answers. Share your results with the rest of the class.

Вопро́сы *Questions*	Отве́ты *Answers*
Кому́ ты обы́чно звони́шь, а кому́ пи́шешь СМСки и́ли сообще́ния по имéйлу?	**Я звоню́. . .** **Я пишу́ СМСки . . .** **Я пишу́ сообще́ния по имéйлу . . .**
друг	*дру́гу*
подру́га	
друзья́	
однокла́ссники	
учи́тель	
одноку́рсники	
преподава́тель	
дека́н	
ма́ма	
па́па (от|е́|ц)	
роди́тели	
брат	
сестра́	
ба́бушка	
де́душка	
жена́	
муж	

7–27 | Да́тельный паде́ж. Кому́ что ну́жно? 1) Finish the following sentences. 2) In pairs, make small talk following the subsequent example and using the words from the table.

Приме́р/Example:
Ситуа́ция: Ма́ша поступи́ла в университе́т.

— Что ну́жно Ма́ше?
— **Я ду́маю, что** Ма́ше нужна́ ко́мната в общежи́тии.

Ситуа́ция	Кому́?	ну́жен ну́жна́ ну́жно	Что?
1. Ната́ша поступи́ла в университе́т. У неё о́чень ста́рый компью́тер.	(Ната́ша) _____	_____	• ко́мната в общежи́тии • но́вый компью́тер • по́мощь
2. Юра у́чится в университе́те на пе́рвом ку́рсе. Он не зна́ет, когда́ у него́ фи́зика.	(Он) _____	_____	• медици́нская страхо́вка • по́мощь • расписа́ние заня́тий
3. Ле́не на́до взять кни́ги в библиоте́ке.	(Она́) _____	_____	• студе́нческий биле́т • чита́тельский биле́т • медици́нская стра́ховка
4. Алекса́ндр у́чится в университе́те на второ́м ку́рсе. Он пло́хо сдал экза́мен по ру́сскому языку́.	(Алекса́ндр) _____	_____	• ко́мната в общежи́тии • по́мощь • репети́тор по ру́сскому языку́

 7–28 | Да́тельный паде́ж. Кому́ что нра́вится? 1) Read the following questions out loud. 2) Go around the classroom and interview three to four classmates. Write down their answers. 3) Summarize the answers in five sentences and share them with the rest of the class.

Зада́йте вопро́сы:	Отве́тьте на вопро́сы:		
	Кому́?		Что?/Infinitive
1. Како́й предме́т тебе́/вам (не) нра́вится?		(не) нра́вится	
2. Кака́я специа́льность тебе́/вам (не) нра́вится?		(не) нра́вится	
3. Тебе́/Вам тру́дно и́ли легко́ учи́ться в университе́те?		тру́дно/легко́	

Зада́йте вопро́сы:		Отве́тьте на вопро́сы:	
4. Тебе́/Вам интере́сно й́ли ску́чно у́читься в университе́те?		интере́сно/ ску́чно	

Remember!
Non-Russian first names. Men's first names decline if they end in a consonant. Therefore, names like **Джек** and **Боб** decline, but names like **Джи́мми** and **Джо** do not. Women's first names decline if they end **in -A** or **-Я**. Therefore, names like **Ха́нна** and **Брэ́нда** decline, but names like **Ли́зи** and **Джейн** do not.

7–29 | Да́тельный паде́ж. Кому́ что мо́жно/нельзя́, на́до/ну́жно? 1) Discuss and mark in the following what students can do, can't do, and should do at school. The first one has been done for you. 2) In pairs, make small talk following the subsequent example and using the words from the table.

Приме́р/Example:

— Что студе́нтам нельзя́ де́лать?
— Студе́нтам нельзя́ опа́здывать на заня́тия!

Кому́?	мо́жно	нельзя́	на́до ну́жно	де́лать что?
Шко́льникам Студе́нтам Аспира́нтам			✓	• брать еду́ в университе́т • быть общи́тельными, позити́вными, до́брыми и акти́вными • выключа́ть звук моби́льных телефо́нов на заня́тиях • де́лать дома́шние зада́ния • задава́ть вопро́сы преподава́телям • занима́ться в библиоте́ке • кури́ть (*to smoke*) • мно́го чита́ть • обе́дать в столо́вой для преподава́телей • обе́дать в столо́вой для студе́нтов • опа́здывать на заня́тия • помога́ть друг дру́гу • прогу́ливать заня́тия • сдать все экза́мены во вре́мя се́ссии • улыба́ться всем • ходи́ть в спортза́л

7–30 | Да́тельный паде́ж. In pairs, take turns asking and answering the following questions. Use the phrases in parenthesis in your answers. Pay attention to tense (past, present, future) in your answers. Be creative!

Приме́р/Example:

— Ты был/а́ вчера́ в кино́? (не́когда, на́до занима́ться)
— Нет, нет был/а́. Мне вчера́ **бы́ло не́когда**. Мне **на́до бы́ло занима́ться**.
— Жаль!

1. Дава́й/те пойдём в студе́нческую столо́вую? (нет, не́когда, на́до идти́ в библиоте́ку)
2. Дава́й/те пойдём в спортза́л? (нет, не́когда, на́до гото́виться к контро́льной)
3. Дава́й/те пойдём на конце́рт? (нет, не́когда, на́до де́лать дома́шнюю рабо́ту)
4. Дава́й/те пойдём в музе́й? (да, дава́й, не́чего де́лать)
5. За́втра пойдёшь/пойдёте на футбо́л? (да, дава́й, не́чего де́лать)
6. Тебе́/Вам есть где занима́ться? (нет, не́где занима́ться)
7. Тебе́/Вам есть что чита́ть? (нет, не́чего чита́ть)
8. Тебе́/Вам есть что де́лать за́втра? (нет, не́чего де́лать за́втра)
9. У тебя́/вас есть что есть до́ма? (нет, не́чего есть, пусто́й холоди́льник)
10. Тебе́/Вам есть куда́ пойти́ на Но́вый год? (нет, не́куда пойти́)

7–31 | Да́тельный паде́ж. 1) Working in pairs, put the words in parentheses into the dative case (singular or plural) and underline all verbs that generate the dative case. 2) Answer the following questions in full sentences:

1. Почему́ На́сте нра́вится учи́ться в шко́ле?
2. Ско́лько На́сте лет?
3. Что На́сте подари́ли на день рожде́ния? Что ей купи́ли роди́тели?
4. Ей понра́вились пода́рки? Почему́?
5. Что ма́ма посове́товала На́сте?
6. Где преподаёт оте́ц На́сти? Кому́ он преподаёт?
7. На́сте бу́дет интере́сно и́ли неинтере́сно учи́ться в ТГУ?
8. Кому́ На́стя сказа́ла, что она́ пода́ст докуме́нты на факульте́т журнали́стики?

На́стя Ивлева

На́стя Ивлева сейча́с живёт в То́мске и у́чится в сре́дней шко́ле № 3 в 11-м кла́ссе. (На́стя) _____ нра́вится учи́ться в э́той шко́ле, потому́ что там хоро́шие учителя́, кото́рые всегда́ помога́ют (она́ и её друзья́) _____ и

_____ _____.

(На́стя) _____ семна́дцать лет. Вчера́ у неё был день рожде́ния, и (она́) _____ подари́ли мно́го пода́рков, кото́рые (она́) _____ о́чень понра́вились! Роди́тели, наприме́р, купи́ли (она́) _____ но́вый компью́тер. На́стя хо́чет поступи́ть в университе́т в сле́дующем году́, и (она́) _____ ну́жен бу́дет хоро́ший компью́тер.

На́стя ещё не зна́ет в како́й университе́т поступи́ть. Ма́ма посове́товала (она́) _____ пода́ть докуме́нты в То́мский госуда́рственный университе́т. Оте́ц На́сти рабо́тает в ТГУ. Он преподаёт исто́рию (студе́нты) _____. В про́шлом году́ На́стя пригласи́ла отца́ в шко́лу. Он рассказа́л (На́стя и её друзья́) _____ и _____ _____ мно́го интере́сного об университе́те и истори́ческом факульте́те.

На́стя ду́мает, что (она́) _____ бу́дет интере́сно учи́ться в То́мском университе́те. Она́ сказа́ла (роди́тели) _____, что она́ обяза́тельно пода́ст докуме́нты на факульте́т журнали́стики.

IV. Adjective and pronoun endings for the dative case. The reflexive possessive pronoun СВОЙ (one's own) in the dative case

Adjectives and pronouns that modify masculine and neuter singular nouns have the endings **-ОМУ/-ЕМУ**. Adjectives and pronouns that modify feminine nouns have the endings **-ОЙ/-ЕЙ**. In the plural, the endings are **-ЫМ/-ИМ**, but note the endings for **ВЕСЬ** and **Э́ТОТ, ТОТ**. **Remember** that the possessives **ЕГО́, ЕЁ, ИХ** never change their form.

	Nominative sing. (Кто? Что?)	**Dative sing.** (Кому́? Чему́?)	**Dative pl.** (Кому́? Чему́?)
		M./N.: -ОМУ/-ЕМУ *F.:* -ОЙ/-ЕЙ	*Pl.:* -ЫМ/-ИМ
M./N.	мой (твой, наш, ваш) профе́ссор	мо-ему́ (тво-ему́, на́ш-ему́, ва́ш-ему́, сво-ему́) профе́ссору	мо-и́м (тво-и́м, наш-им, ва́ш-им, сво-и́м) профессора́м
	э́тот серьёзный студе́нт тот но́вый преподава́тель	э́т-ому серьёзн-ому студе́нту т-ому́ но́в-ому преподава́телю	э́т-им серьёзн-ым студе́нтам т-ем но́в-ым преподава́телям
F.	моя́ (твоя́, на́ша, ва́ша) учи́тельница	мо-е́й (тво-е́й, на́ш-ей, ва́ш-ей, сво-е́й) учи́тельнице	мо-и́м (тво-и́м, наш-им, ва́ш-им, сво-и́м) учи́тельницам
	эта́ серьёзная студе́нтка	э́т-ой серьёзн-ой студе́нтке	э́т-им серьёзн-ым студе́нткам
	та хоро́шая аспира́нтка	т-ой хоро́ш-ей аспира́нтке	т-ем хоро́ш-им аспира́нткам
PL.	все но́вы́е учителя́		вс-ем но́в-ым учителя́м

The reflexive possessive pronoun **СВОЙ** *(one's own)* is used when referring to the subject of the sentence.

Remember:

Он написа́л имэ́йл **своему́** преподава́телю.
He wrote an email to his (own) professor.

But: Он написа́л электро́нное письмо́ **его́** преподава́телю.
He wrote an email to his (someone else's) professor.

The reflexive possessive pronoun **СВОЙ** *(one's own)* is used in impersonal constructions to express **possession**.

Преподава́телям ва́жно знать **свои́х** студе́нтов.
It's important for professors to know their students.

Студе́нтам на́до уважа́ть **свои́х** преподава́телей.
Students have to respect their professors.

7–32 | Да́тельный паде́ж. 1) Working in pairs, put the words in parenthesis in the following into the dative case (singular or plural) and underline all verbs that generate the dative case. 2) Answer the following questions in full sentences:

1. Ско́лько лет То́мскому госуда́рственному университе́ту?
2. Почему́ Ми́те и его́ друзья́м нра́вится учи́ться в ТГУ?
3. Кому́ звони́л Ми́тя, что́бы узна́ть всё об университе́те?
4. Кому́ Андре́й Сы́тов рассказа́л о факульте́те журнали́стики ТГУ?
5. Что и кому́ посове́товал Андре́й?
6. Кто задава́л Андре́ю вопро́сы?
7. Кому́ помо́г Андре́й?
8. Кому́ Андре́й хо́чет помо́чь?

Из бло́га Андре́я Сы́това

Приве́т! Меня́ зову́т Андре́й, Андре́й Сы́тов! У меня́ есть лу́чший друг – Ми́тя Ивано́в, кото́рый поступи́л в То́мский университе́т в э́том году́. (То́мский госуда́рственный университе́т) _____ _____ _____ 140 лет! (Ми́тя и его́ друзья́) _____ и _____ _____ нра́вится учи́ться в э́том университе́те. (Они́) _____ нра́вится там учи́ться, потому́ что в университе́те мно́го ра́зных факульте́тов, и там рабо́тают хоро́шие преподава́тели, кото́рые преподаю́т ра́зные предме́ты (студе́нты и все аспира́нты) _____ и _____ _____.

В про́шлом году́ Ми́тя не знал, где он хо́чет учи́ться, куда́ (он) _____ на́до пода́ть докуме́нты. Он звони́л (все свои́ друзья́) _____ _____ _____ и спра́шивал (они́) _____, что они́ ду́мают о ра́зных университе́тах. Позвони́л он и (я) _____, (свой лу́чший друг) _____ _____ _____.

Я до́лго расска́зывал (Ми́тя) _____, (его́ роди́тели) _____ _____ и (его́ мла́дшая сестра́) _____ _____ _____ о факульте́те журнали́стики, на кото́ром я учи́лся и око́нчил в про́шлом году́. Коне́чно, я посове́товал (Ми́тя) _____ и (его́ сестра́) _____ _____ поступи́ть в ТГУ. Он задава́л (я) _____ мно́го вопро́сов, на кото́рые я отвеча́л (он) _____ и (его́ мла́дшая сестра́ Ле́на) _____ _____ _____.

Я ду́маю, что я помо́г (свой лу́чший друг) _____ _____ _____ вы́брать университе́т и специа́льность!

А (вы) _____ нужна́ по́мощь? Пиши́те (я) _____! Я гото́в помо́чь (все) _____!

V. Кото́рый (кото́рая, кото́рое, кото́рые) in the dative case

The relative pronoun **кото́рый** declines in the dative case as a regular adjective: **кото́рому** (кото́рой, кото́рому, кото́рым).

7–33 | Кото́рый. 1) Make a complex sentence from two simple ones using **кото́рый**. The first one has been done for you. 2) Read the complex sentences and translate them into English.

1. Это <u>мой друг</u>. <u>Моему́ дру́гу</u> нра́вится учи́ться в университе́те.
   Это мой друг, кото́рому нра́вится учи́ться в университе́те.
2. Вот моя́ подру́га. Мое́й подру́ге ну́жен студе́нческий биле́т.
3. Это студе́нты. Студе́нтам интере́сно изуча́ть исто́рию Росси́и.
4. Вот первоку́рсники. Первоку́рсникам на́до помо́чь адапти́роваться в университе́те.
5. Где наш преподава́тель? Я хочу́ зада́ть вопро́с на́шему преподава́телю.
6. Вот аспира́нт. Аспира́нту ну́жно отве́тить на вопро́сы.
7. В университе́те есть студе́нты. Студе́нтам тру́дно учи́ться в университе́те.
8. Это мой университе́т. Моему́ университе́ту 100 лет.

VI. The uses of the dative case after the prepositions ПО and К

1. The preposition **ПО** has many meanings (*about, on, by, according to, along, around*) depending on context. Study some of the uses of the dative case after **ПО**:
   - The preposition **ПО** is used with days of the week and times of day (у́тро, ве́чер, ночь) in the dative *plural* to express a recurring time period.
     По вто́рникам и **четверга́м** у меня́ ру́сский язы́к.
     I have Russian on Tuesdays and Thursdays.

     У вас есть заня́тия **по вечера́м**?
     Do you have classes in the evening?

- The preposition **ПО** is used with the names of academic subjects in the dative case to designate a subject that is being studied or in which a test (exam, quiz) is being given.

> Семина́р (заня́тие, ле́кция, курс) **по исто́рии**
> *A history seminar (class, lecture, course)*

> Экза́мен (контро́льная рабо́та, прове́рка) **по ру́сскому языку́**
> *A Russian exam (test, quiz)*

- The preposition **ПО** is used with the names of tools, technologies, software in the dative case to express the means of communication (по телеви́зору *on TV*, по ра́дио *on the radio*, по интерне́ту *on the internet*, по телефо́ну *on the phone*).

> Сего́дня мы поговори́ли **по телефо́ну (по Ска́йпу)**.
> *We talked on the phone (on Skype).*

2. Study some uses of the dative case after **К**.

- The preposition **К** is used with animate nouns in the dative case to indicate the person(s) whose place of residence (or office) is the destination of motion answering the question **К КОМУ́? КУДА́?**

> Сего́дня я иду́ **к профе́ссору Ива́нову** на консульта́цию.
> *I'm going to Professor Ivanov's office hours today.*

> Я ча́сто хожу́ **к дру́гу** занима́ться.
> *I often go to my friend's place to study.*

> Я иду́ **к себе́** (в ко́мнату).
> *I'm going (back) to my room.*

- The preposition **К** is used after the verb **гото́виться/подгото́виться** *to get ready* and after the short-form adjective **гото́в (гото́ва, гото́вы)** *ready*.

> Мы всю ночь гото́вились **к контро́льной.**
> *We spent the whole night studying for the test.*

> Мы ещё не гото́вы **к контро́льной**.
> *We're still not ready for the test.*

7-34 | Да́тельный паде́ж. 1) Read the following questions out loud. 2) Go around the classroom and interview two classmates. Write down their answers. 3) Summarize the answers in five sentences and share them with the rest of the class.

Вопро́сы *Questions*	Person 1	Person 2
1. По каки́м дням у тебя́/вас заня́тия в э́той че́тверти/в э́том семе́стре?		
2. У тебя́/вас заня́тия по утра́м и́ли вечера́м?		
3. На каки́е курсы вы записа́лись? (на курс по . . .)		
4. По каки́м предме́там вы слу́шаете ле́кции?		
5. По каки́м предме́там у вас семина́ры?		
6. К каки́м контро́льным и́ли экза́менам вам на́до гото́виться в э́той че́тверти/ семе́стре?		
7. Где вы покупа́ете уче́бники? В магази́не и́ли по интерне́ту?		
8. Вы мо́жете сдава́ть экза́мены по интерне́ту (онла́йн)?		

7-35 | Да́тельный паде́ж. 1) Fill out the following questionnaire. The first one has been done for you. 2) In pairs, ask each other the following questions and circle your partners' answers. Share your results with the rest of the class.

Вопро́сы *Questions*	Отве́ты *Answers*
К кому́ вы ча́сто хо́дите?	**Я ча́сто хожу́ к . . .**
мой друг	*к моему́ дру́гу*
моя́ подру́га	
мои́ университе́тские друзья́	
мои́ шко́льные друзья́	
мои́ однокла́ссники	
мои́ одноку́рсники	
преподава́тели на консульта́цию	
наш дека́н	
мои́ роди́тели	
мой ста́рший/мла́дший брат	
моя́ ста́ршая/мла́дшая сестра́	
моя́ ба́бушка	
мой де́душка	
друго́е: _____	

7-36 | Куда́? Где? Отку́да? 1) Fill out the following table. 2) In pairs, make small talk following the subsequent example using the words from the table.

Приме́р/Example:

— Куда́ вы ходи́ли?
— Я ходи́л/а к преподава́телю. | Я ходи́л/а на консульта́цию.

— Где вы бы́ли?
— Я был/ла́ у преподава́теля. | Я был/была́ на консульта́ции.

— Отку́да вы верну́лись?
— Я верну́лся/лась от преподава́теля. | Я верну́лся/лась с консульта́ции.

Кто?	Куда́ (К кому́) вы ходи́ли? К + *dative*	Где (У кого́) вы бы́ли? У+ *genitive*	Отку́да (От кого́) вы верну́лись? ОТ + *genitive*
Что?	Куда́ вы ходи́ли? В/НА + *accusative*	Где вы бы́ли? В/НА + *prepositional*	Отку́да вы верну́лись? ИЗ/С + *genitive*
дека́н факульте́та дом бассе́йн библиоте́ка консульта́ция магази́н мои́ друзья́ мой преподава́тель моя́ подру́га моя́ учи́тельница однокла́ссники он она́ они́ профе́ссор роди́тели одноку́рсник университе́т	домо́й	до́ма	из до́ма

блокно́т – *notebook*
броса́ть/бро́сить курс по чему́? (по исто́рии) – *to drop a course (a history course)*
   Pres.: я броса́ю, ты броса́ешь, они́ броса́ют
   Fut.: я бро́шу, ты бро́сишь, они́ бро́сят
води́тельские права́ – *driver's license*

выбира́ть/вы́брать что? факульте́т, специа́льность – *to declare (literally: choose) a major*
    Pres.: я выбира́ю, ты выбира́ешь, они́ выбира́ют
    Fut.: я вы́беру, ты вы́берешь, они́ вы́берут

выключа́ть/вы́ключить что? звук – *to turn off the sound, to mute*
    Pres.: я выключа́ю, ты выключа́ешь, они́ выключа́ют
    Fut.: я вы́ключу, ты вы́ключишь, они́ вы́ключат

выпускни́к – *alumnus*

гото́виться/подгото́виться к чему́? – *to prepare for, to study for (an exam)*
    Pres./Fut.: я (под)гото́влюсь, он (под)гото́вится, они́ (под)гото́вятся

декана́т – *dean's office*

документа́льное кино́ – *documentary*

задава́ть/зада́ть вопро́с – *to ask a question*
    Pres.: я задаю́, ты задаёшь, они́ задаю́т
    Fut.: я зада́м, он зада́ст, они́ зададу́т

занима́ться *impf.* где? – *to do homework, prepare for class*
    Pres.: я занима́юсь, ты занима́ешься, они́ занима́ются

заня́тие – *class*

запи́сываться/записа́ться на курс по чему́? – *to register for, sign up for*
    Pres.: я запи́сываюсь, ты запи́сываешься, они́ запи́сываются
    Fut.: я запишу́сь, ты запи́шешься, они́ запи́шутся

зна́ние – *knowledge*

изуча́ть/изучи́ть что? – *to study something in depth*
    Pres.: я изуча́ю, ты изуча́ешь, они́ изуча́ют
    Fut.: я изучу́, ты изу́чишь, они́ изу́чат

консульта́ция у кого́? по чему́? – *office hours*

контро́льная рабо́та – *test*

креди́тная ка́рта – *credit card*

курс – *course*

ле́кция – *lecture*

медици́нская страхо́вка – *medical insurance*

мечта́ – *dream*

общи́тельный, -ая, -ые – *sociable*

обяза́тельно – *definitely, for sure*

оконча́ние (университе́та, шко́лы) – *graduation*

опа́здывать/опозда́ть на что? – *to be late for*
    Pres.: я опа́здываю, ты опа́здываешь, они́ опа́здывают
    Fut.: я опозда́ю, ты опозда́ешь, они́ опозда́ют

оце́нка по чему́? – *grade*
    дво́йка, тро́йка, четвёрка, пятёрка – *F, C, B, A (letter grades)*

о́чередь – *line, queue*

па́ра – *90-minute lecture*

первоку́рсник – *first-year student, freshman*

переме́на – *here: break between classes*

подава́ть/пода́ть докуме́нты куда́? – *to submit documents, apply*
    Pres.: я подаю́, ты подаёшь, они́ подаю́т
    Fut.: я пода́м, ты пода́шь, они́ подаду́т

получа́ть/получи́ть оце́нку по чему́? – *to get a grade*
   Pres.: я получа́ю, ты получа́ешь, они́ получа́ют
   Fut.: я получу́, ты полу́чишь, они́ полу́чат

пра́ктика – *practical course, practicum*

предме́т – *subject*

преподава́ть *impf.* что? кому́? – *to teach (to give lessons, to instruct, lecture; to be a teacher)*
   Pres.: я преподаю́, ты преподаёшь, они́ преподаю́т

прове́рка – *quiz*

прогу́ливать/прогуля́ть что? (заня́тия) – *to skip (classes)*
   Pres.: я прогу́ливаю, ты прогу́ливаешь, они́ прогу́ливают
   Fut.: я прогуля́ю, ты прогуля́ешь, они́ прогуля́ют

сдава́ть/сдать экза́мен – *to take/pass an exam*
   Pres.: я сдаю́, ты сдаёшь, они́ сдаю́т
   Fut.: я сдам, ты сдашь, они́ сдаду́т

семе́стр – *semester*

семина́р – *seminar*

се́ссия – *finals week*

старшеку́рсник – *senior*

студе́нческий биле́т – *student ID card*

това́рищ – *here: friend, buddy, pal (This word is now rarely used.)*

узнава́ть/узна́ть что? о ком? о чём? – *to find out*
   Pres.: я узнаю́, ты узнаёшь, они́ узнаю́т
   Fut.: я узна́ю, ты узна́ешь, они́ узна́ют

улыба́ться/улыбну́ться кому́? – *to smile*
   Pres: я улыба́юсь, ты улыба́ешься, они́ улыба́ются
   Fut.: я улыбну́сь, ты улыбнёшься, они́ улыбну́тся

учёба – *studies, schooling*

учи́ть/вы́учить что? – *to learn, study something (to memorize)*
   Pres./Fut.: я (вы́)учу, ты (вы́)учишь, они́ (вы́)учат

учи́ть/научи́ть кого́? + *inf.* – *to teach someone to do something*
   Pres./Fut.: я (на)учу́, ты (на)у́чишь, они́ (на)у́чат

учи́ться/научи́ться + *inf.* – *to learn, study (to gain new knowledge, skills and experience)*
   Pres./Fut.: я (на)учу́сь, ты (на)у́чишься, они́ (на)у́чатся
   Past: он (на)учи́лся, она́ (на)учи́лась, они́ (на)учи́лись

че́тверть *f.* – *quarter*

чита́тельский биле́т – *library card*

что́-то – *something*

экза́мен – *exam*

Expressions:

Век живи́ – век учи́сь! – *You're never too old to learn (a proverb, literally: "Live for a century, learn for a century")*

Ура́! – *Hooray!*

ВУЗ (вы́сшее уче́бное заведе́ние) – *institution of higher education, such as* акаде́мия, университе́т, институ́т, ко́лледж

ЕГЭ (еди́ный госуда́рственный экза́мен) – *a series of exams every student must pass after graduation from high school to enter a university.*

Connectors:

во-вторы́х – *secondly*
во-пе́рвых – *firstly*
в-тре́тьих – *thirdly*
ещё – *in addition, also*
кро́ме того́ – *besides, furthermore*
та́кже – *also*

ГЛАВА́ 8 | МОЙ УНИВЕРСИТЕ́Т

In this chapter, you will:

- read an advertisement for a Russian university as well as online reviews made by students and alumni on the quality of education and student life there;
- watch a commercial for a Russian university;
- talk about your own university, what you like and don't like about it;
- learn to ask and answer questions about your university;
- write a personal blog post about your university;
- write a short advertisement for your university website for Russian high school students;
- create a video blog post about your university and make a TV commercial for your school.

ВВЕДЕ́НИЕ

 8-1 | Мой университе́т. 1) Read the following script out loud. 2) Go around the classroom and interview two to three classmates. Make sure to use the appropriate form of address (**ты** or **вы**) and the appropriate greeting and farewell expressions. 3) Write down or circle your classmates' answers. 4) Summarize their answers in six to seven sentences and share them with the rest of the class.

I. Opening conversation lines	Responses
Приве́т!/Здра́вствуй/те! Как дела́? Рад/ра́да тебя́/вас ви́деть! Как твоя́/ва́ша жизнь?	Приве́т!/Здра́вствуй/те! Я то́же рад/ра́да тебя́ ви́деть! Спаси́бо, всё хорошо́/норма́льно. Не жа́луюсь.
Вопро́сы	**Отве́ты**
1. В како́м университе́те ты у́чишься? В како́м университе́те вы у́читесь?	Я ещё учу́сь в шко́ле. Я учу́сь в _____
2. Како́й э́то университе́т? Кака́я э́то шко́ла?	Мой университе́т …/Моя́ шко́ла … • госуда́рственный, -ая • ча́стный, -ая • большо́й, -ая • изве́стный, -ая • прести́жный, -ая • друго́е:
3. Каки́е факульте́ты есть в твоём/ва́шем университе́те?	В университе́те есть … • физи́ческий факульте́т • хими́ческий факульте́т • биологи́ческий факульте́т • истори́ческий факульте́т • филологи́ческий факульте́т • факульте́т психоло́гии • факульте́т журнали́стики • факульте́т политоло́гии • факульте́т междунаро́дных отноше́ний • други́е:
4. Что есть в твое́й/ва́шей шко́ле? Что есть в твоём/ва́шем университе́те?	В шко́ле/университе́те есть … • уче́бные корпуса́ (*campus buildings*) • лаборато́рии • библиоте́ки • спорти́вные за́лы • бассе́йн • столо́вая • кафе́

	• концéртный зал • студéнческая поликли́ника (*student clinic*) • общежи́тия • другóе:
5. Скóлько шкóльников у́чится[1] в твоéй/ва́шей шкóле? Скóлько студéнтов у́чится в твоём/ва́шем университéте?	В шкóле у́чатся _____ В университéте у́чатся _____
III. Closing lines	**Responses**
Спаси́бо! Бы́ло прия́тно с тобóй/ва́ми поговори́ть! Всегó хорóшего! Извини́/те, что я тебя́/вас задержа́л/а!	Пожа́луйста! Нé за что! Счастли́во! Всегó дóброго! Ещё уви́димся!

8–2 | Произношéние. "Hard" Л vs. "Soft" Л. Listen to the pronunciation of "hard" Л [l] and "soft" Л [l] in the following words and then repeat the words after the speaker.

Pronounce "hard" Л like the ***l*** at the end of the English words ***little*** or ***middle***. Pronounce "soft" Л with the tip of your tongue touching or close to your lower front teeth.

"Hard" Л
лаборатóрия
спорти́вный зал
биолóгия
биологи́ческий факультéт
филолóгия
филологи́ческий факультéт
психолóгия
факультéт психолóгии
улыба́ться, я улыба́юсь, он улыба́ется
весёлый, весёлая, весёлые
лу́чший друг
молодёжь
Пожа́луйста!
Не жа́луюсь!
Добрó пожа́ловать!

"Soft" Л
поликли́ника
библиотéка
факультéт
литерату́ра
политолóгия
факультéт политолóгии
специа́льность
лéкция
консульта́ция
преподава́тель
учи́тель
чита́тельский билéт
обяза́тельно
социа́льная сеть
Счастли́во!
Все норма́льно!

---

1 Use singular forms of verbs with **скóлько, нéсколько, мнóго, немнóго, ма́ло**.

Pronounce the following past tense forms after the speaker. Be sure to pronounce a "soft" Л [ļ] before И. As you pronounce the words, underline each soft Л and circle each hard Л that you hear.

изуча́л – изуча́ла – изуча́ли (психоло́гию)
преподава́л – преподава́ла – преподава́ли (биоло́гию)
жил – жила́ – жи́ли (в го́роде Ли́пецке)
писа́л – писа́ла – писа́ли (о литерату́ре)
рабо́тал – рабо́тала – рабо́тали (в библиоте́ке)
слу́шал – слу́шала – слу́шали (ле́кции)
хоте́л – хоте́ла – хоте́ли (получи́ть чита́тельский биле́т)
чита́л – чита́ла – чита́ли (об университе́те)

8–3 | Словообразова́ние. Suffixes -**ани**(e), -**ени**(e). Read the following **neuter** nouns formed from verbs out loud. Give English equivalents for the nouns.

1. зада́ть (*to assign*) – (дома́шнее) зада́ние
2. знать (*to know*) – зна́ние
3. изучи́ть (*to study*) – изуче́ние
4. иссле́довать (*to research*) – иссле́дование
5. образова́ть (*to educate*) – образова́ние
6. обучи́ть (*to instruct, to train*) – обуче́ние
7. объясни́ть (*to explain*) – объясне́ние
8. око́нчить (*to graduate*) – оконча́ние
9. опозда́ть (*to be late for*) – опозда́ние
10. поступи́ть (*to enroll*) – поступле́ние
11. преподава́ть (*to teach*) – преподава́ние
12. приглаша́ть (*to invite*) – приглаше́ние

8–4 | Образова́ние. Review the following vocabulary words and learn the words and expressions you do not already know.

образова́ние	*education*
обуче́ние (беспла́тное/пла́тное)	*schooling, instruction, training (tuition-free education/non-tuition-free education)*
проходи́ть/пройти́ что?	
• **пра́ктику**	• *to take a practical course, practicum*
• **стажиро́вку**	• *to get an internship*
занима́ться *impf.* **нау́кой**	*to pursue science (this includes conducting research, publishing scholarly articles, attending conferences, etc.)*
проводи́ть/провести́ иссле́дование	*to conduct research*
уча́ствовать *impf.* **в нау́чной конфере́нции**	*to participate in an academic conference*

получа́ть/получи́ть что?
- вы́сшее образова́ние
- сте́пень бакала́вра
- сте́пень маги́стра
- до́кторскую сте́пень
- стипе́ндию
- нау́чный грант
- о́пыт рабо́ты

to receive
- *higher education*
- *a bachelor's degree*
- *a master's degree*
- *a PhD*
- *a scholarship*
- *a grant*
(to gain) work experience

Cultural note: Is university in Russia free?

In **Russia,** the state provides most education services, regulating education through the Ministry of Education and the Ministry of Science and Higher Education. Education **образова́ние** in state-owned secondary schools is free **беспла́тное**.

University-level education is free **беспла́тное** for Russian citizens but only for a limited number of students who receive merit-based federal budget scholarships. A substantial number of students are required to pay tuition fees **плати́ть за обуче́ние**. Foreign students **студе́нты-иностра́нцы** not receiving a Russian Federation state scholarship **стипе́ндия** are also required to pay tuition fees **плати́ть за обуче́ние**. The tuition fees **пла́та за обуче́ние** of Russian universities may vary, but in any case, it is often lower than in Europe or in other countries.

8–5 | Образова́ние. In pairs, take turns asking and answering the following questions:

1. Како́е у вас образова́ние?
2. В ва́шем университе́те обуче́ние пла́тное и́ли беспла́тное?
3. Ско́лько сто́ит обуче́ние в ва́шем университе́те?
4. Вы получа́ете стипе́ндию? Каку́ю?
5. Вы проходи́ли/бу́дете проходи́ть пра́ктику? Когда́?
6. Вы проходи́ли/бу́дете проходи́ть стажиро́вку? Когда́?
7. Каку́ю сте́пень вы получи́ли/полу́чите?
8. У вас есть о́пыт рабо́ты? Вы рабо́тали по специа́льности *(worked in your field of study)*?
9. Вы занима́етесь нау́кой?
10. Вы прово́дите иссле́дования?
11. Вы получи́ли нау́чный грант?
12. Вы уча́ствуете в нау́чных конфере́нциях?

ЧИТА́ЕМ И ГОВОРИ́М

8-6 | Структу́ра университе́та. 1) Study the following sample structure of a Russian university. 2) Try to figure out the English equivalents for the following words:

- ре́ктор университе́та –
- дека́н факульте́та –
- заве́дующий (заве́дующая *f.*) ка́федрой –

РЕ́КТОР УНИВЕРСИТЕ́ТА			
ДЕКА́Н ФАКУЛЬТЕ́ТА		ДЕКА́Н ФАКУЛЬТЕ́ТА	
Филологи́ческий факульте́т		Физи́ческий факульте́т	
ЗАВ. КА́ФЕДРОЙ	ЗАВ. КА́ФЕДРОЙ	ЗАВ. КА́ФЕДРОЙ	ЗАВ. КА́ФЕДРОЙ
ка́федра ру́сского языка́	ка́федра исто́рии ру́сской и зарубе́жной литерату́ры	ка́федра теорети́ческой фи́зики	ка́федра пла́змы

8-7 | Структу́ра университе́та. In small groups, take turns asking and answering the following questions:

1. Кто ре́ктор ва́шего университе́та?
2. Кто дека́н ва́шего факульте́та?
3. Кто зав. ка́федрой ру́сского языка́ ва́шего университе́та?
4. Почему́ вы вы́брали университе́т, в кото́ром вы у́читесь?
5. Вам нра́вится и́ли не нра́вится учи́ться в ва́шем университе́те? Почему́?

8-8 | О То́мском университе́те. 1) Read about **То́мский госуда́рственный университе́т (ТГУ)** in the following and mark four main reasons high school graduates should apply to **ТГУ** according to the content of the article. 2) List the reasons you've checked using the following connectors: **во-пе́рвых** – *firstly*; **во-вторы́х** – *secondly*; **та́кже** – *also*; **кро́ме того́** – *besides, furthermore*. 3) What things from the following list are most important to you when choosing a university?

Четы́ре причи́ны вы́брать То́мский университе́т

бу́дущий, -ая, -ее, -ие – *future adj.*	**ва́жно** – *important adv.*
выступа́ть/вы́ступить – *to perform*	**за рубежо́м** – *abroad*
ка́чественный, -ая, -ое, -ые – *high-quality*	**крупне́йший**, -ая, -ее, -ие – *largest, biggest*
причи́на – *reason*	**старе́йший**, -ая, -ее, -ие – *oldest*
уве́рен, -а, -ы в ком? чём? – *(to be) sure of,*	**учёный** – *scientist, scholar*
confident in	**цени́ться** *impf. only* – *to be valued*
хор – *choir*	

То́мский госуда́рственный университе́т (ТГУ) – э́то оди́н из старе́йших университе́тов Росси́и и пе́рвый университе́т в Сиби́ри. Сейча́с ТГУ – оди́н из лу́чших университе́тов Росси́и и крупне́йший вуз го́рода То́мска!

ТГУ сего́дня – э́то 6 институ́тов, 14 факульте́тов и 135 ра́зных специа́льностей. В ву́зе у́чатся 17 ты́сяч студе́нтов и 500 аспира́нтов. Поступа́й в ТГУ, и ты бу́дешь учи́ться в одно́м из старе́йших и крупне́йших ву́зов Росси́и!

То́мский госуда́рственный университе́т – э́то прести́жный вуз, в кото́ром рабо́тают лу́чшие преподава́тели и изве́стные росси́йские учёные! Если ты посту́пишь в ТГУ, ты полу́чишь ка́чественное вы́сшее образова́ние, бу́дешь занима́ться нау́кой и, что ва́жно, полу́чишь пе́рвый о́пыт рабо́ты по специа́льности во вре́мя ле́тней пра́ктики! Нужны́ де́ньги на учёбу и нау́ку? В университе́те мо́жно получи́ть ра́зные стипе́ндии и нау́чные гра́нты.

Поступа́й в ТГУ, и ты бу́дешь уве́рен в свое́й бу́дущей карье́ре! Дипло́м ТГУ высоко́ це́нится! Бо́лее 150 ты́сяч выпускнико́в университе́та сейча́с рабо́тают в Росси́и и за рубежо́м.

Если ты посту́пишь в То́мский госуда́рственный университе́т, у тебя́ бу́дет интере́сная студе́нческая жизнь! В университе́те есть бассе́йн и стадио́н. А в До́ме спо́рта ТГУ есть за́лы для заня́тий баскетбо́лом, волейбо́лом, аэро́бикой, фи́тнессом и др. В Це́нтре культу́ры выступа́ют университе́тский хор, орке́стр, теа́тр дра́мы и коме́дии, анса́мбль совреме́нного та́нца.

ТГУ ждёт тебя́!

Материа́л подгото́влен на осно́ве информа́ции откры́тых исто́чников.

Мо́жно вы́брать ТГУ по таки́м причи́нам:

- Студе́нты ТГУ прохо́дят пра́ктику по специа́льности ле́том.
- В университе́те интере́сная студе́нческая жизнь.
- Это прести́жный университе́т.
- Дипло́м ТГУ высоко́ це́нится.
- Студе́нты ТГУ мо́гут быть уве́рены в свое́й бу́дущей карье́ре.
- В университе́те есть хоро́шие общежи́тия, кафе́ и студе́нческие столо́вые.

- Обуче́ние в университе́те сто́ит недо́рого.
- Мо́жно получи́ть ка́чественное вы́сшее образова́ние, занима́ться нау́кой и получи́ть о́пыт рабо́ты по специа́льности.
- Это оди́н из старе́йших и крупне́йших ву́зов.
- В университе́те мо́жно занима́ться спо́ртом.

8-9 | О То́мском университе́те. Read about **То́мский госуда́рственный университе́т** one more time and choose the correct statements. There may be more than one correct answer. 2) In pairs, talk about **ТГУ** in ten sentences.

1. То́мский университе́т – э́то . . .
   a. оди́н из лу́чших университе́тов Росси́и.
   b. ча́стный, комме́рческий университе́т.
   c. прести́жный вуз.
2. В ТГУ сейча́с . . .
   a. 9 институ́тов, 20 факульте́тов и 100 ра́зных специа́льностей.
   b. 6 институ́тов, 14 факульте́тов и 135 ра́зных специа́льностей.
   c. у́чатся 19 ты́сяч студе́нтов и 500 аспира́нтов.
3. В ТГУ студе́нты . . .
   a. мо́гут получи́ть ка́чественное вы́сшее образова́ние.
   b. мо́гут занима́ться нау́кой.
   c. не мо́гут получи́ть хоро́шее образова́ние, та́к как в университе́те плохи́е преподава́тели.
4. В ТГУ студе́нты . . .
   a. мо́гут получи́ть пе́рвый о́пыт рабо́ты по специа́льности.
   b. не мо́гут занима́ться спо́ртом, потому́ что в университе́те нет спорти́вных за́лов, стадио́на и бассе́йна.
   c. мо́гут занима́ться ра́зными ви́дами спо́рта.
5. В ТГУ есть . . .
   a. бассе́йн и стадио́н.
   b. клуб первоку́рсника, клуб тури́зма, музе́й исто́рии университе́та.
   c. университе́тский хор, орке́стр, теа́тр дра́мы и коме́дии, анса́мбль совреме́нного та́нца.
6. Студе́нты ТГУ . . .
   a. мо́гут легко́ получи́ть рабо́ту за рубежо́м.
   b. мо́гут быть уве́рены в свое́й бу́дущей карье́ре.
   c. мо́гут до́лго иска́ть рабо́ту в Росси́и и́ли за рубежо́м.

8-10 | О То́мском университе́те. 1) Reread the article about **То́мский госуда́рственный университе́т** and find answers to the following questions (#1–7). 2) On the internet, find answers to the questions #8–10.

1. Почему́ То́мский университе́т – э́то прести́жный вуз?
2. Почему́ в ТГУ мо́жно получи́ть ка́чественное вы́сшее образова́ние?
3. Почему́ студе́нты ТГУ мо́гут быть уве́рены в свое́й бу́дущей карье́ре?
4. Почему́ дипло́м ТГУ высоко́ це́нится?

5. Как студе́нты ТГУ мо́гут получи́ть свой пе́рвый о́пыт рабо́ты по специа́льности?
6. Как студе́нты ТГУ мо́гут получи́ть де́ньги на учёбу и нау́ку?
7. Почему́ у студе́нтов ТГУ интере́сная студе́нческая жизнь?
8. Обуче́ние в То́мском госунивеrsите́те пла́тное и́ли беспла́тное?
9. Ско́лько сто́ит обуче́ние в То́мском университе́те?
10. В ТГУ есть студе́нческая поликли́ника и общежи́тия?

8-11 | По́сле чте́ния. In pairs, try to persuade your partner to apply to **ТГУ**. Use information from 8-8. You could start this way: «**Поступа́й/те обяза́тельно в То́мский университе́т! Это, во-пе́рвых, . . . , во-вторы́х, . . .**»

СМО́ТРИМ И ГОВОРИ́М

8-12 | То́мский госуда́рственный университе́т. 1) Watch the video clip three times and mark whether the following statements correspond to the content of video clip. Read each statement out loud.

То́мский госуда́рственный университе́т

> (не)возмо́жно – *(im)possible*
> проходи́ть/пройти́ – *here: to take place*
> реализова́ть *impf. & pfv.* что? (иде́ю, прое́кт) – *to implement (an idea, a project)*

Да	Нет	1. То́мский университе́т – э́то пе́рвый вуз Сиби́ри.
Да	Нет	2. ТГУ – э́то компа́ктный ка́мпус, комфо́ртные общежи́тия, удо́бные рабо́чие зо́ны и места́ о́тдыха, танцева́льные и спорти́вные за́лы.
Да	Нет	3. А́нна Цветко́ва вы́брала ТГУ, потому́ что тут мо́жно получи́ть пе́рвый о́пыт рабо́ты по специа́льности.
Да	Нет	4. А́нна Цветко́ва вы́брала ТГУ, потому́ что э́то прести́жный вуз.
Да	Нет	5. А́нна Цветко́ва вы́брала ТГУ, потому́ что здесь она́ полу́чит ка́чественное образова́ние.
Да	Нет	6. А́нне Цветко́вой не нра́вится, что на её факульте́те ча́сто прохо́дят нау́чные конфере́нции.
Да	Нет	7. Пётр Пано́в, молодо́й учёный, говори́т, что невозмо́жно реализова́ть свои́ нау́чные иде́и в ТГУ.
Да	Нет	8. А́ша и Радж прие́хали из И́ндии, что́бы учи́ть ру́сский язы́к.
Да	Нет	9. Томск – э́то зелёный го́род и дом студе́нтов.

8–13 | О Тóмском университéте. 1) Watch the video clip again and mark whether the following statements contain new information or information that you already learned from the article in 8–8. 2) Say out loud what you've already learned (**Я ужé знáл/а, что . . .**) and what is new for you (**Я не знáл/а, что . . .**)

	Я ужé знáл/а	Я не знáл/а
1. ТГУ – э́то óчень прести́жный вуз.		
2. Тóмский университéт – э́то пéрвый вуз Сиби́ри.		
3. В ТГУ у́чатся студéнты из Индии. Они́ у́чат ру́сский язы́к.		
4. В ТГУ прохóдят нау́чные конферéнции, в котóрых мóгут учáствовать студéнты.		
5. Томск – э́то гóрод студéнтов.		
6. В ТГУ мóжно получи́ть кáчественное образовáние.		
7. ТГУ – э́то компáктный кáмпус, комфóртные общежи́тия, удóбные рабóчие зóны и местá óтдыха, танцевáльные и спорти́вные зáлы.		
8. Томск – э́то зелёный гóрод и дом студéнтов.		
9. В ТГУ возмóжно реализовáть свои́ нау́чные идéи.		

ЧИТÁЕМ И ГОВОРИ́М

8–14 | Что ду́мают студéнты ТГУ. Read four **óтзывы** *reviews* of **Тóмский университéт** and determine: 1) which reviews are positive and which ones are negative; 2) in general, whether students write more about positive or negative features of the university.

Что ду́мают студе́нты о То́мском университе́те?

вре́дный, -ая, -ое, -ые – *here: mean, malicious*
гла́вное *n.* – *the main thing*
объясня́ть/объясни́ть что? кому́? – *to explain*
предлага́ть/предложи́ть иде́ю кому́? – *to suggest an idea*
приду́мывать/приду́мать что? – *to come up with*
развива́ться *impf.* – *to develop, progress*
свобо́да – *freedom*
сло́жно – *complicated*
так вот, *(a conjunction used to sum up information or express a logical conclusion)*
уважа́ть *impf.* кого́? что? – *to respect*
хвата́ть/хвати́ть – *to be sufficient, enough*
    Кому́? (не) хвата́ет/хва́тит чего́? (де́нег и вре́мени)
    There's not/There won't be enough (money and time).

Студе́нтка ТГУ/Институ́т иску́сств и культу́ры

Я уже́ год учу́сь в ТГУ и о́чень люблю́ наш университе́т. У студе́нтов есть свобо́да во всём: мо́жно вы́брать предме́ты, кото́рые тебе́ нра́вятся, мо́жно приду́мать и реализова́ть свой прое́кт, мо́жно встре́титься с дека́ном и́ли с ре́ктором и предложи́ть свои иде́и! Кро́ме того́, институ́т всё вре́мя развива́ется, он прогресси́вный и совреме́нный. Но гла́вное – э́то прекра́сное отноше́ние к студе́нтам в университе́те. Здесь все тебя́ уважа́ют, понима́ют и помога́ют.

Студе́нт ТГУ/Институ́т биоло́гии, тре́тий курс

В университе́те сло́жно студе́нтам, кото́рые прие́хали из други́х городо́в, потому́ что не хвата́ет мест в общежи́тии. Кро́ме того́, есть вре́дные преподава́тели, кото́рым тру́дно сдать экза́мены. Если бы я знал э́то, я бы не вы́брал э́тот университе́т.

Студе́нтка ТГУ/Радиофизи́ческий факульте́т

О́чень мно́го дома́шнего зада́ния. Кро́ме того́, мне не понра́вилась пра́ктика на пе́рвом ку́рсе. Бы́ло ужа́сно тру́дно! Говоря́т, что на второ́м ку́рсе пра́ктика бу́дет норма́льной.

Выпускни́ца ТГУ/Физи́ческий факульте́т

Я уже́ око́нчила университе́т, получи́ла дипло́м и нашла́ рабо́ту. Тепе́рь я могу́ написа́ть всё, что я ду́маю о ТГУ☺ Так вот, ТГУ – э́то хоро́ший университе́т! Но есть плю́сы и ми́нусы.

Плю́сы:
- Очень хоро́шие преподава́тели, прекра́сно чита́ют ле́кции. Мо́гут объясни́ть материа́л не́сколько раз, е́сли тебе́ что́-то непоня́тно.
- Преподава́тели и студе́нты занима́ются нау́кой: прово́дят иссле́дования, уча́ствуют в нау́чных конфере́нциях.
- Аудито́рии с мультимеди́йными прое́кторами, совреме́нные компью́терные кла́ссы, хоро́шая лаборато́рия физи́ческих иссле́дований.

Ми́нусы:
- Студе́нческие стипе́ндии о́чень ма́ленькие. Де́нег всегда́ не хвата́ет.
- Пло́хо гото́вят в студе́нческих столо́вых. Я там есть не могла́☹

Материа́л подгото́влен на осно́ве информа́ции откры́тых исто́чников.

8–15 | Что ду́мают студе́нты. In pairs, 1) read the positive reviews **о́тзывы** of **ТГУ** out loud; 2) discuss and mark statements that could describe your university; 3) describe your university in seven to eight sentences, using the statements you've marked. You might want to add your own positive comments about your university.

- Университе́т всё вре́мя развива́ется.
- Университе́т прогресси́вный и совреме́нный.
- У студе́нтов есть свобо́да во всём:
  - мо́жно вы́брать предме́ты, кото́рые тебе́ нра́вятся.
  - мо́жно приду́мать и реализова́ть свой прое́кт.
  - мо́жно встре́титься с дека́ном и́ли с ре́ктором и предложи́ть свои́ иде́и.
- В университе́те прекра́сное отноше́ние к студе́нтам.
  - Студе́нтов уважа́ют, понима́ют и помога́ют.
- Очень хоро́шие преподава́тели:
  - прекра́сно чита́ют ле́кции,
  - мо́гут объясни́ть материа́л не́сколько раз, е́сли тебе́ что́-то непоня́тно.
- Преподава́тели и студе́нты занима́ются нау́кой:
  - прово́дят иссле́дования,
  - уча́ствуют в нау́чных конфере́нциях.
- В университе́те есть . . .
  - аудито́рии с мультимеди́йными прое́кторами.
  - совреме́нные компью́терные кла́ссы.
  - хоро́шая лаборато́рия физи́ческих иссле́дований.
- Друго́е: _____

8-16 | Что дýмают студéнты. In pairs, read out loud the negative reviews **óтзывы** of **ТГУ**: 1) discuss and mark the statements that could describe your university (you might want to add your own negative comments about your university); 2) using the statements you've marked, complete the following sentence. Read about real and unreal conditions as needed (see pages 231–232).

Я бы не вы́брал/а э́тот университéт, éсли бы я знáл/а, что . . .
- в университéте не хватáет мест в общежи́тии.
- есть врéдные преподавáтели, котóрым трýдно сдать экзáмены.
- óчень мнóго домáшнего задáния.
- мнóгим студéнтам не нрáвится прáктика на пéрвом кýрсе.
- студéнческие стипéндии óчень мáленькие, поэ́тому дéнег всегдá не хватáет.
- плóхо готóвят в студéнческих столóвых.
- другóе: _____

ДАВÁЙТЕ ПОГОВОРИ́М

8-17 | Сценáрий. Scenario. Imagine that you work for the recruitment office at your university and you are trying to persuade a prospective student to apply. In pairs, take turns playing both roles:

1. The office worker should list at least five to six good reasons for applying to the university using the following connectors: **во-пéрвых** – *firstly*; **во-вторы́х** – *secondly*; **тáкже** – *also*; **крóме тогó** – *besides, furthermore*.
2. The prospective student should ask four to five questions about the university, such as the chancellor's name, enrollment, fields of study, research, financial aid, health care, dorms, student life, and so on.

8-18 | Мой университéт. In pairs, talk about your university using the following questions as an outline.

1. В какóм университéте вы ýчитесь?
2. Какóй э́то университéт? (чáстный/госудáрственный, старéйший, крупнéйший, оди́н из лýчших, совремéнный, прогресси́вный, всё врéмя развивáется)
3. Скóлько стóит обучéние в университéте?
4. Каки́е институ́ты и факультéты есть в э́том университéте?
5. Кто рéктор университéта? Кто декáн вáшего факультéта?
6. Скóлько студéнтов и аспирáнтов ýчится в э́том университéте?
7. Каки́е преподавáтели рабóтают в университéте?
8. Какóе образовáние студéнты мóгут получи́ть в университéте? (вы́сшее, кáчественное, совремéнное)

9. Мо́гут ли студе́нты занима́ться нау́кой, проводи́ть иссле́дования, уча́ствовать в конфере́нциях?
10. Мо́гут ли студе́нты получи́ть о́пыт рабо́ты по специа́льности?
11. Како́е отноше́ние к студе́нтам в университе́те?
12. Что есть в университе́те? (библиоте́ки, аудито́рии с мультимеди́йными прое́кторами, совреме́нные компью́терные кла́ссы, лаборато́рии, поликли́ника, конце́ртный зал, спорти́вные за́лы, бассе́йн и т.п.)
13. Есть ли в университе́те орке́стр, хор, танцева́льный анса́мбль, теа́тр, спорти́вные клу́бы и т.п.?
14. Что вам нра́вится/не нра́вится в ва́шем университе́те? Почему́?

ПИ́ШЕМ ОБ УНИВЕРСИТЕ́ТЕ

8-19 | Мой университе́т. Write a short article for your university website and state three to four main reasons Russian high school graduates should apply for your university. Use the article in 8–8 as a model.

8-20 | Росси́йский университе́т. Imagine that you have decided to apply to a Russian university. Write five to six questions about the university you choose (ranking, enrollment, fields of study, research, financial aid, health care, dorms, student life, etc.) that you would ask **приёмная коми́ссия** *the admission committee.*

ВОПРО́С-ОТВЕ́Т

ФИО[2]	
Ваш го́род	
Конта́ктный e-mail	
Ваш вопро́с	

8-21 | Мой блог: «Мой университе́т». Write a 10–12-sentence essay about your university for your blog or social media page answering the questions from 8–18.

---

2 **ФИО** – фами́лия, и́мя, о́тчество

ИНТЕРВЬЮ́ И ПРОЕ́КТЫ

8–22 | Интервью́ «Расскажи́те о ва́шем университе́те». In small groups or as a class, write a list of questions that you could ask your classmates or other Russian speakers about their school (ranking, enrollment, fields of study, research, financial aid, health care, dorms, student life, etc.). 1) Conduct interviews with two classmates. Write down their answers and share your results with the rest of the class. 2) Conduct interviews with two Russian speakers outside of class. Write down their answers, create a two-minute multimedia presentation and present it in class.

Interview form

Questions	Person 1	Person 2

8–23 | Видеобло́г «Мой университе́т». Те́ги: мой университе́т, учёба, образова́ние. 1) Create a personal video blog. Record yourself answering the questions in 8–18. Make it interesting and exciting for your classmates to watch. Be creative! 2) Show your video blog in class and watch your classmates' videos. You may want to have a competition for the best video blog.

8–24 | Рекла́ма ва́шего университе́та. Help advertise your school in Russia! In small groups, make a one- to two-minute TV commercial for your school. Make it interesting and exciting.

1. Decide on two to three features of the school that you would like to emphasize in your advertisement.
2. Come up with a simple story or scenario that fits your message. The best commercials are funny, catchy, unique, or have an interesting character.
3. Develop a shooting script (dialogs, sound, text, etc.).
4. Scout locations for filming.
5. Put together your cast and crew. You will need a camera operator, actors, and an editor.

6. Film your commercial.
7. Edit your commercial.

Show your commercial in class and watch your classmates' clips. You may want to have a competition for the best university commercial.

ГРАММА́ТИКА

8–25 | Что вы зна́ете? 1) Read the following sentences and underline all verbs that are in the future tense. Write down the infinitive forms of the verbs in the future tense. 2) Write down the rules for forming the future tense of verbs.

1. Мы полу́чим ка́чественное образова́ние по́сле оконча́ния ТГУ.
   Infinitive: _____
2. Если мы не поймём материа́л, преподава́тель нам объясни́т его́ ещё раз.
   Infinitive: _____
3. На встре́че с ре́ктором студе́нты бу́дут предлага́ть но́вые иде́и разви́тия университе́та.
   Infinitive: _____
4. Когда́ поступлю́ в университе́т, я бу́ду занима́ться спо́ртом ка́ждый день.
   Infinitive: _____
5. В аспиранту́ре я бу́ду занима́ться нау́чными иссле́дованиями.
   Infinitive: _____
6. На сле́дующей неде́ле я бу́ду принима́ть уча́стие в нау́чной конфере́нции.
   Infinitive: _____

The future tense. Using aspect in the future tense
Бу́дущее вре́мя. Вид глаго́ла в бу́дущем вре́мени

Both imperfective and perfective verbs are used to denote actions that will occur in the future. The future tense of imperfective verbs is formed with a conjugated form of the verb **быть** and an imperfective infinitive. The future tense of perfective verbs is formed by adding *present-future* endings to a perfective verb stem (see Chapter 2 pp. 47–52).

Imperfective future		Perfective future	
Я **бу́ду** проходи́ть Ты **бу́дешь** проходи́ть Он/она́ **бу́дет** проходи́ть Мы **бу́дем** проходи́ть Вы **бу́дете** проходи́ть Они́ **бу́дут** проходи́ть	**пра́ктику ле́том.**	Я пройду́ Ты пройдёшь Он/она́ пройдёт Мы пройдём Вы пройдёте Они́ пройду́т	**пра́ктику ле́том.**

Imperfective verbs

The future tense of imperfective verbs:

1. indicates verbal action that will take place in the future without any reference to its result.

    На четвёртом кýрсе студéнты **бýдут проводúть** наýчные исслéдования.
    Fourth-year students will conduct scientific research.

2. expresses an action that will last over a period of time when duration is noted.

    Он <u>весь день</u> **бýдет готóвиться** к наýчной конферéнции.
    He will be preparing for the academic conference all day long.

3. denotes repeated actions.

    Я **бýду учáствовать** в наýчной конферéнции <u>кáждый год</u>.
    I will participate in the academic conference every year.

Remember that the following adverbs and time expressions indicating the duration of an action or how often it is repeated correspond to the imperfective aspect:

> **всегдá** – *always*/**иногдá** – *sometimes*
> **постоя́нно** – *constantly*
> **чáсто** – *often*/**рéдко** – *rarely*
> **дóлго** – *for a long time*
> **мнóго раз, два рáза** и т.п. – *many times, two times, etc.*
> **всё ýтро, весь вéчер** и т.п. – *all morning, all evening, etc.*
> **по утрáм, по вечерáм, по ночáм** – *every morning, every evening, every night*
> **кáждый день, кáждую недéлю, кáждый год** – *every day, every week, every year*
> **цéлый день, цéлую недéлю, цéлый мéсяц** – *the whole/entire day, the whole/entire week, the whole/entire month*
> **всю зúму, всё лéто, весь год** и т.п. – *all winter, all summer, all year*
> **два часá, два дня, три гóда** и т.п. – *two hours, two days, three years*

Perfective verbs

The future tense of perfective verbs indicates a **one-time** action in the future and gives additional information about that action (its result, limited duration, or its inception):

Result

> Я **получý** стéпень бакалáвра в ию́не.
> *I will receive a bachelor's degree in June.*

Студéнты **полу́чат** óпыт рабóты по специáльности во врéмя учёбы в университéте.
Students will receive work experience in their field during the course of their studies at the university.

Поступáй в ТГУ, и ты **полу́чишь** кáчественное вы́сшее образовáние!
Apply to TSU and you will get a high-quality college education!

Duration

The action will be of limited duration expressed by perfective verbs with the prefixes **ПО-** (for a short time) and **ПРО-** (for a relatively long time).

Он **позанимáется** в библиотéке, а потóм пойдёт на концéрт.
He will study in the library and then go to the concert.

Студéнты **пройду́т** прáктику по специáльности э́тим лéтом.
Students will take a practical course in their respective fields this summer.

Конферéнция **пройдёт** в ию́ле в Москвé.
The conference will take place in Moscow in July.

Inception

The action will begin.

Чéрез год студéнты **начну́т** проводи́ть нау́чные исслéдования.
In a year, students will begin to conduct scientific research.

Студéнты **пойду́т** в университéт пéрвого сентября́.
Students will start going to college on September 1st.

Remember!

- Perfective verbs often appear in a sequence of actions.
  Онá **окóнчит** шкóлу и **посту́пит** в университéт.
  She will graduate from high school and enroll in a university.
- The use of two imperfective verbs implies that the actions will occur simultaneously.
  Он **бу́дет учи́ться** в университéте и **рабóтать** в библиотéке.
  He will be going to college and working at the library.

Aspect in questions

In questions about intended actions, imperfective verbs are often used unless there is a special emphasis on completion of the action (result). In answers, however, either aspect can be used depending on the context.

— Вы **бу́дете поступáть** в аспиранту́ру в э́том году́?
— Да, **бу́ду поступáть**, но не ду́маю, что я **поступлю́**.
  "Will you be applying to graduate school this year?"
  "Yes, I'll apply, but I don't think I'll get in."

— Вы **найдёте** рабо́ту по ва́шей специа́льности?
— Не зна́ю. **Бу́ду иска́ть**!/Коне́чно! Обяза́тельно **найду́**!

> *"Will you find work in your field of study?"*
> *"I don't know. I'll be searching!/Of course! I'll definitely find a job in my field."*

Aspect and tense in "when," "if," "after," "before" clauses

Unlike in English, in Russian, the verb in "when" (**когда́**), "if" (**е́сли**), "after" (**по́сле того́ как**), and "before" (**до того́ как**) clauses must be in the imperfective or perfective future depending on whether the context of the verb in the main clause is in the future tense.

Когда́ я **око́нчу** шко́лу, я **поступлю́** в университе́т.
When I graduate from high school, I will enroll in a university.

Когда́ я **бу́ду учи́ться** в университе́те, я **бу́ду петь** в хо́ре.
When I'm in college, I'll sing in a choir.

Е́сли он хорошо́ **сдаст** ЕГЭ, он **посту́пит** в университе́т.
If he does well on the EGE, he'll get in to a university.

До того́ как я **поступлю́ в аспиранту́ру**, я **бу́ду рабо́тать** по специа́льности.
Before I enroll in graduate school, I will work in my field of study.

Я бу́ду **иска́ть** рабо́ту, по́сле того́ как я **око́нчу** университе́т.
I'll look for work after I graduate from college.

8–26 | Бу́дущее вре́мя. Form the future tense form of the verbs in parentheses. Read the sentences out loud and translate them into English (translate ideas, not words).

1. Поступа́йте в ТГУ, и вы (получи́ть) _____ ка́чественное образова́ние!
2. Поступа́й в ТГУ, и ты (занима́ться) _____ нау́кой и спо́ртом.
3. Поступа́й в ТГУ, и ты (жить) _____ в хоро́шем общежи́тии.
4. Поступа́йте в ТГУ, и вы (уча́ствовать) _____ в нау́чных студе́нческих конфере́нциях!
5. Е́сли я (око́нчить) _____ университе́т, я (получи́ть) _____ сте́пень маги́стра.
6. Е́сли он (око́нчить) _____ ТГУ, он бы́стро (найти́) _____ рабо́ту по специа́льности.
7. По́сле того́ как мы (око́нчить) _____ медици́нский институ́т, мы (стать) _____ врача́ми.
8. По́сле того́ как вы (око́нчить) _____ инжене́рный факульте́т, вы (получи́ть) _____ дипло́м инжене́ра.
9. Е́сли вы (проводи́ть) _____ нау́чные иссле́дования, вы (смочь) _____ уча́ствовать в студе́нческих конфере́нциях.
10. До того́ как вы (учи́ться) _____ в университе́те, вам на́до бу́дет око́нчить шко́лу.

8–27 | Ви́ды глаго́ла. Mark whether the types of actions in the following are indicated by imperfective verbs (*impf.*) or perfective verbs (*pfv.*) in Russian.

___ An action that will take place in the future and will last over a period of time.

___ An action that will take place in the future without any reference to its result.

___ An action that will begin in the future (with focus on the one-time inception of the action).

___ An action of limited duration (expressed by verbs with the prefixes **ПО-** and **ПРО-**) that will take place in the future

___ A repeated action that will take place in the future.

___ An action of limited duration that will take place in the future.

___ Simultaneous actions in the future.

___ A sequence of actions.

8–28 | Бу́дущее вре́мя и ви́ды глаго́ла. Read the following interview and circle the verbs that best fit the context. Explain your choices.

Интервью́. Студе́нты Санкт-Петербу́ргского госуда́рственного университе́та расска́зывают . . .

Ни́на Дроздо́ва, СПбГУ, биологи́ческий факульте́т
Ура́! Я поступи́ла! Ду́маю, что обуче́ние здесь (бу́дет дава́ть/ даст) мне и зна́ния, и о́пыт рабо́ты по специа́льности! По́сле того́ как я (бу́ду получа́ть/получу́) дипло́м, (бу́ду рабо́тать/ порабо́таю) 2 го́да, а пото́м (бу́ду поступа́ть/поступлю́) в аспиранту́ру, ду́маю, что (бу́ду поступа́ть/поступлю́).

Русла́н Ко́ган, СПбГУ, факульте́т политоло́гии
Я наде́юсь (*hope*), что (бу́ду получа́ть/получу́) ка́чественное образова́ние и (бу́ду иска́ть/найду́) но́вых друзе́й в университе́те! А е́сли я хорошо́ (бу́ду занима́ться/займу́сь), то (бу́ду получа́ть/получу́) хоро́шую стипе́ндию все четы́ре го́да.

Васи́лий П., СШ № 5 г. Москва́
А я ещё учу́сь в шко́ле. Я ду́маю, что я (бу́ду рабо́тать/ порабо́таю) год и́ли два, до того́ как (бу́ду поступа́ть/ поступлю́) в университе́т и́ли ко́лледж. Тогда́ (*then*) я то́чно (бу́ду понима́ть/пойму́), что мне нра́вится де́лать, чем мне нра́вится занима́ться . . .

Лю́ся Во́ронова, СПбГУ, факульте́т журнали́стики
Коне́чно, наш журфа́к – оди́н из лу́чших в Росси́и. Я ду́маю, что здесь бу́дет мно́го пра́ктики, мы постоя́нно (бу́дем писа́ть/напи́шем), (бу́дем чита́ть/прочита́ем) и (бу́дем анализи́ровать/проанализи́руем) те́ксты. Журнали́ст – профе́ссия практи́ческая. Кро́ме того́, я ду́маю, что я (бу́ду петь/спою́) в хо́ре, (бу́ду занима́ться/позанима́юсь) спо́ртом, (бу́ду игра́ть/сыгра́ю) в теа́тре и (бу́ду ходи́ть/пойду́) в киноклу́б . . . Всё э́то есть в моём университе́те!

8–29 | Бу́дущее вре́мя и ви́ды глаго́ла. Reread the interview from 8–28. In pairs, take turns asking and answering the following questions. Pay attention to verbal aspect.

Ни́на Дроздо́ва

1. Где Ни́на у́чится? На како́м факульте́те?
2. Что даст Ни́не обуче́ние в университе́те?
3. Что Ни́на бу́дет де́лать по́сле оконча́ния университе́та?
4. Куда́ Ни́на посту́пит по́сле оконча́ния университе́та?

Лю́ся Во́ронова

5. Где Лю́ся у́чится?
6. Чем Лю́ся бу́дет занима́ться в университе́те?

Русла́н Ко́ган

7. Где Русла́н у́чится? На како́м факульте́те?
8. Како́е образова́ние Русла́н полу́чит в университе́те?
9. Кого́ Русла́н обяза́тельно найдёт в университе́те?
10. Что Русла́н бу́дет получа́ть, е́сли бу́дет хорошо́ занима́ться в университе́те?

Васи́лий П.

11. Где Васи́лий у́чится?
12. Что он плани́рует де́лать, до того́ как он посту́пит в университе́т и́ли ко́лледж?

 8–30 | Бу́дущее вре́мя и ви́ды глаго́ла: опро́с. 1) In small groups, take turns asking and answering the following questions and write down your answers. 2) Sum up the information gathered by your group in five to six sentences and share it with the rest of the class. Pay attention to verbal aspect.

1. Каки́е экза́мены вы бу́дете сдава́ть в э́том семе́стре/э́той че́тверти?
2. У вас бу́дет экза́мен по ру́сскому языку́?
3. Как вы ду́маете, вы сда́дите э́тот экза́мен? Каку́ю оце́нку вы полу́чите?
4. Что вы бу́дете изуча́ть в сле́дующем семе́стре/сле́дующей че́тверти?
5. Вы бу́дете проходи́ть пра́ктику по специа́льности ле́том?
6. Что вы бу́дете де́лать, по́сле того́ как вы око́нчите университе́т и полу́чите дипло́м?

The conditional mood: real and unreal conditions
Усло́вное наклоне́ние

Real conditions

A real condition is a factual statement about something that might happen. It is possible and also very *likely* that the condition will be fulfilled. **Remember** that this condition refers to **the future**.

Clauses that contain a real condition are usually introduced by **е́сли** "*if*." As you already know, Russian uses the future tense in the "if"-clause if the verb in the main clause is in the future tense, whereas English uses the present tense.

Form: **Е́сли + Future Tense + Future Tense**

> **Е́сли** он **посту́пит** в МГУ, он **перее́дет** в Москву́.
> *If he gets in to MSU, he'll move to Moscow.*

> **Е́сли** она́ **бу́дет учи́ться** в ТГУ, она́ **смо́жет** занима́ться нау́кой.
> *If she's going to be a student at TSU, she'll be able to pursue science.*

Unreal conditions

An unreal condition is a statement about something that in all likelihood will not happen; something that could have happened or could happen, but won't. It is *very unlikely* or *impossible* that the condition will be fulfilled. **Remember** that this condition could refer to **the past**, **present**, or **future** depending on the context.

Clauses that contain an unreal condition are usually introduced by **е́сли** "*if*." The conditional participle **бы** is used with **the past tense** of the verb in both clauses of an unreal conditional sentence. Note that **бы** usually follows **е́сли**.

Form: **Е́сли бы + Past Tense + бы + Past Tense**

> **Е́сли бы** у меня́ **бы́ло** бо́льше вре́мени, я **бы игра́ла** в университе́тском орке́стре. (Но вре́мени не́ было! Но вре́мени нет! Но вре́мени не́ бу́дет!)
> *If I had had more time, I would have played in the university orchestra. (But there was no time for that! But there's no time for that! But there won't be time for that!)*

> **Е́сли бы** он **ходи́л** на ле́кции, он **бы сдал** экза́мен на отли́чно. (Но он не ходи́л. Он не хо́дит. Он не бу́дет ходи́ть.)
> *If he had gone to class, he would have aced the exam. (But he didn't go to class. But he doesn't go to class. But he won't go to class.)*

8–31 | **Усло́вное наклоне́ние.** 1) Finish the following sentences. The first one has been done for you. 2) Working together in pairs or small groups, come up with an advertisement for your university using the completed statements. You might want to add your own arguments.

1. Если вы посту́пите в мой университе́т, (то) вы . . .

учи́ться в хоро́шем университе́те	*бу́дете учи́ться в хоро́шем университе́те*
учи́ться 4 го́да	
мно́го занима́ться	
получи́ть хоро́шее образова́ние	
занима́ться нау́кой	
уча́ствовать в конфере́нциях	
найти́ но́вых друзе́й	
занима́ться спо́ртом	
получа́ть стипе́ндию	
получи́ть общежи́тие	

2. Если вы око́нчите мой университе́т, (то) вы . . .

получи́ть дипло́м	*получи́те дипло́м.*
получи́ть сте́пень бакала́вра	
поступи́ть в магистрату́ру	
получи́ть сте́пень маги́стра	
поступи́ть в аспиранту́ру	
получи́ть сте́пень до́ктора нау́к	
иска́ть рабо́ту	
найти́ хоро́шую рабо́ту	

8–32 | Усло́вное наклоне́ние. Опро́с. 1) Conduct a survey to find out how your classmates would answer the following questions. Ask two or three of your classmates and circle or write down their answers. 2) Summarize their answers in five to six sentences and share them with the rest of the class.

1. Что́ бы вы де́лали, е́сли бы вы не поступи́ли в университе́т?
   a. Я бы нашёл/нашла́ рабо́ту.
   b. Я бы поступа́л/а ещё раз.
   c. Я бы по́дал/подала́ докуме́нты в друго́й университе́т.
   d. Я бы ничего́ не де́лал/а.
   e. Друго́е: _____
2. Что бы вы де́лали, е́сли бы вы поступи́ли в не́сколько университе́тов?
   a. Я бы вы́брал/а прести́жный университе́т.
   b. Я бы вы́брал/а университе́т, где интере́сная студе́нческая жизнь.
   c. Я бы вы́брал/а университе́т, где есть хоро́шие общежи́тия, кафе́ и студе́нческие столо́вые.
   d. Я бы вы́брал/а университе́т, где обуче́ние сто́ит недо́рого.
   e. Друго́е: _____
3. Что бы вы де́лали, если бы вы поступи́ли в университе́т?
   a. Я бы мно́го занима́лся/занима́лась.
   b. Я бы нашёл/нашла́ но́вых друзе́й.
   c. Я бы игра́л/а в орке́стре и пе́л/а в хо́ре.
   d. Я бы занима́лся/занима́лась спо́ртом.
   e. Друго́е: _____

4. Что бы вы де́лали, е́сли бы вы пло́хо сда́ли се́ссию?
    a. Я бы мно́го занима́лся/занима́лась.
    b. Я бы ходи́л/а на консульта́ции к преподава́телям.
    c. Я бы сдава́л/а се́ссию ещё раз.
    d. Я бы ничего́ не де́лал/а.
    e. Друго́е: _____
5. Что бы вы де́лали, е́сли бы вы уже́ око́нчили университе́т и получи́ли дипло́м?
    a. Я бы иска́л/а рабо́ту.
    b. Я бы пое́хал/а на год в Росси́ю.
    c. Я бы поступи́л/а в магистрату́ру.
    d. Я бы поступи́л/а в аспиранту́ру.
    e. Друго́е: _____

СЛОВА́РЬ

бу́дущий, -ая, -ее, -ие – *future adj.*
ва́жно – *important adv.*
(не)возмо́жно – *(im)possible*
вре́дный, -ая, -ое, -ые – *mean, malicious*
выступа́ть/вы́ступить – *to perform*
    Pres.: я выступа́ю, ты выступа́ешь, они́ выступа́ют
    Fut.: я вы́ступлю, ты вы́ступишь, они́ вы́ступят
гла́вное *n.* – *the main thing*
до того́ как *conj.* – *before*
дека́н – *dean*
за рубежо́м – *abroad*
заве́дующий/заве́дующая ка́федрой – *department chair*
занима́ться чем? **нау́кой** – *to pursue science (this includes conducting research, publishing scholarly articles, attending conferences, etc.)*
ка́чественный, -ая, -ое, -ые – *high-quality*
крупне́йший, -ая, -ее, -ие – *largest, biggest*
образова́ние – *education*
обуче́ние (беспла́тное, пла́тное) – *schooling, instruction, training (tuition-free education, non-tuition free education)*
объясня́ть/объясни́ть что? кому́? – *to explain*
    Pres.: я объясня́ю, ты объясня́ешь, они́ объясня́ют
    Fut.: я объясню́, ты объясни́шь, они́ объясня́т
получа́ть/получи́ть что? **вы́сшее образова́ние** – *to receive higher education*
    дипло́м – *to receive a diploma*
    сте́пень бакала́вра, маги́стра – *to receive a bachelor's degree, a master's degree*
    до́кторскую сте́пень – *to receive a PhD*
    о́пыт рабо́ты – *(to gain) work experience*
    стипе́ндию, нау́чный грант – *to receive a scholarship, grant*
по́сле того́ как *conj.* – *after*
поэ́тому – *therefore*

предлага́ть/предложи́ть что? кому́? – *to offer*
    Pres.: я предлага́ю, ты предлага́ешь, они́ предлага́ют
    Fut.: я предложу́, ты предло́жишь, они́ предло́жат
приду́мывать/приду́мать что? – *to come up with*
    Pres.: я приду́мываю, ты приду́мываешь, они́ приду́мывают
    Fut.: я приду́маю, ты приду́маешь, они́ приду́мают
причи́на – *reason*
проводи́ть/провести́ что? **иссле́дование** – *to conduct research*
    Pres.: я провожу́, ты прово́дишь, они́ прово́дят
    Fut.: я проведу́, ты проведёшь, они́ проведу́т
    Past pfv.: он провёл, она́ провела́, они́ провели́
проходи́ть/пройти́ что? **курс, пра́ктику, стажиро́вку** – *to take a course; to take a practical course, practicum; to get an internship*
    Pres.: я прохожу́, ты прохо́дишь, они́ прохо́дят
    Fut.: я пройду́, ты пройдёшь, они́ пройду́т
    Past: проходи́л/прошёл, проходи́ла/прошла́, проходи́ли/прошли́
развива́ться *impf.* – *to develop, progress*
    Pres.: я развива́юсь, ты развива́ешься, они́ развива́ются
реализова́ть *impf. & pfv.* что? (прое́кт, иде́ю) – *to implement (a project, an idea)*
    Pres./Fut.: я реализу́ю, ты реализу́ешь, они́ реализу́ют
ре́ктор – *rector, chancellor*
свобо́да – *freedom*
сло́жно – *complicated*
старе́йший, -ая, -ее, -ие – *oldest*
так во́т – *and so and so, (a conjunction used to sum up information or express a logical conclusion)*
уважа́ть *impf.* кого́? что? – *to respect*
    Pres.: я уважа́ю, ты уважа́ешь, они́ уважа́ют
уве́рен, -а, -ы в ком? в чём? – *(to be) sure (of), confident in*
уча́ствовать *impf.* в чём? **в нау́чной конфере́нции** – *to participate in an academic conference*
    Pres.: я уча́ствую, ты уча́ствуешь, они́ уча́ствуют
уче́бный ко́рпус – *campus building*
учёный – *scientist, scholar*
хвата́ть/хвати́ть – *to be sufficient, enough*
    Кому́? (не) хвата́ет/хва́тит чего́? де́нег и вре́мени.
    There's not/There won't be enough money and time.
хор – *choir*
цени́ться *impf. only* – *to be valued*
    Pres.: он/она́ це́нится, они́ це́нятся
    Past.: он цени́лся, она́ цени́лась, они́ цени́лись

ГЛАВА́ 9 | МОЙ ОБЫ́ЧНЫЙ ДЕНЬ . . .

In this chapter, you will:

- review and expand the vocabulary you need to talk about your everyday routine;
- read about how young people in Russia would spend a typical day;
- write a personal blog about your typical weekday;
- create a video blog post about one of your weekdays;
- create a digital story about what a typical day is like for a student at your university;
- review and learn new ways to talk about clock time.

9–1 | Мой обы́чный день. 1) Read the following script out loud. 2) Go around the classroom and interview two to three classmates. Make sure to use the appropriate form of address (**ты** or **вы**) and the appropriate greeting and farewell expressions. Read the Cultural Note on clock time. 3) Write down or circle your classmates' answers. 4) Summarize their answers in six to seven sentences and share them with the rest of the class.

I. Opening conversation lines	Responses
Приве́т!/Здра́вствуй/те! Доброе у́тро!/Добрый день (ве́чер)! Рад/ра́да тебя́/вас ви́деть! Как твоя́/ва́ша жизнь? Что но́вого? (*What's new?*)	Приве́т!/Здра́вствуй/те! Я то́же рад/ра́да тебя́/вас ви́деть! Спаси́бо, всё хорошо́/норма́льно. Не жа́луюсь. Всё по-ста́рому. (*Same old./Everything's the same.*)
II. Вопро́сы	**Отве́ты**
1. Во ско́лько ты обы́чно встаёшь? В кото́ром часу́ вы обы́чно встаёте?	В . . . шесть часо́в утра́. семь часо́в утра́. во́семь часо́в. де́вять часо́в. де́сять часо́в. оди́ннадцать часо́в.
2. Когда́ ты ложи́шься спать? В кото́ром часу́ вы ложи́тесь спать?	В . . . де́вять часо́в ве́чера. де́сять часо́в. оди́ннадцать часо́в. двена́дцать часо́в. час но́чи. два часа́ но́чи.
3. Во ско́лько ты за́втракаешь, обе́даешь и у́жинаешь? В кото́ром часу́ вы за́втракаете, обе́даете и у́жинаете?	В . . . семь часо́в утра́. во́семь часо́в. во́семь три́дцать. двена́дцать часо́в. час. час три́дцать. два часа́. шесть часо́в ве́чера. семь часо́в ве́чера. во́семь часо́в ве́чера.
4. Ско́лько вре́мени вы прово́дите в университе́те (в шко́ле, на рабо́те)?	• Оди́н – два часа́. • Три – четы́ре часа́. • Пять – шесть часо́в. • Семь – во́семь часо́в.

5. Что ты обы́чно де́лаешь ве́чером? Что вы обы́чно де́лаете ве́чером?	• Сижу́ в интерне́те (Инстагра́ме, Фэйсбу́ке, ВКонта́кте и Тви́ттере). • Смотрю́ телеви́зор. • Чита́ю. • Игра́ю в компью́терные и́гры. • Занима́юсь спо́ртом. • Де́лаю дома́шние зада́ния. • Друго́е:
III. Closing lines	**Responses**
Спаси́бо! Бы́ло прия́тно с тобо́й/ва́ми поговори́ть! Всего́ хоро́шего! Извини́/те, что я тебя́/вас задержа́л/а! До ве́чера! *(See you tonight!)*	Пожа́луйста! Не́ за что! Счастли́во! Всего́ до́брого! Ещё уви́димся! До за́втра! *(See you tomorrow!)*

Cultural note: Clock time

The neutral or formal way to ask the question *What time is it?* is **Кото́рый час?** The neutral or formal way to ask *At what time?* is **В кото́ром часу́?** or **Когда́?** In more informal settings, you may instead ask **Ско́лько вре́мени?** and **Во ско́лько?**

In Russia, the 12-hour clock is common in conversational speech, while the 24-hour clock is used for official purposes (for schools, theaters, post offices, etc.) and is almost always used in writing. So, one o'clock in the afternoon becomes thirteen o'clock **13 часо́в**, and so forth. When written, hours are separated from minutes by a period or a colon: **Заня́тия начина́ются в 9.30/9:30.**

When using the 12-hour clock, Russians do not say "a.m." or "p.m." Instead, they use the genitive singular forms of **у́тро**, **день**, **ве́чер**, and **ночь**:

утра́ (of the morning) *for 5 a.m. – noon*
дня (of the day) *for noon – 5 p.m.*
ве́чера (of the evening) *for 5 p.m. – midnight*
но́чи (of the night) *for midnight – 5 a.m.*

Обы́чно они́ встаю́т в 9 часо́в **утра́**, а ложа́тся спать в 11 часо́в **ве́чера**.
They usually get up at 9:00 a.m. and go to bed at 11:00 p.m.

9–2 | Произноше́ние. The pronunciation of time expressions. Listen to the speaker, pay attention how the underlined words are pronounced, and mark the consonants that are either not pronounced at all or pronounced differently than expected. Repeat after the speaker and try to imitate what you hear as closely as possible. Pay attention to the intonation, and make sure to reduce unstressed vowels.

Remember the following: 1) **Ч** is *always* pronounced *soft*, for example, in **час**; 2) Unstressed **А** is pronounced as a short **И** [ı] in **часа́, часы́,** and **часо́в**. 3) Voiced consonants are devoiced at the ends of words, for example, in часо́в [of]; 4) **Г** is pronounced as **В** [v] in **-ОГО/-ЕГО** endings, for example, in девя́т**ого**; 5) Remember that the [d] in **по́здно** is not pronounced: [póznə].

---

1. <u>Сейча́с</u>. <u>Сейча́с</u> у́тро.
2. <u>По́здно</u>. Я встаю́ <u>по́здно</u>.
3. <u>Учи́ться</u> никогда́ не <u>по́здно</u>!
4. У вас есть <u>часы́</u> (*clock/watch*)?
5. <u>Час</u>. Сейча́с <u>час</u> дня (1:00).
6. Сейча́с <u>оди́ннадцать часо́в</u> (11:00).
7. Он <u>ложи́тся</u> спать в <u>двена́дцать часо́в</u> (12:00).
8. <u>Сейча́с</u> четы́ре часа́ <u>три́дцать</u> мину́т (4:30).
9. Заня́тия ока́нчиваются в <u>четы́рнадцать</u> часо́в (14:00).
10. Заня́тия око́нчились в <u>шестна́дцать</u> часо́в (16:00).
11. Он встал в шесть <u>пятна́дцать</u> (6:15).
12. Они́ поза́втракали в де́сять мину́т <u>девя́того</u> (8:10).
13. Он обы́чно выхо́дит из до́ма и е́дет в университе́т в <u>два́дцать</u> мину́т <u>деся́того</u> (9:20).
14. Он <u>возвраща́ется</u> из университе́та в <u>два́дцать</u> мину́т <u>четвёртого</u> (3:20).
15. Я лёг спать в <u>полови́не двена́дцатого</u> (11:30). Я лёг спать в <u>полдвена́дцатого</u> (11:30).

9–3 | Обы́чный день. 1) Read the following vocabulary and mark what you do **бы́стро** *fast*, **ме́дленно** *slow*, **по́здно** *late*, **ра́но** *early*, **обы́чно** *usually*, **ча́сто** *often*, **ре́дко** *rarely*, **иногда́** *sometimes*, **никогда́ не** *never*. 2) In pairs, talk about your daily routine using the following verbs. Make sure to use the appropriate verbal aspect. 3) Learn the words and expressions you do not already know.

Приме́р/Example:

Обы́чно я просыпа́юсь **ра́но** и **бы́стро** встаю́. Я **никогда́ не** высыпа́юсь.

просыпа́ться/просну́ться – *to wake up*	___ ра́но/___ по́здно
встава́ть/встать – *to get up*	___ бы́стро/___ ме́дленно
высыпа́ться/вы́спаться – *to get enough sleep*	___ ре́дко/___ никогда́ не
де́лать/сде́лать заря́дку – *to exercise*	___ иногда́/___ никогда́ не

умыва́ться/умы́ться – *to wash up, to wash one's hands and face*   ___ обы́чно/___ никогда́ не

чи́стить/почи́стить зу́бы – *to brush one's teeth*   ___ обы́чно/___ никогда́ не

принима́ть/приня́ть душ – *to take a shower*   ___ обы́чно/___ никогда́ не

одева́ться/оде́ться – *to get dressed*   ___ бы́стро/___ ме́дленно

собира́ться/собра́ться куда́? (в университе́т, на рабо́ту) – *to get ready for (school, work)*   ___ бы́стро/___ ме́дленно

устава́ть/уста́ть – *to get tired*   ___ ре́дко/___ иногда́

отдыха́ть/отдохну́ть – *to relax*   ___ иногда́/___ никогда́ не

ложи́ться/лечь спать – *to go to bed*   ___ ра́но/___ по́здно

9–4 | Глаго́лы. Verbs of position. Read the following vocabulary words and learn the verbs of position you do not already know. Review "Verbs of placement and position" (Chapter 6, ex. 6–6) as needed.

Verbs of position

Куда́?	Куда́?	Где?
impf.	*pfv.*	*impf.*
сади́ться – *to sit down, take a seat* *Pres.:* сажу́сь, сади́шься, садя́тся	**сесть** – *to sit down, take a seat* *Fut.:* ся́ду, ся́дешь, ся́дут *Past:* сел, се́ла, се́ли	**сиде́ть** – *to sit, be sitting* *Pres.:* сижу́, сиди́шь, сидя́т
ложи́ться – *to lie down* *Pres.:* ложу́сь, ложи́шься, ложа́тся	**лечь** – *to lie down* *Fut.:* ля́гу, ля́жешь, ля́гут *Past:* лёг, легла́, легли́	**лежа́ть** – *to lie, be lying* *Pres.:* лежу́, лежи́шь, лежа́т *Past:* лежа́л, лежа́ла, лежа́ли
Отку́да?	Отку́да?	Где?
встава́ть – *to get up, stand up* *Pres.:* встаю́, встаёшь, встаю́т	**встать** – *to get up, stand up* *Fut.:* вста́ну, вста́нешь, вста́нут *Past:* встал, вста́ла, вста́ли	**стоя́ть** – *to stand, be standing* *Pres.:* стою́, стои́шь, стоя́т

In addition to indicating where something is located, verbs of position are also used to describe actions such as sitting, lying down, and standing. They can describe:

1. being in a given position (**сиде́ть** *to be sitting*, **лежа́ть** *to be lying*, **стоя́ть** *to be standing*), as well as
2. assuming a given position (**сади́ться/сесть** *to sit down*, **ложи́ться/лечь** *to lie down*, **встава́ть/встать** *to stand up*).

The verbs **сиде́ть, лежа́ть, стоя́ть** answer the question **Где?** as they describe location, while **сади́ться/сесть, ложи́ться/лечь, встава́ть/встать** answer the question **Куда́?** and **Отку́да?** as they describe direction.

9–5 | Глаго́лы. Verbs of position. Match the pictures with their descriptions.

___ Ма́ша **сиди́т** на сту́ле. ___ Ма́ша **сади́тся** на стул. ___ Ма́ша **се́ла** на стул.
___ Ма́ша **стои́т**. ___ Ма́ша **встаёт**. ___ Ма́ша **вста́ла** со сту́ла.

Remember: сади́ться куда́? **на** стул; встава́ть отку́да? **со** сту́ла

9–6 | Глаго́лы. Verbs of position. Match the pictures with their descriptions.

___ Пе́тя просыпа́ется и **встаёт** в 7 утра́. ___ Пе́тя **ложи́тся** спать в 11 часо́в ве́чера.
___ Пе́тя **встал** с крова́ти. ___ Пе́тя **стои́т** и де́лает заря́дку.
___ Пе́тя **лёг** в крова́ть. ___ Пе́тя **лежи́т** в крова́ти и спит.

Remember: ложи́ться куда́? **в** крова́ть; встава́ть отку́да? **с** крова́ти

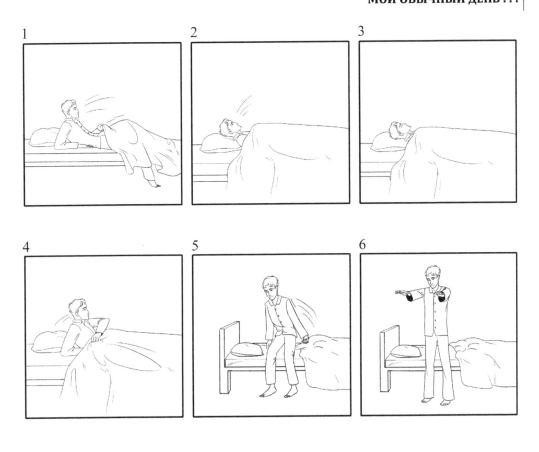

ЧИТА́ЕМ И ГОВОРИ́М

9-7 | Опро́с «Распоря́док дня студе́нтов». 1) In pairs, study and discuss the results of an online poll in the following. 2) Describe the everyday routine of an average Russian student based on the results of the poll in seven to eight sentences. Review "Clock time" as needed (see pages 254–261).

Опро́с «Распоря́док дня студе́нтов»

пол (мужско́й, же́нский) – *gender (male, female)*
проводи́ть/провести́ вре́мя – *to spend time*
распоря́док дня – *daily routine*

Опро́с проводи́лся онла́йн среди́ студе́нтов Моско́вского госуда́рственного техни́ческого институ́та. Во́зраст: 17–20 лет. Пол: мужско́й – 80%, же́нский – 20%.

1. Когда́ вы встаёте?
   В 6–7 часо́в утра́ – 97% (проце́нтов) студе́нтов
   В 8–9 часо́в утра́ – 3% (проце́нта) студе́нтов
2. Вы высыпа́етесь?
   Да – 25% (проце́нтов) студе́нтов
   Нет – 75% (проце́нтов) студе́нтов
3. Вы де́лаете заря́дку?
   Да – 22% (проце́нта) студе́нтов
   Нет – 78% (проце́нтов) студе́нтов
4. Ско́лько вре́мени вы идёте/е́дете в университе́т?
   20 мину́т –1 час – 70% (проце́нтов) студе́нтов
   1–2 часа́ – 30% (проце́нтов) студе́нтов
5. Ско́лько вре́мени в день вы прово́дите в университе́те?
   4–5 часо́в – 84 % (проце́нта) студе́нтов
   6–7 часо́в – 16% (проце́нтов) студе́нтов
6. Ско́лько часо́в в день вы де́лаете дома́шние зада́ния?
   1–2 часа́ – 30% (проце́нтов) студе́нтов
   3–4 часа́ – 66% (проце́нтов) студе́нтов
   Бо́лее 4-х часо́в – 4% (проце́нта) студе́нтов
7. Вы рабо́таете?
   Да – 11% (проце́нтов) студе́нтов
   Нет – 89% (проце́нтов) студе́нтов
8. Вы устаёте?
   Да – 32% (проце́нта) студе́нтов
   Нет – 68% (проце́нтов) студе́нтов
9. Когда́ вы ложи́тесь спать?
   В 11–12 часо́в ве́чера – 36% (проце́нтов) студе́нтов
   По́сле 12-ти часо́в – 74 % (проце́нта) студе́нтов

9–8 | Пе́ред чте́нием. Discuss the following questions in small groups.

1. Когда́ на́до встава́ть и ложи́ться спать, что́бы высыпа́ться?
   Что́бы вы́сыпаться, на́до + *inf.*
2. Что на́до де́лать, что́бы жизнь была́ нескýчной (*not boring*)?
   Что́бы жизнь была́ нескýчной, на́до + *inf.*

9–9 | Оди́н мой день. Scan the following blog post from **Живо́й журна́л (ЖЖ)** *LiveJournal* and answer the following question: **Степа́н у́чится и́ли рабо́тает?**

Оди́н мой день

> **возвраща́ться/верну́ться** куда́? отку́да? – *to come back, return*
> **нача́ло** чего́? – *beginning/*окно**оконча́ние** чего́? – *ending*
> **обы́чный** – *usual, typical*
> **приезжа́ть/прие́хать** куда́? отку́да? – *to come, arrive to/from (not by foot)*
> **причёсываться/причеса́ться** – *to comb or brush one's hair*
> **стара́ться/постара́ться** + *inf.* – *to try, to make an effort*
> **ску́чный**, -ая, -ое, -ые – *boring adj.*
> **удава́ться/уда́ться** кому́? – *to succeed, to manage to do something*

Здра́вствуйте! Меня́ зову́т Степа́н, мне 18 лет, и я живу́ в Сама́ре. Это оди́н день из мое́й жи́зни!

6:30 – Я просыпа́юсь. Как всегда́, хочу́ спать, опя́ть не вы́спался! Я высыпа́юсь то́лько в суббо́ту и воскресе́нье.

6:35 – Встаю́ и де́лаю заря́дку. Иду́ в ва́нную умыва́ться.

7:05 – Умыва́юсь, чи́щу зу́бы, причёсываюсь.

7:10 – Иду́ на ку́хню пить чай. Утром я не за́втракаю, пью чай без са́хара и без конфе́т, пече́нья и т.д.

7:15 – Пью чай, смотрю́ но́вости в интерне́те.

7:30 – Одева́юсь и собира́юсь в университе́т на заня́тия.

7:45 – Стою́ на остано́вке. Жду авто́бус № 6, что́бы дое́хать до университе́та.

7:50 – Сажу́сь в авто́бус и е́ду в университе́т, слу́шаю му́зыку.

8:30 – Приезжа́ю в университе́т. Я никогда́ не опа́здываю!

8:45 – Стою́ о́коло вхо́да в университе́т.

9:00 – Нача́ло заня́тий. Пе́рвая па́ра.

10:30 – Переме́на.

10:40 – Нача́ло второ́й па́ры.

12:10 – Переме́на.

12:30 – Нача́ло тре́тьей па́ры.

14:00 – Оконча́ние заня́тий. Обе́даю в университе́тской столо́вой.

14:30 – Иду́ на консульта́цию к профе́ссору.

15:00 – Е́ду к себе́ домо́й.

15:45 – Возвраща́юсь домо́й. Стара́юсь сра́зу сесть де́лать дома́шнее зада́ние. Но иногда́ мне э́то не удаётся, потому́ что я устаю́ по́сле заня́тий, и мне на́до отдохну́ть.

19:00 – Гото́влю у́жин, у́жинаю.

19:30 – Сижу́ в интерне́те.

23:00 – Иду́ в ва́нную, принима́ю душ, чи́щу зу́бы.

23:15 – Иду́ в свою́ спа́льню. Ложу́сь спать. Зна́ю, что за́втра я опя́ть не вы́сплюсь.

P.S. Это мой обы́чный день, когда́ у нас нет четвёртой па́ры. Иногда́ ве́чером я встреча́юсь с друзья́ми, но это ре́дко. Вот така́я у меня́ ску́чная жизнь!

9-10 | Оди́н мой день. 1) Put the following questions into the correct order to reflect the content of the blog post in 9–9. 2) In pairs, take turns asking and answering the questions. Review the time expressions as needed (see pages 254–261).

___ Когда́ Степа́н ложи́тся спать?

___ Когда́ он у́жинает?

___ Когда́ Степа́н приезжа́ет в университе́т?

___ Когда́ нача́ло заня́тий в университе́те?

___ Когда́ Степан идёт на консульта́цию к профе́ссору?

___ Когда́ он возвраща́ется домо́й из университе́та?

___ Когда́ Степа́н де́лает заря́дку?

___ Когда́ Степа́н принима́ет душ и чи́стит зу́бы?

___ Когда́ он умыва́ется и чи́стит зу́бы?

___ Когда́ зака́нчиваются заня́тия, и Степа́н обе́дает?

___ Когда́ он де́лает дома́шнее зада́ние?

___ Когда́ Степа́н пьёт чай и смо́трит но́вости в интерне́те?

___ Ско́лько вре́мени Степа́н сиди́т в интерне́те ве́чером?

___ Когда́ Степа́н просыпа́ется и встаёт?

9-11 | Оди́н мой день. 1) Reread the blog post in 9–9 and fill in the table. See the following examples. 2) In pairs, discuss:
- Когда́ и куда́ Степа́н хо́дит/е́здит ка́ждый день.
- Где и когда́ Степа́н быва́ет.
- Когда́ и отку́да Степа́н возвраща́ется ка́ждый день.

Review Где? Куда́? Отку́да? with inanimate and animate nouns as needed (Chapter 7 p. 207).

Когда́?	Куда́?	Где?	Отку́да?
6:30	—	просыпа́ется до́ма	—
6:35	идёт в ва́нную	умыва́ется в ва́нной	из ва́нной идёт . . .
7:10			
7:15			
7:45			

Когда́?	Куда́?	Где?	Отку́да?
7:50			
8:30			
9:00–14:00			
14:00			
14:30			
15:00			
15:45			
19:00			
19:30			
23:15			

9-12 | Оди́н мой день. Reread the blog post in 9–9 and tell a story about what **Степа́н** does **у́тром**, **днём** и **ве́чером** every day (in the present tense) using clock time and the following verbs.

Обы́чно у́тром

просыпа́ться, встава́ть, не высыпа́ться, де́лать заря́дку, умыва́ться, чи́стить зу́бы, пить чай, смотре́ть но́вости в интерне́те, одева́ться, собира́ться в университе́т, стоя́ть на остано́вке, ждать авто́бус, сади́ться в авто́бус, е́хать в университе́т, слу́шать му́зыку, приезжа́ть в университе́т, никогда́ не опа́здывать, стоя́ть о́коло вхо́да, сиде́ть на заня́тиях

Обы́чно днём

обе́дать в столо́вой, сади́ться в авто́бус, е́хать домо́й, возвраща́ться домо́й, стара́ться сесть де́лать дома́шнее зада́ние, не удава́ться, устава́ть, отдыха́ть

Обы́чно ве́чером

у́жинать, сиде́ть в интерне́те, иногда́ встреча́ться с друзья́ми, принима́ть душ, чи́стить зу́бы, ложи́ться спать

9-13 | Оди́н мой день. In small groups, discuss the following:

1. Почему́ Степа́н ду́мает, что его́ жизнь ску́чная?
2. Как вы ду́маете, жизнь Степа́на ску́чная и́ли нет? Объясни́те почему́.

СМО́ТРИМ И ГОВОРИ́М

 9–14 | Оди́н день . . . 1) Watch the video clip three times and mark whether the following statements correspond to the content. 2) Read each statement out loud. 3) In pairs, talk about Karolina's day.

Оди́н день из жи́зни Кароли́ны

> **стри́чься/постри́чься** – *to get a haircut*
> **пора́** кому́? + *inf.* – *it's time to*

Да	Нет	
Да	Нет	1. Кароли́на встаёт в 9 утра́.
Да	Нет	2. Пото́м она́ причёсывается, умыва́ется и чи́стит зу́бы.
Да	Нет	3. Пото́м она́ де́лает заря́дку, принима́ет душ, причёсывается и чи́стит зу́бы.
Да	Нет	4. Кароли́на пьёт стака́н воды́ и гото́вит себе́ ко́фе.
Да	Нет	5. По́сле э́того она́ пьёт ко́фе и рабо́тает до 10 часо́в утра́.
Да	Нет	6. В 10 утра́ Кароли́на е́дет в парикма́херскую, что́бы постри́чься.
Да	Нет	7. 10 утра́. Пора́ за́втракать! Кароли́на гото́вит за́втрак, за́втракает и собира́ется в парикма́херскую, что́бы постри́чься.
Да	Нет	8. Кароли́на должна́ быть в парикма́херской в 11 часо́в утра́, но она́ опа́здывает.
Да	Нет	9. В 12:30 Кароли́на уже́ постри́глась.
Да	Нет	10. Заня́тия в шко́ле дизайна «Ру́ки» начина́ются в 2:30 и зака́нчиваются в 3:15.
Да	Нет	11. Кароли́на занима́ется мо́ушин дизайном.
Да	Нет	12. Кароли́на обе́дает в 6 часо́в.
Да	Нет	13. В 6:25 Кароли́на начина́ет рабо́тать, она́ монти́рует ви́део.
Да	Нет	14. Кароли́на зака́нчивает рабо́ту в 9:30, принима́ет душ и чи́стит зу́бы.
Да	Нет	15. С 10 ве́чера до 11:13 Кароли́на и её па́рень смо́трят сериа́л «Игра́ престо́лов».
Да	Нет	16. 11:13 ве́чера. Пора́ спать!

ЧИТА́ЕМ И ГОВОРИ́М

9–15 | Распоря́док дня. 1) Working together with your partner, take turns asking and answering questions about what **Мари́на** does throughout the day in order to fill in the blanks. Review "Clock Time" as needed (see pages 254–261). 2) Scan the blog post and answer the following question: **Мари́на у́чится и́ли рабо́тает?**

Оди́н мой день

включа́ть/включи́ть что? – *to turn on*
выключа́ть/вы́ключить что? – *to turn off*
кра́ситься/накра́ситься – *to put on makeup*
успева́ть/успе́ть + *inf.* – *to have time to do something*

Partner 1
Всем приве́т! Меня́ зову́т Мари́на, и вот мой распоря́док дня:
7:00 – Сплю. Не просыпа́юсь.
7:02 –
7:05 – Сплю. Не просыпа́юсь.
7:15 –
7:30 – Не просыпа́юсь.
8:50 –
8:55 – Умыва́юсь, чи́щу зу́бы, принима́ю душ. Заря́дку никогда́ не де́лаю☺
9:00 –
9:30 – Включа́ю компью́тер и сажу́сь рабо́тать.
9:30–12:30 –
12:30 – Встаю́ и собира́юсь на рабо́ту: одева́юсь, причёсываюсь, кра́шусь.
13:20 –
14:00–20:00 – Рабо́таю в о́фисе. Рабо́ты мно́го, поэ́тому иногда́ не успева́ю пообе́дать.
20:00 –
20:30–21:30 – Це́лый час отдыха́ю, у́жинаю, смотрю́ люби́мый сериа́л.
21:30 –
00:40 – Всё успе́ла сде́лать! Пора́ спать! Выключа́ю компью́тер, чи́щу зу́бы, умыва́юсь и ложу́сь спать.

Partner 2

Всем приве́т! Меня́ зову́т Мари́на, и вот мой распоря́док дня:

7:00 –
7:02 – Сплю. Не просыпа́юсь.
7:05 –
7:15 – Не просыпа́юсь.
7:30 –
8:50 – Просыпа́юсь! Како́й сего́дня чу́дный день! Пора́ встава́ть!
8:55 –
9:00 – Пора́ за́втракать! За́втракаю, пью ко́фе.
9:30 –
9:30–12:30 – Сижу́ рабо́таю.
12:30 –
13:20 – Еду на рабо́ту.
14:00–20:00 –
20:00 – Еду домо́й.
20:30–21:30 –
21:30 – Сажу́сь рабо́тать.
00:40 –

9–16 | Распоря́док дня. 1) Reread the blog post in 9–15 and put the following sentences into the correct order to reflect the content of the post. 2) Read the sentences out loud in the correct order. 3) In pairs, talk about Marina's daily routine in 11–12 sentences.

___ Мари́на выключа́ет компью́тер, чи́стит зу́бы, умыва́ется и ложи́тся спать.

___ Она́ включа́ет компью́тер и сади́тся рабо́тать.

___ Мари́на е́дет домо́й с рабо́ты.

___ Едет на рабо́ту и рабо́тает до восьми́ часо́в ве́чера, иногда́ не успева́ет пообе́дать.

___ Встаёт и собира́ется на рабо́ту: одева́ется, причёсывается, кра́сится.

___ Она́ умыва́ется, чи́стит зу́бы и принима́ет душ.

___ Мари́на просыпа́ется и встаёт.

___ Мари́на за́втракает, пьёт ко́фе.

___ Мари́на рабо́тает до́ма до полови́ны пе́рвого.

___ Отдыха́ет, у́жинает, смо́трит люби́мый сериа́л и сади́тся опя́ть рабо́тать.

___ Мари́на спит и не просыпа́ется до без десяти́ де́вять.

9–17 | Распоря́док дня. In pairs, take turns asking and answering the following questions in complete sentences. The first one has been answered for you.

1. Что Мари́на де́лает, по́сле того́ как она́ просыпа́ется?
   По́сле того́ как Мари́на просыпа́ется, она́ умыва́ется, чи́стит зу́бы и принима́ет душ.
2. Что она́ де́лает, по́сле того́ как она́ умыва́ется, чи́стит зу́бы, принима́ет душ у́тром?
3. Что Мари́на де́лает, до того́ как она́ включа́ет компью́тер и сади́тся рабо́тать? (*mention all actions*)

4. Что Мари́на де́лает, до того́ как она́ е́дет на рабо́ту? (*mention all actions*)
5. Почему́ Мари́на ча́сто не успева́ет пообе́дать?
6. Что Мари́на де́лает ве́чером по́сле рабо́ты?
7. Что Мари́на де́лает, пе́ред тем как она́ выключа́ет компью́тер и ложи́тся спать?

9–18 | Распоря́док дня. Talk about what **Мари́на** 1) did *yesterday* and 2) is going to do *tomorrow* **у́тром**, **днём**, and **ве́чером** using the following verbs. Pay attention to verbal aspect and be sure to use the following connectors and conjunctions: **снача́ла** – *at first*; **пото́м** – *then*; **кро́ме того́** – *besides that*; **до того́ как** – *before*, **по́сле того́ как** – *after*.

Вчера́/За́втра у́тром

проснýться, встать, умы́ться, почи́стить зу́бы, приня́ть душ, поза́втракать, вы́пить ко́фе, включи́ть компью́тер, сесть рабо́тать, сиде́ть рабо́тать 3 часа́

Вчера́/За́втра днём

собра́ться на рабо́ту: оде́ться, причеса́ться, накра́ситься, пое́хать на рабо́ту, рабо́тать в о́фисе 6 часо́в, не успе́ть пообе́дать

Вчера́/За́втра ве́чером

пое́хать домо́й, це́лый час отдыха́ть, у́жинать, смотре́ть сериа́л, сесть рабо́тать, всё сде́лать, всё успе́ть, вы́ключить компью́тер, почи́стить зу́бы, умы́ться и лечь спать.

ДАВА́ЙТЕ ПОГОВОРИ́М

9–19 | Мой распоря́док дня. 1) On a separate piece of paper or using a day schedule maker, create your typical weekday schedule. Use the verbs that apply to you. 2) Talk about your typical day in 12–15 sentences.

Утром	Днём	Ве́чером
просыпа́ться	е́хать *куда́*?	возвраща́ться домо́й
встава́ть	приезжа́ть *куда́*?	де́лать дома́шнее зада́ние
не высыпа́ться	опа́здывать *куда́*?	устава́ть
де́лать заря́дку	сиде́ть на заня́тиях	отдыха́ть
принима́ть душ	рабо́тать	у́жинать
умыва́ться	обе́дать	сиде́ть в интерне́те
чи́стить зу́бы	друго́е:	встреча́ться с друзья́ми
за́втракать		ложи́ться спать
собира́ться *куда́*?		друго́е:
одева́ться		
причёсываться		
кра́ситься		
друго́е:		

9–20 | **Сцена́рий**. **Scenario**. In pairs, compare your daily schedule from 9–19 and decide when you could get together for a cup of coffee or tea to touch base.

Приме́р/Example:

— Мы мо́жем встре́титься за́втра в два часа́ дня? Ты не за́нят/занята́?
— В два часа́ я не могу́. Я рабо́таю. А что у тебя́ в полови́не четвёртого? В полови́не четвёртого я обы́чно свобо́ден/свобо́дна.

ДАВА́ЙТЕ НАПИ́ШЕМ

9–21 | **Мой блог: «Оди́н день из мое́й жи́зни».** Write a 12–15-sentence essay about your typical weekday for your blog using time expressions and the following connectors and conjunctions: **снача́ла** – *at first*; **пото́м** – *then*; **кро́ме того́** – *besides that*; **до того́ как** – *before*, **по́сле того́ как** – *after*.

9–22 | **СМС-приглаше́ние.** You decided to invite one of your classmates to a **кафе́** (кино́, музе́й). Check your daily schedule from 9–19 and send them a text message to figure out a time and place to meet. Your classmate should text you back and accept or decline the invitation. Use the following expressions:

> **Пойдём на ко́фе./Пошли́ вы́пьем ко́фе.** – *Let's go get coffee.*
> **Да, коне́чно.** – *Yes, of course.*
> **С удово́льствием!** – *With pleasure!*
> **С ра́достью!** – *Gladly!*
> **Жаль, но не могу́!** – *I'm sorry, but I can't.*

ИНТЕРВЬЮ́ И ПРОЕ́КТЫ

9–23 | **Интервью́ «Как вы прово́дите ваш обы́чный день».** 1) In small groups or as a class, come up with a list of questions that you could ask your classmates or other Russian-speaking undergraduate or graduate students to learn about their daily routines. 2) Conduct interviews with two classmates. Write down their answers and share your results with the rest of the class. 3) Conduct interviews with two Russian-speaking students outside of class. Write down their answers, create a two-minute multimedia presentation, and present it in class.

Interview form

Questions	Person 1	Person 2

9–24 | Видеобло́г. Те́ги: мой день, оди́н день из мое́й жи́зни, мой день за 3 мину́ты, мой день по часа́м, как вы прово́дите свой день. 1) Create a personal video blog documenting one of your weekdays. Make it interesting and exciting for your classmates to watch. Be creative! 2) Show your video blog in class and watch your classmates' videos. You may want to have a competition for the best video blog.

9–25 | Цифрова́я исто́рия. Digital story. In groups of three or four, create a digital story about what a typical day for a student of your university is like. Make it interesting and exciting. You may want to have a competition for the best digital story.

Steps in digital storytelling:

1. Discuss and select information for inclusion.
2. Write an outline.
3. Create a storyboard (use the following storyboard form).
4. Compile and create digital media (photos, videos, music, audio recordings, text slides, etc.)
5. Put it all together.

Storyboard form

Story title: _____ Page # ___

Authors/Group _____

Image #1	Image #2	Image #3
Accompanying audio/words	Accompanying audio/words	Accompanying audio/words
Other information (e.g. duration, transition, music)	Other information (e.g. duration, transition, music)	Other information (e.g. duration, transition, music)

ГРАММА́ТИКА

Clock time
Выраже́ние вре́мени

I. Time on the hour

When answering the questions **Кото́рый час? Ско́лько вре́мени?** *What time is it?*, time on the full hour is expressed using *the nominative case* of a cardinal numeral[1] and the appropriate form of **час**.

When answering the questions **В кото́ром часу́? Когда́? Во ско́лько?** *At what time?*, time on the full hour is expressed by 1) **В** + *the accusative case* of the cardinal number + 2) **час** in the appropriate form. Look at the following examples.

Кото́рый час? Ско́лько вре́мени?	В кото́ром часу́? Когда́? Во ско́лько?
Сейча́с **час**.	Я обе́даю **в час**.
Сейча́с **два** (3, 4) **часа́**.	Заня́тия зака́нчиваются **в 2** (два) **часа́**.
Сейча́с **пять** (6, 7, 8, 9,10, 11, 12) **часо́в**.	Я возвраща́юсь домо́й **в пять** (пять) **часо́в**.

---

1 Cardinal numerals are *one* **оди́н**, *two* **два**, *three* **три**, *four* **четы́ре**, and so on. Ordinal numerals are *first* **пе́рвый**, *second* **второ́й**, *third* **тре́тий**, *fourth* **четвёртый**, and so on.

II. Time on the half-hour and in the first and second half-hour

In everyday speech, times on the half-hour and in the first and second half-hour are frequently presented in simplified forms. Look at the following examples and note how time is expressed.

Врéмя	Котóрый час? Скóлько врéмени?	Когдá? Во скóлько? В котóром часý?
7:25	Сейчáс **семь двáдцать пять**.	Мы проснýлись **в семь двáдцать пять**.
8:15	Сейчáс **вóсемь пятнáдцать**.	Мы позáвтракали **в вóсемь пятнáдцать**.
9:20	Сейчáс **дéвять двáдцать**.	Занятия начинáются **в дéвять двáдцать**.
10:40	Сейчáс **дéсять сóрок**.	Мы легли́ спать **в дéсять сóрок**.

Time on the half-hour

When answering the questions **Котóрый час? Скóлько врéмени?**, time on the half hour is expressed as *half* **половúна** of the approaching hour expressed as an ordinal numeral in *the genitive singular* (пéрвого, вторóго, etc.).[2]

When answering the questions **В котóром часý? Когдá? Во скóлько?**, time on the half hour is expressed by 1) **В + половúне** (**половúна** in *the prepositional case*) and 2) the approaching hour expressed as an ordinal numeral in *the genitive singular* (пéрвого, вторóго, etc.).

Врéмя	Котóрый час? Скóлько врéмени?	Когдá? В котóром часý? Во скóлько?
12:30	Сейчáс **половúна пéрвого** (полпéрвого).	Мы обéдаем **в половúне пéрвого**[3] (в полпéрвого.)
1:30	Сейчáс **половúна вторóго** (полвторóго).	Мы обéдаем **в половúне вторóго** (в полвторóго).
2:30	Сейчáс **половúна трéтьего** (полтрéтьего).	Мы обéдаем **в половúне трéтьего** (в полтрéтьего).

Time in the first half-hour

When answering the questions **Котóрый час? Скóлько врéмени?**, time in the first half hour is expressed as 1) the number of minutes (expressed as a cardinal numeral in *the nominative case*) + 2) the appropriate form of **минýта**[4] + 3) the approaching hour (expressed as an ordinal numeral in *the genitive singular*).

---

2   трéтьего, четвёртого, пя́того, шестóго, седьмóго, восьмóго, девя́того, деся́того, оди́ннадцатого, двенáдцатого.

3   Remember to pronounce **Г** as **В** [v] in **-ОГО/-ЕГО** endings.

4   1 *однá* (21) минýта; 2 *две* (3, 4, 22, 23, 24) минýты; 5 (6–20, 25–30) минýт.

When answering the questions **В кото́ром часу́? Когда́? Во ско́лько?**, time in the first half hour is expressed by 1) **В +** the number of minutes (rendered as a cardinal numeral in *the accusative case*) + 2) the appropriate form of **мину́та** + 3) the approaching hour (expressed as an ordinal numeral in *the genitive singular*).

Вре́мя	Кото́рый час? Ско́лько вре́мени?	Когда́? В кото́ром часу́? Во ско́лько?
7:25	Сейча́с **два́дцать пять мину́т восьмо́го**.[3]	Мы проснýлись **в два́дцать пять мину́т восьмо́го**.
8:15	Сейча́с **пятна́дцать мину́т девя́того** (че́тверть девя́того).	Мы поза́втракали **в пятна́дцать мину́т девя́того** (че́тверть девя́того).
9:20	Сейча́с **два́дцать мину́т деся́того**.	Заня́тия начина́ются **в два́дцать мину́т деся́того**.

Time in the second half-hour

When answering the questions **Кото́рый час? Ско́лько вре́мени?** and **В кото́ром часу́? Когда́? Во ско́лько?**, time in the second half-hour is expressed by 1) **БЕЗ +** the number of minutes that remain until the approaching hour (rendered as a cardinal numeral in *the genitive case*) + 2) the approaching hour itself (**час, два, три**, etc.). Review the declension of cardinal numbers in Appendix 5 as needed.

Вре́мя	Кото́рый час? Ско́лько вре́мени?	Когда́? В кото́ром часу́? Во ско́лько?
2:40	Сейча́с **без двадцати́ три**. *(20 minutes remain until 3:00)*	Они́ пришли́ **без двадцати́ три**.
2:45	Сейча́с **без че́тверти** (без пятна́дцати) **три**. *(15 minutes remain until 3:00)*	Они́ пришли́ **без че́тверти** (без пятна́дцати) **три**.
2:55	Сейча́с **без пяти́ три**. *(5 minutes remain until 3:00)*	Они́ пришли́ **без пяти́ три**.

Remember:
11:56   без четырёх мину́т двена́дцать
11:57   без трёх мину́т двена́дцать
11:58   без двух мину́т двена́дцать
11:59   без одно́й мину́ты двена́дцать

9–26 | Вре́мя по часа́м. Time on the hour and on the half hour. Match the statements in the left column with the times in the right. Read all sentences out loud.

1. Сейча́с шесть часо́в утра́.   __ 6:00 pm
2. Сейча́с шесть ве́чера.   __ 3:00 pm
3. Сейча́с оди́ннадцать часо́в дня.   __ 3:00 am
4. Сейча́с оди́ннадцать часо́в ве́чера. __ 4:30 am

5. Сейча́с два часа́ но́чи.   __ 5:30 pm
6. Сейча́с три часа́ но́чи.   __ 12:30 am
7. Сейча́с три часа́ дня.   __ 11:00 pm
8. Сейча́с полпя́того утра́.   __ 2:00 am
9. Сейча́с полшесто́го ве́чера.   __ 11:00 am
10. Сейча́с полпе́рвого но́чи.   __ 6:00 am

9–27 | Вре́мя по часа́м. Time on the hour and on the half hour. In pairs, 1) take turns asking each other questions about what Ilya does throughout the day; 2) talk about Ilya's everyday routine in 10–12 sentences.

Приме́р/Example:

— Когда́/В кото́ром часу́ Илья́ просыпа́ется?
— В шесть утра́.

Илья́ Ша́тский

Мне 18 лет. Я живу́ в Сара́тове и учу́сь на биологи́ческом факульте́те Сара́товского университе́та.

Мой распоря́док дня

Утром
6:00 – Просыпа́юсь.
6:30 – Встаю́ и де́лаю заря́дку.
7:00 – Принима́ю душ и чи́щу зу́бы. За́втракаю.
7:30 – Одева́юсь и е́ду в университе́т на заня́тия.
8:00 – Приезжа́ю в университе́т. Я никогда́ не опа́здываю!
8:30 – Начина́ются заня́тия.

Днём
15:30 – Зака́нчиваются заня́тия. Обе́даю и е́ду домо́й.
16:00 – Приезжа́ю домо́й и де́лаю дома́шнее зада́ние.

Ве́чером
19:00 – Ужинаю.
19:30 – Чита́ю, смотрю́ фи́льмы и́ли сериа́лы по телеви́зору.
23:00 – Принима́ю душ, чи́щу зу́бы.
23:30 – Ложу́сь спать.

9–28 | Вре́мя по часа́м. Time on the hour and on the half hour. Match the statements in the left column with the times in the right column. Read all sentences out loud.

1. Сейча́с два́дцать мину́т пе́рвого   __ 14:45
2. Сейча́с без че́тверти оди́ннадцать.   __ 12:20

3. Сейча́с без двадцати́ пяти́ оди́ннадцать. __ 14:35
4. Сейча́с без двадцати́ пяти́ три. __ 16:20
5. Сейча́с без пятна́дцати три. __ 10:45
6. Сейча́с два́дцать мину́т пя́того. __ 10:35
7. Сейча́с че́тверть второ́го. __ 11:58
8. Сейча́с де́сять мину́т девя́того. __ 13:15
9. Сейча́с без двух мину́т двена́дцать. __ 17:05
10. Сейча́с пять мину́т шесто́го. __ 8:10

9–29 | Вре́мя по часа́м. Time in the first and second half-hour. Look at Ilya's class schedule and answer the following questions:

1. Когда́ начина́ются и зака́нчиваются заня́тия у Ильи́ по понеде́льникам, вто́рникам, сре́дам, четверга́м, пя́тницам?

2. Когда́ (по каки́м дням и во ско́лько) у Ильи́ заня́тия по хи́мии, матема́тике, бота́нике, зооло́гии, фи́зике, иностра́нному языку́, физи́ческой культу́ре и спо́рту?

	Понеде́льник	Вто́рник	Среда́	Четве́рг	Пя́тница
08:20 09:50			Лаборато́рная **Фи́зика** Старшо́в М.А. Ауд. 47	Ле́кция **Фи́зика** Машко́в М.И. Ауд. 92	
10:00 11:35		Лаборато́рная **Бота́ника** Косте́цкий О.В. Ауд. 15	**Иностра́нный язы́к** Абра́мова Е.В. Ауд. 44	Ле́кция **Бота́ника** Косте́цкий О.В. Ауд. 15	**Физкульту́ра** Кру́тов А.С. Спортза́л
12:05 13:40	Лаборато́рная **Хи́мия** Ивано́ва И.В. Ауд. 15	Ле́кция **Хи́мия** Федо́това О.В. Ауд. 115	Лаборато́рная **Бота́ника** Косте́цкий О.В. Ауд. 15		Ле́кция **Хи́мия** Федо́това О.В. Ауд. 115
13:50 15:25	Лаборато́рная **Хи́мия** Ивано́ва И.В. Ауд. 15	Ле́кция **Зооло́гия** Беля́ев А.В. Ауд. 108	**Физкульту́ра** Кру́тов А.С. Бассе́йн	**Иностра́нный язы́к** Абра́мова Е.В. Ауд. 44	Лаборато́рная **Зооло́гия** Ме́льник Е.Ю. Ауд. 88
15:35 17:10	Ле́кция **Матема́тика** Корне́ев В.В. Ауд. 98				

III. Prepositions with clock time

ДО, О́КОЛО, ПО́СЛЕ, С

The prepositions **ДО, О́КОЛО, ПО́СЛЕ, С** are used with the genitive case forms of cardinal numerals when speaking about clock time.

Prepositions	**+**	Genitive case

ДО *up to, before*
О́КОЛО *about, around*
ПО́СЛЕ *after*
С *since, from*

+

ча́са/ча́су[5]
двух часо́в
трёх часо́в
четырёх часо́в
пяти́ (шести́, семи́, восьми́, девяти́, десяти́, одиннадцати, двена́дцати) часо́в

Сейча́с **час.**
Я приду́ **о́коло ча́са.**
Я бу́ду до́ма **до ча́са.**
Я уйду́ **по́сле ча́са.**
Я бу́ду до́ма **с ча́са до
двух.**

Сейча́с **два часа́.**
Я приду́ **о́коло двух** (часо́в).
Я бу́ду до́ма **до двух** (часо́в).
Я уйду́ **по́сле двух** (часо́в).
Я бу́ду до́ма **с двух
до трёх.**

Сейча́с **пять часо́в.**
Я приду́ **о́коло пяти́** (часо́в).
Я бу́ду до́ма **до пяти́** (часо́в).
Я уйду́ **по́сле пяти́** (часо́в).
Я бу́ду до́ма **с пяти́ до шести́.**

ЗА, ЧЕ́РЕЗ

The prepositions **ЗА** and **ЧЕ́РЕЗ** are used with the accusative case of a cardinal numeral when we speak about clock time.

The preposition **ЗА** + *clock time* + a **perfective** verb is used to indicate the time necessary to achieve the result of an action. But if you want to indicate *(for) how long* someone is (was, will be) doing something or the duration of an action, use clock time without prepositions + an **imperfective** verb.

---

5   **час** also has an alternate genitive form **ча́су** that can be used after prepositions.

— За ско́лько вре́мени вы сде́лали дома́шнее зада́ние?
— Мы сде́лали дома́шнее зада́ние **за два часа́**.
"How long did it take you to finish your homework?"
"It took us two hours to finish our homework."

But: — Ско́лько вре́мени вы де́лали/выполня́ли дома́шнее зада́ние?
— Мы де́лали его́ **два часа́**!
"How long were you doing your homework?"
"We were doing homework for two hours!"

The preposition **ЧÉРЕЗ** + *clock time* is used to indicate time that lapses before an action occurs.

Мы бу́дем у́жинать **че́рез мину́ту/че́рез час**.
We will have dinner in a minute/an hour (an hour from now).

Он придёт **че́рез час**.
He'll come over in an hour (an hour from now).

Я пришёл домо́й в три часа́, а **че́рез час** пришёл мой друг.
I came home at 3 o'clock and my friend came an hour later.

IV. Approximate time in Russian

Approximate time is expressed by reversing the numeral and the word **час** *o'clock*.

В кото́ром часу́? Когда́? Во ско́лько?

в четы́ре **часа́** – *at four o'clock*   **часа́** в четы́ре – *around four o'clock*
до трёх **часо́в** – *until three o'clock*   **часо́в** до трёх – *until about three o'clock*
че́рез два́ **часа́** – *in two hours*   **часа́** че́рез два – *in about two hours*

9–30 | Вре́мя по часа́м: С, ДО, ПÓСЛЕ, ÓКОЛО. Reread Ilya's daily schedule in 9–27 and answer the following questions out loud in full sentences. The first one has been answered for you.

1. Что Илья́ обы́чно де́лает у́тром с 6 до 7 часо́в?
        С шести́ до семи́ Илья́ просыпа́ется, встаёт и де́лает заря́дку.
2. Что он де́лает до 6 утра́?
3. Что он де́лает по́сле 7 часо́в утра́?
4. Что Илья́ де́лает с 8 утра́ до 4 дня?
5. Что он де́лает с 4 дня до 7 ве́чера?
6. Что Илья́ де́лает по́сле 7 ве́чера?
7. Что он де́лает по́сле 11 ве́чера?
8. Что Илья́ де́лает о́коло 12 но́чи?

9–31 | Вре́мя по часа́м: С, ДО, ПО́СЛЕ, О́КОЛО. In pairs, take turns talking about what you did yesterday during the times listed.

Приме́р/Example:

— Что ты вчера́ де́лал/а **с девяти́ утра́ до двух часо́в дня**?
— **С девяти́ утра́ до двух часо́в дня** я был/а́ на ле́кциях в университе́те.

1. с 7:00 до 8:00
2. с 12:00 до 1:00
3. с 1:00 до 2:00
4. о́коло 10:00 ве́чера
5. о́коло 4:00 дня
6. по́сле 8:00 ве́чера
7. с 3:00 до 6:00
8. по́сле 5:00 ве́чера

 9–32 | Вре́мя по часа́м. For how long . . . 1) Read the following questions out loud. 2) Go around the classroom and interview two classmates. 3) Write down their answers. 4) Summarize the answers in six to seven sentences and share them with the rest of the class. Use approximate time in your summary (for example часа́ два, за часа́ два, etc.).

Вопро́сы	Отве́ты
1. Ско́лько вре́мени вы сего́дня спа́ли?	Я спа́л/спала́. . .
2. Ско́лько вре́мени вы сего́дня у́тром собира́лись в университе́т/на рабо́ту?	Сего́дня я собира́лся/ась в университе́т/на рабо́ту . . .
3. За ско́лько вре́мени вы сего́дня приго́товили за́втрак и поза́втракали?	Я приго́товил/а за́втрак за . . . Я поза́втракал/а за . . .
4. За ско́лько вре́мени вы дое́хали *(got to, arrived to)* до университе́та и́ли рабо́ты сего́дня?	Я дое́хал/а за . . .
5. Ско́лько вре́мени вы обы́чно занима́етесь в университе́те/ рабо́таете?	Обы́чно я занима́юсь в университе́те/ рабо́таю . . .
6. Ско́лько вре́мени вы обы́чно прово́дите в библиоте́ке?	Я провожу́ в библиоте́ке . . .
7. Как вы ду́маете, за ско́лько вре́мени вы сде́лаете все дома́шние зада́ния сего́дня?	Я сде́лаю все дома́шние зада́ния за . . .
8. Ско́лько вре́мени вы бу́дете сего́дня отдыха́ть?	Я бу́ду отдыха́ть . . .

9–33 | Вре́мя по часа́м: ЧЕ́РЕЗ. In pairs, ask each other and answer how soon you would do the following:

Сейча́с два часа́ дня. Че́рез ско́лько вре́мени . . .

1. вы пойдёте в библиоте́ку и́ли на рабо́ту?
2. вы пойдёте на консульта́цию к преподава́телю?
3. вы пойдёте в тренажёрный зал и́ли бассе́йн?
4. вы пойдёте в кафе́ и́ли магази́н?
5. вы вернётесь домо́й?
6. вы встре́титесь с друзья́ми?
7. вы бу́дете у́жинать?
8. вы ля́жете спать?
9. друго́е: _____

V. The prepositions С, ДО, ПО́СЛЕ

The prepositions **С** *from*, **ДО** *up to, before*, **ПО́СЛЕ** *after* + **noun** in *the genitive case* are used to indicate the time of an action.

Мы гото́вились к экза́мену **с утра́ до ве́чера.**
We studied for the exam from morning until evening.

До заня́тий я был/á в библиоте́ке.
I was at the library before class.

По́сле заня́тий я пошёл/пошла́ домо́й.
After class I went home.

9–34 | Когда́? In pairs, take turns asking and answering the following questions in complete sentences.

1. Что вы обы́чно де́лаете до за́втрака?
2. Что вы обы́чно де́лаете по́сле за́втрака?
3. Что вы обы́чно де́лаете до заня́тий и по́сле заня́тий?
4. Что вы обы́чно де́лаете до у́жина и по́сле у́жина?
5. Что вы вчера́ де́лали с утра́ до ве́чера?

Russian word order: time expressions
Поря́док слов: выраже́ние вре́мени

As you already know, Russian word order is not random and conforms to certain rules (see Chapter 2, p. 52, Chapter 5, p. 142). If you want to emphasize when something happens (happened, or will happen), put time expressions at the end of the sentence. If you don't want to emphasize this, put time expressions at the beginning of the sentence. Notice how the information is given in the following sentences.

Я пойду́ на заня́тия **че́рез два часа́**.
Two hours from now I'll go to class.

Всё у́тро он занима́лся, гото́вился к те́сту!
He was busy all morning studying for the test!

В семь часо́в я бу́ду до́ма гото́вить у́жин.
At 7 a.m. I will be at home to cook dinner.

—Что ты вчера́ де́лал/а **с девяти́ утра́ до двух часо́в дня**?
—**С девяти́ утра́ до двух часо́в дня** я был/а́ на ле́кциях в университе́те.

"What were you doing from 9 a.m. to 2 p.m.?"
"From 9 a.m. to 2 p.m. I was in class at school."

 9–35 | Поря́док слов. In pairs, take turns asking and answering the following questions in complete sentences. Pay attention to the word order in your answers.

1. Что вы обы́чно де́лаете у́тром с 7-ми до 8-ми часо́в?
2. Во ско́лько вы за́втракаете?
3. Что вы обы́чно де́лаете днём с 12-ти до 2-х часо́в?
4. Ско́лько вре́мени вы обы́чно прово́дите в университе́те?
5. Во ско́лько вы обе́даете?
6. Что вы де́лали вчера́ ве́чером с 8-ми до 10-ти часо́в?

СЛОВА́РЬ

включа́ть/включи́ть что? – *to turn on*
   Pres.: я включа́ю, ты включа́ешь, они́ включа́ют
   Fut.: я включу́, ты вклю́чишь, они́ вклю́чат
возвраща́ться/верну́ться куда́? отку́да? – *to come back, return*
   Pres.: я возвраща́юсь, ты возвраща́ешься, они́ возвраща́ются
   Fut.: я верну́сь, ты вернёшься, они́ верну́тся
встава́ть/встать – *to get up*
   Pres.: я встаю́, ты встаёшь, они́ встаю́т
   Fut.: я вста́ну, ты вста́нешь, они́ вста́нут
выключа́ть/вы́ключить что? – *to turn off*
   Pres.: я выключа́ю, ты выключа́ешь, они́ выключа́ют
   Fut.: я вы́ключу, ты вы́ключишь, они́ вы́ключат

высыпа́ться/вы́спаться – *to get enough sleep*
   Pres.: я высыпа́юсь, ты высыпа́ешься, они́ высыпа́ются
   Fut.: я вы́сплюсь, ты вы́спишься, они́ вы́спятся
де́лать/сде́лать заря́дку – *to exercise*
до того́ как – *before*
кра́ситься/накра́ситься – *to put on makeup*
   Pres./Fut.: я (на)кра́шусь, ты (на)кра́сишься, они́ (на)кра́сятся
лежа́ть *impf.* – *to lie, be lying*
   Pres.: я лежу́, ты лежи́шь, они́ лежа́т
   Past: он лежа́л, она́ лежа́ла, они́ лежа́ли
ложи́ться/лечь – *to lie down*
   Pres.: я ложу́сь, ты ложи́шься, они́ ложа́тся
   Fut.: я ля́гу, ты ля́жешь, они́ ля́гут
   Past: он ложи́лся/лёг, она́ ложи́лась/легла́, они́ ложи́лись/легли́
ложи́ться/лечь спать – *to go to bed*
нача́ло чего́? – *beginning*/**оконча́ние** чего́? – *ending*
обы́чный – *usual, typical*
одева́ться/оде́ться – *to get dressed*
   Pres.: я одева́юсь, ты одева́ешься, они́ одева́ются
   Fut.: я оде́нусь, ты оде́нешься, они́ оде́нутся
отдыха́ть/отдохну́ть – *to relax*
   Pres.: я отдыха́ю, ты отдыха́ешь, они́ отдыха́ют
   Fut.: я отдохну́, ты отдохнёшь, они́ отдохну́т
пол (мужско́й, же́нский) – *gender (male, female)*
полови́на – *half*
пора́ кому́? + *inf.* – *it's time to*
по́сле того́ как – *after*
приезжа́ть/прие́хать куда́? отку́да? – *to come to/from*
   Pres.: я приезжа́ю, ты приезжа́ешь, они́ приезжа́ют
   Fut.: я прие́ду, ты прие́дешь, они́ прие́дут
принима́ть/приня́ть душ – *to take a shower*
   Pres.: я принима́ю, ты принима́ешь, они́ принима́ют
   Fut.: я приму́, ты при́мешь, они́ при́мут
   Past pfv.: он при́нял, она́ приняла́, они́ при́няли
причёсываться/причеса́ться – *to comb or brush one's hair*
   Pres.: я причёсываюсь, ты причёсываешься, они́ причёсываются
   Fut.: я причешу́сь, ты причешешься, они́ причешутся
проводи́ть/провести́ вре́мя – *to spend time*
   Pres.: я провожу́, ты прово́дишь, они́ прово́дят
   Fut.: я проведу́, ты проведёшь, они́ проведу́т
   Past pfv.: он провёл, она́ провела́, они́ провели́
просыпа́ться/просну́ться – *to wake up*
   Pres.: я просыпа́юсь, ты просыпа́ешься, они́ просыпа́ются
   Fut.: я просну́сь, ты проснёшься, они́ просну́тся
   Past pfv.: он просну́лся, она́ просну́лась, они́ просну́лись
распоря́док дня – *daily routine*
сади́ться/сесть куда́? – *to sit down, take a seat*
   Pres.: я сажу́сь, ты сади́шься, они́ садя́тся
   Fut.: я ся́ду, ты ся́дешь, они́ ся́дут
   Past pfv.: он сел, она́ се́ла, они́ се́ли

сиде́ть *impf.* где? – *to sit, be sitting*
  Pres.: я сижу́, ты сиди́шь, они́ сидя́т
ску́чный, -ая, -ое, -ые – *boring adj.*
снача́ла – *at first*
собира́ться/собра́ться куда? (в университе́т, на рабо́ту) – *to get ready for (school, work)*
  Pres: я собира́юсь, ты собира́ешься, они́ собира́ются
  Fut.: я соберу́сь, ты соберёшься, они́ соберу́тся
  Past pfv.: он собра́лся, она́ собрала́сь, они́ собрали́сь
стара́ться/постара́ться + *inf.* – *to try, to make an effort*
  Pres./Fut.: (по)стара́юсь, ты (по)стара́ешься, они́ (по)стара́ются
стоя́ть – *to stand/be standing*
  Pres.: я стою́, ты стои́шь, они́ стоя́т
стри́чься/постри́чься – *to get a haircut*
  Pres./Fut.: я (по)стригу́сь, ты (по)стрижёшься, они́ (по)стригу́тся
  Past: он (по)стри́гся, она́ (по)стри́глась, они́ (по)стри́глись
удава́ться/уда́ться кому? – *to succeed, manage to do something*
  Pres./Fut.: кому́? удаётся + *inf.*/уда́стся + *pfv. inf.*
  Past.: кому́? удава́лось + *inf.*/удало́сь + *pfv. inf.*
умыва́ться/умы́ться – *to wash up, wash one's hands and face*
  Pres.: умыва́юсь, ты умыва́ешься, они́ умыва́ются
  Fut.: я умо́юсь, ты умо́ешься, они́ умо́ются
успева́ть/успе́ть + *inf.* – *to have time to do something*
  Pres.: я успева́ю, ты успева́ешь, они́ успева́ют
  Fut.: я успе́ю, ты успе́ешь, они́ успе́ют
устава́ть/уста́ть – *to get tired*
  Pres.: я устаю́, ты устаёшь, они́ устаю́т
  Fut.: я уста́ну, ты уста́нешь, они́ уста́нут
  Past pfv.: он уста́л, она́ уста́ла, они́ уста́ли
че́тверть *f.* – *quarter*
чи́стить/почи́стить зу́бы – *to brush one's teeth*
  Pres./Fut.: я (по)чи́щу, ты (по)чи́стишь, они́ (по)чи́стят

Expressions:

Всё по-ста́рому. – *Same old./Everything's the same.*
Да, коне́чно. – *Yes, of course.*
Жаль, но не могу́! – *I'm sorry, but I can't.*
С ра́достью! – *Gladly!*
Что но́вого? – *What's new?*
С удово́льствием! – *With pleasure!*

ГЛАВА́ 10 | СВОБО́ДНОЕ ВРЕ́МЯ И УВЛЕЧЕ́НИЯ

In this chapter, you will:

- review and expand the vocabulary you need to talk about what you do in your spare time, your interests, and your hobbies;
- read about how young people in Russia spend their spare time;
- watch a video survey about how people spend their free time;
- read about upcoming events and discuss where to go and what to see;
- write a personal blog post about your typical weekend;
- create a video blog about one of your hobbies;
- make a presentation about a Russian artist, composer, writer, or poet.

10–1 | Свобо́дное вре́мя. 1) Read the following script out loud. 2) Go around the classroom and interview two classmates. Make sure to use the appropriate form of address (**ты** or **вы**) and the appropriate greeting and farewell expressions. 3) Write down or circle your classmates' answers and find out who has the same interests. 4) Summarize their answers in five to six sentences and share them with the rest of the class.

I. Opening conversation lines	Responses
Приве́т!/Здра́вствуй/те! Рад/ра́да тебя́/вас ви́деть! Как ты/вы? Как дела́? Как твоя́/ва́ша жизнь? Что но́вого?	Приве́т!/Здра́вствуй/те! Я то́же рад/ра́да тебя́/вас ви́деть! Спаси́бо, всё хорошо́/норма́льно. Не жа́луюсь! Всё по-ста́рому.
Вопро́сы	**Отве́ты**
1. У тебя́/вас есть свобо́дное вре́мя?	• Да, у меня́ есть свобо́дное вре́мя. • Нет, у меня́ нет свобо́дного вре́мени. • У меня́ ма́ло/мно́го свобо́дного вре́мени.
2. Как ты прово́дишь свобо́дное вре́мя? Как вы прово́дите свобо́дное вре́мя?	• Занима́юсь спо́ртом, хожу́ в фи́тнесс-клуб. • Отдыха́ю до́ма: смотрю́ телеви́зор, чита́ю. • Сижу́ в интерне́те, в социа́льных сетя́х. • Хожу́ в го́сти к друзья́м и ро́дственникам. • Хожу́ в кино́ и́ли на конце́рт. • Хожу́ в музе́и и на вы́ставки *(art exhibitions)*. • Хожу́ в теа́тр. • Хожу́ в ба́ры, кафе́, рестора́ны. • Хожу́ в ночны́е клу́бы. • Встреча́юсь с друзья́ми. • Хожу́ по магази́нам. • Игра́ю в компью́терные и́гры. • Друго́е:
3. Каки́м спо́ртом ты занима́ешься? Каки́м спо́ртом вы занима́етесь?	Я не занима́юсь спо́ртом. Я занима́юсь . . . • те́ннисом. • баскетбо́лом. • волейбо́лом. • футбо́лом. • хокке́ем. • пла́ванием. • билья́рдом. • друго́е:

4. Чем ты интерес́уешься? Чем вы интерес́уетесь?	Я интерес́у́юсь . . . • м́узыкой. • те́атром. • фотогра́фией. • литерат́урой. • бал́етом. • ́оперой. • исќусством *(art)*. • кин́о.[1] • компь́ютерными ́играми. • друѓое:
III. Closing lines	**Responses**
Спас́ибо! Б́ыло при́ятно с тоб́ой/ в́ами поговор́ить! Всеѓо хор́ошего! Извин́и/те, что я теб́я/вас задерж́ал/а! До в́ечера!	Пожа́луйста! Н́е за что! Счастл́иво! Хор́ошего дня! Ещё ув́идимся! До за́втра!

 10–2 | Произнош́ение. Hard and **soft** consonants. 1) Review the following information about hard and soft consonants. 2) Listen to the speaker and underline all soft consonants in the following sentences. 3) Listen again and pronounce the sentences after the speaker.

As you already know, most Russian consonants represent sounds that can be pronounced **hard** or **soft** (i.e. with the middle part of your tongue nearly touching the hard palate on the roof of your mouth).

Note:
а, о, у, э, ы indicate that the preceding consonant is hard.
я, ё, ю, е, и, ь indicate the preceding consonant is soft.

Notice that in words borrowed from foreign languages, the consonants preceding **E** may be pronounced either soft (музе[е]й) or hard (те[э]ннис, конце[э]рт), инте[э]рне[э]т).

Remember that **Ж, Ш,** and **Ц** are *always* pronounced **hard. Ч, Щ,** and **Й** are *always* pronounced **soft**. However, in the word **что** [što], **ч** is pronounced *sh* [š]. To pronounce the [š] sound correctly, point the tip of your tongue toward the back part of the ridge behind your front teeth.

---

1. Как ты провóдишь свобóдное врéмя?
2. Онá занимáется спóртом, чáсто хóдит в фи́тнесс-клуб.

---

1 **Кин́о** is an indeclinable noun.

3. Мы сегóдня бýдем отдыхáть дóма и смотрéть нóвый сериáл.
4. Он сидит цéлый день в интернéте и социáльных сетя́х.
5. Мы чáсто хóдим в гóсти к нáшим хорóшим друзья́м.
6. Я чáсто бывáю в музéях, на концéртах и на вы́ставках.
7. Я игрáю в тéннис по утрáм.
8. Я занимáюсь баскетбóлом и увлекáюсь компью́терными и́грами.
9. Кто лю́бит игрáть в хоккéй?
10. Я интересýюсь óперой и балéтом.
11. Живи́ и радýйся!

10-3 | Хóбби и увлечéния. 1) Listen to the speaker and mark the stress in the following words. Repeat after the speaker. 2) Take a piece of paper and group the vocabulary words into themes: а) **ви́ды спóрта** *sports*; b) **и́гры** *games;* с) **музыкáльные инструмéнты** *musical instruments.*

альпинизм *mountain climbing*	**барабаны** *drums*
баскетбол *basketball*	**бег** *running*
бокс *boxing*	**волейбол** *volleyball*
гимнастика *gymnastics*	**гитара** *guitar*
гольф *golf*	**плавание** *swimming*
рояль, пианино *grand piano, piano*	**скрипка** *violin*
теннис *tennis*	**пешеходный туризм** *hiking*
фехтование *fencing*	**фигурное катание** *figure skating*
флейта *flute*	**футбол** *soccer*
хоккей *hockey*	**шахматы** *chess*

10-4 | Хóбби и увлечéния. 1) Read the following vocabulary words out loud and mark what you *are interested in* **интересовáться** *impf.* чем? or are *really into or are passionate about* **увлекáться**[2] *impf.* чем? 2) In small groups, make small talk following the subsequent example using the words from the table. 3) Learn the words and expressions you do not already know. Review the instrumental case as needed (see pages 287–297).

Примéр:

— У тебя́ есть хóбби?
— Да, я **увлекáюсь** спóртом. Я игрáю в тéннис сейчáс, а рáньше занимáлся/ась бéгом.
— А я **интересýюсь** искýсством, рисýю и люблю́ ходи́ть в музéи.

---

2   Use **интересовáться** *impf.* to talk about a general interest in something; **увлекáться** *impf.* should be used when talking about interests and hobbies you have a deeper fondness for or activities you really love to do.

СПОРТ	МУ́ЗЫКА	ИСКУ́ССТВО
игра́ть в . . . что? • баскетбóл • волейбóл • гольф • тéннис • футбóл • хоккéй • шáхматы **занима́ться . . . чем?** • альпини́змом • бéгом • бóксом • гимнáстикой • плáванием • тури́змом • фигу́рным катáнием • фехтовáнием **катáться на . . . чём?** • конькáх (*to skate*) • лы́жах (*to ski*) • велосипéде (*to ride a bicycle*) • рóликах (*to rollerblade*) • сноубóрде (*to snowboard*) • самокáте (*to ride on a scooter*)	**игра́ть на . . . чём?** • барабáнах • гитáре • роя́ле, фортепиáно • скри́пке • флéйте **игра́ть в** оркéстре **ходи́ть на** концéрты **петь**[4] **в** хóре.	**жи́вопись** *f. (painting)* рисовáть[3] что? (*to paint, draw*) ходи́ть в музéи, галерéи **теáтр** ходи́ть в теáтр игрáть в теáтре **балéт, óпера** **фотогрáфия** фотографи́ровать что? **тáнцы** *pl.* танцевáть в ансáмбле **фи́льмы** *pl.* ходи́ть в кинó

10–5 | Хóбби и увлечéния. Mark which verbs from the left column can be used with the items in the right column. Make sure to pay attention to case and to use the correct prepositions when necessary.

---

3   рисовáть *impf.*, **фотографи́ровать** *impf.*, **танцевáть** *impf.*: don't forget to replace **-OBA-/-EBA-** with **-У** before all personal endings (review Chapter 2, First-conjugation verbs), for example, я рису́ю, ты рису́ешь, они́ рису́ют.

4   **петь** *impf. to sing:* я пою́, ты поёшь, они́ поют

___ велосипе́де
___ велоспо́ртом
___ баскетбо́л
___ фигу́рным ката́нием
___ футбо́л
___ те́ннис
___ лы́жах
___ лы́жным спо́ртом
___ гимна́стикой
___ конька́х
___ флéйте
___ бараба́нах
___ фортепиа́но
___ пла́ванием
___ пешехо́дным тури́змом
___ иску́сством
___ теа́тром

1. **интересова́ться** *impf.* чем?
2. **увлека́ться** *impf.* чем?
3. **занима́ться** *impf.* чем?
4. **игра́ть** *impf.* **в(о)** что?
5. **игра́ть** *impf.* **на** чём?
6. **ката́ться/поката́ться на** чём?

10-6 | **Словообразова́ние.** 1) Match the activities in the left column with the people who do them in the right column. Underline all suffixes that form the nouns in the right column. 2) Translate the words in the right column and read them out loud. 3) In pairs, take turns asking and answering questions following the subsequent example.

Приме́р:

— Кто игра́ет в хокке́й?
— В хокке́й игра́ет хокке**и́ст**.

Кто игра́ет в . . . ?
1. хокке́й
2. баскетбо́л
3. ша́хматы
4. футбо́л
5. волейбо́л
6. те́ннис
7. гольф

___ шахмати́ст/шахмати́стка
___ волейболи́ст/волейболи́стка
___ теннисти́ст/теннисти́стка
___ гольфи́ст/гольфи́стка
___ баскетболи́ст/баскетболи́стка
___ хоккеи́ст/хоккеи́стка
___ футболи́ст/футболи́стка

Кто ката́ется на . . . ?
1. велосипе́де
2. фигу́рных конька́х
3. лы́жах
4. сноубо́рде

___ сноуборди́ст/сноуборди́стка
___ велосипеди́ст/велосипеди́стка
___ лы́жник/лы́жница
___ фигури́ст/фигури́стка

Кто игра́ет на . . . ?
1. гита́ре
2. пиани́но
3. флéйте
4. скри́пке
5. бараба́нах

___ флейти́ст/флейти́стка
___ гитари́ст/гитари́стка
___ пиани́ст/пиани́стка
___ бараба́нщик/бараба́нщица
___ скрипа́ч/скрипа́чка

ЧИТА́ЕМ И ГОВОРИ́М

 10–7 | Пе́ред чте́нием. 1) In pairs or small groups, discuss and make a list of five things that students in your country like to do the most in their spare time. 2) Share your list with the rest of the class.

Большинство́ студе́нтов лю́бят . . .

1. _____
2. _____
3. _____
4. _____
5. _____

10–8 | Опро́с «Свобо́дное вре́мя». In pairs, 1) study the results of the following survey, make a list of five things that Moscow students like to do most in their spare time, and 2) compare it with the list from 10–7.

Большинство́ моско́вских студе́нтов лю́бят . . .

1. _____
2. _____
3. _____
4. _____
5. _____

Опро́с «Свобо́дное вре́мя»

большинство́ кого́? чего́? – *majority*
вы́ставка – *here: art exhibition*
насто́льные и́гры – *board games*
обща́ться/пообща́ться с кем? – *to speak with, communicate, hang out*
посеща́ть/посети́ть кого́? что? – *to attend, visit*
почти́ – *almost*
путеше́ствие – *travel, journey (usually long)*
сообща́ть/сообщи́ть что? кому́? – *to tell, report*
тра́тить/потра́тить что? (вре́мя) – *to spend (time)*
уча́ствовать *impf.* **в** чём? – *to participate in*

На вопро́с «Как вы прово́дите своё свобо́дное вре́мя?» большинство́ студе́нтов моско́вских ву́зов (68%) отве́тили, что прово́дят своё свобо́дное вре́мя в интерне́те и́ли обща́ются в социа́льных сетя́х. Около 60% студе́нтов в свобо́дное вре́мя лю́бят гуля́ть в па́рках Москвы́, а 56% лю́бят чита́ть кни́ги. Кро́ме того́, молоды́м лю́дям нра́вится ходи́ть в кинотеа́тры (43%), посеща́ть кафе́, ба́ры и клу́бы (32%).

Сейча́с в Москве́ ста́ли популя́рными *антикафе́*, куда́ обы́чно хо́дят с друзья́ми, что́бы поигра́ть в насто́льные и́гры.

Чем ещё занима́ются моско́вские студе́нты в свобо́дное вре́мя? 23% занима́ются спо́ртом: хо́дят в фи́тнесс-це́нтры, игра́ют в футбо́л, баскетбо́л и ша́хматы, занима́ются бо́ксом, гимна́стикой, лы́жным спо́ртом, пла́ванием и фехтова́нием. Интере́сно, что о́коло 20% студе́нтов сообщи́ли, что они́ лю́бят гото́вить в свобо́дное вре́мя, осо́бенно печь. 17% студе́нтов хо́дят на музыка́льные конце́рты, 15% лю́бят ходи́ть в теа́тр, 14% игра́ют в компью́терные и́гры, а 11% посеща́ют городски́е вы́ставки, хо́дят в музе́и и галере́и.

Своё свобо́дное вре́мя на волонтёрство тра́тят 12% студе́нтов, ещё 10% увлека́ются тури́змом и путеше́ствиями, почти́ 15% – фотогра́фией. 8% занима́ются та́нцами, 7% рису́ют, и то́лько 6% студе́нтов гото́вы уча́ствовать в кве́стах.

В опро́се при́няли уча́стие о́коло одно́й ты́сячи студе́нтов моско́вских ву́зов.

10–9 | Опро́с «Свобо́дное вре́мя». Reread the results of the online poll in 10–8 and find Russian equivalents for the following words and word combinations. Read them out loud:

bar –   basketball –
boxing –   club –
football –   gallery –
gymnastics –   Moscow's –
museum –   musical –
park –   quest –
urban –   volunteering –

10–10 | Опро́с «Свобо́дное вре́мя». Reread the article in 10–8 and order the following statements according to the poll results. Read each statement out loud. The first and the last ones have been done for you.

В свобо́дное вре́мя моско́вские студе́нты . . .

____ лю́бят ходи́ть в кинотеа́тры.
____ занима́ются спо́ртом.
____ занима́ются та́нцами.
____ лю́бят гото́вить, осо́бенно печь.

___ лю́бят гуля́ть в па́рках Москвы́.

_1_ лю́бят проводи́ть свобо́дное вре́мя в интерне́те и́ли обща́ться в
социа́льных сетя́х.

___ лю́бят ходи́ть в теа́тр.

___ лю́бят чита́ть кни́ги.

___ посеща́ют кафе́, ба́ры и клу́бы.

___ рису́ют.

___ занима́ются волонтёрством.

___ увлека́ются тури́змом и путеше́ствиями.

___ увлека́ются фотогра́фией.

_17_ уча́ствуют в кве́стах.

___ игра́ют в компью́терные и́гры.

___ хо́дят на музыка́льные конце́рты.

___ посеща́ют городски́е вы́ставки, музе́и и галере́и.

10–11 | Опро́с «Свобо́дное вре́мя». Reread the results of the poll in 10–8 and answer the following questions in complete sentences:

1. Ско́лько студе́нтов занима́ется спо́ртом в свобо́дное вре́мя? Каки́ми ви́дами спо́рта они́ занима́ются?
2. Ско́лько студе́нтов лю́бит гото́вить в свобо́дное вре́мя?
3. Ско́лько студе́нтов увлека́ется тури́змом и путеше́ствиями, фотогра́фией и та́нцами?
4. Что тако́е антикафе́?
5. Ско́лько студе́нтов хо́дит на музыка́льные конце́рты, в теа́тр, на городски́е вы́ставки, в музе́и и галере́и?
6. Ско́лько студе́нтов игра́ет в компью́терные и́гры?
7. Ско́лько студе́нтов рису́ет в свобо́дное вре́мя?
8. Ско́лько студе́нтов занима́ется волонтёрством?
9. Популя́рны ли кве́сты среди́ студе́нтов? Вы зна́ете, что тако́е квест?

10–12 | Мои́ увлече́ния и хо́бби. Read the following posts from **ВКонта́кте** and underline all leisure activities and hobbies that are mentioned.

Мои́ увлече́ния и хо́бби

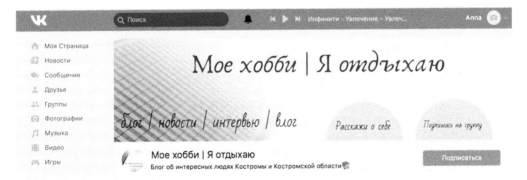

Ни́на Матве́ева

> **ко́нкурс** (музыка́льный) – *contest, competition*
> **стра́шно** – *scary adv.*
> **консервато́рия** – *conservatory*
> **сце́на** – *stage*

Всем приве́т! Я увлека́юсь му́зыкой. Я люблю́ слу́шать класси́ческую и совреме́нную му́зыку, игра́ть на фортепиа́но и петь. Сейча́с я ещё учу́сь игра́ть на гита́ре. И, коне́чно, я о́чень люблю́ чита́ть, когда́ у меня́ есть свобо́дное вре́мя. Но свобо́дного вре́мени у меня́ почти́ нет, так как я учу́сь в шко́ле в 11-м кла́ссе и гото́влюсь к экза́менам в университе́т. Хочу́ поступи́ть на филфа́к[5] в сле́дующем году́. В консервато́рию я реши́ла не поступа́ть, потому́ что ненави́жу выступа́ть, ненави́жу уча́ствовать в музыка́льных ко́нкурсах, не люблю́ сце́ну. Э́то всё не для меня́, потому́ что мне ужа́сно стра́шно! Я люблю́ игра́ть и петь то́лько для себя́, роди́телей и свои́х друзе́й, и я де́лаю э́то с больши́м удово́льствием!

Не́ля Ники́тина

> **выи́грывать/вы́играть** у кого́? что? – *to win*
> **дово́лен, дово́льна, дово́льны** – *satisfied*
> **прои́грывать/проигра́ть** кому́? что? – *to lose*
> **соревнова́ние** по чему́? – *competition (usually used when speaking about sports)*
> **тренирова́ться** *impf.* – *to practice, train*

А я занима́юсь фигу́рным ката́нием и с больши́м удово́льствием смотрю́ ледо́вые шо́у и соревнова́ния по фигу́рному ката́нию. Ката́юсь на конька́х с де́тства. Ма́ма с па́пой записа́ли меня́ в шко́лу фигу́рного ката́ния, когда́ мне бы́ло 3 го́да. Роди́тели о́чень дово́льны мной. Сейча́с я трениру́юсь ка́ждый день, гото́влюсь к соревнова́ниям, кото́рые бу́дут в ма́рте. Хочу́, коне́чно, вы́играть их, а не проигра́ть, как в про́шлом году́. Поэ́тому вре́мени свобо́дного нет.

Илья́ За́йцев

> **кома́нда** – *team*   **побежда́ть/победи́ть** кого́? что? – *to win*
> **си́ла** – *strength, energy*   **ско́рость** *f.* – *speed*
> **трениро́вка** – *practice n.* **чемпиона́т по** чему́? – *championship*
>
> **Expression:**
> **лу́чший**, -ая, -ое, -ие **в ми́ре** – *best in the world*

Приве́т! Меня́ зову́т Илья́. Я отли́чно ката́юсь на конька́х и увлека́юсь хокке́ем. Игра́ю в хокке́й уже́ семь лет. Э́то лу́чшая игра́ в ми́ре, настоя́щая мужска́я игра́! Ско́рость, си́ла! У нас в университе́те си́льная хокке́йная кома́нда. Мы все одна́ семья́! В про́шлом году́ на́ша кома́нда вы́играла чемпиона́т по хокке́ю среди́ всех росси́йских университе́тов! Мы мно́го тренирова́лись, что́бы победи́ть.

---

5 **Филфа́к** – филологи́ческий факульте́т, где изуча́ют литерату́ру и языки́.

Трениро́вки бы́ли ка́ждый день у́тром и ве́чером, да́же в выходны́е. Свобо́дного вре́мени про́сто не́ было! Мы всё сде́лали для побе́ды!

Андре́й Тито́в

> горди́ться *impf.* кем? чем? – *to be proud*
> запи́сывать/записа́ть кого? куда́? – *here: to register someone, sign someone up for something*
> ра́довать *impf.* кого? – *to make someone happy*
> рисова́ние – *painting, drawing n.*
> счита́ть *impf.* кого? что? кем? чем? – *to consider*

Я люблю́ ката́ться на велосипе́де, но свои́м хо́бби я счита́ю рисова́ние. Мне о́чень нра́вится рисова́ть, и я бы хоте́л занима́ться э́тим всю жизнь. Я на́чал рисова́ть в 10 лет. Мои́м роди́телям о́чень понра́вилось, как я рису́ю, и они́ реши́ли записа́ть меня́ в худо́жественную шко́лу. Сейча́с роди́тели гордя́тся мно́ю и мои́ми побе́дами на ко́нкурсах. А мне о́чень нра́вится ра́довать роди́телей! Ходи́ть в галере́и и на вы́ставки, смотре́ть карти́ны вели́ких худо́жников – моё са́мое люби́мое заня́тие.

Артём Жу́ков

> боле́льщик – *fan*
> боле́ть *impf.* за кого? за что? – *to be a fan (of a sports team)*
> ра́доваться *impf.* кому? чему? – *to be happy, celebrate*
> расстра́иваться/расстро́иться – *to be upset*
> увлече́ние – *interest, hobby*
> матч (футбо́льный) – *match, game*

Приве́т! Моё увлече́ние – э́то игра́ в ша́хматы. У нас больша́я семья́, и я ча́сто игра́ю в ша́хматы со свои́ми бра́тьями и отцо́м. Ра́ньше я игра́л с де́душкой, но он у́мер в про́шлом году́. Де́душка был хоро́шим шахмати́стом, он научи́л меня́ игра́ть в э́ту чуде́сную игру́.

А ещё я о́чень люблю́ игра́ть в футбо́л и смотре́ть футбо́льные ма́тчи с па́пой и бра́тьями. Мы все боле́ем за кома́нду «Спарта́к» и о́чень ра́дуемся, когда́ на́ша кома́нда выи́грывает и расстра́иваемся, когда́ «Спарта́к» прои́грывает. У «Спартака́» о́чень мно́го боле́льщиков, и есть официа́льный фан-клуб кома́нды.

10-13 | Мои́ увлече́ния и хо́бби. Reread the posts in 10–12. Find the antonyms to the following words:

1. выи́грывать/вы́играть у кого? –
2. недово́льный –
3. люби́ть кого? что? –
4. ма́ло (трениро́ваться) –
5. зака́нчивать/зако́нчить что? –
6. плохо́й (шахмати́ст) –
7. побежда́ть/победи́ть кого? –

8. ра́доваться кому́? чему́? –
9. расстра́ивать кого́? чем? –
10. ра́ньше –
11. ре́дко –

10–14 | Мои́ увлече́ния и хо́бби. Reread the posts in 10–12 and match the authors in the left column with the statements in the right column.

1. Ни́на Матве́ева
2. Не́ля Ники́тина
3. Илья́ За́йцев
4. Андре́й Тито́в
5. Артём Жу́ков

___ боле́льщик кома́нды «Спарта́к».

___ лю́бит смотре́ть ледо́вые шо́у.

___ ненави́дит сце́ну, ненави́дит выступа́ть и уча́ствовать в музыка́льных ко́нкурсах.

___ игра́л в ша́хматы с де́душкой.

___ счита́ет хокке́й лу́чшей игро́й в ми́ре.

___ на́чал рисова́ть в 10 лет.

___ ката́ется на конька́х с де́тства.

___ трениру́ется ка́ждый день, у́тром и ве́чером.

___ у́чится в 11-м кла́ссе.

___ игра́ет в кома́нде, кото́рая вы́играла чемпиона́т по хокке́ю среди́ всех росси́йских университе́тов!

___ начала́ ката́ться, когда́ ей бы́ло 3 го́да, роди́тели записа́ли её в шко́лу фигу́рного ката́ния.

___ сейча́с у́чится игра́ть на гита́ре.

10–15 | Мои́ увлече́ния и хо́бби. 1) Reread the posts in 10–12 and finish the following sentences. 2) In pairs, take turns telling each other what you learned about the participants in the group **«Моё хо́бби| Отдыха́ю»** on **ВКонта́кте**.

Ни́на Матве́ева
1. Ни́на увлека́ется . . . , лю́бит слу́шать . . . и игра́ть на . . . для . . .
2. Она́ у́чится игра́ть на . . . и гото́вится к . . .
3. Ни́на ненави́дит . . . , потому́ что ей ужа́сно . . . Это всё не её.

Не́ля Ники́тина
1. Не́ля занима́ется . . . , смо́трит . . . с . . .
2. Она́ сейча́с трениру́ется . . . , гото́вится к . . .
3. Роди́тели о́чень . . .
4. Не́ля хо́чет . . . , а не . . .

Илья́ За́йцев
1. Илья́ ката́ется на . . . и увлека́ется . . .
2. Он игра́ет в университе́тской кома́нде по . . .
3. Его́ кома́нда вы́играла . . .
4. Кома́нда мно́го тренирова́лась, трениро́вки бы́ли . . .

Андре́й Тито́в
1. Андре́й Тито́в лю́бит . . . , но свои́м хо́бби счита́ет . . .

2. Са́мое люби́мое заня́тие Андре́я . . .
3. Его́ роди́тели горд́ятся . . .

Артём Жу́ков
1. Артём Жу́ков увлека́ется . . . , лю́бит игра́ть в . . . и смотре́ть . . .
2. Артём игра́ет в . . . с . . .
3. Он боле́ет за . . . , ра́дуется, когда́ . . . и расстра́ивается, когда́ . . .

10-16 | Куда́ пойти́? Read the following announcements and decide what **Артём Жу́ков, Андре́й Тито́в, Илья́ За́йцев, Не́ля Ники́тина,** and **Ни́на Матве́ева** (from 10–12) would like to do in their spare time. Explain your reasoning following the subsequent example:

Я счита́ю, что (кто?) . . . **пойдёт на** . . . (куда́? вы́ставку, чемпиона́т по ша́хматам, конце́рт класси́ческой му́зыки, хокке́йный турни́р, ледо́вое шо́у), **та́к как** . . .

Афи́ша

> **афи́ша** – *poster*   **внима́ние** – *attention*
> **звезда́** – *star*   **лёд** – *ice n.*
> **проходи́ть/пройти́ где?** – *to take place*   **создава́ть/созда́ть что?** – *to create*
> **сто́имость** *f.* – *cost*   **турни́р** – *tournament*
>
> **Expression:**
> **Вход свобо́дный** – *free admission*

Москва ⌄   Ближайшее время ⌄

🔍 КИНО КОНЦЕРТЫ ТЕАТР ВЫСТАВКИ ДЕТИ РЕСТОРАНЫ КВЕСТЫ ПОДБОРКИ ВСЕ

Третьяко́вская галере́я

Третьяко́вская галере́я (г. Москва́) приглаша́ет на вы́ставку карти́н Ильи́ Ре́пина с 16 ма́рта по 18 а́вгуста. На вы́ставке мо́жно бу́дет уви́деть 300 рабо́т, кото́рые худо́жник со́здал в 1870–1920-х года́х.
Режи́м рабо́ты: вто́рник, среда́, воскресе́нье – с 10.00 до 18.00; четве́рг, пя́тница, суббо́та – с 10.00 до 21.00.
Сто́имость биле́та: 600 руб.

Кома́ндный чемпиона́т ми́ра по ша́хматам

С 26 ноября́ по 5 декабря́ в Москве́ пройдёт кома́ндный чемпиона́т по ша́хматам. В чемпиона́те бу́дут уча́ствовать 9 кома́нд из ра́зных стран ми́ра: Росси́я, Арме́ния, Голла́ндия, Герма́ния, Кита́й, Азербайджа́н, США, Еги́пет и Ту́рция. Моско́вский ша́хматный клуб, Тверско́й бульва́р, д.14. Вход свобо́дный.

Внимáние!

21 апрéля с 10:30 до15.00 в г. Зарúнск пройдýт соревновáния по фигýрному катáнию. В соревновáниях прúмут учáстие 50 спортсмéнов из Барнаýла и Новосибúрска. Вход свобóдный.
Контáкты: Алла Иванóва, дирéктор клýба фигýрного катáния «Сибúрский лёд» тел. (3852) 69–33–02, ivanova@mail.ru

Концéрт мýзыки Сергéя Рахмáнинова «Вокалúз»

10 апрéля в 19:00, Консерватóрия, Большóй зал, г. Москвá, ул. Б. Никúтская, д. 13. Стóимость билéтов: от 1 000 руб.

Хоккéйный турнúр Student Hockey Challenge

С 2 по 7 октября́ в Красноя́рске пройдёт студéнческий хоккéйный турнúр *Student Hockey Challenge* средú мужскúх комáнд. В турнúре бýдут учáствовать 8 комáнд из трёх стран мúра: Россúя, Словáкия и США. Спортúвный кóмплекс «Арéна-Сéвер». Вход свобóдный.

Ледóвое шóу в Краснодáре

Ледóвое шóу с учáстием звёзд фигýрного катáния. Ледóвый дворéц *Ice Palace*. 20 и 21 апрéля в 20:00. Стóимость билéтов от 1 200 руб.

 10-17 | Кудá пойтú? 1) Scan the announcements from 10–16 and fill in the following table. 2) In pairs, take turns asking and answering questions about the advertised events following the subsequent example:

Примéр:

— Где пройдёт вы́ставка картúн Рéпина?
— Вы́ставка пройдёт в Третьякóвской галерéе в Москвé.

Что?	Где?	Когдá?	Плáтно/бесплáтно? Скóлько стóит билéт?
1. Вы́ставка картúн Ильú Рéпина			
2. Комáндный чемпионáт мúра по шáхматам			
3. Соревновáния по фигýрному катáнию			

Что?	Где?	Когда́?	Пла́тно/беспла́тно? Ско́лько сто́ит биле́т?
4. Конце́рт му́зыки Серге́я Рахма́нинова			
5. Хокке́йный турни́р *Student Hockey Challenge*			
6. Ледо́вое шо́у			

10-18 | Куда́ пойти́? Skim the announcements in 10–16. 1) In small groups, discuss where you would like to go together and why. 2) Share your choices with the rest of the class following the subsequent example.

Мы хоти́м пойти́ на . . . , потому́ что/та́к как . . .

СМО́ТРИМ И ГОВОРИ́М

10-19 | Видеоопро́с «Свобо́дное вре́мя». 1) Watch the video blog three times and choose the correct answers for the following questions. There may be more than one correct answer. 2) In pairs, talk about how the people featured in the video blog spend their free time.

Свобо́дное вре́мя

1. Как Анто́н прово́дит свобо́дное вре́мя?
   a. Он хо́дит в теа́тр и музе́и.
   b. Он занима́ется спо́ртом и хо́дит в тренажёрный зал.
   c. Он с друзья́ми ката́ется на сноубо́рде.
   d. Он лю́бит встреча́ться с друзья́ми.
   e. Он лю́бит ходи́ть в ба́ню.
   f. Он увлека́ется фотогра́фией.
2. Как Же́ня прово́дит свобо́дное вре́мя?
   a. Он игра́ет в компью́терные и́гры.
   b. Он занима́ется спо́ртом.
   c. Он с друзья́ми хо́дит в кино́ и цирк.
   d. Он встреча́ется с друзья́ми.
   e. Он лю́бит ходи́ть в ба́ню.
   f. Он увлека́ется фотогра́фией.

3. Как Вале́ра прово́дит свобо́дное вре́мя?
   a. Он игра́ет в компью́терные и́гры.
   b. Он хо́дит в тренажёрный зал.
   c. Он хо́дит в кино́ и цирк.
   d. Он встреча́ется с друзья́ми.
   e. Он лю́бит ходи́ть в ба́ню.
   f. Он спит в свобо́дное вре́мя.

4. Как Никола́й прово́дит свобо́дное вре́мя?
   a. Он игра́ет в компью́терные и́гры.
   b. Он хо́дит в тренажёрный зал.
   c. Он хо́дит в кино́ и цирк.
   d. Он встреча́ется с друзья́ми.
   e. Он лю́бит гуля́ть по го́роду.
   f. Он чита́ет кни́ги.

5. Как Та́ня прово́дит свобо́дное вре́мя?
   a. Она́ игра́ст в компью́терные и́гры.
   b. Она́ хо́дит в кафе́.
   c. Она́ лю́бит проводи́ть вре́мя до́ма с семьёй, с роди́телями.
   d. Она́ встреча́ется с друзья́ми.
   e. Она́ лю́бит ходи́ть в ба́ню.
   f. Она́ спит в свобо́дное вре́мя.

6. Как Ни́на Петро́вна прово́дит свобо́дное вре́мя?
   a. Она́ занима́ется спо́ртом.
   b. Она́ хо́дит на вы́ставки карти́н и в музе́и.
   c. Она́ хо́дит на конце́рты класси́ческой му́зыки.
   d. Она́ встреча́ется с друзья́ми и колле́гами.
   e. Она́ лю́бит ходи́ть в теа́тр.
   f. Она́ лю́бит проводи́ть вре́мя до́ма с семьёй.

ДАВА́ЙТЕ ПОГОВОРИ́М

 10-20 | Социа́льные се́ти: кра́ткая информа́ция. 1) Working together with your partner, take turns asking and answering questions in order to fill in all the following blanks. 2) Once you've filled in the blanks, take turns talking about **Са́ня Никола́ев** and **Лю́ба Орло́ва** in full sentences. Review the instrumental case as needed (see pages 287–297).

Приме́р:

— Чем интересу́ется Лю́ба?
— Она́ интересу́ется фотогра́фией . . .

Partner 1

Лю́ба Орло́ва

Интере́сы:	_____
Люби́мая му́зыка:	_____
Люби́мые фи́льмы:	сериа́лы «Ку́хня», «Мажо́р»
Люби́мые кни́ги:	Турге́нев «Ася», Пу́шкин «Евге́ний Оне́гин»[6]

580
подпи́счиков

_____
фотогра́фий

Partner 2

Лю́ба Орло́ва

Интере́сы:	скри́пка, путеше́ствия, йо́га, фотогра́фия
Люби́мая му́зыка:	класси́ческая, Чайко́вский, Шостако́вич
Люби́мые фи́льмы:	_____
Люби́мые кни́ги:	_____

_____
подпи́счиков

310
фотогра́фий

Partner 1

Са́ня Никола́ев

Кра́ткая информа́ция

Спорт:	лы́жи, велосипе́д, те́ннис
Му́зыка:	рок, поп, джаз
Телепереда́чи:	_____
Кни́ги:	_____

6   Don't forget to decline the titles of books, movies, songs, and so on when appropriate. For example: Лю́ба лю́бит чита́ть «Асю» Турге́нева, «Евге́ния Оне́гина» Пу́шкина, и «Войну́ и мир» Толсто́го. Review how to decline Russian last names in Appendix 2.

Partner 2

Са́ня Никола́ев

Кра́ткая информа́ция

Спорт:	_____
Му́зыка:	_____
Телепереда́чи:	те́ннисные турни́ры, футбо́льные ма́тчи, но́вости, ток-шо́у
Кни́ги:	Достое́вский «Бра́тья Карама́зовы»

10–21 | О себе́. Fill in the following form. 1) In pairs, talk about your interests, likes, and dislikes using the information from the form. 2) Swap forms with your partner, analyze the information from their form, and make small talk following the examples.

Приме́р:

— Тебе́/вам нра́вится игра́ть в те́ннис?! Мне то́же нра́вится! Дава́й/те поигра́ем в воскресе́нье (в выходны́е, на сле́дующей неде́ле) . . .
— Тебе́/вам нра́вится ката́ться на велосипе́де?! А я не люблю́, я люблю́ ката́ться на лы́жах и́ли сноубо́рде . . .

Интере́сы и увлече́ния	
Спорт	
Му́зыка	
Телепереда́чи	
Фи́льмы	
Кни́ги	

10–22 | Сцена́рий. Scenario. Imagine that you went to Russia and want to make new friends. Act out the following situation in pairs: You're meeting **Са́ня Никола́ев** or **Лю́ба Орло́ва** for the first time. Introduce yourself and come up with four to five questions you can ask your new friend about his/her interests and hobbies. Be ready to answer questions about yourself that **Са́ня Никола́ев** or **Лю́ба Орло́ва** might ask you. Use the information about **Са́ня** or **Лю́ба** from 10–20.

ДАВА́ЙТЕ НАПИ́ШЕМ

10-23 | Дава́й пойдём! 1) Write a text message inviting one of your classmates to go out this weekend. Follow the examples. 2) You've received a text message from your classmate inviting you to go out. Read it and write him/her an answer, following the examples.

Кому́?	• Дава́й пойдём **в** кино́ в суббо́ту **на** 7 (8, 9, 10) ве́чера.
	• Дава́й пойдём **в** рестора́н (в кафе́) в воскресе́нье ве́чером.
	• Дава́й пойдём **на** конце́рт (на бале́т, на вы́ставку) в воскресе́нье.
	• Дава́й пойдём **на** йо́гу (на футбо́л, на баскетбо́л и т.п.) в суббо́ту. Заня́тие йо́гой (матч, игра́) начина́ется в . . .
	• Дава́й поигра́ем **в** гольф (в баскетбо́л, в футбо́л и т.п.) в воскресе́нье.
	• Дава́й поката́емся **на** конька́х (на лы́жах, на велосипе́де) в суббо́ту.
	• Хочу́ пригласи́ть тебя́/вас **к себе́** в суббо́ту/воскресе́нье.
От кого́?	• Дава́й! С удово́льствием! Во ско́лько и где встреча́емся?
	• Дава́й! С ра́достью!
	• Спаси́бо за приглаше́ние! С удово́льствием!
	• Смотря́ *(but it depends)* когда́ (где, в како́й рестора́н, на како́й конце́рт, фильм).
	• Извини́, но не могу́ в э́ти выходны́е.

10-24 | Моё свобо́дное вре́мя, увлече́ния и хо́бби. Write a 10–12 sentence blog post about your spare time and hobbies. Use the posts in 10–12 as a model.

10-25 | Мои́ выходны́е. Write an essay about your typical weekend (10–15 sentences). Use the following questions as an outline. Be creative!

1. Когда́ вы встаёте?
2. Вы высыпа́етесь?
3. Когда́ вы за́втракаете?
4. Что вы де́лаете по́сле за́втрака?
5. Когда́ и где вы обе́даете?
6. Что вы де́лаете по́сле обе́да?
7. Что вы де́лаете ве́чером? С кем вы прово́дите вре́мя?
8. Где, когда́ и с кем вы у́жинаете?
9. Когда́ вы ложи́тесь спать?

ИНТЕРВЬЮ́ И ПРОÉКТЫ

10–26 | Интервью́ «Увлече́ния, хо́бби и свобо́дное вре́мя». In small groups or as a class, write a list of questions that you could ask your classmates or other Russian speakers about their spare time, interests and hobbies. Ask **how much time** they spend on leisure activities, including watching TV, playing sports, surfing the internet, using social media, and so on *per week* **в неде́лю**. 1) Conduct interviews with two classmates. Write down their answers, analyze them, and share your results with the class. 2) Conduct interviews with two Russian speakers outside of class. Write down their answers, analyze them, create a two-minute multimedia presentation, and present it in class.

Interview form

Questions	Person 1	Person 2

10–27 | Презента́ция. Choose one of the Russian artists, composers, or writers from the following list. Find information online about the person you chose and create a short multimedia presentation (one to two minutes) about him or her and present it in class.

Possible topics:

1. Илья́ Ре́пин
2. Валенти́н Серо́в
3. Казими́р Мале́вич
4. Васи́лий Канди́нский
5. Серге́й Рахма́нинов
6. Игорь Страви́нский

7. Алекса́ндр Пу́шкин
8. Алекса́ндр Блок
9. А́нна Ахма́това
10. Друго́е (your choice) _____

 10–28 | Видеобло́г. Те́ги: свобо́дное вре́мя, мои́ увлече́ния, хо́бби, интере́сы, мои́ выходны́е. 1) Create your personal video blog. Record yourself talking about your interests and hobbies or how you spend your free time. Make it interesting and exciting for your classmates to watch. Be creative! 2) Show your video blog in class and watch your classmates' videos. You may want to have a competition for the best video blog.

ГРАММА́ТИКА

10–29 | Что вы зна́ете? Reread the following sentences from the article in 10–8 and posts in 10–12. 1) Underline all words and phrases that answer the following questions: **Кем? Чем?** 2) What are the noun and adjective endings for the instrumental case?

1. Чем занима́ются моско́вские студе́нты в свобо́дное вре́мя? 23% студе́нтов занима́ются спо́ртом: хо́дят в фи́тнесс-це́нтры, игра́ют в футбо́л, баскетбо́л и ша́хматы, занима́ются бо́ксом, гимна́стикой, лы́жным спо́ртом, пла́ванием и фехтова́нием.
2. Ни́на Матве́ева. Я увлека́юсь му́зыкой. Я люблю́ игра́ть и петь то́лько для себя́, роди́телей и свои́х друзе́й, и я де́лаю э́то с больши́м удово́льствием.
3. Не́ля Ники́тина. А я занима́юсь фигу́рным ката́нием и с больши́м удово́льствием смотрю́ ледо́вые шо́у и соревнова́ния по фигу́рному ката́нию.
4. Илья́ За́йцев. Я отли́чно ката́юсь на конька́х и увлека́юсь хокке́ем.
5. Трениро́вки бы́ли ка́ждый день у́тром и ве́чером, да́же в выходны́е.
6. Андре́й Тито́в. Я люблю́ ката́ться на велосипе́де, но свои́м хо́бби я счита́ю рисова́ние. Роди́тели гордя́тся мно́ю и мои́ми побе́дами на ко́нкурсах рисова́ния.
7. Артём Жу́ков. У нас больша́я семья́, и я ча́сто игра́ю в ша́хматы со свои́ми бра́тьями и отцо́м. Мой де́душка был хоро́шим шахмати́стом.

The instrumental case
Твори́тельный паде́ж

Review the instrumental case functions and the endings for the instrumental singular and plural forms of nouns, adjectives, and pronouns.

I. The uses of the instrumental case without prepositions

The instrumental case is used **without** prepositions:

1. to indicate what instrument you use to do something.

Я люблю́ фотографи́ровать **фотоаппара́том**, а не **телефо́ном**.	*I love to take pictures with a camera, not with my phone.*
Он лю́бит рисова́ть **карандашо́м**.	*He likes to draw with a pencil.*

2. in time expressions, for instance:
   у́тром, днём, ве́чером, но́чью (parts of the day)
   зимо́й, весно́й, ле́том, о́сенью (seasons of the year)

Я люблю́ ката́ться на конька́х **зимо́й** и **ле́том**.	*I love to go skating in the winter and summer.*
Обы́чно я пла́ваю в бассе́йне **у́тром**.	*I usually go for a swim in the pool in the morning.*

3. After many verbs, including the following:
   быть *impf.* кем? чем? – *to be (in the past and future tenses and infinitive)*[7]
   горди́ться *impf.* кем? чем? – *to be proud of*
   занима́ться/заня́ться чем? – *to practice, be occupied with; to study*
   интересова́ться *impf.* чем? – *to be interested in*
   по́льзоваться *impf.* кем? чем? – *to use*
   рабо́тать *impf.* кем? – *to work as (when indicating someone's profession)*
   станови́ться/стать кем? чем? – *to become*
   счита́ть *impf.* кого? что? кем? чем? – *to consider*
   увлека́ться/увле́чься чем? – *to be really into something, to be passionate about something*
   явля́ться *impf.* кем? чем? – *to be (used in official and formal contexts)*

Мой де́душка **был** хоро́шим шахмати́стом.	*My grandfather was a good chess player.*
Роди́тели **гордя́тся** свои́м сы́ном.	*The parents are proud of their son.*
Они́ **занима́ются** баскетбо́лом.	*They are practicing basketball.*
Они́ **интересу́ются** исто́рией иску́сства.	*They are interested in art history.*
Я не уме́ю **по́льзоваться** фотоаппара́том.	*I don't know how to use cameras.*
Она́ **рабо́тает** тре́нером по те́ннису.	*He works as a tennis coach*
Она́ **ста́ла** изве́стной тенниси́сткой.	*She became a famous tennis player.*
Он **счита́ет** баскетбо́л свои́м хо́бби.	*He considers basketball his hobby.*
Де́вочки ча́сто **увлека́ются** та́нцами.	*Girls are often really into dancing.*
Эрмита́ж **явля́ется** са́мым изве́стным музе́ем в Росси́и.	*The Hermitage is the most famous museum in Russia.*

---

7   Predicates denoting nationality are an exception: the noun should be in the nominative case after the past tense of **быть**: Моя́ ба́бушка была́ **украи́нка**. *My grandmother was Ukrainian.*

4. with the short-form adjectives:

(не)дово́лен, (не)дово́льна, (не)дово́льны кем? чем? – *(dis)satisfied with*
знамени́т, знамени́та, знамени́ты кем? чем? – *renowned for*
изве́стен, изве́стна, изве́стны кем? чем? – *well-known, famous for*

Роди́тели **дово́льны** до́черью.	*The parents are satisfied with their daughter.*
Росси́я **знамени́та** свои́ми писа́телями, поэ́тами и худо́жниками.	*Russia is renowned for its writers, poets and artists.*
Толсто́й **изве́стен** свои́ми рома́нами «Война́ и мир» и «Анна Каре́нина».	*Tolstoy is famous for his novels* War and Peace *and* Anna Karenina.

II. Noun endings for the instrumental case

1. Masculine and neuter nouns take the endings **-ОМ/-ЕМ** in the instrumental case singular. When stressed, the ending **-ЕМ** becomes **-ЁМ**.
2. Masculine and feminine nouns ending in **-А/-Я** in the nominative singular take the endings **-ОЙ/-ЕЙ** in the instrumental case singular. When stressed, the ending **-ЕЙ** becomes **-ЁЙ**.
3. Feminine nouns ending in **-Ь** in the nominative singular take the ending **-ЬЮ** in the instrumental case singular.
4. All nouns take the endings **-АМИ/-ЯМИ** in the instrumental plural.

Singular			
	Nominative (Кто? Что?)	**Instrumental** (Кем? Чем?)	**Examples**
M./N.	те́ннис	те́ннис-**ом**	Он увлека́ется **те́ннисом**. *He is really into tennis.*
	хокке́й	хокке́-**ем**	Мы занима́емся **хокке́ем**. *We are playing hockey.*
	роя́ль	роя́л-**ем**	Он дово́лен но́вым **роя́лем**. *He is satisfied with his piano.*
	день	дн-**ём**	Она́ рабо́тает **днём**. *She works during the day.*
	пла́вание	пла́вани-**ем**	Он занима́ется **пла́ванием**. *He is swimming.*
	фехтова́ние	фехтова́ни-**ем**	Они́ увлека́ются **фехтова́нием**. *They are really into fencing.*

Singular			
	Nominative (Кто? Что?)	**Instrumental** (Кем? Чем?)	**Examples**
F.	óпера	óпер-**ой**	Мой родúтели интересýются **óперой**. *My parents are interested in opera.*
	фотогрáфия	фотогрáфи-**ей**	Онú увлекáются **фотогрáфией**. *They are really into photography.*
	Мáша	Мáш-**ей**	Мы гордúмся **Мáшей**. *We are proud of Masha.*
	семья́	семь-**ёй**	Онá гордúтся своéй **семьёй**. *She is proud of her family.*
	жúвопись	жúвопис-**ью**	Он увлекáется **жúвописью**. *He is really into painting.*

Plural			
Pl.	фúльм	фúльм-**ами**	Он интересýется **фúльмами** о Россúи. *He is interested in films about Russia.*
	фотогрáфия	фоторгáфи-**ями**	Онú недовóльны э́тими **фотогрáфиями**. *They are not satisfied with these photographs.*

Notes:
1. An unstressed **o** in grammatical endings is written as **e** after hushers (**ж, ш, ч, щ**) and **ц: муж** – мýж**ем**, Мáша – Мáш**ей**.
2. The neuter nouns **врéмя** and **úмя** add -**ен**- before all endings: **врéмен-ем, úмен-ем**.
3. The feminine nouns **мать** and **дочь** add -**ер**- before all endings: **мáтерью, дóчерью**.
4. Some Russian nouns have irregular instrumental forms in the plural: дóчери – дочерьмú, дéти – детьмú, лю́ди – людьмú.

 10–30 | Чем вы интересýетесь и увлекáетесь? 1) Fill out the following questionnaire. The first one has been done for you. 2) In small groups, ask each other the following questions and circle your partners' answers. 3) Sum up the information gathered by your group and present the results to your class, starting with the following phrases: **Мы интересýемся . . . мы увлекáемся . . .**

Вопро́сы	Отве́ты
1. Чем вы интересу́етесь?	**Я интересу́юсь . . .**
теа́тр фи́льмы поэ́зия путеше́ствия о́пера футбо́л му́зыка ша́хматы те́ннис друго́е:	*теа́тром*
2. Чем вы увлека́етесь?	**Я увлека́юсь . . .**
исто́рия Росси́и хокке́й баскетбо́л пла́вание йо́га гольф рисова́ние фехтова́ние бале́т игра́ на скри́пке друго́е:	*исто́рией Росси́и*

 10–31 | Твори́тельный паде́ж. Working in pairs, put the words in parentheses into the instrumental case and then talk about **Серге́й Рахма́нинов**. You might want to listen to a recording of his famous Prelude in C-sharp minor, op. 3, no. 2.

Серге́й Рахма́нинов

Росси́я знамени́та и горди́тся свои́ми (писа́тели) _____, (поэ́ты) _____, (худо́жники) _____, (компози́торы) _____!

Вы зна́ете, кем был Серге́й Рахма́нинов? Серге́й Рахма́нинов был изве́стным ру́сским (компози́тор, пиани́ст и дирижёр) _____, _____, _____. Он роди́лся в музыка́льной семье́. Его́ роди́тели увлека́лись (му́зыка) _____ и игра́ли на фортепиа́но. А его́ де́душка, Арка́дий Алекса́ндрович, был (пиани́ст, компози́тор) _____, _____ и выступа́л с (конце́рты) _____ во мно́гих города́х Росси́и.

Серге́й с де́тства заинтересова́лся (му́зыка) _____ и уже́ в пять лет игра́л на фортепиа́но. Он хоте́л стать (пиани́ст) _____ и (компози́тор) _____, как его́ де́душка. Рахма́нинов учи́лся снача́ла в Петербу́ргской, а пото́м в Моско́вской консервато́рии. По́сле оконча́ния Моско́вской консервато́рии Рахма́нинов рабо́тал (преподава́тель) _____ тео́рии му́зыки, (дирижёр) _____ в Моско́вской ру́сской ча́стной о́пере, а пото́м в Большо́м теа́тре, выступа́л с (конце́рты) _____.

Прелю́дия до-дие́з мино́р *ор.3 № 2* счита́ется са́мым изве́стным (произведе́ние) _____ Серге́я Рахма́нинова. Кро́ме того́, Рахма́нинов изве́стен свои́ми (конце́рты) _____ для фортепиа́но с (орке́стр) _____. А его́ Второ́й конце́рт для фортепиа́но с (орке́стр) _____ явля́ется (шеде́вр) _____ ру́сской фортепиа́нной му́зыки.

III. The uses of the instrumental case with prepositions

1. Use the instrumental case with the preposition **С(СО)** when it means **with**:
    a. to show accompaniment, either with other people or with emotions

Мы **с бра́том** игра́ли в те́ннис вчера́ у́тром.	*My brother and I played tennis yesterday.*
Мы **с друзья́ми** собира́емся на футбо́льный матч.	*My friends and I are going to a soccer game.*
Мы **с ра́достью** пойдём в кино́.	*We'll gladly (literally: with joy) go to the movie theater.*
Я **с удово́льствием** послу́шаю но́вый альбо́м Земфи́ры.	*I'll gladly (literally: with pleasure) listen to Zemfira's new album.*

    b. after certain verbs, for example
    говори́ть/поговори́ть с кем? о чём? – *to talk with someone*
    разгова́ривать *impf.* **с** кем? о чём? – *to have a conversation with someone*
    обща́ться/пообща́ться с кем? о чём? – *to hang out, socialize*
    знако́миться/познако́миться с кем? – *to meet, become acquainted*
    дружи́ть *impf.* **с** кем? – *to be friends, to become friends*
    ссо́риться/поссо́риться с кем? – *to quarrel, disagree*
    мири́ться/помири́ться с кем? – *to make up*
    разводи́ться/развести́сь с кем? – *to get divorced*
    здоро́ваться/поздоро́ваться с кем? – *to say hello to someone*
    проща́ться/попроща́ться с кем? с чем? – *to say goodbye to someone*
    поздравля́ть/поздра́вить кого? **с** чем? – *to congratulate someone*
    случа́ться/случи́ться с кем? с чем? – *to happen to someone*

Я хочу́ **поговори́ть с** дру́гом о выходны́х.	*I want to talk for a little bit with my friend about this weekend.*
Он не лю́бит **разгова́ривать с** друзья́ми по телефо́ну.	*He doesn't like talking with his friends on the phone.*
На́до **здоро́ваться с** преподава́телем, когда́ вы захо́дите в класс.	*You have to greet the instructor when you go into the classroom.*

На́до **проща́ться с** преподава́телем, когда́ зака́нчивается заня́тие.	*You have to say goodbye to the instructor when class is over.*
На вы́ставке мы **познако́мились с** карти́нами ру́сских худо́жников.	*At the art exhibit we became acquainted with paintings by Russian artists.*
С кем вы **обща́етесь** в социа́льных сетя́х?	*Whom do you chat with on social media networks?*
Поздравля́ю тебя́ **с** побе́дой на турни́ре по те́ннису!	*Congratulations on winning the tennis tournament!*
Что **случи́лось с** э́тим хоккеи́стом?	*What happened to that hockey player?*

     c. after the short-form adjectives **знако́м/знако́ма с** кем? чем? *(acquainted, familiar with)*, **согла́сен/согла́сна с** кем? чем? *(in agreement with)*

Ты **знако́м/а с** фи́льмами режиссёра Ряза́нова?	*Are you familiar with Ryazanov's films?*
Вы **согла́сны с** ва́шим тре́нером?	*Do you agree with your coach?*

2. Use the instrumental case with the preposition **НАД** after the following verbs:
    рабо́тать/порабо́тать над кем? чем? – *to work on*
    смея́ться/посмея́ться над кем? чем? – *to make fun of*

Я рабо́таю **над э́тим рома́ном** уже́ це́лый год.	*I've been working on this novel for a whole year already.*
Почему́ вы смеётесь **над** Ма́шей?	*Why are you making fun of Masha?*

IV. Instrumental case forms for personal pronouns and the reflexive pronoun СЕБЯ́

Review the instrumental case endings for personal pronouns:

Nom.	кто	что	я	ты	он	оно́	она́	мы	вы	они́
Instr.	кем	чем	мной/ мно́ю	тобо́й/ тобо́ю	им		ей (ею)	на́ми	ва́ми	и́ми
	с кем	с чем	со мно́й	с тобо́й	с ним		с ней	с на́ми	с ва́ми	с ни́ми

Accus.	себя́
Instr.	собо́й/ собо́ю
	с собо́й

Note: The instrumental form of **она́** can be either **ей** or **е́ю**. The form **е́ю** is often used in written Russian or when not preceded by a preposition. The pronouns **я** and **ты** also have alternate instrumental forms **мно́ю**, **собо́ю** and **тобо́ю**, which also are used in written Russian.

Remember:
Мы с тобо́й means *"you and I."* **Мы с ним** means *"he and I."*

	Он горди́тся **мной**.	*He is proud of me.*
But:	Я горжу́сь **собо́й**.	*I am proud of myself.*

10–32 | Твори́тельный паде́ж с предло́гами. Working in pairs, 1) ask each other the following questions and write down your partner's answers; 2) switch partners and tell him/her what you learned about your previous partner.

Вопро́сы	Слова́ для отве́тов
1. С кем вы лю́бите проводи́ть своё свобо́дное вре́мя?	друг
	подру́га
2. С кем вы обы́чно хо́дите в кино́ и по магази́нам?	друзья́
	мать, оте́ц, роди́тели
3. С кем вы лю́бите разгова́ривать по телефо́ну?	ба́бушка, де́душка, тётя, дя́дя
	брат, бра́тья
4. С кем вы обща́етесь в социа́льных сетя́х?	сестра́, сёстры
	однокла́ссники, одноку́рсники
5. С кем вы познако́мились неда́вно?	учи́тель
6. С кем вы прово́дите свои́ выходны́е?	преподава́тель
7. С кем вы всегда́ здоро́ваетесь и проща́етесь?	дека́н
	ре́ктор
8. С каки́ми пра́здниками (с чем?) вы обы́чно поздравля́ете свои́х роди́телей и друзе́й?	День ма́тери
	День отца́
	Рождество́
	Но́вый год

10–33 | Твори́тельный паде́ж с предло́гами. Working in pairs, fill in the blanks using the correct prepositions. Underline all instrumental case endings. Discuss what you've learned about **Илья́ Ре́пин**.

11 фа́ктов об Илье́ Ре́пине

1. Россия́не **знако́мы** ____ карти́нами Ре́пина с де́тства.
2. Ре́пин **рабо́тал** ____ карти́ной «Ива́н Гро́зный и сын его́ Ива́н» два го́да.
3. Ре́пин был **знако́м** ____ Менделе́евым, Толсты́м, Маяко́вским, Кусто́диевым и ____ други́ми изве́стными учёными, писа́телями, поэ́тами, худо́жниками и режиссёрами.
4. Ре́пин **познако́мился** ____ писа́телем Л. Толсты́м в Москве́ в 1880-м году́. Он **дружи́л** ____ ним 30 лет.
5. Ре́пин **дружи́л** ____ компози́тором Му́соргским и о́чень люби́л его́ му́зыку.

6. Ре́пин мно́го **обща́лся** ____ коллекционе́ром П. Третьяко́вым. Он написа́л его́ портре́т в 1883-м году́.

7. Ре́пин ча́сто по-де́тски **смея́лся** ____ шу́тками друзе́й-худо́жников.

8. Ре́пин **развёлся** ____ пе́рвой жено́й Ве́рой Шевцо́вой. Он ____ ней ча́сто **ссо́рился**.

9. Ре́пин ча́сто **ссо́рился** ____ сы́ном Юрой и до́лго ____ ним не **разгова́ривал**. Но в конце́ концо́в он **помири́лся** ____ сы́ном.

10. Что **случи́лось** ____ второ́й жено́й Ре́пина? Она́ заболе́ла и умерла́ в Швейца́рии.

11. 5 а́вгуста 1930 го́да друзья́ Ре́пина пришли́ **поздра́вить** его́ ____ днём рожде́ния, ____ 86-ле́тием. А 29 сентября́ 1930 го́да И. Ре́пин у́мер.

10–34 | Твори́тельный паде́ж. In pairs, read the following ideas about how to spend this coming weekend and make small talk following the subsequent example.

Приме́р:

— **Мы с тобо́й/ва́ми** мо́жем поката́ться на велосипе́дах.
— Согла́сен с тобо́й/ва́ми. С удово́льствием!/С ра́достью!

Что мо́жно де́лать на выходны́е: 8 + иде́й

1. Поката́ться вме́сте на велосипе́дах в па́рке.
2. Пойти́ на вы́ставку фотогра́фий.
3. Мой брат с друзья́ми е́дет ката́ться на лы́жах. Пое́хать с ни́ми поката́ться.
4. Пойти́ в го́сти к моему́ дру́гу. С ним всегда́ интере́сно и ве́село!
5. Позанима́ться вме́сте в спортза́ле.
6. Моя́ сестра́ идёт на бале́т Чайко́вского. Пойти́ с ней на бале́т.
7. Пое́хать поигра́ть в пейнтбо́л с одноку́рсниками.
8. Мой па́па идёт на футбо́л. Пойти́ с ним на футбо́л.
9. Ва́ша иде́я? _____

V. Adjective and pronoun endings for the instrumental case. The reflexive possessive pronoun СВОЙ (one's own)

Adjectives and pronouns for **masculine** and **neuter** nouns take the endings **-ЫМ/-ИМ**[8] or **-ЕМ**. Adjectives and pronouns for **feminine** nouns take the endings **-ОЙ/-ЕЙ**.[9] Adjectives and pronouns for all plural nouns have the endings **-ЫМИ/-ИМИ**[10] or **-ЕМИ**. The possessives **ЕГО, ЕЁ, ИХ** never change forms.

Мои́ друзья́ увлека́ются ру́сск-**им** класси́ческ-**им** бале́том.
My friends are really into Russian classical ballet.

Мы с мо-**е́й** двою́родн-**ой** сестро́й лю́бим ката́ться на конька́х зимо́й.
My cousin and I love to skate during the winter.

---

8 Remember spelling rule #2: write **-И** instead of **-Ы** after velars (**К, Г, Х**) and hushers (**Ж, Ш, Щ, Ч**).

9 Remember spelling rule #1: an unstressed **О** in grammatical endings is written as **Е** after hushers (**Ж, Ш, Щ, Ч**) and **Ц**.

10 Remember spelling rule #2.

Достое́вский знамени́т свои́-**ми** замеча́тельн-**ыми** рома́н-**ами**.
Dostoevsky is famous for his wonderful novels.

	Nominative sing.	Instrumental sing.	Instrumental pl.
		M./N.: -ЫМ/-ИМ, -ЕМ **F.: -ОЙ/-ЕЙ**	**Pl.: -ЫМИ/-ИМИ**
M./N.	мой (твой, наш, ваш) хоро́ший и весёлый **друг**	с мо-и́м (тво-и́м, на́ш-им, ва́ш-им) хоро́ш-**им** и весёл-**ым** дру́г-**ом** со сво-и́м дру́гом	с мо-и́ми (тво-и́ми, на́ш-ими, ва́ш-ими) хоро́ш-**ими** и весёл-**ыми** друзья́ми со сво-и́ми друзья́ми
F.	моя́ (твоя́, на́ша, ва́ша) хоро́шая и весёлая подру́га	с мо-е́й (тво-е́й, на́ш-ей, ва́ш-ей) хоро́ш-**ей** и весёло-**ой** подру́гой со сво-е́й подру́гой	с мо-и́ми (тво-и́ми, на́ш-ими, ва́ш-ими) хоро́ш-**ими** и весёл-**ыми** подру́гами со сво-и́ми подру́гами

Remember:

Он смотре́л футбо́льный матч со **свои́ми** друзья́ми.
He watched the soccer match with his (own) friends.

But: Он смотре́л футбо́льный матч с **его́** друзья́ми.
He watched the soccer match with his (someone else's) friends.

Note the instrumental endings for **ВЕСЬ (ВСЯ, ВСЁ, ВСЕ)** – *all, the whole*; **ЭТОТ (ЭТА, ЭТО, ЭТИ)** – *this or that*; **ТОТ (ТА, ТО, ТЕ)** – *that (that one vs. this one)*

	Nominative	Instrumental	Examples
M./N.	весь/всё э́тот/тот э́то/то	всем э́тим/тем э́тим/тем	Он интересу́ется **всем** ру́сским иску́сством. *He is interested in all Russian art.* Она́ интересу́ется **э́тим/тем** писа́телем. *She is interested in this/that writer.*
F.	вся э́та/та	всей э́той/той	Мы интересу́емся **всей** ру́сской му́зыкой. *We are interested in all Russian music.* Они́ интересу́ются **э́той/той** карти́ной. *They are interested in this/that picture.*
PL.	все э́ти/те	все́ми	Мы горди́мся **все́ми** на́шими спортсме́нами. *We are proud of all of our athletes.* Что случи́лось с **э́тими/те́ми** людьми́? *What happened to these/those people?*

10–35 | **Твори́тельный паде́ж.** In pairs, analyze the results of the following survey and share what you learned with the rest of the class in full sentences.

Результа́ты опро́са «Свобо́дное вре́мя и хо́бби», кото́рый проводи́ли среди́ моско́вских шко́льников

1. Чем вы занима́етесь в свобо́дное вре́мя?

Обща́юсь со свои́ми друзья́ми.	25 челове́к
Обща́юсь с однокла́ссниками в социа́льных сетя́х.	25 челове́к
Занима́юсь спо́ртом.	19 челове́к
Игра́ю с друзья́ми в компью́терные и́гры.	18 челове́к
Игра́ю с друзья́ми в футбо́л.	15 челове́к
Чита́ю.	8 челове́к
Хожу́ с роди́телями в кино́, теа́тры и на конце́рты.	5 челове́к
Игра́ю в ша́хматы с па́пой и́ли бра́том.	5 челове́к
Хожу́ со свои́ми подру́гами по магази́нам.	4 челове́ка
Снима́ю с друзья́ми бло́ги для Юту́ба.	3 челове́ка

2. Чем вы увлека́етесь? Ва́ше хо́бби?

Компью́терные и́гры.	18 челове́к
Ру́сская литерату́ра.	7 челове́к
Америка́нское кино́.	23 челове́ка
Класси́ческая му́зыка.	7 челове́к
Зи́мние ви́ды спо́рта: коньки́, лы́жи, хокке́й.	30 челове́к
Ру́сские сериа́лы.	40 челове́к
Ру́сская жи́вопись.	2 челове́ка

Всего́ в опро́се при́няло уча́стие 127 моско́вских шко́льников.

VI. Кото́рый (кото́рая, кото́рое, кото́рые) in the instrumental case: кото́рым (кото́рой, кото́рыми)

The relative pronoun **кото́рый** declines in the instrumental case as a regular adjective: **кото́рым** (кото́рой, кото́рыми).

10–36 | Кото́рый. Make a complex sentence from two simple ones using **кото́рый**. The first one has been done for you.

1. Это мой **брат**. Я горжу́сь мои́м **бра́том**. > *Это мой брат, **кото́рым** я горжу́сь.*
2. Это мой **друг**. Я никогда́ не согла́сен с **дру́гом**.
3. Вот моя́ **подру́га**. Я ча́сто игра́ю в те́ннис с **подру́гой**.
4. Это мои́ **друзья́**. Я ча́сто игра́ю в футбо́л с **друзья́ми**.
5. Это мои́ **сёстры**. Я ча́сто пеку́ пирожки́ и пече́нье с **сёстрами**.
6. Это мой **де́душка**. Я ча́сто игра́ю в ша́хматы с **де́душкой**.
7. Это моя́ **презента́ция** о свобо́дном вре́мени. Я рабо́тала над **презента́цией** два дня.
8. Это **шу́тка**. Мы все смея́лись над **шу́ткой**.

10–37 | Кото́рый. In pairs, talk about one of your friends in four to five sentences following the subsequent example. You can include some additional activities in your description.

Приме́р:

Это мой друг . . . | с (кото́рый) | ката́ться на велосипе́де (по суббо́там). > Это мой **друг, с кото́рым** я ката́юсь на велосипе́де по суббо́там.

Это мой друг . . .	(с) кото́рый	ката́ться на велосипе́де (по суббо́там)
Это моя́ подру́га . . .	(с) кото́рая	знако́м/а с де́тства (10 лет)
Это мои́ друзья́ . . .	(с) кото́рые	игра́ть в хокке́й
		игра́ть в футбо́л
		занима́ться йо́гой
		ката́ться на лы́жах
		игра́ть в гольф
		петь в хо́ре
		игра́ть на фле́йте
		смотре́ть фигу́рное ката́ние
		ходи́ть на те́ннисные турни́ры
		смотре́ть футбо́льные ма́тчи
		смотре́ть соревнова́ния по гимна́стике

СЛОВА́РЬ

афи́ша – *poster*

боле́льщик – *fan*

боле́ть *impf.* за кого́? за что? – *to be a fan (of a sports team)*
  Pres.: я боле́ю, ты боле́ешь, они́ боле́ют

большинство́ кого́? чего́? – *majority*

внима́ние – *attention*

выи́грывать/вы́играть у кого́? что? – *to win*
  Pres.: я выи́грываю, ты выи́грываешь, они́ выи́грывают
  Fut.: я вы́играю, ты вы́играешь, они́ вы́играют

вы́ставка – *art exhibition*

горди́ться *impf.* кем? чем? – *to be proud*
  Pres.: я горжу́сь, ты горди́шься, они́ гордя́тся

дово́лен, дово́льна, дово́льны кем? чем? – *satisfied*

занима́ться *impf.* чем? (бе́гом, те́ннисом) – *to practice, to engage in, to play*

запи́сывать/записа́ть кого́? куда́? – *here: to register someone, sign someone up for something*

звезда́ – *star*

знамени́т, знамени́та, знамени́ты кем? чем? – *renowned for*

игра́ть *impf.* **на** чём? (скри́пке, гита́ре) – *to play (violin, guitar)*

игра́ть *impf.* **в(о)** что? (футбо́л, те́ннис) – *to play (soccer, tennis)*

изве́стен, изве́стна, изве́стны кем? чем? – *well-known, famous for*

ката́ться/поката́ться на чём? – *to ride*
   Pres./Fut.: я (по)ката́юсь, ты (по)ката́ешься, они́ (по)ката́ются
   на велосипе́де – *to ride a bike*
   на лы́жах – *to ski*
   на ро́ликах – *to rollerblade*
   на сноубо́рде – *to snowboard*
   на конька́х – *to skate*
   на самока́те – *to ride a scooter*
кома́нда – *team*
ко́нкурс (музыка́льный) – *contest*
консервато́рия – *conservatory*
лёд – *ice n.*
матч (футбо́льный) – *match, game*
насто́льные и́гры – *board games*
обща́ться/пообща́ться с кем? – *to speak with, communicate, hang out*
   Pres./Fut.: я (по)обща́юсь, ты (по)обща́ешься, они́ (по)обща́ются
побежда́ть/победи́ть кого́? что? – *to win*
   Pres.: я побежда́ю, ты побежда́ешь, они́ побежда́ют
   Fut.: я -, ты победи́шь, они́ победя́т
посеща́ть/посети́ть кого́? что? – *to attend, visit*
   Pres.: я посеща́ю, ты посеща́ешь, они́ посеща́ют
   Fut.: я посещу́, ты посети́шь, они́ посетя́т
почти́ – *almost*
прои́грывать/проигра́ть кому́? что? – *to lose*
   Pres.: я прои́грываю, ты прои́грываешь, они́ прои́грывают
   Fut.: я проигра́ю, ты проигра́ешь, они́ проигра́ют
проходи́ть/пройти́ где? – *to take place*
   Pres.: он/она́ прохо́дит, они́ прохо́дят
   Fut.: он/она́ пройдёт, они́ пройду́т
   Past pfv.: он прошёл, она́ прошла́, они́ прошли́
путеше́ствие – *travel, journey (usually long)*
ра́довать *impf.* кого́? – *to make someone happy*
   Pres.: я ра́дую, ты ра́дуешь, они́ ра́дуют
ра́доваться *impf.* кому́? чему́? – *to be happy, celebrate*
   Pres.: я ра́дуюсь, ты ра́дуешься, они́ ра́дуются
расстра́иваться/расстро́иться – *to be upset*
   Pres.: я расстра́иваюсь, ты расстра́иваешься, они́ расстра́иваются
   Fut.: я расстро́юсь, ты расстро́ишься, они́ расстро́ятся
рисова́ние – *painting, drawing n.*
си́ла – *strength, energy*
создава́ть/созда́ть что? – *to create*
   Pres.: я создаю́, ты создаёшь, они́ создаю́т
   Fut.: я созда́м, ты созда́шь, они́ создаду́т
ско́рость *f.* – *speed*
сообща́ть/сообщи́ть что? кому́? – *to tell, report*
   Pres.: я сообща́ю, ты сообща́ешь, они́ сообща́ют
   Fut.: я сообщу́, ты сообщи́шь, они́ сообща́т
соревнова́ние по чему́? – *competition (usually used when speaking about sports)*

сто́имость *f.* – *cost*

стра́шно – *scary adv.*

сце́на – *stage*

счита́ть *impf.* кого́? что? кем? чем? – *to consider*
    Pres.: я счита́ю, ты счита́ешь, они́ счита́ют

тра́тить/потра́тить что? (вре́мя) – *to spend (time)*
    Pres./Fut.: я (по)тра́чу, ты (по)тра́тишь, они́ (по)тра́тят

тренирова́ться *impf.* – *to practice, train*
    Pres.: я трениру́юсь, ты трениру́ешься, они́ трениру́ются

трениро́вка – *practice n.*

турни́р – *tournament*

увлека́ться *impf.* кем? чем? – *to be really into something, to be passionate about
something*
    Pres.: я увлека́юсь, ты увлека́ешься, они́ увлека́ются

увлече́ние – *interest, hobby*

уча́ствовать *impf.* в чём? – *to participate in*
    Pres.: я уча́ствую, ты уча́ствуешь, они́ уча́ствуют

чемпиона́т по чему́? (те́ннису) – *(tennis) championship*

Expressions:

Вход свобо́дный – *free admission*

лу́чший, -ая, -ое, -ие в ми́ре – *best in the world*

смотря́ (куда́? когда́? с кем? и т.д.) – *it depends (on where, when, with whom, etc.)*

Ви́ды спо́рта – *sports*

альпини́зм – *mountain climbing*

баскетбо́л – *basketball*

бег – *running*

бокс – *boxing*

волейбо́л – *volleyball*

гимна́стика – *gymnastics*

гольф – *golf*

пла́вание – *swimming*

те́ннис – *tennis*

тури́зм – *hiking*

фехтова́ние – *fencing*

фигу́рное ката́ние – *figure skating*

футбо́л – *soccer*

хокке́й – *hockey*

ша́хматы – *chess*

Музыка́льные инструме́нты – *musical instruments*

бараба́ны – *drums*

гита́ра – *guitar*

роя́ль, пиани́но – *grand piano, piano*

скри́пка – *violin*

фле́йта – *flute*

ГЛАВА́ 11 | В ГОСТЯ́Х ХОРОШО́, А ДО́МА ЛУ́ЧШЕ!

In this chapter, you will:

- review and expand the vocabulary you need to describe your apartment, room, or house;
- learn about dormitories in Russian universities;
- read a classified ad listing for a rental unit in Russia;
- learn to ask questions about an apartment you would like to rent;
- watch the video blog #Room Tour;
- describe your apartment, room, or house;
- talk about household chores and discuss how to assign them;
- make a blog post and video blog about your room, apartment, or house.

ВВЕДЕ́НИЕ

11–1 | Где вы живёте? 1) Read the following script out loud. Read Cultural Note #1. 2) Go around the classroom and interview two to three classmates. Make sure to use the appropriate form of address (**ты** or **вы**) and the appropriate greeting and farewell expressions. 3) Write down or circle your classmates' answers. 4) Summarize their answers in five to six sentences and share them with the rest of the class.

I. Opening conversation lines	Responses
Приве́т!/Здра́вствуй/те! Рад/ра́да тебя́/вас ви́деть! Как ты/вы? Как дела́? Что но́вого?	Приве́т!/Здра́вствуй/те! Я то́же рад/ра́да тебя́/вас ви́деть! Спаси́бо, всё в поря́дке! (*Thanks, I'm alright!/All's well!*) Всё по-ста́рому.
II. Questions	**Answers**
1. Где ты живёшь? Где вы живёте?	• Я живу́ в общежи́тии. • Я снима́ю ко́мнату. • Я снима́ю кварти́ру. • Я живу́ с роди́телями. • Друго́е:
2. Кака́я у тебя́/вас ко́мната в общежи́тии?	У меня́ . . . ко́мната. • больша́я/ма́ленькая • краси́вая • чи́стая/гря́зная • друго́е:
3. Каку́ю ко́мнату ты снима́ешь? Каку́ю ко́мнату вы снима́ете?	Я снима́ю . . . ко́мнату. • большу́ю/ма́ленькую • краси́вую • друго́е:
4. Каку́ю кварти́ру ты снима́ешь? Каку́ю кварти́ру вы снима́ете?	Я снима́ю . . . • сту́дию. • одноко́мнатную кварти́ру. • двухко́мнатную кварти́ру. • трёхко́мнатную. • друго́е:
5. На како́м этаже́ нахо́дится кварти́ра?	Кварти́ра на . . . этаже́. • пе́рвом • второ́м • тре́тьем • четвёртом • пя́том • друго́е:

6. Кака́я ме́бель у тебя́/вас есть в ко́мнате/кварти́ре?	У меня́ есть . . . • стол • сту́лья • крова́ть *f.* • дива́н • кре́сло • кни́жный шкаф • друго́е:
III. Closing lines	**Responses**
Спаси́бо! Бы́ло прия́тно с тобо́й/ва́ми поговори́ть! Всего́ хоро́шего! Извини́/те, что я тебя́/вас задержа́л/а!	Пожа́луйста! Не́ за что! Счастли́во! Всего́ до́брого! Ещё уви́димся! До за́втра!

Cultural note

In English, we describe apartments by the number of bedrooms they contain. When Russians say «**У нас однокóмнатная/двухкóмнатная/ трёхкóмнатная кварти́ра**,» they are describing the total number of rooms in their apartment. However, kitchens and bathrooms are not counted. For example, advertisements for apartments to rent often list them separately: «Сдаётся но́вая кварти́ра в хоро́шем райо́не. В кварти́ре две ко́мнаты, ку́хня, ва́нная и туале́т.»

11–2 | Словообразова́ние. Compound adjectives. In order to describe the number of rooms in your home – for example, a two-room apartment, three-room apartment, four-room house, and so on – combine the cardinal number (два, три, четы́ре, пять, etc.) in the genitive case (двух, трёх, четырёх, пяти́) with a modified form of the noun **ко́мната** to form a compound adjective:

две ко́мнаты → У нас **двух+ко́мнат+н+ая** кварти́ра.
три ко́мнаты → У нас _____ кварти́ра.
четы́ре ко́мнаты → У нас _____ кварти́ра.
пять ко́мнат → Это _____ дом.

Remember: однокóмнатная кварти́ра

11–3 | Произноше́ние. Hard and **soft** consonants. 1) Review the information about hard and soft consonants from 10–2. 2) Listen to the speaker and underline all hard consonants in the following paragraph. 3) Listen again and pronounce the sentences after the speaker.

Мы с дру́гом хоте́ли снять трёхко́мнатную кварти́ру, но сня́ли двухко́мнатную. Одна́ ко́мната – э́то гости́ная, а втора́я ко́мната – спа́льня. Есть ещё ма́ленькая ку́хня, 7 квадра́тных ме́тров, ва́нная и туале́т. В гости́ной мы поста́вили дива́н, два кре́сла и ма́ленький сто́лик. Оди́н телеви́зор мы поста́вили в гости́ную, а второ́й – в спа́льню. В спа́льне стоя́т две крова́ти и оди́н шкаф. Мы ещё ду́маем пове́сить (*hang up*) не́сколько карти́н в гости́ной и кни́жные по́лки в коридо́ре.

11–4 | Глаго́лы. Verbs of placement and position. Read the following vocabulary words that you need to describe your room or apartment and learn the verbs of position and placement you do not already know. Review "Verbs of placement and position" (Chapter 6, ex. 6–6) as needed.

Verbs of placement and position

Куда́?/Где?	Куда́?/Где?	Где?
impf.	*pfv.*	*impf.*
ста́вить что? – *to put (vertically)* *Pres.:* я ста́влю, ты ста́вишь, они́ ста́вят	**поста́вить** что? – *to put (vertically)* *Fut.:* я поста́влю, ты поста́вишь, они́ поста́вят	**стоя́ть** – *to stand, be standing* *Pres.:* я стою́, ты стои́шь, они́ стоя́т
класть что? – *to put (horizontally)* *Pres.:* я кладу́, ты кладёшь, они́ кладу́т	**положи́ть** что? – *to put (horizontally)* *Fut.:* я положу́, ты поло́жишь, они́ поло́жат	**лежа́ть** – *to lie, be lying* *Pres.:* я лежу́, ты лежи́шь, они́ лежа́т
ве́шать что? – *to hang, put (on a wall, ceiling)* *Pres.:* я ве́шаю, ты ве́шаешь, они́ ве́шают	**пове́сить** что? – *to hang, put (on a wall, ceiling)* *Fut.:* я пове́шу, ты пове́сишь, они́ пове́сят	**висе́ть** – *to hang, be hanging* *Pres.:* он/она́ виси́т, они́ вися́т

The verbs **ста́вить/поста́вить, класть/положи́ть, ве́шать/пове́сить** are verbs of placement. These verbs indicate placing (putting, standing, hanging) a direct object that appears in the accusative case. When indicating the **direction** of the action (куда́?), use the accusative case, and when describing the **location** where the action takes place (**где**?), use the prepositional case:

Куда́?	Ма́ша ста́вит/поста́вила телеви́зор **в гости́ную**.	*Masha is putting/put the TV in the living room (emphasizes directionality, moving the TV to a new room).*
Где?	Ма́ша ста́вит/поста́вила телеви́зор **в гости́ной**.	*Masha is placing/placed the TV in the living room (emphasizes where the action took place).*

The verbs **стоя́ть, лежа́ть, висе́ть** are verbs of position. They describe where an object is located. Use the prepositional case with these verbs.

Карти́на **виси́т** (где?) **на стене́**.	*The painting is hanging on the wall.*
Холоди́льник **стои́т** (где?) **в/на**[1] **ку́хне**.	*The refrigerator is in the kitchen.*

---

1   Either **В** or **НА** can be used with the noun **ку́хня**.

11–5 | Глаго́лы. Verbs of placement and position. Match the pictures with their descriptions.

___ Дива́н **стои́т** в гости́ной. ___ Мы **ста́вим** дива́н в гости́ную. ___ Мы **поста́вили** дива́н в гости́ную.

___ Она́ **кладёт** кни́гу на по́лку. ___ Кни́га **лежи́т** на по́лке. ___ Она́ **положи́ла** кни́гу на по́лку.

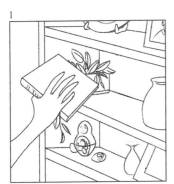

___ Карти́на **виси́т** на стене́. ___ Она́ **пове́сила** карти́ну на сте́ну. ___ Она́ **ве́шает** карти́ну на сте́ну.

11–6 | Что стои́т, что лежи́т, что виси́т? Listen to the recording, repeat after the speaker, and fill in the table. The first one has been done for you.

Что?	поста́вили положи́ли пове́сили	Куда́?	стои́т/стоя́т лежи́т/лежа́т виси́т/вися́т	Где?
Ме́бель *(Furniture)*				
дива́н и кре́сло *(couch and armchair)*	*поста́вили*	*в гости́ную*	*стоя́т*	*в гости́ной*
кни́жная по́лка *(bookshelf)*				
крова́ть *f. (bed)*				
стол и сту́лья *(table and chairs)*				
шкаф *(cupboard, cabinet)*				
кухо́нные шка́фчики *(kitchen cabinets)*				
Бытова́я те́хника *(Appliances)*				
микроволно́вка *(microwave)*				
плита́ *(stove)*				
телеви́зор *(TV set)*				
холоди́льник *(refrigerator)*				
стира́льная маши́на *(washing machine)*				
посудомо́ечная маши́на *(dishwasher)*				
Друго́е				
зе́ркало *(mirror)*				
карти́на *(painting)*				
ковёр *(rug)*	*постели́ли*[2]			
ла́мпа *(lamp)*				
фотогра́фия *(photograph)*				

11–7 | Куда́ поста́вили, положи́ли, пове́сили? In pairs, take turns playing each role in the following and act out the following situation.

---

2 **стели́ть/постели́ть** – *to spread, to lay,* but: *to make the bed* – **стели́ть/постели́ть посте́ль**

Renter: You want to rent **снять** a fully furnished apartment from a classified ad listing. 1) Make a list of furniture **ме́бель**, appliances **бытова́я те́хника**, and other items that you want to have in your rented apartment. 2) Call the landlord to find out what the apartment already has and where each appliance or piece of furniture stands **стои́т**, lies **лежи́т**, or hangs **виси́т**.

Landlord: You want to rent out **сдать** your apartment. 1) Make a list of furniture, appliances and other items that the apartment has from the following floor plan. 2) Using your list, answer the renter's questions about where you put **поста́вили**, **положи́ли**, **пове́сили** each appliance or piece of furniture and where it stands, lies, or hangs.

Приме́р:

— Скажи́те, пожа́луйста, кака́я мебель есть в кварти́ре? Дива́н есть?
— Да, дива́н есть.
— А где он стои́т?
— Я поста́вил/а дива́н в гости́ную, он стои́т в гости́ной.

План кварти́ры

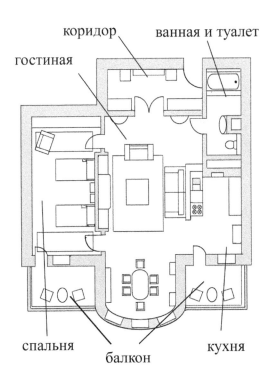

ЧИТА́ЕМ И ГОВОРИ́М

11–8 | Пе́ред чте́нием. In pairs or small groups, discuss the following questions:

1. Где обы́чно живу́т студе́нты в ва́шей стране́: до́ма с роди́телями, в общежи́тии и́ли снима́ют кварти́ру/ко́мнату?
2. В ва́шем университе́те есть общежи́тия? Каки́е?
3. Почему́ студе́нты ча́сто снима́ют ко́мнаты и кварти́ры?
4. Почему́ студе́нты иногда́ живу́т с роди́телями?

11–9 | Где живу́т студе́нты? Skim the following article and answer the following questions: 1. Где обы́чно живу́т студе́нты в Росси́и? 2. О каки́х общежи́тиях расска́зывается в статье́?

Университе́тские общежи́тия

> **горя́чая/холо́дная вода́** – *hot/cold water*
> **держа́ть** *impf.* кого́? что? – *to hold, keep; here: to have*
> **дома́шнее живо́тное** – *pet*
> **и́з-за** + *gen.* – *because of, due to (usually has a negative connotation)*
> **ко́роче** – *in short (used in informal conversation)*
> **ме́сто в общежи́тии** – *here: place in a dorm, vacancy*
> **необходи́мый**, -ая, -ое, -ые – *necessary*
> **стро́ить/постро́ить** что? – *to build*
> **пра́чечная** – *laundry room*
> **ря́дом с** + *gen.* – *next to*
> **сам**, -а́, -о́, -и – *(by) oneself*
> **уче́бный ко́рпус** – *campus building*
> **химчи́стка** – *dry cleaners*

10% проце́нтов студе́нтов в Росси́и живу́т в общежи́тиях. 90 % студе́нтов живу́т с роди́телями и́ли снима́ют кварти́ры, так как в университе́тских общежи́тиях обы́чно не хвата́ет мест, и они́ нахо́дятся далеко́ от це́нтра го́рода. Кро́ме того́, в общежи́тиях ча́сто стои́т ста́рая ме́бель, нельзя́ держа́ть дома́шних живо́тных и́ли по́льзоваться бытово́й те́хникой. Из-за всего́ э́того молодёжь снима́ет кварти́ры, кото́рые в Москве́, наприме́р, о́чень дороги́е.

Наш корреспонде́нт Михаи́л Ивано́в реши́л сам посмотре́ть, как живу́т студе́нты в моско́вских общежи́тиях. Вот, что он узна́л.

Моско́вский госуда́рственный университе́т (МГУ)

В общежи́тии гла́вного зда́ния МГУ студе́нты живу́т в бло́ках. В ка́ждом бло́ке есть две ко́мнаты, душ и туале́т. На ка́ждом этаже́ есть две ку́хни и чита́льные за́лы, где студе́нты мо́гут занима́ться. Кро́ме того́, в общежи́тии есть столо́вые, где мо́жно хорошо́ и недо́рого пообе́дать, магази́ны, спорти́вный ко́мплекс, кинотеа́тр, по́чта, поликли́ника, парикма́херская, химчи́стка и пра́чечная. Есть Wi-Fi. Коро́че, есть всё, что на́до!

Моско́вский фи́зико-техни́ческий институ́т (МФТИ)

Студе́нческие общежи́тия МФТИ нахо́дятся в ка́мпусе ря́дом с уче́бными ко́рпуса́ми. Э́то о́чень удо́бно! Но студе́нты живу́т в небольши́х ко́мнатах, а туале́т и ку́хня нахо́дятся в коридо́ре на этаже́. Душ – оди́н на пять этаже́й, и ча́сто не быва́ет холо́дной и́ли горя́чей воды́.

Но есть и но́вые общежи́тия МФТИ, кото́рые постро́или 3 го́да наза́д. Там студе́нты живу́т в о́дно- и́ли двухко́мнатных кварти́рах по два и́ли четы́ре челове́ка в кварти́ре. Кварти́ры с ку́хней, ва́нной и со всей необходи́мой бытово́й те́хникой и ме́белью. В ка́ждой ко́мнате стоя́т шкафы́, крова́ти, пи́сьменные столы́ и сту́лья, вися́т кни́жные по́лки. Ря́дом с общежи́тиями нахо́дятся столо́вые, стадио́н, бассе́йн, спорти́вный ко́рпус и поликли́ника.

Материа́л подгото́влен на осно́ве информа́ции откры́тых исто́чников.

11–10 | Где живу́т студе́нты? Scan the article in 11–9 and find, underline, and name five reasons 90% of students in Russia have to live with their parents or rent an apartment instead of living in a university dorm. In your answers, use the conjunction **из-за того́, что** – *because of*.

Студе́нты в Росси́и снима́ют кварти́ры и́ли живу́т с роди́телями **из-за того́, что** . . .

11–11 | Где живу́т студе́нты? Reread the article in 11–9: 1) find and underline the information you need in order to answer the following questions; 2) in small groups, ask and answer the following questions in full sentences:

1. Что есть в общежи́тии гла́вного зда́ния МГУ?
2. Что нахо́дится ря́дом с но́выми общежи́тиями МФТИ?
3. В како́м ву́зе студе́нты живу́т в бло́ках? Что есть в бло́ке?
4. В како́м ву́зе студе́нты живу́т в ко́мнатах, а туале́т и ку́хня нахо́дятся на этаже́?
5. В како́м ву́зе студе́нты живу́т в о́дно- и́ли двухко́мнатных кварти́рах с ку́хней и ва́нной?
6. Кака́я ме́бель есть в но́вых общежи́тиях МФТИ?
7. Когда́ постро́или но́вые общежи́тия МФТИ?

11–12 | Где живу́т студе́нты? Reread the article in 11–9 and on a separate piece of paper, draw the floor plans of 1) the dorms at МГУ, 2) the old dorms at МФТИ, 3) the new furnished dorms at МФТИ.

11-13 | Где живу́т студе́нты? In pairs, 1) describe the dorms at МГУ and МФТИ using your floor plans; 2) discuss in which dorm you would prefer to live and why.

11-14 | Где бы вы хоте́ли жить? Imagine you are a student at a Russian university. Would you rather live in a dorm, live with your parents, or rent an apartment? Discuss with your classmates and explain why (8–10 sentences).

Я бы хоте́л/а жить . . . потому́ что . . .

СМО́ТРИМ И ГОВОРИ́М

11-15 | ТЕГ: Room Tour/Рум тур. 1) Watch the video blog and draw a floorplan of Katia and Dima's apartment. 2) Answer the following question:

— Каку́ю кварти́ру снима́ют Ка́тя и Ди́ма?
— Они́ снима́ют . . .
    a. сту́дию.
    b. однокомнатную кварти́ру.
    c. двухко́мнатную кварти́ру.
    d. трёхко́мнатную кварти́ру.
    e. четырёхкомнатную кварти́ру.

11-16 | ТЕГ: Room Tour/Рум тур. Review the following vocabulary. On a separate piece of paper, group the vocabulary words into four categories: **прихо́жая** *(entrance hall)*, **ку́хня** (посу́да *dishes*), **ва́нная**, and **спа́льня**.

ви́лка – *fork*	**гардеро́бная** – *closet, wardrobe*
гель для ду́ша – *shower gel*	**кастрю́ля** – *pot*
комо́д – *chest of drawers*	**кру́жка** – *mug*
ло́жка – *spoon*	**мы́ло** – *soap*
нож – *knife*	**одея́ло** – *blanket*
пе́на для бритья́ – *shaving cream*	**поду́шка** – *pillow*
полоте́нце – *towel*	**о́бувь** *f.* – *shoes, footwear*
сковоро́дка – *frying pan*	**стака́н** – *glass*
таре́лка – *plate*	**ча́йник** – *teapot, kettle*
ча́шка – *cup*	**шампу́нь** – *shampoo*

11-17 | ТЕГ: Room Tour/Рум тур. 1) Watch the video blog in 11–15 three times and choose the correct answers for the following questions. There may be more than one correct answer. 2) In pairs, talk about the apartment that Katia and Dima rent in Moscow.

1. Что нахо́дится в прихо́жей?
   a. В прихо́жей стои́т комо́д.
   b. В прихо́жей нахо́дится гардеро́бная.
   c. В прохо́жей стои́т о́бувь Ка́ти и Ди́мы.
   d. В прихо́жей виси́т зе́ркало.
   e. В прихо́жей стои́т кре́сло.
   f. В прихо́жей лежи́т ко́врик.
2. Что нахо́дится в ку́хне?
   a. В ку́хне стои́т холоди́льник.
   b. В ку́хне стои́т обе́денный стол.
   c. В ку́хне вися́т шка́фчики.
   d. В ку́хне стои́т микроволно́вка.
   e. В ку́хне стои́т плита́.
   f. В ку́хне стои́т посудомо́ечная маши́на.
   g. В ку́хне стои́т стира́льная маши́на.
3. Что есть в кухо́нных шка́фчиках?
   a. В шка́фчиках стоя́т кру́жки.
   b. В шка́фчиках стоя́т чай и ко́фе.
   c. В шка́фчиках стоя́т кастрю́ли и сковоро́дки.
   d. В шка́фчиках стоя́т таре́лки и стака́ны.
   e. В шка́фчиках стоя́т ча́шки.
   f. В шка́фчике стои́т ма́сло.
   g. В шка́фчике стоя́т соль и пе́рец.
4. Что купи́ли Ка́тя и Ди́ма в свою́ кварти́ру?
   a. Они́ купи́ли поду́шки и одея́ла.
   b. Они́ купи́ли всю ме́бель.
   c. Они́ купи́ли бытову́ю те́хнику.
   d. Они́ купи́ли кру́жки
   e. Они́ купи́ли ло́жки и ви́лки.
   f. Они́ купи́ли ча́йник.
   g. Они́ купи́ли всю посу́ду.
5. Что нахо́дится в ко́мнате?
   a. В ко́мнате стои́т шкаф.
   b. В ко́мнате стои́т дива́н.
   c. В ко́мнате стоя́т два кре́сла
   d. В ко́мнате стои́т комо́д.
   e. В ко́мнате стои́т крова́ть.
   f. В ко́мнате стои́т журна́льный сто́лик.
   g. В ко́мнате лежи́т ко́врик.
6. Что есть в ва́нной?
   a. В ва́нной стоя́т шампу́ни.
   b. В ва́нной виси́т зе́ркало.
   c. В ва́нной вися́т полоте́нца.
   d. В ва́нной стои́т пе́на для бритья́.
   e. В ва́нной стоя́т ге́ли для ду́ша.
   f. В ва́нной стоя́т скра́бы для те́ла.
   g. В ва́нной лежи́т мы́ло.
7. Ско́лько Ка́тя и Ди́ма пла́тят за кварти́ру в ме́сяц?
   a. Они́ пла́тят 15 ты́сяч в ме́сяц.
   b. Они́ пла́тят 5 ты́сяч в ме́сяц.

    c. Они́ пла́тят 25 ты́сяч в ме́сяц.

    d. Они́ пла́тят 35 ты́сяч в ме́сяц.

    e. Они́ пла́тят 30 ты́сяч в ме́сяц.

8. Как Ка́тя и Ди́ма нашли́ кварти́ру?

    a. Они́ нашли́ кварти́ру по интерне́ту.

    b. Они́ нашли́ кварти́ру по объявле́нию в газе́те.

    c. Они́ нашли́ кварти́ру че́рез друзе́й.

    d. Они́ нашли́ кварти́ру че́рез социа́льные се́ти.

    e. Они́ нашли́ кварти́ру че́рез риелтора.

9. Что на́до знать, е́сли вы плани́руете переезжа́ть в Москву́ и снима́ть кварти́ру?

    a. Зна́йте, что вам ничего́ не на́до покупа́ть.

    b. Зна́йте, что вам на́до бу́дет купи́ть всю ме́бель.

    c. Зна́йте, что вам на́до бу́дет купи́ть всю посу́ду.

    d. Зна́йте, что вам на́до бу́дет купи́ть поду́шки, одея́ла, полоте́нца.

    e. Зна́йте, что вам на́до бу́дет купи́ть о́чень мно́го всего́.

11–18 | ТЕГ: Room Tour/Рум тур. 1) On a separate piece of paper, write four to five questions for the authors of the video blog in 11–15. 2) Would you like to subscribe to their YouTube channel? Explain why.

ЧИТА́ЕМ И ГОВОРИ́М

11–19 | Пе́ред чте́нием. In pairs or small groups, discuss the following question:

— Что ва́жно, когда́ вы хоти́те снять кварти́ру?

— Для меня́ ва́жно: . . .

    a. кака́я цена́ аре́нды *(rent)* кварти́ры.

    b. в како́м райо́не кварти́ра.

    c. что есть о́коло до́ма.

    d. каки́е сосе́ди.

    e. кака́я есть ме́бель.

    f. кака́я есть бытова́я те́хника в кварти́ре.

    g. есть ли посу́да.

    h. есть ли интерне́т.

    i. друго́е _____.

11–20 | Аре́нда. You decided to rent **снять** an apartment or a room in Moscow. Read the following classified ads **объявле́ния** from a social media network and fill in the following table. The first one has been done for you. Read about the usage of the instrumental case to express place as needed (see pages 318–320).

Сдам кварти́ру и́ли ко́мнату!

аре́нда – *rent*	**сдава́ть/сдать** что? – *to rent out*
вдвоём – *together (only two people)*	**совме́стный**, -ая, -ое, -ые – *joint adj., shared*
дружелю́бный, -ая, -ое, -ые – *friendly*	**сосе́д/сосе́дка** (по кварти́ре, ко́мнате) –
кондиционе́р – *air conditioning*	*neighbor (roommate)*
за + кем? чем? – *behind*	**ую́тный**, -ая, -ое, -ые – *cozy*
лифт – *elevator*	**хозя́ин/хозя́йка** (кварти́ры) *pl.:* хозя́ева –
пе́ред + кем? чем? – *in front of*	*homeowner, landlord/landlady*
прия́тный, -ая, -ое, -ые – *nice, pleasant*	**чистота́ и поря́док** – *cleanliness and tidiness*
ремо́нт – *remodeling, repairs*	

Всем приве́т!
Две симпати́чные де́вушки сро́чно и́щут сосе́дку и́ли сосе́да для совме́стной аре́нды кварти́ры!
Райо́н: кварти́ра нахо́дится ря́дом со ста́нцией метро́ «Авиамото́рная», пешко́м мину́т 15. Пе́ред до́мом небольшо́й парк. Ря́дом с до́мом есть всё, что ну́жно: магази́ны, кафе́, кинотеа́тр.
О кварти́ре: трёхко́мнатная, небольша́я, но о́чень чи́стая и ую́тная, с хоро́шим ремо́нтом, с ме́белью и со всей бытово́й те́хникой. Есть стира́льная маши́на, холоди́льник, посудомо́ечная маши́на, плита́ и микроволно́вка. Кондиционе́ра нет. Большо́й балко́н. Кварти́ра на 15 этаже́. Лифт есть.
Хозя́йка кварти́ры: прия́тная же́нщина, помога́ет в крити́ческие моме́нты.
Цена́: о́коло 13–14 ты́сяч рубле́й за ко́мнату.
О нас: мы весёлые и дружелю́бные, у́чимся и рабо́таем 24/7. До́ма быва́ем, но ре́дко. Живём пока́ вдвоём. Госте́й лю́бим.
   Тел. 8 (931) 397–05–71 Ве́ра

Сдаю́ ко́мнату в двухко́мнатной кварти́ре, ря́дом с метро́ «Изма́йловская» (10 мину́т пешко́м). Дом пятиэта́жный без ли́фта. Кварти́ра на 3 этаже́. За до́мом парко́вка и спорти́вная площа́дка. Ря́дом с до́мом магази́ны, поликли́ника, це́рковь. Кварти́ра ую́тная и чи́стая, с большо́й ку́хней. В кварти́ре есть вся необходи́мая ме́бель и бытова́я те́хника (холоди́льник, микроволно́вка, стира́льная маши́на). На ку́хне мо́жно по́льзоваться всем: кастрю́лями, сковоро́дками, посу́дой. Сто́имость аре́нды 18 000 в ме́сяц. Живу́ оди́н.

Позити́вный, споко́йный, че́стный. Хочу́ найти́ споко́йного па́рня и́ли де́вушку, кото́рые це́нят чистоту́ и поря́док.
Тел. +7 967 199 93 05 Макси́м

Вопро́сы	Кварти́ра 1	Кварти́ра 2
Ско́лько ко́мнат в кварти́ре? Кака́я э́то кварти́ра?	*трёхко́мнатная, небольша́я, но о́чень ую́тная*	
Где нахо́дится кварти́ра?		
Что есть пе́ред до́мом, за до́мом, ря́дом с до́мом?		
На како́м этаже́ кварти́ра?		
В до́ме есть лифт?		
Ско́лько сосе́дей по кварти́ре? Каки́е они́ лю́ди?		
Кварти́ра с ремо́нтом и́ли без?		
Что есть в кварти́ре?		
Чего́ нет в кварти́ре, но вы хоте́ли бы, что́бы э́то бы́ло?		
Ско́лько сто́ит аре́нда?		

11–21 | Аре́нда. 1) In pairs, analyze the information from the table in 11–20 and decide which of these apartments in Moscow you would like to rent or share. 2) Share your decision with the rest of the class, explaining your reasoning using at least five to six sentences. Explain what you like and don't like about the apartment using the following phrases.

- Я реши́л/а снять кварти́ру . . . , та́к как, во-пе́рвых, . . . , во-вторы́х, . . . , в тре́тьих . . .
- Хорошо́ то, что . . . , но пло́хо то, что . . .

11–22 | Интерне́т. You are going to **Ни́жний Но́вгород** for a year. Find information online about affordable apartments there and discuss what you find with your classmates. For best results, try using a Russian search engine, such as **Яндекс** (Yandex.ru) or **Ра́мблер** (Rambler.ru).

ДАВА́ЙТЕ ПОГОВОРИ́М

 11–23 | Вы вдвоём сня́ли кварти́ру. Scenario: You and your friend have decided to rent an apartment together in Moscow. The apartment you have chosen is unfurnished (see the following floor plan). 1) Make a list of furniture, appliances, and other household items that you will have to buy for the apartment when you move in. 2) Work together to decide where and in what rooms to put (**поста́вить, положи́ть, пове́сить, постели́ть**) everything: the TV set, lamps, pictures, paintings, bookshelves, rugs, mirrors, and so on. Read about the usage of the instrumental case to express place as needed (see pages 318–320).

Приме́р:

— Дава́й пове́сим ла́мпу над столо́м в гости́ной?
— Согла́сен/Согла́сна! Дава́й пове́сим её над столо́м.
— Нет, я не согла́сен/согла́сна! Дава́й пове́сим её над дива́ном.

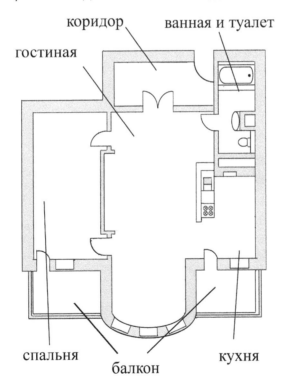

коридор | ванная и туалет | гостиная | спальня | балкон | кухня

 11–24 | Вы вдвоём сня́ли кварти́ру. Scenario: Now that you and your friend have moved in to the apartment and set up the furniture, figure out how to split the household chores. Read the following list of chores and decide who is responsible for each one and how often it needs to be done.

Дава́й я бу́ду . . .	выноси́ть му́сор *(to take out the trash)*	ка́ждый день
	гла́дить *(to iron)*	че́рез день
	гото́вить еду́ *(to cook food)*	раз в неде́лю
	покупа́ть проду́кты *(to buy groceries)*	раз в ме́сяц
	мыть полы́ *(to mop the floors)*	по суббо́там
	мыть посу́ду *(to do the dishes)*	по воскресе́ньям
	пылесо́сить *(to vacuum)*	
	стира́ть *(to do laundry)*	
	убира́ть *(to clean, tidy up)*	

11–25 | Где вы живёте? In pairs, describe your room/apartment/house in eight to ten sentences. Use the following questions as a guide.

1. Где вы живёте?
2. С кем вы снима́ете кварти́ру (ко́мнату, дом)?
3. В како́м райо́не нахо́дится кварти́ра (дом)?
4. Что есть ря́дом с до́мом (пе́ред до́мом, за до́мом)?
5. Ско́лько этаже́й в до́ме? На како́м этаже́ ва́ша кварти́ра?
6. В до́ме есть лифт?
7. Ско́лько ко́мнат в кварти́ре?
8. Что стои́т, лежи́т, виси́т в ко́мнате (в гости́ной, в спа́льне, в кабине́те), на ку́хне, в ва́нной, в коридо́ре?
9. Вам нра́вится ва́ша кварти́ра (ко́мната, дом)?
10. Вам нра́вится райо́н, в кото́ром вы живёте?

ДАВА́ЙТЕ НАПИ́ШЕМ

11–26 | Ищу́ сосе́да/сосе́дку по кварти́ре. Imagine that you are renting a two-bedroom apartment and want to find a roommate. Write a classified ad for a local newspaper or a group page on Facebook or ВКонта́кте (see the example in 11–20).

11–27 | Моя́ кварти́ра. Write a 10–12 sentence blog post about your apartment (room, house). Use the questions from 11–25 as an outline.

ИНТЕРВЬЮ́ И ПРОЕ́КТЫ

11–28 | Интервью́ «Где вы живёте?» In small groups or as a class, write a list of questions to find out information about the **кварти́ра/дом** where your classmates live. 1) Conduct interviews with two classmates. Write down their answers and share your results with the class. 2) Conduct interviews with two Russian speakers outside of class. Write down their answers, create a two-minute multimedia presentation, and present it in class.

Interview form

Questions	Person 1	Person 2

 11–29 | Видеобло́г. Те́ги: Room Tour/Моя́ ко́мната. 1) Create a video about your room (apartment, house). Make it interesting and exciting for your classmates to watch. Be creative! 2) Show your video in class and watch your classmates' videos. You may want to have a competition for the best video.

ГРАММА́ТИКА

11–30 | Что вы зна́ете? Reread the following sentences from the texts in 11–9 and 11–20. 1) Underline all words and phrases that answer the following questions: **Кем? Чем?** 2) Underline all prepositions followed by nouns in the instrumental case.

1. 90 % студе́нтов живу́т с роди́телями и́ли снима́ют кварти́ры.
2. Ря́дом с общежи́тиями нахо́дятся столо́вые, стадио́н, бассе́йн, спорти́вный ко́рпус и поликли́ника.
3. Кварти́ра с ку́хней, ва́нной и со всей необходи́мой бытово́й те́хникой и ме́белью.
4. Пе́ред до́мом есть небольшо́й парк.
5. Ря́дом с до́мом есть всё, что ну́жно: магази́ны, кафе́, кинотеа́тр.
6. За до́мом – парко́вка и спорти́вная площа́дка.

Using the instrumental case to express place
Твори́тельный паде́ж

As you know, we use the prepositions **В** and **НА** with the prepositional case in answer to the question **Где?**

Они́ живу́т в большо́й кварти́ре в це́нтре го́рода.
They live in a big apartment in the city center.

We also use the prepositions **ЗА** *behind,* **ПЕ́РЕД** *in front of,* **НАД** *over, above,* **ПОД** *under,* **МЕ́ЖДУ** *between,* **РЯ́ДОМ С** *next to* with the instrumental case when answering the question **Где?**

За до́мом большо́й парк.	*There is a large park behind our house.*
Пе́ред до́мом больша́я парко́вка.	*There is a large parking lot in front of the house.*
Над дива́ном на стене́ виси́т зе́ркало.	*There is a mirror hanging on the wall above the couch.*
Под столо́м сиде́ла соба́ка.	*A dog was sitting under the table.*
Ме́жду двумя́ спа́льнями есть ва́нная.	*There is a bathroom between the two bedrooms.*
Ря́дом с на́шим до́мом есть кинотеа́тр.	*There is a movie theater right next to our house.*

The prepositions **ПЕ́РЕД** *in front of* and **НАД** *over, above* are also used with the instrumental case when answering the question **Куда́?**

Где?	**Куда́?**
Сто́лик стои́т **пе́ред дива́ном**.	Я поста́вил/а сто́лик **пе́ред дива́ном**.
The table is in front of the couch.	*I put the table in front of the couch.*
Ла́мпа виси́т **над столо́м**.	Мы пове́сили ла́мпу **над столо́м**.
The lamp is hanging over the table.	*We hung a lamp over the table.*

The prepositions **ЗА** *behind* and **ПОД** *under* are also used with the accusative case when answering the question **Куда́?**

Где?	**Куда́?**
Он живёт **за́ го́родом**.	В воскресе́нье мы е́дем **за́ город**.
He lives outside of town (in the suburbs).	*On Sunday we are going to the suburbs.*
Моя́ ба́бушка живёт **за грани́цей**.	Моя́ ба́бушка уе́хала **за грани́цу**.
My grandmother lives abroad.	*My grandmother went abroad.*
Все сиде́ли **за столо́м**.	Сади́тесь **за стол**!
Everyone was sitting at the table.	*Have a seat at the table.*
Та́почки стоя́т **под крова́тью**.	Поста́вь та́почки **под крова́ть**.
The slippers are under the bed.	*Put the slippers under the bed.*
Мы живём **под Москво́й**.	*But*: Мы пое́хали **в Подмоско́вье**.
We live not far from/near Moscow.	*We went to the Moscow suburbs.*

11–31 | Твори́тельный паде́ж. Working in pairs, read the posts on social media using the words in parentheses in the appropriate case. Do you know what a **да́ча** is? Find more information about **да́ча** on the internet.

#снятьдачувподмосковье

Лю́ся М.   *Вчера́ в 4:43*

Приве́т всем! Мы с (муж) . . . реши́ли снять дом на ле́то за (го́род) . . . , под (Москва́) . . . Недо́рого! У нас дво́е дете́й и соба́ка. И́щем да́чу ря́дом с (лес) . . . и (о́зеро) . . .

Матве́й Ни́лов   *Сего́дня в 8:06*

Лю́ся, у нас есть ма́ленький до́мик под (Москва́) . . . по тра́ссе ДОН М4 ря́дом с Шеба́нцево. Всего́ 20–30 мину́т на маши́не, и вы на да́че. В до́ме 2 ко́мнаты и ку́хня. Есть холоди́льник, плита́ и вся необходи́мая ме́бель. Вода́ в до́ме. Туале́т и душ на у́лице за (дом) . . . Пе́ред (дом) . . . сад. Ти́хое, споко́йное и о́чень краси́вое ме́сто для о́тдыха. Чи́стый во́здух. Ря́дом с (да́ча) . . . лес, где мо́жно собира́ть грибы́ *(mushrooms)* и я́годы *(berries)*. Звони́те: +7 (916) 667–32–32. Матве́й

11–32 | Твори́тельный паде́ж. 1) In pairs, read the following story and put the words in parentheses in the appropriate case. 2) Draw a floorplan of the apartment that Masha describes. Don't forget to include furniture in your floorplan, and make sure to indicate where everything is located using the appropriate verb (стоя́ть, лежа́ть, висе́ть). 3) Write a ten-sentence essay about your dream home or apartment following Masha's example.

Ко́нкурс «Дом мое́й мечты́»

Дава́йте расска́жем друг дру́гу о до́ме свое́й мечты́! Это мо́жет быть ую́тный дом и́ли кварти́ра, где мы живём и́ли где нам бы́ло бы хорошо́ жить.

Ма́ша Воробьёва

Моя́ мечта́ – э́то кварти́ра в ую́тном райо́не Петербу́рга с (гости́ная) _____, (больша́я ку́хня) _____ _____, (кабине́т) _____, (спа́льня) _____ и, коне́чно, с (большо́й балко́н) _____ _____ на 7–9 этаже́.

Гости́ная с (балко́н) _____ и (больши́е о́кна) _____ _____ от по́ла (floor) до потолка́ (ceiling). С балко́на краси́вый вид (view) на го́род. В гости́ной стои́т бе́лый роя́ль Бе́ккер и большо́й бе́лый дива́н, на кото́ром бу́дут сиде́ть мои́ го́сти и слу́шать, как я игра́ю. Пе́ред (дива́н) _____ стои́т большо́й журна́льный сто́лик из стекла́ (glass). На бе́лых сте́нах вися́т чёрно-бе́лые карти́ны мои́х друзе́й худо́жников.

Ещё одна́ моя́ мечта́ – э́то име́ть в гости́ной ками́н (fireplace). На полу́ пе́ред (ками́н) _____ лежи́т большо́й перси́дский ковёр. Над (ками́н) _____ виси́т телеви́зор. Зи́мними вечера́ми мы с (подру́ги) _____ сиди́м на бе́лом дива́не пе́ред (ками́н) _____ и расска́зываем ра́зные исто́рии.

Ря́дом с (гости́ная) _____ – больша́я, про́сто огро́мная ку́хня в марокка́нском сти́ле с (большо́й стол) _____ _____, над (кото́рый) _____ виси́т краси́вая лю́стра (chandelier). За (стол) _____ сидя́т и смею́тся мои́ друзья́, а я их угоща́ю (to treat, serve) свои́ми люби́мыми блю́дами. В ку́хне есть всё, о чём мечта́ет люба́я хозя́йка: холоди́льник, микроволно́вка, больша́я плита́, мно́го кухо́нных шка́фчиков и шкаф с (посу́да) _____.

Тепе́рь о кабине́те. Кабине́т с (кни́жные шкафы́) _____ _____ и (стол) _____ с (ноутбу́к) _____, (при́нтер) _____ и (ска́нер) _____. Рабо́тай – не хочу́!

Спа́льня в скандина́вском сти́ле с (гардеро́бная) _____ и (огро́мная) _____ ва́нной-джаку́зи. Ме́жду (гардеро́бная) _____ и (ва́нная) _____ о́коло стены́ стои́т туале́тный сто́лик, на кото́ром стои́т моя́ косме́тика и парфюме́рия. Мне о́чень нра́вится моя́ гардеро́бная.

Я не зна́ю, ско́лько э́то всё сто́ит, и не хочу́ знать. Это про́сто мечта́! А мечты́ должны́ сбыва́ться (to come true).

Материа́л подгото́влен на осно́ве информа́ции откры́тых исто́чников.

Sentence structure
Структу́ра предложе́ния

I. More about the subject and the predicate

As you already know (review Chapter 2, p. 52), a typical Russian or English sentence contains a **subject** (подлежа́щее) and a **predicate** (сказу́емое). The **subject** denotes the thing or person we are speaking about and answers the questions who? (**кто?**) and what? (**что?**). The **predicate** denotes an action performed by the subject or anything that is said about the subject.

(Кто?) **Студе́нты** (Что де́лают?) **живу́т** в общежи́тии.
    subject   *predicate*

В э́том общежи́тии (Что де́лают?) **живу́т** (Кто?) **студе́нты**.
                         predicate   *subject*

There are two types of predicates in Russian: **verbal and nominal.**

1. **Verbal predicates**
    a. **simple verbal predicates** are expressed by a verb.
    Он <u>снима́л/снима́ет/бу́дет снима́ть</u> кварти́ру в Сара́тове.
          predicate
    b. **compound verbal predicates** are expressed by an infinitive together with personal forms of verbs, which indicate either the beginning or the end of the action, or intention, obligation, possibility, probability, wish, and so on.
    Она́ <u>хо́чет пове́сить</u> микроволно́вку над плито́й на ку́хне.
          predicate
2. **Nominal predicates** may be expressed by a noun or adjective.
    a. **simple** – without a link verb or auxiliary verb:
    Она́ <u>студе́нтка</u>. Ко́мната о́чень <u>ую́тная</u>.
          predicate   *predicate*
    b. **compound** – with a link verb or auxiliary verb:
    Э́та кварти́ра **была́** <u>дорого́й</u> для нас. Я **рабо́таю** <u>риёлтором</u>.
              predicate   *predicate*

II. Types of simple sentences

A simple sentence may have:

1. **both a subject and a predicate:**
    <u>Студе́нты</u> <u>живу́т</u> в общежи́тии.
    subject   *predicate*
2. **only a subject or only a predicate:**

1.	<u>Ве́чер</u>. *subject*	*It's evening.*
2.	— Что ты де́лаешь? — <u>Убира́ю</u> кварти́ру. *predicate*	*"What are you doing?"* *"I'm cleaning the apartment."*
	In this sentence, **Я** is omitted because it's clear from the form of the verb and the context.	
3.	Это общежи́тие <u>постро́или</u> в 2018 году́. *predicate*	*This dormitory was built in 2018.*
	The third-person plural form of a verb **постро́или** (predicate) is often used to indicate a generalized subject (они́ *they*) of a sentence. In such sentences, the focus is on the action itself and not on the performer of the action.	

4.	Анне <u>на́до</u> убра́ть комнату. *predicate*	*Anna has to clean the room.*
	Impersonal sentences consist of a predicate only. The predicate may be expressed by an adverb (The logical subject is in the dative case).	
5.	<u>Убери́</u> свою́ ко́мнату! *predicate*	*Clean your room!*
6.	У нас <u>нет</u> (<u>не́ было/не бу́дет</u>) телеви́зора. *predicate*	*We don't have (didn't have/ won't have) a TV.*
	Note that in sentences that denote the absence or lack of something, **нет (не́ было, не бу́дет)** is the predicate of the sentence.	

11–33 | Подлежа́щее и сказу́емое. Read the following text and find the subject and the predicate in each sentence.

Идеа́льный ремо́нт

Телевизио́нная програ́мма *(TV show)* «Идеа́льный ремо́нт» – э́то програ́мма о том, как созда́ть *(to create)* краси́вый и удо́бный интерье́р кварти́ры и́ли до́ма. Ведёт *(here: hosts)* програ́мму Ната́ша Барбье́.

Ната́ша Барбье́ вме́сте с кома́ндой экспе́ртов прихо́дит в кварти́ры изве́стных актёров теа́тра и кино́, певцо́в, спортсме́нов и расска́зывает, как сде́лать идеа́льный ремо́нт и созда́ть краси́вый интерье́р.

Коммента́рии

Вале́рий Стоя́нов
Идеа́льный ремо́нт! Я хочу́ сде́лать ремо́нт в свое́й однокомнатной кварти́ре, но не могу́ реши́ть, в како́м сти́ле. Мне нра́вится англи́йский стиль, но я понима́ю, что для ма́ленькой кварти́ры э́тот стиль не идеа́льный. Мо́жет тогда́ вы́брать скандина́вский стиль и́ли хай-тек? Посове́туйте, пожа́луйста, что де́лать.

Али́на Соро́кина
До́брый день! Я из го́рода Ни́жний Но́вгород. Смотре́ла ва́шу програ́мму. Мне о́чень нра́вится. Мы с му́жем молода́я семья́. Сейча́с снима́ем кварти́ру. Постро́или двухэта́жный дом 120 кв.м. Очень хоте́лось бы, что́бы вы сде́лали нам ремо́нт! Выбира́йте любу́ю ко́мнату для рабо́ты! Очень бу́дем ра́ды!

Ви́та
Идеа́льный ремо́нт! Мне нра́вится ва́ша програ́мма! Но почему́ вы де́лаете ремо́нт в кварти́рах то́лько бога́тых и изве́стных люде́й? Сде́лайте ремо́нт в кварти́ре семьй, у кото́рой нет де́нег на ремо́нт! Де́лайте ремо́нты старика́м *(old people)* и бе́дным лю́дям!

Материа́л подгото́влен на осно́ве информа́ции откры́тых исто́чников.

11–34 | Ана́лиз. Read the following ads and identify the type of any simple sentences you find. Analyze the information in the ads and decide whom Anna Ivanova should hire as a housekeeper **домрабо́тница**. Explain your decision in two to three sentences.

Домрабо́тница // Гу́ля Киши́мова
Москва́

Во́зраст: 30 лет
О́пыт рабо́ты: 2 го́да
Я рабо́тала в двух се́мьях домрабо́тницей: убира́ла, гото́вила, стира́ла, гла́дила, гуля́ла с соба́кой. Я о́чень аккура́тная, люблю́ чистоту́ и поря́док. Уме́ю рабо́тать с бытово́й те́хникой. Неконфли́ктная, не курю́, не пью. Я родила́сь в Кирги́зии. В Москве́ я три ме́сяца. Снима́ю ко́мнату с му́жем. Есть де́ти, но они́ с ма́мой в Кирги́зии.

Домрабо́тница // Да́рья Авра́мова
Москва́

Во́зраст: 53 го́да
О́пыт рабо́ты: 9 лет
Де́лаю убо́рку, уме́ю хорошо́ гла́дить, а та́кже пылесо́сить, мыть полы́ и о́кна. Могу́ купи́ть проду́кты, пригото́вить еду́, накры́ть и убра́ть со стола́. Гото́влю борщ, плов, котле́ты и мно́гое друго́е. Де́лаю всё вку́сно, бы́стро и хорошо́. Звони́те!

Домрабо́тница в дом с прожива́нием // Анна Ивано́ва

Ищу́ домрабо́тницу в дом пло́щадью 700 кв. м. (живёт семья́, есть дома́шние живо́тные) в райо́не метро́ «Молодёжная», посёлок Барви́ха. 8-часово́й рабо́чий день. На́до убира́ть дом, стира́ть и гла́дить. Гото́вить не на́до. О́пыт рабо́ты до́лжен быть не ме́нее 2-х лет. О́тпуск – 2 ра́за в год по 2 неде́ли.

СЛОВА́РЬ

аре́нда – *rent n.*
бытова́я те́хника – *appliances*
вдвоём – *together (only two people)*
ве́шать/пове́сить что? куда́? где? – *to hang, put (on a wall, ceiling)*
    Pres.: я ве́шаю, ты ве́шаешь, они́ ве́шают
    Fut.: я пове́шу, ты пове́сишь, они́ пове́сят
ви́лка – *fork*
висе́ть *impf.* где? – *to hang, be hanging*
    Pres.: он/она́ виси́т, они́ вися́т
выноси́ть/вы́нести му́сор – *to take out the trash*
    Pres.: я выношу́, ты выно́сишь, они́ выно́сят
    Fut.: я вы́несу, ты вы́несешь, они́ вы́несут

гардеро́бная – *wardrobe, closet*
гель для ду́ша – *shower gel*
гла́дить/погла́дить что? – *to iron*
    Pres./Fut.: я (по)гла́жу, ты (по)гла́дишь, они́ (по)гла́дят
горя́чая/холо́дная вода́ – *hot/cold water*
держа́ть *impf.* кого́? что? – *to hold, keep; here: to have*
    Pres.: я держу́, ты де́ржишь, они́ де́ржат
дива́н – *couch*
дома́шнее живо́тное – *pet*
дружелю́бный, -ая, -ое, -ые – *friendly*
за + *inst.* кем? чем? – *behind*
зе́ркало – *mirror*
и́з-за + *gen.* кого́? чего́? – *because of, due to (usually has a negative connotation)*
и́з-за того́, что – *because of*
карти́на – *painting*
кастрю́ля – *pot*
класть/положи́ть что? куда́? где? – *to put (horizontally)*
    Pres.: я кладу́, ты кладёшь, они́ кладу́т
    Fut.: я положу́, ты поло́жишь, они́ поло́жат
кни́жная по́лка – *bookshelf*
ковёр – *rug*
комо́д – *chest of drawers*
кондиционе́р – *air conditioning*
коро́че – *in short (used in informal conversation)*
кре́сло – *armchair*
крова́ть *f.* – *bed*
кру́жка – *mug*
кухо́нные шка́фчики – *kitchen cabinets*
лежа́ть *impf.* где? – *to lie*
    Pres.: я лежу́, ты лежи́шь, он/она́ лежи́т, они́ лежа́т
лифт – *elevator*
ло́жка – *spoon*
ме́бель *f.* – *furniture*
ме́жду + *inst.* кем? чем? – *between*
ме́сто в общежи́тии – *here: place in a dorm, vacancy*
микроволно́вка – *microwave*
мы́ло – *soap*
мыть/вы́мыть пол – *to mop the floor*
    Pres.: я мо́ю, ты мо́ешь, они́ мо́ют
    Fut.: я вы́мою, ты вы́моешь, они́ вы́моют
мыть/вы́мыть посу́ду – *to do the dishes*
над + *inst.* кем? чем? – *over*
необходи́мый, -ая, -ое, -ые – *necessary*
нож – *knife*
о́бувь *f.* – *shoes, footwear*
одея́ло – *blanket*
пе́на для бритья́ – *shaving cream*
пе́ред + *inst.* кем? чем? – *in front of*
плита́ – *stove*

под + *inst.* кем? чем? – *under*

поду́шка – *pillow*

полоте́нце – *towel*

посу́да – *dishes*

посудомо́ечная маши́на – *dishwasher*

пра́чечная – *laundry room*

прихо́жая – *entrance hall*

прия́тный, -ая, -ое, -ые – *nice, sweet*

пылесо́сить/пропылесо́сить что? – *to vacuum*
  Pres./Fut.: я (про)пылесо́шу, ты (про)пылесо́сишь, они́ (про)пылесо́сят

ремо́нт – *remodeling, repairs*

ря́дом с + *inst.* кем? чем?
  – *next to*

сам, -а́, -о́, -и – *(by) oneself*

сдава́ть/сдать что? (кварти́ру) – *to rent out (apartment)*
  Pres.: я сдаю́, ты сдаёшь, они́ сдаю́т
  Fut.: я сдам, ты сдашь, они́ сдаду́т

сковоро́дка – *frying pan*

снима́ть/снять что? (кварти́ру) – *to rent (apartment)*
  Pres.: я снима́ю, ты снима́ешь, они́ снима́ют
  Fut.: я сниму́, ты сни́мешь, они́ сни́мут

совме́стный, -ая, -ое, -ые – *joint adj., shared*

сосе́д/сосе́дка (по кварти́ре, ко́мнате) – *neighbor (roommate)*

ста́вить/поста́вить что? где? куда́? – *to put (vertically)*
  Pres./Fut.: я (по)ста́влю, ты (по)ста́вишь, они́ (по)ста́вят

стака́н – *glass*

стира́льная маши́на – *washing machine*

стира́ть/постира́ть что? – *to do laundry*
  Pres./Fut.: я (по)стира́ю, ты (по)стира́ешь, они́ (по)стира́ют

стоя́ть *impf.* где? – *to stand*
  Pres.: я стою́, ты стои́шь, он/она́ стои́т, они́ стоя́т

стро́ить/постро́ить что? – *to build*
  Pres./Fut.: я (по)стро́ю, ты (по) стро́ишь, они́ (по)стро́ят

таре́лка – *plate*

убира́ть/убра́ть (ко́мнату, кварти́ру) – *to clean, tidy up*
  Pres.: я убира́ю, ты убира́ешь, они́ убира́ют
  Fut.: я уберу́, ты уберёшь, он уберу́т

уче́бный ко́рпус – *campus building*

ую́тный, -ая, -ое, -ые – *cozy*

химчи́стка – *dry cleaners*

хозя́ин/хозя́йка (кварти́ры) *pl.:* хозя́ева – *homeowner, landlord/landlady*

холоди́льник – *refrigerator*

ча́йник – *teapot, kettle*

ча́шка – *cup*

чистота́ и поря́док – *cleanliness and tidiness*

шампу́нь – *shampoo*

шкаф – *cabinet, cupboard*

ГЛАВА́ 12 | ГО́РОД, В КОТО́РОМ МЫ ЖИВЁМ

In this chapter, you will:

- review and expand the vocabulary you need to talk about cities, historic landmarks, and other attractions you can visit;
- read texts and watch video clips about Russian cities;
- learn how to describe different cities: your hometown, the city you live in, and your favorite cities, as well as cities in Russia;
- learn how to talk about navigating new cities, using public transportation, and so on;
- write a blog post about your hometown and create an entry about the city you live in for an online encyclopedia;
- participate in an urban beautification competition, "Сде́лаем наш го́род лу́чше";
- create a video blog post about your hometown or the city you live in.

ВВЕДЕ́НИЕ

 12–1 | Мой родно́й го́род. 1) Read the following script out loud. 2) Go around the classroom and interview two to three classmates. Make sure to use the appropriate form of address (**ты** or **вы**) and the appropriate greeting and farewell expressions. 3) Write down or circle your classmates' answers. 4) Summarize their answers in five to six sentences and share them with the rest of the class.

I. Opening conversation lines	Responses
Приве́т!/Здра́вствуй/те!	Приве́т!/Здра́вствуй/те!
Рад/ра́да тебя́/вас ви́деть!	Я то́же рад/ра́да тебя́/вас ви́деть!
Как твоя́/ва́ша жизнь?	Спаси́бо, всё в поря́дке!
Что но́вого?	Всё по-ста́рому.
II. Questions	**Answers**
1. Како́й твой/ваш родно́й го́род?	Мой родно́й го́род (*hometown*) – . . .
2. Како́й э́то го́род?	Э́то . . . го́род. • большо́й/ма́ленький • краси́вый/некраси́вый • чи́стый/гря́зный • интере́сный/ску́чный • ти́хий/шу́мный (*quiet/noisy*) • ую́тный/неую́тный • друго́е:
3. А что есть в твоём/ва́шем родно́м го́роде?	В го́роде есть . . . • вокза́л. • аэропо́рт. • магази́ны. • кафе́ и рестора́ны. • шко́лы. • университе́т. • стадио́н. • больни́ца. • гости́ница/гости́ницы. • друго́е:
4. Ты ча́сто туда́ е́здишь? Вы ча́сто туда́ е́здите?	• Да, я туда́ ча́сто е́зжу. • Нет, я туда́ не е́зжу.
5. А кто из твои́х/ва́ших ро́дственников (*relatives*) там сейча́с живёт?	Там живёт/живу́т . . . • мои́ роди́тели. • мои́ ба́бушка и де́душка. • сестра́/сёстры. • брат/бра́тья. • племя́нник/племя́нница. • тётя и дя́дя. • друго́е:

III. Closing lines	Responses
Спаси́бо! Бы́ло прия́тно с тобо́й/ва́ми поговори́ть! Всего́ хоро́шего! Извини́/те, что я тебя́/вас задержа́л/а!	Пожа́луйста! Не́ за что! Счастли́во! Всего́ до́брого! Ещё уви́димся! До за́втра!

12-2 | Интона́ция. Declarative sentences (ИК-1). 1) Review the following information about Intonation Type 1. 2) Listen and repeat after the speaker. Underline the emphasized word in each sentence.

ИК-1

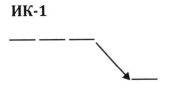

There is a fixed number of intonation patterns or *intonation constructions* (**интонацио́нные констру́кции, ИК**) in Russian.

In a Russian **declarative** sentence, your voice should fall in pitch on the stressed syllable of the last word. In contrast to declarative sentences in English, your voice should not rise in pitch slightly before it falls. The syllable that your voice falls on is called **the intonation center** of a given sentence or utterance. If you want to emphasize a particular word in a declarative sentence, *lower* the pitch of your voice on its stressed syllable and keep it low.

1. Москва́ – э́то большо́й го́род.
2. Москва́ – э́то большо́й го́род.
3. Влади́мир – э́то о́чень краси́вый го́род.
4. Влади́мир – э́то о́чень краси́вый го́род.
5. В го́роде мно́го па́мятников.
6. В го́роде мно́го памя́тников.
7. В э́том го́роде живу́т мои́ ро́дственники.
8. В э́том го́роде живу́т его́ сёстры и бра́тья.
9. Всего́ хоро́шего.
10. Бы́ло прия́тно с тобо́й поговори́ть.

12-3 | Городско́й тра́нспорт. 1) Review the following vocabulary and learn the words you do not already know. 2) Listen to the speaker and mark the stress in each word. Repeat after the speaker.

авто́бус – *bus*
метро́ – *metro, subway*
такси́ – *taxi*
трамва́й – *tram*
парко́вка, стоя́нка – *parking, parking lot*

автомоби́ль/маши́на – *car*
обще́ственный тра́нспорт *only sing.* – *public transportation*
маршру́тное такси́ (маршру́тка) – *fixed route minibus/van*
тролле́йбус – *trolleybus*

3) In pairs, take turns asking and answering the following questions. Review verbs of motion as needed (see pages 344–347).

1. Како́й обще́ственный тра́нспорт есть в ва́шем го́роде?
2. Вы е́здите по го́роду на обще́ственном тра́нспорте, на свое́й маши́не/ автомоби́ле и́ли на велосипе́де?
3. На како́м обще́ственном тра́нспорте вы обы́чно е́здите?
4. Куда́ вы е́здите в го́роде, а куда́ хо́дите пешко́м?
5. У вас в го́роде мно́го парко́вок, и́ли э́то пробле́ма?

12–4 | Словообразова́ние. Suffixes **-тель** and **-ниц**(а). Read the following nouns that are formed from verbs out loud. Give English equivalents for the nouns.

The suffixes **-тель** *(masculine)* and **-ниц**(а) *(feminine)* turn verbs into nouns that denote **the doer** of an action expressed by the verb.

1. жить *to live* – жи+**тель**/жи́тель+**ниц**-а Москвы́
2. посеща́ть *to visit* – посети́тель/посети́тельница музе́я
3. покупа́ть *to buy* – покупа́тель/покупа́тельница
4. учи́ть *to teach* – учи́тель/учи́тельница ру́сского языка́
5. писа́ть *to write* – писа́тель/писа́тельница
6. люби́ть *to love* – люби́тель/люби́тельница исто́рии

12–5 | Языко́м цифр. 1) Read the following statistics out loud. Make sure to pay close attention to numerals. You might want to find the cities mentioned in the following on **Яндекс.Ка́рты**. 2) In small groups, analyze these statistics and answer the following questions:

1. Где живёт большинство́ россия́н, в го́роде и́ли в дере́вне?
2. Како́й са́мый большо́й го́род в Росси́и?
3. Ско́лько в Росси́и городо́в с населе́нием бо́лее 100 ты́сяч челове́к?
4. Како́й са́мый попул́я́рный вид тра́нспорта в Росси́и?
5. Каки́е са́мые непопул́я́рные ви́ды тра́нспорта в Росси́и?
6. Каки́е есть пробле́мы в росси́йских города́х?

Города́ Росси́и

жи́тель – *resident*
населе́ние – *population*

Сейча́с в Росси́и 1117 городо́в, в кото́рых живёт о́коло 74% населе́ния. 16 городо́в Росси́и име́ют бо́лее одного́ миллио́на жи́телей. Э́то таки́е больши́е города́, как Москва́ (12 миллио́нов 615 ты́сяч жи́телей), Санкт-Петербу́рг (5 миллио́нов 384 ты́сячи жи́телей), Новосиби́рск (оди́н миллио́н 618 ты́сяч жи́телей), Ни́жний Но́вгород (1 миллио́н 256 ты́сяч жи́телей) и други́е. О́коло 170 городо́в име́ют бо́лее 100 ты́сяч жи́телей. Это таки́е города́, как Железного́рск (100 ты́сяч жи́телей), Яку́тск (319 ты́сяч жи́телей), Влади́мир (357 ты́сяч жи́телей), Со́чи (439 ты́сяч жи́телей), Томск (575 ты́сяч жи́телей) и други́е.

Обще́ственный тра́нспорт

> **доро́га** – *road*
> **полови́на** – *half*
> **про́бка** – *traffic jam*

42% россия́н счита́ют городско́й авто́бус са́мым популя́рным ви́дом тра́нспорта. На маршру́тном такси́ (маршру́тках) е́здят 30% городски́х жи́телей. 29% россия́н ча́ще всего́ по́льзуются ли́чными автомоби́лями. На метро́ е́здят 13% жи́телей городо́в, а на такси́ – 11%. Что интере́сно, Uber такси́ рабо́тает сейча́с в 250 города́х Росси́и. Но ли́дер на ры́нке – э́то Яндекс.Такси́. На велосипе́де е́здят то́лько 4% респонде́нтов. При э́том, полови́на жи́телей Росси́и недово́льна плохи́ми доро́гами в города́х и про́бками на доро́гах. А в центра́льных райо́нах не хвата́ет парко́вок для автомоби́лей.

ЧИТА́ЕМ И ГОВОРИ́М

12-6 | Сам себе́ архите́ктор! Working in pairs, draw a plan of your dream city **план го́рода мое́й мечты́** and present it to the class. Have a panel of judges ask questions and decide which project is best.

12-7 | Пе́ред чте́нием. In pairs or small groups, discuss the following questions:

1. Как вы ду́маете, почему́ лю́ди переезжа́ют из одного́ го́рода в друго́й?
2. Вы ча́сто переезжа́ли? Объясни́те почему́.
3. Что ва́жно знать о го́роде, в кото́рый вы переезжа́ете?

12-8 | Влади́мир. 1) In small groups, read about **Влади́мир** and discuss who the intended audience of this article **статья́** might be. Explain why you think so. 2) Read Cultural Note #1. You might want to look up **Влади́мир** and other cities of the Golden Ring of Russia on **Яндекс.Ка́рты**.

Эта статья́ напи́сана . . .

a. для тури́стов, кото́рые хотя́т посети́ть го́род.
b. для иностра́нных студе́нтов, кото́рые хотя́т учи́ться здесь.
c. для люде́й, кото́рые ду́мают перее́хать во Влади́мир.
d. для жи́телей Влади́мира.

Го́род Влади́мир

в о́бщем – *in general*	**век** – *century*
де́тский сад – *preschool, kindergarten*	**недалеко́** от + *gen.* – *not far from*
о́бщий, -ая, -ее, -ие – *general, common*	**осно́ван**, -а, -о, -ы – *founded, established*
па́мятник кому́? – *monument*	**па́мятник архитекту́ры** – *architectural landmark*
пло́щадь го́рода – *city's land area*	**явля́ться** *impf.* кем? чем? – *to be (in official or formal contexts)*

Наш сайт для люде́й, кото́рые хотя́т перее́хать в го́род свое́й мечты́!

Влади́мир глаза́ми жи́телей. Плю́сы и ми́нусы жи́зни во Влади́мире

Общая информа́ция о го́роде

Влади́мир явля́ется одни́м из старе́йших городо́в Росси́и и изве́стен свои́ми уника́льными па́мятниками архитекту́ры. Влади́мир – оди́н из восьми́ городо́в Золото́го кольца́ Росси́и.[1] Ра́ньше счита́ли, что го́род был осно́ван в 1108-м году́ Влади́миром Монома́хом. Но сейча́с говоря́т, что Влади́мир был осно́ван ра́ньше, ещё в 10-м ве́ке.

Влади́мир нахо́дится недалеко́ от Москвы́ (185 киломе́тров) на берегу́ реки́ Кля́зьма. Сего́дня населе́ние го́рода – 357 ты́сяч челове́к, а пло́щадь – 137 кв. км.[2]

Влади́мир – э́то небольшо́й, ти́хий и краси́вый го́род, в кото́ром ка́ждый мо́жет найти́ то, что ему́ интере́сно. В го́роде мно́го па́мятников, музе́ев, кинотеа́тров, есть драмати́ческий теа́тр и филармо́ния. В го́роде есть мно́го хоро́ших де́тских садо́в, школ и ву́зов, как ча́стных, так и госуда́рственных.

---

1 **Золото́е кольцо́ Росси́и** *(The Golden Ring of Russia)* – a tourist route that includes the most famous medieval cities of Northeastern Rus'. The eight cities that traditionally make up the Golden Ring – Sergiev Posad, Pereslavl'-Zalesskii, Rostov Velikii, Yaroslavl', Kostroma, Ivanovo, Suzdal', and Vladimir – have preserved precious artifacts of Russian history and culture.

2 **кв. км.** (квадра́тный киломе́тр) – km²

Здесь мно́го магази́нов, торго́вых це́нтров, рестора́нов и кафе́. Для госте́й и жи́телей го́рода откры́ты спорти́вные клу́бы, фи́тнес-це́нтры, стадио́ны и бассе́йны. А зимо́й мо́жно поката́ться на лы́жах и́ли сноубо́рде в па́рке акти́вного о́тдыха "VS Park". Лю́бите ката́ться на конька́х? Ледо́вый ко́мплекс «Влади́мир» ждёт вас!

В о́бщем, всем люби́телям исто́рии и архитекту́ры мо́жет понра́вится э́тот го́род! А ка́ждому, кто уста́л от больши́х городо́в и про́бок на доро́гах, здесь то́же бу́дет комфо́ртно!

Материа́л подгото́влен на осно́ве информа́ции откры́тых исто́чников.

 12–9 | Влади́мир. 1) Reread the text about **Влади́мир** in 12–8 and choose the correct statements from the following choices. There may be more than one correct answer. 2) In pairs, talk about Владимир in 12 full sentences. Use the following connectors: **во-пе́рвых** – *firstly*; **во-вторы́х** – *secondly*; **кро́ме того́** – *besides, furthermore*; **ещё** – *in addition, also*; **в о́бщем** – *in general.*

1. Влади́мир явля́ется . . .
   a. одни́м из са́мых краси́вых городо́в Росси́и.
   b. одни́м из старе́йших городо́в Росси́и.
   c. одни́м из восьми́ городо́в Золото́го кольца́ Росси́и.
2. Влади́мир изве́стен свои́ми . . .
   a. хоро́шими де́тскими сада́ми, шко́лами и ву́зами.
   b. музе́ями, теа́трами и филармо́нией.
   c. уника́льными па́мятниками архитекту́ры.
3. Го́род Влади́мир нахо́дится . . .
   a. далеко́ от Москвы́, 185 киломе́тров, на берегу́ Кля́зьмы.
   b. недалеко́ от Москвы́, 185 киломе́тров, на берегу́ Кля́зьмы.
   c. ря́дом с Москво́й, 185 киломе́тров, на берегу́ Кля́зьмы.
4. Влади́мир был осно́ван . . .
   a. в 10 ве́ке.
   b. в 11 ве́ке.
   c. в 12 ве́ке.
5. Населе́ние Влади́мира . . .
   a. бо́лее 350 ты́сяч челове́к.
   b. о́коло 330 ты́сяч челове́к.
   c. 357 ты́сяч челове́к.
6. Пло́щадь го́рода . . .
   a. о́коло 140 кв. км. (квадра́тных киломе́тров).
   b. 137 кв. км. (квадра́тных киломе́тров).
   c. 137 кв. м. (квадра́тных ме́тров).
7. Влади́мир – э́то . . .
   a. небольшо́й, шу́мный и гря́зный го́род.
   b. небольшо́й, ти́хий и краси́вый го́род.
   c. большо́й, шу́мный и неую́тный го́род.
8. Е́сли вы лю́бите иску́сство, то во Влади́мире есть . . .
   a. магази́ны, торго́вые це́нтры, рестора́ны и кафе́.
   b. музе́и, па́мятники, кинотеа́тры, драмати́ческий теа́тр и филармо́ния.
   c. де́тские са́дики, шко́лы и ву́зы.

9. Если вы занима́етесь спо́ртом, то во Влади́мире есть . . .
    a. спорти́вные клу́бы, фи́тнес-це́нтры, стадио́ны и бассе́йны.
    b. де́тские сады́, шко́лы и ву́зы.
    c. музе́и, па́мятники, кинотеа́тры, драмати́ческий теа́тр и филармо́ния.
10. Зимо́й вы мо́жете поката́ться . . .
    a. на лы́жах и сноубо́рде.
    b. на ро́ликах.
    c. на конька́х в ледо́вом ко́мплексе «Влади́мир».
11. Го́род мо́жет понра́виться . . .
    a. лю́дям, кото́рые лю́бят жить в больши́х и шу́мных города́х.
    b. лю́дям, кото́рые уста́ли жить в больши́х города́х.
    c. лю́дям, кото́рые лю́бят исто́рию и архитекту́ру.

СМО́ТРИМ И ГОВОРИ́М

12–10 | **Экску́рсия по Влади́миру.** 1) Watch the video clip three times and mark whether the following statements correspond to the content. Read each statement out loud. 2) What have you learned about **Влади́мир** from this video clip?

Экску́рсия по Влади́миру

в честь кого? чего? – *in honor of* **Золоты́е воро́та** – *Golden Gates* **собо́р** – *cathedral*	**гла́вная у́лица** – *main street* **мост** че́рез что? – *bridge across* **це́рковь** *f.* – *church*

Да	Нет	1.	Влади́мир – оди́н из старе́йших городо́в Росси́и и изве́стен свои́ми па́мятниками архитекту́ры.
Да	Нет	2.	Влади́мир был осно́ван Влади́миром Монома́хом.
Да	Нет	3.	Золоты́е воро́та бы́ли постро́ены в 1064-м году́.
Да	Нет	4.	Золоты́е воро́та бы́ли постро́ены в 1164-м году́.
Да	Нет	5.	Во Влади́мире нет истори́ческого музе́я.
Да	Нет	6.	Истори́ческий музе́й Влади́мира нахо́дится в кра́сном зда́нии в це́нтре Влади́мира.
Да	Нет	7.	Тро́ицкая це́рковь – э́то бе́лое зда́ние в це́нтре Влади́мира.
Да	Нет	8.	Больша́я Моско́вская у́лица – э́то гла́вная у́лица го́рода.
Да	Нет	9.	Мост че́рез ре́ку Кля́зьму был постро́ен в 20-м ве́ке.
Да	Нет	10.	Во Влади́мире есть па́мятник в честь 850-ле́тия го́рода.
Да	Нет	11.	Успе́нский собо́р есть в ка́ждом ру́сском го́роде.
Да	Нет	12.	Влади́мир – э́то небольшо́й, ти́хий и ую́тный го́род, в кото́ром ка́ждый мо́жет найти́ то, что ему́ интере́сно.

12–11 | Влади́мирцы о Влади́мире. 1) Watch the video blog several times and fill in the blanks in the following. 2) Translate the completed sentences. 3) Talk about what young people living in **Влади́мир** think about their hometown.

Влади́мирцы о Влади́мире

> **впечатле́ние** – *impression*
> **дели́ться/подели́ться** чем? с кем? – *to share*
> **постоя́нное ме́сто жи́тельства** – *permanent place of residence*
> **тёплый**, -ая, -ое, -ые – *warm*
> **гостеприи́мный**, -ая, -ое, -ые – *hospitable*
> **ме́сто** *pl.* места́ – *place*
> **провинциа́льный**, -ая, -ое, -ые – *provincial*

Ви́ктор

1. Ви́ктор горди́тся тем, что он _____ во Влади́мире.
2. Он не говори́т, что Влади́мир э́то са́мый _____ го́род, но здесь реа́льно есть _____ места́, и здесь ча́сто мо́жно встре́тить _____.

Ле́на

1. Ле́на _____ Влади́мир, она́ здесь _____.
2. Она́ счита́ет, что Влади́мир хотя́ и явля́ется провинциа́льным го́родом, но у него́ о́чень бога́тая _____.
3. Очень _____ в го́роде атмосфе́ра.
4. Здесь о́чень мно́го _____, кото́рые приезжа́ют посмотре́ть го́род.
5. Очень мно́го иностра́нных _____, кото́рые с _____ вы́брали бы э́тот го́род для постоя́нного ме́ста жи́тельства, как они́ са́ми _____, когда́ де́лятся свои́ми впечатле́ниями.

Ники́та

1. Ники́та счита́ет, что Влади́мир _____ го́род, краси́вый, _____, ую́тный, тёплый и гостеприи́мный. Краси́вый доста́точно _____ го́рода.
2. Ники́та счита́ет себя́ влади́мирцем, _____ го́рода Влади́мир, и свой го́род он о́чень _____.

12–12 | Экску́рсия по Влади́миру. 1) On a separate piece of paper, write four to five questions about **Влади́мир** that you would ask the author of the video in 12–10.
2) Would you like to subscribe to his YouTube channel? Explain why.

ЧИТÁЕМ И ГОВОРИ́М

12–13 | Пе́ред чте́нием. In pairs or small groups, discuss the following questions:

1. Вы читáете óтзывы о кнѝгах, фѝльмах, ресторáнах и кафé, о городáх?
2. О чём обы́чно лю́ди пѝшут в óтзывах?
3. Как вы дýмаете, нáдо читáть óтзывы ѝли нет? Объяснѝте почемý.

12–14 | Отзывы. Read what people write about **Владѝмир** and mark which reviews are positive (+) and which are neutral (0) or negative (-). Explain why you think so.

Отзывы жѝтелей о Владѝмире

бóльше всегó – *most of all*	**дéлать/сдéлать покýпки[3]** – *to shop, make purchases*
доезжáть/доéхать до чего? – *to get to, arrive at*	**достопримечáтельность** – *tourist attraction, place of interest*
зарплáта – *salary*	**злой,** -ая, -ое, -ые – *angry, mean*
обожáть *impf.* кого? что? – *to adore*	**обрáтно** (тудá и обрáтно) – *back (to there and back)*
óтзыв – *review*	**полгóда** – *half a year*
ремонтѝровать/ отремонтѝровать что? – *to remodel, fix*	**свéжий,** -ая, -ее, -ие – *fresh*
ходѝть по магазѝнам – *to go shopping*	**скоростнóй пóезд** – *high-speed train*
	считáть *impf.* что? – *to count*

Ирѝна

Я переéхала во Владѝмир полгóда назáд из Подмоскóвья! Я счáстлива!!! Это óчень ую́тный гóрод, и есть рабóта. Но бóльше всегó мне нрáвится то, что во Владѝмире почтѝ нет прóбок! Я вожý машѝну и éду на рабóту всегó 8–10 минýт. А мой пáрень хóдит на рабóту пешкóм, идёт минýт 10–15. Иногдá он берёт таксѝ ѝли éдет на троллéйбусе две останóвки.

Ещё меня́ рáдует, что здесь у меня́ хорóшая зарплáта. Нельзя́ сказáть, что я не считáю дéнег, считáю, конéчно, но дéнег хватáет на всё во Владѝмире!

Впечатлéний мнóго, и большинствó – хорóшие. Нет, конéчно, во всём есть своѝ мѝнусы, но пóсле жѝзни в Подмоскóвье и рабóты в Москвé, я рáда, что сейчáс живý во Владѝмире. Владѝмир – замечáтельный гóрод!

---

3 **Remember:** Use **дéлать покýпки** if you are purchasing specific items, perhaps something you need. Use **ходѝть по магазѝнам** if you are visiting different stores, simply "browsing," and not necessarily buying anything.

Рома́н

Приве́т всем! Хочу́ с жено́й и сы́ном посети́ть Влади́мир, посмотре́ть истори́ческий центр го́рода со все́ми достопримеча́тельностями. Мы ду́маем пере́ехать в ваш го́род, но ещё не реши́ли, хоти́м снача́ла посмотре́ть, как живу́т лю́ди. Как мо́жно дое́хать до Влади́мира из Москвы́ и́ли Петербу́рга?

Све́та

Поезжа́йте на скоростно́м по́езде! Мы е́хали из Москвы́ во Влади́мир на по́езде о́коло 2-х часо́в, а вот обра́тно, из Влади́мира в Москву́, е́хали на авто́бусе 5 часо́в. Ещё из Москвы́ во Влади́мир хо́дят маршру́тки. Говоря́т, что на маршру́тке е́хать 4 часа́. Вокза́л и автовокза́л нахо́дятся во Влади́мире ря́дом и почти́ в це́нтре го́рода. На тролле́йбусе от вокза́ла до це́нтра е́хать 5 мину́т.

Дени́с

Лети́те на самолёте! Два го́да наза́д мы лета́ли из Петербу́рга во Влади́мир на самолёте. Лете́ли часа́ два. Тогда́ самолёт во Влади́мир из Петербу́рга лета́л 3 ра́за в неде́лю, по понеде́льникам, сре́дам и пя́тницам. Как сейча́с, не зна́ю.

Из аэропо́рта возьми́те такси́! До це́нтра Влади́мира е́хать 20–30 мину́т на такси́, а на авто́бусе мину́т 50.

Гали́на

Я родила́сь и вы́росла в э́том го́роде, но не люблю́ его́ и мечта́ю уе́хать отсю́да. Го́род гря́зный, рабо́ты по специа́льности нет (я юри́ст), зарпла́ты ма́ленькие, де́нег не хвата́ет. А ещё ужа́сно то, что лю́ди здесь о́чень злы́е и агресси́вные.☹

Мари́я

Живу́ во Влади́мире, люблю́ свой го́род! Очень удо́бный обще́ственный тра́нспорт и вку́сные проду́кты. Я про́сто обожа́ю влади́мирские проду́кты: хлеб, молоко́, мя́со, ку́ры – всё ка́чественное, недорого́е, све́жее и о́чень вку́сное! Мно́го суперма́ркетов, торго́вых це́нтров и гиперма́ркетов. Осо́бенно популя́рный гиперма́ркет «Гло́бус» с огро́мной парко́вкой, рестора́ном, кафе́, апте́кой, химчи́сткой-пра́чечной и 5D кинотеа́тром. Я ча́сто е́зжу в «Гло́бус», хожу́ по магази́ну, де́лаю поку́пки, сижу́ в рестора́не, пото́м смотрю́ фильм в кинотеа́тре.

Бори́с Ива́нович

Приве́т Всем посети́телям са́йта! Мне о́чень нра́вится э́тот сайт, мно́го поле́зной информа́ции.

Плю́сы: краси́вый истори́ческий центр с достопримеча́тельностями (Золоты́е воро́та, Успе́нский собо́р, Ники́тская це́рковь и т.п.); мно́го торго́вых це́нтров, апте́к, парикма́херских, химчи́сток, ую́тных кафе́, рестора́нов и т.п.; хоро́ший кли́мат (мне нра́вится); на́чали стро́ить мно́го но́вых домо́в и ремонти́ровать доро́ги. Ми́нусы: ма́ло теа́тров.

12–15 │ Отзывы. 1) Reread **Отзывы жи́телей о Влади́мире** in 12–14 and fill in the following table. 2) In pairs, take turns asking and answering the questions in full sentences.

Вопро́сы	Ири́на	Рома́н	Гали́на	Мари́я	Бори́с
1. Кому́ нра́вится жить во Влади́мире?					
2. Кому́ не нра́вится жить во Влади́мире?					
3. Кто хо́чет перее́хать во Влади́мир?					
4. Кто мечта́ет уе́хать из Влади́мира? Почему́?					
5. Кто обожа́ет влади́мирские проду́кты? Почему́?					
6. Кого́ ра́дует жизнь, рабо́та и зарпла́та во Влади́мире?					
7. Кто не мо́жет найти́ рабо́ту?					
8. Кто пи́шет, что во Влади́мире на́чали стро́ить но́вые дома́ и ремонти́ровать доро́ги?					

Вопрóсы	Ирúна	Ромáн	Галúна	Марúя	Борúс
9. Комý нрáвится гипермáркет «Глóбус»? Почемý?					
10. Кто считáет красúвым истори́ческий центр Владúмира? Почемý?					
11. Комý не нрáвятся лю́ди во Владúмире? Почемý?					
12. Комý нрáвится общéственный трáнспорт в гóроде и то, что в гóроде почтú нет прóбок?					

12–16 | Отзывы. Reread **Отзывы жúтелей о Владúмире** in 12–14 and answer the following questions. Review the verbs of motion as needed (see pages 344–347).

1. Как мóжно доéхать до Владúмира из Москвы́ и Петербýрга? (Mention four possible options)
2. Какóй есть общéственный трáнспорт во Владúмире, а какóго нет?

12–17 | Пóсле чтéния. 1) Reread **Отзывы жúтелей о Владúмире** in 12–14 one more time and come up with a list of all the possible advantages and disadvantages of relocating and living in **Владúмир** that you can think of. Write them down on a separate piece of paper. 2) In pairs, discuss your lists and decide if you would like to move there or not. 3) Share your decision with the rest of your class and justify it using the following script:

1. По-мóему (*in my opinion*), э́то плюс, что во Владúмире . . . , во-пéрвых, . . . , во-вторы́х, . . .
2. Я дýмаю, э́то мúнус, что во Владúмире . . . , во-пéрвых, . . . , во-вторы́х, . . .
3. Мы решúли переéхать во Владúмир, тáк как, во-пéрвых, . . . , во-вторы́х, . . .
4. Мы решúли не переезжáть во Владúмир, тáк как, во-пéрвых, . . . , во-вторы́х, . . .

12–18 | Владúмир в интернéте. You've decided to help students who are going to **Владúмир** for a summer study abroad program by compiling a useful travel guide for them.

1. As a class, read the list of the kind of information you will have to include in the travel guide and choose who will look for which topics.
2. Search for this information online using a search engine such as Rambler.ru or Yandex.ru.
3. Write down what you found and share it with the class.
4. Work together as a class and design a travel brochure.

Что на́до найти́?	Кто бу́дет иска́ть?
1. Достопримеча́тельности Влади́мира: собо́ры, це́ркви и др.	
2. Па́мятники знамени́тым лю́дям (2–3 па́мятника). Найди́те в интерне́те, чем э́ти лю́ди знамени́ты.	
3. Музе́и Влади́мира, что в них мо́жно посмотре́ть.	
4. Ву́зы Влади́мира, каки́е в них есть факульте́ты.	
5. Ба́нки Влади́мира с их адреса́ми и телефо́нами.	
6. Лу́чшие торго́вые це́нтры Влади́мира с адреса́ми и телефо́нами.	
7. Лу́чшие суперма́ркеты и гиперма́ркеты Влади́мира, и что в них мо́жно купи́ть.	
8. Лу́чшие рестора́ны и кафе́, что в них мо́жно пое́сть.	
9. Кинотеа́тры Влади́мира. Найди́те, каки́е фи́льмы сейча́с иду́т.	
10. Апте́ки и больни́цы с адреса́ми.	
11. Лу́чшие химчи́стки и пра́чечные с це́нами на услу́ги (*services).*	
12. Лу́чшие парикма́херские Влади́мира с це́нами на услу́ги.	

ДАВА́ЙТЕ ПОГОВОРИ́М

12–19 | Сцена́рий. Scenario. In small groups, take turns playing each role below and act out the following situation.

Host in a foreign country	Tourists from Russia
You are hosting guests visiting from Russia. Think of five to six questions you could ask them about their hometown and write them down.	You are tourists from Russia visiting your hosts in a foreign country. Explore Russian websites for the Russian city you are from. Use the information to answer your host's questions.

12–20 | Мой родно́й го́род. In pairs, tell each other about your hometown. Use the following connectors: **во-пе́рвых** – *firstly*; **во-вторы́х** – *secondly*; **кро́ме того́** – *besides, furthermore*; **ещё** – *in addition, also*;

в о́бщем – *in general*. You might want to come up with more questions if you are interested in more specific information about your partner's hometown.

1. Я роди́лся/родила́сь и вы́рос/вы́росла в го́роде . . . в шта́те . . .
2. Го́род нахо́дится на . . . (ю́ге, се́вере, восто́ке, за́паде) чего́? . . .
3. Го́род нахо́дится недалеко́ от чего́? . . ./ря́дом с чем? . . . , на берегу́ чего́? . . .
4. До го́рода на́до е́хать/лете́ть на . . . (маши́не, по́езде, и т.п.) . . . час (ча́са, часо́в).
5. Го́род был осно́ван в . . . кем? . . .
6. Населе́ние го́рода . . .
7. Пло́щадь го́рода . . . квадра́тных киломе́тров.
8. Го́род знамени́т кем? чем? . . .
9. В го́роде есть мно́го кого́? чего́? . . . , но нет чего́? . . .
10. Для госте́й и жи́телей го́рода откры́ты . . .
11. Госте́й и жи́телей ждут . . .
12. Гла́вная у́лица/пло́щадь го́рода называ́ется . . .
13. На у́лице/пло́щади есть (был, была́, бы́ли) . . .
14. По-мо́ему, большо́й плюс жи́зни в моём го́роде – э́то . . . , а ми́нус – э́то . . .
15. Я (не) люблю́/Мне (не) нра́вится мой го́род, потому́ что . . .

ПИ́ШЕМ О ГО́РОДЕ

12–21 | Мой го́род. Write a 10–12-sentence blog post about your hometown answering the following questions:

1. В како́м го́роде вы родили́сь и вы́росли?
2. Где нахо́дится ваш го́род?
3. Как дое́хать до го́рода? (на чём и ско́лько вре́мени)
4. Когда́ и кем был осно́ван го́род?
5. Како́е населе́ние го́рода?
6. Кака́я пло́щадь го́рода?
7. Чем го́род знамени́т?
8. Каки́е есть достопримеча́тельности?
9. Како́й э́то го́род? (краси́вый, гостеприи́мный, чи́стый, ти́хий и т.п.)
10. Что есть и чего́ нет в го́роде?
11. Что ждёт госте́й го́рода?
12. Как называ́ется гла́вная у́лица/пло́щадь го́рода, и что на ней есть?
13. Каки́е есть плю́сы и ми́нусы жи́зни в ва́шем го́роде?
14. Вы лю́бите ваш родно́й го́род и́ли нет? Объясни́те почему́.

12–22 | Наш го́род. Working in small groups, review Russian websites that provide information about the city you live and study in right now. Based on information given on Russian websites and your own original research, create a short encyclopedia entry about your city and post it on an online encyclopedia.

ИНТЕРВЬЮ́ И ПРОЕ́КТЫ

12–23 | Интервью́ «Наш го́род». In small groups or as a class, write a list of questions that you could ask your classmates or other Russian speakers to get to know their opinions about the city you live in. 1) Conduct interviews with two classmates. Write down their answers and share your results with the class. 2) Conduct interviews with two Russian speakers outside of class. Write down their answers, create a two-minute multimedia presentation, and present it in class.

Interview form

Questions	Person 1	Person 2

12–24 | Презента́ция «Города́ Росси́и». Find information about a Russian city of your choosing on the internet and create a short multimedia presentation (one tot two minutes) about it. Use the following questions as an outline. You could start with: «Сего́дня я хочу́ вам рассказа́ть о го́роде . . .», and end with: «Это всё. Тепе́рь я могу́ отве́тить на ва́ши вопро́сы.»

1. Где нахо́дится го́род?
2. Как дое́хать до го́рода? (на чём и ско́лько вре́мени)
3. Когда́ и кем был осно́ван го́род?
4. Како́е населе́ние го́рода?
5. Кака́я пло́щадь го́рода?
6. Чем го́род знамени́т?
7. Каки́е есть достопримеча́тельности?
8. Како́й э́то го́род? (краси́вый, гостеприи́мный, чи́стый, ти́хий и т.п.)

9. Что есть и чего́ нет в го́роде?
10. Что ждёт госте́й го́рода?
11. Как называ́ется гла́вная у́лица/пло́щадь го́рода, и что на ней есть?
12. Каки́е есть плю́сы и ми́нусы жи́зни в э́том го́роде?
13. Вы хоте́ли бы посети́ть э́тот го́род? Объясни́те почему́.

12–25 | Сде́лаем наш го́род лу́чше! 1) Go around your city and take pictures of ugly or run-down buildings and public spaces that you would like to see renovated. 2) Upload your pictures with descriptions on your class website. 3) Working together as a class, pick the top five pictures. 4) Discuss how you could change these places to make your city a more pleasant place to live.

12–26 | Видеобло́г. Те́ги: мой го́род, мой родно́й го́род, мой люби́мый го́род. 1) Create a video blog post about your hometown or the city you now live in. Make it interesting and exciting for your classmates to watch. Be creative! 2) Show your video blog in class and watch your classmates' videos. You may want to have a competition for the best video blog.

ГРАММА́ТИКА

12–27 | Что вы зна́ете? Reread the following sentences from the posts in 12–8 and 12–14. 1) Underline all unprefixed verbs of motion. 2) Which verbs indicate motion by foot and which ones indicate motion by means of transportation (car, bus, train, etc.)? 3) Which verbs of motion are unidirectional and which ones are multidirectional?

1. На маршру́тном такси́ (маршру́тках) е́здят 30% городски́х жи́телей.
2. На метро́ е́здят 13 % жи́телей городо́в, а на такси́ – 11%.
3. На велосипе́де е́здят то́лько 4% респонде́нтов.
4. Я е́ду на рабо́ту всего́ 8–10 мину́т.
5. А мой па́рень хо́дит на рабо́ту пешко́м, идёт мину́т 10–15.
6. Иногда́ он берёт такси́ и́ли е́дет на тролле́йбусе две остано́вки.
7. Мы е́хали из Москвы́ во Влади́мир на по́езде о́коло 2-х часо́в, а вот обра́тно, из Влади́мира в Москву́, е́хали на авто́бусе 5 часо́в.
8. Ещё из Москвы́ во Влади́мир хо́дят маршру́тки. Говоря́т, что на маршру́тке е́хать 4 часа́.
9. На тролле́йбусе от вокза́ла до це́нтра е́хать 5 мину́т.
10. Лети́те на самолёте!
11. Два го́да наза́д мы лета́ли из Петербу́рга во Влади́мир на самолёте. Лете́ли 3 часа́.
12. Самолёт из Петербу́рга во Влади́мир лета́л 3 ра́за в неде́лю.
13. До це́нтра Влади́мира е́хать 20–30 мину́т на такси́, а на автобу́се мину́т 50.
14. Я ча́сто е́зжу в Гло́бус, хожу́ по магази́ну, де́лаю поку́пки, сижу́ в рестора́не.

Unprefixed verbs of motion
Глаго́лы движе́ния без приста́вок

1. There are eight main pairs of imperfective verbs of motion in Russian:

идти́ ~ ходи́ть – *to go, come (by foot)*	*Pres.:* иду́, идёшь, иду́т хожу́, хо́дишь, хо́дят *Past:* шёл, шла, шли ходи́л, ходи́ла, ходи́ли *Imperative:* (Не) Иди́/те! Не ходи́/те!
е́хать ~ е́здить – *to go, come (not by foot)*	*Pres.:* е́ду, е́дешь, е́дут е́зжу, е́здишь, е́здят *Past:* е́хал, е́хала, е́хали е́здил, е́здила, е́здили *Imperative:* Поезжа́й/те! Не е́зди/те!
лете́ть ~ лета́ть – *to fly*	*Pres.:* лечу́, лети́шь, летя́т лета́ю, лета́ешь, лета́ют *Past:* лете́л, лете́ла, лете́ли лета́л, лета́ла, лета́ли *Imperative:* (Не) Лети́/те! (Не) лета́й/те!
плыть ~ пла́вать – *to swim, sail, float*	*Pres.:* плыву́, плывёшь, плыву́т пла́ваю, пла́ваешь, пла́вают *Past:* плыл, плыла́, плы́ли пла́вал, пла́вала, пла́вали *Imperative:* (Не) Плыви́/те! (Не) пла́вай/те!
бежа́ть ~ бе́гать – *to run*	*Pres.:* бегу́, бежи́шь, бегу́т бе́гаю, бе́гаешь, бе́гают *Past:* бежа́л, бежа́ла, бежа́ли бе́гал, бе́гала, бе́гали *Imperative:* (Не) Беги́/те! (Не) бе́гай/те!
везти́ ~ вози́ть кого́? что? – *to take, drive/transport (not by foot)*	*Pres.:* везу́, везёшь, везу́т вожу́, во́зишь, во́зят *Past:* вёз, везла́, везли́ вози́л, вози́ла, вози́ли *Imperative:* (Не) Вези́/те! (Не) вози́/те!
вести́ ~ води́ть кого́? что? – *to take, lead (by foot)*	*Pres.:* веду́, ведёшь, веду́т вожу́, во́дишь, во́дят *Past:* вёл, вела́, вели́ води́л, води́ла, води́ли *Imperative:* (Не) Веди́/те! (Не) води́/те!
нести́ ~ носи́ть кого́? что? – *to take, carry (by foot)*	*Pres.:* несу́, несёшь, несу́т ношу́, но́сишь, но́сят *Past:* нёс, несла́, несли́ носи́л, носи́ла, носи́ли *Imperative:* (Не) Неси́/те! (Не) носи́/те!

2. Russian differentiates between movement **by foot** and movement **not by foot**.

By foot	Not by foot motion by means of transportation (car, bus, train, etc.)
идти́ ~ ходи́ть – *to go, come* вести́ ~ води́ть – *to take, lead* нести́ ~ носи́ть – *to take, carry*	е́хать ~ е́здить – *to go, come* везти́ ~ вози́ть – *to take/transport*

3. There are both **intransitive and transitive** verbs of motion in Russian. Transitive verbs take a noun in the accusative case *(a direct object)*:

Я везу́ <u>ма́му</u> в аэропо́рт. *I'm taking my mom to the airport.*

Intransitive verbs of motion	Transitive verbs of motion
идти́ ~ ходи́ть – *to go, come (by foot)* е́хать ~ е́здить – *to go, come (not by foot)* лете́ть ~ лета́ть – *to fly* плыть ~ пла́вать – *to swim, sail, float* бежа́ть ~ бе́гать – *to run*	вести́ ~ води́ть кого́? – *to take, lead (by foot)* везти́ ~ вози́ть кого́? что? – *to take/ transport (not by foot)* нести́ ~ носи́ть кого́? что? – *to take, carry (by foot)*

4. Each verb of motion is represented by a **unidirectional** verb (идти́, е́хать, лете́ть, плыть, etc.) and a **multidirectional** verb (ходи́ть, е́здить, лета́ть, пла́вать, etc.). Both types of verbs are **imperfective**.

Use unidirectional verb to indicate: идти́, е́хать, лете́ть, плыть, бежа́ть, везти́, вести́, нести́	Use multidirectional verb to indicate: ходи́ть, е́здить, лета́ть, пла́вать, бе́гать, вози́ть, води́ть, носи́ть
1. motion in one direction, motion in progress toward a specific goal. Мы **е́дем** во Влади́мир. *We are going to Vladimir.* Ско́лько вре́мени **лете́ть** до Москвы́? *How long does it take to fly to Moscow?*	1. motion in more than one direction, in various directions. Экскурсово́д **води́л** нас **по**[4] го́роду три часа́. *The tour guide led us around the city for three hours.* Она́ лю́бит **ходи́ть по** магази́нам. *She loves to go shopping.*

---

4 **ПО** + *dative* is used with a multidirectional verb of motion to describe motion in various random directions: **ходи́ть по го́роду** *to walk all over the city*, **бе́гать по па́рку** *to run around in the park*, **ходи́ть по у́лице** *to walk up and down the street*.

2. repeated or habitual motion when describing **consecutive** actions.
Ка́ждое у́тро я **иду́** в кафе́, а пото́м **бегу́** на заня́тия в университе́т.
Every morning I go to the café, and then I run to class on campus.

2. repeated or habitual motion.
В Москве́ мно́го люде́й **е́здят** на рабо́ту на метро́.
Many people in Moscow go to work by subway.

Ка́ждый день я **е́зжу** в университе́т на маши́не, а мой друг **хо́дит** пешко́м.
Every day I drive to campus while my friend walks.

3. single **round trips only in the past** to a specific place and departure from it.
Мы **лета́ли** во Влади́мир э́тим ле́том.
We went (flew) to Vladimir this summer.

Они́ **ходи́ли** в музе́й вчера́.
They went to a museum yesterday.

4. general motion with no specific goal.
Научи́ меня́ **пла́вать!**
Teach me how to swim!

Ребёнок уже́ уме́ет **ходи́ть**.
The baby can already walk.

Remember:

1. Always use **е́хать ~ е́здить** and **везти́ ~ вози́ть** verbs of motion when referring to movement **between** cities and countries or to a distance that cannot be covered by foot.
   Ма́ша неда́вно **е́здила** во Влади́мир к ба́бушке.
   Masha recently went to see her grandmother in Vladimir.

   Роди́тели **вози́ли** меня́ в Ита́лию два го́да наза́д.
   Two years ago, my parents took me to Italy.

   Я **вози́л** своего́ племя́нника в де́тский сад вчера́.
   Yesterday I took my nephew to kindergarten.

2. Russians often use **идти́ ~ ходи́ть** and **вести́ ~ води́ть** when describing trips to a specific place in the city or town you live in, such as the theatre, museum, park, night club, gym, swimming pool, and so on, even if it is a distance that cannot be covered on foot. In general, verbs of motion on foot are used when the means of motion is not the focus of attention.
   — Сего́дня ве́чером мы **идём** в кино́.
   — **Пое́дем** на авто́бусе и́ли возьмём Убер?

   "We are going to the movies tonight."
   "Should we go by bus or take an Uber?"

   Сего́дня сестра́ **води́ла** нас в музе́й. Мы **е́хали** туда́ на такси́ мину́т 15.
   My sister took us to the museum today. It took us 15 minutes to get there by taxi.

3. There are many idiomatic and figurative expressions that contain verbs of motion, some of which you already know:

> **врéмя идёт, бежи́т/лети́т** – *time passes, flies*
>
> **дождь идёт, снег идёт** – *it rains, it snows*
>
> **зимá (лéто, óсень, веснá) идёт** – *winter (summer, fall, spring) is coming*
>
> **фильм (концéрт, спектáкль) идёт** – *a movie (concert, show) is playing*
>
> **автóбус (троллéйбус, трамвáй, пóезд) идёт** – *the bus (trolley, tam, train)*
> *runs, goes*
>
> кому? (не) **идёт/иду́т** что? (**плáтье/очки́**) – *to look nice on someone, to suit*
> *someone*
>
> **води́ть ~ вести́ маши́ну** – *to drive a car*
>
> > **Note: води́ть маши́ну** *refers to knowing how to drive.* Use **éхать ~**
> > **éздить** not **вести́ ~ води́ть маши́ну** *when referring to going somewhere by car, regardless of who is driving. For further clarification, use* **на маши́не**:
> >
> > > Мы **éздили** во Владúмир на маши́не.
> > > *We went to Vladimir by car.*
>
> Use **вести́ маши́ну** to specify who drives/drove the car:
>
> > По дорóге во Владúмир я **вёл маши́ну**, а обрáтно **её вёл** мой
> > друг.
> > *On the way to Vladimir I drove the car, and on the way back my*
> > *friend drove it.*

Indicating modes of transportation
Ви́ды трáнспорта

1. To indicate the type of transportation you use to get somewhere, use **НА** + *the prepositional case.*

> Они́ éздят на рабóту **на автóбусе** (на троллéйбусе, метрó, такси́, маши́не, и т.д.)
> *They go to work by bus (by trolleybus, metro, taxi, car, etc.)*

2. If you want to indicate being inside a closed vehicle, use **В** + *the prepositional case.*

> **В автóбусе** бы́ло мнóго людéй.   *There were a lot of people on the bus.*

3. If you want to say in Russian "*take*" a bus, trolley, metro, train, and so on, use the imperative **поезжáй/те НА** + *prepositional case.* Only **маши́на** or такси́ (Убер) can be used with the verb **брать/взять** *to take.*

> **Поезжáй/те на** автóбусе!   *Take the bus!*
> (Давáй) **возьмём** такси́.   *Let's take a cab.*

12–28 | Глагóлы движéния. 1) Translate all verbs and mark which group each pair belongs to. The first one has been done for you. 2) In pairs, help each other memorize the verbs and their forms in the present and the past tenses. Make sure that you know their imperative forms as well.

Verbs of motion	By foot	Not by foot	Intransitive verbs of motion	Transitive verbs of motion
бежа́ть ~ бе́гать	X		X	
вести́ ~ води́ть везти́ ~ вози́ть е́хать ~ е́здить лете́ть ~ лета́ть нести́ ~ носи́ть плыть ~ пла́вать идти́ ~ ходи́ть				

12–29 | **Глаго́лы движе́ния.** 1) Match the pictures with their descriptions in the following and explain the use of the verbs of motion. 2) Cover the descriptions with your hand and explain what is happening in each picture using verbs of motion.

1

___ Эта де́вушка **идёт** и **ведёт** ребёнка в де́тский сад. Она́ **хо́дит** и **во́дит** ребёнка в де́тский сад ка́ждый день.

2

___ Этот па́рень **идёт** и **несёт** кни́ги в библиоте́ку. Он ча́сто **хо́дит** в библиоте́ку.

3

___ Этот мужчи́на **е́дет** и **везёт** жену́ к врачу́. Он ре́дко **во́зит** жену́ к врачу́, так как обы́чно она́ сама́ **е́здит** к врачу́.

4

___ Этот самолёт **лети́т** в Москву́. Самолёты Аэрофло́та **лета́ют** в Москву́ ка́ждый день.

5

___ Как он краси́во **плывёт**! Это па́рень **пла́вает** в бассе́йне ка́ждый день.

6

___ Эта же́нщина **бежи́т** в парк. Она́ **бе́гает** в па́рке ка́ждое у́тро.

7

___ Эта же́нщина **идёт** в парк и **везёт** де́тскую коля́ску. Она́ ча́сто **хо́дит** в парк и **во́зит** ребёнка в коля́ске.

12–30 | Идти́ vs. ходи́ть. 1) Fill in the missing forms. 2) Working in pairs, make up sentences following the subsequent example. Explain the use of the verbs of motion.

Приме́р:

1. **Вчера́** я ходи́л/а в магази́н. Я люблю́ ходи́ть по магази́нам!
2. Я **ча́сто** снача́ла иду́ в магази́н, а пото́м иду́ в кафе́.
3. Я **ка́ждый** день хожу́ в кафе́.
4. Когда́ **вчера́** я шёл/шла в кафе́, я встре́л/а свои́х друзе́й.
5. **Сейча́с** я иду́ с друзья́ми в кафе́, а **за́втра** я иду́ к ним в го́сти.

	Вчера́	Ча́сто/Ре́дко Обы́чно Ка́ждый день	Сейча́с	Сего́дня За́втра	Куда́?
идти́	Он шёл, Она́... Они́...	Я ид-... Ты идёшь Он/а́ ид-... Мы идём Вы ид-... Они́ иду́т	Я иду́ Ты ид-... Он/а́ идёт Мы ид-... Вы идёте Они́ ид-...	Я ид-... Ты ид-... Он/а́ ид-... Мы ид-... Вы ид-... Они́ ид-...	в музе́й в апте́ку на по́чту в кино́ в теа́тр друго́е:
ходи́ть	Он ходи́л Она́... Они́...	Я хожу́ Ты хо́д-... Он/а́ хо́дит Мы хо́д-... Вы хо́д-... Они́ хо́дят			

12–31 | Идти́ vs. ходи́ть. In pairs, take turns asking and answering the following questions:

1. Куда́ вы ча́сто (ре́дко, иногда́) хо́дите/е́здите? Куда́ вы лю́бите ходи́ть/е́здить?
2. Куда́ вы вчера́ ходи́ли/е́здили? (= Где вы бы́ли?)
3. Ско́лько вре́мени вы шли пешко́м/е́хали **на**... (такси́, авто́бусе, тролле́йбусе, трамва́е, метро́) **до**... (апте́ки, рестора́на, парикма́херской и т.д.)?
4. Когда́ вы шли, кого́ вы встре́тили/что вы ви́дели?
5. Куда́ вы ка́ждый день хо́дите/е́здите?
6. Куда́ вы обы́чно снача́ла идёте/е́дете у́тром? А пото́м?
7. Куда́ вы сейча́с идёте/е́дете?
8. Куда́ вы сего́дня идёте/е́дете?
9. Куда́ вы за́втра идёте/е́дете?

12–32 | Глаго́лы движе́ния. 1) Read the following description of a city tour and underline the verbs of motion. Explain their use and give English equivalents. 2) What drawbacks of the tour are mentioned in reviews written by tourists?

Экску́рсия по це́нтру го́рода Влади́мир

Е́сли у вас совсе́м ма́ло вре́мени, и вы хоти́те уви́деть са́мые интере́сные достопримеча́тельности бы́вшей столи́цы Руси́, то небольша́я экску́рсия по це́нтру Влади́мира помо́жет вам познако́миться с го́родом и его́ исто́рией.

Что вас ожида́ет

1. Экску́рсия начина́ется о́коло Золоты́х воро́т. Для информа́ции: от автовокза́ла до Золоты́х воро́т идти́ пешко́м мину́т 15 и́ли е́хать на тролле́йбусе мину́т 5.
2. От Золоты́х воро́т че́рез *(across)* весь ста́рый го́род идёт Больша́я Моско́вская у́лица. Жи́тели и го́сти Влади́мира лю́бят гуля́ть по э́той у́лице, сиде́ть в кафе́, ходи́ть по магази́нам и де́лать поку́пки. По Большо́й Моско́вской у́лице мы бу́дем идти́ мину́т 10 до Собо́рной пло́щади.
3. На Собо́рной пло́щади нахо́дятся Успе́нский и Дми́триевский собо́ры, кото́рые мы посети́м. Ме́жду ни́ми нахо́дится ещё одна́ достопримеча́тельность Влади́мира – Пала́ты, где мы посмо́трим ико́ну «Богома́терь Влади́мирская» Андре́я Рублёва.
4. Ря́дом с Собо́рной пло́щадью нахо́дится парк А.С. Пу́шкина, где мо́жно уви́деть па́мятник Андре́ю Рублёву и па́мятник кня́зю *(prince)* Влади́миру. Че́рез парк А.С. Пу́шкина мы бу́дем идти́ мину́т пять-де́сять до смотрово́й площа́дки *(observation platform)*, где мо́жно сфотографи́ровать панора́му го́рода.

Внима́ние! По це́нтру Влади́мира мы с ва́ми бу́дем ходи́ть часа́ два, поэ́тому обяза́тельно возьми́те с собо́й во́ду.

Отзывы

Мари́на из Петербу́рга
Спаси́бо Татья́не за прекра́сную экску́рсию по Влади́миру! Она́ нас води́ла по го́роду о́коло 2-х часо́в и показа́ла мно́го уника́льных па́мятников. Оди́н ми́нус: по Большо́й Моско́вской е́здит мно́го маши́н и авто́бусов☹

Семён Семёнович
Татья́на – прекра́сный экскурсово́д! Когда́ мы шли по Большо́й Моско́вской у́лице, она́ нам рассказа́ла мно́го интере́сного о достопримеча́тельностях на э́той у́лице. Жаль то́лько, что сейча́с нельзя́ пла́вать на теплохо́де *(cruise ship)* по Кля́зьме, как по Москве́-реке́ в Москве́.

12–33 | Глаго́лы движе́ния. In pairs, l) look at the map of downtown Vladimir, find on the map all places mentioned in the city tour description in 12–32, and draw the route on the map; 2) using the following script, discuss the tour, showing all places you are going to see on the map:

1. Мы встреча́емся с экскурсово́дом **о́коло** *чего*? . . .
2. Вот автовокза́л. От автовокза́ла мы е́дем и́ли идём пешко́м **до** *чего*? . . .
3. Пото́м мы идём **по** *чему*? . . .
4. Жи́тели и го́сти Влади́мира лю́бят гуля́ть по э́той у́лице, сиде́ть в кафе́, ходи́ть **по** *чему*? . . .
5. По Большо́й Моско́вской у́лице мы идём **до** *чего*? . . ., на кото́рой нахо́дятся *что*? . . ., а ме́жду ни́ми – *что*? . . .
6. С Собо́рной пло́щади мы идём **в** *куда*? . . ., где мо́жно уви́деть *что*? . . .
7. Че́рез *что*? . . . мы идём мину́т пять-де́сять **до** *чего*? . . ., где мо́жно сфотографи́ровать панора́му го́рода.
8. Мы бу́дем ходи́ть **по** *чему*? . . . часа́ два, поэ́тому на́до взять с собо́й во́ду.

 12–34 | Глаго́лы движе́ния. 1) Read the following stories and choose the correct verbs of motion. Explain their use and give English equivalents. 2) Write a similar story about yourself and your friends.

Что я сейча́с ви́жу из своего́ окна́. . .

Я люблю́ сиде́ть у́тром у окна́, пить ко́фе и смотре́ть на мой го́род. Вот и сейча́с я смотрю́ в окно́ и ви́жу, как по доро́ге (**е́дут ~ е́здят**) маши́ны, авто́бусы и тролле́йбусы, по у́лице (**иду́т ~ хо́дят**) лю́ди: ма́ма (**ведёт ~ во́дит**) сы́на в де́тский сад, ма́льчик с де́вочкой (**иду́т ~ хо́дят**) в шко́лу, же́нщина с мужчи́ной (**бегу́т ~ бе́гают**) на остано́вку авто́буса, ба́бушка (**идёт ~ хо́дит**) домо́й с ры́нка и (**несёт ~ но́сит**) корзи́ну *(basket)* с овоща́ми и фру́ктами. В па́рке пе́ред до́мом (**бегу́т ~ бе́гают**) ма́ленькие де́ти, а их ба́бушки сидя́т на скаме́йках *(benches)* и разгова́ривают. Па́рень в си́ней ку́ртке гуля́ет с соба́кой, кото́рая (**бежи́т ~ бе́гает**) за детьми́. О́сень. Пти́цы *(birds)* (**летя́т ~ лета́ют**) на юг. Я хочу́ научи́ться (**лете́ть ~ лета́ть**), как пти́цы ☺ Зима́ (**идёт ~ хо́дит**)!

Ка́ждый день, ча́сто, иногда́, ре́дко . . .

Что лю́ди де́лают <u>ка́ждый день</u>? Куда́ они́ (**иду́т ~ хо́дят**), (**е́дут ~ е́здят**)? Этот вопро́с я задала́ мои́м друзья́м. Вот, что они́ отве́тили.

Моя́ подру́га Све́та ка́ждый день снача́ла (**везёт ~ во́зит**) свою́ до́чку Ле́ночку в де́тский сад, а пото́м (**е́дет ~ е́здит**) на рабо́ту. Иногда́, коне́чно, её муж (**везёт ~ во́зит**) их дочь в де́тский сад. Он уме́ет (**вести́ ~ води́ть**) маши́ну и (**везёт ~ во́зит**) Ле́ночку на свое́й маши́не. Ве́чером они́ ча́сто (**иду́т ~ хо́дят**) все вме́сте в кафе́ и́ли в парк. В па́рке есть большо́е о́зеро, в кото́ром они́ лю́бят купа́ться и (**плыть ~ пла́вать**) ле́том. Ле́ночке всего́ 4 го́да, но она́ уже́ уме́ет (**плыть ~ пла́вать**)!

Мой друг Сла́ва, кото́рый поступи́л в э́том году́ в аспиранту́ру, ка́ждый день (**идёт ~ хо́дит**) в университе́т на заня́тия. По́сле заня́тий он обы́чно (**идёт ~ хо́дит**) в кафе́ обе́дать, а пото́м (**бежи́т ~ бе́гает**) в библиоте́ку. Он ча́сто рабо́тает в библиоте́ке це́лый день, но иногда́ он берёт кни́ги, а пото́м (**несёт ~ но́сит**) их домо́й и рабо́тает до́ма це́лый ве́чер. У́тром по суббо́там мы иногда́ (**идём ~ хо́дим**) со Сла́вой в бассе́йн, где (**пла́ваем ~ плывём**) мину́т 30–40. А по воскре́сеньям (**идём ~ хо́дим**) ве́чером в кино́ и́ли на конце́рт. В э́то воскресе́нье Са́ша (**везёт ~ во́зит**) меня́ в центр го́рода. Мы бу́дем (**идти́ ~ ходи́ть**) по магази́нам, что́бы купи́ть мне пода́рок на день рожде́ния. У меня́ день рожде́ния че́рез неде́лю! Мне уже́ 22 го́да. Как (**лети́т ~ лета́ет**) вре́мя!

СЛОВА́РЬ

автобус – *bus*
автомоби́ль/маши́на – *car*
бежа́ть ~ бе́гать – *to run*
    Pres.: я бегу́, ты бежи́шь, они́ бегу́т/я бе́гаю, ты бе́гаешь, они́ бе́гают
    Past: он бежа́л, она́ бежа́ла, они́ бежа́ли/он бе́гал, она́ бе́гала, они́ бе́гали
    Imperative: (Не) Беги́/те! (Не) бе́гай/те!
бо́льше всего́ – *most of all*
век – *century*
вести́ ~ води́ть кого́? куда́? – *to take, lead (by foot)*
    Pres.: я веду́, ты ведёшь, они́ веду́т/я вожу́, ты во́дишь, они́ во́дят
    Past: я вёл, ты вела́, они́ вели́/я води́л, ты води́ла, они́ води́ли
    Imperative: (Не) Веди́/те! (Не) води́/те!
вести́ ~ води́ть маши́ну – *to drive a car*
везти́ ~ вози́ть кого́? что? куда́? – *to take/transport (not by foot)*
    Pres.: я везу́, ты везёшь, они́ везу́т/я вожу́, ты во́зишь, они́ во́зят
    Past: он вёз, она́ везла́, они́ везли́/он вози́л, она́ вози́ла, они́ вози́ли
    Imperative: (Не) Вези́/те! (Не) вози́/те!
впечатле́ние – *impression*
гла́вная у́лица – *main street*
гостеприи́мный, -ая, -ое, -ые – *hospitable*
де́лать/сде́лать поку́пки – *to shop, make purchases*
дели́ться/подели́ться чем? с кем? – *to share*
    Pres./Fut.: я (по)делю́сь, ты (по)де́лишься, они́ (по)де́лятся

де́тский сад – *preschool, kindergarten*
доезжа́ть/дое́хать до чего́? – *to get to, arrive at*
    Pres.: я доезжа́ю, ты доезжа́ешь, они́ доезжа́ют
    Fut.: я дое́ду, ты дое́дешь, они́ дое́дут
    Past pvf.: он дое́хал, она́ дое́хала, они́ дое́хали
доро́га – *road*
достопримеча́тельность – *tourist attraction, place of interest*
е́хать ~ е́здить – *to go, come (not by foot)*
    Pres.: я е́ду, ты е́дешь, они́ е́дут/я е́зжу, ты е́здишь, они́ е́здят
    Past: он е́хал, она́ е́хала, они́ е́хали/он е́здил, она́ е́здила, они́ е́здили
    Imperative: Поезжа́й/те! (Не) е́зди/те!
жи́тель/-ница – *resident*
зарпла́та – *salary*
злой, -ая, -ое, -ые – *angry, mean*
лете́ть ~ лета́ть – *to fly*
    Pres.: я лечу́, ты лети́шь, они́ летя́т/я лета́ю, ты лета́ешь, они́ лета́ют
    Past: он лете́л, она́ лете́ла, они́ лете́ли/он лета́л, она́ лета́ла, они́ лета́ли
    Imperative: (Не) Лети́/те!/(Не) лета́й/те!
люби́тель/-ница (исто́рии) – *fan, lover (history buff)*
маршру́тное такси́ (**маршру́тка**) – *fixed route minibus/van*
ме́сто *pl.* места́ – *place*
метро́ – *metro, subway*
мост че́рез что? – *bridge across*
населе́ние – *population*
(не)далеко́ от + *gen.* – *(not) far from*
нести́ ~ носи́ть кого́? что? – *to take, carry (by foot)*
    Pres.: я несу́, ты несёшь, они́ несу́т/я ношу́, ты но́сишь, они́ но́сят
    Past: он нёс, она́ несла́, они́ несли́/он носи́л, она́ носи́ла, они́ носи́ли
    Imperative: (Не) Неси́/те! (Не) носи́/те!
обожа́ть *impf.* – *to adore*
    Pres.: я обожа́ю, ты обожа́ешь, они́ обожа́ют
обра́тно (туда́ и обра́тно) – *back (to there and back)*
обще́ственный тра́нспорт *only sing.* – *public transportation*
о́бщий, -ая, -ее, -ие – *general, common*
осно́ван, -а, -о, -ы – *founded, established*
о́тзыв – *review*
па́мятник архитекту́ры – *architectural landmark*
па́мятник кому́? – *monument*
парко́вка, стоя́нка – *parking, parking lot*
плыть ~ пла́вать – *to swim, sail, float*
    Pres.: я плыву́, ты плывёшь, они́ плыву́т/я пла́ваю, ты пла́ваешь, они́ пла́вают
    Past: он плыл, она́ плыла́, они́ плы́ли/он пла́вал, она́ пла́вала, они́ пла́вали
    Imperative: (Не) Плыви́/те! (Не) пла́вай/те!
пло́щадь го́рода – *city's land area*
полго́да – *half a year*
полови́на – *half*
постоя́нное ме́сто жи́тельство – *permanent place of residence*
про́бка – *traffic jam*

провинциа́льный, -ая, -ое, -ые – *provincial*
ремонти́ровать/отремонти́ровать что? – *to remodel, fix*
    Pres./Fut.: я (от)ремонти́рую, ты (от)ремонти́руешь, они́ (от)ремонти́руют
све́жий, -ая, -ее, -ие – *fresh*
скоростно́й по́езд – *high-speed train*
собо́р – *cathedral*
счита́ть *impf.* что? – *to count; to consider*
такси́ – *taxi*
тёплый, -ая, -ое, -ые – *warm*
трамва́й – *tram*
тролле́йбус – *trolleybus*
идти́ ~ ходи́ть – *to go, come (by foot)*
    Pres.: я иду́, ты идёшь, они́ иду́т/я хожу́, ты хо́дишь, они́ хо́дят
    Past: он шёл, она́ шла, они́ шли/он ходи́л, она́ ходи́ла, они́ ходи́ли
    Imperative: (Не) Иди́/те! Не ходи́/те!
це́рковь *f.* – *church*
явля́ться *impf.* кем? чем? – *to be (in official or formal contexts)*
    Pres.: я явля́юсь, ты явля́ешься, они́ явля́ются

Expressions:

в честь кого? чего? – *in honor of*
по-мо́ему (по-тво́ему) – *in my (your) opinion*

Connectors:
в о́бщем – *in general*
во-вторы́х – *secondly*
во-пе́рвых – *firstly*
ещё – *in addition, also*
кро́ме того́ – *besides, furthermore*

ГЛАВА́ 13 | ГОРОДСКИ́Е НО́ВОСТИ

In this chapter, you will:

- review and expand the vocabulary you need to talk about city life;
- read and watch news reports and advertisements about events in Russian cities;
- report on events taking place where you live as well as in other cities;
- learn how to ask for and give directions;
- write news reports and advertisements about events in your city and for a new local Russian-language newspaper;
- create a video blog post about an important event in your hometown.

ВВЕДЕ́НИЕ

13–1 | Городска́я жизнь. 1) Read the following script out loud. 2) Go around the classroom and interview two to three classmates. Read Cultural Note #1. Make sure to use the appropriate form of address (**ты** or **вы**) and the appropriate greeting and farewell expressions. 3) Write down or circle your classmates' answers. 4) Summarize their answers in five to six sentences and share them with the class.

I. Opening conversation lines	Responses
Приве́т!/Здра́вствуй/те! Как ты/вы? Как дела́? Что но́вого?	Приве́т!/Здра́вствуй/те! Спаси́бо, всё в поря́дке! Не жа́луюсь. Всё по-ста́рому.
II. Questions	**Answers**
1. Где тебе́/вам нра́вится жить?	Мне нра́вится жить . . . • в го́роде. • в при́городе *(suburb)*. • в дере́вне. • на да́че. • друго́е:
2. По-тво́ему/по-ва́шему, что ва́жно для комфо́ртной жи́зни в го́роде?	Ва́жно, что́бы[1] в го́роде . . . • бы́ло мно́го магази́нов и торго́вых це́нтров. • бы́ли кафе́ и рестора́ны. • был хоро́ший обще́ственный тра́нспорт. • мо́жно бы́ло дойти́ пешко́м до магази́на, апте́ки, химчи́стки, парикма́херской и т.п. • бы́ло мно́го парко́вок (стоя́нок) для маши́н. • друго́е:
3. Тебе́/Вам нра́вится ходи́ть пешко́м по го́роду и́ли е́здить на обще́ственном тра́нспорте?	Мне (не) нра́вится . . . • ходи́ть пешко́м. • е́здить на обще́ственном тра́нспорте (на авто́бусе, трамва́е, метро́ и т.п.). • е́здить на такси́. • е́здить на свое́й маши́не. • друго́е:
4. Ты уме́ешь/Вы уме́ете води́ть маши́ну? У тебя́/вас есть води́тельские права́?	• Да, я уме́ю води́ть маши́ну, и у меня́ есть води́тельские права́. • Нет, я не уме́ю води́ть маши́ну, и у меня́ нет води́тельских прав. • Я уме́ю води́ть маши́ну, но я ещё не получи́л/а води́тельские права́.

---

1   Read about что́бы-clauses on page 371.

III. Closing lines	Responses
Спаси́бо! Бы́ло прия́тно с тобо́й/ ва́ми поговори́ть! Всего́ хоро́шего! Извини́/те, что я тебя́/вас задержа́л/а!	Пожа́луйста! Не́ за что! Счастли́во! Всего́ до́брого! Ещё уви́димся! До за́втра!

Cultural Note # 1: Спа́льный райо́н

Спа́льный райо́н may be translated by many terms: "commuter town," "bedroom community," or "bedroom suburb."

A **спа́льный райо́н** is a populated area that is primarily residential rather than commercial or industrial and is located outside of a city center **центр го́рода**. People who live in **спа́льные райо́ны** sleep **спят** there, but usually commute to work in the city. Many **спа́льные райо́ны** can be considered suburbs of a nearby metropolis. These communities often look like a mass of multi-story apartment blocks.

13–2 | Интона́ция. Questions without question words (ИК-3).
1) Review the following information about Intonation Type 3. 2) Listen and repeat after the speaker. Underline each intonation center that you hear.

ИК-3

In a Russian question without question words, the word order is the same as for a declarative sentence. Only the intonation distinguishes a declarative sentence from a question:
- In a Russian declarative sentence, your voice should *fall* in pitch on the stressed syllable of the word emphasized.
- In a question without question words, your voice should *rise* sharply in pitch on the stressed syllable of the word in question.

The syllable that your voice rises or falls on is called the intonation center **интонацио́нный центр** of a sentence or an utterance.

---

1. Ты лю́бишь ходи́ть пешко́м. (ИК-1) Ты лю́бишь ходи́ть пешко́м? (ИК-3)
2. Она́ лю́бит е́здить на такси́. Она́ лю́бит е́здить на такси́?
3. Он уме́ет води́ть маши́ну. Он уме́ет води́ть маши́ну?
4. Тебе́ нра́вится жить в при́городе. Тебе́ нра́вится жить в при́городе?
5. В го́роде везде́ есть банкома́ты (*ATM*). В го́роде везде́ есть банкома́ты?
6. В го́роде есть стоя́нки для маши́н, запра́вки (*gas station*) и автомо́йки *(car wash)*. В го́роде есть стоя́нки для маши́н, запра́вки и автомо́йки?
7. В го́роде хоро́ший обще́ственный тра́нспорт. В го́роде хоро́ший обще́ственный тра́нспорт?

8. В го́роде мо́жно дойти́ пешко́м до магази́нов, апте́ки, химчи́стки, парикма́херской. В го́роде мо́жно дойти́ пешко́м до магази́нов, апте́ки, химчи́стки, парикма́херской?

In questions that ask the addressee to choose between two options (such as **Вы лю́бите жить в го́роде и́ли при́городе?**), the word that expresses the first choice is pronounced using ИК-3, whereas the word that expresses the second choice is pronounced using ИК-1.

---

1. Вам нра́вится жить в го́роде и́ли при́городе?
2. Ле́том вы живёте в го́роде и́ли на да́че?
3. Вы лю́бите ходи́ть пешко́м по го́роду и́ли е́здить на маши́не?
4. Вам нра́вится жить в це́нтре и́ли спа́льном райо́не?
5. В го́роде плохо́й и́ли хоро́ший обще́ственный тра́нспорт?
6. Вы е́здите в университе́т на авто́бусе и́ли хо́дите пешко́м?

13–3 | Словообразова́ние. Forming adjectives with the help of suffixes. Read out loud the following word combinations with adjectives that are formed from the nouns. Give English equivalents for the **examples** in the third column.

Suffixes	Formation	Examples
-СК-	го́род – городско́й, -ая, -ое, -ие де́т|и – де́тский, -ая, -ое, -ие муж – мужско́й, -ая, -ое, -ие жен|а́ – же́нский, -ая, -ое, -ие	городско́й тра́нспорт городска́я газе́та городски́е но́вости де́тский са́дик мужска́я оде́жда же́нская оде́жда
-Н-	ве́чер – вече́рний, -яя, -ее, -ие ночь – ночно́й, -ая, -ое, -ые молодёжь – молодёжный, -ая, -ое, -ые	вече́рние но́вости ночно́й велофестива́ль молодёжная оде́жда
-ЕНН-	у́тро – у́тренний, -яя, -ее, -ие	у́тренние но́вости

13–4 | Ещё о го́роде. 1) Match the left and the right columns. 2) In small groups, take turns giving advice to your classmates following the subsequent example. Read "Complex sentences with ЧТО́БЫ-clauses" on page 371.

Приме́р:

— Где мо́жно купи́ть проду́кты?
— Что́бы купи́ть проду́кты, на́до пое́хать на ры́нок и́ли в суперма́ркет «Пятёрочка».

Что́бы (*in order to*) + infinitive

1. Что́бы купи́ть проду́кты . . .
2. Что́бы купи́ть лека́рство . . .

На́до (*to have to*) + infinitive

____ на́до пое́хать/пойти́ в парикма́херскую.
____ на́до пойти́/пое́хать в торго́вый центр.

3. Чтобы отдохну́ть . . .   ___ на́до пойти́/пое́хать на стадио́н, в спортклу́б и́ли в тренажёрный зал.

4. Чтобы купи́ть оде́жду . . .   ___ на́до пойти́/пое́хать в апте́ку.

5. Чтобы запра́вить маши́ну (refuel the car) . . .   ___ на́до пойти́/пое́хать на ры́нок и́ли в суперма́ркет.

6. Чтобы помы́ть маши́ну . . .   ___ на́до пойти́/пое́хать в парк и́ли посиде́ть в кафе́.

7. Чтобы сде́лать причёску и́ли стри́жку . . .   ___ на́до пойти́/пое́хать в банк и́ли найти́ банкома́т (ATM).

8. Чтобы сде́лать маникю́р и педикю́р . . .   ___ на́до пое́хать на автомо́йку (car wash).

9. Чтобы снять де́ньги с креди́тной ка́рты . . .   ___ на́до пое́хать на запра́вку (gas station).

10. Чтобы позанима́ться спо́ртом . . .   ___ на́до пое́хать/пойти́ в парикма́херскую.

 13–5 | Ещё о го́роде. 1) Listen and repeat after the speaker. 2) Match the left and the right columns.

Магази́ны

1. Бижутери́я и аксессуа́ры   ___ *Cosmetics and perfumes*
2. Де́тские това́ры   ___ *Furniture store*
3. Же́нская оде́жда   ___ *Cell phones*
4. Косме́тика и парфюме́рия   ___ *Clothes for young adults and teenagers*
5. Магази́н ме́бели   ___ *Men's clothing*
6. Моби́льные телефо́ны   ___ *Goods for children (toys, clothes, etc.)*
7. Молодёжная оде́жда   ___ *Women's clothing*
8. Мужска́я оде́жда   ___ *Jewelry and accessories*

1. Обувь   ___ *Eyewear/glasses and sunglasses*
2. О́птика   ___ *Grocery store*
3. Пода́рки и сувени́ры   ___ *Sporting goods*
4. Продукто́вый магази́н   ___ *Electronics and household appliances*
5. Спорти́вные това́ры   ___ *Gifts and souvenirs*
6. Су́мки   ___ *Home improvement*
7. Това́ры для до́ма и ремо́нта   ___ *Footwear*
8. Электро́ника и бытова́я те́хника   ___ *Handbags*

13–6 | Ещё о го́роде. In pairs, take turns asking and answering the following questions in complete sentences. Pay attention to the word order in your answers: repeat the old information from the question and then give the new information. Write down all of your partner's answers and share them with the rest of the class.

1. Что ты покупа́ешь/вы покупа́ете в интерне́т-магази́нах? На каки́х вебса́йтах?
2. Каки́е магази́ны есть в твоём/ва́шем го́роде/райо́не?

3. Как они́ называ́ются?
4. Где они́ нахо́дятся?
5. Како́й твой/ваш люби́мый магази́н, где вы всё покупа́ете?

13–7 | Ещё о го́роде. 1) Read the following article and answer the question **Что тако́е спа́льный райо́н?** Read "Prefixed verbs of motion" (pp. 372–378), as needed. 2) Reread the article and fill out the following table. The first one has been done for you. 3) In pairs, talk about the differences between old and contemporary **спа́льные райо́ны** using the information from the table.

Совреме́нные спа́льные райо́ны в кру́пных города́х Росси́и

> **одна́ко** – *but, however*
> **совреме́нный**, -ая, -ое, -ые – *contemporary, modern*
> **хотя́** – *although*

Большинство́ жи́телей кру́пных городо́в живу́т в **спа́льных райо́нах**[2], кото́рые нахо́дятся далеко́ от це́нтра го́рода. Жи́тели спа́льных райо́нов уезжа́ют ра́но у́тром на рабо́ту и то́лько по́здно ве́чером приезжа́ют домо́й.

Ра́ньше в спа́льных райо́нах стро́или то́лько дома́, в кото́рых жи́ли лю́ди, де́тские сады́, поликли́ники, а та́кже продукто́вые магази́ны, магази́ны ме́бели и това́ров для до́ма и ремо́нта. Что́бы купи́ть оде́жду, о́бувь, бижуте́рию и аксессуа́ры, о́птику, това́ры для дете́й и т.п., на́до бы́ло е́хать в центр го́рода, где бы́ли все магази́ны, рестора́ны, кафе́, кинотеа́тры и ночны́е клу́бы.

Сейча́с совреме́нные спа́льные райо́ны име́ют свои́ торго́вые це́нтры, суперма́ркеты, кинотеа́тры, шко́лы, де́тские сады́, поликли́ники, парикма́херские, химчи́стки, ба́ры и да́же ночны́е клу́бы. Одна́ко, как и ра́ньше, ча́сто в спа́льных райо́нах плохо́й обще́ственный тра́нспорт, поэ́тому сло́жно дое́хать до це́нтра. Коне́чно, е́сли вы во́дите маши́ну, то мо́жно дое́хать до рабо́ты и́ли учёбы бы́стро и комфо́ртно. Хотя́ быва́ют про́бки на доро́гах.

Материа́л подгото́влен на осно́ве информа́ции из откры́тых исто́чников.

---

2 **Спа́льный райо́н** may be translated by many terms: "commuter town," "bedroom community," or "bedroom suburb."

Ста́рый спа́льный райо́н
Ра́ньше стро́или . . .

1. дома́, в кото́рых жи́ли лю́ди.
2. _____
3. _____
4. _____
5. _____
6. _____

Но́вый спа́льный райо́н
Сейча́с стро́ят . . .

1. дома́, в кото́рых живу́т лю́ди.
2. _____
3. _____
4. _____
5. _____
6. _____

Одна́ко, как и ра́ньше, ча́сто в спа́льных райо́нах го́рода . . .

_____

ЧИТА́ЕМ И ГОВОРИ́М

13–8 | Пе́ред чте́нием. In pairs or small groups, discuss the following questions:

1. Как вы узнаёте городски́е но́вости, из городско́й газе́ты, по интерне́ту, по ра́дио и́ли телеви́зору?
2. Е́сли вы бы́ли бы реда́ктором городско́й газе́ты (*city newspaper*), о чём[3] бы ва́ша газе́та информи́ровала городски́х жи́телей? Choose from the following list:

- би́знес
- знако́мства
- культу́ра
- пого́да
- пробле́мы го́рода
- рабо́та
- собы́тия (*events*)
- городско́е строи́тельство (*construction*)
- эколо́гия

- доро́ги и тра́нспорт
- кримина́льная ситуа́ция в го́роде
- о́тдых
- магази́ны и торго́вые це́нтры
- происше́ствия (*incidents*)
- рекла́ма (*advertisements*)
- спорт
- тури́зм
- друго́е: _____

13–9 | Городски́е но́вости. Scan the following local news stories from Kazan and group them by theme: 1) спорт, 2) происше́ствия, 3) рекла́мные объявле́ния, 4) строи́тельство, 5) тра́нспорт, 6) поле́зная информа́ция.

---

3 Review the prepositional case as needed.

НОВОСТИ   **ЧП**

Утренние но́вости

бензи́н – *gasoline*
заправля́ть/запра́вить маши́ну – *to refuel the car*
открыва́ться/откры́ться – *to open*
паркова́ть/запаркова́ть маши́ну – *to park the car*
пропада́ть/пропа́сть – *to disappear; to be missing*
распрода́жа – *sale*
ски́дка до + *gen.* – *discount up to*
строи́тельство – *construction*
су́тки, *gen.* сут|о|к; **круглосу́точно** – *day, 24-hour period; 24 hours a day*

Expressions:
и т. п. (и тому́ подо́бное) – *etc. (and so forth)*
лу́чше всего́ – *best of all, here: It is best . . .*

РАСПРОДА́ЖИ В МАГАЗИ́НЕ О́БУВИ «МОНРО́» В ТЦ «СИ́ТИ ЦЕНТР». МУЖСКА́Я, ЖЕ́НСКАЯ И ДЕ́ТСКАЯ О́БУВЬ. СКИ́ДКИ ДО 70%.

Магази́н отры́т с 10:00 до 22:00 без выходны́х.

Как дое́хать до торго́вого це́нтра? Лу́чше всего́ дое́хать до ТЦ «Си́ти Центр» Каза́нь на метро́. На́до вы́йти на ста́нции метро́ «Проспе́кт Побе́ды», поверну́ть напра́во, перейти́ доро́гу и пройти́ по проспе́кту Побе́ды 900 ме́тров до торго́вого це́нтра. До ТЦ «Си́ти Центр» мо́жно та́кже дое́хать:

- на авто́бусах № 4, 5, 22, 47, 55, 74, 74а, 77, 79, 85
- на тролле́йбусах № 8, 11
- на трамва́е № 5

В ЦЕ́НТРЕ КАЗА́НИ ОТКРЫ́ЛАСЬ ЧЕТЫРЕХЭТА́ЖНАЯ ПОДЗЕ́МНАЯ ПАРКО́ВКА ПОЧТИ́ НА 1000 МЕСТ. Здесь вы мо́жете запаркова́ть свою́ маши́ну в любо́е вре́мя су́ток, та́к как парко́вка рабо́тает круглосу́точно и без выходны́х. Прия́тный бо́нус – автомо́йка, где за пять мину́т ро́бот помо́ет вам маши́ну. Строи́тельство парко́вки шло три го́да.

НОЧНО́Й ВЕЛОФЕСТИВА́ЛЬ В КАЗА́НИ

В Каза́ни в ночно́м велофе́сте, кото́рый прошёл вчера́, уча́ствовали бо́лее 5-ти ты́сяч челове́к, сообща́ет пресс-слу́жба го́рода. Велофе́ст стартова́л в 10 ве́чера и финиши́ровал в час но́чи на пло́щади Пе́рвого ма́я. Велосипеди́сты прое́хали по го́роду 29 киломе́тров че́рез въездны́е воро́та го́рода, речно́й порт, железнодоро́жный вокза́л и центра́льные па́рки, ми́мо музе́ев, магази́нов, рестора́нов и т.п. Те́ма ночно́го велофе́ста в э́том году́ – «Гостеприи́мная Каза́нь».

УШЛА́ ИЗ ДО́МА И ПРОПА́ЛА 25-ЛЕ́ТНЯЯ КСЕ́НИЯ МОРО́ЗОВА

В Каза́ни и́щут 25-ле́тнюю Ксе́нию Моро́зову, кото́рая днём 2 ма́я ушла́ из до́ма и пропа́ла. Она́ жила́ на у́лице Айда́рова вме́сте с ма́мой и трёхле́тним сы́ном.

ГДЕ ЗАПРА́ВИТЬ МАШИ́НУ? 10 ЛУ́ЧШИХ ЗАПРА́ВОК В КАЗА́НИ.

«Татне́фть» одна́ из лу́чших запра́вок в Каза́ни, где продаю́т ка́чественный бензи́н, принима́ют креди́тные ка́рты, предоставля́ют норма́льный се́рвис, рабо́тает систе́ма ски́док для клие́нтов. Кро́ме того́, запра́вка о́чень удо́бная, так как мо́жно легко́ подъе́хать, бы́стро запра́виться и вы́ехать.

Вече́рние но́вости

ава́рия – *traffic accident*
води́тель – *driver*
встре́чная полоса́ – *opposite lane (of oncoming traffic)*
перекрёсток – *intersection*
перехо́д – *crosswalk*
пострада́ть *pfv. here: to get injured*
произойти́ *pfv.* где? – *to happen*
сбить *pfv.* кого? что? – *to hit, run into*
светофо́р – *traffic light*
«ско́рая по́мощь» – *ambulance*
ско́рость *f.* – *speed*
столкну́ться *pfv.* с чем? – *to collide*
тормози́ть/затормози́ть – *to brake*
ЧП (чрезвыча́йное происше́ствие) – *emergency*

АВА́РИЯ НА У́ЛИЦЕ ГАГА́РИНА

Произошла́ ава́рия на перекрёстке у́лиц Васи́льченко и Гага́рина. Легково́й автомоби́ль Suzuki е́хал на большо́й ско́рости по у́лице Гага́рина. На перекрёстке с у́лицей Васи́льченко автомоби́ль вы́ехал на встре́чную по́лосу, где столкну́лся с грузовико́м КАМА́З. Води́теля автомоби́ля Suzuki увезла́ «ско́рая по́мощь». Води́тель грузовика́ не пострада́л.

САМОЛЁТ ВЫ́ЛЕТЕЛ ИЗ КАЗА́НИ В ПЕТЕРБУ́РГ и ВЕРНУ́ЛСЯ

Вчера́ ве́чером самолёт авиакомпа́нии «Побе́да» вы́летел из Каза́ни в Санкт-Петербу́рг, но верну́лся и́з-за ЧП. Об э́том сообща́ет РИА Но́вости.

В КАЗА́НИ МУЖЧИ́НУ СБИ́ЛА МАШИ́НА «СКО́РОЙ ПО́МОЩИ». ОН ПОЛУЧИ́Л ТЯЖЁЛЫЕ ТРА́ВМЫ.

В Каза́ни маши́на «ско́рой по́мощи» сби́ла мужчи́ну на перехо́де. Он вы́шел из ба́ра, переходи́л доро́гу на зелёный свет светофо́ра. Води́тель маши́ны «ско́рой по́мощи» объясни́л, что не уви́дел челове́ка и́з-за си́льного дождя́, и поэ́тому он не успе́л затормози́ть на перекрёстке.

13–10 | **Городски́е но́вости**. Reread the **Утренние но́вости** in 13–9 and find Russian equivalents for the following words and word combinations. Read them out loud:

metro station –
underground parking –
four-story parking garage –
nice bonus –
Victory Avenue –
shopping mall –
city press service –

the bike festival started/finished –
river port –
central park –
three-year-old son –
to accept credit cards –
good service –
customer discount system –

13–11 | **Городски́е но́вости**. 1) Reread the **Утренние но́вости** in 13–9 and underline the answers to the following questions. 2) In pairs, take turns asking and answering these questions in full sentences. Pay attention to word order in your answers: repeat the old information from the question and then give the new information.

1. В како́м магази́не ски́дки на о́бувь до 70% (семи́десяти проце́нтов)?
2. В како́м торго́вом це́нтре нахо́дится э́тот магази́н?
3. На како́м тра́нспорте мо́жно дое́хать до э́того торго́вого це́нтра?
4. Когда́ рабо́тает магази́н? Когда́ он открыва́ется и закрыва́ется?
5. Где откры́лась четырёхэта́жная подзе́мная парко́вка?
6. Когда́ мо́жно паркова́ться на э́той парко́вке?
7. Что ещё есть на подзе́мной парко́вке? Како́й прия́тный бо́нус получи́ли води́тели Каза́ни?
8. Ско́лько вре́мени шло строи́тельство э́той парко́вки?
9. Где лу́чше всего́ заправля́ть маши́ну в Каза́ни? Почему́?
10. Когда́ и где стартова́л и когда́ финиши́ровал велофе́ст в Каза́ни?
11. Ско́лько велосипеди́стов уча́ствовали в велофе́сте?
12. Кто пропа́л 2 ма́я в Каза́ни? Где и с кем она́ жила́?

13–12 | **Городски́е но́вости**. 1) Reread the **Утренние но́вости** subsequently and choose the correct verbs of motion. Explain your choices. Translate these sentences. Read "Prefixed verbs of motion" on pp. 372–378 as needed. 2) In pairs, take turns asking and answering the following questions in full sentences.

Утренние но́вости

Лу́чше всего́ **дое́хать/дойти́** до ТЦ «Си́ти Центр» Каза́нь на метро́. На́до **зайти́/
вы́йти** на ста́нции метро́ «Проспе́кт Побе́ды», поверну́ть напра́во, **пройти́/
перейти́** доро́гу и **дойти́/пройти́** по проспе́кту Побе́ды 900 ме́тров до торго́вого
це́нтра.

Велосипеди́сты **вы́ехали/прое́хали** по го́роду 29 киломе́тров че́рез въездны́е
воро́та го́рода, речно́й порт, железнодоро́жный вокза́л и центра́льные па́рки,
прое́хали/пое́хали ми́мо музе́ев, магази́нов, рестора́нов и т.п.

В Каза́ни и́щут 25-ле́тнюю Ксе́нию Моро́зову, кото́рая днём 2 ма́я **вы́шла/ушла́**
из до́ма и пропа́ла.

«Татне́фть» одна́ из лу́чших запра́вок в Каза́ни, где продаю́т ка́чественный
бензи́н, рабо́тает систе́ма ски́док для клие́нтов. Кро́ме того́, запра́вка о́чень
удо́бная, так как мо́жно легко́ **подъе́хать/зае́хать**, бы́стро запра́виться и **уе́хать/
вы́ехать**.

Вопро́сы:

1. Как дое́хать до ТЦ «Си́ти Центр» Каза́нь? Draw the route to explain.
2. Ско́лько киломе́тров прое́хали велосипеди́сты по го́роду и како́й был
   маршру́т *(route)* велофе́ста? You might want to look up the places and landmarks
   (речно́й порт, вокза́л и др.) that the route passes through on **Яндекс.Ка́рты**
   (https://yandex.ru/maps).
3. Как пропа́ла Ксе́ния Моро́зова?
4. Почему́ удо́бно заправля́ться на запра́вках «Татне́фть»?

 13–13 | Городски́е но́вости. 1) Reread the **Вече́рние но́вости**
subsequently and mark the right verb of motion. Explain your choice.
Translate these sentences. Read "Prefixed verbs of motion" on pp. 372–378
as needed. 2) In pairs, take turns asking and answering the following
questions in full sentences.

Вече́рние но́вости

Легково́й автомоби́ль Suzuki **е́здил/е́хал** на большо́й ско́рости по у́лице
Гага́рина. На перекрёстке с у́лицей Васи́льченко автомоби́ль **вы́летел/улете́л** на
встре́чную по́лосу, где столкну́лся с грузовико́м КАМА́З. Води́теля автомоби́ля
Suzuki **привезла́/увезла́** «ско́рая по́мощь».

В Каза́ни мужчи́ну на перекрёстке сби́ла маши́на «ско́рой по́мощи». Он **вы́шел/ушёл** из ба́ра и **проходи́л/переходи́л** доро́гу на зелёный свет светофо́ра. Води́тель маши́ны «ско́рой по́мощи» объясни́л, что не уви́дел челове́ка и́з-за си́льного дождя́, и поэ́тому он не успе́л затормози́ть на перекрёстке.

Самолёт **вы́летел/улете́л** из Каза́ни в Петербу́рг, но верну́лся и́з-за ЧП. Об э́том сообща́ет РИА Но́вости.

Вопро́сы:

1. Кака́я причи́на ава́рии, кото́рая произошла́ на у́лице Гага́рина?
2. Что случи́лось с води́телем автомоби́ля Suzuki?
3. Кого́ и где сби́ла маши́на «ско́рой по́мощи»?
4. Как объясни́л э́то води́тель «ско́рой по́мощи»?
5. О чём сообща́ет РИА Но́вости? Что произошло́?

СМО́ТРИМ И ГОВОРИ́М

13–14 | Велопара́д в Петербу́рге. 1) Watch the video news report three times and choose the correct answers for the following questions. There may be more than one correct answer. 2) In pairs, talk about the bike parade **Большо́й велопара́д** in seven sentences.

Велопара́д

> **па́смурный**, -ая, ое, -ые – *overcast*
> **принима́ть/приня́ть уча́стие** в чём? – *to participate*
> **стиль** чего? – *style*
> **уча́стник** чего́? – *participant*

1. В честь како́го пра́здника прошёл Большо́й велопара́д в Петербу́рге?
   a. Велопара́д прошёл в честь дня рожде́ния Петра́ Пе́рвого.
   b. Велопара́д прошёл в честь дня рожде́ния го́рода Санкт-Петербу́рг.
   c. Велопара́д прошёл в честь го́рода Санкт-Петербу́рг.
2. Кака́я была́ те́ма пра́здника?
   a. Стиль Петербу́рга.
   b. Гостеприи́мный Петербу́рг.
   c. Истори́ческий Петербу́рг.
3. Где/Отку́да стартова́л велопара́д?
   a. Велопара́д стартова́л на Не́вском проспе́кте.
   b. Велопара́д стартова́л в па́рке 300-ле́тия Петербу́рга.
   c. Велопара́д стартова́л от конце́ртного за́ла «Октя́брьский».

4. Кто вы́брал маршру́т велопара́да?
    a. Уча́стники са́ми вы́брали маршру́т велопара́да.
    b. Мэр го́рода вы́брал маршру́т велопара́да.
    c. Организа́торы велопара́да вы́брали маршру́т.
5. По каки́м у́лицам, проспе́ктам моста́м и т.п. прое́хали уча́стники пара́да?
    a. Велосипеди́сты прое́хали по Не́вскому проспе́кту.
    b. Велосипеди́сты прое́хали по Дворцо́вому мосту́.
    c. Велосипеди́сты прое́хали ми́мо Эрмита́жа.
6. Что не помеша́ло дое́хать до фи́ниша?
    a. Не помеша́л дое́хать до фи́ниша дождь.
    b. Не помеша́ла дое́хать до фи́ниша холо́дная пого́да.
    c. Не помеша́ла дое́хать до фи́ниша па́смурная пого́да.
7. Ско́лько челове́к при́няли уча́стие в пра́зднике в э́том году́?
    a. 23 ты́сячи челове́к.
    b. 33 ты́сячи челове́к.
    c. 3 ты́сячи челове́к.

13–15 | Велопара́д в Петербу́рге. Listen to the audio clip about the 17-kilometer bike parade route several times and fill in the gaps. Review "Prefixed verbs of motion" on pp. 372–378 as needed.

Маршру́т велопара́да (17 киломе́тров)

> **дворе́ц** – *palace*
> **зда́ние** – *building*
> **и́мени** кого́? – *named after*
> **маршру́т** – *route*
> **на́бережная** – *embankment*

Велосипеди́сты стартова́ли в 11 утра́ от БКЗ (Большо́го Конце́ртного За́ла) «Октя́брьский» и ___ **е́хали** 17 киломе́тров до Па́рка и́мени 300-ле́тия Петербу́рга, где финиши́ровал Большо́й велопара́д.

Вот дета́льный маршру́т велопарада. От конце́ртного за́ла «Октя́брьский» уча́стники велопара́да ___**е́хали** до пло́щади Восста́ния, поверну́ли напра́во и ___**е́хали** по Не́вскому проспе́кту, гла́вной у́лице Петербу́рга, до Дворцо́вой пло́щади. Велосипеди́сты ___**е́хали** ми́мо изве́стных во всём ми́ре достопримеча́тельностей го́рода, истори́ческих зда́ний на Не́вском проспе́кте, наприме́р, ми́мо Каза́нского собо́ра и Ани́чкова дворца́. Они́ та́кже ___**е́хали** че́рез три моста́ на Не́вском проспе́кте: Каза́нский мост, Ани́чков мост че́рез Фонта́нку и Зелёный мост че́рез ре́ку Мо́йку. Зате́м уча́стники велопара́да ___**е́хали** че́рез Дворцо́вую пло́щадь и ___**е́хали** на Дворцо́вую на́бережную. По Дворцо́вой на́бережной они́ ___**е́хали** вдоль Эрмита́жа, ___**е́хали** Эрмита́жный мост, ___**е́хали** до Тро́ицкого моста́ и ___**е́хали** по нему́ ре́ку Неву́. Пото́м велосипеди́сты ___**е́хали** вдоль Невы́ по Петро́вской на́бережной, ___**е́хали** ми́мо до́мика Петра́ Пе́рвого, поверну́ли нале́во на Петрогра́дскую на́бережную. С Петрогра́дской на́бережной уча́стники ___**е́хали** на Гренаде́рский мост, ___**е́хали** по нему́ Большу́ю Не́вку. Когда́ велосипеди́сты ___**е́хали** Вы́боргскую на́бережную, они́ ___**е́хали** на Ушако́вскую на́бережную и ___**е́хали** до Примо́рского проспе́кта. Да́льше по у́лицам Стародереве́нской, Са́вушкина и Яхтенной они́ ___**е́хали** до Па́рка и́мени 300-ле́тия Петербу́рга, где финиши́ровал Большо́й велопара́д.

13–16 | Велопара́д в Петербу́рге. 1) On **Яндекс.Ка́рты**, find the following main points on the bike parade route: БКЗ «Октя́брьский» – Не́вский проспе́кт – Дворцо́вая пло́щадь – Дворцо́вая на́бережная – Тро́ицкий мост – Гренаде́рский мост – Ушако́вская на́бережная – Яхтенная у́лица – Парк 300-ле́тия Санкт-Петербу́рга. 2) In pairs, describe the bike parade *route* and trace it on the map.

13–17 | В ва́шем го́роде. 1) In small groups, design a bike parade (approx. 20 km) or half marathon (approx. 21.1 km) route in your city. Come up with a theme and/or motto for the event. 2) Share your plans and the designed route for your event with the rest of your class.

ДАВА́ЙТЕ ПОГОВОРИ́М

13–18 | Сцена́рий. Scenario. Imagine that you have gotten lost while visiting an unfamiliar city. 1) Read the following scripts out loud. On a separate piece of paper, draw a map that includes the routes described in the right column. 2) In small groups, take turns asking for and giving directions.

Как дойти́ и́ли дое́хать?

кварта́л – *block*
поверну́ть куда́? **нале́во** – *to turn left*/где? **сле́ва** – *on your left*
поверну́ть куда́? **напра́во** – *to turn right*/где? **спра́ва** – *on your right*

Asking for directions in the city	Giving directions in the city
Вы идёте пешко́м по го́роду . . .	
1. Извини́те, Вы не мо́жете мне/нам помо́чь? Как дойти́ до университе́та?	Коне́чно! Иди́те пря́мо по э́той у́лице, дойди́те до перекрёстка, а там спроси́те ещё раз.
2. Извини́те, Вы не мо́жете мне/нам помо́чь? Как дойти́ до торго́вого це́нтра?	Коне́чно! Пройди́те два кварта́ла, перейди́те у́лицу и поверни́те нале́во. Торго́вый центр бу́дет спра́ва.

3. Извини́те, вы не ска́жете, как дойти́ до парикма́херской? Ско́лько идти́ до парикма́херской?	(Вам) на́до пойти́ пря́мо, пройти́ ми́мо по́чты и ба́нка, а пото́м поверну́ть напра́во. Парикма́херская бу́дет сле́ва. Идти́ мину́т пять.

Вы е́дете по го́роду на маши́не . . .

4. Скажи́те, пожа́луйста, как дое́хать до це́нтра?	Поезжа́йте пря́мо, пото́м поверни́те напра́во и ещё раз напра́во. Мину́т за де́сять дое́дете.
5. Извини́те, как дое́хать до стадио́на?	(Вам) на́до пое́хать пря́мо, прое́хать два кварта́ла, а пото́м на перекрёстке поверну́ть нале́во. Ехать мину́т 20, е́сли не бу́дет про́бок.

Don't forget to say:

Большо́е спаси́бо. Спаси́бо за по́мощь!	Не́ за что. Пожа́луйста.

Remember:
When **asking for directions**, use **дойти́/дое́хать** до + *genitive case*.
>Как дойти́ до библиоте́ки?
>Как дое́хать до це́нтра?

When **giving directions**, use **imperatives** or **на́до** + *infinitive of perfective verb*
>Поезжа́й/те пря́мо и поверни́/те нале́во.
>(Вам) на́до пое́хать пря́мо и поверну́ть нале́во.

13–19 | Как пройти́/прое́хать? In pairs, look at a map of the city you live in and practice asking and giving directions to different places of your choosing: **кафе́**, **магази́н**, **химчи́стка**, **парикма́херская**, **апте́ка**, and so on. Decide on a real point of departure and give a real answer.

ПИ́ШЕМ О ЖИ́ЗНИ ГО́РОДА

13–20 | В моём го́роде! Write a 10–12-sentence post about an interesting event in your city for your blog or social media page. Make sure you mention why you chose to write about this event in particular. Add some pictures to make it more interesting for your readers, followers, and subscribers!

13–21 | Сове́ты мэ́ру го́рода. Write five pieces of advice for the mayor of your hometown about how to improve the city. Use the following expressions: **во-пе́рвых** – *first*; **во-вторы́х** – *secondly*; **в-тре́тьих** – *thirdly*; **кро́ме того́** – *besides, furthermore*; **ещё** – *in addition, also*; **та́кже** – *also*. Here are some ideas:

1. В го́роде на́до созда́ть обще́ственные места́ для о́тдыха и рабо́ты, наприме́р, антикафе́, ково́ркинг-це́нтры (от англ. *coworking spaces*) и т.п.
2. В го́роде на́до постро́ить конце́ртный зал (о́перный теа́тр, музе́й, бассе́йн, стадио́н и т.п.)
3. В го́роде на́до постро́ить трамва́йную ли́нию (авто́бусную ли́нию, ли́нию метро́).
4. В го́роде на́до закры́ть центр для маши́н (обще́ственного тра́нспорта), что́бы там мо́жно бы́ло ходи́ть пешко́м.
5. В го́роде на́до поста́вить везде́ у́рны для му́сора (*trash bins*), что́бы го́род был чи́стым!
6. Что ещё?

ИНТЕРВЬЮ́ И ПРОЕ́КТЫ

13–22 | Интервью́ «Как сде́лать жизнь в на́шем го́роде комфо́ртнее?» In small groups or as a class, write four or five questions that you could ask your classmates or other Russian speakers about the quality of life in of the city you live in and how to improve it. The first two have been done for you. 1) Conduct interviews with two classmates. Write down their answers and share your results with the class. 2) Conduct interviews with two Russian speakers outside of class. Write down their answers, create a two-minute multimedia presentation, and present it in class.

Interview form

Questions	Person 1	Person 2
1. Что на́до постро́ить и́ли отремонти́ровать в го́роде?		
2. Что вы ду́маете об обще́ственном тра́нспорте в на́шем го́роде? Что бы вы измени́ли?		

13–23 | Городска́я газе́та по-ру́сски. As a class or in small groups, come up with a new newspaper for the city you live in published entirely in Russian. What would you include in the first issue?

1. Determine the purpose and audience (Для кого́ э́та газе́та?).
2. Determine how frequently you will publish (Как ча́сто выхо́дит газе́та? Раз (два, три и т.п.) в неде́лю (в ме́сяц, в год).
3. Decide on the newspaper's size and sections/tabs (Разде́лы газе́ты), see 13–8.
4. Figure out how you'd like to publish the paper, online or print in hard copy (Опубликова́ть в интерне́те и́ли напеча́тать).
5. Solicit advertisers. If you want local businesses to advertise in your newspaper, you will need to ask them to do so. (Рекла́ма в газе́те).
6. Make a list of the most important stories and assign these to reporters журнали́стам (your classmates).
7. Give hard deadlines to ensure you will receive all works in time for publication (План рабо́ты, когда́ и что должно́ быть напи́сано).
8. Write balanced and carefully researched stories. You might want to find stories in your community.
9. Edit your stories carefully.
10. Design the newspaper.
11. Print and distribute your newspaper; mail it or distribute it online. You should publicize your newspaper on social media so that people know you have published a new issue.

 13–24 | Видеобло́г. Те́ги: го́род, городски́е но́вости, у нас в го́роде. 1) Create a video blog post about an important event in the city you live in. Describe this event in eight to ten sentences. Make it interesting and exciting for your classmates to watch. Be creative! 2) Show your video blog in class and watch your classmates' videos. You may want to have a competition for the best video blog.

ГРАММА́ТИКА

Complex sentences with ЧТО́БЫ-clauses

The conjunction **ЧТО́БЫ** – *in order to, so that, that* is used 1) to show purpose; 2) to express wishes, indirect commands and suggestions with the following words in the main clause: **ну́жно, ва́жно, хоте́ть** – *to wish*, **проси́ть/попроси́ть** – *to ask*, **говори́ть/сказа́ть** – *to say*, **сове́товать/посове́товать** – *to advise*. Study the following examples:

Я пое́хал на автомо́йку, **что́бы помы́ть** маши́ну.
I went to the car wash in order to wash my car.

Он пое́хал в магази́н, **что́бы купи́ть** проду́кты.
He went to the store in order to buy groceries.

Ва́жно, **что́бы** в на́шем го́роде **бы́ли** места́ для о́тдыха молодёжи.
It's important for our city to have places where young people can hang out.

Жи́тели хотя́т, чтобы в го́роде **бы́ло** мно́го магази́нов и торго́вых це́нтров.
The residents want there to be many stores and shopping centers in the city.

But: Я хочу́ **жить** в э́том го́роде.
           I want to live in this city.

Полице́йский попроси́л нас, **что́бы** мы **объясни́ли**, как произошла́ ава́рия.
The policeman asked us to explain how the accident occurred.

Мы посове́товали мэ́ру, **что́бы** в го́роде **постро́или** метро́.
We advised the mayor to build a subway for the city.

Remember:
1. **ЧТО́БЫ + infinitive** is used if the subject of both clauses of a complex sentence is the same.
   Я хочу́ пое́хать к парикма́херу, **что́бы постри́чься**.
   I want to go to the hairdresser to get a haircut.
2. **ЧТО́БЫ + past tense verb** is used if there is a different subject in the **что́бы**-clause.
   Нам ва́жно, **что́бы** в го́роде **бы́ло** мно́го па́рков.
   It's important for us for the city to have many parks.

13–25 | ЧТО́БЫ. In pairs, take turns asking and answering the following questions in full sentences, using the conjunction **что́бы** and the verbs in parentheses. Remember that **ЗАЧЕ́М?** means *What for?*

1. Заче́м вы пое́хали в парк? (отдохну́ть, погуля́ть, встре́титься с друзья́ми)
2. Заче́м вы пое́хали в парикма́херскую? (сде́лать маникю́р и педикю́р, постри́чься)
3. Заче́м вам води́тельские права́? (е́здить на рабо́ту и в магази́ны на маши́не)
4. Заче́м ва́шему бра́ту води́тельские права́? (е́здить на маши́не в университе́т)
5. Что ну́жно для комфо́ртной жи́зни в ва́шем го́роде? (есть мно́го торго́вых це́нтров, кафе́ и рестора́нов, музе́ев и теа́тров)
6. Что ва́жно для эколо́гии ва́шего го́рода? (есть мно́го па́рков)
7. Что бы вы посове́товали мэ́ру го́рода? (закры́ть центр го́рода для маши́н и обще́ственного тра́нспорта)
8. О чём бы вы попроси́ли мэ́ра ва́шего го́рода? (постро́ить но́вые ли́нии метро́ в го́роде, отремонти́ровать доро́ги)

Prefixed verbs of motion
Глаго́лы движе́ния с приста́вками

1. There are **ten common verbal prefixes** (в-/вы-, при-/у-, под-/от-, за-, пере-, про-, до-) that can be added to a basic **unprefixed unidirectional** verb of motion, such as

идти́, е́хать, бежа́ть, and so on (see Chapter 12, pp. 344–347), in order to indicate the **direction** of the motion.

2. These **unprefixed unidirectional** verbs of motion become **perfective** when a prefix is added, and their meanings are modified, for example, **е́хать** *to go* → **у́е**хать *to leave*, **при**е́хать *to arrive/come*, **бежа́ть** *to run* → **у**бежа́ть *to run away*, **при**бежа́ть *come running*, and so on. Their **imperfective** counterparts are formed by changing the stem, for example, **у́е**хать → **уезжа́**ть, **у**бежа́ть → **у**бега́ть, **улете́**ть → **улета́**ть. See more examples in the following.

Unprefixed verb of motion	Prefixed verbs of motion		
Unidirectional	*Perfective* →	→ *Imperfective*	*Meaning*
Imperfective			
идти́ – *to go, come (by foot)*	**уйти́**	**уходи́ть**	*to leave (by foot)*
е́хать – *to go, come (not by foot)*	**уе́хать**	**уезжа́ть**	*to leave (not by foot)*
лете́ть – *to fly*	**улете́ть**	**улета́ть**	*to fly away*
плыть – *to swim, sail, float*	**уплы́ть**	**уплыва́ть**	*to swim, sail, float away (depart by water)*
бежа́ть – *to run*	**убежа́ть**	**убега́ть**	*to run away*
везти́ кого́? что? – *to take, drive/transport (not by foot)*	**увезти́** кого́? что?	**увози́ть** кого́? что?	*to take away, drive away (not by foot)*
вести́ кого́? что? – *to take, lead (by foot)*	**увести́** кого́? что?	**уводи́ть** кого́? что?	*to take away, lead away (by foot)*
нести́ кого́? что? – *to take, carry (by foot)*	**унести́** кого́? что?	**уноси́ть** кого́? что?	*to take away, carry away (by foot)*

Learn how to conjugate the following prefixed verbs of motion.

| **уйти́** *pfv.* to leave (by foot) | *Pres.:* я уйду́, ты уйдёшь, он уйдёт, мы уйдём, они́ уйду́т | Conjugate the following verbs like **уйти́: пойти́, дойти́, вы́йти, зайти́**, etc. *Note:* **прийти́** conjugation: я приду́, ты придёшь, они́ приду́т |
| **уезжа́ть** *impf.* to leave (not by foot) | *Pres.:* я уезжа́ю, ты уезжа́ешь, он уезжа́ет, мы уезжа́ем, они́ уезжа́ют | Conjugate the following verbs like **уезжа́ть: выезжа́ть, доезжа́ть, заезжа́ть** etc. |

уйти́ *pfv.* *to leave (by foot)*	*Pres.:* я уйду́, ты уйдёшь, он уйдёт, мы уйдём, они́ уйду́т	Conjugate the following verbs like **уйти́**: **по**йти́, **до**йти́, **вы́**йти, **за**йти́, etc. *Note:* **прийти́** conjugation: я приду́, ты придёшь, они́ приду́т
уплыва́ть *impf.* *to swim, sail, float away (depart by water)*	*Pres.:* я уплыва́ю, ты уплыва́ешь, он уплыва́ет, мы уплыва́ем, они́ уплыва́ют	Conjugate the following verbs like **уплыва́ть**: **вы**плыва́ть, **до**плыва́ть, etc.
убега́ть *impf.* *to run away*	*Pres.:* я убега́ю, ты убега́ешь, он убега́ет, мы убега́ем, они́ убега́ют	Conjugate the following verbs like **убега́ть**: **вы**бега́ть, **до**бега́ть, **за**бега́ть, etc.

3. In general, both **aspects** of prefixed verbs of motion are used in the same way that aspectual pairs of other verbs are used (see Chapter 4 p. 106 and Chapter 8 p. 226).[4] Notice some particularities of the ways prefixed verbs of motion are used.

Use perfective prefixed verbs of motion:	Use imperfective prefixed verbs of motion:
1. to indicate a one-time result producing action; Вчера́ мы **ушли́** из университе́та в 3 часа́. *Yesterday we left campus at 3:00.*	1. for habitual, repeated actions; Мы ча́сто **ухо́дим** из университе́та по́сле двух часо́в. *We often leave campus after 2:00.*
2. to indicate that an action has occurred and that its result is still in force at the moment of speech; К тебе́ **пришёл** друг! *Your friend came over to see you (and he is still here)!*	2. to indicate that an action occurred but its result is no longer in force at the moment of speech; К тебе́ **приходи́ла** подру́га! *Your friend came over to see you (but she has since left and is no longer here)!*
3. for consecutive actions; Мы **подошли́** к кафе́ и **вошли́** во вну́трь. *We walked up to the café and went inside.*	3. with negation. Не хочу́ **переезжа́ть** в Каза́нь! *I don't want to move to Kazan.*
4. after **хоте́ть** to indicate a one-time action. Я хочу́ перее́хать в Каза́нь. *I want to move to Kazan.*	

---

4 **Note** that imperfective/perfective aspectual pairs of prefixed verbs of motion are not classified as unidirectional/multidirectional.

The most common directional prefixes and their meanings

In this chapter, you will learn the meanings of the **10 most common verbal prefixes** that indicate the **direction of a given motion**.

Prefixes	Meanings	Examples	Notes
В-/ВЫ-	Movement into/ out of	**Мо́жно войти́/вы́йти?** *May I come in?/May I be excused?* Я обы́чно **выезжа́ю** из до́ма в 8 часо́в. *I usually leave the house at 8:00.*	A hard sign (Ъ) is inserted between the prefix **В-** and all forms of **-езжа́ть/-éхать**: въезжа́ть/ въёхать **ВЫ-** is always stressed in all forms of *perfective* verbs: **вы́йду, вы́шел, вы́еду, вы́ехал,** etc. **в+** куда́? **вы+** из чего́? от кого́?
ДО-	Movement as far as or up to certain point	**Дойди́те** до перекрёстка . . . *Walk up to the intersection . . .* Как **доéхать** до музéя? *How do you get to the museum?*	**до+** до чего́?
ЗА-	A short visit; dropping off or picking up	Он **заéдет** к ма́ме и **завезёт** ей проду́кты. *He will stop by Mom's place and bring her groceries.* Она́ **заéдет** за на́ми в час. *She will come pick us up at 1:00.*	**за+** куда́? **за+** к кому́? **за+** кому́? что? **за+** за кéм? за чем?

Prefixes	Meanings	Examples	Notes
ПЕРЕ-	Movement across or transference from one place to another	Он **перешёл** (че́рез) у́лицу. *He crossed the street.* Он **перее́хал** в Каза́нь. *He moved to Kazan.*	**пе́ре**+ че́рез что? **пе́ре**+ куда́?
ПОД-/ОТ-	Movement towards/ movement away from; taking from one place and leaving it at another	**Подойди́те** сюда́ (ко мне)! *Come over here (towards me)!* **Отойди́те** отсю́да (от меня́)! *Get away from here (away from me)!* **Отвези́** меня́ в поликли́нику к врачу́! *Take me to the clinic to see the doctor!*	The vowel **O** is inserted between the prefixes **ПОД-/ ОТ-** and all forms of **-йти**: подойти́, отойти́. **под**+ к кому́? к чему? **от**+ куда́? к кому́? **от**+ от кого́? от чего́?
ПРИ-/У-	Movement to a destination; bringing something/ movement away from; taking something away	Он **придёт** к нам в 6 часо́в и **принесёт** пи́ццу и ко́фе. *He's coming to our place at 6:00 and will bring pizza and coffee.* Он **уе́дет** от нас в 6 часо́в и **увезёт** э́ту ме́бель. *He will leave from our place at 6:00 and will take away this furniture.*	**при**+ куда́? к кому́? **при**+ отку́да? от кого́? **у**+ куда́? к кому́? **у**+ отку́да? от кого́?
ПРО-	Movement through, by, past	Она́ **прошла́** че́рез парк. *She crossed through the park.* Мы **прошли́** ми́мо па́рка. *We passed by the park.* Мы **прое́хали** на́шу остано́вку. *We missed our stop.*	**про**+ че́рез что? **про**+ ми́мо чего́? **про**+ что?

Using the prefix C- with multidirectional verbs of motion

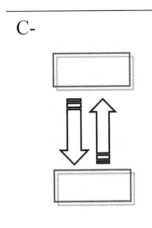

| C- | Adding the prefix **C-** makes an unprefixed **multidirectional** verb (ходи́ть, е́здить, лета́ть, etc.) of motion **perfective** and indicates **quick motion somewhere and back** (a single round trip): **c+** куда́? к кому́? за чём?
Она́ **сходи́ла** в библиоте́ку за кни́гами.
She went over to the library to get her books.

Как вы **съе́здили в Росси́ю**?
How was your trip to Russia?

Note: Verbs of this type (**сходи́ть, съе́здить, слета́ть, спла́вать**, etc.) are perfective with no corresponding imperfective forms. |

Using the prefix ПО- with verbs of motion

1. Both unidirectional and multidirectional verbs of motion become **perfective** when the prefix **ПО-** is added to them. See some examples in the following.

Unprefixed verb of motion		Prefixed verbs of motion
Imperfective		*Perfective*
идти́ **ходи́ть**	*to go, come (by foot)*	**пойти́** **походи́ть**
е́хать **е́здить**	*to go, come (not by foot)*	**пое́хать** **пое́здить**
бежа́ть **бе́гать**	*to run*	**побежа́ть** **побе́гать**

2. The verbs of **unidirectional** motion with **ПО-** function as aspectual pairs of the unidirectional verbs, for example, **идти́/пойти́, е́хать/пое́хать**. These perfective prefixed verbs of motion can denote "heading in a direction" or "setting off" in the past and future tenses. Study the following examples:

Обы́чно я выхожу́ из до́ма в семь часо́в и **иду́** в ка́фе.
I usually leave home at 7:00 and go to a cafe.

Вчера́ я вы́шел из до́ма в семь часо́в и **пошёл** в ка́фе.
Yesterday I left home at 7:00 and went to a cafe.

За́втра я вы́йду из до́ма в семь часо́в и **пойду́** в ка́фе.
Tomorrow I will leave home at 7:00 and go to a cafe.

3. The verbs of **multidirectional** motion with **ПО-** are **perfective** (походи́ть, пое́здить, побе́гать, etc.) and indicate **a limited duration of general motion** with no specific goal (to do something "for a while"). Study the following examples:

Обы́чно у́тром я снача́ла **хожу́** по па́рку, а пото́м **бе́гаю**.
In the morning, I usually walk in the park first and then run.

Вчера́ у́тром я снача́ла **походи́ла** по па́рку, а пото́м **побе́гала**.
Yesterday morning, I walked in the park first and then ran for a while.

За́втра у́тром я снача́ла **похожу́** по па́рку, а пото́м **побе́гаю**.
Tomorrow morning, I will walk in the park first and then run for a while

13–26 | Куда́ ходи́л Ва́ня? 1) Read the following story out loud and answer the question: **Куда́ Ва́ня ходи́л?** Explain the usage of prefixed verbs of motion. 2) In pairs, retell the story about **Ва́ня** in **the past tense** (Вчера́ Ва́ня вы́шел из до́ма и пошёл по у́лице . . .), **present tense** (Ка́ждый день Ва́ня выхо́дит из до́ма и идёт по у́лице . . .), and **future tense** (За́втра Ва́ня вы́йдет из до́ма и пойдёт по у́лице . . .). 3) In pairs, ask each other: Куда́ вы вчера́ ходи́ли? Куда́ вы обы́чно хо́дите? Куда́ вы за́втра пойдёте? **Use Vanya's story as a model.** Try to make it more exciting.

Исто́рия про Ва́ню

Вчера́ Ва́ня **ушёл** из до́ма у́тром, а **пришёл** в 3 часа́ дня. Куда́ он ходи́л?

1. Ваня вышел из дома в 9 часов.

2. Он пошёл по улице.

3. Он дошёл до центрального парка.

4. Перешёл через мост.

5. Подошёл к озеру, где плавали утки.

6. Отошёл от озера и пошёл дальше.

7. Прошёл через парк.

8. Ваня зашёл в кафе и пообедал.

9. Вышел из кафе и пошёл в музей.

10. Ваня вошёл в музей.

11. Он походил по музею.

12. В 3 часа дня он пришёл домой.

13–27 | Куда́ е́здила Аня? 1) Read the following story out loud and answer the question: **Куда́ е́здила Аня?** Explain the usage of verbs of motion with prefixes. 2) In pairs, retell the story about **Аня** in **the past tense** (Вчера́ Аня вы́ехала из до́ма и пое́хала по у́лице . . .), **present tense** (Ка́ждый день Аня выезжа́ет из до́ма и е́дет по у́лице . . .), and **future tense** (За́втра Аня вы́едет из до́ма и пое́дет по у́лице . . .). 3) In pairs, ask each other: Куда́ вы вчера́ е́здили? Куда́ вы обы́чно е́здите? Куда́ вы за́втра пое́дите? **Use Anya's story as a model.** Try to make it more exciting.

Исто́рия про Аню

Вчера́ Аня **уе́хала** из до́ма у́тром, а **прие́хала** днём. Куда́ она́ **е́здила**?

1. Аня выехала из дома в 9 часов.

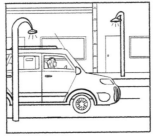

2. Она поехала по улице.

3. Она проехала через центр.

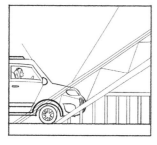

4. Доехала до моста.

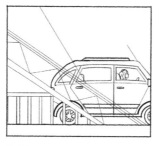

5. Переехала через мост.

6. Подъехала к магазину.

7. Аня заехала на парковку.

8. Она зашла в магазин.

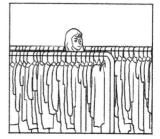

9. Она походила по магазину и сделала покупки.

10. Потом она выехала с парковки и поехала домой.

11. Она подъехала к дому и въехала в гараж.

12. Она приехала домой в час дня.

13–28 | Из городски́х новосте́й. 1) Read the following news reports and fill in the gaps with the following prefixes: **в-, вы-, до-, за-, по-, при-, про-, пере-, под-, у-**. Translate the verbs of motion with prefixes. 2) Read the news reports again and answer the following questions in full sentences.

Из заме́тки Матве́я Ивано́ва, газе́та «Но́вости Каза́ни»

1. Как мо́жно дое́хать до Каза́ни?
2. Как Матве́й с друзья́ми дое́хал до Каза́ни?
3. Каки́е города́ они́ прое́хали, куда́ они́ зае́хали по доро́ге?
4. Почему́ они́ не зае́хали в Чебокса́ры?

Каза́нский марафо́н – настоя́щий пра́здник для люби́телей спо́рта! Бо́лее 9 ты́сяч уча́стников ка́ждый год ___**езжа́ют** в Каза́нь, кото́рая явля́ется тре́тьей столи́цей Росси́и по́сле Москвы́ и Петербу́рга. До Каза́ни мо́жно ___**éхать** на по́езде и́ли ___**лете́ть** на самолёте. Мо́жно ещё, коне́чно, ___**éхать** на маши́не с друзья́ми, кото́рые бу́дут за вас боле́ть на марафо́не. На маши́не из Москвы́ в Каза́нь éхать всего́ 11 часо́в.

Мы с друзья́ми ___**éхали** из Москвы́ в 6 утра́ и ___**éхали** в Каза́нь в 11 часо́в ве́чера. По доро́ге мы ___**éхали** че́рез три кру́пных го́рода Росси́и: Влади́мир, Ни́жний Но́вгород и Чебокса́ры. Мы ___**éхали** и посмотре́ли Влади́мир и Ни́жний Но́вгород. Осо́бенно нам понра́вился Влади́мир. Мы ___**éздили** по го́роду, посмотре́ли гла́вные достопримеча́тельности, ___**ходи́ли** по гла́вной у́лице Влади́мира, пообе́дали и купи́ли сувени́ры. Когда́ мы ___**éхали** к Чебокса́рам, бы́ло уже́ по́здно, и мы реши́ли не ___**езжа́ть** в го́род, ___**éдем** на обра́тной доро́ге!

Из газе́ты «Вече́рний Петербу́рг»

1. В како́м го́роде вчера́ начался́ фестива́ль SUP-се́рфинга?
2. Ско́лько киломе́тров проплы́ли се́рферы по реке́ Мо́йке?

Вчера́ в Петербу́рге начался́ междунаро́дный фестива́ль SUP-се́рфинга. Он откры́лся в 10:00, а уча́стники стартова́ли в 10:30. Се́рферы ___**плы́ли** 8 киломе́тров по реке́ Мо́йка под 14 моста́ми в истори́ческом це́нтре Петербу́рга.

Из газе́ты «Подмоско́вье сего́дня»

1. Где произошла́ ава́рия?
2. Что произошло́?

В Подмоско́вье, в го́роде Коло́мне на ул. Аста́хова, в воскресе́нье в 21:45 мотоцикли́ст éхал на большо́й ско́рости и сбил трёх челове́к, кото́рые ___**ходи́ли** доро́гу на пешехо́дном перехо́де. Пешехо́ды *(pedestrians)* получи́ли тра́вмы, а пассажи́ра мотоци́кла ___**везла́** «ско́рая по́мощь».

13–29 | Как это по-англи́йски? Match the left and right columns. Read all sentences in Russian out loud.

1. **Входи́те**, пожа́луйста.
2. Моя́ подру́га **прилета́ет** в Петербу́рг.
3. Когда́ ты обы́чно **прихо́дишь** домо́й?
4. Мы **вы́летели/вы́ехали** из Ки́ева в 9.45.
5. Мы **привезли́** вам пода́рок из Москвы́.

___*My friend is arriving in Petersburg.*
___*When do you usually get home?*
___*Bring your new friend!*
___*We brought you a present from Moscow.*
___*What can I bring (to the party)?*

6. Они́ **дошли́** до па́рка.

7. Дава́й **перейдём** че́рез у́лицу здесь.
8. **Приводи́те** свою́ но́вую подру́гу!
9. **Унеси́те** э́ти ве́щи.
10. Что **принести́**?
11. К нам **прие́хали** го́сти из Каза́ни.
12. Мы опозда́ли. Наш самолёт уже́ **улете́л**.

___ *We're too late. Our plane has already departed.*
___ *Get those things out of here!*
___ *Please come in!*
___ *We departed Kyiv at 9:45.*
___ *They walked as far as the park.*
___ *Let's cross the street here.*
___ *We have guests from Kazan.*

13–30 | Как э́то по-ру́сски? Match the left and right columns. Read all sentences in Russian out loud.

1. Do you want me to come pick you up?
2. Go up to her and ask where the post office is.
3. He has to drive his sister to the airport.
4. I stop by their place often.
5. She was gone for half an hour. (Result no longer in force: she's back)
6. Please stand (step) back.
7. Go get some aspirin from the drugstore.
8. I left for home. (Result in force: I have not yet returned)
9. We drive across this bridge every day.
10. Their plane's already taken off.

___Я **ушёл/ушла́** домо́й.
___Мы ка́ждый день **пререзжа́ем че́рез** э́тот мост.
___Я к ним ча́сто **захожу́.**
___Хо́чешь, что́бы я за тобо́й **зае́хал/а**?
___Он до́лжен **отвезти́** свою́ сестру́ в аэропо́рт.
___**Подойди́** к ней и спроси́, где по́чта.
___**Отойди́те**, пожа́луйста!
___Она́ **выходи́ла** на полчаса́.

___Их самолёт уже́ **взлете́л**.
___**Сходи́** в апте́ку за аспири́ном.

13–31 | Как сказа́ть по-ру́сски? 1) Give Russian equivalents for the following sentences. 2) In pairs, think about situations when you could use them and then act them out.

1. I'll come get you (by foot).
2. I'll pick you up (on my motorcycle).
3. I'll bring you some food (by foot).
4. I'll bring you some food (by car).
5. I'll fly to Kazan for a couple of days.
6. I'll go to the drugstore on the corner and get some aspirin.
7. I'll drive to the library for some books.
8. I'll run to the store for some bread.
9. I'll stop by your place tomorrow (by car).
10. I'll drive by and bring you the books.

зайти́ за кем?
зае́хать за кем?
принести́ что?
привезти́ что?
слета́ть куда́?
сходи́ть куда́? за чем?

съе́здить куда́? за чем?
сходи́ть куда́? за чем?
зае́хать к кому́?
зае́хать к кому́? и **завезти́** что?

13–32 | Где они́? Explain these situations.

1. Они́ **прие́хали** домо́й в шесть часо́в. Они́ до́ма и́ли нет?
2. Ма́ма сказа́ла, что мои́ друзья́ **приезжа́ли** ко мне часо́в в пять. Они́ ещё у меня́ до́ма и́ли **уе́хали**?
3. Э́тим ле́том моя́ сосе́дка **уезжа́ла** в о́тпуск в Евро́пу. Где она́, до́ма и́ли в Евро́пе?
4. Мой па́рень **отвёз** мою́ сестру́ в университе́т. Где сейча́с моя́ сестра́?
5. Ба́бушку **увезли́** в больни́цу. Где она́ сейча́с, до́ма и́ли в больни́це?
6. Брат **завёз** меня́ в бассе́йн. Где я, до́ма и́ли в бассе́йне?
7. Курье́р **принёс** пи́ццу к нам в о́фис. Где пи́цца?
8. Ба́бушка **съе́здила** на ры́нок и купи́ла все проду́кты. Где сейча́с ба́бушка, до́ма и́ли на ры́нке?
9. Сего́дня моя́ сестра́ **заезжа́ла** ко мне в общежи́тие. Сестра́ в общежи́тии и́ли нет?

Indicating modes of transportation: getting on and getting off

1. Use **сади́ться/сесть в/на** + *accusative* to express getting on or boarding any type of vehicle:
   a. сади́ться/сесть **в** маши́ну, такси́;
   b. сади́ться/сесть **на** велосипе́д, мотоци́кл, теплохо́д, кора́бль;
   c. сади́ться/сесть **в/на** авто́бус, метро́, тролле́йбус, трамва́й, по́езд, самолёт.

Она́ **се́ла** в такси́ и пое́хала на рабо́ту.	*She got into a taxi and went to work.*
Он **сел** на велосипе́д и пое́хал в парк.	*He got on a bike and went to the park.*
Что́бы дое́хать до метро́, на́до **сесть** на авто́бус № 6.	*To get to the metro, you need to take bus number 6.*
Бы́ло мно́го люде́й, когда́ я **сади́лся/ась** в авто́бус.	*There were a lot of people when I got on the bus.*

2. Use **выходи́ть/вы́йти из** + *genitive* to express getting out of a car **маши́на**, bus **авто́бус**, trolley **тролле́йбус**, tram **трамва́й**, or plane **самолёт**:

Они́ **вы́шли из** маши́ны.	*They got out of the car.*
Он **вы́шел из** авто́буса.	*He got off the bus.*

3. Use the verb **сходи́ть/сойти́ с** + *genitive* to indicate getting off of a train **по́езд** or a ship **кора́бль**.

Мы **сошли́ с** по́езда на ста́нции «Влади́мир».	*We got off the train at the Vladimir train station.*

Cultural note #2

In Russia, giving up your seat on a bus **уступи́ть ме́сто в авто́бусе, метро́**, on a tram **в трамва́е**, or on a trolley **в тролле́йбусе** bus for an elderly person or pregnant woman is a sign of respect. In certain countries, some may be offended by this privilege, but in Russia, it is expected to offer your seat to someone in need. In this situation, just say: **Сади́тесь, пожа́луйста!**

13–33 | Как дое́хать на обще́ственном тра́нспорте? 1) Read and fill in the gaps. 2) In pairs, take turns asking and answering the following questions:

1. На како́й авто́бус и́ли маршру́тку на́до сесть и на како́й остано́вке на́до вы́йти, чтобы дое́хать до сало́на-парикма́херской «Ната́лья»?
2. Как мо́жно дое́хать до ме́ста ста́рта Каза́нского марафо́на от железнодоро́жного вокза́ла Каза́нь-1?
3. Как мо́жно дое́хать до ме́ста ста́рта Каза́нского марафо́на от железнодоро́жного вокза́ла Каза́нь-2?

Как дое́хать до сало́на-парикма́херской «Ната́лья» г. Сама́ра?

Что́бы дое́хать до сало́на-парикма́херской «Ната́лья» вам на́до (to get on) _____ на авто́бус №119 и́ли маршру́тку 205 и (to get off) _____ на остано́вке «Молодогварде́йская».

Каза́нский марафо́н

Ме́сто ста́рта марафо́на в Каза́ни – у Центра́льного стадио́на. До ме́ста ста́рта Каза́нского марафо́на вы мо́жете дое́хать на обще́ственном тра́нспорте, наприме́р, вы мо́жете (to get on) _____ на метро́, авто́бус, тролле́йбус и́ли на такси́.

Если вы прие́хали в Каза́нь на по́езде, то от железнодоро́жного вокза́ла Каза́нь-1 мо́жно дойти́ пешко́м за 15 мину́т и́ли (to get in) _____ на такси́. От железнодоро́жного вокза́ла Каза́нь – 2 на́до (to get on) _____ на авто́бус № 6 на остано́вке «Метро́ Се́верный Вокза́л» и (to get off) _____ из авто́буса на остано́вке «Центра́льный стадио́н». Или мо́жно (to get on) _____ на метро́ на ста́нции «Се́верный вокза́л» и (to get off) _____ на ста́нции «Кремлёвская». Да́льше ну́жно пройти́ пешко́м до ме́ста ста́рта о́коло 1-го киломе́тра.

13–34 | В авто́бусе. 1) Match the left and the right columns in the following. Read the sentences in the right column out loud. 2) In small groups, act out the following situations in Russian.

Ситуа́ция 1 На остано́вке	1. Should I take the metro or the bus to get downtown?	___ На пя́том авто́бусе.
	2. You should take the bus.	___ Вам на́до вы́йти на остано́вке «Центр»!
	3. Which bus should I take to get downtown?	___ На како́й остано́вке мне на́до вы́йти?
	4. You should get on bus #5.	___ Как дое́хать до це́нтра, на авто́бусе и́ли метро́?
	5. Where should I get off?	___ На како́м авто́бусе мо́жно дое́хать да це́нтра?
	6. Get off at the stop "Center"!	___ Вам на́до сесть на авто́бус.
Ситуа́ция 2 В авто́бусе	1. Excuse me, are you getting off at the next stop?	___ Вам на́до вы́йти на сле́дующей остано́вке!
	2. Yes, I'm getting off at the next stop!	___ На како́й остано́вке мне на́до вы́йти, что́бы дое́хать до университе́та?
	3. No, I'm getting off in two stops!	___ Да, я выхожу́ на сле́дующей остано́вке.
	4. Where should I get off to get to the university?	___ Нет, я выхожу́ че́рез две остано́вки.
	5. Get off at the next stop!	___ Извини́те, вы выхо́дите (на сле́дующей остано́вке)?

СЛОВА́РЬ

ава́рия – *traffic accident*
автомо́йка – *car wash*
банкома́т – *ATM*
бензи́н – *gasoline*
води́тель – *driver*
встре́чная полоса́ – *opposite lane (of oncoming traffic)*
дворе́ц – *palace*
запра́вка для маши́н – *gas station*
заправля́ть/запра́вить маши́ну – *to refuel the car*
　　Pres.: я заправля́ю, ты заправля́ешь, они́ заправля́ют
　　Fut.: я запра́влю, ты запра́вишь, они́ запра́вят
зда́ние – *building*
и́мени кого? – *named after*
кварта́л – *block*
маршру́т – *route*

на́бережная – *embankment*

одна́ко – *but, however*

открыва́ться/откры́ться – *to open*
>   *Pres.:* он (она́, оно́) открыва́ется, они́ открыва́ются
>   *Fut.:* он (она́, оно́) откро́ется, они́ откро́ются

паркова́ть/запаркова́ть маши́ну где? – *to park the car*
>   *Pres./Fut.:* я (за)парку́ю, ты (за)парку́ешь, они́ (за)парку́ют

па́смурный, -ая, ое, -ые – *overcast*

перекрёсток – *intersection*

перехо́д – *crosswalk*

повора́чивать/поверну́ть нале́во/напра́во – *to turn left/right*
>   *Pres.:* я повора́чиваю, ты повора́чиваешь, они́ повора́чивают
>   *Fut.:* я поверну́, ты повернёшь, они́ поверну́т

подзе́мная парко́вка – *underground parking*

поле́зная информа́ция – *useful information*

пострада́ть *pfv.* – *here: to get injured*
>   *Past:* он пострада́л, она́ пострада́ла, они́ пострада́ли

принима́ть/приня́ть уча́стие в чём? – *to participate*

принима́ть/приня́ть креди́тные ка́рты – *to accept credit cards*

произойти́ *pfv.* где? – *to happen*
>   *Fut.:* он (она́, оно́) произойдёт, они́ произойду́т
>   *Past pfv.:* он произошёл, она́ произошла́, они́ произошли́

происше́ствие – *incident*

пропада́ть/пропа́сть – *to disappear; to be missing*
>   *Pres.:* я пропада́ю, ты пропада́ешь, они́ пропада́ют
>   *Fut.:* я пропаду́, ты пропадёшь, они́ пропаду́т

распрода́жа – *sale*

рекла́ма – *advertisement*

речно́й порт – *river port*

сбить *pfv.* кого? что? – *to hit, run into*
>   *Fut.:* я собью́, ты собьёшь, они́ собью́т

светофо́р – *traffic light*

систе́ма ски́док для клие́нтов – *customer discount system*

ски́дка до + *gen.* – *discount up to*

«ско́рая по́мощь» – *ambulance*

ско́рость *f.* – *speed*

сле́ва – *on the left*

собы́тие – *event*

совреме́нный, -ая, -ое, -ые – *contemporary, modern*

спра́ва – *on the right*

ста́нция метро́ – *metro station*

стартова́ть *impf. & pfv.* – *to start (a race or sporting event)*
>   *Pres./Fut.:* я старту́ю, ты старту́ешь, они́ старту́ют

стиль чего? – *style*

столкну́ться *pfv.* с чем? – *to collide*
>   *Fut.:* я столкну́сь, ты столкнёшься, они́ столкну́тся

строи́тельство – *construction*

су́тки, *gen.* су́т|о|к; **круглосу́точно** – *day, 24-hour period; 24 hours a day*

торго́вый центр (ТЦ) – *shopping mall*

тормози́ть/затормози́ть – *to brake*

Pres./Fut.: я (за)торможу́, ты (за)тормо́зишь, они́ (за)тормо́зят

уча́стник чего́? – *participant*

финиши́ровать *impf. & pfv.* – *to finish (a race or sporting event)*

Pres./Fut.: я финиши́рую, ты финиши́руешь, они́ финиши́руют

хотя́ – *although*

ЧП (чрезвыча́йное происше́ствие) – *emergency*

что́бы – *in order to*

Expressions:

и т. п. (и тому́ подо́бное) – *etc. (and so forth)*

лу́чше всего́ – *best of all, here: It is best . . .*

Магази́ны

Бижуте́рия и аксессуа́ры	*Jewelry and accessories*
Же́нская оде́жда	*Women's clothing*
Косме́тика и парфюме́рия	*Cosmetics and perfumes*
Магази́н ме́бели	*Furniture store*
Моби́льные телефо́ны	*Cell phones*
Молодёжная оде́жда	*Clothes for young adults and teenagers*
Мужска́я оде́жда	*Men's clothing*
Обувь	*Footwear*
Оптика	*Eyewear/glasses and sunglasses*
Пода́рки и сувени́ры	*Gifts and souvenirs*
Продукто́вый магази́н	*Grocery store*
Спорти́вные това́ры	*Sporting goods*
Су́мки	*Handbags*
Това́ры для дете́й	*Goods for children (toys, clothes, etc.)*
Това́ры для до́ма и ремо́нта	*Home improvement*
Электро́ника и бытова́я те́хника	*Electronics and household appliances*

ГЛАВА́ 14 | ПУТЕШЕ́СТВУЕМ ВМЕ́СТЕ!

In this chapter, you will:

- review and expand the vocabulary you need to talk about traveling;
- read about popular destinations for Russian tourists and various types of tours that travel agencies offer;
- read and talk about traveling and why people like or dislike it;
- learn how to buy a tour package to Russia from a Russian travel agency;
- write a travelogue and fill out an application form for a Russian visa;
- conduct interviews on how to travel on a budget;
- create a video commercial in Russian for your local travel agency.

ВВЕДЕ́НИЕ

 14–1 | Путеше́ствия. 1) Read the following script out loud. 2) Go around the classroom and interview two classmates. Make sure to use the appropriate form of address (**ты** or **вы**) and the appropriate greeting and farewell expressions. 3) Write down or circle your classmates' answers. 4) Summarize their answers in five to six sentences and share them with the rest of the class.

I. Opening conversation lines	Responses
Приве́т!/Здра́вствуй/те! Как дела́? Как ты/вы? Что но́вого? Как настрое́ние? *(How's your mood?)*	Приве́т!/Здра́вствуй/те! Спаси́бо, всё в поря́дке! Всё по-ста́рому! Настрое́ние отли́чное! *(I'm in a great mood!)*
II. Questions	**Answers**
1. Ты лю́бишь путеше́ствовать? Вы лю́бите путеше́ствовать?	• Да, люблю́! • Нет, я не люблю́ путеше́ствовать.
2. Где ты был/была́? Где вы бы́ли? В каки́х стра́нах?	Я никуда́ не е́здил/ла Я е́здил/а . . . • в Англию. • в Герма́нию. • в Испа́нию. • в Ита́лию. • в Кита́й. • в Коре́ю. • в Ме́ксику. • в Росси́ю. • во Фра́нцию. • в Япо́нию. • друго́е:
3. Куда́ ты хо́чешь пое́хать? Куда́ вы хоти́те пое́хать?	Я мечта́ю пое́хать . . . • в Восто́чную Евро́пу. • в За́падную Евро́пу. • в Азию. • в Центра́льную Азию. • в Африку. • в Австра́лию. • в Южную Аме́рику. • в Се́верную Аме́рику. • друго́е:

4. Как ты лю́бишь путеше́ствовать? Как вы лю́бите путеше́ствовать?	Я люблю́ путеше́ствовать . . . • на по́езде. • на самолёте. • на маши́не. • на авто́бусе. • на корабле́. • друго́е:
III. Closing lines	**Responses**
Спаси́бо! Бы́ло прия́тно с тобо́й/ва́ми поговори́ть! Всего́ хоро́шего! Извини́/те, что я тебя́/вас задержа́л/а!	Пожа́луйста! Не́ за что! Всего́ до́брого! Ещё уви́димся! До встре́чи! (*See you!*)

Remember!

Do not confuse the verb **путеше́ствовать** по + *dative – to travel around somewhere* with **е́здить ~ е́хать/пое́хать** в/на + *accusative – to go somewhere, to visit, to travel.*

Они́ **путеше́ствовали по** Восто́чной Евро́пе в про́шлом году́.
They traveled in (around) Eastern Europe last year.

Они́ **е́здили в** Восто́чную Евро́пу в про́шлом году́.
They went to Eastern Europe last year.

14–2 | Произноше́ние. Intonation Type 2 (ИК-2). 1) Review the following information about Intonation Type 2. 2) Listen and repeat after the speaker. Underline the emphasized word in each sentence.

ИК-2	Intonation Type 2 (ИК-2) is used in Russian questions with question words. In this type of question, your voice should *fall* sharply in pitch either 1) on the stressed syllable of the question word, 2) on the last word in the question, or 3) on another word. With Intonation Type 2, moving the intonation center from one word to another can change what the question is asking about.

1. Где вы бы́ли? (*This question is asking about the places you have been.*) Где вы бы́ли? (*Now the question is asking about you specifically as opposed to someone else.*)
2. В каки́х стра́нах?
3. Куда́ вы хоти́те пое́хать? Куда́ вы хоти́те пое́хать? (*Where would you like to go? [as opposed to someone else])*
4. Как вы лю́бите путеше́ствовать?

5. Куда́ вы е́дете э́тим ле́том? Куда́ вы е́дете э́тим ле́том? (*This summer, as opposed to other summers.*)
6. Куда́ вы лети́те? Куда́ вы лети́те? (*You, as opposed to someone else.*)
7. Как мо́жно дое́хать до Петербу́рга? Как мо́жно дое́хать до Петербу́рга? (*To St. Petersburg, as opposed to somewhere else.*)
8. Почему́ вы лю́бите путеше́ствовать? Почему́ вы лю́бите путеше́ствовать? (*To travel, as opposed to staying home.*)
9. Где купи́ть биле́ты на по́езд? Где купи́ть биле́ты на по́езд? (*Train tickets, as opposed to airplane tickets.*)
10. Почему́ вам не понра́вился э́тот тур? Почему́ вам не понра́вился э́тот тур? (*This specific tour, as opposed to a different one.*)

Intonation Type 2 (ИК-2) is also used in the following situations:

1. Поезжа́йте в Казахста́н! (*giving advice*)
2. Приезжа́йте в Украи́ну! (*invitations*)
3. Закажи́те биле́ты на самолёт. (*requests*)
4. Здра́вствуйте! Приве́т! (*greetings*)
5. До свида́ния! Пока́! (*farewells*)
6. Аня! Ребя́та! Де́вушка! (*addressing someone*)
7. Спаси́бо! (*expressing gratitude*)
8. Извини́те, пожа́луйста! (*apologies*)

14–3 | Словообразова́ние. Однокоренны́е слова́. Words with the same root. Find the roots in the following words and determine the part of speech for each word: noun, adjective, or verb. Give English equivalents.

1. Тур – тури́ст – тури́зм – туристи́ческий (*маршру́т*)
2. Экску́рсия – экскурсово́д – экскурсио́нный (*маршру́т, тур*)
3. Путеше́ствие – путеше́ствовать (*по стране́*) – путеше́ственник – путеше́ственница
4. По́езд – пое́здка – пое́здить (*по стране́*)
5. Посеще́ние – посеща́ть – посети́ть – посети́тель
6. План – плани́ровать – заплани́ровать
7. Отдых – отдыха́ть – отдохну́ть
8. Аме́рика – америка́нский – америка́нец – америка́нка – америка́нцы
9. Росси́я – росси́йский – россия́нин – россия́нка – россия́не
10. Се́вер – се́верный; юг – ю́жный; восто́к – восто́чный, за́пад – за́падный
11. Центр – центра́льный (*парк*) – центра́льная (*Азия*)

 14–4 | Ти́пы путеше́ствий. 1) Look at the following pictures, read the descriptions, and fill in the blanks. 2) In pairs, take turns asking and answering these questions in full sentences:

1. Каки́е ту́ры предлага́ют росси́йские турфи́рмы/тураге́нтства?
2. Како́й тур вы бы вы́брали? Почему́?
3. Почему́ не . . . (круи́з, шоп-ту́р и т.п.)?

Пляжный отдых

Свадебное путешествие

Круизы

Дайвинг

Шоп-туры

Отдых на островах

Горнолыжные туры

Туры выходного дня

Едем в путешéствие!

1. Вы не знáете, что дéлать в суббóту и воскресéнье? Поéхали с нáми! Мы предлагáем тýры _____ по городáм Зáпадной и Восто́чной Евро́пы!

2. Люби́те го́ры и катáться на лы́жах? Тогдá (*Then*) _____ тýры для вас.

3. Вы жени́лись и́ли вы́шли зáмуж? Былá краси́вая и весёлая свáдьба? Поздравля́ем! Тепéрь (*It is now*) врéмя для _____ путешéствия! Выбирáйте!

4. Вы лю́бите моря́ и океáны? Вы хоти́те пообщáться с тéми, кто там живёт? Приглашáем вас на _____!

5. Вы лю́бите приро́ду, ти́хий и споко́йный óтдых, со́лнце и мóре? Мы предлагáем вам _____!

6. Со́лнце, мóре и водá – нáши лýчшие друзья́! Лýчших óтдых – э́то óтдых на пля́же, _____ óтдых! Вот кудá мóжно поéхать . . .

7. Магази́ны, магази́ны! Лýчшие магази́ны в ми́ре! Люби́те шóпинг? Хоти́те купи́ть нóвую краси́вую одéжду, óбувь, аксессуáры в столи́цах мóды Пари́же и́ли Милáне? Поéхали с нáми в _____!

8. Éсли вы лю́бите путешéствовать на кораблé, то нáши _____ сто процéнтов для вас! Получáйте удово́льствие от жи́зни, путешéствуйте с нáми!

14–5 | Кудá éздят россия́не? 1) Scan the following article and answer the question: **Где большинство́ россия́н плани́рует провести́ свой лéтний óтпуск?** 2) Reread the article and rank the countries according to the number of visits by Russian tourists. 3) In pairs, compare your results and read all numbers out loud. Review numbers as needed (Appendix 5).

Кудá éздят россия́не?

дáча – *summer house*
крýизный лáйнер – *cruise ship*
óтпуск – *vacation, time off (from work)*

Россия́не ста́ли ча́сто отка́зываться от пое́здок на о́тдых – об э́том говоря́т результа́ты опро́са. 80% респонде́нтов сообщи́ли, что проведу́т ле́тний о́тпуск до́ма и́ли на да́че, 17% плани́руют путеше́ствовать по Росси́и, и то́лько 3% пое́дут за рубе́ж.

Куда́ же 3% россия́н е́здят отдыха́ть за рубе́ж? В э́том году́ са́мые популя́рные пля́жные ту́ры в январе́ – ма́рте: Ту́рция – 341 ты́сяча пое́здок, Таила́нд – 494 ты́сячи, Ку́ба – 39 ты́сяч, Вьетна́м – 189 ты́сяч, Изра́иль – 83 ты́сячи, Кипр – 60 ты́сяч пое́здок. Са́мые популя́рные экскурсио́нные и горнолы́жные ту́ры: Ита́лия – 269 ты́сяч пое́здок, Испа́ния – 146 ты́сяч пое́здок, Фра́нция – 102 ты́сячи пое́здок, Швейца́рия – 69 ты́сяч, Великобрита́ния – 57 ты́сяч пое́здок.

И ещё, всё бо́льше россия́н ста́ли выбира́ть путеше́ствия на круи́зном ла́йнере, а не пля́жные ту́ры.

Материа́л подгото́влен на осно́ве информа́ции откры́тых исто́чников.

___ Великобрита́ния	___ Вьетна́м
___ Изра́иль	___ Испа́ния
___ Ита́лия	___ Кипр
___ Ку́ба	___ Таила́нд
___ Ту́рция	___ Фра́нция
___ Швейца́рия	

ЧИТА́ЕМ И ГОВОРИ́М

14–6 | Пе́ред чте́нием. In pairs or small groups, discuss the following questions. You can search for information about your country on the internet if needed.

1. Где лю́бят проводи́ть свой о́тпуск жи́тели ва́шей страны́?
2. Куда́ жи́тели ва́шей страны́ лю́бят е́здить за рубе́ж?
3. Вам нра́вятся экскурсио́нные и́ли гастрономи́ческие ту́ры? Почему́?

14–7 | Казахста́н. Scan the description of a tour to Kazakhstan in two minutes and answer the following questions:

1. На ско́лько дней мо́жно пое́хать в Казахста́н?
2. Каки́е города́ посетя́т тури́сты во вре́мя ту́ра?
3. Ско́лько сто́ит экскурсио́нный тур?

Путеше́ствие в Казахста́н: две столи́цы за пять дней

ви́за – *visa*
волнова́ться *impf.* – *to worry*
во вре́мя чего́? – *during, while*
двухме́стный но́мер – *double room*
зе́лень *f.* – *here: vegetation, plants*
мече́ть *f.* – *mosque*
прожива́ние в гости́нице – *hotel accommodation*
удивля́ть/удиви́ть кого́? чем? – *to surprise*
услу́га – *service*

Во вре́мя э́того экскурсио́нного ту́ра по Казахста́ну вы посети́те сра́зу две его́ столи́цы – совреме́нный Нур-Султа́н и «ю́жную столи́цу» – Алматы́.

Путеше́ствие начнётся с го́рода Нур-Султа́н, кото́рый явля́ется столи́цей Казахста́на. Сме́лая совреме́нная архитекту́ра, широ́кие проспе́кты, прекра́сные оте́ли, краси́вые мече́ти, ультрасовреме́нные музе́и и оди́н из са́мых больши́х торго́вых це́нтров в ми́ре «Хан-Шаты́р». Нур-Султа́н мо́жет удиви́ть тури́стов!

Алматы́ нахо́дится на ю́ге Казахста́на. Это са́мый кру́пный го́род страны́, здесь мно́го зе́лени и истори́ческих па́мятников. Вы посети́те не то́лько архитекту́рные и культу́рные достопримеча́тельности, мече́ти и це́ркви, но и прекра́сное Большо́е Алмати́нское о́зеро, спорти́вный ко́мплекс «Меде́о», горнолы́жный куро́рт «Чимбула́к», а та́кже парк «Кок-То́бе».

Сто́имость ту́ра – 585 до́лларов. В сто́имость ту́ра вхо́дит: прожива́ние в двухме́стных номера́х гости́ницы (4 но́чи), биле́ты в музе́и и истори́ческие па́рки, услу́ги ме́стных ги́дов в си́ти-ту́рах, комфорта́бельные авто́бусы с кондиционе́рами. В сто́имость ту́ра не вхо́дит: еда́, биле́ты на самолёт, ви́за в Казахста́н, страхо́вка.

Покупа́йте экскурсио́нный тур в Казахста́н, и вам не на́до бу́дет ни о чём ду́мать, не на́до бу́дет ни о чём волнова́ться!

14–8 | Казахста́н. Reread the description of the tour to Kazakhstan in 14–7 and mark whether the following statements correspond to the content. Read each statement out loud. Correct the statement if it doesn't correspond to the content.

Да	Нет	1. Алматы́ нахо́дится на ю́ге Казахста́на.
Да	Нет	2. Нур-Султа́н явля́ется «ю́жной столи́цей» Казахста́на.
Да	Нет	3. Оди́н из са́мых больши́х торго́вых це́нтров в ми́ре «Хан-Шаты́р» нахо́дится в Алматы́.
Да	Нет	4. Нур-Султа́н – э́то совреме́нная архитекту́ра, широ́кие проспе́кты, прекра́сные оте́ли, краси́вые мече́ти, ультрасовреме́нные музе́и.
Да	Нет	5. Астана́ – э́то «ю́жная столи́ца» Казахста́на, са́мый кру́пный го́род страны́, здесь мно́го зе́лени и истори́ческих па́мятников.
Да	Нет	6. В Нур-Султа́не мо́жно посмотре́ть спорти́вный ко́мплекс «Меде́о», горнолы́жный куро́рт «Чимбула́к», а та́кже парк «Кок-То́бе».
Да	Нет	7. В сто́имость ту́ра вхо́дит: прожива́ние в двухме́стных номера́х гости́ницы (4 но́чи), биле́ты в музе́и и истори́ческие па́рки, услу́ги ме́стных ги́дов в си́ти-ту́рах, авто́бусы с кондиционе́рами.
Да	Нет	8. В сто́имость ту́ра не вхо́дит: еда́, услу́ги ме́стных ги́дов в си́ти-ту́рах, биле́ты на самолёт, ви́за в Казахста́н, страхо́вка.
Да	Нет	9. Е́сли вы ку́пите экскурсио́нный тур в Казахста́н, вам не на́до бу́дет ни о чём ду́мать, не на́до бу́дет ни о чём волнова́ться!

14–9 | Украи́на. Scan the description of a tour to Kiev in two minutes and answer the following questions:

1. На ско́лько дней мо́жно пое́хать в Ки́ев?
2. Ско́лько сто́ит гастрономи́ческий тур?
3. Что не вхо́дит в сто́имость гастрономи́ческого ту́ра?

Гастрономи́ческий тур в Ки́ев на 6 дней

брони́ровать/заброни́ровать что? – *to book, reserve*
ве́рить/пове́рить кому́? чему́? – *to believe in, trust*
са́мый вку́сный – *the most delicious*
вспомина́ть/вспо́мнить кого́? что? – *to recall, recollect*
горнолы́жный куро́рт – *ski resort*
дегусти́ровать *impf.* что? – *to taste*/**дегуста́ция** – *tasting*
знамени́тый, -ая, -ое, -ые – *renowned*
я́ркий, -ая, -ое, -ие – *bright adj.*
обзо́рная экску́рсия – *sightseeing tour*

Украúна предлагáет пляжный óтдых на Чёрном мóре, горнолыжные курóрты, экологúческий турúзм, интерéсные экскурсиóнные прогрáммы. Но всё бóлее популярными станóвятся гастрономúческие тýры. Сегóдня мы вам предлагáем гастрономúческий тур в Кúев.

Кúев – одúн из сáмых красúвых городóв Еврóпы, столúца Украúны, а ещё – здесь óчень вкýсно готóвят. Не вéрите? Повéрьте нам, вы полýчите мáксимум ярких впечатлéний и гастрономúческого удовóльствия. Цéлую недéлю вы бýдете ходúть по ресторáнам украúнской кýхни, дегустúровать сáмые вкýсные блюда, посещáть мáстер-клáссы, на котóрых вы наýчитесь готóвить украúнский борщ, варéники, пирогú, котлéты по-кúевски и, конéчно, знаменúтый «Кúевский торт». Бýдет что вспóмнить!

Ценá тýра: $240 с человéка. В стóимость вхóдит: трансфéры во врéмя тýра, услýги гúда, мáстер-клáссы, дегустáции и обéды по прогрáмме. В стóимость не вхóдит: проживáние в гостúнице, зáвтраки и ýжины, встрéча в аэропортý, обзóрная экскýрсия по гóроду.

Бронúруйте гастрономúческий тур в Кúев и путешéствуйте с удовóльствием!

14–10 | Украúна. Reread the description of the tour to Kiev and choose the correct answers for the following questions. There may be more than one correct answer.

1. Как мóжно отдохнýть в Украúне?
    a. Мóжно поéхать на горнолыжный курóрт и покатáться на лыжах.
    b. Мóжно отдохнýть на пляже на Чёрном мóре.
    c. Мóжно купúть экологúческий тур.
    d. Мóжно купúть гастрономúческий тур.
    e. Мóжно купúть шóп-тур.

2.   Каки́е ту́ры стано́вятся популя́рными?
a.   Экологи́ческий тури́зм.
b.   Гастрономи́ческие ту́ры.
c.   Шóп-туры.
d.   Кру́изы.
e.   Горнолы́жные ту́ры.

3.   Что вы узна́ли о Ки́еве?
a.   Ки́ев – столи́ца Украи́ны и оди́н из са́мых краси́вых городо́в Евро́пы.
b.   Ки́ев – гастрономи́ческая столи́ца Евро́пы.
c.   В Ки́еве приду́мали котле́ты по-ки́евски.
d.   В Ки́еве вку́сно гото́вят.
e.   В Ки́еве пеку́т знамени́тый «Ки́евский торт».

4.   Кака́я програ́мма гастрономи́ческого ту́ра?
a.   Посеще́ние рестора́нов украи́нской ку́хни.
b.   Обзо́рная экску́рсия по Ки́еву.
c.   Дегуста́ция са́мых вку́сных блюд украи́нской ку́хни.
d.   Посеще́ние ма́стер-кла́ссов, на кото́рых вы нау́читесь гото́вить борщ, варе́ники, пироги́, котле́ты по-ки́евски и «Ки́евский торт».
e.   Посеще́ние музе́ев, собо́ров, церкве́й, па́рков.

5.   Что вхо́дит в сто́имость ту́ра?
a.   Трансфе́ры во вре́мя ту́ра.
b.   Встре́ча в аэропорту́.
c.   Услу́ги ги́да.
d.   Ма́стер-кла́ссы, дегуста́ции и обе́ды по програ́мме.
e.   Обзо́рная экску́рсия по го́роду.

6.   Что не вхо́дит в сто́имость ту́ра?
a.   Услу́ги ги́да.
b.   Прожива́ние в гости́нице.
c.   За́втраки и у́жины.
d.   Встре́ча в аэропорту́.
e.   Обзо́рная экску́рсия по го́роду.

 14–11 | Куда́ пое́хать? 1) Review the descriptions of the tours to Kazakhstan and Ukraine. Decide where you would like to go and which tour you would like to book. 2) Go around the classroom and find people who would like to go there as well. As a group, write down two to three reasons you've decided to go there and share them with the rest of the class starting with the following phrases:

Мы все хоти́м пое́хать в . . . , та́к как: во-пе́рвых, . . . , во-вторы́х, . . . , в тре́тьих, . . .

 14–12 | Люблю́ путеше́ствовать! 1) In pairs or small groups, discuss why people like traveling. Write down a couple of reasons. 2) Share your ideas with the other groups in your class. 3) As a class, compile a list of reasons and write them on the black/whiteboard.

СМО́ТРИМ И ГОВОРИ́М

14–13 | Тре́вел-блог «Что я беру́ с собо́й в пое́здку». ТЕГ: лайфха́к, пое́здка, что я беру́ с собо́й, собира́ем чемода́н. 1) Watch the video blog three times and choose the correct answers for the following questions. There may be more than one correct answer. 2) In pairs, talk about what you usually take with you on trips.

Что я беру́ с собо́й в пое́здку . . .

заря́дка (для телефо́на) – *charger*
крем для лица́ – *face cream*
кроссо́вки *pl.* – *sneakers*
наде́яться *impf.* – *to hope*
нали́чные де́ньги *pl.* – *cash*
оре́хи *pl.* – *nuts*
(губна́я) **пома́да** – *lipstick*
расчёска – *comb, hairbrush*

ручна́я кладь – *carry-on luggage*
рюкза́к – *backpack*
салфе́тки *pl.* – *tissues*
собира́ть/собра́ть что? (ве́щи, су́мку, чемода́н) – *to pack*
тушь *f.* – *mascara*
чемода́н – *suitcase*

1. Где Лена путеше́ствовала?
   Она́ путеше́ствовала . . .
   a. по Аме́рике.
   b. по Евро́пе.
   c. по Азии.
   d. по Африке.
   e. по Австра́лии.
   f. по Но́вой Зела́ндии.
2. Куда́ она́ собира́ется?
   Она́ собира́ется . . .
   a. в Евро́пу.
   b. в Аме́рику.
   c. в Сре́днюю Азию.
   d. в Африку.
   e. в Но́вую Зела́ндию.
   f. в Австра́лию.
3. Что Ле́на обы́чно берёт с собо́й в пое́здку?
   Она́ берёт . . .
   a. большу́ю су́мку.
   b. ма́ленькую су́мочку.
   c. небольшо́й чемода́н.
   d. рюкза́к.
4. Что Ле́на положи́ла в су́мочку?
   Она́ положи́ла . . .
   a. телефо́н.
   b. заря́дку для телефо́на.
   c. па́спорт.
   d. ба́нковские ка́рточки.

  e. немно́го нали́чных де́нег.

  f. води́тельские права́.

  g. страхо́вку.

  h. биле́ты на самолёт.

5. Что Ле́на обы́чно кладёт в рюкза́к?

 Она́ обы́чно кладёт . . .

  a. телефо́н и заря́дку.

  b. косме́тику: пома́ду, тушь для глаз.

  c. кре́мы для лица́.

  d. шампу́нь и расчёску.

  e. оде́жду и о́бувь.

  f. салфе́тки.

  g. тёплую ко́фту.

  h. оре́хи на переку́с.

6. Что у Ле́ны лежи́т в чемода́не?

 В чемода́не лежа́т . . .

  a. футбо́лки и ма́йки.

  b. джи́нсы и шо́рты.

  c. кре́мы для лица́.

  d. косме́тика: пома́да, тушь для глаз.

  e. тёплый сви́тер.

  f. кроссо́вки.

  g. ма́ленькое полоте́нце.

  h. оде́жда и о́бувь.

14–14 | **Тре́вел-блог «Что я беру́ с собо́й в пое́здку».** 1) On a separate piece of paper, write four to five questions to the author of the video blog in 14–13 asking about her trip to Kazakhstan. 2) Would you like to subscribe to her YouTube channel? Explain why.

ЧИТА́ЕМ И ГОВОРИ́М

14–15 | **Пе́ред чте́нием.** 1) In pairs or small groups, brainstorm some reasons some people hate traveling. Write down a couple of reasons. 2) Share your ideas with the other groups in your class. 3) As a class, compile a list of reasons and write them on the black/whiteboard.

14–16 | **Ненави́жу путеше́ствовать.** Skim the following article and choose the statement that best reflects the main idea of the article.

Автор статьи́. . .

  ___ хо́чет объясни́ть чита́телям, почему́ кто́-то не лю́бит класси́ческую му́зыку и жи́вопись, а кто́-то не лю́бит путеше́ствовать.

  ___ хо́чет поня́ть и́з-за чего́ лю́ди не лю́бят путеше́ствовать.

  ___ хо́чет рассказа́ть чита́телям, как лю́ди прово́дят свой о́тпуск и кани́кулы.

Я ненави́жу путеше́ствовать!

беспла́тный – *free*
боя́ться *impf. + inf.* – *to be afraid*
глу́по – *stupid*
зака́зывать/заказа́ть что? – *here: to book, reserve*
командиро́вка – *business trip*
лени́вый, -ая, -ое, -ые – *lazy*
обеща́ть/пообеща́ть кому́? что? – *to promise*

обижа́ться/оби́деться на кого́? за что? – *to be offended*
опа́сно – *dangerous*
пока́ – *so far*
похо́д – *hike*/**ходи́ть в похо́д** – *to hike*
е́здить на рыба́лку – *to go fishing*
успоко́иться *pfv.* – *to calm down*

Кто́-то не лю́бит класси́ческую му́зыку, кто́-то жи́вопись, а кто́-то про́сто отка́зывается от тури́зма и́ли да́же ненави́дит путеше́ствовать. Кто э́ти лю́ди? Почему́ они́ не лю́бят путеше́ствовать?

Ви́ктор

55-ле́тний Ви́ктор из Новосиби́рска мно́го раз был в Кита́е, ка́ждый ме́сяц е́здил по рабо́те в Пеки́н. Не́сколько раз был на о́тдыхе в Ту́рции с жено́й, но пля́жный о́тдых ему́ не понра́вился.

– Все э́ти Ту́рции и Евро́пы мне не нужны́. Я не могу́ лежа́ть на пля́же и ничего́ не де́лать. А европе́йская культу́ра меня́ совсе́м не интересу́ет. Мне бы на рыба́лку пое́хать, и́ли в похо́д пойти́ с друзья́ми. По́сле тако́го о́тдыха всегда́ есть что вспо́мнить, над чем посмея́ться. И всё!

Ка́тя

Ка́те 22 го́да, она́ была́ в Казахста́не, Гру́зии и Арме́нии. Но ей не нра́вится путеше́ствовать, потому́ что она́, во-пе́рвых, бои́тся лета́ть, а во-вторы́х, ненави́дит собира́ть чемода́ны и су́мки, и, в-тре́тьих, сейча́с э́то про́сто опа́сно.

– Не хочу́ никуда́ е́здить, потому́ что я лени́вая. Ра́ньше все мои́ пое́здки плани́ровали роди́тели: покупа́ли биле́ты, брони́ровали гости́ницы и зака́зывали экску́рсии, покупа́ли страхо́вки. А тепе́рь я должна́ всё де́лать сама́. Не хочу́, и всё. Самолёты, поезда́, маши́ны – всё э́то стресс для меня́. Хотя́, коне́чно, я не откажу́сь от беспла́тной пое́здки куда́-нибудь, наприме́р, в Пари́ж и́ли в Мила́н, э́то бы́ло бы про́сто глу́по.

Алик

32-ле́тний Алик е́здит в командиро́вки в Азию 2–3 ра́за в ме́сяц. Из-за того́, что он так ча́сто е́здит в командиро́вки, свой о́тпуск он лю́бит проводи́ть до́ма и́ли на да́че с жено́й и до́чкой.

– Я приезжа́ю из командиро́вки в воскресе́нье, и опя́ть на́до идти́ на рабо́ту в понеде́льник. Мне не хвата́ет вре́мени, что́бы про́сто хорошо́ вы́спаться, полежа́ть и посмотре́ть телеви́зор до́ма. Мое́й жене́ э́то не нра́вится, и она́ ча́сто обижа́ется на меня́ за то, что мы всё вре́мя сиди́м до́ма и никогда́ никуда́ не е́здим. В э́том году́ я ей уже́ пообеща́л, что мы пое́дем куда́-нибудь ле́том, мо́жет быть, в круи́з по Чёрному мо́рю. Она́ пока́ успоко́илась.

Материа́л подгото́влен на осно́ве информа́ции откры́тых исто́чников.

14–17 | Ненави́жу путеше́ствовать. Reread the article in 14–16 and, based on its content, mark the reasons **Ви́ктор**, **Ка́тя** и **А́лик** hate traveling. Compare them with your list in 14–15.

Не люблю́ путеше́ствовать и́з-за того́, что . . .

___ я ча́сто е́зжу в командиро́вки.

___ я бою́сь лета́ть.

___ я не люблю́ поезда́.

___ мне нра́вится ходи́ть в похо́ды и на рыба́лку, а не путеше́ствовать.

___ путеше́ствие – э́то стресс для меня́.

___ я не люблю́ зака́зывать гости́ницу, покупа́ть биле́ты, собира́ть чемода́ны.

___ я не люблю́ жить в гости́ницах, я пло́хо сплю там.

___ меня́ не интересу́ет культу́ра други́х стран.

___ меня́ не интересу́ют други́е города́ и стра́ны.

___ я уже́ везде́ был/была́ и всё ви́дел/а.

___ мне нра́вится отдыха́ть до́ма и́ли на да́че.

___ э́то до́рого, у меня́ нет де́нег на путеше́ствия.

___ э́то опа́сно.

14–18 | Ненави́жу путеше́ствовать. Reread the article in 14–16 and mark which statement belongs to whom. Read each statement out loud.

Кто э́то сказа́л?	Ви́ктор	Ка́тя	А́лик
1. Мне не хвата́ет вре́мени, что́бы про́сто хорошо́ вы́спаться, полежа́ть и посмотре́ть телеви́зор до́ма.			
2. Ра́ньше все мои́ пое́здки плани́ровали роди́тели: покупа́ли биле́ты, брони́ровали гости́ницы и зака́зывали экску́рсии, покупа́ли страхо́вки.			
3. Все э́ти Ту́рции и Евро́пы мне не нужны́. Я не могу́ лежа́ть на пля́же и ничего́ не де́лать.			
4. А тепе́рь я должна́ всё де́лать сама́. Не хочу́, и всё.			
5. Мне бы на рыба́лку пое́хать, и́ли в похо́д пойти́ с друзья́ми.			
6. Самолёты, поезда́, маши́ны – всё э́то стресс для меня́.			
7. Мое́й жене́ э́то не нра́вится, и она́ ча́сто обижа́ется на меня́ за то, что мы всё вре́мя сиди́м до́ма и никогда́ никуда́ не е́здим.			
8. В э́том году́ я ей уже́ пообеща́л, что мы пое́дем куда́-нибудь ле́том, мо́жет быть, в круи́з по Чёрному мо́рю.			

Кто э́то сказа́л?	Ви́ктор	Ка́тя	Алик
9. По́сле тако́го о́тдыха всегда́ есть что вспо́мнить, над чем посмея́ться. И всё!			
10. Хотя́, коне́чно, я не откажу́сь от беспла́тной пое́здки в Пари́ж и́ли в Мила́н, наприме́р, э́то бы́ло бы про́сто глу́по.			

ДАВА́ЙТЕ ПОГОВОРИ́М

14–19 | О себе́. 1) Read the following question and choose the answers that apply to you. 2) In pairs, tell each other what you do before you travel. 3) Imagine that one of your friends/classmates has never traveled before. Find a new partner and advise them on what they should do before an upcoming trip. Review *Imperatives* in Chapter 6 as needed.

— Когда́ вы е́дете путеше́ствовать, что вы обы́чно де́лаете пе́ред *(before)* пое́здкой?
— Обы́чно я . . .

  ___ выбира́ю, куда́ пое́хать.
  ___ звоню́ в турфи́рму.
  ___ нахожу́ како́й-нибу́дь тур на са́йте турфи́рмы.
  ___ брони́рую тур.
  ___ зака́зываю каку́ю-нибу́дь гости́ницу.
  ___ покупа́ю биле́ты на самолёт, по́езд и́ли авто́бус.
  ___ получа́ю ви́зу, е́сли е́ду за рубе́ж.
  ___ покупа́ю страхо́вку.
  ___ беру́ де́ньги в ба́нке.
  ___ смотрю́ пого́ду в интерне́те.
  ___ собира́ю чемода́н и́ли су́мку.
  ___ друго́е: _____

14–20 | Покупа́ем тур в Росси́ю. You want to go to Moscow and buy a tour from a Russian travel agency in your country. 1) Read the following script out loud. 2) In small groups, take turns playing each role (тураге́нт and тури́ст). You could add more lines to this conversation. Be creative!

Ту́ры в Росси́ю

анке́та – *application form*
запо́лнить *pfv.* что? – *to fill out*
одноме́стный но́мер – *single room*

Expressions:
Отли́чно! – *Great!*
Прекра́сно! – *Wonderful!*

Турагéнт (мéнеджер по турúзму)	Турúст
Туристúческая фúрма «Марúя» слу́шает!	Здра́вствуйте! Вы организу́ете поéздки в Росси́ю?
Да, мы предлага́ем поéздки в Москву́ и Са́нкт-Петербу́рг на недéлю.	Отли́чно! Ско́лько стóит такóй тур?
Без билéтов на самолёт дóлларов 600–700.	Прекра́сно! А ви́за в Росси́ю нужна́?
Да, ви́за нужна́.	Я могу́ купи́ть её в аэропорту́ в Москвé?
Нет, вы не мóжете. Ви́зу на́до получи́ть в росси́йском кóнсульстве. Мы вам помóжем.	А каки́е докумéнты нужны́ для э́того?
Нам ну́жен ваш па́спорт, медици́нская страхóвка, фотогра́фия и анкéта, котóрую вам на́до запóлнить.	А прожива́ние в гости́нице в одномéстных и́ли двухмéстных номера́х?
В одномéстных.	Спаси́бо, я всё пóнял/поняла́. А вы за́втра рабóтаете?
Да, мы рабóтаем ка́ждый день с десяти́ до семи́, без выходны́х.	Спаси́бо, я тогда́ за́втра к вам заéду. До встрéчи.

ПИ́ШЕМ О ПУТЕШЕ́СТВИЯХ

14–21 | О себé. Write a 10–12-sentence essay on one of the following topics. List two to three reasons and describe your best or worst traveling experience as appropriate.

1. Почему́ я люблю́ путешéствовать.
2. Почему́ мне не нра́вится путешéствовать.

14–22 | Травелóг. Travelogue. Write a 10–12-sentence travelogue about your last trip to another city or country for your blog or social media page. Use the following questions as an outline of your story:

1. Где вы бы́ли?
2. Вам понра́вилось и́ли нет?
3. Как туда́ доéхать? (на пóезде, на самолёте и т.п.)
4. Что вы там дéлали?
5. Что вы посети́ли, что вы посмотрéли?
6. Что обяза́тельно на́до посмотрéть в э́том гóроде/э́той странé?

7. Кака́я у́личная еда́ в э́том го́роде/э́той стране́? Что мо́жно пое́сть на у́лице?
8. Кака́я у́личная мо́да в э́том го́роде/э́той стране́? Как лю́ди одева́ются?
9. Что и где вы купи́ли? (сувени́ры, пода́рки кому́? и т.п.)
10. Что мо́жно де́лать по вечера́м?
11. Что бы вы посове́товали лю́дям, кото́рые пое́дут туда́ пе́рвый раз?

ИНТЕРВЬЮ́ И ПРОЕ́КТЫ

14–23 | Интервью́ «Путеше́ствия: лайфха́ки». You are planning to travel to Russia this summer, but you are concerned that you won't have much money to spend during your stay. In small groups or as a class, write five to six questions that you could ask your classmates or other Russian speakers about how to travel on a budget. The first one has been done for you. 1) Conduct interviews with two classmates. Write down their answers and share your results with the class. 2) Conduct interviews with two Russian speakers outside of class. Write down their answers, create a two-minute multimedia presentation, and present it in class.

Interview form

Questions	Person 1	Person 2
1. Как купи́ть дешёвый билет на самолёт?		

14–24 | Рекла́ма турфи́рмы. In small groups, create a video commercial for a local travel agency that organizes various tours in your city, including shopping and gastronomic tours. Be creative! You may want to have a competition for the best advertising video.

Steps in creating a video commercial:

1. Discuss and select the information that you want to include.
2. Write an outline.
3. Create a film storyboard (use the following film storyboard form).
4. Compile and create digital media (photos, videos, music, audio recordings, text slides, etc.)
5. Put it all together.

Film storyboard form

Project title: _____ Page # ____
Producers: _____

Shot #1	Shot #2	Shot #3
Shot description and duration	Shot description and duration	Shot description and duration
Dialogue/Narration:	Dialogue/Narration:	Dialogue/Narration:
Other information (e.g. transitions, music)	Other information (e.g. transitions, music)	Other information (e.g. transitions, music)

14–25 | Видеобло́г. Те́ги: путеше́ствия, тре́вел-бло́ги, как собра́ть чемода́н, лайфха́ки. 1) Create a post for your video blog about what you should take with you on a trip. Give some helpful tips and suggestions for travelers (10–12 sentences). Make it interesting and exciting for your classmates to watch. Be creative! 2) Show your video blog in class and watch your classmates' videos. You may want to have a competition for the best video blog.

ГРАММА́ТИКА

The particles -то and -нибу́дь

14–26 | -ТО и -НИБУ́ДЬ. Read the following sentences in Russian and analyze their equivalents in English.

Particle -TO	Particle -НИБУ́ДЬ
with **кто, что, где, когда́, куда́, како́й,** and **почему́**	
кто́-то *someone*/**что́-то** *something*	**кто́-нибудь** *anyone, someone* **что́-нибудь** *anything, something*
Кто́-то из мои́х друзе́й путеше́ствовал по Росси́и э́тим ле́том, но им **что́-то** не понра́вилось. Они́ бы́ли **че́м-то** недово́льны. *Some of my friends traveled throughout Russia this summer, but there was something they didn't like. They were unsatisfied with something.*	**Кто́-нибудь** путеше́ствовал по Росси́и зимо́й? Вам **что́-нибудь** не понра́вилось? Вы **че́м-нибудь** бы́ли недово́льны? *Has anyone traveled around Russia in the winter? Was there anything you didn't like about it? Were you unsatisfied with anything?*
где́-то *somewhere* (location) Они́ **где́-то** путеше́ствовали весно́й. *They were traveling somewhere in the spring.*	**где́-нибудь** *anywhere, somewhere* (location) Они́ **где́-нибудь** путеше́ствовали весно́й? *Were they traveling anywhere in the spring?*
когда́-то *once, a while ago, at some point* Мы **когда́-то** бы́ли в Испа́нии. *We have been to Spain before.*	**когда́-нибудь** *ever, sometime in the future* Вы **когда́-нибудь** бы́ли в Испа́нии? *Have you ever been to Spain?*
куда́-то *somewhere* (direction, motion) Мои́ друзья́ **куда́-то** е́здили в ма́е. *My friends went somewhere in May.*	**куда́-нибудь** *anywhere, somewhere* (direction, motion) Твои́ друзья́ **куда́-нибудь** пое́дут в ма́е? *Will your friends be going anywhere in May?*
како́й-то *some (adj.)* Она́ заказа́ла **како́й-то** тур в Росси́ю. *She booked some kind of tour to Russia.*	**како́й-нибудь** *any, some (adj.)* Закажи́/те **каку́ю-нибудь** гости́ницу в Ки́еве! *Book any hotel in Kiev!*
почему́-то *for some reason* Они́ **почему́-то** не лю́бят путеше́ствовать. *They don't like to travel for some reason.*	

Using the particles -то and -нибу́дь with кто, что, где, когда́, куда́, како́й, and почему́

Use the particle -ТО . . .	Use the particle -НИБУ́ДЬ . . .
in **declarative sentences** with present- and past-tense verbs to indicate that something exists, but specific details about it are either unknown or not provided by the speaker. Мой друзья́ сейча́с уезжа́ют **куда́-то** в Азию. *My friends are currently leaving for somewhere in Asia.* Он уе́хал с **ке́м-то** в о́тпуск. *He left with someone on vacation.*	1. in **questions** to establish the existence of a particular **кто, когда́, куда́,** etc. — Вы е́здили отдыха́ть **куда́-нибудь** в э́том году́? — Да, в Казахста́н. *"Did you go anywhere on vacation this year?"* *"Yes, to Kazakhstan."*
	2. after **imperatives** and in declarative sentences with **future tense** verbs when referring to a non-specific **кто, когда́, куда́,** etc. or to imply that there is a choice of multiple alternatives. — Привези́ мне **како́й-нибудь** сувени́р из Росси́и. Мо́жешь привезти́ матрёшку и́ли па́лех! — Хорошо́, я тебе́ привезу́ **како́й-нибудь** сувени́р. *"Bring me some kind of souvenir from Russia. You can bring back a matryoshka or palekh!"* *"OK, I will bring you some kind of souvenir."*

> **Remember!**
> 1. **Do not** use the particle **-ТО** or **-НИБУ́ДЬ** in negative constructions.
> 2. Decline **кто, что**, and **како́й** with the particles **-то** and **-нибу́дь**.
> 3. Do not decline **где, куда́, когда́**, and **почему́** or **-то** and **-нибу́дь**.

14–27 | ТО и -НИБУ́ДЬ. 1) Read the following ad for a tour agency along with the reviews left by commenters. Choose the correct word in parentheses. Explain your choices and translate the sentences into English. 2) In pairs, tell each other what you learned about the company using words with the particles **-то** and **-нибу́дь**.

Туристи́ческая компа́ния TRAVEL ONE

Ви́ды ту́ров: горнолы́жные ту́ры, круи́зы, пля́жные ту́ры, сва́дебные ту́ры, ту́ры выходно́го дня, шоп-ту́ры

Вы (когда́-то/когда́-нибудь) бы́ли в Восто́чной Евро́пе? Не́ были? Обяза́тельно поезжа́йте с на́ми (куда́-то/куда́-нибудь) в Болга́рию и́ли в Слова́кию, и́ли вы́берите (како́й-то/како́й-нибудь) тур по Се́рбии. Мы ждём Вас у нас в о́фисе по а́дресу г. Москва́, ул. Тверска́я, 18. Тел. +7 495 699–15–99

Отзывы про TRAVEL ONE (2)

<u>marko.yana</u> Во́семь лет наза́д мы хоте́ли пое́хать (куда́-то/куда́-нибудь) на мо́ре отдохну́ть и нашли́ компа́нию TRAVEL ONE. Нам всё о́чень понра́вилось и тепе́рь, когда́ мы éдем (куда́-то/куда́-нибудь), мы всегда́ покупа́ем ту́ры у э́той компа́нии. В э́той компа́нии рабо́тают таки́е прия́тные и симпати́чные лю́ди! Они́ всегда́ помо́гут вам найти́ (како́й-то/како́й-нибудь) интере́сный и недорого́й тур. Спаси́бо!

<u>lady.alenka.88</u> До́брый день! Мы с друзья́ми давно́ путеше́ствуем с э́той компа́нией!

(Кто́-то/кто́-нибудь) мне порекомендова́л TRAVEL ONE лет пять наза́д и тепе́рь, когда́ мы хоти́м пое́хать (куда́-то/куда́-нибудь), мы лета́ем то́лько че́рез них. Мы уже́ бы́ли в Ту́рции, в Болга́рии, Испа́нии и т.д. Де́вочки о́чень внима́тельные и весёлые. Плюс они́ всегда́ даю́т (каки́е-то/каки́е-нибудь) ски́дки. Спаси́бо за чуде́сный се́рвис!

14–28 | -ТО и -НИБУ́ДЬ. 1) Read the following questions and choose the correct word in parentheses. Explain your choices and translate the questions into English. 2) In small groups, take turns playing the roles of interviewer and cruise passenger in the scenario. Make sure to use words with the particle **-то** in your answers (see the example in question #1). Be creative!

1. Вы *когда́-нибудь* éздили в *како́й-нибудь* круи́з?
   Да, я когда́-то éздил/а в како́й-то круи́з, но не помню́ то́лько когда́ и куда́ . . . Вспо́мнил/а! Я éздил/а в круи́з 3 го́да наза́д на Аля́ску.
2. Вы с (ке́м-то/ке́м-нибудь) éздили и́ли са́ми?
3. Вы (куда́-нибудь/куда́-то) éздили на экску́рсии во вре́мя круи́за?
4. Вы смотре́ли (како́е-то/како́е-нибудь) шо́у и́ли (како́й-то/како́й-нибудь) конце́рт на корабле́?
5. Вы занима́лись (каки́м-нибудь/каки́м-то) спо́ртом во вре́мя круи́за?
6. Вы прочита́ли (каку́ю-то/каку́ю-нибудь) кни́гу во вре́мя круи́за?
7. Вы посмотре́ли (како́й-то/како́й-нибудь) фильм во вре́мя круи́за?
8. Вы привезли́ (каки́е-нибудь/каки́е-то) сувени́ры из путеше́ствия?
9. Вы с (ке́м-то/ке́м-нибудь) познако́мились в круи́зе?
10. Вам (что́-нибудь/что́-то) не понра́вилось?
11. Вам (что́-нибудь/что́-то) понра́вилось?
12. Вы хоти́те ещё (куда́-то/куда́-нибудь) пое́хать путеше́ствовать на круи́зном ла́йнере?

14–29 | ТО и -НИБУ́ДЬ. In pairs, give advice or ask for something using the words in the right column. Don't forget to decline **кто-, что-, како́й-** (кака́я-, како́е-, каки́е-).

Advice and requests	Words to use
1. Поезжа́й/те отдыха́ть . . . с. . .	где́-нибудь
2. Отдохни́/те . . . на мо́ре (на океа́не, на о́зере, в гора́х).	когда́-нибудь
3. Почита́й/те . . .	куда́-нибудь
4. Почита́й/те . . . интере́сный рома́н.	что́-нибудь
5. Посмотри́/те . . . весёлые фи́льмы.	кто́-нибудь
6. Походи́/де по . . . магази́нам.	како́й-нибудь
7. Встре́ться/есь на обе́д с . . .	кака́я-нибудь
8. Посиди́/те в кафе́ с . . . подру́гой (дру́гом).	како́е-нибудь
9. Привези́/те мне из пое́здки . . .	каки́е-нибудь
10. Купи́/те мне . . . сувени́р в пое́здке.	
11. Позвони́/те мне . . .	

Negative constructions: ни-words

14–30 | Ни-words. Read the following examples in Russian and analyze their equivalents in English.

ни-words	Examples
никто́ – *nobody, no one, anybody, anyone*	**Никто́ не** пое́хал в круи́з в э́том году́. *Nobody went on a cruise this year.*
ничто́/ничего́ – *nothing, anything*	Им **ничего́ не** интере́сно в жи́зни. *Nothing in life is interesting to them.*
нигде́ – *nowhere, anywhere*	Мы ещё **нигде́ не** были в Росси́и. На́до лете́ть! *We haven't been anywhere yet in Russia. We have to go!*
никуда́ – *nowhere, anywhere*	Она́ **никуда́ не** е́здит. Ей **ничего́ не** интере́сно. *She won't go anywhere. She's not interested in anything.*
никогда́ – *never*	Они́ **никогда́ не** е́здят на экску́рсии по го́роду. *They never go on tours around the city.*
никако́й (никака́я, никако́е, никаки́е) – *no, none (whatsoever), any*	У нас **нет никаки́х** иде́й о том, как провести́ наш о́тпуск в э́том году́. *We don't have any ideas about how to spend our vacation this year.*
ника́к – *by no means, not at all, in no way*	Мы **ника́к не** мо́жем найти́ хоро́шего турагéнта. *There's no way we can find a good travel agent.*

Using ни-words

1. The negative particle **НЕ** must always precede the verb in sentences with **ни-words**.
 Э́той зимо́й они́ **никуда́ не** е́дут. *They're not going anywhere this winter.*

2. There may be more than one **ни-word** in a sentence that is placed before the negative particle **НЕ** and the verb.

> Почему́ вы **никогда́ никуда́** не е́здите? *Why don't you ever go anywhere?*

3. Decline никто́, ничто́ and **никако́й** (никака́я, никако́е, никаки́е). When used with a preposition, they are spelled as three separate words, for instance, **нике́м** but **ни с ке́м**, **никто́** but **ни у кого́**.

N	никто́	ничто́	никако́й	никако́е	никака́я	никаки́е
A	никого́	ничего́	**N or G**		никаку́ю	**N or G**
G	никого́/ни у кого́	ничего́	никако́го		никако́й	никаки́х
P	ни о ко́м	ни о чём	ни о како́м		ни о како́й	ни о каки́х
D	никому́	ничему́	никако́му		никако́й	никаки́м
I	нике́м/ни с ке́м	ничем	никаки́м		никако́й	никаки́ми

4. In spoken Russian, the nominative form **ничто́** is replaced by the genitive form **ничего́**.

> — Тебе́ **что́-нибудь** привезти́ из Каза́ни? *Should I bring you anything from Kazan?*
> — Нет, спаси́бо, мне **ничего́ не** на́до. *No thanks, I don't need anything.*

14–31 | Ни-words. In pairs, answer the questions in the affirmative or in the negative following the subsequent example. Don't forget to decline **никто́**, **ничто́**, **никако́й** (никака́я, никако́е, никаки́е).

Приме́р:

> — Вы когда́-нибудь бы́ли на рыба́лке?
> — Да, когда́-то была́./Нет, никогда́ не была́!

Questions	Words to use	
1. Вы куда́-нибудь е́дете отдыха́ть в э́том году́?	что́-то	никто́
2. Вы где́-нибудь путеше́ствовали?	что́-нибудь	ничего́
3. Вы с ке́м-нибудь путеше́ствовали по Росси́и?	кто́-то	никуда́
4. Вы с ке́м-нибудь бу́дете путеше́ствовать по Росси́и?	кто́-нибудь	нигде́
5. Вы когда́-нибудь бы́ли в Восто́чной Евро́пе?	куда́-то	никогда́
6. Вы чита́ли что́-нибудь о Росси́и?	куда́-нибудь	никако́й
7. Вы что́-нибудь напи́шете о ва́шей пое́здке?	где́-то	никака́я
8. Вы бы́ли в како́м-нибудь гастрономи́ческом ту́ре?	когда́-то	никако́е
9. Вы куда́-нибудь пое́дете в шоп-ту́р?	како́й-то	никаки́е
	кака́я-то	
	како́е-то	
	каки́е-то	

14–32 | **Ни-words**. In pairs, try to *dissuade* **отговорѝть** your partner from doing what he/she wants. Use the **ни-words** in parentheses following the subsequent example. Don't forget to conjugate **никтó**, **ничтó**, **никакóй** (никакáя, никакóе, никакѝе) and use imperfective verbs in negative sentences.

Примéр:

— Я хочý поéхать в Канáду с дрýгом. (никудá)
— Не нáдо никудá éхать!

1. Я хочý заброни́ровать тур по Сиби́ри. (ничтó)
2. Я хочý позвони́ть в турфи́рму. (никудá)
3. Я хочý позвони́ть турагéнту. (никтó)
4. Я хочý поговори́ть с турагéнтом. (никтó)
5. Я хотéл/а бы узнáть, как получи́ть ви́зу в Росси́ю. (ничтó)
6. Я хотéл/а бы поéхать в Сиби́рь с мои́м дрýгом. (никудá)
7. Я хотéл/а бы взять дéньги на поéздку у друзéй. (никтó)
8. Я хочý взять с собóй в поéздку какóй-нибудь чемодáн. (никакóй)
9. Я хочý взять с собóй в поéздку каки́е-нибудь сувени́ры. (никаки́е)

14–33 | **Ни-words**. In pairs, take turns talking about things you've never done in your life in five to six sentences. Use various **ни-words** following the subsequent example.

Примéр:

— Я ещё никогдá нé был/не былá в Еврóпе. А ты?
— Я тóже! Я ещё нигдé нé был/не былá в Росси́и. А ты?

Complex sentences: то, что . . .

1. **То, что** links two clauses and can be translated as ***what*** or ***that which*** when the pronoun **что** *što* is the subject or object of a clause. As two pronouns in this combination, **то** and **что** both decline. The case of **то** or **что** is determined by the preposition or verb that governs them.

Case	то, что	Examples	Notes
N	**то, что**	Мне нра́вится всё **то, что** вам нра́вится. *I like everything that you like.*	*что* is the subject of the clause
A	**то, что**	Мы уви́дели в Росси́и всё **то, что** хоте́ли. *We have seen all that we wanted to in Russia.*	*что* is the object of the clause
G	**того́, чего́**	Он доби́лся **того́, чего́** вы не доби́лись. *He achieved what you did not achieve.*	
D	**тому́, чему́**	Они́ не ве́рят **тому́, чему́** вы ве́рите. *They don't believe what you believe.*	
I	**тем, чем**	Я не интересу́юсь **тем, чем** вы увлека́етесь. *I'm not interested in what you're passionate about.*	
P	**том, (в, о) чём**	Они́ уве́рены в **том, в чём** вы сомнева́етесь. *They are certain about that which you doubt.*	

2. Do not confuse **то, что** *(what, that which)* discussed previously with **то, что** *(that)*, in which the conjunction **что** *štə* introduces clauses preceded by the pronoun **то**. The case of the pronoun **то** is determined by preposition or verb that governs it; the conjunction **что** does not decline. **То, что** also renders the English *(preposition+)* *-ing*.

Case	то, что	Examples
N	**то**, что	Мне нра́вится **то, что** вы уже́ купи́ли биле́ты в Москву́. *I like that you've already bought tickets to Moscow.*
A	**то**, что	Спаси́бо **за то, что** вы организова́ли э́ту пое́здку! *Thank you for organizing this trip.*
G	**того́**, что	Мы не пое́хали в Росси́ю и́з-за **того́, что** не смогли́ получи́ть ви́зу. *We didn't go to Russia because we couldn't get visas.*
D	**тому́**, что	Я не ве́рю **тому́, что** вам не понра́вился э́тот тур! *I don't believe that you didn't like this tour!*
I	**тем**, что	Э́тот го́род знамени́т **тем, что** там есть па́мятники 10 ве́ка. *This city is renowned for having monuments from the 10th century.*
P	**том**, что	Я уве́рена в **том, что** мы хорошо́ проведём вре́мя в круи́зе. *I'm sure that we'll spend our time well on this cruise.*

14–34 | ТО, ЧТО. 1) Read the following travel review and fill in the gaps using **то, что** in the correct form. 2) Translate into English. 3) Answer the following questions:

1. За что Аня и Андре́й благода́рны турфи́рме «Валенти́натур»?
2. С чего́ начало́сь и чем зако́нчилось их путеше́ствие?
3. Что им понра́вилось в Осло?
4. Что они́ узна́ли в Бе́ргене?
5. На что Аня и Андре́й наде́ются (*to hope)*?
6. О чём они́ расска́жут свои́м друзья́м?

Отзывы

Дорога́я турфи́рма «Валенти́натур»! Спаси́бо вам большо́е за (то, что) _____ вы сде́лали на́ше путеше́ствие по Норве́гии незабыва́емым *(unforgettable)*! Мы с му́жем уви́дели в Норве́гии всё (то, что) _____ хоте́ли. На́ше путешествие начало́сь с (то, что) _____ мы прилете́ли в Осло и провели́ там три дня. В Осло нам понра́вилось (то, что) _____ в го́роде мно́го краси́вых па́рков, хоро́ших рестора́нов и прекра́сно рабо́тает обще́ственный тра́нспорт. Пото́м мы пое́хали в Бе́рген на три дня. Мы узна́ли о (то, что) _____ в Бе́ргене жил изве́стный композ́итор Эдвард Григ. Мы побыва́ли в его́ до́ме. Зако́нчилось на́ше путеше́ствие (то, что) _____ мы опя́ть прие́хали в Осло, и отту́да мы уже́ улете́ли в Москву́. Мы наде́емся *(to hope)* на (то, что) _____ в сле́дующем году́ мы опя́ть смо́жем пое́хать в путеше́ствие с ва́шей компа́нией! Кро́ме того, мы обяза́тельно расска́жем на́шим друзья́м о (то, что) _____ вы лу́чшая турфи́рма в Москве́!

Аня и Андре́й

СЛОВА́РЬ

анке́та – *application form*
беспла́тный – *free*
боя́ться *impf. + inf.* – *to be afraid*
  Pres.: я бою́сь, ты бои́шься, они́ боя́тся
брони́ровать/заброни́ровать что? – *to book, reserve*
  Pres./Fut.: я (за)брони́рую, ты (за)брони́руешь, они́ (за)брони́руют
ве́рить/пове́рить кому́? чему́? – *to believe in, trust*
  Pres./Fut.: я (по)ве́рю, ты (по)ве́ришь, они́ (по)ве́рят
ви́за – *visa*
во вре́мя чего́? – *during, while*
волнова́ться *impf.* – *to worry*
  Pres.: я волну́юсь, ты волну́ешься, они́ волну́ются
вспомина́ть/вспо́мнить кого́? что? – *to recall, recollect*

Pres.: я вспомина́ю, ты вспомина́ешь, они́ вспомина́ют

Fut.: я вспо́мню, ты вспо́мнишь, они́ вспо́мнят

глу́по – *stupid*

горнолы́жный куро́рт – *ski resort*

да́ча – *summer house*

двухме́стный но́мер – *double room*

дегуста́ция – *tasting*

дегусти́ровать *impf.* что? – *to taste*

Pres.: я дегусти́рую, ты дегусти́руешь, они́ дегусти́руют

зака́зывать/заказа́ть что? (гости́ницу, биле́ты, экску́рсию)[1] – *here: to book (hotel, tickets, tour)*

заря́дка (для телефо́на) – *charger*

зе́лень *f.* – *here: vegetation, plants*

знамени́тый, -ая, -ое, -ые – *renowned*

командиро́вка – *business trip*

крем для лица́ – *face cream*

кроссо́вки *pl.* – *sneakers*

круи́зный ла́йнер – *a cruise ship*

лени́вый, -ая, -ое, -ые – *lazy*

мече́ть *f.* – *mosque*

наде́яться *impf.* – *to hope*

Pres.: я наде́юсь, ты наде́ешься, они́ наде́ются

нали́чные де́ньги *pl.* – *cash*

обеща́ть/пообеща́ть кому́? что? – *to promise*

Pres./Fut.: я (по)обеща́ю, ты (по)обеща́ешь, они́ (по)обеща́ют

обзо́рная экску́рсия – *sightseeing tour*

обижа́ться/оби́деться на кого́? за что? – *to be offended*

Pres.: я обижа́юсь, ты обижа́ешься, они́ обижа́ются

Fut.: я оби́жусь, ты оби́дишься, они́ оби́дятся

одноме́стный но́мер – *single room*

опа́сно – *dangerous*

оре́хи *pl.* – *nuts*

о́тпуск – *vacation, time off (from work)*

пе́ред + *inst.* кем? чем? – *before*

пока́ – *so far*

(губна́я) пома́да – *lipstick*

похо́д – *hike;* **ходи́ть в похо́д** – *to hike*

прожива́ние в гости́нице – *hotel accommodation*

путеше́ствовать *impf.* по + *dat.* – *to travel around somewhere*

Pres.: я путеше́ствую, ты путеше́ствуешь, они́ путеше́ствуют

расчёска – *comb, hairbrush*

ручна́я кладь – *carry-on luggage*

рыба́лка – *fishing;* **ходи́ть/е́здить на рыба́лку** – *to go fishing*

рюкза́к – *backpack*

салфе́тки *pl.* – *tissues*

са́мый вку́сный – *the most delicious*

---

1   **зака́зывать/заказа́ть** что? (суп, пи́ццу) – *to order*

собира́ть/собра́ть что? (ве́щи, су́мку, чемода́н) – *to pack*
    Pres.: я собира́ю, ты собира́ешь, они́ собира́ют
    Fut.: я соберу́, ты соберёшь, они́ соберу́т
страхо́вка – *insurance*
тепе́рь – *now*
тогда́ – *then*
тушь *f.* – *mascara*
удивля́ть/удиви́ть кого́? чем? – *to surprise*
    Pres.: я удивля́ю, ты удивля́ешь, они́ удивля́ют
    Fut.: я удивлю́, ты удиви́шь, они́ удивя́т
услу́га – *service*
успоко́иться *pfv.* – *to calm down*
    Fut.: я успоко́юсь, ты успоко́ишься, они́ успоко́ятся
чемода́н – *suitcase*
я́ркий, -ая, -ое, -ие – *bright*

Expressions:

До встре́чи! – *See you!*
Как настрое́ние? – *How's your mood?*
Настрое́ние отли́чное! – *I'm in a great mood!*
Отли́чно! – *Great!*
Прекра́сно! – *Wonderful!*

ГЛАВА́ 15 | У ПРИРО́ДЫ НЕТ ПЛОХО́Й ПОГО́ДЫ . . .

In this chapter, you will:

- review and expand the vocabulary you need to talk about weather and clothing;
- read and watch weather forecasts;
- write about your favorite season and clothes for different kinds of weather;
- go shopping for clothes and give advice on what to wear;
- create a fashion video blog;
- learn how to form and use the comparative and superlative degrees of adjectives and adverbs.

ВВЕДЕ́НИЕ

15–1 | Пого́да. 1) Learn about telling the temperature in Russian (Cultural note #1) and read the following script out loud. 2) Go around the classroom and interview two to three classmates. Make sure to use the appropriate form of address (**ты** or **вы**) and the appropriate greeting and farewell expressions. 3) Write down or circle their answers. 4) Summarize your results in five to six sentences and share them with the class.

I. Opening conversation lines	Responses
Приве́т!/Здра́вствуй/те! Ра́д/а тебя́/вас ви́деть! Как ты/вы? Как настрое́ние? Что но́вого?	Приве́т!/Здра́вствуй/те! Я то́же ра́д/а тебя́ ви́деть! Спаси́бо, всё в поря́дке! Настрое́ние отли́чное/ужа́сное! Ничего́, всё по-ста́рому!
II. Questions	**Answers**
1. Како́е твоё люби́мое вре́мя го́да? Како́е ва́ше люби́мое вре́мя го́да?	Я люблю́. . . • о́сень. • весну́. • зи́му. • ле́то.
2. А почему́?	Люблю́, . . . • когда́ хо́лодно и идёт дождь. • когда́ тепло́ и идёт дождь. • когда́ хо́лодно и идёт снег. • когда́ со́лнечно и жа́рко. • друго́е:
3. А кака́я у вас пого́да о́сенью?	• Обы́чно/иногда́ хо́лодно, +8–10°С, идёт дождь, си́льный ве́тер. • Обы́чно/иногда́ тепло́, +15–16°С, дождя́ нет. • Друго́е:
4. А кака́я у вас пого́да весно́й?	• Хо́лодно, идёт дождь, температу́ра +12–14°С, ве́тер ю́жный. • Тепло́, +16–20°С, дождя́ обы́чно нет. • Друго́е:
5. А кака́я у вас пого́да зимо́й?	• Хо́лодно, идёт снег, температу́ра –10–15°С, си́льный се́верный ве́тер. • Тепло́, +16–18°С. • Друго́е:
6. А кака́я у вас пого́да ле́том?	• Тепло́, температу́ра +25–28°С. • Жа́рко, температу́ра +30–40°С. • Друго́е:

III. Closing lines	Responses
Спаси́бо! Бы́ло прия́тно с тобо́й/ ва́ми поговори́ть! Всего́ хоро́шего!	Пожа́луйста! Не́ за что! Всего́ до́брого! Ещё уви́димся! До встре́чи!

Cultural note #1: Telling the temperature in Russian

As you probably know, Russians use centigrade when talking about temperatures. To convert Fahrenheit **Фаренге́йт** into Celsius **Це́льсий**, subtract 32 from the Fahrenheit temperature and multiply by 5/9. For example, (100°F – 32) × 5/9 = 37,8°C. 100°F = 37,8°C. To convert Celsius into Fahrenheit, multiply the centigrade temperature by 9/5 and add 32. For example, 10°C × 9/5) + 32 = 50°F. 10°C = 50°F.

Remember, we read:

+30°C as плюс три́дцать гра́дусов *or* три́дцать гра́дусов тепла́ (Це́льсия/по Це́льсию).

–30°C as ми́нус три́дцать гра́дусов *or* три́дцать гра́дусов моро́за (Це́льсия/по Це́льсию).

15–2 | Интона́ция. Intonation Type 4 (ИК-4): Incomplete questions introduced by the conjunction **А**. 1) Review the following information about Intonation Type 4. 2) Listen and repeat after the speaker.

ИК-4

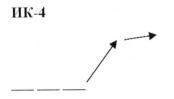

In incomplete questions introduced by the conjunction **А,** the speaker's voice falls slightly in pitch on the stressed syllable of the word in question and then gradually rises. This type of intonation pattern is similar to the intonation of English questions without question words.

— Мы купи́ли но́вый плащ де́душке. (ИК-1)
— А мне? А ба́бушке? (ИК-4)
— Мой брат не лю́бит ру́сские зи́мы. (ИК-1)
— А ты? А сестра́? А роди́тели? (ИК-4)

Use intonation Type 4 in a complete question to express surprise or mild disbelief.

Сего́дня хо́лодно? (ИК-4) А я ду́мала, что бу́дет тепло́. (ИК-1)
За́втра бу́дет дождь? (ИК-4) Обы́чно дожди́ иду́т то́лько о́сенью . . . (ИК-1)
Вы е́дете в Томск? (ИК-4) Там сейча́с ужа́сная пого́да. (ИК-1)
Вы не наде́ли тёплую ку́ртку? (ИК-4) Сего́дня хо́лодно. (ИК-1)

15–3 | Словообразова́ние. Forming adverbs from adjectives. 1) Read about adverbs derived from adjectives. 2) Read the following adjectives out loud, then form adverbs from them and fill in the blanks. The first one has been done for you.

Adjectives are used to describe nouns and answer the question **како́й?** (кака́я, како́е, каки́е), whereas adverbs are used to describe verbs and answer the question **как?** Adverbs ending in **-o** can be formed from many adjectives by simply dropping the adjective ending and adding **-o**: холодн|ый – хо́лодн**о**.

Usage hints. When the subject of a sentence is a noun (ле́то, зима́, весна́, о́сень, день, пого́да, кли́мат, etc.), use the verb *to be*[1] + *adjective* (хоро́ший, прохла́дный, жа́ркий, тёплый, etc.) as a predicate:
 Зима́ (пого́да) была́ (*како́й?*) **холо́дной**. *The winter was cold.*
 But (*Когда́?*) **Зимо́й** (ле́том, вчера́, в сре́ду) бы́ло/ – /бу́дет (*как?*) **хо́лодно**. *It was/is/will be cold during the winter (summer, yesterday, on Wednesday).*

Adjective Како́й?	Adverb Как?	Adjective *or* adverb? Fill in the gaps.
1. хоро́ш|ий	хорош|о́	Вчера́ была́ (*кака́я?*) **хоро́шая** <u>пого́да</u>. Сего́дня (*как?*) **хорошо́**!
2. холо́дный (*cold*)		Сего́дня (*како́й?*) . . . день. За́втра бу́дет (*как?*) . . .
3. прохла́дный (*cool*)		Ле́то бы́ло (*каки́м?*) . . . О́сенью бу́дет (*как?*) . . .
4. тёплый (*warm*)		Весна́ была́ . . . Ле́том бу́дет . . .
5. жа́ркий (*hot*)		Ле́том . . . Сего́дня . . . день!
6. со́лнечный (*sunny*)		Сего́дня . . . ! Сего́дня . . . пого́да.
7. вла́жный (*humid*)		Во Флори́де . . . кли́мат. Во Флори́де . . .
8. сыро́й (*damp*)		В Пи́тере . . . кли́мат. В Пи́тере о́чень . . .
9. ве́треный (*windy*)		Како́й . . . день! Сего́дня . . .
10. безве́тренный (*windless, calm*)		Кака́я . . . пого́да! Сего́дня . . .
11. па́смурный (*overcast*)		Како́й . . . день! Сего́дня . . .
12. о́блачный (*cloudy*)		Кака́я . . . пого́да! Сего́дня . . .

15–4 | О пого́де. Read the following forecasts and compare the weather in different cities. Answer the questions following the subsequent example. Read "The comparative degree of adjectives and adverbs" on page 434. Do you know where these Russian cities are located? Find them on a map of Russia.

---

1 Remember that the verb **быть** (to be) is always omitted in the present tense. However, when **быть** used in the past and future tenses or with an infinitive, adjectives and nouns will be in the instrumental case. See "The instrumental case" (Chapter 10).

Приме́р: В Москве́ прохла́днее, **чем** в Со́чи.

1. Где прохла́днее? Где тепле́е? Где ве́тренее?

Пого́да в Москве́	Пого́да в Со́чи
За́втра в Москве́ бу́дет прохла́дная пого́да. Температу́ра +10–12 гра́дусов, ве́трено, ско́рость ве́тра *(wind)* 5–6 ме́тров в секу́нду (м/с).	За́втра в Со́чи бу́дет па́смурно и прохла́дно. Температу́ра 16–18 гра́дусов тепла́. Ско́рость ве́тра 8–10 ме́тров в секу́нду (м/с).

2. Где бо́лее вла́жно и сы́ро? Где холодне́е? Где ве́тренее?

Пого́да в Петербу́рге	Пого́да в То́мске
Сего́дня в Петербу́рге бу́дет вла́жно и сы́ро, так как це́лый день бу́дет идти́ дождь. Температу́ра + 6–7 гра́дусов, вла́жность 75%. Ве́трено, ско́рость ве́тра 9–10 ме́тров в секу́нду (м/с).	Сего́дня в То́мске бу́дет идти́ дождь со сне́гом, температу́ра 1–3 гра́дуса тепла́, вла́жность 90%, ве́тер се́верный 13–14 ме́тров в секу́нду (м/с).

15–5 | **Оде́жда и о́бувь**. 1) Listen to the recording, repeat after the speaker and mark what you wear during the fall, winter, spring and summer. 2) On a separate piece of paper, make a list of your favorite clothes and footwear. Read it out loud.

Оде́жда и о́бувь *(both only sing.)*	Осень	Зима́	Весна́	Ле́то
блу́зка – *blouse*				
брю́ки, *only pl.;* **штаны́** – *pants*				
джи́нсы – *jeans*				
костю́м – *suit*				
ко́фта – *button-down sweater, cardigan*				
кроссо́вки *pl.* – *sneakers*				
купа́льник – *swimsuit*				
ку́ртка – *sport jacket*				
пальто́ *n. (does not decline)* – *coat*				
плащ – *raincoat*				
пиджа́к – *jacket*				
пла́вки – *swimming trunks*				
пла́тье – *dress*				
руба́шка – *dress shirt*				
санда́лии *pl.,* **санда́ли** *colloq.* – *sandals*				
сапоги́ *pl.* – *high boots*				
сви́тер – *sweater*				
ту́фли *pl.* – *shoes*				
футбо́лка – *T-shirt*				
ша́пка – *cap, hat*				
шарф – *scarf*				
шо́рты – *shorts*				
ю́бка – *skirt*				

15–6 | Глаго́лы. Verbs for getting dressed and wearing clothes.
1) Study the following verbs for getting dressed and wearing clothes. 2) In pairs, take turns asking and answering the following questions in full sentences. Use the words in 15–5 in your answers.

Verbs	Questions
одева́ться/оде́ться – *to get dressed* **носи́ть** *impf.* что? – *to wear* **надева́ть/наде́ть** что? – *to put on an item of clothing, to wear* *Pres.:* я надева́ю, ты надева́ешь, они́ надева́ют *Fut.:* я наде́ну, ты наде́нешь, они́ наде́нут **быть** *impf.* в чём? – *to be wearing (literally: to be "in") something*	1. Вы лю́бите **одева́ться**? 2. Что вы обы́чно **но́сите** о́сенью, зимо́й, весно́й и ле́том? 3. Что вы **надева́ете** в спорти́вный зал, в университе́т, на рабо́ту, на вечери́нку, в теа́тр, на конце́рт? 4. Вы сейча́с в чём? (в ю́бке, в джи́нсах, и т.п.)

ЧИТА́ЕМ И ГОВОРИ́М

15–7 | Пе́ред чте́нием. 1) In pairs or small groups, discuss the following questions. You can use the words and phrases in parentheses in your answers. 2) Summarize your answers in five to six full sentences and share them with the rest of the class.

1. Как вы узнаёте о том, кака́я бу́дет пого́да? (по ра́дио, по телеви́зору, по интерне́ту, др.)
2. Как ча́сто вы чита́ете/слу́шаете прогно́з пого́ды? (ка́ждый день, ка́ждое у́тро/ве́чер; раз в неде́лю; раз в ме́сяц; то́лько пе́ред пое́здкой в друго́й го́род/страну́, др.)
3. Заче́м вам на́до знать, кака́я бу́дет пого́да? (что́бы реши́ть, что надева́ть; что́бы реши́ть, что брать с собо́й в пое́здку; что́бы реши́ть, идти́ за́втра игра́ть в футбо́л и́ли нет, др.)
4. Как вы ду́маете, хорошо́ бы́ло бы узна́ть о том, кака́я пого́да бу́дет за́втра и одновреме́нно (*at the same time*) получи́ть сове́т, что лу́чше наде́ть?
5. В Росси́и бо́льше говоря́т о же́нской мо́де (*fashion*), чем о мужско́й. Как вы ду́маете, почему́?

15–8 | Как узна́ть прогно́з пого́ды? Read the following articles and underline the ways people could find out the weather forecast **прогно́з пого́ды**. Compare with your answers in 15–7 (#1).

Как узна́ть прогно́з пого́ды?

вы́звать *pfv.* кого́? что? – *to call, send for*
ежедне́вно – *daily*
отвеча́ть/отве́тить (на вопро́с) кому́? – *to answer (a question)*
скача́ть *pfv.* что? – *to download*
спра́шивать/спроси́ть кого́? у кого́? о ком? о чём? – *to ask*

голосово́й помо́щник – *voice assistant*
задава́ть/зада́ть вопро́с кому́? о ком? о чём? – *to ask a question*
приложе́ние – *here: smartphone app*
спо́соб – *means, way of doing something*

Прогно́з пого́ды чита́ть ску́чно, но мы чита́ем его́ почти́ ежедне́вно, а сло́во «пого́да» одно́ из са́мых популя́рных слов, кото́рое лю́ди и́щут в интерне́те. Говоря́т, что де́вять челове́к из десяти́ не зна́ли бы, о чём говори́ть, и́ли как нача́ть разгово́р, е́сли бы пого́да не меня́лась.

Сейча́с вам не на́до смотре́ть на термо́метр, что́бы узна́ть прогно́з пого́ды. Мо́жно узна́ть прогно́з пого́ды и по телеви́зору, и по ра́дио, и по интерне́ту, и́ли про́сто откры́ть приложе́ние «Пого́да» в ва́шем телефо́не. Но есть и друго́й спо́соб: мо́жно про́сто спроси́ть Али́су «Кака́я за́втра бу́дет пого́да?» и́ли «Кака́я пого́да в выходны́е?» Вопро́сы на́до задава́ть по-ру́сски, потому́ что Али́са понима́ет и отвеча́ет то́лько по-ру́сски.

Кто така́я Али́са, и как с ней познако́миться? Али́са – э́то виртуа́льный голосово́й помо́щник, кото́рый приду́мали в компа́нии Яндекс. Вы мо́жете легко́ найти́ и скача́ть её в интерне́те. Она́ мо́жет не то́лько рассказа́ть вам о пого́де, но и о том, како́й сего́дня день и число́, како́й курс рубля́ к до́ллару, куда́ и как дое́хать в го́роде, как вы́звать Яндекс.Такси́ и др. А познако́миться с ней легко́, про́сто скажи́те: «Приве́т, Али́са, как дела́?» На э́тот вопро́с мне она́ отве́тила: «Всё хорошо́. Познако́милась тут неда́вно с одни́м симпати́чным приложе́нием . . .»

Материа́л подгото́влен на осно́ве информа́ции откры́тых исто́чников.

Remember:
1. Do not use the verb **спра́шивать/спроси́ть** кого́? о ком? о чём? – *to ask someone about someone or something* with the noun **вопро́с**. Instead, use **задава́ть/зада́ть вопро́с** кому́? о ком? о чём? – *to ask a question:*

Я **спроси́ла** Али́су о пого́де на за́втра.	*I asked Alisa about the weather tomorrow.*
Я **задала́ вопро́с** Али́се о пого́де на за́втра.	*I asked Alisa a question about the weather tomorrow.*

2. Do not confuse **спра́шивать/спроси́ть** кого? у кого? о ком? о чём? – *to ask someone about someone or something* with **проси́ть/попроси́ть** что? у кого*? – to ask for something* and **проси́ть/попроси́ть** кого? сде́лать что?; чтобы + *past – to ask someone to do something:*

Я **спроси́ла** у него́ телефо́н магази́на.	*I asked him for the store's phone number.*
Я **попроси́ла** его́ дать мне телефо́н магази́на.	*I asked him to give me the store's phone number.*
Я **попроси́ла** бра́та, что́бы он вы́звал мне такси́.	*I asked my brother to call a taxi for me.*

15–9 | Как узна́ть прогно́з пого́ды? 1) Reread the article in 15–8 and mark whether the following statements correspond to the content. Read each statement out loud. 2) In pairs, tell each other what you've learned about **Али́са**. What other voice assistants do you know and use in your everyday life?

Да	Нет	1. Сло́во «пого́да» одно́ из са́мых популя́рных слов, кото́рое лю́ди и́щут в интерне́те.
Да	Нет	2. Прогно́з пого́ды чита́ть ску́чно, поэ́тому мы чита́ем его́ не ежедне́вно, а раз в неде́лю.
Да	Нет	3. Что́бы узна́ть прогно́з пого́ды, вам на́до посмотре́ть на термо́метр, друго́го спо́соба узна́ть прогно́з пого́ды нет.
Да	Нет	4. Али́са – это виртуа́льный голосово́й помо́щник, кото́рый приду́мали в компа́нии Яндекс.
Да	Нет	5. Али́са мо́жет рассказа́ть вам о пого́де, како́й сего́дня день и число́, како́й курс рубля́ к до́ллару, куда́ и как дое́хать в го́роде, как вы́звать Яндекс.Такси́ и др.
Да	Нет	6. Али́са мо́жет рассказа́ть вам то́лько о пого́де, но не спра́шивайте её о том, како́й сего́дня день и число́, како́й курс рубля́ к до́ллару, куда́ и как дое́хать в го́роде, как вы́звать Яндекс.Такси́ и др.
Да	Нет	7. Задава́ть вопро́сы Али́се на́до то́лько по-ру́сски, потому́ что Али́са понима́ет и отвеча́ет то́лько по-ру́сски.
Да	Нет	8. Али́су мо́жно найти́ и скача́ть в интерне́те.

15–10 | Мо́дный прогно́з пого́ды. Scan the following weather forecasts and answer the following questions: 1) What seasons are these forecasts for? 2) To whom, women or men, does the author of this article give advice on what to wear? 3) How do you understand the expressions **оде́ться по пого́де** and **мо́дный прогно́з пого́ды**?

Как оде́ться по пого́де?

1. Мо́дный прогно́з пого́ды на 16–22 января́

боти́нки – *boots*
забыва́ть/забы́ть + *inf.* – *to forget*
напомина́ть/напо́мнить кому́? о ком?
о чём? – *to remind*

во́здух – *air*
мо́дный – *fashionable*
перча́тки – *gloves*
пухови́к – *down jacket*

Expression:
Пра́вда? – *here: right? isn't it?*

На э́той неде́ле в Москве́ бу́дет со́лнечно, ве́тер се́верный 5–6 ме́тров в секу́нду, температу́ра во́здуха днём 17–18 гра́дусов моро́за, но́чью – 23–25°C. В конце́ неде́ли обеща́ют си́льный снег и ве́тер 14–16 ме́тров в секу́нду. В таку́ю холо́дную пого́ду лу́чше всего́ наде́ть футбо́лку, тёплую ко́фту, джи́нсы и тёплые боти́нки. О ку́ртке-пуховике́ и ша́пке напомина́ть, я ду́маю, не на́до, пра́вда? Не забу́дьте взять шарф, перча́тки и су́мку-рюкза́к. Сти́льно и тепло́. То что ну́жно для рабо́ты и́ли учёбы, а ве́чером для встре́чи с подру́жками.

2. Мо́дный прогно́з пого́ды на 4–10 апре́ля

возмо́жен, возмо́жна, возмо́жно, возмо́жны – *here: there is chance of*
выбира́ть/вы́брать что? – *to choose*
со́лнечные очки́ – *sunglasses*

На э́той неде́ле в Москве́ бу́дет со́лнечно, но в конце́ неде́ли возмо́жен дождь, па́смурная и сыра́я пого́да. Днём температу́ра во́здуха 15–16 гра́дусов тепла́, а но́чью +5–7°C. Для рабо́ты и́ли учёбы выбира́йте класси́ческую оде́жду: чёрные брю́ки, чёрные ту́фли, бе́лую блу́зку и я́ркую кра́сную, зелёную и́ли голубу́ю ку́ртку. Весно́й э́то рабо́тает лу́чше всего́. Не забу́дьте бе́лую и́ли чёрную су́мку и со́лнечные очки́.

3. Мóдный прогнóз погóды на 8–14 июня

крем от сóлнца – *sunscreen*
солóменная сýмка – *straw bag*

На э́той недéле в Москвé бýдет óчень жáрко и влáжно! Вы мóжете поéхать на пляж. Что надéть, когдá на термóметре +27–30 грáдусов, влáжность 95%, и вéтра практи́чески нет? Купáльник, шóрты, бéлую блýзку и сандáлии. Или лёгкое жёлтое плáтье? Выбирáйте сáми! Не забýдьте тóлько сóлнечные очки́, крем от сóлнца и солóменную сýмку, оди́н из трéндов лéтнего сезóна.

4. Мóдный прогнóз погóды на 19–25 октября́

золотóй, -ая, -ое, -ие – *gold*
корóткий, -ая, -ое, -ие – *short*
серёжки *pl.* – *earrings*
шарм *only sing.* – *charm*

зóнтик – *umbrella*
нéбо – *sky*
часы́ – *here: watch*

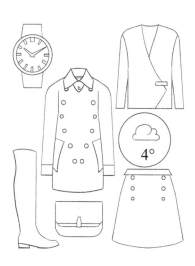

Пришлá óсень и принеслá с собóй дожди́, вéтер и сырýю холóдную погóду. Всю недéлю нéбо бýдет пáсмурным, температýра вóздуха не вы́ше +4°C, но расстрáиваться никогдá не стóит! Краси́вое сéрое пальтó, высóкие чёрные сапоги́ и корóткая чёрная ю́бка с чёрным тёплым сви́тером – э́то то что нýжно. И теплó, и краси́во! А золоты́е серёжки и часы́ добáвят вам шáрма. Так вы мóжете пойти́ на вечери́нку и́ли на концéрт пóсле рабóты в компáнии свои́х люби́мых друзéй. Не забýдьте взять с собóй зóнтик!

15–11 | Мо́дный прогно́з пого́ды. In pairs, skim the weather forecasts in 15–10 and take turns asking and answering the following questions in full sentences:

1. Когда́ в Москве́ обеща́ют па́смурную сыру́ю и холо́дную пого́ду, дожди́ и си́льный ве́тер, а температу́ра во́здуха бу́дет не вы́ше +4°С?
2. Когда́ в Москве́ бу́дет жа́рко и вла́жно, а термо́метр пока́жет +27–30 гра́дусов?
3. Когда́ в Москве́ бу́дет со́лнечно, ве́тер се́верный 5–6 ме́тров в секу́нду, температу́ра во́здуха днём 17–18 гра́дусов моро́за, а но́чью –23–25°С?
4. Когда́ в Москве́ бу́дет днём 15–16 гра́дусов тепла́, снача́ла со́лнечно, но пото́м возмо́жен дождь, па́смурная и сыра́я пого́да?

15–12 | Мо́дный прогно́з пого́ды. Reread the weather forecasts in 15–10 and match the left and right columns.

Пого́да в Москве́	Что наде́ть в таку́ю пого́ду Сове́ты для же́нщин
1. На э́той неде́ле в Москве́ бу́дет со́лнечно, ве́тер се́верный 5–6 ме́тров в секу́нду, температу́ра во́здуха днём 17–18 гра́дусов моро́за, но́чью – 23–25°С. В конце́ неде́ли обеща́ют си́льный снег и ве́тер 14–16 ме́тров в секу́нду.	___ Краси́вое се́рое пальто́, высо́кие чёрные сапоги́ и коро́ткая чёрная ю́бка с чёрным тёплым сви́тером – э́то то что ну́жно. И тепло́, и краси́во! А золоты́е серёжки и часы́ доба́вят вам ша́рма. Так вы мо́жете пойти́ на вечери́нку и́ли на конце́рт по́сле рабо́ты в компа́нии свои́х люби́мых друзе́й. Не забу́дьте взять с собо́й зо́нтик!
2. Пришла́ о́сень и принесла́ с собо́й дожди́, ве́тер и сыру́ю холо́дную пого́ду. Всю неде́лю не́бо бу́дет па́смурным, температу́ра во́здуха не вы́ше +4°С.	___ Купа́льник, шо́рты, бе́лую блу́зку и санда́лии. Или лёгкое жёлтое пла́тье? Выбира́йте са́ми! Не забу́дьте то́лько со́лнечные очки́, крем от со́лнца и соло́менную су́мку, оди́н из тре́ндов ле́тнего сезо́на.
3. На э́той неде́ле в Москве́ бу́дет о́чень жа́рко и вла́жно! Температу́ра +27–30 гра́дусов, вла́жность 95%, и ве́тра практи́чески нет.	___ Для рабо́ты и́ли учёбы выбира́йте класси́ческую оде́жду: чёрные брю́ки, чёрные ту́фли, бе́лую блу́зку и я́ркую кра́сную, зелёную и́ли голубу́ю ку́ртку. Весно́й э́то рабо́тает лу́чше всего́. Не забу́дьте бе́лую и́ли чёрную су́мку и со́лнечные очки́.
4. На э́той неде́ле в Москве́ бу́дет со́лнечно, но в конце́ неде́ли возмо́жен дождь, па́смурная и сыра́я пого́да. Днём температу́ра во́здуха 15–16 гра́дусов тепла́, а но́чью +5–7°С.	___ В таку́ю холо́дную пого́ду лу́чше всего́ наде́ть футбо́лку, тёплую ко́фту, джи́нсы, тёплые боти́нки, ку́ртку-пухови́к и ша́пку. Не забу́дьте шарф, перча́тки и су́мку-рюкза́к. Сти́льно и тепло́.

15–13 | Мо́дный прогно́з пого́ды. 1). Reread the weather forecasts in 15–10, and number and name each of the clothing items and accessories in the following pictures. Color them in with some fashionable colors **мо́дные цвета́** or just write down the color names next to each item. 2) **Вы – моделье́р!** Be a men's fashion designer! Create a list of men's clothing for each weather forecast. Don't forget to write down the color of each clothing item.

Мо́дный прогно́з	Для же́нщин	Для мужчи́н
4°	1. _____ 2. _____ 3. _____ 4. _____ 5. _____ 6. _____ 7. _____	1. _____ 2. _____ 3. _____ 4. _____ 5. _____ 6. _____ 7. _____
27°	1. _____ 2. _____ 3. _____ 4. _____ 5. _____ 6. _____ 7. _____	1. _____ 2. _____ 3. _____ 4. _____ 5. _____ 6. _____ 7. _____
16°	1. _____ 2. _____ 3. _____ 4. _____ 5. _____ 6. _____ 7. _____	1. _____ 2. _____ 3. _____ 4. _____ 5. _____ 6. _____ 7. _____

Мо́дный прогно́з	Для же́нщин	Для мужчи́н
	1. _____ 2. _____ 3. _____ 4. _____ 5. _____ 6. _____ 7. _____	1. _____ 2. _____ 3. _____ 4. _____ 5. _____ 6. _____ 7. _____

15–14 | Мо́дный прогно́з пого́ды. In pairs, reread the weather forecast and give each other advice on what to wear to look nice using the table in 15–13. Follow the subsequent example.

Приме́р:

— Я про́сто не зна́ю, что наде́ть, когда́ на у́лице +4, дождь, сы́ро и ве́трено?
— Наде́нь/те тёплую ку́ртку, чёрный сви́тер и т.п. Не забу́дь взять с собо́й зо́нтик.

1. На э́той неде́ле в Москве́ бу́дет со́лнечно, ве́тер се́верный 5–6 ме́тров в секу́нду, температу́ра во́здуха днём 17–18 гра́дусов моро́за, но́чью –23–25°C. В конце́ неде́ли обеща́ют си́льный снег и ве́тер 14–16 ме́тров в секу́нду.	2. Пришла́ о́сень и принесла́ с собо́й дожди́, ве́тер и сыру́ю холо́дную пого́ду. Всю неде́лю не́бо бу́дет па́смурным, температу́ра во́здуха не вы́ше +4°C.
3. На э́той неде́ле в Москве́ бу́дет о́чень жа́рко и вла́жно! Температу́ра +27–30 гра́дусов, вла́жность 95%, ве́тра практи́чески нет.	4. На э́той неде́ле в Москве́ бу́дет со́лнечно, но в конце́ неде́ли возмо́жен дождь, па́смурная и сыра́я пого́да. Днём температу́ра во́здуха 15–16 гра́дусов тепла́, а но́чью +5–7°C.

СМО́ТРИМ И ГОВОРИ́М

15–15 | Прогно́з пого́ды. 1) Watch the weather forecasts for **Чита́** and **Москва́** three times and choose the correct answers for the following questions. There may be more than one correct answer. 2) In pairs, take turns talking about the weather forecasts that you watched.

Прогно́з пого́ды

> **кратковре́менный дождь** – *brief rain shower*
> **реклами́ровать** *impf.* что? – *to advertise*

1. Что реклами́рует сало́н «Но́рка» в Чите́?
    a. Зи́мнюю о́бувь.
    b. Су́мки и о́бувь.
    c. Зи́мние ша́пки.
    d. Пальто́, ку́ртки и пуховики́.
2. Како́е вре́мя го́да в Чите́?
    a. Зима́.
    b. Весна́.
    c. Осень.
    d. Ле́то.
3. Како́е вре́мя го́да в Москве́?
    a. Зима́.
    b. Весна́.
    c. Осень.
    d. Ле́то.

4. Кака́я пого́да нас ожида́ет в Чите́ 27 октября́?
    a. Бу́дет идти́ дождь.
    b. Бу́дет идти́ снег.
    c. Ве́тер – за́падный, ско́рость ве́тра 3м/с.
    d. Си́льный се́верный ве́тер.
    e. Температу́ра днём – 3–5°C.
    f. Температу́ра днём – 5–9°C.
    g. Температу́ра но́чью – 9–11°C.
5. Кака́я весна́ была́ в Москве́ в э́том году́?
    a. Ча́сто шли дожди́.
    b. Бы́ло со́лнечно и тепло́.
    c. Была́ холо́дная и сыра́я весна́.
    d. Бы́ло тепло́, но вла́жно, так как ча́сто шли дожди́.
6. Кака́я пого́да бу́дет в выходны́е в Москве́?
    a. Со́лнечно и тепло́.
    b. Па́смурно и хо́лодно.
    c. Бу́дет идти́ дождь.
    d. Бу́дет сы́ро и хо́лодно.
    e. Температу́ра во́здуха 22–25 гра́дусов тепла́.
    f. В воскресе́нье возмо́жен кратковре́менный дождь.

15–16 | **Прогно́з пого́ды**. In pairs, discuss the following questions:

1. Где нахо́дится го́род Чита́ в Росси́и?
2. Где пого́да холодне́е в октябре́, в Чите́ и́ли в ва́шем го́роде (шта́те, стране́)?
3. Кака́я пого́да была́ о́сенью в Чите́ в э́том году́, а кака́я пого́да была́ в ва́шем го́роде (шта́те, стране́)? Сравни́те.
4. Почему́ в октябре́ в Чите́ реклами́руют зи́мние ша́пки для всей семьи́?
5. Кака́я пого́да была́ весно́й в Москве́ в э́том году́, а кака́я пого́да была́ в ва́шем го́роде (шта́те, стране́)? Сравни́те.
6. Кака́я пого́да была́ в нача́ле ле́та в Москве́ в э́том году́, а кака́я пого́да была́ в ва́шем го́роде (шта́те, стране́)? Сравни́те.

ДАВА́ЙТЕ ПОГОВОРИ́М

15–17 | **Поговори́м о пого́де**. In pairs, compare the weather in **Moscow** and in **your hometown** in the 1) winter, 2) spring, 3) summer, and 4) fall. Use the following questions as an outline. Read "The comparative degree of adjectives and adverbs" on pp. 434–442.

1. Где, по ва́шему мне́нию (*in your opinion*), пого́да лу́чше/ху́же?
2. Где пого́да холодне́е/тепле́е? Кака́я быва́ет температу́ра?
3. Где пого́да жа́рче/прохла́днее? Кака́я быва́ет температу́ра?
4. Где пого́да со́лнечнее/па́смурнее? Ско́лько со́лнечных дней в году́?
5. Где пого́да бо́лее вла́жная и сыра́я? Кака́я вла́жность?
6. Где ве́тренее? Кака́я ско́рость ве́тра?

15–18 | **Сцена́рий**. **Scenario**. Imagine that you need to buy new clothes for spring or summer. 1) Read the following script out loud. 2) In pairs, take turns playing each role in the following (*customer* **покупа́тель** and *sales associate* **продаве́ц/продавщи́ца**). Come up with your own clothing items that you want to buy using the new vocabulary words you've learned this chapter. Be creative!

В магази́не оде́жды

вы́глядеть *impf.* – *to look, to appear*
покýпка – *purchase*
примеря́ть/приме́рить что? – *to try on*
цена́ – *price*

ка́сса – *cash register*
приме́рочная – *fitting room*
разме́р – *size*
чек – *receipt*

Expression:
кому́? **идёт** *impf.* что? – *to look nice on someone, to suit someone*

Покупа́тель	Продаве́ц/продавщи́ца
Здра́вствуйте!	До́брый день! Чем я могу́ Вам помо́чь?
Я хоте́л/а бы купи́ть себе́ но́вую руба́шку.	Дава́йте я покажу́, каки́е у нас есть руба́шки.
Спаси́бо!	Мо́жет, я смогу́ помо́чь Вам вы́брать? Како́го цве́та вы хоти́те руба́шку?
Я хоте́л/а бы класси́ческую бе́лую и́ли голубу́ю.	Поня́тно. А како́й у Вас разме́р?
У меня́ М и́ли 44–46-й разме́р.	Вот, приме́рьте э́ти руба́шки. Приме́рочные нахо́дятся сле́ва от ка́ссы.
Спаси́бо! [In 5 minutes] Как вы ду́маете, лу́чше бе́лая и́ли голуба́я руба́шка?	Лу́чше голуба́я. Голубо́й цвет Вам о́чень идёт! Вы прекра́сно вы́глядите в э́той руба́шке.
Спаси́бо, тогда́ я возьму́ голубу́ю. Я не ви́жу це́ну. Ско́лько сто́ит э́та руба́шка?	Сего́дня и то́лько для Вас 1500 рубле́й. Как Вы бу́дете плати́ть, нали́чными и́ли (креди́тной) ка́ртой?
Ка́ртой, вот возьми́те.	Вот ваш чек. Спаси́бо за покýпку.

В магази́не о́буви

вели́к, велика́, велико́, велики́ – *(too) big*
мал, мала́, мало́, малы́ – *(too) small*

Покупа́тель	Продаве́ц/продавщи́ца
Здра́вствуйте!	До́брый день! Чем я могу́ Вам помо́чь?
Я хоте́л/а бы купи́ть себе́ но́вые ту́фли.	Дава́йте я покажу́, каки́е у нас есть ту́фли.
Спаси́бо!	Како́й у Вас разме́р?
У меня́ 36-й разме́р.	Вот, приме́рьте э́ти ту́фли.

Покупа́тель	Продаве́ц/продавщи́ца
Спаси́бо! Мне вот э́ти ту́фли нра́вятся, но они́ мне велики́. У вас есть на разме́р ме́ньше?	Мину́точку, сейча́с посмотрю́. Вот есть таки́е же ту́фли 35-го разме́ра. Приме́рьте.
Ой, а э́ти ту́фли мне малы́. Мо́жет у вас есть 35-й с полови́ной?	Нет, к сожале́нию, нет.

ПИ́ШЕМ О СЕБЕ́

15–19 | Люби́мое вре́мя го́да. Write a 12–15-sentence essay about your favorite season for your blog or social media page answering the following questions:

1. Како́е ва́ше люби́мое вре́мя го́да?
2. Кака́я пого́да обы́чно быва́ет в э́то вре́мя го́да?
3. Что вы лю́бите де́лать в э́то вре́мя го́да? (гуля́ть в лесу́, ходи́ть в похо́ды, ката́ться на лы́жах, на велосипе́де, загора́ть на пля́же, купа́ться в о́зере и т.п.)
4. Что вы обы́чно но́сите в э́то вре́мя го́да? (ва́ша люби́мая оде́жда, о́бувь и аксессуа́ры)

15–20 | Мои́ сове́ты мо́дницам и мо́дникам. My advice for fashionistas. Imagine that you work as a journalist for the fashion and lifestyle magazine **Vogue Росси́я**. Check the weather forecast in St. Petersburg and write **Мои́ сове́ты мо́дникам и мо́дницам** for the next week. Use **Мо́дный прогно́з пого́ды** in 15–10 as a model.

ИНТЕРВЬЮ́ И ПРОЕ́КТЫ

15–21 | Интервью́ «Моё люби́мое вре́мя го́да». 1) Conduct interviews with two classmates using the following interview form. Write down their answers and share your results with the rest of the class. 2) Conduct interviews with two Russian speakers outside of class. Write down their answers, create a two-minute multimedia presentation and present it in class.

Interview form

Questions	Person 1	Person 2
1. Како́е ва́ше люби́мое вре́мя го́да? Почему́?		
2. Кака́я обы́чно пого́да быва́ет в э́то вре́мя го́да?		
3. Что вы лю́бите де́лать в э́то вре́мя го́да?		
4. Что вы обы́чно но́сите в э́то вре́мя го́да? (ва́ша люби́мая оде́жда, о́бувь и аксессуа́ры)		

15–22 | **Фэшн Блог. Те́ги: что наде́ть; что наде́ть в шко́лу, университе́т, на рабо́ту; что мо́дно в э́том сезо́не.** 1) Create a fashion post on what to wear to school or work for your personal video blog. Make it interesting and exciting for your classmates to watch. Be creative! 2) Show your video blog in class and watch your classmates' videos. You may want to have a competition for the best video blog.

ГРАММА́ТИКА

The comparative degree of adjectives and adverbs
Сравни́тельная сте́пень прилага́тельных и наре́чий

Most Russian adjectives and adverbs have two comparative forms. But there are many adjectives from which simple comparative forms cannot be derived, for example, **ру́сский** (*Russian*), **мужско́й** (*male*).

Simple comparative	Compound comparative
Adjectives	
холо́дный → холодн+**е́е** = холодне́е Зима́ в э́том году́ **холодне́е**. *Winter is colder this year.*	**холо́дный** → **бо́лее/ме́нее холо́дный** Зима́ в э́том году́ **бо́лее холо́дная**. *Winter is colder (more cold) this year.* Зима́ в э́том году́ **ме́нее холо́дная**. *Winter is less cold this year.*

Simple comparative	Compound comparative
Этот пиджа́к Эта ю́бка Это пальто́ Эти брю́ки → **краси́вее**.	Это **бо́лее/ме́нее** → краси́вый пиджа́к. краси́вая ю́бка. краси́вое пальто́. краси́вые брю́ки.

Adverbs	
холо́дно → холодн+**ее** = **холодне́е** Зимо́й в Росси́и **холодне́е**, чем в Испа́нии. *During the winter it's colder in Russia than in Spain.*	**холо́дно** → **бо́лее/ме́нее холо́дно** Зимо́й в Росси́и **бо́лее хо́лодно**, чем в Испа́нии. *During the winter it's colder (more cold) in Russia than in Spain.* Зимо́й в Испа́нии **ме́нее хо́лодно**, чем в Росси́и. *During the winter it's less cold in Spain than in Russia.*

Note the following:

The compound comparative forms **бо́лее** (*more*) + *adverb*, for example, **бо́лее хо́лодно,** are used more often in formal or written Russian than simple comparatives, for example, **холодне́е,** which are used more often in conversation.

The compound comparative forms **ме́нее** (*less*) + *adjective/adverb* are also used more often in formal or written Russian, while the expressions **не тако́й** (така́я, тако́е, таки́е) + *adjective* and **не та́к** + *adverb* are more commonly used when speaking.

Adjectives	Adverbs
Зима́ в э́том году́ **не така́я** холо́дная, как в про́шлом году́. *Winter this year is not as cold as it was last year.*	Зимо́й в Испа́нии **не так** хо́лодно, как в Росси́и. *During the winter it's not as cold in Spain as it is in Russia.*

Remember:

1. Both **simple** and **compound** comparatives can be used as predicates.
   Этот костю́м **краси́вее**. Этот костю́м **бо́лее/ме́нее краси́вый**.
   This suit is nicer. This suit is more/less nice.

   Здесь **тепле́е**. Здесь **бо́лее/ме́нее тепло́**.
   It's warmer here. It's more/less warm here.

2. Only **compound** adjective comparative forms modify nouns.
   Я хочу́ купи́ть (*како́е?*) **бо́лее краси́вое** пальто́.
   I want to buy a more beautiful coat.

3. In comparative forms, the stress usually shifts to the ending. Try to remember the following simple comparative forms in which the stress does **not** shift to the ending: **краси́вее, интере́снее, ме́дленнее, прия́тнее, серьёзнее, удо́бнее, ужа́снее.**

4. Notice how comparison can be expressed in two ways in Russian:
Э́то пла́тье **краси́вее** *(чего? gen.)* **того́.**
Э́то пла́тье **краси́вее, чем** *(что? nom.)* **то.**
This dress is prettier than that one.

Зима́ в Петербу́рге **холодне́е, чем** *(где? prep.)* в Со́чи.
Winter in St. Petersburg is colder than in Sochi.

В Петербу́рге **холодне́е, чем** *(где? prep.)* в Со́чи.
It's colder in St. Petersburg than in Sochi.

15–23 | **Сравни́те.** Finish the following sentences using simple and compound comparative forms of adjectives and adverbs. The first one has been done for you.

1. Э́то **тёплая** ку́ртка, а э́та ку́ртка . . . *тепле́е, бо́лее/ме́нее тёплая, не така́я тёплая.*
2. Э́то **краси́вый** костю́м, а э́тот костю́м . . .
3. Э́то **удо́бные** ту́фли, а э́ти ту́фли . . .
4. Э́то **комфо́ртная** оде́жда, а э́та оде́жда . . .
5. Э́то **краси́вый** купа́льник, а э́тот купа́льник . . .
6. Э́то **удо́бные** сапоги́, а те сапоги́. . .
7. Э́то **тёплые** шарф и ша́пка, а те . . .
8. Э́то **практи́чный** плащ, а тот плащ . . .
9. Э́то **краси́вое** пальто́, а то пальто́. . .
10. В Сама́ре **прохла́дно**, а в Чите́. . .
11. Сего́дня **тепло́ и па́смурно**, а вчера́ бы́ло . . .
12. Вчера́ бы́ло **хо́лодно** и **ве́трено**, а сего́дня . . .

15–24 | **Сравни́те.** Read the following posts on social media and compare the weather in different cities. Make comparisons using adjectives and adverbs following the subsequent example. Find these cities on the Яндекс.Ка́рты.

Приме́р:

Adjective comparative forms	Adverb comparative forms
Осень в Ки́еве **холодне́е, чем** в Пеки́не. Осень в Пеки́не **ме́нее холо́дная, чем** в Ки́еве. Осень в Пеки́не **не така́я холо́дная, как** в Ки́еве.	Осенью в Ки́еве **холодне́е, чем** в Пеки́не.

Пого́да в ра́зных города́х

Игорь. Мне всегда́ бы́ло интере́сно, кака́я пого́да **о́сенью** в ра́зных города́х. Напиши́те в коммента́рии, кака́я у вас сейча́с пого́да, пожа́луйста. У нас в Ки́еве (Украи́на), сейча́с прохла́дно, о́блачно, +17°C, ве́тра почти́ нет. По прогно́зу пого́ды но́чью бу́дет идти́ дождь.

Коммента́рии:	**Пеки́н**, Кита́й. Чуть бо́льше +20°C, сла́бый ве́тер. **Сама́ра**, Росси́я, +14°C, со́лнечно, си́льный ве́тер.	тепло́ прохла́дно си́льный ве́тер
	Москва́, Росси́я, па́смурно +5°C, дожди́. **Чита́**, Росси́я, +10°C, о́блачно.	холо́дная пого́да тёплая пого́да сы́ро
	В **Ку́рске**, Росси́я, +8°C, со́лнечно, но о́чень холо́дный се́верный ве́тер. **Ха́рьков**, Украи́на, +17°C, о́блачно, у́тром шёл дождь.	прохла́дно тепло́ сы́ро
	Сама́ра, Росси́я, о́блачно, возмо́жен дождь, днём +15°C, но́чью +9°C. **Череповец́**, Росси́я, идёт снег, ве́трено, 0°C – +3°C, па́смурно.	холо́дная пого́да тепло́ сыра́я пого́да ве́трено
	Томск, Росси́я, +12°C, па́смурно, 3 дня шли дожди́. **Ерева́н**, Арме́ния, со́лнечно, днём +19°C, но́чью +5°C.	прохла́дно тепло́ сы́ро

Comparatives based on a different stem

The following comparative forms are based on a different stem. They need to be memorized.

Adjective	Adverb	Comparative	Examples
большо́й	мно́го	бо́льше	Эта футбо́лка **бо́льше**, чем та. *This t-shirt is bigger than that one.* Сне́га в э́том году́ **бо́льше**. *There's more snow this year.*
ма́ленький	ма́ло	ме́ньше	Этот сви́тер **ме́ньше**, чем тот. *This sweater is smaller than that one.* Дожде́й в э́том году́ **ме́ньше**. *There's less rain this year.*

Adjective	Adverb	Comparative	Examples
хоро́ший	хорошо́	лу́чше	Эти ту́фли **лу́чше**, чем те. *These shoes are better than those.* Он одева́ется **лу́чше**, чем я. *He dresses better than me.*
плохо́й	пло́хо	ху́же	Эта су́мка **ху́же**, чем та. *This purse is worse than that one.* Ты вы́глядишь сего́дня **ху́же**, чем вчера́. *You look worse today than you did yesterday.*

Use the comparative adjective forms **бо́льше/ме́ньше**, rather than **лу́чше/ху́же**, in comparisons with the verbs **люби́ть** and **нра́виться**.

Я люблю́ брю́ки **бо́льше**, чем пла́тья.
Пого́да в Петербу́рге мне нра́вится **ме́ньше**, чем в Москве́.

I like pants more than dresses.
I like the weather in St. Petersburg more than in Moscow.

Comparatives with a stem alternation

Note that some simple comparatives end in **-E** and have a stem change with a consonant alternation. You may have already learned some of these, but you should memorize the ones that are new for you.

Long-form adjective	Comparative	Examples
Stem change: Г, Д → Ж		
дорого́й – *expensive*	доро́же	Эта руба́шка **доро́же** той. *This dress shirt is more expensive than that one.*
молодо́й – *young*	моло́же	Она́ **моло́же** его́ на 10 лет. *She is ten years younger than him.*
Stem change: Т, К → Ч		
бога́тый – *rich*	бога́че	Мы бога́тые, но он **бога́че** нас. *We are rich, but he is richer than us.*
гро́мкий – *loud*	гро́мче	Вы мо́жете говори́ть **гро́мче**! *You can speak louder!*
жа́ркий – *hot*	жа́рче	Ле́то в э́том году́ **жа́рче**, чем в про́шлом. *Summer this year is hotter than last year.*
лёгкий – *easy, light*	ле́гче	Ру́сский язы́к **ле́гче**, чем кита́йский. *Russian is easier than Chinese.*

Stem change: С, Х → Ш		
высо́кий – *tall, high*	вы́ше	Э́тот па́рень **вы́ше**, чем я. *That guy is taller than me.*
ти́хий – *quiet*	ти́ше	Говори́те **ти́ше**, пожа́луйста. *Speak more quietly, please.*
Stem change: СТ → Щ		
просто́й – *simple*	про́ще	**Про́ще** купи́ть э́ти ту́фли по интерне́ту. *It's simpler to buy these shoes online.*
ча́стый – *frequent* чи́стый – *fresh, clean*	ча́ще чи́ще	О́сенью дожди́ иду́т **ча́ще**, чем весно́й. *It rains more often during the fall than during the spring.* Сего́дня во́здух **чи́ще**. *The air is cleaner today.*

Comparatives with an irregular stem change

Some comparative forms must be memorized:

Long-form adjective	**Comparative**	**Examples**
дешёвый – *cheap*	деше́вле	Э́тот шарф **деше́вле**, чем тот. *This scarf is cheaper than that one.*
по́здний – *late*	по́зже; поздне́е	Лу́чше **по́зже**, чем никогда́! *Better later/late than never!*
ра́нний – *early*	ра́ньше	Весна́ начала́сь **ра́ньше** в э́том году́. *Spring began earlier this year.*
ре́дкий – *rare*	ре́же	Я **ре́же** ношу́ брю́ки, чем пла́тья. *I wear pants less often than dresses.*

Simple comparative forms of adjectives which are themselves already comparatives

Long-form adjective	**Comparative**	**Examples**
мла́дший – *younger*	мла́дше	Моя́ сестра́ **мла́дше** меня́. *My sister is younger than me.*
ста́рший – *older*	ста́рше	Моя́ подру́га **ста́рше** меня́ на год. *My friend is a year older than me.*

Usage hints:

1. Use the comparative form of **мла́дший – мла́дше** when comparing the ages of siblings (*antonym* **ста́рше**). Otherwise, use the comparative form of **молодо́й – моло́же** (*antonym* **ста́рше**). Read the following examples.

Это моя́ сестра́ и я. Мое́й сестре́ 20 лет, а мне 23 го́да. Моя́ сестра́ **мла́дше** меня́ на 3 го́да.

*This is my sister and me. My sister is 20 and I'm 23. My sister is 3 years **younger** than me.*

Это моя́ жена́ и я. Мы уже́ не молоды́е, но и не ста́рые! Мое́й жене́ 58 лет, а мне 60 лет. Моя́ жена́ **моло́же** меня́ на два го́да.

*This is my wife and me. We're no longer young, but not old, either! My wife is 58, and I'm 60. My wife is 2 years **younger** than me.*

2. Use the comparative form of **ста́рший – ста́рше** in comparisons of age for people and cities as well. Otherwise use the compound comparative form of **ста́рый – бо́лее ста́рый** when describing things. The simple comparative form **ста́рый – старе́е** is seldom used in modern Russian and now sounds old-fashioned.

   Я **ста́рше** мое́й подру́ги на два го́да.
   I'm two years older than my friend.

   Москва́ **ста́рше** Петербу́рга.
   Moscow is older than Petersburg.

   But: Эта су́мка **бо́лее ста́рая**, чем та. (*antonym* нове́е, бо́лее но́вая)
   This purse is older than that one.
   (*This implies that this purse is a secondhand or vintage item as opposed to brand new.*)

15–25 | Сравни́те. 1) Reread the social media posts in 15–24 and, in pairs, take turns comparing the weather in different cities. Start with «**По-мо́ему, пого́да лу́чше/ху́же в . . . , чем в . . . , потому́ что . . .**» 2) On the internet, find when each city was founded and compare their age using **ста́рше/моло́же, бо́лее молодо́й.**

1. Пеки́н, Сама́ра
2. Москва́, Чита́

3. Курск, Ха́рьков
4. Сама́ра, Череповец
5. Томск, Ерева́н
6. Ерева́н, Череповец
7. Череповец, Ки́ев
8. Пеки́н, Чита́

15–26 | Анто́нимы. 1) Match the words in the right column with their opposites in the left column. 2) In pairs, help each other memorize the following comparatives. One student should say a word from the left column, and the other student should say its opposite. After practicing all words in the left column, switch roles.

1. бога́тый – бога́че
2. дешёвый – деше́вле
3. лёгкий – ле́гче
4. мно́го – бо́льше
5. мла́дший – мла́дше
6. просто́й – про́ще
7. ра́нний – ра́ньше
8. ти́хий – ти́ше
9. хоро́ший – лу́чше
10. ча́стый – ча́ще
11. чи́стый – чи́ще

___ тяжёлый – тяжеле́е
___ бе́дный – бедне́е
___ ма́ло – ме́ньше
___ гро́мкий – гро́мче
___ гря́зный – грязне́е
___ по́здний – по́зже
___ сло́жный – сложне́е
___ дорого́й – доро́же
___ ре́дкий – ре́же
___ плохо́й – ху́же
___ ста́рший – ста́рше

Remember:
Лёгкий has multiple meanings *(light, easy)*, and it also has multiple antonyms: **лёгкий** (чемода́н) – **тяжёлый** (чемода́н), **лёгкий** (язы́к) – **тру́дный/сло́жный** (язы́к).

15–27 | Сравни́те. In pairs, take turns asking and answering the following questions in full sentences:

1. Что вам **бо́льше** нра́вится носи́ть зимо́й, ку́ртку и́ли тёплое пальто́?
2. Что вы **бо́льше** лю́бите носи́ть ле́том, шо́рты с футбо́лкой и́ли джи́нсы с руба́шкой?
3. Что вы **ча́ще** но́сите, брю́ки и́ли джи́нсы?
4. Что вы **ре́же** но́сите, брю́ки и́ли джи́нсы?
5. Что обы́чно **ра́ньше**, а что **по́зже**, гром *(thunder)* и́ли мо́лния *(lightning)*?
6. Где во́здух **чи́ще**, в го́роде и́ли в дере́вне?
7. Где во́здух **чи́ще**, в го́роде и́ли в гора́х?
8. Где **деше́вле** жить, в го́роде и́ли в дере́вне?
9. Где **доро́же** жить, в го́роде и́ли в дере́вне?
10. Где **про́ще** жить, в го́роде и́ли в дере́вне?
11. Где на́до говори́ть **ти́ше**, в библиоте́ке и́ли в кафе́?
12. Где на́до говори́ть **гро́мче**, на заня́тии по ру́сскому языку́ и́ли в библиоте́ке?
13. Како́й язы́к **ле́гче**, ру́сский и́ли англи́йский?

14. Кто **бога́че**, Ро́тшильды и́ли Рокфе́ллеры?
15. Кто **вы́ше**, вы и́ли ваш друг/ва́ша подру́га, вы и́ли ваш брат/ва́ша сестра́, вы и́ли ваш па́па/ва́ша ма́ма?

The superlative degree of adjectives and adverbs
Превосхо́дная сте́пень прилага́тельных и наре́чий

1. The superlative degree for most **adjectives** is formed by adding **са́мый** (са́мая, са́мое, са́мые) *most* to the positive degree. Remember to make **са́мый** (са́мая, са́мое, са́мые) agree with the noun it qualifies in gender, number, and case.

Positive degree	Superlative degree
тёплая пого́да *warm weather*	**са́мая тёплая** пого́да *the warmest weather*
холо́дное ле́то *a cold summer*	**са́мое холо́дное** ле́то *the coldest summer*
хоро́ший день *a good day*	**са́мый хоро́ший** день *or* **лу́чший** день *the best day* **са́мый лу́чший** день *the very best day*
плохо́й день *a bad day*	**са́мый плохо́й** день *or* **ху́дший** день *the worst day* **са́мый ху́дший** день *the worst possible day*

2. The superlative degree for **adverbs** is formed by adding the pronouns всего́ (refers to things) and **всех** (refers to people) to the simple comparatives in **-е** and **-ее**. Note that всего́ and **всех** follow the simple comparatives in **-е** and **-ее**.

Positive degree	Comparative degree	Superlative degree
хо́лодно *cold adv.*	**холодне́е** *colder*	**холодне́е всего́** *coldest*
хорошо́ *good adv.*	**лу́чше** *better*	**лу́чше всего́/всех** *best*
пло́хо *bad adv.*	**ху́же** *worse*	**ху́же всего́/всех** *worst*
мно́го *many, much adv.*	**бо́льше** *more*	**бо́льше всего́/всех** *most of all*
ма́ло *few, little adv.*	**ме́ньше** *less*	**ме́ньше всего́/всех** *least of all*

В январе́ во Владивосто́ке **холодне́е всего́**.
In Vladivostok it is coldest in January.

В ию́ле в Ки́еве пого́да **тепле́е всего́**.
In Kyiv it is warmest in July.

Бо́льше всего́ я люблю́ носи́ть джи́нсы и бе́лую руба́шку.
I love wearing jeans and a white dress shirt most of all.

Она́ одева́ется **лу́чше всех**.
She dresses the best.

 15–28 | Са́мый. 1) In small groups, ask each other the following questions and jot down your partners' answers. 2) Sum up the information gathered by your group and share your results with the rest of the class.

1. Како́е ва́ше са́мое люби́мое вре́мя го́да?
2. Како́й ваш са́мый люби́мый ме́сяц?
3. Кака́я ва́ша са́мая люби́мая пого́да?
4. Что для вас ху́же всего́, когда́ о́чень хо́лодно и́ли когда́ о́чень жа́рко?
5. Что вы бо́льше всего́ лю́бите носи́ть зимо́й и ле́том?
6. Что лу́чше всего́ наде́ть, когда́ идёт дождь?
7. Что лу́чше всего́ наде́ть, когда́ идёт снег?
8. Кто из ва́ших друзе́й одева́ется лу́чше всех?
9. Кто из ва́ших друзе́й интересу́ется мо́дой бо́льше всех?
10. Кому́ из вас бо́льше всего́ нра́вится краси́во одева́ться?

15–29 | Са́мый. 1) Read the following interesting facts out loud and put the words in parentheses in the superlative degree. Translate them into English. 2) Find these places on **Яндекс.Ка́рты**. 3) **Викторина**. Divide the class into two teams and pick one person to be the host. The host will ask questions following the subsequent example and keep score. Each person on each team should take turns answering the questions. The team with the most points wins. The maximum number of points for each team is 14.

Приме́р:

Како́е са́мое холо́дное ме́сто в Росси́и, где живу́т лю́ди?

14 интере́сных фа́ктов о пого́де в Росси́и и в ми́ре

1. (Холо́дное) ме́сто в Росси́и, где живу́т лю́ди, – село́ Оймяко́н в Яку́тии. Сре́дняя температу́ра января́ – ми́нус 50°C.
2. (Жа́ркое) ме́сто в Росси́и нахо́дится в Калмы́кии. 12 ию́ля 2010 го́да температу́ра во́здуха была́ – плюс 45,4°C.
3. Доли́на сме́рти *Death Valley* (жа́ркое) ме́сто в США.
4. В Москве́ в 1940 году́ была́ (холо́дная) зима́. Температу́ра была́ ми́нус 40,1°C.
5. Зима́ 2014–2015 го́да была́ (тёплой) в Росси́и.
6. (Жа́ркое) ле́то в Москве́ бы́ло в 2010 году́. Жара́ *(heat)* ста́ла причи́ной лесны́х пожа́ров *(wildfires)*.
7. Санкт-Петербу́рг не (дождли́вый) и не (па́смурный) го́род Росси́и. На пе́рвом ме́сте – Се́веро-Кури́льск.

8. (Мно́го) дожде́й идёт на одно́м из Гава́йских острово́в, здесь дождь идёт 350 дней в году́.

9. По четверга́м в Ло́ндоне идёт (мно́го) дожде́й. Удиви́тельно, но факт.

10. (Ма́ло) дожде́й выпада́ет в го́роде Верхоя́нск (Яку́тия).

11. (Со́лнечный) го́род Росси́и – э́то Улан-Удэ́ (Буря́тия), там со́лнце све́тит *(shines)* 2797 часо́в в год.

12. Одно́ из (со́лнечных) мест на Земле́ – э́то Мёртвое мо́ре в Иорда́нии. Здесь о́коло 330 со́лнечных дней в году́!

13. (Ма́ло) со́лнца на архипела́ге Се́верная Земля́ в Росси́и. Там оно́ све́тит всего́ 12 дней в году́.

14. (Мно́го) наводне́ний *(floods)* бы́ло в Санкт-Петербу́рге. С 1703 го́да бы́ло зафикси́ровано бо́лее 300 наводне́ний.

Материа́л подгото́влен на осно́ве информа́ции откры́тых исто́чников.

Выраже́ние вре́мени
Time conjunctions

1. To denote sequence in time, use **до того́ как** – *before;* **пе́ред тем как** – *just before;* **по́сле того́ как** – *after.*

   До того́ как пошёл дождь, бы́ло о́блачно и ве́трено.
   Before it started raining, it was cloudy and windy.

   Пе́ред тем как пошёл дождь, греме́л гром.
   Just before it began raining, it thundered.

   По́сле того́ как прошёл дождь, мы пошли́ гуля́ть в парк.
   After the rain passed, we went for a walk in the park.

2. To denote coincidence in time, use **когда́** – *when;* **пока́** – *while.*
   Пока́ (когда́) шёл дождь, я сиде́л до́ма.
   I sat at home while it was raining.

3. To denote terminal points in time, use **пока́ не** – *until.*
   Мы не пойдём гуля́ть, **пока́ не** зако́нчится дождь.
   We won't go for a walk until it stops raining.

15–30 | **Выраже́ние вре́мени.** 1) Read and translate the following questions. 2) In pairs, take turns asking and answering them.

1. Что вы обы́чно де́лаете до́ма, **пока́** на у́лице идёт дождь и хо́лодно?
2. Что вы обы́чно де́лаете в выходны́е, **когда́** на у́лице жара́ и температу́ра +35°С?
3. Вы проверя́ете прогно́з пого́ды, **пе́ред тем как** вы́йти из до́ма?
4. Если на у́лице жара́ +30°С, что вы надева́ете **пе́ред тем как** вы́йти из до́ма?
5. Если на у́лице моро́з и температу́ра – 35°С, что вы надева́ете, **пе́ред тем как** вы́йти из до́ма?
6. Что вы обы́чно де́лаете, **по́сле того́ как** вы вы́брали в магази́не но́вые брю́ки и́ли руба́шку?
7. Что вы обы́чно де́лаете, **по́сле того́ как** вы пришли́ домо́й с рабо́ты и́ли из университе́та/шко́лы?
8. Каку́ю оде́жду вы бы купи́ли, **до того́ как** вы бы пое́хали зимо́й в Сиби́рь?
9. Каку́ю оде́жду вы бы купи́ли, **до того́ как** вы бы пое́хали ле́том в Со́чи?

 15–31 | Выраже́ние вре́мени. In pairs, take turns finishing the following sentences.

1. Я не пойду́ ката́ться на лы́жах, **пока́ не** . . .   ___ ста́нет тепло́.
2. Я не бу́ду ката́ться на велосипе́де, **пока́ не** . . .   ___ сде́лаю дома́шнее зада́ние.
3. Я не пойду́ гуля́ть, **пока́ не** . . .   ___ ста́нет хо́лодно.
4. Я не наде́ну тёплую ку́ртку, **пока́ не** . . .   ___ зако́нчится дождь.
5. Я не наде́ну футбо́лку и шо́рты, **пока́ не** . . .   ___ получу́ де́ньги.
6. Я не куплю́ э́ту су́мку и очки́, **пока́ не** . . .   ___ зако́нчится снег.

СЛОВА́РЬ

быть *impf.* в чём? – *to be wearing (literally: to be "in") something*
вели́к, велика́, велико́, велики́ – *(too) big*
во́здух – *air*
возмо́жен, возмо́жна, возмо́жно, возмо́жны – *here: there is chance of*
выбира́ть/вы́брать кого́? что? – *to choose*
вы́глядеть *impf.* – *to look, appear*
вы́звать *pfv.* кого́? что? – *to call, send for*
   Fut.: я вы́зову, ты вы́зовешь, они́ вы́зовут
голосово́й помо́щник – *voice assistant*
ежедне́вно – *daily*
забыва́ть/забы́ть кого́? что? + *inf.* – *to forget*
   Pres.: я забыва́ю, ты забыва́ешь, они́ забыва́ют
   Fut.: я забу́ду, ты забу́дешь, они́ забу́дут
задава́ть/зада́ть вопро́с кому́? о ком? о чём? – *to ask a question*
   Pres.: я задаю́, ты задаёшь, они́ задаю́т
   Fut.: я зада́м, ты зада́шь, они́ зададу́т
золото́й, -ая, -ое, -ые – *gold*
идти́ *impf.* что? кому́? – *to look nice on someone, to suit someone*

ка́сса – *cash register*
коро́ткий, -ая, -ое, -ие – *short*
крем от со́лнца – *sunscreen*
кратковре́менный дождь – *brief rain shower*
мал, мала́, мало́, малы́ – *(too) small*
мо́дный, -ая, -ое, -ые – *fashionable*
надева́ть/наде́ть что? – *to put on (yourself), wear*
    Pres.: я надева́ю, ты надева́ешь, они́ надева́ют
    Fut.: я наде́ну, ты наде́нешь, они́ наде́нут
напомина́ть/напо́мнить кому́? о чём? – *to remind*
    Pres.: я напомина́ю, ты напомина́ешь, они́ напомина́ют
    Fut.: я напо́мню, ты напо́мнишь, они́ напо́мнят
не́бо – *sky*
носи́ть *impf.* что? – *to wear*
    Pres.: я ношу́, ты но́сишь, они́ но́сят
одева́ться/оде́ться – *to get dressed*
    Pres.: я одева́юсь, ты одева́ешься, они́ одева́ются
    Fut.: я оде́нусь, ты оде́нешься, они́ оде́нутся
отвеча́ть/отве́тить кому́? (на вопро́с) – *to answer (a question)*
    Pres.: я отвеча́ю, ты отвеча́ешь, они́ отвеча́ют
    Fut.: я отве́чу, ты отве́тишь, они́ отве́тят
перча́тка – *glove*
пожа́р – *wildfire*
поку́пка – *purchase*
приложе́ние – *here: smartphone app*
приме́рочная – *fitting room*
примеря́ть/приме́рить что? – *to try on*
    Pres: я примеря́ю, ты примеря́ешь, они́ примеря́ют
    Fut.: я приме́рю, ты приме́ришь, они́ приме́рят
разме́р – *size*
реклами́ровать *impf.* что? – *to advertise*
    Pres.: я реклами́рую, ты реклами́руешь, они́ реклами́руют
скача́ть *pfv.* что? отку́да? – *to download*
    Pres: я скача́ю, ты скача́ешь, они́ скача́ют
спо́соб – *means, way of doing something*
спра́шивать/спроси́ть кого́? у кого́? о ком? о чём? – *to ask*
    Pres.: я спра́шиваю, ты спра́шиваешь, они́ спра́шивают
    Fut.: я спрошу́, ты спро́сишь, они́ спро́сят
термо́метр – *thermometer*
цена́ – *price*
чек – *receipt*
шарм *only sing.* – *charm*

Expressions:

Идёт дождь. – *It's raining.*
Идёт снег. – *It's snowing.*
(кому́?) **идёт** *impf.* что? – *to look nice on someone, to suit someone*
по твоему́/ва́шему мне́нию – *in your opinion*

Прáвда? – *here: Right? Isn't it?*
Свéтит сóлнце. – *The sun shines/is shining.*

О погóде *Taking about weather*

вéтреный/вéтрено – *windy/***безвéтренный** – *windless, calm*
влáжный/влáжно – *humid*
жарá – *heat*
жáркий/жáрко – *hot*
пáсмурный/пáсмурно – *overcast*
прохлáдный/прохлáдно – *cool*
сóлнечный/сóлнечно – *sunny*
сырóй/сы́ро – *damp*
тёплый/теплó – *warm*
холóдный/хóлодно – *cold*

Одéжда, óбувь и аксессуáры – *clothing, footwear and accessories*

блýзка – *blouse*
ботúнки – *boots*
брю́ки *pl. only, gen.:* брюк – *trousers, pants*
джúнсы *pl. only, gen.:* джинс – *jeans*
зóнтик – *umbrella*
костю́м – *suit*
кóфта – *button-down sweater, cardigan*
кроссóвки *pl.* – *sneakers*
купáльник – *swimsuit*
кýртка – *sport jacket*
пальтó *n. indicine* – *coat*
пиджáк – *jacket*
плáвки *pl. only, gen.:* плáвок – *swimming trunks*
плáтье – *dress*
плащ – *raincoat*
пуховúк – *down jacket*
рубáшка – *dress shirt*
сандáлии *pl.,* сандáли *colloq.* – *sandals*
сапогú *pl.* – *high boots*
свúтер – *sweater*
серёжки *pl.* – *earrings*
солóменная сýмка – *straw bag*
тýфли *pl.* – *shoes*
футбóлка – *T-shirt*
часы́ – *here: watch*
шáпка – *cap, hat*
шарф – *scarf*
шóрты *pl. only, gen.:* шорт – *shorts*
штаны́ *pl. only, gen.:* штанóв – *pants*
ю́бка – *skirt*
очкú *pl. only, gen.:* очков – *glasses;* **сóлнечные очкú** – *sunglasses*

ГЛАВА́ 16 | БУ́ДЬТЕ ЗДОРО́ВЫ!

In this chapter, you will:

- review and expand the vocabulary you need to talk about your health, getting sick, and how to treat different illnesses;
- read and write advice on how not to get sick and stay healthy;
- learn how to talk with a doctor about symptoms of different illnesses;
- create a video blog post and a public health ad.

ВВЕДЕ́НИЕ

16–1 | Как вы себя́ чу́вствуете? 1) Read the following script out loud. 2) Go around the classroom and interview two to three classmates. Make sure to use the appropriate form of address (**ты** or **вы**) and the appropriate greeting and farewell expressions. 3) Write down or circle your classmates' answers. 4) Summarize their answers in five to six sentences and share them with the rest of the class.

I. Opening conversation lines	Responses
Приве́т!/Здра́вствуй/те! До́брое у́тро! До́брый день (ве́чер)! Ра́д/а тебя́/вас ви́деть! Как дела́? Как настрое́ние? Что но́вого?	Приве́т!/Здра́вствуй/те! Я то́же ра́д/а тебя́ ви́деть! Спаси́бо, всё в поря́дке! Не жа́луюсь. Ничего́, всё по-ста́рому! Нева́жно. (*Not so good.*) Настрое́ние отли́чное/ужа́сное! Ху́же не́куда! (*Couldn't be worse!*)

II. Questions	Answers
1. Как ты себя́ чу́вствуешь? Как вы себя́ чу́вствуете?	• Хорошо́. • Не о́чень. (*Not very well.*) • Пло́хо. • Мне уже́ лу́чше. (*I feel better.*) • Я бо́лен/больна́. • У меня́ боли́т голова́. • У меня́ температу́ра. • Друго́е:
2. А ты ча́сто боле́ешь? А вы ча́сто боле́ете?	• Нет, ре́дко. • Иногда́. • Да, ча́сто боле́ю. • Друго́е:
3. А ты принима́ешь лека́рства, когда́ боле́ешь? А вы принима́ете лека́рства, когда́ боле́ете?	• Да. • Иногда́. • Нет, никогда́ не принима́ю. • Принима́ю то́лько витами́ны. • Друго́е:
4. А ты ча́сто хо́дишь к врачу́? А вы ча́сто хо́дите к врачу́?	• Нет, ре́дко. • Иногда́. • Да, ча́сто. • Друго́е:

III. Closing lines	Responses
Спаси́бо! Бы́ло прия́тно с тобо́й/ва́ми поговори́ть! Всего́ хоро́шего! Извини́/те, что я тебя́/вас задержа́л/а!	Пожа́луйста! Не́ за что! Счастли́во! Всего́ до́брого! Ещё уви́димся! До встре́чи! *(See you!)*

Note: Use the reflexive pronoun **себя́** with **чу́вствовать** to indicate how you're feeling. Do not use the pronoun **себя́** when indicating that you feel or sense something.

— Как ты **себя́ чу́вствуешь**?   *How are you feeling?*
— Я **чу́вствую себя́** хорошо́.   *I feel good today.*

But: Я **чу́вствую, что** я заболева́ю.
  I feel like I'm getting sick.

16–2 | Интона́ция. 1) Intonation Type 5 (ИК-5): Intonation in exclamatory sentences. Review the information about Intonation Type 5 in the following. Listen and repeat after the speaker.

ИК-5 	Intonation type 5 (ИК-5) rises on the first stressed syllable and falls on the final stressed one. Sentences with this intonation type end with an exclamation point (!). This intonation type can express the speaker's positive or negative attitudes towards something (**Кака́я хоро́шая/плоха́я больни́ца!** *What a great/terrible hospital!*) as well as show sympathy or compassion toward loved ones (**Как ты ужа́сно ка́шляешь!** *What a terrible cough you have!*).

---

1. Како́й хоро́ший врач!
2. Кака́я хоро́шая апте́ка!
3. Кака́я плоха́я больни́ца!
4. Како́е хоро́шее лека́рство!
5. Кака́я боль!
6. Как у меня́ боли́т голова́!
7. Как я себя́ ужа́сно чу́вствую!
8. Кака́я у тебя́ высо́кая температу́ра! Что у тебя́ боли́т?
9. Как ты ужа́сно ка́шляешь! Сходи́ к врачу́! *(What a terrible cough you have! Go see a doctor!)*
10. Как вы хорошо́ вы́глядите! *(You look great!)*
11. Како́й хоро́ший сове́т!
12. Как вы просту́жены! *(You have such a bad cold!)*
13. Как боли́т рука́!

2) **Intonation in enumerations**. Read the information about intonation in enumerations. Listen and repeat after the speaker.

Sentences with enumerations can be pronounced in different ways: a) every enumerated word is pronounced with the falling tone (ИК-1); b) every enumerated word is pronounced with the rising tone (ИК-3), except for the last one, which is pronounced with the falling tone (ИК-1).

---

1. На́до есть бо́льше белко́в (ИК-1), овоще́й (ИК-1) и фру́ктов (ИК-1).
2. На́до есть бо́льше белко́в (ИК-3), овоще́й (ИК-3) и фру́ктов (ИК-1).
3. У меня́ высо́кая температу́ра (ИК-1), боли́т го́рло (ИК-1) и голова́ (ИК-1).
4. У меня́ высо́кая температу́ра (ИК-3), боли́т го́рло (ИК-3) и голова́ (ИК-1).
5. Я чиха́ю (ИК-1), ка́шляю (ИК-1), и у́ши боля́т (ИК-1).
6. Я чиха́ю (ИК-3), ка́шляю (ИК-3), и у́ши боля́т (ИК-1).

 16–3 | Ай, боли́т! Imagine that you are not feeling well. In pairs, take turns asking and answering the following question practicing the following vocabulary.

—Что у тебя́/у вас боли́т?
—У меня́ боли́т/боля́т . . .

боле́ть *impf. third-person only – to hurt, to ache*
Pres.: он (она́, оно́) боли́т, они́ боля́т

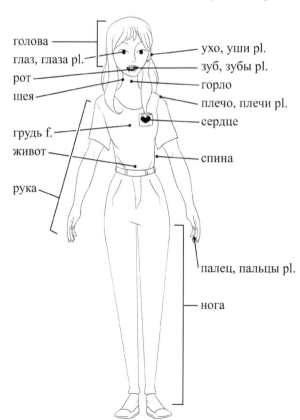

голова
глаз, глаза pl.
рот
шея
грудь f.
живот
рука

ухо, уши pl.
зуб, зубы pl.
горло
плечо, плечи pl.
сердце
спина

палец, пальцы pl.

нога

16–4 | Глаго́лы. Read the following vocabulary words and learn the words and expressions you do not already know.

боле́ть/заболе́ть чем?	*to get sick*
выздора́вливать/вы́здороветь	*to get better, to regain one's health*
де́лать/сде́лать уко́л; опера́цию кому́?	*to give a shot; to have surgery*
Врач сде́лал уко́л ребёнку.	*The doctor gave the child a shot.*
Мне сде́лали опера́цию.	*I had surgery.*
ка́шлять *impf.*	*to cough*
лечи́ть/вы́лечить кого́? что? *(анги́ну)*	*to treat, to cure (strep throat)*
лечи́ться/вы́лечиться от чего́?	*to receive treatment, be cured (of the flu)*
(гри́ппа)	
обрати́ться *pfv.* к врачу́	*to see a doctor*
принима́ть/приня́ть лека́рство	*to take medicine*
простужа́ться/простуди́ться	*to get a cold*
чиха́ть/чихну́ть	*to sneeze*

Cultural note: Бу́дьте здоро́вы!

In Russian culture, when a person sneezes (**апчхи́!** *achoo!*), it is polite for others to wish them good health or a quick recovery by saying **Будь здоро́в/здоро́ва! Бу́дьте здоро́вы!** (*literally: "Be healthy!"*)

16–5 | Боле́зни. 1) Study the following vocabulary and match the left and the right columns. 2) In pairs, make a small talk following the subsequent example.

Приме́р:

— У меня́ боли́т го́рло. Да́же не зна́ю, как лечи́ться!
— Наве́рное *(probably)*, э́то анги́на. Тебе́ на́до обрати́ться к врачу́.
— Ты прав/права́. (*You are right.*)
— Выздора́вливай! Не боле́й!

Симпто́мы боле́зней *Symptoms*	Боле́знь *f.* *Sickness, illness, disease*
1. У меня́ высо́кая температу́ра, и боли́т го́рло, наве́рное, у меня́. . .	___ **аллерги́я** – *allergy*
2. У меня́ высо́кая температу́ра, на́сморк (*runny nose*), и голова́ боли́т, наве́рное, э́то . . .	___ **анги́на** – *strep throat*
3. У меня́ на́сморк, я чиха́ю всё вре́мя, но температу́ры нет, наве́рное, у меня́ . . .	___ **бронхи́т** – *bronchitis*
4. У меня́ боли́т в груди́, высо́кая температу́ра, и я всё вре́мя ка́шляю, наве́рное, у меня́. . .	___ **грипп** – *the flu*
5. Я чиха́ю, ка́шляю, у́ши боля́т, и у меня́ высо́кая температу́ра, наве́рное, э́то . . .	___ **просту́да** – *cold*

16–6 | Словообразова́ние. Однокоренны́е слова́. Words with the same root. Find the roots in the following words and determine their part of speech: noun, adjective, adverb, or verb. Give English equivalents.

1. боль – боле́знь – *(Голова́)* боли́т – боле́ть/заболе́ть – бо́лен – больна́ – больни́ца – *(Мне)* бо́льно.
2. здоро́в – здоро́ва – здоро́вье – выздора́вливать/вы́здороветь – *(Как)* здо́рово!
3. простужа́ться/простуди́ться – просту́да
4. ка́шлять – ка́шель
5. лу́чше – лу́чший – лу́чшая – улучша́ть/улу́чшить *(здоро́вье)*

ЧИТА́ЕМ И ГОВОРИ́М

16–7 | Пе́ред чте́нием. In pairs or small groups, discuss the following questions:

1. Когда́ лю́ди ча́ще боле́ют гри́ппом и́ли просту́живаются, зимо́й, ле́том, о́сенью и́ли весно́й? Почему́?
2. Как вы ду́маете, что на́до де́лать, что́бы не боле́ть?

16–8 | Лайфха́кер. Как научи́ться не боле́ть. Scan the following article from an online health magazine and answer the following questions.

1. Как зову́т а́втора статьи́ «Как научи́ться не боле́ть»?
2. Для кого́ он написа́л э́ту статью́?
3. Почему́ он реши́л научи́ться не боле́ть?

Пора́ заня́ться свои́м здоро́вьем!
Как научи́ться не боле́ть

> **бо́льше не** – *no longer, not anymore*
> **боро́ться** *impf.* с кем? с чем? – *to fight*
> **иммуните́т** – *immune system*
> **лес** – *forest*
> **мно́гие**[1] *pl.* – *many (but not all) of*
> **поду́мать**[2] *pfv.* о ком? о чём? – *to think for a little while*

---

1   **Мно́гие** (*nom. pl.*) is used with plural nouns, declines (*acc. inanimate/gen./pre.* **мно́гих**; *dat.* **мно́гим**; *ins.* **мно́гими**), and means "a significant number, many, but not all," whereas **мно́го** means "a large, indefinite number of."

2   The prefix **ПО-** in many perfective verbs indicates an action of short duration: **почита́ть** *to read for a bit*, **порабо́тать** *to work for a bit*, **погуля́ть** *to stroll for a while*.

привыка́ть/привы́кнуть к кому́? к чему́? – *to get used to something, to adjust*
прогу́лка – *walk, stroll*
ско́ро – *soon*
сла́бый, -ая, -ое, -ые – *weak*
улучша́ть/улу́чшить что? (здоро́вье) – *to improve*

Expression:
Это зна́чит, что . . . – *This means that . . .*

Ско́ро зима́, а э́то зна́чит, что мно́гие лю́ди бу́дут простужа́ться и боле́ть гри́ппом. А ско́лько раз в году́ вы боле́ете? Если вы боле́ете о́чень ре́дко и обраща́етесь к врачу́ раз в год, то э́то статья́ не для вас. Но е́сли вы боле́ете ча́сто и ка́ждые три ме́сяца лежи́те с высо́кой температу́рой и на́сморком, постоя́нно ка́шляете и чиха́ете, то вам на́до поду́мать о том, как улу́чшить своё здоро́вье и научи́ться не боле́ть.

Ра́ньше я боле́л ми́нимум два-три ра́за в год, лежа́л с гри́ппом и́ли анги́ной до́ма, не мог норма́льно учи́ться и рабо́тать. Я да́же привы́к к э́тому, пока́ не научи́лся боро́ться с боле́знями и не боле́ть. После́дний раз я боле́л 3 го́да наза́д. В тот день я реши́л, что пора́ заня́ться свои́м здоро́вьем и бо́льше не боле́ть.

Вот не́сколько просты́х сове́тов, как улу́чшить своё здоро́вье.

1. На́до ка́ждое у́тро принима́ть снача́ла горя́чий душ, а пото́м холо́дный.
2. Ну́жно тепло́ одева́ться, когда́ на у́лице моро́з. В тепле́ на́до держа́ть но́ги, спи́ну, грудь и ше́ю.
3. На́до спать по 8 часо́в ми́нимум! Это о́чень ва́жно. Если вы не бу́дете высыпа́ться, у вас бу́дет сла́бый иммуните́т, и вы мо́жете легко́ заболе́ть.
4. Всё вре́мя пе́йте что́-нибудь горя́чее. Нева́жно, э́то ко́фе, чай и́ли про́сто тёплая вода́.
5. На́до есть бо́льше белко́в, овоще́й и фру́ктов.
6. За́втракайте и никогда́ не е́шьте фа́ст-фуд!
7. Принима́йте витами́н С ка́ждый день.
8. Бо́льше гуля́йте на све́жем во́здухе! Регуля́рные пое́здки за́ город, прогу́лки по ле́су и́ли па́рку помо́гут вам не боле́ть!

А каки́е вы мо́жете дать сове́ты, кото́рые помо́гут не боле́ть? Напиши́те мне!

Ваш Вита́лий Ефи́менков

16–9 | Лайфха́кер. Как научи́ться не боле́ть. Reread the posts in 16–8 and mark whether the following statements correspond to the content. Read each statement out loud and correct the wrong ones.

Да	Нет	1. Мно́гие лю́ди простужа́ются и боле́ют гри́ппом зимо́й.
Да	Нет	2. На́до улучша́ть своё здоро́вье лю́дям, кото́рые ка́ждые три ме́сяца лежа́т с высо́кой температу́рой и на́сморком, постоя́нно ка́шляют и чиха́ют.
Да	Нет	3. Ра́ньше Вита́лий боле́л ре́дко, а тепе́рь он ча́сто боле́ет гри́ппом и́ли у него́ анги́на.
Да	Нет	4. Вита́лий не зна́ет, как боро́ться с боле́знями и не боле́ть.
Да	Нет	5. Три го́да наза́д Вита́лий реши́л, что он боле́ть бо́льше не бу́дет и бо́льше не боле́л.
Да	Нет	6. Вита́лий дал во́семь просты́х сове́тов, как улу́чшить своё здоро́вье.
Да	Нет	7. Что́бы улу́чшить своё здоро́вье, на́до есть бо́льше углево́дов, жиро́в и овоще́й, а та́кже принима́ть витами́н C.
Да	Нет	8. Что́бы улу́чшить своё здоро́вье, на́до ка́ждое у́тро принима́ть снача́ла холо́дный душ, а пото́м горя́чий.
Да	Нет	9. Что́бы не заболе́ть, на́до одева́ться по пого́де, а но́ги, спи́ну, грудь и ше́ю на́до держа́ть в тепле́.
Да	Нет	10. Что́бы не заболе́ть, на́до высыпа́ться и бо́льше гуля́ть на све́жем во́здухе.
Да	Нет	11. Что́бы улу́чшить своё здоро́вье, за́втракайте, никогда́ не е́шьте фаст-фу́д и принима́йте витами́н C ка́ждый день!
Да	Нет	12. Что́бы улу́чшить своё здоро́вье, пе́йте бо́льше холо́дной воды́ и́ли во́ду со льдо́м. Тогда́ у вас бу́дет си́льный иммуните́т, и вы не заболе́ете.

16–10 | Лайфха́кер. Как научи́ться не боле́ть. 1) Reread the posts in 16–8 and in small groups discuss Vitaly's suggestions on ways to improve health. 2) Summarize your discussion in six to seven full sentences and share your thoughts with the rest of the class.

1. Каки́е из сове́тов Вита́лия вы счита́ете са́мыми поле́зными?
2. С каки́ми сове́тами вы согла́сны, а с каки́ми нет?
3. Что из того́, что сове́тует Вита́лий, вы уже́ де́лаете?
4. Что из того́, что сове́тует Вита́лий, вы бу́дете де́лать?
5. Что из того́, что сове́тует Вита́лий, вы никогда́ не бу́дете де́лать?

16–11 | Лайфха́кер. Как научи́ться не боле́ть. Read the following comments and create a list of the suggestions given by the readers who left comments on Vitaly's article.

Коммента́рии

> **алкого́льный напи́ток** – *alcoholic drink*
> **бо́льно** – *here: it is painful*
> **зарази́ть** *pfv.* кого? чем? – *to infect*
> **не́рвничать** *impf.* – *to be nervous*
> **переста́ва́ть/переста́ть** + *inf.* – *to stop*
> **реша́ть/реши́ть пробле́му** – *to solve a problem*
> **спо́рить/поспо́рить** с кем? о чём? – *to argue*
>
> **Expression:**
> **Всё/Это зави́сит** от кого? чего? – `*Everything/It depends on . . .*

Ми́ша.

Занима́йтесь спо́ртом! Спорт – э́то лу́чшее лека́рство! Я на́чал
занима́ться спо́ртом и переста́л боле́ть! Я хожу́ в тренажёрный зал три
ра́за в неде́лю и ка́ждый день ката́юсь на велосипе́де. А в выходны́е мы
с друзья́ми игра́ем в футбо́л!

Ли́да.

Я уве́рена, что гла́вное – э́то еда́ и сон. Я ем всё са́мое поле́зное и сплю
ми́нимум 8 часо́в. Ложу́сь спать до 23 часо́в.

Илья́.

По-мо́ему, в э́той жи́зни все боле́зни от стре́сса. Поэ́тому на́до
позити́вно ду́мать и никогда́ не на́до расстра́иваться. Нет пробле́м,
кото́рые нельзя́ реши́ть. Всё зави́сит от вас! Бу́дьте сча́стливы и
здоро́вы!

Ники́та.

Не кури́те! Бро́сьте кури́ть, е́сли вы ку́рите! Кури́ть и пить
алкого́льные напи́тки про́сто нельзя́. Всё э́то о́чень вре́дно для ва́шего
здоро́вья.

Марья́на.

А вот мой сове́т. Если вы заболе́ли, у вас на́сморк, вы ка́шляете
и чиха́ете, то НЕ ХОДИ́ТЕ в университе́т и́ли на рабо́ту, что́бы не
зарази́ть однокýрсников и́ли колле́г. Лу́чше 1–2 дня посиде́ть до́ма и
вы́здороветь.

Стас.

Гла́вное – э́то не не́рвничать, не спо́рить ни с кем, занима́ться спо́ртом и не есть вре́дную еду́ (чи́псы, колбасу́, соси́ски и т.п.)! Но е́сли вы заболе́ли, то вам ну́жно всё вре́мя пить тёплую во́ду и чай с лимо́ном! И сове́тую обяза́тельно обрати́ться к врачу́ е́сли . . .

1. Вы си́льно ка́шляете и у вас боли́т в груди́.
2. У вас си́льный на́сморк бо́льше 10 дней.
3. У вас боли́т спина́.
4. У вас боля́т го́рло и у́ши.
5. Вам тру́дно открыва́ть рот и бо́льно повора́чивать го́лову.
6. У вас высо́кая температу́ра (39°C и́ли вы́ше).

16-12 | Лайфха́кер. Как научи́ться не боле́ть. Reread the comments in 16–11 and write who advises what. Read all suggestions out loud. 2) In pairs, take turns asking and answering the following question:

— Что, по мне́нию *(according to)* Ми́ши (Ли́ды, Ильи́, Ники́ты, Ста́са), на́до де́лать, что́бы улу́чшить своё здоро́вье?
— По мне́нию Ми́ши (Ли́ды, Ильи́, Ники́ты, Ста́са), (не) на́до . . .

Что́бы улу́чшить своё здоро́вье и не боле́ть, на́до . . .

Что?	Кто сове́тует?
1. есть всё са́мое поле́зное и спать ми́нимум 8 часо́в.	
2. не не́рвничать и не спо́рить ни с кем.	
3. занима́ться спо́ртом, так как спорт – лу́чшее лека́рство.	
4. позити́вно ду́мать и никогда́ не расстра́иваться, так как все боле́зни от стре́сса!	
5. бро́сить кури́ть, е́сли вы ку́рите, так как э́то вре́дно.	
6. не пить алкого́льные напи́тки.	
7. не есть вре́дную еду́ (чи́псы, колбасу́, соси́ски и т.п.)!	

16-13 | Лайфха́кер. Как научи́ться не боле́ть. Reread the comments in 16–11 and take turns asking and answering the following questions:

1. По мне́нию Марья́ны, что на́до де́лать и́ли не де́лать, е́сли вы заболе́ли?
2. По мне́нию Ста́са, в каки́х слу́чаях на́до обяза́тельно обраща́ться к врачу́?
3. По мне́нию Ильи́, почему́ никогда́ не на́до расстра́иваться?
4. По ва́шему мне́нию, что на́до де́лать, что́бы не боле́ть?

СМО́ТРИМ И ГОВОРИ́М

16–14 | Видеобло́г «Сове́ты врача́». ТЕ́ГИ: как улу́чшить своё здоро́вье; как не боле́ть; как не простужа́ться. 1) Watch the video blog three times and mark the suggestions given by the physician Анна Ива́новна Бори́сова. Read them out loud. 2) In pairs, discuss the suggestions given by the physician and choose three that you consider the most important.

Сове́ты врача́

___ Ка́ждое у́тро принима́йте снача́ла холо́дный душ, а пото́м горя́чий.

___ Ка́ждое у́тро принима́йте снача́ла горя́чий душ, а пото́м холо́дный.

___ Не расстра́ивайтесь, так как все боле́зни от стре́сса!

___ Ну́жно тепло́ одева́ться, когда́ на у́лице моро́з. В тепле́ на́до держа́ть но́ги, спи́ну, грудь и ше́ю.

___ На́до спать по 8 часо́в ми́нимум! Если вы не бу́дете высыпа́ться, у вас бу́дет сни́женный иммуните́т, и вы мо́жете легко́ заболе́ть.

___ На́до спать по 6 часо́в ма́ксимум! Если вы бу́дете высыпа́ться, у вас бу́дет сни́женный иммуните́т, и вы мо́жете легко́ заболе́ть.

___ Всё вре́мя пе́йте что́-нибудь холо́дное. И нева́жно, что э́то: ко́фе с молоко́м, чай со льдо́м и́ли про́сто вода́.

___ Не не́рвничайте и не спо́рьте ни с кем.

___ На́до есть бо́льше белко́в, овоще́й и фру́ктов.

___ Никогда́ не за́втракайте и е́шьте бо́льше фа́ст-фу́да!

___ Обяза́тельно за́втракайте и никогда́ не е́шьте фа́ст-фуд!

___ Принима́йте витами́н С ка́ждый день.

___ Бо́льше гуля́йте на све́жем во́здухе! Регуля́рные прогу́лки по ле́су и́ли па́рку помо́гут вам не боле́ть!

___ Не пе́йте алкого́льные напи́тки и не кури́те!

16–15 | Видеобло́г «Сове́ты врача́». 1) On a separate piece of paper, write four to five questions to the author of the video blog Анна Ива́новна Бори́сова in 16–14. 2) Would you like to subscribe to her YouTube channel? Explain why.

ДАВА́ЙТЕ ПОГОВОРИ́М

16–16 | Как улу́чшить здоро́вье? 1) In small groups, take turns giving advice on how to boost overall health. 2) Share your group's tips on how to get on the road to better health with the rest of the class and listen to what the other groups have to say. The group that gives the most pieces of advice wins!

16–17 | Сцена́рий. Scenario. Imagine that you don't feel well and you've decided to see a doctor **обрати́ться к врачу́**. 1) Read the following scripts out loud. 2) In small groups, take turns playing each role (physician **врач/**до́ктор and patient **больно́й, больна́я/**пацие́нт). You can add more lines to this conversation. Be creative!

На приёме у врача́ в поликли́нике

беспоко́ить *impf.* кого́? – *to bother, disturb*
беспоко́иться *impf.* о ком? чём? (за кого́? за что? colloq.) – *to worry, be worried*
дыша́ть *impf.* – *to breathe*
приём у врача́ – *doctor's appointment*

Врач	Больно́й/больна́я
Здра́вствуйте! Пожа́луйста, проходи́те и сади́тесь. Что вас беспоко́ит?	Здра́вствуйте, до́ктор. Уже́ не́сколько дней у меня́ си́льная боль в го́рле. Мне бо́льно говори́ть и есть. Наве́рное, э́то просту́да . . .
А температу́ра есть?	Вчера́ ве́чером температу́ра была́ 38°C.
Дава́йте посмо́трим ва́ше го́рло. Откро́йте рот. Скажи́те аааа . . .	Аааа . . .
Да, го́рло кра́сное. Ка́шель есть?	Да, ка́шляю, на́сморк, и мне тру́дно дыша́ть.
У вас анги́на.	Так что мне де́лать? Как лечи́ться? Моя́ ма́ма так беспоко́ится!
Вот вам реце́пт. Принима́йте э́ти антибио́тики 10 дней по одно́й табле́тке три ра́за в день по́сле еды́.	Спаси́бо. До́ктор, а в университе́т и на рабо́ту я могу́ ходи́ть?
Нет, никуда́ не ходи́те, сиди́те до́ма. Че́рез 3 дня вам ста́нет лу́чше. Вы ку́рите?	Да, курю́.
Броса́йте кури́ть! Выздора́вливайте. До свида́ния.	Спаси́бо, до́ктор. До свида́ния.

У травмато́лога

лома́ть/слома́ть что? – *to break*
па́дать/упа́сть – *to fall down*
случа́ться/случи́ться с кем? – *to happen*
уко́л – *injection*

направле́ние к врачу́ – *referral*
рентге́н – *x-ray*
травмато́лог – *trauma surgeon*

Expressions:
Мне ка́жется, что . . . – *It seems to me that . . .*
Что случи́лось? – *What happened?*

Врач	Больно́й/больна́я
Здра́вствуйте! Пожа́луйста, проходи́те и сади́тесь. Что у вас боли́т?	До́брое у́тро, до́ктор. У меня́ пра́вая рука́ боли́т.
Что случи́лось?	Я вчера́ игра́л в футбо́л с друзья́ми, упа́л и, мне ка́жется, я слома́л ру́ку.
Где у вас боли́т?	Вот здесь.
А здесь боли́т?	Да, о́чень бо́льно!
Да, похо́же, что вы слома́ли ру́ку. Вот вам направле́ние на рентге́н. Посмо́трим.	Спаси́бо, до́ктор. Рука́, коне́чно, ужа́сно боли́т!
Я могу́ вам сде́лать уко́л, что́бы рука́ ме́ньше боле́ла.	Спаси́бо большо́е! Это бы мне о́чень помогло́.

Поле́зная информа́ция

In Russia, there are public medical emergency services (**ско́рая медици́нская по́мощь**) that can provide emergency medical care in the case of an incident that causes serious physical injury or illness. A person can call for an ambulance (**ско́рая по́мощь**) by calling the number 03 («**но́ль-три**», when using a home phone; 103 when using a cellphone) if they have hypertension, heart pain, a very high temperature, or some other serious condition. If the person's condition requires hospitalization, they can be taken to the emergency room (**приёмное отделе́ние больни́цы**).

ПИ́ШЕМ О СЕБЕ́

16–18 | Как не боле́ть. Write an 8–12-sentence post for your blog or social media page answering the following questions:

1. Что вы обы́чно де́лаете, что́бы не боле́ть?
2. Что вы обы́чно де́лаете, е́сли вы уже́ заболе́ли?
3. Что вы обы́чно де́лаете, что́бы быстре́е вы́здороветь?

ИНТЕРВЬЮ́ И ПРОЕ́КТЫ

16–19 | Интервью́ «Что вы де́лаете, что́бы не боле́ть?» 1) Conduct interviews with two classmates asking the questions in the following table. Write down their answers and share your results with the class. 2) Conduct interviews with two Russian speakers outside of class. Write down their answers, create a two-minute multimedia presentation, and present it in class.

Interview form

Questions	Person 1	Person 2
1. Что вы обы́чно де́лаете, что́бы не боле́ть?		
2. Что вы обы́чно де́лаете, éсли вы ужé заболéли?		
3. Что вы обы́чно де́лаете, что́бы быстрée вы́здороветь?		

16–20 | **Видеоблóг. Тéги: как никогдá не болéть; совéты, как не простужáться; как не заболéть грúппом и простýдой.** 1) Create a personal video blog. Record yourself answering the questions in 16–18. Make it interesting and exciting for your classmates to watch. Be creative! 2) Show your video blog in class and watch your classmates' videos. You may want to have a competition for the best video blog.

16–21 | **Социáльная реклáма.** You want to help the World Health Organization create a public health ad in Russian. Create a poster with your advice on how to improve health and avoid contracting illnesses. You may want to have a competition for the best poster.

ГРАММÁТИКА

Long- and short-form adjectives

There are two forms of qualitative adjectives in Russian:

Long forms	Short forms
краси́в-**ый**, краси́в-**ая**, краси́в-**ое**, краси́в-**ые**	краси́в, краси́в-**а**, краси́в-**о**, краси́в-**ы**
1. Long-form adjectives answer the questions: **Какóй? Какáя? Какóе? Какúе?**	1. Short-form adjectives answer the questions: **Какóв? Каковá? Каковó? Каковы́?**

Long forms	Short forms
2. In a sentence, long-form adjectives may be used as: • an *attribute* Он – **изве́стный** хиру́рг. *He is a famous surgeon.* • or a *predicate* Онá **краси́вая**.[3] *She is beautiful.*	2. In a sentence, short-form adjectives may be used only as *a predicate* of a sentence after the verb **быть**. — Что говоря́т об э́том хиру́рге? — Этот хиру́рг (был) **изве́стен** свои́ми опера́циями на глазá. *"What do they say about this surgeon?"* *"This surgeon (was) is famous for his eye operations."* Онá сего́дня так **краси́ва**! *She looks so pretty today!*
3. Long-form adjectives agree with the nouns they qualify in *gender, number,* and *case*. Пе́йте мно́го **тёплой** воды́ с лимо́ном, е́сли вы заболе́ли. *Drink a lot of warm water with lemon if you are ill.*	3. Short-form adjectives agree with their subjects in *gender* and *number*. Он **бо́лен**. Онá **больнá** (чем?) рáком. *He is ill. She is ill with cancer.*

Remember!

1. The adjectives **большо́й** и **мáленький** have special short forms:

большо́й	больша́я	большо́е	больши́е
вели́к	великá	великó	велики́
мáленький	**мáленькая**	**мáленькое**	**мáленькие**
мал	малá	малó	малы́

Эта кóфта мне **великá**, а э́та – **малá**.
This cardigan is too big for me, and that one is too small.

Это плáтье мне **великó**, а э́то – **малó**.
This dress is too big for me, and that one is too small.

2. Use a neuter short form for predicate adjectives referring to **всё** or **э́то**.
Это **вáжно**. *That is important.*
Всё **вáжно**. *Everything is important.*

3. Use a masculine short form for predicate adjective referring to **кто**.
Кто **гото́в** бро́сить кури́ть? *Who is ready to quit smoking?*

---

3   Note that as a ***predicate***, long-form adjectives indicate a permanent attribute of an object, while short-form adjectives indicate that the attribute is temporary.

16–22 | Прилага́тельные. In pairs, take turns reading the following sentences. Mark the appropriate form of the adjectives in parentheses. Explain your choices and give English equivalents.

1. Мой брат был (больно́й/бо́лен) два дня, а тепе́рь он абсолю́тно (здоро́вый/здоро́в).
2. Она́ (согла́сен/согла́сна), что на́до занима́ться спо́ртом, та́к как спорт – лу́чшее лека́рство от всех боле́зней.
3. Я (уве́ренный/уве́рен), что на́до спать 8 часо́в, что́бы хорошо́ себя́ чу́вствовать!
4. Бу́дьте (здоро́выми/здоро́вы) и (счастли́вые/сча́стливы)!
5. Он тако́й (счастли́вый/сча́стлив) челове́к! Он так (счастли́вый/сча́стлив)!
6. Она́ о́чень (сла́бый/слаба́) челове́к!
7. Мой де́душка ещё (живо́й/жив). Я на него́ о́чень (похо́жая/похо́жа).
8. Он (рад/ра́да), что я купи́ла ему́ лека́рства. Ему́ э́ти лека́рства о́чень (ну́жные/нужны́)!
9. Он был (знамени́тым/знамени́т) врачо́м. Он был (знамени́тым/знамени́т) свои́ми опера́циями на се́рдце.
10. Мы (дово́льные/дово́льны) результа́тами опера́ции на глаза́.
11. До́ктор! Вы сего́дня (свобо́дные/свобо́дны) и́ли (за́нятые/за́няты)?
12. На у́лице моро́з, но он не хо́чет надева́ть тёплый сви́тер и ша́пку, та́к как сви́тер ему́ (большо́й/вели́к), а ша́пка – (ма́ленькая/мала́).

16–23 | Прилага́тельные. 1) Match the right and the left columns. 2) In pairs, take turns asking and answering the following questions: В чём ты уве́рен/уве́рена? С чем ты согла́сен/согла́сна? Чему́ ты рад/ра́да? К чему́ ты гото́в/гото́ва?

1. Я уве́рен/уве́рена в том, что . . .
2. Я согла́сен/согла́сна с тем, что . . .
3. Я рад/ра́да тому́, что . . .
4. Я гото́в/гото́ва к тому́, что́бы . . .

___ мой друг вы́здоровел.
___ мо́жно научи́ться не боле́ть.
___ ну́жно позити́вно ду́мать и никогда́ не на́до расстра́иваться.
___ на́до принима́ть витами́ны ка́ждый день.
___ на́до за́втракать и не есть фаст-фуд.
___ не есть вре́дную еду́ (чи́псы, колбасу́, соси́ски и т.п.)!
___ регуля́рные пое́здки за́ город, прогу́лки по ле́су и́ли па́рку помо́гут вам не боле́ть!
___ бро́сить кури́ть, та́к как э́то вре́дно.
___ на́до есть бо́льше белко́в, овоще́й и фру́ктов.

Using the infinitive

Use the infinitive of an imperfective verb:	Use the infinitive of a perfective verb:
1. after **на́до, ну́жно, мо́жно**, as well as the verbs **хоте́ть, уме́ть, мочь, собира́ться, проси́ть, сове́товать** to denote repeated actions or action in general. **На́до принима́ть** витами́ны ка́ждый день. *You need to take vitamins every day.* Она́ **сове́тует спать** ми́нимум по 8 часо́в. *She recommends sleeping a minimum of eight hours.*	1. after **на́до, ну́жно, мо́жно**, as well as the verbs **хоте́ть, уме́ть, мочь, собира́ться, проси́ть, сове́товать** to denote a one-time action. Мне **ну́жно бро́сить** кури́ть. *I need to quit smoking.* Я **сове́тую** вам **обрати́ться** к врачу́. *I advise you to go see a doctor.*
2. after **не на́до, нельзя́, не сове́тую, вре́дно** indicating that an action is not necessary or is prohibited. Здесь **нельзя́ кури́ть.** *You can't smoke here.* **Не сове́тую** вам **пить** алкого́льные напи́тки. *I don't advise you to drink alcoholic beverages.*	2. after **забы́ть, успе́ть**, and **уда́ться.** Я **забы́л/а приня́ть** лека́рство у́тром. *I forgot to take my medicine this morning.* Им **удало́сь** не **простуди́ться** э́той зимо́й. *They managed to not get a cold this winter.*
3. after the adverb **пора́** *(it's time to)* to indicate that an action should be occurring. Мне **пора́ принима́ть** лека́рство. *It's time for me to take my medicine.*	3. after the adverb **пора́** *(it's time to)* to indicate that an action should be undertaken or to recommend doing a certain activity. **Пора́ заня́ться** спо́ртом! *It's time to start playing sports!* **Пора́ заня́ться** вам свои́м здоро́вьем! *It's time for you to start taking care of your health!*
4. after the verbs **учи́ться/научи́ться, люби́ть/полюби́ть, устава́ть/уста́ть** and verbs that denote the beginning or end of an action, such as **начина́ть/нача́ть, зака́нчивать/зако́нчить, переставáть/переста́ть, стать.** Он **научи́лся** не **боле́ть.** *He learned how to not get sick* Он **стал** позити́вно **ду́мать**, та́к как все боле́зни от стре́сса! *He began to think positively since all illnesses come from stress.*	

16–24 | Инфинити́в. In pairs, take turns reading the following sentences and mark the appropriate infinitive in parentheses. Explain your choice. Give English equivalents.

1. Что́бы хорошо́ себя́ чу́вствовать, на́до (есть/съесть) бо́льше белко́в, овоще́й и фру́ктов.
2. Врачи́ сове́туют (принима́ть/приня́ть) витами́н С ка́ждый день.
3. Как вы мо́жете не (не́рвничать/поне́рвничать) и ни с кем не (спо́рить/поспо́рить)?
4. На́до ка́ждое у́тро (принима́ть/приня́ть) снача́ла горя́чий душ, а пото́м холо́дный.
5. Ну́жно тепло́ (одева́ться/оде́ться), когда́ на у́лице моро́з.
6. Я сове́тую вам (спать/поспа́ть) ка́ждый день по 8 часо́в!
7. Мне удало́сь (спать/поспа́ть) 8 часо́в вчера́, и я хочу́ (высыпа́ться/вы́спаться) сего́дня!
8. Если я не бу́ду (высыпа́ться/вы́спаться), у меня́ бу́дет сла́бый иммуните́т, и я могу́ легко́ (заболева́ть/заболе́ть).
9. Не забу́дьте сего́дня (гуля́ть/погуля́ть) на све́жем во́здухе!
10. Я собира́юсь (броса́ть/бро́сить) кури́ть, та́к как э́то вре́дно!
11. Я ста́ла (за́втракать/поза́втракать) ка́ждый день и переста́ла (есть/съесть) фаст-фу́д!
12. Если вы простуди́лись, ну́жно всё вре́мя (пить/вы́пить) что́-нибудь горя́чее. Нева́жно, э́то ко́фе, чай и́ли про́сто тёплая вода́.
13. Я полюби́ла (е́здить/пое́хать) за́ город, (гуля́ть/погуля́ть) по ле́су. Это помога́ет мне не боле́ть!
14. Пора́ (занима́ться/заня́ться) спо́ртом, та́к как спорт – лу́чшее лека́рство от всего́. Мой друг на́чал (занима́ться/заня́ться) пла́ваньем и переста́л (боле́ть/заболе́ть).
15. Я попроси́ла его́ (покупа́ть/купи́ть) мне антибио́тики в апте́ке.
16. Мы проси́ли его́ не (кури́ть/покури́ть) здесь!

16–25 | Инфинити́в. 1) On a separate piece of paper, write down five to six pieces of advice about how to improve your health. Make sure to include your reasoning for your suggestions. 2) In pairs, take turns advising each other on what to do in order to live a healthy and happy life. You might want to share your own experiences (Я стал/ста́ла . . . or Я переста́л/переста́ла . . .). You can start by using the following phrases:

- Я уве́рен/уве́рена, что́бы не боле́ть, вам на́до (ну́жно, пора́) . . . , потому́ что . . .
- Что́бы не боле́ть, я сове́тую . . . , та́к как . . .
- Что́бы хорошо́ себя́ чу́вствовать, не забу́дьте . . . , та́к как . . .

Reflexive verbs
Возвра́тные глаго́лы

There are verbs in Russian with the particle **-СЯ** that are called reflexive verbs, for example, **лечи́ться**, **нра́виться**. You have to know the following facts about these verbs:

1. Reflexive verbs are **never used with a direct object** in the accusative case.
2. Some verbs occur only with the particle **-СЯ**, for example:

> **боя́ться** *impf.* кого́? чего́? – *to be afraid of, to fear*
> **наде́яться** *impf.* на то, что; на кого́? на что? (на по́мощь) – *to hope for; rely on, to count on*
> **нра́виться/понра́виться** кому́? – *to like, to please*
> **просыпа́ться/просну́ться** – *to wake up*
> **случа́ться/случи́ться** – *to happen*
> **смея́ться/посмея́ться** над кем? над чем? – *to laugh*
> **улыба́ться/улыбну́ться** кому́? – *to smile*

3. Many transitive verbs (verbs that take a direct object in the accusative case) can be made reflexive by adding **-СЯ** and become intransitive. Review the following verbs:

Transitive verbs	Intransitive verbs
лечи́ть/вы́лечить кого́? что? (рак) – *to treat, to cure*	**лечи́ться/вы́лечиться** от чего́? (от ра́ка) – *to be treated/cured*
зарази́ть *pfv.* кого́? чем? (гри́ппом) – *to infect*	**зарази́ться** *pfv.* чем? (гри́ппом) – *to get infected, catch*
беспоко́ить *impf.* кого́? – *to bother, disturb*	**беспоко́иться** *impf.* о ком? о чём? (за кого́? за что? *colloq.*) – *to worry*
учи́ть/научи́ть кого́? + *inf.* – *to teach*	**учи́ться/научи́ться** + *inf.* – *to learn*
начина́ть/нача́ть что? (ле́кцию) – *to begin something (a lecture)*	**начина́ться/нача́ться** – *to begin*
зака́нчивать/зако́нчить что? (рабо́ту) – *to end, finish*	**зака́нчиваться/зако́нчиться** – *to end, be over*
собира́ть/собра́ть что? (су́мку, друзе́й) – *to pack; gather*	**собира́ться/собра́ться** – *to pack; get together*

Use the verbs **начина́ть/нача́ть** что? and **зака́нчивать/зако́нчить** что? **конча́ть/ко́нчить** что? with **animate** subjects. Use the reflexive forms of these verbs only with **non-animate** subjects.

> Врач **начина́ет** приём в 9 часо́в, а **зака́нчивает** в 14 часо́в.
> *The doctor begins seeing patients at 9:00 am and finishes at 2:00 pm.*

> Приём у врача́ **начина́ется** в 9 часо́в, а **зака́нчивается** в 14 часо́в.
> *The doctor's appointments begin at 9:00 am and end at 2:00 pm.*

4. The following verbs have the reflexive particle **-СЯ** in the imperfective form or perfective form only:

> **сади́ться/сесть** – *to sit down*
> **ложи́ться/лечь** – *to lie down*
> **станови́ться/стать** – *to become*
> **дружи́ть/подружи́ться** с кем? – *to become friends*

5. Reflexive verbs are also used to form the passive voice in Russian (*read more on the passive voice in Chapter 17*).

> *Active voice:* Врачи́ **ле́чат** не все боле́зни. *Doctors cannot treat all diseases.*
> *Passive voice:* Не все боле́зни **ле́чатся**. *Not all diseases can be cured.*

16–26 | Возвра́тные глаго́лы. In pairs, take turns reading the following sentences. Mark the appropriate form of each pair of verbs in parentheses. Explain your choices. Give English equivalents.

1. Все боле́зни от стре́сса, поэ́тому я стара́юсь ду́мать позити́вно и никогда́ не (расстра́иваю/расстра́иваюсь).
2. Прочита́йте мою́ статью́, она́ вам понра́вится, и вы (нау́чите/нау́читесь) не боле́ть!
3. Обы́чно эпиде́мия гри́ппа (начина́ет/начина́ется) в ноябре́, а (зака́нчивает/зака́нчивается) в январе́.
4. Мой врач (ле́чит/ле́чится) все боле́зни!
5. Мо́жно (вы́лечить/вы́лечиться) от аллерги́и?
6. Она́ хо́чет (вы́лечить/вы́лечиться) анги́ну. Анги́на (ле́чит/ле́чится) антибио́тиками?
7. Я си́льно (простуди́ла/простуди́лась) э́той о́сенью, у меня́ боле́ло го́рло, и была́ высо́кая температу́ра.
8. Мой брат (у́чит/у́чится) в медици́нском институ́те, он ско́ро (стано́вится/ста́нет) врачо́м.
9. Ну́жно тепло́ (одева́ть/одева́ться), когда́ на у́лице моро́з.
10. Что́бы хорошо́ себя́ чу́вствовать, на́до ра́но (ложи́ться/лечь) спать и ра́но встава́ть.
11. Я (собира́ю/собира́юсь) к врачу́. Когда́ (начина́ет/начина́ется) приём у врача́? А когда́ (зака́нчивает/зака́нчивается)?
12. У врача́. Проходи́те и (сади́тесь/ся́дьте), пожа́луйста! Что вас беспоко́ит?

СЛОВА́РЬ

алкого́льный напи́ток – *alcoholic drink*
беспоко́ить *impf.* кого́? – *to bother, disturb*
> *Pres.:* я беспоко́ю, ты беспоко́ишь, они́ беспоко́ят
беспоко́иться *impf.* о ком? о чём? (за кого́? за что? *colloq.*) – *to worry, be worried*
> *Pres.:* я беспоко́юсь, ты беспоко́ишься, они́ беспоко́ятся
боле́ть/заболе́ть чем? – *to get sick*
> *Pres.:* я (за)боле́ю, ты (за)боле́ешь, они́ (за)боле́ют

бо́льно – *here: it is painful*

бо́льше не – *no longer, not anymore*

боро́ться *impf.* с кем? с чем? – *to fight*
 Pres.: я борю́сь, ты бо́решься, они́ бо́рются

выздора́вливать/вы́здороветь – *to get better, to regain one's health*
 Pres.: я выздора́вливаю, ты выздора́вливаешь, они́ выздора́вливают
 Imperative: Выздора́вливай/те!
 Past pfv.: он вы́здоровел, она́ вы́здоровела, они́ вы́здоровели

де́лать/сде́лать уко́л; опера́цию – *to give a shot; to have surgery*

дыша́ть *impf.* – *to breathe*
 Pres.: я дышу́, ты ды́шишь, они́ ды́шат

зави́сеть *impf.* от кого́? чего́? (Всё/Это зави́сит . . .) – *to depend on (Everything/ It depends on . . .)*

зарази́ть *pfv.* кого́? чем? – *to infect*
 Fut.: я заражу́, ты зарази́шь, они́ заразя́т

зна́чить *impf.* (Это зна́чит, что . . .) – *to mean (This means . . .)*

иммуните́т – *immune system*

каза́ться/показа́ться кому́? (Мне ка́жется, что . . .) – *to seem (It seems to me . . .)*

ка́шлять *impf.* – *to cough*
 Pres.: я ка́шляю, ты ка́шляешь, они́ ка́шляют

лес – *forest*

лечи́ть/вы́лечить кого́? что? (анги́ну) – *to treat, to cure (strep throat)*
 Pres./Fut.: я (вы́)лечу́, ты (вы́)ле́чишь, они́ (вы́)ле́чат

лечи́ться/вы́лечиться от чего́? – *to be treated/cured*
 Pres./Fut.: я (вы́)лечу́сь, ты (вы́)ле́чишься, они́ (вы́)ле́чатся

лома́ть/слома́ть что? (ру́ку, но́гу) – *to break*
 Pres./Fut.: я (с)лома́ю, ты (с)лома́ешь, они́ (с)лома́ют

мно́гие *pl.* – *many (but not all)*

наве́рное – *probably*

направле́ние к врачу́ – *referral*

на́сморк – *runny nose, common cold*

не́рвничать *impf.* – *to be nervous*
 Pres.: я не́рвничаю, ты не́рвничаешь, они́ не́рвничают

обрати́ться *pfv.* **к врачу́** – *to see a doctor*
 Fut.: я обращу́сь, ты обрати́шься, они́ обратя́тся

па́дать/упа́сть – *to fall down*
 Pres.: я па́даю, ты па́даешь, они́ па́дают
 Fut.: я упаду́, ты упадёшь, они́ упаду́т

перестава́ть/переста́ть + *inf.* – *to stop*
 Pres.: я перестаю́, ты перестаёшь, они́ перестаю́т
 Fut.: я переста́ну, ты переста́нешь, они́ переста́нут

поду́мать *pfv.* о ком? о чём? – *to think about for a little while*
 Fut.: я поду́маю, ты поду́маешь, они́ поду́мают

привыка́ть/привы́кнуть к кому́? к чему́? – *to get used to something, to adjust*
 Pres.: я привыка́ю, ты привыка́ешь, они́ привыка́ют
 Fut.: я привы́кну, ты привы́кнешь, они́ привы́кнут

приём у врача́ – *doctor's appointment*

принима́ть/приня́ть лека́рство – *to take medicine*
    Pres.: я принима́ю, ты принима́ешь, они́ принима́ют
    Fut.: я приму́, ты при́мешь, они́ при́мут
прогу́лка – *walk, stroll*
простужа́ться/простуди́ться – *to get a cold*
    Pres.: я простужа́юсь, ты простужа́ешься, они́ простужа́ются
    Fut.: я простужу́сь, он просту́дится, они́ просту́дятся
рентге́н – *x-ray*
реша́ть/реши́ть пробле́му – *to solve a problem*
ско́ро – *soon*
сла́бый, -ая, -ое, -ые – *weak*
случа́ться/случи́ться с кем? с чем? (Что случи́лось?) – *to happen*
спо́рить/поспо́рить с кем? о чём? – *to argue*
    Pres./Fut.: я (по)спо́рю, ты (по)спо́ришь, они́ (по)спо́рят
травмато́лог – *trauma surgeon*
уко́л – *injection*
улучша́ть/улу́чшить что? (здоро́вье) – *to improve*
    Pres.: я улучша́ю, ты улучша́ешь, они́ улучша́ют
    Fut.: я улу́чшу, ты улу́чшишь, они́ улу́чшат
чиха́ть/чихну́ть – *to sneeze*
    Pres.: я чиха́ю, ты чиха́ешь, они́ чиха́ют
    Fut.: я чихну́, ты чихнёшь, они́ чихну́т
чу́вствовать себя́ *impf.* – *to feel*
    Pres: я чу́вствую, ты чу́вствуешь, они́ чу́вствуют

Expressions:

Будь здоро́в/а! Бу́дьте здоро́вы! – *Be healthy! (said when someone sneezes)*
Всё/Это зави́сит от кого́? чего́? – *Everything/It depends on . . .*
Выздора́вливай/те! – *Get well!*
Мне ка́жется, что . . . – *It seems to me that . . .*
Нева́жно. – *Not so good.*
По моему́ мне́нию, . . . – *In my opinion . . .*
Ты прав/права́. – *You are right.*
Ху́же не́куда! – *Couldn't be worse!*
Что случи́лось? – *What happened?*
Это зна́чит, что . . . – *This means that . . .*

Боле́зни

аллерги́я – *allergy*
анги́на – *strep throat*
бронхи́т – *bronchitis*
грипп – *the flu*
просту́да – *cold*
рак – *cancer*
СПИД – *AIDS*

ГЛАВА́ 17 | ТЕЛЕВИ́ДЕНИЕ И́ЛИ ИНТЕРНЕ́Т?

In this chapter, you will:

- review and expand the vocabulary you need to talk about your favorite shows and films;
- read about Russian TV, online shows and movies, and famous Russian composers and writers;
- watch Russian TV, online shows, and a video survey ("TV or Internet?");
- write a movie review;
- conduct interviews "TV or Internet?";
- create a presentation about a Russian film director or actor.

ВВЕДЕ́НИЕ

17–1 | Телеви́дение и интерне́т. 1) Read the following script out loud. 2) Go around the classroom and interview two classmates. Make sure to use the appropriate form of address (**ты** or **вы**) and the appropriate greeting and farewell expressions. 3) Write down or circle your classmates' answers. 4) Summarize their answers in four to five sentences and share them with the rest of the class.

I. Opening conversation lines	Responses
Приве́т!/Здра́вствуй/те! Как дела́? Как настрое́ние? Что но́вого?	Приве́т!/Здра́вствуй/те! Спаси́бо, всё в поря́дке! Норма́льно. Настрое́ние отли́чное/ужа́сное! Ничего́, всё по-ста́рому!
II. Questions	**Answers**
1. Ты смо́тришь телеви́зор? Вы смо́трите телеви́зор?	• Да, ча́сто смотрю́. • Да, иногда́ смотрю́. • Ре́дко. • У меня́ нет телеви́зора. • Я всё смотрю́ онла́йн. • Друго́е:
2. А что ты смо́тришь по телеви́зору и́ли онла́йн? А что вы смо́трите по телеви́зору и́ли онла́йн?	Я смотрю́. . . • но́вости. • прогно́з пого́ды. • спорт. • ток-шо́у. • реа́лити-шоу. • кулина́рные шо́у. • кинофи́льмы. • телесериа́лы. • переда́чи о путеше́ствиях. • музыка́льные переда́чи. • друго́е:
3. Кака́я ва́ша люби́мая переда́ча?	• Моя́ люби́мая переда́ча _____ • У меня́ нет люби́мой переда́чи.
4. Каки́е кинофи́льмы тебе́/вам нра́вятся?	Мне нра́вятся . . . • детекти́вы. • дра́мы. • коме́дии. • мультфи́льмы. • мю́зиклы. • друго́е:

III. Closing lines	Responses
Спаси́бо! Бы́ло прия́тно с тобо́й/ва́ми поговори́ть! Всего́ хоро́шего! Извини́/те, что я тебя́/вас задержа́л/а!	Пожа́луйста! Не́ за что! Счастли́во! Всего́ до́брого! Ещё уви́димся! До за́втра! До встре́чи!

17–2 | Интона́ция Syntagmas. Intonation of enumerations with a generalizing word.

Syntagmas. 1) Read the following information about syntagmas. 2) Listen and repeat after the speaker.

Sentences spoken out loud are often broken up into units of intonation and meaning called syntagmas. Study the following examples. We have divided these sentences into syntagmas using the symbol ||.

«До́брое у́тро» (ИК-3) || – э́то у́тренние но́вости поли́тики и би́знеса. (ИК-1)
Ток-шо́у «Дава́й поже́нимся!» (ИК-3) || идёт на Пе́рвом кана́ле в три часа́ дня. (ИК-2)

In a declarative sentence, pronounce the final syntagma with a falling intonation (Intonation type 1 or type 2). Use Intonation type 3 in declarative sentences to indicate an unfinished thought.

---

1. «До́брое у́тро» (ИК-3) || – э́то у́тренние но́вости поли́тики и би́знеса. (ИК-1)
2. Ток-шо́у «Дава́й поже́нимся!» (ИК-3) || идёт на Пе́рвом кана́ле в три часа́ дня.
3. Мне нра́вятся (ИК-3) || ток-шо́у и комеди́йные сериа́лы. (ИК-1)
4. Ли́дерами росси́йского телеви́дения (ИК-3) || явля́ются музыка́льные переда́чи и кинофи́льмы. (ИК-1)
5. Я бы тебе́ посове́товала (ИК-3) || посмотре́ть фильм «Вре́мя пе́рвых». (ИК-1)
6. В програ́мме «Мо́дный пригово́р» (ИК-3) || стили́сты даю́т сове́ты, (ИК-3) || как созда́ть вам ваш стиль. (ИК-2)
7. Вока́льное шо́у «Го́лос» (ИК-3) || явля́ется росси́йской ве́рсией телевизио́нного вока́льного ко́нкурса *The Voice*. (ИК-1)

Intonation of enumerations with a generalizing word. 1) Read the information about the intonation of enumerations with a generalizing word. 2) Listen and repeat after the speaker.

In sentences with enumerations and a generalizing word, the intonation drops on the generalizing word, rises on each stressed enumerated word, and then falls again on the last stressed syllable of the sentence.

1. На росси́йском телеви́дении иду́т ра́зные **переда́чи** (ИК-1): но́вости (ИК-3), спорти́вные програ́ммы (ИК-3), музыка́льные шо́у (ИК-3), телесериа́лы (ИК-3) и худо́жественные фи́льмы (ИК-3), телеи́гры (ИК-3) и ток-шо́у (ИК-1).
2. Я люблю́ смотре́ть ра́зные **фи́льмы** (ИК-1): детекти́вы (ИК-3), коме́дии (ИК-3), приключе́нческие фи́льмы (ИК-3) и мелодра́мы (ИК-1).

17–3 | Телепереда́чи. TV programs. 1) Read the following list of types of TV shows out loud and write down one to two examples that you know for each. 2) In pairs, make small talk following the subsequent example.

Приме́р:

— Кака́я програ́мма новосте́й вам бо́льше всего́ нра́вится?
— Мне нра́вится CNN, а вам?
— А я смотрю́ «Но́вости BBC»./Я не смотрю́ но́вости по телеви́зору.

Телепереда́чи	Назва́ния телепереда́ч
1. кулина́рные шо́у	
2. музыка́льные шо́у и переда́чи	
3. переда́чи о культу́ре и иску́сстве	
4. переда́чи о путеше́ствиях	
5. програ́ммы новосте́й	
6. реа́лити-шо́у	
7. спорти́вные переда́чи/програ́ммы	
8. телеи́гры *(game show)*	
9. (теле)сериа́лы	
10. переда́чи о приро́де и живо́тных *(nature and wildlife shows)*	
11. ток-шо́у	
12. юмористи́ческие шо́у/програ́ммы *(comedy shows)*	

17–4 | Кинофи́льмы. 1) Read the following list of movie genres out loud, and mark all movies that belong to **худо́жественные фи́льмы.** 2) On a separate piece of paper, write down one to two examples of each genre that you would recommend others to watch. 3) In pairs, make small talk following the subsequent example.

Приме́р:

— Каки́е коме́дии вы бы мне посове́товали посмотре́ть?
— Посмотри́те . . . Э́то о́чень хоро́ший фильм.
— Спаси́бо!
— Не́ за что.

Каки́е быва́ют фи́льмы . . .

___ худо́жественный фильм – *narrative feature film*
___ мультфи́льм – *cartoon*
___ нау́чно-популя́рный фильм – *educational film*

___ боеви́к – *action movie*
___ детекти́в – *mystery, detective show*
___ истори́ческий фильм – *historical film*
___ коме́дия – *comedy*
___ мелодра́ма – *melodrama*
___ мю́зикл – *musical*
___ приключе́нческий фильм – *adventure movie*
___ фильм у́жасов – *horror movie*
___ экраниза́ция чего? (рома́на, расска́за) – *film adaptation (of a novel, story)*

17–5 | Что смо́трит молодёжь в Росси́и? Read the following results of a survey on the most popular Russian TV programs among young people in Russia and answer the following questions:

1. Каки́е програ́ммы явля́ются са́мыми популя́рными среди́ молодёжи на росси́йском телеви́дении?
2. Каки́е переда́чи явля́ются ме́нее популя́рными среди́ молодёжи?
3. Каки́е худо́жественные фи́льмы иду́т на росси́йском телеви́дении (жа́нры)?

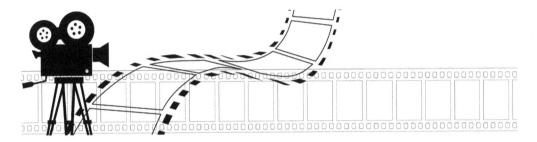

Что смо́трит молодёжь в Росси́и?

На росси́йском телеви́дении иду́т ра́зные переда́чи: но́вости, спорти́вные програ́ммы, музыка́льные шо́у, телесериа́лы, худо́жественные фи́льмы (детекти́вы, коме́дии, приключе́нческие фи́льмы, мелодра́мы, экраниза́ция кла́ссики), телеи́гры, ток-шо́у, переда́чи о живо́тных, юмористи́ческие шо́у, документа́льные фи́льмы об исто́рии, поли́тике, спо́рте, здоро́вье, о знамени́тых лю́дях и т.п. Но ли́дерами явля́ются музыка́льные переда́чи и кинофи́льмы. Ме́нее популя́рными явля́ются нау́чно-популя́рные фи́льмы, юмористи́ческие переда́чи и спорти́вные програ́ммы. К сожале́нию, переда́чи новосте́й сейча́с не популя́рны среди́ молодёжи.

ЧИТА́ЕМ И ГОВОРИ́М

17–6 | Телепрогра́мма на сего́дня. 1) Scan the program guide for Channel One **Пе́рвый кана́л**. 2) In pairs, take turns asking and answering the following questions. On a separate piece of paper, jot down your answers.

1. Как вы ду́маете, кака́я из телепереда́ч на «Пе́рвом кана́ле» – э́то...
   a. телеигра́?
   b. худо́жественный фильм?
   c. документа́льный фильм?
   d. ток-шо́у?
   e. музыка́льное шо́у?
   f. програ́мма новосте́й?
   g. програ́мма о путеше́ствиях?
   h. програ́мма о здоро́вье?
   i. юмористи́ческая програ́мма?
2. Каки́е телевизио́нные програ́ммы на «Пе́рвом кана́ле» име́ют ана́логи в ва́шей стране́?

Телепрогра́мма на сего́дня

Утро	День	Ве́чер
05:00 «До́брое у́тро» 09:00 Но́вости 09:25 «До́брое у́тро» 09:55 «Мо́дный пригово́р» 10:55 «Здоро́вье» 12:00 Док. фильм «По́длинная исто́рия ру́сской револю́ции», 5-я и 6-я се́рии 1:30 Клуб Весёлых и Нахо́дчивых (КВН)	15:00 Но́вости (с субти́трами) 15:15 «Дава́й поже́нимся!» Жени́х-Спа́йдермен 16:00 «Что? Где? Когда́?»	18:00 Вече́рние но́вости 18:35 «Мужско́е/же́нское» 19:45 «Кто хо́чет стать миллионе́ром?» 21:00 «Вре́мя» 21:30 Худ. фильм «Вре́мя пе́рвых» 23:30 «Вече́рний Урга́нт» 00:00 «Го́лос» 02:00 «Но́вая Зела́ндия. Непутёвые заме́тки»

17-7 | Сейча́с в эфи́ре. Scan the following descriptions of the programs on «Пе́рвый кана́л» and check whether your answers in 17–6 about the following shows were correct.

О переда́чах Пе́рвого кана́ла

> **веду́щий**, -ая, -ие – *TV host*
> **выходи́ть/вы́йти в эфи́р** – *to go on the air*
> **де́йствие** (фи́льма) – *the action (in a film)*
> **игра́ть/сыгра́ть** (гла́вную) **роль** – *to play a (main) role*

ко́смос – *space*
пока́зывать/показа́ть кому́? что? – *to show, screen*
происходи́ть/произойти́ где? – *to happen, take place*
режиссёр – *director*
снима́ть/снять фильм о ком? о чём? – *to make a movie, direct a movie, to film*

Мо́дный пригово́р

«Мо́дный пригово́р» – э́то ток-шо́у о мо́де и сти́ле, <u>выходя́щее</u> в эфи́р на «Пе́рвом кана́ле» с 2007-го го́да. Профессиона́льные стили́сты даю́т мо́дные сове́ты, <u>помога́ющие</u> созда́ть вам ваш уника́льный стиль.

Худо́жественный фильм «Вре́мя пе́рвых»

На «Пе́рвом кана́ле» сего́дня пока́жут приключе́нческий фильм «Вре́мя пе́рвых». Э́тот фильм, <u>сня́тый</u> режиссёром Дми́трием Киселёвым, расска́зывает о пе́рвом в исто́рии вы́ходе челове́ка в <u>откры́тый</u> ко́смос. Де́йствие фи́льма происхо́дит в ма́рте 1965-го го́да. Гла́вные ро́ли в фи́льме сыгра́ли изве́стные актёры Евге́ний Миро́нов (роль Алексе́я Лео́нова) и Константи́н Хабе́нский (роль Па́вла Беля́ева).

Непутёвые заме́тки

«Непутёвые заме́тки»[1] – э́то телепрогра́мма о путеше́ствиях, <u>выходя́щая</u> на «Пе́рвом кана́ле» с 1996-го го́да. Áвтор програ́ммы и её веду́щий Дми́трий Крыло́в, <u>побыва́вший</u> в ра́зных стра́нах, расска́зывает о свои́х впечатле́ниях.

До́брое у́тро

«До́брое у́тро» – э́то у́тренние но́вости поли́тики, би́знеса, иску́сства, спо́рта, нау́ки. Го́сти програ́ммы – изве́стные арти́сты, спортсме́ны, учёные, врачи́, худо́жники . . .

Вре́мя

Програ́мма «Вре́мя», <u>выходя́щая</u> в эфи́р с 1968-го го́да, – э́то са́мые ва́жные и актуа́льные но́вости Росси́и: поли́тика, эконо́мика, о́бщество, кримина́л, техноло́гии, здоро́вье, культу́ра, спорт и пого́да.

Вече́рний Урга́нт

Ка́ждый ве́чер с понеде́льника по пя́тницу в 23:30 Ива́н Урга́нт приглаша́ет к себе́ в сту́дию изве́стных люде́й, с кото́рыми всегда́ интере́сно поговори́ть о кино́, спо́рте, но́вых га́джетах, об иску́сстве и о <u>происходя́щих</u> сего́дня в ми́ре собы́тиях. В переда́че «Вече́рний Урга́нт» мно́го ю́мора и хоро́шей му́зыки.

17-8 | Сейча́с в эфи́ре. Reread the text in 17–7 and try to understand and translate the underlined words. Read "Participles" on pp. 485–492.

---

1   «Непутёвые заме́тки» – *Wayward Notes*, a pun on путевы́е заме́тки *travel notes*.

17–9 | Сейча́с в эфи́ре. Reread the descriptions of the programs on «Пе́рвый кана́л» in 17–7 and find Russian equivalents for the following words and word combinations. Read them out loud.

athlete –
business –
crime –
crisis –
fine artist, painter –
gadget –

performing artist –
politics –
stylist –
technologies –
topical news –
unique style –

17–10 | Сейча́с в эфи́ре. 1) Reread the descriptions of the programs on «Первый канал» in 17–7 and choose the correct statements. There may be more than one correct answer. 2) In pairs, talk about each program and the film mentioned in the following.

1. «Мо́дный пригово́р» – э́то . . .
   a. телепрогра́мма о путеше́ствиях.
   b. у́тренние но́вости поли́тики, би́знеса, иску́сства, спо́рта, нау́ки.
   c. ток-шо́у о мо́де и сти́ле.
2. В програ́мме «Вре́мя» расска́зывается . . .
   a. о пе́рвом в исто́рии вы́ходе челове́ка в откры́тый ко́смос.
   b. о са́мых ва́жных и актуа́льных вече́рних новостя́х Росси́и.
   c. об у́тренних новостя́х поли́тики, би́знеса, иску́сства, спо́рта и нау́ки.
3. «До́брое у́тро» – э́то . . .
   a. програ́мма о са́мых ва́жных и актуа́льных новостя́х Росси́и.
   b. у́тренние но́вости поли́тики, би́знеса, иску́сства, спо́рта, нау́ки.
   c. ток-шо́у о кино́, спо́рте, но́вых га́джетах, об иску́сстве и о том, что происхо́дит в стране́ и в ми́ре сего́дня.
4. «Вече́рний Урга́нт» – э́то . . .
   a. ток-шо́у о кино́, спо́рте, но́вых га́джетах, об иску́сстве и о том, что происхо́дит в стране́ и в ми́ре сего́дня.
   b. ток-шо́у о мо́де и сти́ле.
   c. у́тренние но́вости поли́тики, би́знеса, иску́сства, спо́рта и нау́ки.
5. Веду́щий програ́ммы «Вече́рний Урга́нт» – э́то . . .
   a. Дми́трий Крыло́в.
   b. Константи́н Хабе́нский.
   c. Ива́н Урга́нт.
6. «Непутёвые заме́тки» – э́то . . .
   a. ток-шо́у о кино́, спо́рте, но́вых га́джетах, об иску́сстве и о том, что происхо́дит в стране́ и в ми́ре сего́дня.
   b. телепрогра́мма о путеше́ствиях.
   c. у́тренние но́вости поли́тики, би́знеса, иску́сства, спо́рта и нау́ки.
7. Веду́щий програ́ммы «Непутёвые заме́тки» – э́то . . .
   a. Ива́н Урга́нт.
   b. Дми́трий Крыло́в.
   c. Константи́н Хабе́нский.

8. «Вре́мя пе́рвых» снят режиссёром . . .
    a. Ива́ном Урга́нтом.
    b. Дми́трием Киселёвым.
    c. Константи́ном Хабе́нским.
9. «Вре́мя пе́рвых» – э́то . . .
    a. телевизио́нная програ́мма о впечатле́ниях от ра́зных стран, в кото́рых побыва́л веду́щий програ́ммы.
    b. худо́жественный фильм о пе́рвом в исто́рии вы́ходе челове́ка в откры́тый ко́смос.
    c. ток-шо́у о кино́, спо́рте, но́вых га́джетах, об иску́сстве и о том, что происхо́дит в стране́ и в ми́ре сего́дня.
10. Де́йствие «Вре́мя пе́рвых» происхо́дит . . .
    a. во второ́й полови́не 20-го ве́ка.
    b. как в ко́смосе, так и на Земле́.
    c. в ма́рте ты́сяча девятьсо́т шестьдеся́т пя́того го́да.

17–11 | Сейча́с в эфи́ре. In pairs or small groups, 1) reread «О переда́чах Пе́рвого кана́ла» in 17–7 and discuss the differences between the following TV programs; 2) discuss and decide which programs you would like to watch and why. Share your choices with the rest of the class.

1. «Мо́дный пригово́р» и «Непутёвые заме́тки».
2. «До́брое у́тро» и «Вре́мя».
3. «Вре́мя» и «Вече́рний Урга́нт».
4. «Вре́мя» и «Вре́мя пе́рвых».

17–12 | Сейча́с в эфи́ре. Scan the following descriptions of the programs on «Пе́рвый кана́л» and check whether your answers in 17–6 about the following shows were correct.

О переда́чах Пе́рвого кана́ла

> **геро́й** (фи́льма, телепрогра́ммы) – *protagonist*
> **го́лос** – *voice*
> **знато́к** – *connoisseur, expert*
> **пережи́ть** *pfv.* что? **кри́зис** – *to survive a crisis*
> **приду́мывать/приду́мать** что? – *to come up with, invent*
> **продолжа́ть/продо́лжить** что? – *to continue*
> **телезри́тель** – *TV viewer*

Что? Где? Когда́?
Популя́рная телевизио́нная интеллектуа́льная игра́, <u>выходя́щая</u> в эфи́р с 1975-го го́да. Кома́нда знатоко́в, <u>игра́ющая</u> про́тив телезри́телей, и́щет отве́ты на их вопро́сы в тече́ние одно́й мину́ты.

Го́лос
<u>Счита́ясь</u> одни́м из лу́чших музыка́льных телешо́у Росси́и, «Го́лос» явля́ется росси́йской ве́рсией телевизио́нного вока́льного ко́нкурса *The Voice*,

<u>предло́женного</u> голла́ндским продю́сером Джо́ном де Мо́лем. Та́кже о́чень популя́рны на росси́йском телеви́дении шо́у «Го́лос. Де́ти» и «Го́лос 60+».

КВН

Клуб Весёлых и Нахо́дчивых (КВН)[2] – юмористи́ческая телевизио́нная игра́, <u>приду́манная</u> ещё в СССР в 1961-м году́. В э́той телевизио́нной игре́ соревну́ются кома́нды ра́зных росси́йских ву́зов. КВН, <u>явля́ясь</u> популя́рным в Росси́и уже́ бо́лее 60 лет, продолжа́ет ра́довать свои́х зри́телей и сего́дня.

Кто хо́чет стать миллионе́ром?

«Кто хо́чет стать миллионе́ром?» – э́то интеллектуа́льная игра́, в кото́рой ка́ждый уча́стник мо́жет получи́ть 3 миллио́на рубле́й, <u>отве́тив</u> на 15 вопро́сов. <u>Явля́ясь</u> ана́логом оригина́льной англи́йской телевикто́рины *Who Wants to Be a Millionaire?*, переда́ча «Кто хо́чет стать миллионе́ром?» выхо́дит на «Пе́рвом кана́ле» с 2001-го го́да.

Мужско́е/же́нское

«Мужско́е/же́нское» – ток-шо́у на «Пе́рвом кана́ле». Здесь помога́ют всем, <u>пережива́ющим</u> кри́зис в отноше́ниях: мужья́м и же́нам, отца́м и де́тям, ба́бушкам и вну́кам, друзья́м. Веду́щие ток-шо́у – Алекса́ндр Го́рдон и Юлия Барано́вская.

Дава́й поже́нимся!

Телепереда́ча, <u>выходя́щая</u> на «Пе́рвом кана́ле» с 2008-го го́да. Геро́й и́ли герои́ня ток-шо́у, <u>встре́тившись</u> с тремя́ потенциа́льными неве́стами и́ли жениха́ми, в конце́ програ́ммы де́лает вы́бор, с кем из них продо́лжить отноше́ния.

17–13 | Сейча́с в эфи́ре. Reread the text in 17–12 and try to understand and translate the underlined words. Review "Participles" on pp. 485–492 and read "Verbal Adverbs" on pp. 494–496.

17–14 | Сейча́с в эфи́ре. Reread the descriptions of the programs on «Пе́рвый кана́л» in 17–12 and find Russian equivalents for the following words and word combinations. Read them out loud:

quiz show –
analog, equivalent –
intellectual game –
millionaire –
TV journalist –

rock musician –
game show –
singing contest –
Russian version –
producer –

17–15 | Сейча́с в эфи́ре. Reread «О переда́чах Пе́рвого кана́ла» in 17–12 and mark whether the following statements correspond to the content. Read each statement out loud and correct it if it's not correct.

---

2 Клуб Весёлых и Нахо́дчивых (КВН) – *Club for the Funny and Quick-Witted*

Да	Нет	1. В переда́че «Что? Где? Когда́?» знатоки́ игра́ют с телезри́телями, отвеча́я на их вопро́сы.
Да	Нет	2. В переда́че «Что? Где? Когда́?» кома́нды знатоко́в игра́ют друг с дру́гом, отвеча́я на вопро́сы веду́щего програ́ммы.
Да	Нет	3. «Го́лос» – э́то юмористи́ческая телевизио́нная игра́, в кото́рой соревну́ются кома́нды ра́зных ву́зов Росси́и.
Да	Нет	4. КВН – э́то гла́вное вока́льное шо́у тала́нтов, кото́рое счита́ют одни́м из лу́чших музыка́льных телешо́у Росси́и.
Да	Нет	5. «Дава́й поже́нимся!» – э́то ток-шо́у, в кото́ром геро́й и́ли геро́иня ток-шо́у, встре́тившись с тремя́ потенциа́льными неве́стами и́ли жениха́ми, в конце́ програ́ммы де́лает вы́бор, с кем из них продо́лжить отноше́ния.
Да	Нет	6. «Мужско́е/же́нское» – э́то ток-шо́у, где помога́ют всем, пережива́ющим кри́зис в отноше́ниях.
Да	Нет	7. «Кто хо́чет стать миллионе́ром?» – э́то интеллектуа́льная игра́, в кото́рой ка́ждый уча́стник мо́жет получи́ть 15 миллио́нов рубле́й, отве́тив на 15 вопро́сов.
Да	Нет	8. «Кто хо́чет стать миллионе́ром?» – э́то ана́лог оригина́льной англи́йской телевиктори́ны *"Who Wants to Be a Millionaire?"*

17–16 | Сейча́с в эфи́ре. In pairs or small groups, 1) reread «О переда́чах Пе́рвого кана́ла» in 17–12 and discuss the differences between the following TV programs. 2) Choose which programs you would like to watch and why. Share your choices with the rest of the class.

1. «Дава́й поже́нимся!» и «Мужско́е/же́нское».
2. «Кто хо́чет стать миллионе́ром?» и «КВН».
3. «Что? Где? Когда́?» и «Кто хо́чет стать миллионе́ром?»
4. «Го́лос» и «Мужско́е/же́нское».

СМО́ТРИМ И ГОВОРИ́М

17–17 | Сейча́с в эфи́ре. 1) Watch one of the programs you read about in 17–12 online (www.1tv.ru). 2) In small groups or pairs, talk about it using the following questions as an outline:

1. Как называ́ется телепереда́ча?
2. Како́й жанр телепереда́чи (ток-шо́у, сериа́л, програ́мма новосте́й и т.п.)?
3. Кто вёл переда́чу (веду́щий, веду́щая, веду́щие)?
4. Кто был го́стем и́ли геро́ем переда́чи?
5. Кто выступа́л и́ли игра́л?/Каки́е кома́нды выступа́ли и́ли игра́ли? Кто вы́играл?
6. Что вам понра́вилось и́ли не понра́вилось в переда́че?

17–18 | Видеоопрóс «Телеви́дение и́ли интернéт?» 1) Watch the video clip three times and choose the correct answers for the following questions. There may be more than one correct answer. 2) In pairs, summarize the answers of the people interviewed in the video in four to five sentences and share your summary with the rest of the class. 3) Answer the question: **Как вы дýмаете, у телеви́дения есть бýдущее и́ли онó умрёт?**

Телеви́дение и́ли интернéт?

1. На каки́е вопрóсы журнали́ста отвечáли молоды́е лю́ди?
   a. Вы смóтрите Ютýб?
   b. Что вы смóтрите онлáйн?
   c. Вы смóтрите телеви́зор?
   d. Что вы смóтрите по телеви́зору?
   e. Почемý вы не смóтрите телеви́зор?
   f. Есть ли у телеви́дения бýдущее?
   g. Каки́е передáчи вам нрáвятся?
2. Кто не смóтрит телеви́зор?
   a. Антóн
   b. Свéта
   c. Лéночка
   d. Лари́са Петрóвна
   e. Сергéй Ивáнович
3. Что отвéтил Антóн журнали́сту?
   a. Нет, óчень давнó не смотрю́.
   b. Очень рéдко смотрю́.
   c. Прóсто не интерéсно.
   d. Нет врéмени смотрéть телеви́зор.
   e. Смотрю́ Ютýб.
4. Что отвéтила Свéта журнали́сту?
   a. Очень рéдко смотрю́.
   b. Не интерéсно.
   c. Меня́ интересýют музыкáльные передáчи.
   d. Практи́чески не смотрю́.
   e. Смотрю́ Ютýб.
5. Каки́е передáчи смóтрит Лéночка по телеви́дению?
   a. Телеи́гры.
   b. Худóжественные фи́льмы.
   c. Сериáлы.
   d. Ток-шóу.
   e. Музыкáльные передáчи.
6. Каки́е передáчи смóтрит Лари́са Петрóвна?
   a. Прогрáмма о путешéствиях.
   b. Худóжественные фи́льмы
   c. Прогрáмма о здорóвье.
   d. Информациóнные канáлы.
   e. Юмористи́ческие прогрáммы.

7. Каки́е переда́чи смо́трит Серге́й Ива́нович?
    a. Програ́мма о путеше́ствиях.
    b. Спорти́вные переда́чи.
    c. Худо́жественные фи́льмы
    d. Кана́лы про живо́тных.
    e. Но́вости.
8. Кто ду́мает, что у телеви́дения есть бу́дущее?
    a. Анто́н
    b. Све́та
    c. Ле́ночка
    d. Лари́са Петро́вна
    e. Серге́й Ива́нович
9. Кто ду́мает, что у телеви́дения нет бу́дущего?
    a. Анто́н
    b. Све́та
    c. Ле́ночка
    d. Лари́са Петро́вна
    e. Серге́й Ива́нович
10. Како́й ана́лог телеви́дения испо́льзует Анто́н?
    a. Хожу́ в кино́.
    b. Юту́б.
    c. Смотрю́ все телевизио́нные кана́лы онла́йн.

ДАВА́ЙТЕ ПОГОВОРИ́М

17–19 | Моя́ люби́мая переда́ча. In pairs, take turns talking about your favorite TV program. Use the following questions as an outline.

1. Как называ́ется телепереда́ча?
2. Како́й жанр телепереда́чи (ток-шо́у, програ́мма новосте́й и т.п.)?
3. О чём э́та переда́ча?
4. Когда́ переда́ча вы́шла пе́рвый раз в эфи́р?
5. Кто веду́щий (веду́щая, веду́щие) телепереда́чи?
6. Что вам нра́вится и́ли не нра́вится в переда́че?

17–20 | Мой люби́мый сериа́л. 1) Go around the classroom and find out which of your classmates also watch your favorite TV series. 2) In pairs or small groups, take turns talking about your favorite TV series. Use the following questions as an outline.

1. Как называ́ется телесериа́л?
2. На како́м кана́ле/како́й телевизио́нной сети́ *(TV network)* он идёт?
3. Ско́лько всего́ сезо́нов и се́рий? Ско́лько сезо́нов/се́рий вы уже́ посмотре́ли?

4. О чём э́тот сериа́л? (*Possible answers:* Э́тот сериа́л о . . . любви́ (дру́жбе, войне́, отноше́ниях ме́жду *кем?* и т.п.)
5. Како́й жанр телесериа́ла?
6. Кто режиссёр?
7. Где и когда́ происхо́дит де́йствие сериа́ла? (Когда́? *Possible answers:* в на́ше вре́мя, в нача́ле 20-го ве́ка, в 19-м ве́ке, в 80-е го́ды . . . ве́ка, в Сре́дние века́ *the Middle Ages*).
8. Кто гла́вный геро́й (гла́вные геро́и) сериа́ла?
9. Кто игра́ет гла́вную роль в сериа́ле?
10. Почему́ вам нра́вится э́тот сериа́л? (*Possible answers:* Мне нра́вится сюже́т *(plot)* фи́льма, рабо́та режиссёра, игра́ актёров *(acting)*, му́зыка, костю́мы *(costumes)*).
11. Вы рекоменду́ете посмотре́ть э́тот сериа́л?

17–21 | О фи́льме. Write a 10–12-sentence review of a Russian movie you have watched for your blog or on social media using the following questions as an outline.

1. Как называ́ется фильм?
2. О чём э́тот фильм? (*Possible answers:* Э́тот фильм о . . . любви́ (дру́жбе, войне́, отноше́ниях ме́жду *кем?* и т.п.)
3. Како́й жанр фи́льма?
4. Кто режиссёр фи́льма?
5. Где и когда́ происхо́дит де́йствие фи́льма?
6. Кто гла́вный геро́й (гла́вные геро́и) фи́льма?
7. Кто игра́ет гла́вную роль в фи́льме?
8. С чего́ начина́ется и чем зака́нчивается фильм? (Фильм начина́ется с того́, что . . . , и зака́нчивается тем, что . . .)
9. Вам понра́вился фильм?
10. Что вам понра́вилось и́ли не понра́вилось в фи́льме? (*Possible answers:* Мне (не) понра́вился сюже́т фи́льма. Мне (не) понра́вилась рабо́та режиссёра, игра́ актёров, му́зыка в фи́льме. Мне (не) понра́вились костю́мы в фи́льме.)
11. Како́е впечатле́ние произвёл *(made an impression)* на вас фильм?
12. Вы рекоменду́ете посмотре́ть э́тот фильм и́ли нет?

17–22 | Интервью́ «Телеви́дение и́ли интерне́т?» Conduct interviews with two Russian speakers outside of class. Write down their answers, create a two-minute multimedia presentation, and present it in class.

Interview form

Questions	Person 1	Person 2
1. Вы смо́трите телеви́зор?		
2. Что вы смо́трите по телевизо́ру?		
3. Что вы смо́трите онла́йн?		
4. Как вы ду́маете, телеви́дение оста́нется и́ли умрёт?		

17–23 | Презента́ция. Choose a film director or actor from the following list. Find information online about the person (and his/her works) you chose and create a short multimedia presentation (one to two minutes) about him/her.

Possible topics:

1. Серге́й Бондарчу́к
2. Леони́д Гайда́й
3. Эльда́р Ряза́нов
4. Андре́й Тарко́вский
5. Ники́та Михалко́в
6. Андре́й Звя́гинцев
7. Тиму́р Бекмамбе́тов
8. Кири́лл Сере́бренников
9. Константи́н Хабе́нский
10. Друго́е (your choice)

ГРАММА́ТИКА

Participles
Прича́стия

General facts

1. In Russian, **participles прича́стия** are formed from verbs and have adjective endings. Like adjectives, participles answer the question **како́й?** (кака́я? како́е? каки́е?) and agree with the nouns they qualify in **gender, number, and case**:

   Нам понра́вился актёр, **игра́ющий** гла́вную роль в фи́льме «Вре́мя пе́рвых».
   We liked the actor who plays the leading role in the movie The Age of Pioneers.

   Мы встре́тили актри́су, **сыгра́вшую** гла́вную роль в фи́льме «Анна Каре́нина».
   We met the actress who played the leading role in the movie Anna Karenina.

   Мы прочита́ли статью́ об актёрах, **сыгра́вших** гла́вные ро́ли в фи́льме «Вре́мя Пе́рвых».
   We read an article about the actors who played the leading roles in the movie The Age of Pioneers.

2. Participles have **tense** (present and past) and **voice** (active and passive). There are four types of participles to learn:

Voice Tense	Active	Passive
Present	**Present Active Participles** актёр, **игра́ющий** гла́вную роль *the actor playing the leading role*	**Present Passive Participles** фильм, **снима́емый** для телеви́дения *movie that is being filmed for TV*
Past	**Past Active Participles** актёр, **игра́вший** гла́вную роль актёр, **сыгра́вший** гла́вную роль *the actor who has (had) played the leading role*	**Past Passive Participles** фильм, **сня́тый** для телеви́дения *movie that was made for TV*

3. The difference between active and passive participles is the following:
   - A noun qualified by an active participle is the performer of the action denoted by the verb: актёр, **игра́ющий** гла́вную роль; актёр, **сыгра́вший** гла́вную роль. Performer: актёр; action: игра́ть/сыгра́ть роль *to play a role.*
   - A noun qualified by a passive participle is the recipient of the action denoted by the verb: фильм, **снима́емый** для телеви́дения; фильм, **сня́тый** для телеви́дения. Recipient of the action: фильм; action: снима́ть/снять фильм *to make a movie, to direct a movie, to film.*

Note: Present and past active participles and the long forms of present and past passive participles occur most frequently in written Russian.

Active participles: formation and usage

1. Active participles: formation

	-Щ-	To form: 1) drop the final **-Т** from the *third-person plural* form in the present tense; 2) add the **-Щ-** and the adjective endings **-ий, -ая, -ее, -ие.**
Present Active Participles (formed from *impf.* verbs)		игра́ть – (они́) игра́ю|т – игра́ю+щ+ий *m.* игра́ющая *f.* игра́ющее *n.* игра́ющие *pl.* говоря́т – (они́) говоря́|т – говоря́+щ+ий *m.* говоря́щая *f.* говоря́щее *n.* говоря́щие *pl.*

| Past Active Participles (formed from *impf.* & *pfv.* verbs) | **-ВШ-**

-Ш- | To form: 1) drop the **-Л** from the masculine *past form;* 2) add the suffix **-ВШ-** and the adjective endings **-ий, -ая, -ее, -ие**; 3) if the *masculine past form* does not end in **-Л**, add the suffix **-Ш-** and the adjective endings **-ий, -ее, -ая, -ие**.

игра́ть – игра́\|л – игра́+**вш+ий**
сыгра́ть – сыгра́\|л – сыгра́+**вш+ий**
принести́ – принёс – принёс+**ш+ий**

Remember:
идти́ – шёл – **ше́дший, ше́дшая, ше́дшие**
найти́ – нашёл – **наше́дший, наше́дшая, наше́дшие** |

2. Using active participles

In written Russian, phrases with *active participles* **in any case** can be replaced by **кото́рый**-*clauses* in which **кото́рый** is in **the nominative case.** Don't forget to make **кото́рый** agree in gender and number with the word it modifies. Study the following examples.

Masculine	Feminine
Мы встре́тили актёра, **сыгра́вшего** *(accusative)* гла́вную роль в э́том фи́льме.	Мы встре́тили актри́су, **сыгра́вшую** *(accusative)* гла́вную роль в э́том фи́льме.
Мы встре́тили актёра, **кото́рый** *(nom.)* **сыгра́л** гла́вную роль в э́том фи́льме.	Мы встре́тили актри́су, **кото́рая** *(nom.)* **сыгра́ла** гла́вную роль в э́том фи́льме.
Мы познако́мились с актёром, **сыгра́вшим** *(instr.)* гла́вную роль в э́том фи́льме.	Мы познако́мились с актри́сой, **сыгра́вшей** *(instr.)* гла́вную роль в э́том фи́льме.
Мы познако́мились с актёром, **кото́рый** *(nom.)* **сыгра́л** гла́вную роль в э́том фи́льме.	Мы познако́мились с актри́сой, **кото́рая** *(nom.)* **сыгра́ла** гла́вную роль в э́том фи́льме.
Мы подари́ли цветы́ актёру, **сыгра́вшему** *(dat.)* гла́вную роль в э́том фи́льме.	Мы подари́ли цветы́ актри́се, **сыгра́вшей** *(dat.)* гла́вную роль в э́том фи́льме.
Мы подари́ли цветы́ актёру, **кото́рый** *(nom.)* **сыгра́л** гла́вную роль в э́том фи́льме.	Мы подари́ли цветы́ актри́се, **кото́рая** *(nom.)* **сыгра́ла** гла́вную роль в э́том фи́льме.

Pay attention to the *verb tense* when replacing active participles with **котóрый**-*clauses*. Study the following examples:

> Мы встрéтили актрúсу, **игрáющую** *(present)* глáвную роль в «Анне Карéниной».
> Мы встрéтили актрúсу, **котóрая игрáет** *(present)* глáвную роль в «Анне Карéниной».

> Мы встрéтили актрúсу, **сыгрáвшую** *(past)* глáвную роль в «Анне Карéниной».
> Мы встрéтили актрúсу, **котóрая сыгрáла** *(past)* глáвную роль в «Анне Карéниной».

17–24 | Причáстия. 1) Read the article and underline all active participles and the nouns they modify. 2) Fill in the following table. The first one has been done for you. 3) Replace all active participle phrases with **котóрый**-*clauses*. Then give equivalents in English.

Сáти. Нескýчная клáссика . . .
Ведýщая Сáти Спивакóва

«Мнóгие считáют, что классúческая мýзыка – э́то óчень скýчно, но я дýмаю, что э́то не так», – говорúт ведýщая Сáти Спивакóва. Сегóдня в её прогрáмме, выходя́щей на канáле «Культýра» с 2010-го гóда, разговóр пойдёт об Игоре Стравúнском, родúвшемся 5 ию́ня 1882 гóда в Ораниенбáуме недалекó от Санкт-Петербýрга.

Игорь Стрáвинский, рóсший в музыкáльной семьé (отéц егó был óперным певцóм, а мать – пианúсткой), прóбовал писáть мýзыку ещё в дéтстве. В 20 лет он нáчал брать чáстные урóки у композúтора Рúмского-Кóрсакова, научúвшего егó оснóвам композúции.

Извéстный импресáрио Сергéй Дя́гилев, любúвший мýзыку и высокó ценúвший талáнт молодóго Стравúнского, предложúл композúтору написáть балéт для «Рýсских сезóнов» в Парúже. Стравúнский написáл для «Рýсских сезóнов» три балéта, принёсших емý мировýю извéстность: «Жар-птúца», «Петрýшка» и «Веснá свящéнная». Имя Стравúнского стáло сúмволом ультрасовремéнных тендéнций в мýзыке.

Игорь Стравúнский, уéхавший из Россúи в начáле 1914-го гóда, жил в Швейцáрии и во Фрáнции, а в 1940-м годý переéхал в США. В США Стравúнский прóжил 32 гóда.

Игорь Стравúнский, ýмерший 6 апрéля 1971 гóда, похорóнен *(buried)* на клáдбище Сан-Микéле в Венéции (Итáлия).

Материáл подготóвлен на оснóве откры́тых истóчников.

Participle	Voice/Tense	Formed from which verb	Gender, number, case
1. выходя́щей	active/present	выходи́ть: (они́) выхо́дя|т – выходя́+щ+ая	fem.; sing.; prep. case
2. _____			
3. _____			
4. _____			
5. _____			
6. _____			
7. _____			
8. _____			
9. _____			

Passive participles: Formation and usage

1. Passive participles: formation

Present Passive Participles (formed from *impf. transitive* verbs) Many imperfective transitive verbs have no present passive participle, e.g. писа́ть, петь, брать и др.	**-ЕМ-** **-ИМ-**	To form, add the adjective endings **-ый, -ая, -ое, -ые** to the *first-person plural form* of imperfective transitive verbs. игра́ть – (мы) игра́ем – игра́ем+**ый** *m.* игра́емая *f.* игра́емое *n.* игра́емые *pl.* люби́ть – (мы) лю́бим – люби́м+**ый** *m.* люби́мая *f.* люби́мое *n.* люби́мые *pl.*
Past Passive Participles (formed from *pfv. transitive* verbs with one of three suffixes: -НН-, -ЕНН-, -Т-)	**-НН-**	Participles with the suffix **-НН-** are formed from: 1) first-conjugation verbs with infinitives ending in **-ать/-ять** (other than those with **-Н-** or **-М-** in their conjugation, e.g. прочита́ть, сде́лать, потеря́ть, etc.); 2) second-conjugation verbs with infinitives ending in **-еть** (e.g. уви́деть). To form: 1) remove the **-ТЬ** from the infinitive, 2) add -**НН**-, 3) add adjective endings. прочита́ть – прочита́|ть – прочи́та+**нн+ый** **Note:** If the infinitive ends in stressed **-а́ть/-я́ть** or **-е́ть**, the stress moves back one syllable in the past participle.

-ЕНН-	Participles with the suffix **-ЕНН-** (if stressed **-ЁНН-**) are formed from: 1) second-conjugation verbs with infinitives ending in **-ить** (купи́ть, получи́ть, etc.); 2) first-conjugation verbs with infinitives ending in **-сти (-сть)** or **-зти** (принести́, привезти́, etc.). To form: 1) remove the **-у/-ю** from the *first-person singular form*; 2) add **-ЕНН-**; 3) add adjective endings. поста́вить – (я) поста́вл|**ю** – поста́вл**+енн+ый** привезти́ – (я) привез|**у́** – привез **+ённ+ый** **Note**: Second-conjugation verbs with shifting stress have the **stress** of the second-person singular in past passive participle forms (e.g. купи́ть – (ты) ку́пишь – ку́пленный; получи́ть – (ты) полу́чишь, полу́ченный).
-Т-	Participles with the suffix **-Т-** are formed from: 1) first-conjugation verbs ending in **-ить, -ыть, -еть** (вы́пить, вы́мыть, спеть, оде́ть etc.); 2) first-conjugation verbs ending in **-ать/-ять** with **-Н-** or **-М-** in their conjugation (e.g. снять: я сниму́, нача́ть: я начну́, поня́ть: я пойму́, etc.). To form: 1) remove the soft sign **-ь-** from the infinitive; 2) add adjective endings. вы́пить – вы́пит|**ь** – вы́пит**+ый** снять – снят|**ь** – сня́т**+ый**

2. Using passive participles

1. Present passive participles are used mainly in "formal" written Russian, but some of them are often used as adjectives: **люби́мый** – *favorite*, **незави́симый** – *independent*, **необходи́мый** – *necessary, essential*, (так) **называ́емый** – *(so-) called*, **уважа́емый** – *dear, respected*.

2. In written Russian, phrases with past passive participles **in any case** can be replaced with **кото́рый**-*clauses* in which **кото́рый** is the direct object and in **the accusative case**. Don't forget to make **кото́рый** agree in gender and number with the word it modifies. Study the following examples.

На «Пе́рвом кана́ле» идёт коме́дия «Гара́ж», **сня́тая** *(nom.)* режиссёром Эльда́ром Ряза́новым в 1979 году́.

Channel One is showing the comedy The Garage, directed by Eldar Ryazanov in 1979.

На "Пе́рвом кана́ле" идёт коме́дия «Гара́ж», **кото́рую** *(accusative)* **снял** режиссёр Эльда́р Ряза́нов в 1979 году́.
Channel One is showing the comedy The Garage, *which was directed by Eldar Ryazanov in 1979.*

3. When you want to indicate that something was "done by someone," use the instrumental case for the person or thing doing the action. Review Declension of Russian last names in Appendix 2.

фильм, сня́тый режиссёр**ом** Эльда́р**ом** Ряза́нов**ым**
the movie directed by Eldar Ryazanov

Short forms of past passive participles

Past passive participles have long and short forms:

Long form of past passive participles	Short form of past passive participles
напи́сан|ный напи́сан|ная напи́сан|ное напи́сан|ные	напи́сан – **напи́сан** *m.* напи́сан +а – **напи́сана** *f.* напи́сан +о – **напи́сано** *n.* напи́сан +ы – **напи́саны** *pl.*
сня́т|ый сня́т|ая сня́т|ое сня́т|ые	снят – **снят** *m.* снят+а – **сня́та** *f.* снят+о – **сня́то** *n.* снят+ы – **сня́ты** *pl.*

The long form is used to modify nouns and answer the question **како́й?** (кака́я? како́е? каки́е?). The short form is used as part of a predicate to form the passive voice. (You learned about a different way to form the passive voice in Chapter 16.) Remember to use the instrumental case when you want to indicate the person or thing doing the action.

Long form of past passive participles *Modifier*	Short form of past passive participles *Predicate*
Бале́т «Щелку́нчик», **напи́санный** Чайко́вским, изве́стен во всём ми́ре. *The ballet* The Nutcracker, *written by Tchaikovsky, is well-known all over the world.*	*Active voice:* Чайко́вский **написа́л** бале́т «Щелку́нчик». *Tchaikovsky wrote the ballet* The Nutcracker. *Passive voice:* Бале́т «Щелку́нчик» (был) **напи́сан** Чайко́вским. *The ballet* The Nutcracker *was written by Tchaikovsky.*

Long form of past passive participles *Modifier*	Short form of past passive participles *Predicate*
Фильм «Нелюбо́вь», **сня́тый** Андре́ем Звя́гинцевым, получи́л приз на фести́вале в Ка́ннах. *The movie* Loveless, *directed by Andrei Zvyagintsev, received a prize at the Cannes Festival.*	*Active voice:* Андре́й Звя́гинцев **снял** фильм «Нелюбо́вь». *Andrei Zvyagintsev directed the movie* Loveless. *Passive voice:* Фильм «Нелюбо́вь» (был) **снят** Андре́**ем** Звя́гинцев**ым**. *The movie* Loveless *(was) directed by Andrei Zvyagintsev.*

17–25 | Прича́стия. 1) Read the article and underline all **long-form passive participles** and the nouns they modify. 2) Fill in the following table. The first one has been done for you.

Три лу́чших росси́йских фи́льма о музыка́нтах

В конце́ 30-х – нача́ле 50-х годо́в 20 ве́ка сове́тское кино́ бы́ло ориенти́ровано на жанр, кото́рый ста́ли по́зже называ́ть «ба́йопик» (*biopic*). Бы́ли сня́ты худо́жественные фи́льмы о мно́гих знамени́тых лю́дях Росси́и: о Петре́ I, Алекса́ндре Не́вском, Ива́не Гро́зном, Алекса́ндре Пу́шкине и др. Гла́вные ро́ли в э́тих фи́льмах бы́ли сы́граны таки́ми знамени́тыми актёрами, как Никола́й Черка́сов, Никола́й Си́монов, Никола́й Охло́пков и др. А фи́льмы «Алекса́ндр Не́вский» и «Ива́н Гро́зный», сня́тые режиссёром Серге́ем Эйзенште́йном, ста́ли кла́ссикой сове́тского кино́.

«Му́соргский» – оди́н из трёх лу́чших росси́йских фи́льмов о класси́ческой му́зыке, вы́бранных музыка́льным кри́тиком и телеведу́щим Артёмом Варга́фтиком. Этот фильм расска́зывает о ру́сском компози́торе Моде́сте Петро́виче Му́соргском. Он был снят в 1950-м году́ режиссёром Григо́рием Роша́лем. Роль компози́тора Му́соргского была́ прекра́сно сы́грана Алекса́ндром Бори́совым, кото́рый та́кже сыгра́л роль мецена́та Са́ввы Ма́монтова в фи́льме «Ри́мский-Ко́рсаков». Фильм «Ри́мский-Ко́рсаков», сня́тый в 1953-м году́ Григо́рием Роша́лем, расска́зывает о жи́зни ру́сского компози́тора Никола́я Андре́евича Ри́мского-Ко́рсакова. В фи́льме пока́заны сце́ны из его́ о́пер, таки́х как «Садко́», «Снегу́рочка» и др. Роль Ри́мского-Ко́рсакова была́ сы́грана Григо́рием Бело́вым.

И, наконе́ц, тре́тий фильм, вы́бранный Артёмом Варга́фтиком, э́то фильм «Чайко́вский», сня́тый в 1970-м году́ режиссёром И́горем Тала́нкиным. Роль Петра́ Чайко́вского, сы́гранная Инноке́нтием Смоктуно́вским, принесла́ фи́льму успе́х. В фи́льме пока́зана исто́рия Пе́рвого фортепиа́нного конце́рта, напи́санного Чайко́вским в 1874–1875 года́х. Этот фортепиа́нный конце́рт был снача́ла раскритико́ван Анто́ном Рубинште́йном, а пото́м с бле́ском сы́гран им на Всеми́рной вы́ставке 1878-го го́да в Пари́же.

Материа́л подгото́влен на осно́ве откры́тых исто́чников.

Participle	Voice/Tense	Formed from which verb	Gender, number, case
1. сня́тые 2. _____ 3. _____ 4. _____ 5. _____ 6. _____ 7. _____	passive/past	снять: сня́т|ь+ые	pl.; nom. case

17–26 | Прича́стия. Read the following sentences and replace all passive participle phrases with **кото́рый**-*clauses*. The first one has been done for you. Then give equivalents in English.

1. Фи́льмы «Алекса́ндр Не́вский» и «Ива́н Гро́зный», **сня́тые режиссёром Серге́ем Эйзенште́йном**, ста́ли кла́ссикой сове́тского кино́. – *Фи́льмы «Алекса́ндр Не́вский» и «Ива́н Гро́зный», **кото́рые снял Серге́й Эйзенште́йн**, ста́ли кла́ссикой сове́тского кино́.*
2. «Му́соргский» – оди́н из трёх лу́чших росси́йских фи́льмов о класси́ческой му́зыке, вы́бранных музыка́льным кри́тиком и телеведу́щим Артёмом Варга́фтиком.
3. Фильм «Ри́мский-Ко́рсаков», сня́тый в 1953-м году́ Григо́рием Роша́лем, расска́зывает о жи́зни ру́сского компози́тора Никола́я Андре́евича Ри́мского-Ко́рсакова.
4. Тре́тий фильм, вы́бранный Артёмом Варга́фтиком, э́то фильм «Чайко́вский», сня́тый в 1970-м году́ режиссёром И́горем Тала́нкиным.
5. Роль Петра́ Чайко́вского, сы́гранная Инноке́нтием Смоктуно́вским, принесла́ фи́льму успе́х.
6. В фи́льме пока́зана исто́рия Пе́рвого фортепиа́нного конце́рта, напи́санного Чайко́вским в 1874–1875 года́х.

17–27 | Прича́стия. 1) Reread the article in 17–25, underline all **short-form passive participles** as well as the subject of each sentence that has a short-form passive participle as a predicate of the sentence. 2) Fill in the following table. The first one has been done for you. 3) Give the English equivalents.

Participle	Voice/Tense	Formed from which verb	Gender, number
1. сня́ты	passive/past	снять	pl.
2._____			
3._____			
4._____			
5._____			
6._____			
7._____			
8._____			
9._____			
10._____			

17–28 | Прича́стия. 1) Read the following sentences in the passive voice and write them in the active voice. The first one has been done for you. 2) Give equivalents in English.

1. Фильм «Му́соргский» **был вы́бран Артёмом Варга́фтиком** как оди́н из лу́чших фи́льмов о класси́ческой му́зыке. – *Артём Варга́фтик вы́брал фильм «Му́соргский» как оди́н из лу́чших фи́льмов о класси́ческой му́зыке.*
2. Фильм «Му́соргский» был снят в 1950 году́ режиссёром Григо́рием Роша́лем.
3. Роль компози́тора Му́соргского была́ прекра́сно сы́грана Алекса́ндром Бори́совым.
4. В фи́льме «Ри́мский-Ко́рсаков» режиссёром бы́ли пока́заны сце́ны из о́пер компози́тора Ри́мского-Ко́рсакова.
5. Снача́ла Пе́рвый фортепиа́нный конце́рт Чайко́вского был раскритико́ван Анто́ном Рубинште́йном.
6. Пе́рвый фортепиа́нный конце́рт Чайко́вского с бле́ском был сы́гран Рубинште́йном на Всеми́рной вы́ставке 1878 го́да в Пари́же.

Verbal adverbs
Деепричастия

General facts

1. Verbal adverbs **деепричастия** express **a secondary action** performed by the subject of a sentence. The principal action is expressed by the verbal predicate of a sentence.

> Он <u>смотре́л</u> телеви́зор, **си́дя** в кре́сле.
> *He watched TV sitting in an armchair.*
> (*subject:* он; *predicate/principal action:* смотре́л; *secondary action:* сиде́ть → **си́дя**)

Посмотре́в вече́рние но́вости, она́ <u>легла́</u> спать.
Having watched the evening news, she went to bed.
(*subject:* она́; *principal action:* легла́; *secondary action:* посмотре́ть →
посмотре́в)

2. Like adverbs, verbal adverbs **do not decline**.
3. Like Russian verbs, verbal adverbs have **aspect**. Therefore, there are two types of verbal adverbs: **imperfective** verbal adverbs and **perfective** verbal adverbs.

Imperfective verbal adverb	Perfective verbal adverb
чита́ть *impf.* – **чита́я** *while reading*	прочита́ть *pfv.* – **прочита́в** *having read*
Она́ пла́кала, **чита́я** «А́нну Каре́нину». *She cried while reading Anna Karenina.*	**Прочита́в** «А́нну Каре́нину», она́ реши́ла посмотре́ть экраниза́цию э́того рома́на. *Having read Anna Karenina, she decided to watch the film adaptation of the novel.*

Note:	
Imperfective verbal adverbs denote action that occurs **simultaneously** with the principal action denoted by the verbal predicate of a sentence.	Perfective verbal adverbs usually denote a completed action that has occurred **before** the principal action denoted by the verbal predicate of a sentence.

Verbal adverbs: formation

Imperfective verbal adverb	Perfective verbal adverb
Imperfective verbal adverbs are formed from imperfective verbs.	Perfective verbal adverbs are formed from perfective verbs.
To form: 1. remove the third-person plural ending; 2. add the suffix -**Я** (-**А** after hushers ш, ж, ч, щ); 3. if the verb is reflexive, add the reflexive particle -**СЬ**. чита́ть – (они́) чита́|ют – **чита́+я** смотре́ть – (они́) смо́тр|ят – **смотр+я́** учи́ться – (они́) у́ч|атся – **уч+а́+сь**	To form: 1. drop the -**Л** from the *masculine past form* and add the suffix -**В**-; 2. if the *masculine past form* does not end in -**Л**, add -**ШИ**; 3. if the verb is reflexive, drop -**ЛСЯ** from the *masculine past form* and add -**ВШИСЬ**. прочита́ть – (он) прочита́|л – **прочита́+в** помо́чь – (он) помо́|г – **помо́гши** вы́учиться – (он) вы́учи|лся – **вы́учи+вшись**

Remember:	
Дава́ть – type verbs retain the suffix -**ВА**- in the verbal adverb: дава́ть – дава́+я – **дава́я** встава́ть – встава́+я – **встава́я**	Prefixed forms of **идти́** (найти́, прийти́, уйти́) form perfective verbal adverbs as follows: прийти́ – (они́) прид|у́т – **придя́** уйти́ – (они́) уйд|у́т – **уйдя́** найти́ – (они́) найд|у́т – **найдя́**

English equivalents of verbal adverb constructions

The English equivalents of verbal adverb constructions depend on context. Study the following examples.

Око́нчив университе́т, он стал рабо́тать врачо́м.	He graduated from college and began to work as a doctor. Upon graduating from college, he began to work as a doctor. Having graduated from college, he began to work as a doctor. After graduating from college, he began to work as a doctor. When he graduated from college, he began to work as a doctor.

17–29 | Дееприча́стия. 1) Read the article and underline all verbal adverbs. 2) Fill in the following table. The first two have been done for you. 3) Reread the sentences with verbal adverbs and determine whether the verbal adverb denotes an action that occurs **simultaneously** with the principal action or a completed action that has occurred **before** the principal action denoted by the verbal predicate of a sentence. 4) Give equivalents in English for the sentences with verbal adverbs.

Че́хов жив

Chekhov is alive

«Че́хов жив» – э́то культу́рный прое́кт, объединя́ющий (*combining*) литерату́ру, теа́тр и совреме́нные техноло́гии. Прочита́в произведе́ния (*works*) Че́хова онла́йн, со́тни люде́й показа́ли, что его́ исто́рии актуа́льны и сего́дня.

Анто́н Че́хов

Анто́н Че́хов – вели́кий ру́сский писа́тель и драмату́рг (*playwright*). Его́ расска́зы (*stories*) переведены́ на мно́гие языки́, а пье́сы (*plays*) иду́т в теа́трах по всему́ ми́ру. Говоря́ об изве́стных пье́сах Че́хова, мо́жно назва́ть таки́е его́ пье́сы, как «Три сестры́», «Ча́йка» и «Дя́дя Ва́ня». А прочита́в его́ расска́з «Кашта́нка», по́вести «Пала́та № 6» и «Дуэ́ль», вы сра́зу понима́ете, что пе́ред ва́ми – вели́кий писа́тель.

Анто́н Па́влович Че́хов роди́лся 29 января́ 1860-го го́да в Таганро́ге. В Таганро́ге он поступи́л в гимна́зию, око́нчив снача́ла гре́ческую шко́лу. В 1876-м году́ семья́ Че́ховых перее́хала в Москву́. А в 1879-м году́ Анто́н поступи́л в Моско́вский университе́т на факульте́т медици́ны. Уча́сь в университе́те, он пи́шет и публику́ет (*publishes*) свои́ пе́рвые расска́зы.

Око́нчив университе́т в 1884 году́, Че́хов стал рабо́тать врачо́м, продолжа́я писа́ть. В 1887-м году́ была́ поста́влена (*staged*) пе́рвая пье́са писа́теля – «Ива́нов».

Че́хов мно́го путеше́ствует: е́дет в Оде́ссу, в Ялту, в Сиби́рь, на Сахали́н, в Евро́пу. Путеше́ствуя по За́падной Евро́пе, он побыва́л в Ве́не, Боло́нье, Вене́ции,

Неа́поле, в Пари́же и други́х города́х. В э́то вре́мя Анто́н Па́влович стано́вится са́мым чита́емым писа́телем в Росси́и.

В 1892-м году́ Че́хов перее́хал в Подмоско́вье, в село́ Ме́лехово, купи́в себе́ там недорого́е име́ние *(estate)*. В селе́ Ме́лихово Анто́н Па́влович постро́ил шко́лу для дете́й, лечи́л больны́х и продолжа́л рабо́тать над свои́ми расска́зами, повестя́ми и пье́сами, написа́в о́коло 40 произведе́ний.

В 1898-м году́, прода́в име́ние в селе́ Ме́лихово, Че́хов с ма́терью и сестро́й перее́хал в Крым, в Я́лту. В Я́лте у него́ в гостя́х ча́сто быва́ли изве́стные ру́сские писа́тели, худо́жники, актёры. Познако́мившись с актри́сой Ольгой Кни́ппер, он жени́лся на ней в 1901-м году́. А че́рез три го́да, в 1904-м году́, Анто́н Па́влович Че́хов у́мер в Герма́нии, но был похоро́нен *(buried)* в Москве́.

Материа́л подгото́влен на осно́ве откры́тых исто́чников.

Verbal adverbs	Aspect	Formed from which verb
1. прочита́в	pfv.	прочита́ть: (он) прочита́|л – прочита+в
2. говоря́	impf.	говори́ть: (они́) говор|я́т – говор+я
3. _____		
4. _____		
5. _____		
6. _____		
7. _____		
8. _____		
9. _____		
10. _____		
11. _____		

17–30 | Дееприча́стия. Reread the sentences with verbal adverbs and give synonymous sentences without verbal adverbs. The first two have been done for you.

1. В Таганро́ге Анто́н поступи́л в гимна́зию, око́нчив снача́ла гре́ческую шко́лу. – *В Таганро́ге Анто́н поступи́л в гимна́зию, по́сле того́ как он око́нчил гре́ческую шко́лу.*

2. Уча́сь в университе́те, Че́хов пи́шет и публику́ет свои́ пе́рвые расска́зы. – *Когда́ Че́хов у́чится в университе́те, он пи́шет и публику́ет свои́ пе́рвые расска́зы.*

3. Око́нчив университе́т в 1884 году́, Че́хов стал рабо́тать врачо́м.

4. Путеше́ствуя по За́падной Евро́пе, Че́хов побыва́л в Ве́не, Боло́нье, Вене́ции, Неа́поле, в Пари́же и други́х города́х.

5. В 1892-м году́ Че́хов перее́хал в Подмоско́вье, в село́ Ме́лехово, купи́в себе́ там недорого́е име́ние.

6. В 1898-м году́, прода́в име́ние в селе́ Ме́лихово, Че́хов с ма́терью и сестро́й перее́хал в Крым, в Я́лту.

7. Познако́мившись с актри́сой Ольгой Кни́ппер, он жени́лся на ней в 1901-м году́.

8. Прочита́в расска́з Че́хова «Кашта́нка», вы сра́зу понима́ете, что пе́ред ва́ми – вели́кий писа́тель.

9. Говоря́ об изве́стных пье́сах Че́хова, мо́жно назва́ть таки́е его́ пье́сы, как «Три сестры́», «Ча́йка» и «Дя́дя Ва́ня».

17–31 | **Прича́стия и дееприча́стия.** 1) Read the article, underline all participles and verbal adverbs, and analyze them: determine whether **participles** are active or passive, present, or past; determine whether **verbal adverbs** are imperfective or perfective. 2) Give equivalents in English for the participle and verbal adverb phrases.

Са́ти. Нескучная кла́ссика . . .
Веду́щая Са́ти Спивако́ва

Сего́дня в програ́мме мы поговори́м о Петре́ Ильиче́ Чайко́вском и его́ му́зыке. Вы услы́шите изве́стные произведе́ния (*works*) Чайко́вского, напи́санные им в Росси́и, Ита́лии и Швейца́рии.

Пётр Ильи́ч Чайко́вский был пе́рвым ру́сским компози́тором, ста́вшим изве́стным на за́паде. Он роди́лся 25 апре́ля (7 ма́я) 1840-го го́да на Ура́ле в большо́й семье́. У него́ бы́ло четы́ре бра́та и две сестры́. Оте́ц Чайко́вского был инжене́ром, а мать сиде́ла до́ма, занима́ясь детьми́ и хозя́йством.

В семье́ люби́ли му́зыку. Оте́ц игра́л на фле́йте, а мать Чайко́вского игра́ла на роя́ле и пе́ла. Говоря́т, что, научи́вшись игра́ть на роя́ле в три го́да, Пётр написа́л своё пе́рвое музыка́льное произведе́ние в четы́ре го́да, назва́в его́ «На́ша ма́ма в Петербу́рге».

Получи́в снача́ла дома́шнее образова́ние, Чайко́вский учи́лся в Импера́торском учи́лище правове́дения в Санкт-Петербу́рге, а по́зже – в Санкт-Петербу́ргской консервато́рии. Око́нчив Санкт-Петербу́ргскую консервато́рию в 1866-м году́, Пётр Ильи́ч стал преподава́ть в Моско́вской консервато́рии. В э́то вре́мя им бы́ли напи́саны четы́ре о́перы, пе́рвые симфо́нии, Пе́рвый фортепиа́нный конце́рт, «Времена́ го́да» и други́е произведе́ния.

Уйдя́ из консервато́рии в 1878-м году́, Чайко́вский уезжа́ет заграни́цу, живёт в Ита́лии, Швейца́рии. В э́то вре́мя он пи́шет о́перу «Евге́ний Оне́гин» по рома́ну А. С. Пу́шкина. Начина́я с 1880-х годо́в, Чайко́вский с больши́м успе́хом выступа́ет как дирижёр симфони́ческих конце́ртов и о́пер, гастроли́руя (*touring*) по Росси́и и Евро́пе.

Прие́хав пе́рвый раз в США в 1891-м году́, Чайко́вский с больши́м успе́хом выступа́ет в Нью-Йо́рке, Балтимо́ре и Филаде́льфии. По́сле э́того ту́ра его́ и́мя ста́ло изве́стным не то́лько в Евро́пе, но и в Аме́рике.

В 1892-м году́ Чайко́вский зако́нчил писа́ть му́зыку к бале́ту «Щелку́нчик», ста́вшему популя́рным не то́лько в Росси́и и Евро́пе, но и в Аме́рике.

Чайко́вский у́мер в Петербу́рге 25 октября́ (6 ноября́) 1893-го го́да.

СЛОВА́РЬ

веду́щий, -ая, -ие – *TV host*

выходи́ть/вы́йти в эфи́р – *to go on the air*
Pres.: я выхожу́, ты выхо́дишь, они́ выхо́дят
Fut.: я вы́йду, ты вы́йдешь, они́ вы́йдут
Past: он вы́шел, она́ вы́шла, они́ вы́шли

геро́й/герои́ня (фи́льма, телепрогра́ммы) – *protagonist*

го́лос – *voice*

де́йствие фи́льма – *the action (in a film)*

знато́к – *connoisseur, expert*

игра́ть/сыгра́ть (гла́вную) **роль** – *to play the (main) role*

ко́смос – *space*

костю́м – *costume*

пережи́ть *pfv.* что? **кри́зис** – *to survive a crisis*
Fut.: я переживу́, ты переживёшь, они́ переживу́т
Past: он пережи́л, она́ пережила́, они́ пережи́ли

пока́зывать/показа́ть кому? что? – *to show, screen*
Pres.: я пока́зываю, ты пока́зываешь, они́ пока́зывают
Fut.: я покажу́, ты пока́жешь, они́ пока́жут

приду́мывать/приду́мать что? – *come up with, invent*
Pres.: я приду́мываю, ты приду́мываешь, они́ приду́мывают
Fut.: я приду́маю, ты приду́маешь, они́ приду́мают

продолжа́ть/продо́лжить что? – *to continue*
Pres.: я продолжа́ю, ты продолжа́ешь, они́ продолжа́ют
Fut.: я продо́лжу, ты продо́лжишь, они́ продо́лжат

производи́ть/произвести́ впечатле́ние – *to make an impression*
Pres.: я произвожу́, ты произво́дишь, они́ произво́дят
Fut.: я произведу́, ты произведёшь, они́ произведу́т
Past pfv.: он произвёл, она́ произвела́, они́ произвели́

происходи́ть/произойти́ где? – *to happen; take place*
Pres.: он, она́, оно́ происхо́дит; они́ происхо́дят
Fut.: он, она́, оно́ произойдёт; они́ произойду́т
Past pfv.: произошёл, произошла́, произошло́, произошли́

режиссёр – *director*

снима́ть/снять фильм о ком? о чём? – *to make a movie, direct a movie, to film*
Pres.: я снима́ю, ты снима́ешь, они́ снима́ют
Fut.: я сниму́, ты сни́мешь, они́ сни́мут

сюже́т – *plot*

телевизио́нная сеть – *TV network*

телезри́тель – *TV viewer*

юмористи́ческий, -ая, -ое, -ие – *humorous*

Expression:

к сожале́нию – *unfortunately*

Телепереда́чи

(теле)сериа́л – *TV series*
кулина́рное шо́у – *cooking show*
музыка́льное шо́у/переда́ча – *musical show*
переда́ча о культу́ре и иску́сстве – *show about culture and art*
переда́ча о приро́де и живо́тных – *nature and wildlife show*
переда́ча о путеше́ствиях – *travel show*
програ́мма новосте́й – *news program*
реа́лити-шоу – *reality show*
спорти́вная переда́ча – *sports show*
телеигра́ – *game show*
ток-шо́у – *talk show*
юмористи́ческое шо́у/програ́мма – *comedy show*

Фи́льмы

боеви́к – *action movie*
детекти́в – *mystery, detective show*
документа́льный фильм – *documentary*
истори́ческий фильм – *historical film*
коме́дия – *comedy*
мелодра́ма – *melodrama*
мультфи́льм – *cartoon*
мю́зикл – *musical*
нау́чно-популя́рный фильм – *educational film*
приключе́нческий фильм – *adventure movie*
фильм у́жасов – *horror movie*
худо́жественный фильм – *narrative feature film*
экраниза́ция чего? (рома́на, расска́за) – *film adaptation (of a novel, story)*

APPENDICES

Appendix 1. Grammar terminology

Adjectives/Прилагáтельные are words that describe nouns: **нóвая кнúга, мáленький гóрод**. If an adjective precedes a noun, it *modifies (describes)* that noun and agrees with it in **gender**, **number**, and **case**. If an adjective that describes the subject is in the predicate of a sentence in combination with the verb **быть**, which is not expressed in the present tense (**Онá ýмная и красúвая.**), it is called a *predicate adjective.* See: *predicates.*

Adverbs/Нарéчия are words that describe the action of a verb: **Вы хорошó ýчитесь**. Adverbs can also modify (describe) another adverb: **Вы óчень хорошó ýчитесь.** or an adjective: **Наш дом óчень красúвый**. Words that indicate place and answer the questions **где? кудá?** – **здесь, там, тудá, напрáво, налéво** – as well as words that indicate time and answer the question **когдá?** – **зáвтра, днём, лéтом** – are also adverbs.

Aspect/Вид глагóла see: *verbs.*

Cardinal numbers/Колúчественные числúтельные see: *numbers.*

Case/Падéж refers to the form of a noun, pronoun, or adjective-noun combination and shows its grammatical relationship to the other words in the sentence. There are six cases in Russian, each of which has a main use or function: the *nominative* case/*именúтельный* падéж indicates the *subject* of a verb, the *accusative* case/*винúтельный* падéж indicates the *direct object* of a transitive verb, the *dative* case/*дáтельный* падéж indicates an *indirect object*, the *genitive* case/*родúтельный* падéж indicates possession, the **instrumental** case/*творúтельный* падéж shows the instrument used to do something, and the *prepositional* case/*предлóжный* падéж is used with the *preposition* **о (об, óбо)**.

Clauses/Придáточные предложéния are groups of words with a subject and a verb. A group of words with a subject and a verb that can stand alone – **Онá родилáсь в Москвé.** – is called an *independent clause*. A group of words with a subject and a verb – **котóрые изучáют рýсский язы́к** – that depends on another part of the sentence to make sense is called a *dependent* or *subordinate clause:* **Это студéнты, <u>котóрые изучáют рýсский язы́к.</u>**

Complex sentences/Сложноподчинённые предложéния see: *sentences.*

Compound sentences/Сложносочинённые предложéния see: *sentences.*

Conjugate and conjugation/Спрягáть и спряжéние refer to the changing of verb endings to indicate who is doing the action. See: *verbs; aspect*. See also: *person.*

Conjunctions/Сою́зы are connecting words like **и, а, úли** or **но**. *Subordinating conjunctions* introduce *dependent clauses:* **Я знáю, <u>что</u> онú изучáют рýсский язы́к.**

Consonants/Соглáсные are sounds that you pronounce by blocking the flow of air from your mouth with your tongue, your tongue and teeth, your teeth and lips, your lips, and so on. The consonant letters in Russian are **б, в, г, д, ж, з, й, к, л, м, н, п, р, с, т, ф, х, ц, ч, ш, щ**. See also: *vowels*.

Decline and declension/*Склоня́ть и склоне́ние* refer to the changing of endings on nouns and their modifiers to indicate their case. See: *case*.

Demonstratives (*demonstrative pronouns*)/*Указа́тельные местоиме́ния* are words that point something out: **э́тот (э́та, э́то, э́ти)** and **тот (та, то, те)**.

Direct object/*Прямо́е дополне́ние* see: *verbs; transitive verbs*.

Endings/*Оконча́ния* see: *stems*.

Fill vowels occur in the last syllable of the genitive plural form of feminine and neuter nouns when there is a consonant cluster that is hard to pronounce. The genitive plural forms **студе́нт<u>о</u>к, де́вуш<u>е</u>к**, and **ок<u>о</u>н** contain fill vowels.

Fleeting vowels are vowels in the last syllable of a word that disappear when endings are added to the word. Words like **от|е́|ц, америка́н|е|ц**, and **ребён|о|к** contain fleeting vowels in the nominative singular form. See: *fill vowels*.

Gender/*Род* indicates whether something is masculine, feminine, or neuter.

Hushers/*Шипя́щие* are consonants that are pronounced with a "*sh*" sound or similar – **ш, ж, ч**, and **щ**.

Imperative mood/*Повели́тельное наклоне́ние* (Скажи́те! Повтори́те!) is used to tell someone to do something. Second-person imperatives have a **ты**-form (**Посмотри́**) and a *вы*-form (**Посмотри́те**). There are also 1) third-person imperatives (Let him/her/them do something), either singular or plural, depending on whom you are talking about: **Пусть (при)гото́вит** обе́д!/**Пусть (при)гото́вят** обе́д! and 2) first-person imperatives (Let's do something): **Дава́й/те гото́вить** у́жин!

Impersonal sentences/*Безли́чные предложе́ния* are sentences that do not have a grammatical subject in the nominative case: **Сего́дня тепло́**. In the past tense, the neuter form **бы́ло** is used: **Вчера́ <u>бы́ло</u> тепло́**. In the future tense, **бу́дет** is used: **За́втра <u>бу́дет</u> тепло́**.

Indirect object/*Ко́свенное дополне́ние* see: *verbs; transitive verbs*.

Nouns/*Существи́тельные* are words for *people, places*, and *things*. The words **друг, соба́ка, теа́тр, те́ннис, зима́**, and **сентя́брь** are nouns. The term ***proper noun*** refers to the name of a person, place, or thing. Words like **Ната́ша** and **Вашингто́н** are proper nouns and are written with capital letters. If a noun that describes the subject is in the predicate of a sentence in combination with the verb **быть**, which is not expressed in the present tense (**Моя́ сестра́ – *учи́тельница*.**), it is called a ***predicate noun***. See: *predicates*.

Number/*Число́* indicates whether a noun, pronoun, adjective, or verb form is singular or plural: **студе́нт – студе́нты, мой – мои́, хоро́ший – хоро́шие, он чита́ет – они́ чита́ют**.

Numbers (*numerals*)/*Числи́тельные* used in counting – **оди́н, два, три, четы́ре**, and so on – are called *cardinal numbers*. Numbers that indicate order – **пе́рвый, второ́й, тре́тий** . . . – are called *ordinal numbers*.

Ordinal numbers/*Поря́дковые числи́тельные* See: *numbers*.

Person/*Лицо́* indicates who is doing the action denoted by a verb. The **я** and **мы** forms are called first-person forms; the **ты** and **вы** forms are called second-person forms; and the **он, она́, оно́**, and **они́** forms are called third-person forms.

Possessives (***possessive pronouns***)/*Притяжа́тельные местоиме́ния* are words that show possession or ownership: **мой, твой, его́, её, наш, ваш**, and **их**.

Predicate/Сказу́емое of a sentence or clause is the verb with its modifiers, objects, complements, and so on. The predicate can be
1. a simple verb: Мы **смо́трим** фи́льм.
2. a verb and its modifiers: Вы **хорошо́ поёте**.
3. a noun or adjective in combination with the verb **быть**. Remember that the present tense of this verb is usually not expressed: Моя́ ма́ма – **инжене́р**. Их дом очень **большо́й.**

Prefixes/Приста́вки precede the root of a word (see: *roots*) and are used to form new words: **при**хо́д *(arrival)*, **вы́**ход *(exit)*, **пере**хо́д *(transfer, crossing)*. See also: *stems*.

Prepositions/Предло́ги are words that relate one word to another. Some of the most common Russian prepositions are **в**, **на**, **о**, **у**, and **с** (журна́л на сто́лике, кварти́ра в Омске, фильм о Бло́ке, etc.).

Pronouns/Местоиме́ния are words that take the place of nouns. **Я, ты, он, она́, оно́ мы, вы,** and **они́** are called *personal pronouns*. **Мой, твой, его́, её, наш, ваш,** and **их** are called *possessive pronouns*. **Этот** (**э́та, э́то, э́ти**) and **тот** (**та, то, те**) are called *demonstrative pronouns* because they point something out, and **кото́рый** (**кото́рая, кото́рое, кото́рые**) is called a *relative pronoun* because it relates back to another noun. **Себя́** is called a *personal reflexive pronoun*. It is used when the pronoun is the same person or thing as the subject. **Свой** (**своя́, своё, свой**) is called a *reflexive possessive pronoun* and means "one's own." It replaces the normal possessive pronoun when it refers to the subject. **Весь** (**вся, всё, все**) is called a *determinative pronoun*. **Кто?** and **Что?** are called *interrogative pronouns*.

Root/Ко́рень is the part of a word that provides the basic meaning. Some roots like **стул** and **стол** are actual words, while other roots like **кни́г**-а, **е́зд**-ить are just part of a word. The basic meanings of roots are often modified with prefixes (**по́**-езд – *train*) or suffixes (**книж**-**н**-), (**по**-езд-**к**-), and a grammatical ending is often necessary to give full meaning to a new word: **кни́жный магази́н, пое́здка**.

Sentence/Предложе́ние consists of a word or words that express a complete thought. According to their structure, sentences can be classified as:
- *Simple sentences/Просты́е предложе́ния*, which consist of one independent clause.
- *Compound sentences/Сложноподчинённые предложе́ния*, which consist of two or more independent clauses joined by the conjunctions **и**, **а**, or **но**.
- *Complex sentences/Сложносочинённые предложе́ния*, which consist of an independent and a dependent clause.

See also: *clauses*.

Simple sentence/Просто́е предложе́ние see: *sentences*.

Stem/Осно́ва is the part of a word that precedes an ending: **говор+ книг+, стар+**, and **привез+** are stems. Stems give you the meaning of an entire word. Endings (говор+**и́м**, кни́г+**у**, ста́р+**ые**, привез+**у́**) indicate the grammatical function of the entire word in a sentence. A stem can consist of a root (**стол** – *table*); a root plus a suffix (**сто́л-ик** – *small table*); a prefix plus a root (**по́-езд** – *train*); or a prefix, root, and suffix (**по-е́зд-к+а** – *trip*). Nouns and their modifiers as well as verb forms consist of stems plus endings.

Subject/Подлежа́щее indicates who or what is doing the action in a sentence or clause: **Мы** у́чим ру́сский язы́к.

Subordinating conjunctions/Подчини́тельные сою́зы see: *conjunctions*.

Suffixes/Су́ффиксы follow the root of a word (see: *roots*) and are used to form new words: исто́р-**ик**, жён-**ск**+ий. See also: *stems*.

Tense/Вре́мя shows when an action takes place, took place, or will take place. In Russian, there is a *present, past*, and *future tense*.

Velars/Заднеязы́чные are consonants that are pronounced in the back of your mouth – к, г, х.

Verbs/Глаго́лы are words that show action **чита́ть**, **рабо́тать**, or being **быть**.

> *Transitive verbs/Перехо́дные глаго́лы* denote a concrete action – **Мы написа́ли** – and often need an object (sometimes called a **complement**) to make sense – **Мы написа́ли письмо́**. The object is called a **direct object**. Some transitive verbs can have a direct object and an **indirect object**, which shows to whom or for whom something is done **Мы написа́ли** *ба́бушке* **письмо́**.

> *Intransitive verbs/Неперехо́дные глаго́лы* denote being (**быть**) or action that does not (cannot) take a direct object (**жить**, **рабо́тать**, **учи́ться**) and are often used with words that tell where something takes place: **Мы бы́ли в музе́е. Я живу́ в Москве́.**

> *First and second conjugation/Пе́рвое и второ́е спряже́ние* refers to the conjugation pattern of Russian verbs. All Russian verbs, except **бежа́ть**, **есть**, **дать**, and **хоте́ть**, are first- or second-conjugation verbs.

> *Aspect/Вид:* Verbs that denote concrete actions are categorized according to **imperfective and perfective aspect.** The imperfective aspect of a verb (**есть**, **смотре́ть**, **чита́ть**) emphasizes "doing something." The perfective aspect of a verb (**съесть**, **посмотре́ть**, **прочита́ть**) focuses on "getting something done."

Vowels/Гла́сные are sounds you pronounce with your voice and by not blocking the flow of air from your mouth. In Russian, ten letters represent six stressed vowel sounds: **а – я** [á], **э – е** [é], **и** [í], **ы** [ɨ], **о – ё** [ó], **у – ю** [ú]. See also: *consonants*.

Word order/Поря́док слов in Russian sentences is often different from that of English sentences. In Russian sentences, the new information is usually at the end of a sentence, so you must read a sentence to the end in order to understand it correctly. A simple sentence like **На столе́ журна́л.** *(There is a magazine on the table)* tells you what is on the table, but a change in word order – **Журна́л на столе́.** *(The magazine is on the table)* – tells you where the magazine is.

Appendix 2. Declension tables

2–1. Nouns. Имена́ существи́тельные

Singular. Еди́нственное число́

Masculine nouns

	Inanimate hard stem	Inanimate soft stem	Animate hard stem	Animate soft stem	Inanimate – Й stem	Animate – Й stem
N	теа́тр	роя́ль	музыка́нт	учи́тель	музе́й	Евге́ний
A	теа́тр	роя́ль	музыка́нта	учи́теля	музе́й	Евге́ния

	Inanimate hard stem	Inanimate soft stem	Animate hard stem	Animate soft stem	Inanimate – Й stem	Animate – Й stem
G	теа́тра	роя́ля	музыка́нта	учи́теля	музе́я	Евге́ния
D	теа́тру	роя́лю	музыка́нту	учи́телю	музе́ю	Евге́нию
I	теа́тром	роя́лем	музыка́нтом	учи́телем	музе́ем	Евге́нием
P	теа́тре	роя́ле	музыка́нте	учи́теле	музе́е	Евге́нии[1]

Some masculine nouns have a special prepositional form ending in stressed "у" answering the question где?: аэропо́рт (*airport*) – в аэропорту́, бе́рег (*coast*) – на берегу́, глаз (*eye*) – в глазу́, лес (*forest*) – в лесу́, лоб (*forehead*) – на лбу́, мост (*bridge*) – на мосту́, нос (*nose*) – на носу́, пол (*floor*) – на полу́, порт (*port*) – в порту́, рот (*mouth*) – во рту́, сад (*garden*) – в саду́, снег (*snow*) – в снегу́, у́гол (*corner*) – в/на углу́, шкаф (*closet, cupboard*) – в шкафу́.

Also remember the time words **в году́** and **в часу́**.

Neuter nouns

	Hard stem	Husher stem	Soft stem	-Й stem
N	окно́	учи́лище	мо́ре	общежи́тие
A	окно́	учи́лище	мо́ре	общежи́тие
G	окна́	учи́лища	мо́ря	общежи́тия
D	окну́	учи́лищу	мо́рю	общежи́тию
I	окно́м	учи́лищем	мо́рем	общежи́тием
P	окне́	учи́лище	мо́ре	общежи́тии[1]

Feminine nouns that end in -а/-я

	Hard stem	Hard stem	Soft stem	Soft stem	Soft stem	Soft stem
N	шко́ла	Гали́на	неде́ля	Ната́лья	ле́кция	Мари́я
A	шко́лу	Гали́ну	неде́лю	Ната́лью	ле́кцию	Мари́ю
G	шко́лы	Гали́ны	неде́ли	Ната́льи	ле́кции	Мари́и
D	шко́ле	Гали́не	неде́ле	Ната́лье	ле́кции[1]	Мари́и[1]
P	шко́ле	Гали́не	неде́ле	Ната́лье	ле́кции[1]	Мари́и[1]
I	шко́лой	Гали́ной	неде́лей	Ната́льей	ле́кцией	Мари́ей

Note: Nouns or names that end in **-а** or **-я** and refer to male persons (**па́па**, **дя́дя**, **Ко́ля**) decline like feminine nouns, but they take masculine agreement (**мой па́па**, **наш де́душка**, *etc.*).

---

1   **-и** is written instead of **-е** if it is preceded by **-и**

Feminine nouns that end in -Ь

N	мебель	ночь
A	мебель	ночь
G	мебели	ночи
D	мебели	ночи
P	мебели	ночи
I	мебелью	ночью

List of feminine nouns used in this textbook that end in -Ь

дверь – *door*
дочь – *daughter*
зелень – *vegetation, plants*
знаменитость – *celebrity*
мать – *mother*
мечеть – *mosque*
молодёжь – *youth*
скорость – *speed*
степень – *degree*
тушь – *mascara*
четверть – *quarter*

достопримечательность – *tourist attraction, place of interest*
кровать – *bad*
мебель – *furniture*
морковь – *carrot*
обувь – *footwear*
соль – *salt*
социальная **сеть** – *social network*
специальность – *major, field of specialization*
стоимость – *price*
церковь – *church*

Plural forms for noun. Множественное число.

Inanimate nouns

	Hard stem	**Soft stem**	**й-stem**	**Hard stem**	**й-stem**	**Velar stem**	**Soft stem**
NS	театр	рояль	музей	место	лекция	книга	неделя
NP	театры	рояли	музеи	места	лекции	книги	недели
A	театры	рояли	музеи	места	лекции	книги	недели
G	театров	роялей	музеев	мест	лекций	книг	недель[2]
D	театрам	роялям	музеям	местам	лекциям	книгам	неделям
I	театрами	роялями	музеями	местами	лекциями	книгами	неделями
P	театрах	роялях	музеях	местах	лекциях	книгах	неделях

---

2   The **-ь** ending shows the softness of the final consonant.

Animate nouns

	Hard stem	Husher stem	Soft stem	Velar stem	Hard stem
NS	студе́нт	врач	писа́тель	студе́нтка	учи́тельница
NP	студе́нты	врачи́	писа́тели	студе́нтки	учи́тельницы
A	студе́нтов	врачей́	писа́телей	студе́нток	учи́тельниц
G	студе́нтов	врачей́	писа́телей	студе́нток	учи́тельниц
D	студе́нтам	врача́м	писа́телям	студе́нткам	учи́тельницам
I	студе́нтами	врача́ми	писа́телями	студе́нтками	учи́тельницами
P	студе́нтах	врача́х	писа́телях	студе́нтках	учи́тельницах

Note: Masculine nouns with a nominative singular form ending in **-ец** (от|е́|ц, америка́н|е|ц) lose the fleeting vowel **-е-** when adding endings (отцы́, америка́нцы). Nouns like студе́нтка and де́вушка don't have an ending in the genitive and accusative plural forms, and they add the "fill-vowel" **-о-** (or **-е-** when unstressed after a husher) so that it's easier to pronounce the final consonant cluster: студе́нток, де́вушек.

Special nouns

The plural of **челове́к** *(person)* is **лю́ди** *(people)*, and the plural of **ребён|о|к** *(child)* is **де́ти**.

	Singular		Plural	
N	ребёнок	челове́к	де́ти	лю́ди
A	ребёнка	челове́ка	детей́	людей́
G	ребёнка	челове́ка	детей́	людей́, челове́к
D	ребёнку	челове́ку	де́тям	лю́дям
I	ребёнком	челове́ком	детьми́	людьми́
P	ребёнке	челове́ке	де́тях	лю́дях

Nouns with irregularities in their declension

The feminine nouns **мать** and **дочь** add **-ер-** before all endings.

	Singular		Plural	
N	мать	дочь	ма́т**ери**	до́ч**ери**
A	мать	дочь	мат**ерей́**	доч**ерей́**
G	ма́т**ери**	до́ч**ери**	мат**ерей́**	доч**ерей́**
D	ма́т**ери**	до́ч**ери**	мат**еря́м**	доч**еря́м**

	Singular		Plural	
I	ма́терью	до́черью	матеря́ми	дочеря́ми (дочерьми́)
P	ма́тери	до́чери	матеря́х	дочеря́х

The neuter nouns **вре́мя** and **и́мя** add **-ен-** before all endings.

	Singular		Plural	
N	вре́мя	и́мя	времена́	имена́
A	вре́мя	и́мя	времена́	имена́
G	вре́мени	и́мени	времён	имён
D	вре́мени	и́мени	времена́м	имена́м
I	вре́менем	и́менем	имена́ми	времена́ми
P	вре́мени	и́мени	времена́х	имена́х

2–2. Pronouns. Местоиме́ния

Interrogatives, personal pronouns, and the reflexive pronoun СЕБЯ́

	Кто?	Что?	Чей? Чьё?	Чья?	Чьи?
N	кто	что	ч|е|й, чьё	чья	чьи
A	кого́	что	N or G	чью	N or G
G	кого́	чего́	чьего́	чью	чьих
D	кому́	чему́	чьему́	чьей	чьим
I	кем	чем	чьим	чьей	чьи́ми
P	о ко́м	о чём	чьём	чьей	чьих

	Singular					Plural		
N	я	ты	он оно́	она	-	мы	вы	они́
A	меня́	тебя́	его́	её	себя́	нас	вас	их
G	меня́	тебя́	его́	её	себя	нас	вас	их
D	мне	тебе́	ему́	ей	себе́	нам	вам	им
I	мной	тобо́й	им	ей	собо́й	на́ми	ва́ми	и́ми
P	обо мне́	о тебе́	о нём	о ней	о себе́	о на́с	о ва́с	о ни́х

Demonstratives

ЭТОТ (ЭТА, ЭТО, ЭТИ) – *this or that*; **ТОТ** (ТА, ТО, ТЕ) – *that (that one vs. this one)*

N	этот | это	эта	эти	тот | то	та	те
A	N or G	эту	N or G	N or G	ту	N or G
G	этого	этой	этих	того	той	тех
D	этому	этой	этим	тому	той	тем
I	этим	этой	этими	тем	той	теми
P	этом	этой	этих	том	той	тех

ВЕСЬ (ВСЯ, ВСЁ, ВСЕ) – *all, the whole*

N	весь | всё	вся	все
A	N or G	всю	N or G
G	всего	всей	всех
D	всему	всей	всем
I	всем	всей	всеми
P	всём	всей	всех

Possessives

МОЙ (МОЯ, МОЁ, МОИ) – *my*
ТВОЙ (ТВОЯ, ТВОЁ, ТВОИ) – *your*
СВОЙ (СВОЯ, СВОЁ, СВОИ) – *one's own (refers to the doer of the action)*
НАШ (НА́ША, НА́ШЕ, НА́ШИ) – *our*
ВАШ (ВА́ША, ВА́ШЕ, ВА́ШИ) – *your*

N	мой твой свой	моё твоё своё	моя́ твоя́ своя́	мои твои свои	наш ваш	на́ше ва́ше	на́ша ва́ша	на́ши ва́ши
A	N or G		мою твою свою	N or G	N or G		на́шу ва́шу	N or G
G	моего́ твоего́ своего́		моей твоей своей	мойх твойх свойх	на́шего ва́шего		на́шей ва́шей	на́ших ва́ших
D	моему́ твоему́ своему́		моей твоей своей	мойм твойм свойм	на́шему ва́шему		на́шей ва́шей	на́шим ва́шим

I	мои́м твои́м свои́м	мое́й твое́й свое́й	мои́ми твои́ми свои́ми	на́шим ва́шим	на́шей ва́шей	на́шими ва́шими
P	моём твоём своём	мое́й твое́й свое́й	мои́х твои́х свои́х	на́шем ва́шем	на́шей ва́шей	на́ших ва́ших

2–3. Adjectives. Имена́ прилага́тельные

Hard-stem adjectives

1. When the nominative singular ending of masculine adjectives is stressed, it is **-о́й** (*see subsequently:* **но́вый, ру́сский, хоро́ший, плохо́й, большо́й**).
2. It is essential to remember spelling rules when writing adjective endings:
    a. Write **и** (not **ы**) after hushers (**ж, ш, ч, щ**) and velars (**к, г, х**).
    b. Unstressed **о → е** after hushers (**ж, ш, ч, щ**) and **ц** except for the masculine singular nominative form in which unstressed **-ой → -ий** (*see subsequently*: **большо́й, хоро́ший**).

	Hard stems and velar stems				Husher stems			
	Masc.	Neut.	Fem.	Pl.	Masc.	Neut.	Fem.	Pl.
N	но́вый ру́сский плохо́й	но́вое ру́сское плохо́е	но́вая плоха́я	но́вые плохи́е	большо́й хоро́ший	большо́е хоро́шее	больша́я хоро́шая	больши́е хоро́шие
A	N or G		но́вую плоху́ю	N or G	N or G		большу́ю хоро́шую	N or G
G	но́вого ру́сского | плохо́го		но́вой плохо́й	но́вых плохи́х	большо́го хоро́шего		большо́й хоро́шей	больши́х хоро́ших
D	но́вому ру́сскому | плохо́му		но́вой плохо́й	но́вым плохи́м	большо́му хоро́шему		большо́й хоро́шей	больши́м хоро́шим
I	но́вым ру́сским | плохи́м		но́вой плохо́й	но́выми плохи́ми	больши́м хоро́шим		большо́й хоро́шей	больши́ми хоро́шими
P	но́вом ру́сском | плохо́м		но́вой плохо́й	но́вых плохи́х	большо́м хоро́шем		большо́й хоро́шей	больши́х хоро́ших

Soft-stem adjectives

1. Adjectives with a stem ending in a soft **-н-** (**сре́дний**) are called "soft-stem adjectives."
2. When writing endings for soft-stem adjectives, you must show that the final **-н** of the stem is soft:
    a. Write **и** instead of **ы**.
    b. Write **я** instead of **a**.
    c. Write **ю** instead of **y**.
    d. Write **е** instead of **o**.

	Masc./Neut.		Fem.	Pl.
N	сре́дний	сре́днее	сре́дняя	сре́дние
A	N or G		сре́днюю	N or G
G	сре́днего		сре́дней	сре́дних
P	сре́днем		сре́дней	сре́дних
D	сре́днему		сре́дней	сре́дним
I	сре́дним		сре́дней	сре́дними

List of soft-stem adjectives used in this textbook

вече́рний, -яя, -ее, -ие – *evening adj.*
дома́шний, -яя, -ее, -ие – *home adj., domestic*
зи́мний, -яя, -ее, -ие – *winter adj.*
осе́нний, -яя, -ее, -ие – *autumn adj.*
после́дний, -яя, -ее, -ие – *last, final*
сего́дняшний, -яя, -ее, -ие – *today's*
сре́дний, -яя, -ее, -ие – *middle, average*

вчера́шний, -яя, -ее, -ие – *yesterday's*
за́втрашний, -яя, -ее, -ие – *tomorrow's*

ле́тний, -яя, -ее, -ие – *summer adj.*
по́здний, -яя, -ее, -ие – *late*
ра́нний, -яя, -ее, -ие – *early*
си́ний, -яя, -ее, -ие – *deep blue*
у́тренний, -яя, -ее, -ие – *morning adj.*

2–4. Declension of Russian names

Фами́лии

Most last names of Russian origin end in either **-ин** (Пу́шкин, Бороди́н) or **-ов/- ев** (Ле́рмонтов, Дми́триев, Соловьёв). These last names have masculine and feminine forms as well as plural forms. The instrumental case of masculine last names has the adjective ending **-ым**. Feminine last names have adjectival endings in all cases except the nominative and accusative. Plural forms have adjectival endings in all cases except the nominative.

	Masc.	Fem.	Pl.	Masc.	Fem.	Pl.
N	Бороди́н[3]	Бородина́	Бородины́	Соловьёв	Соловьёва	Соловьёвы
A	Бородина́	Бородину́	Бороди́ных	Соловьёва	Соловьёву	Соловьёвых
G	Бородина́	Бородино́й	Бороди́ных	Соловьёва	Соловьёвой	Соловьёвых
D	Бородину́	Бородино́й	Бороди́ным	Соловьёву	Соловьёвой	Соловьёвым
I	Бородины́м	Бородино́й	Бороди́ными	Соловьёвым	Соловьёвой	Соловьёвыми
P	Бородине́	Бородино́й	Бороди́ных	Соловьёве	Соловьёвой	Соловьёвых

---

3   If the stress is on **-ин** in the masculine form, the stress shifts to the ending in all other forms.

Some Russian last names look and **decline like adjectives**.

	Masc.	Fem.	Pl.	Masc.	Fem.	Pl.
N	Толст**о́й**	Толст**а́я**	Толст**ы́е**	Бро́дск**ий**	Бро́дск**ая**	Бро́дск**ие**
A	Толст**о́го**	Толст**у́ю**	Толст**ы́х**	Бро́дск**ого**	Бро́дск**ую**	Бро́дск**их**
G	Толст**о́го**	Толст**о́й**	Толст**ы́х**	Бро́дск**ого**	Бро́дск**ой**	Бро́дск**их**
D	Толст**о́му**	Толст**о́й**	Толст**ы́м**	Бро́дск**ому**	Бро́дск**ой**	Бро́дск**им**
I	Толст**ы́м**	Толст**о́й**	Толст**ы́ми**	Бро́дск**им**	Бро́дск**ой**	Бро́дск**ими**
P	Толст**о́м**	Толст**о́й**	Толст**ы́х**	Бро́дск**ом**	Бро́дск**ой**	Бро́дск**их**

Remember: Surnames ending in a consonant (i.e. **Шостако́вич**) decline only when pertaining to male persons. Surnames ending in a vowel (i.e. **Шевче́нко**) do not decline.

Имена́ и о́тчества

Russian first names, nicknames, and patronymics decline like nouns.

	Names for men			Names for women			
N	Пётр	Игорь	Дми́трий	А́нна	Мари́я	Ната́лья	Любо́вь
A	Петра́	И́горя	Дми́трия	А́нну	Мари́ю	Ната́лью	Любо́вь
G	Петра́	И́горя	Дми́трия	А́нны	Мари́и	Ната́льи	Любо́ви
D	Петру́	И́горю	Дми́трию	А́нне	Мари́и	Ната́лье	Любо́ви
I	Петро́м	И́горем	Дми́трием	А́нной	Мари́ей	Ната́льей	Любо́вью
P	Петре́	И́горе	Дми́трии	А́нне	Мари́и	Ната́лье	Любо́ви

	Nicknames for men and women			Patronymics for men and women			
N	Же́ня	Са́ша	Ва́ля	Петро́вич	Петро́вна	Ильи́ч	Ильи́нична
A	Же́ню	Са́шу	Ва́лю	Петро́вича	Петро́вну	Ильича́	Ильи́ничну
G	Же́ни	Са́ши	Ва́ли	Петро́вича	Петро́вны	Ильича́	Ильи́ничны
D	Же́не	Са́ше	Ва́ле	Петро́вичу	Петро́вне	Ильичу́	Ильи́ничне
I	Же́ней	Са́шей	Ва́лей	Петро́вичем	Петро́вной	Ильичо́м	Ильи́ничной
P	Же́не	Са́ше	Ва́ле	Петро́виче	Петро́вне	Ильиче́	Ильи́ничне

Declension of possessive adjectives formed from names ending in -а/-я

	Masc./Neut.		Fem.	Pl.
N	Ма́шин отéц	Ма́шино письмó	Ма́шина собáка	Ма́шины дéти
A	Ма́шиного отцá	Ма́шино письмó	Ма́шину собáку	Ма́шиных детéй
G	Ма́шиного отцá/письмá		Ма́шиной собáки	Ма́шиных детéй
D	Ма́шиному отцý/письмý		Ма́шиной собáке	Ма́шиным дéтям
I	Ма́шиным отцóм/письмóм		Ма́шиной собáкой	Ма́шиными детьми́
P	о Ма́шином отцé/письмé		Ма́шиной собáке	Ма́шиных дéтях

Appendix 3. Verbs. Глагóлы

3–1. First-conjugation verbs. Пéрвое спряжéние

In their conjugated form, **first-conjugation verbs** have the following endings:

		ИДТИ́	ЖИТЬ	ЧИТА́ТЬ	ГУЛЯ́ТЬ
я	-у (-ю)	ид-ý	жив-ý	я читá-ю	я гуля́-ю
ты	– ёшь (-ешь)	ид-ёшь	жив-ёшь	ты читá-ешь	ты гуля́-ешь
он/á	– ёт (-ет)	ид-ёт	жив-ёт	он/а читá-ет	он/а гуля́-ет
мы	– ём (-ем)	ид-ём	жив-ём	мы читá-ем	мы гуля́-ем
вы	– ёте (-ете)	ид-ёте	жив-ёте	вы читá-ете	вы гуля́-ете
они́	– ут (-ют)	ид-ýт	жив-ýт	они́ читá-ют	они́ гуля́-ют

Types of first-conjugation verbs

писáть-type verbs
These verbs have a consonant alternation before all endings and a stress shift back one syllable if stressed on the first-person singular:

	писáть *impf.* (с>ш) – *to write*	сказáть *pfv.* (з>ж) – *to tell, say*	искáть *impf.* (ск > щ) – *to look for, search*	плáкать *impf.* (к > ч) – *to cry*
я	пиш-ý	скаж-ý	ищ-ý	плáч-у
ты	пи́ш-ешь	скáж-ешь	и́щ-ешь	плáч-ешь
он/á	пи́ш-ет	скáж-ет	и́щ-ет	плáч-ет
мы	пи́ш-ем	скáж-ем	и́щ-ем	плáч-ем
вы	пи́ш-ете	скáж-ете	и́щ-ете	плáч-ете
они́	пи́ш-ут	скáж-ут	и́щ-ут	плáч-ут

Other verbs of this type: **показáть** *pfv.* (з > ж: покажý, покáжут) – *to show*; **рéзать** *impf.* (з > ж: рéжу, рéжут) – *to cut, slice*.

пить-type verbs

	пить *impf. – to drink*	**бить** *impf. – to beat, hit, strike*	**лить** *impf. – to pour*	**шить** *impf. – to sew*
я	пь-**ю**	бь-**ю**	ль-**ю**	шь-**ю**
ты	пь-**ёшь**	бь-**ёшь**	ль-**ёшь**	шь-**ёшь**
он/á	пь-**ёт**	бь-**ёт**	ль-**ёт**	шь-**ёт**
мы	пь-**ём**	бь-**ём**	ль-**ём**	шь-**ём**
вы	пь-**ёте**	бь-**ёте**	ль-**ёте**	шь-**ёте**
они́	пь-**ют**	бь-**ют**	ль-**ют**	шь-**ют**
Past:	пил, пилá, пи́ли			

мыть-type verbs

	мыть *impf. – to wash*	**закры́ть** *pfv. – to close*	**откры́ть** *pfv. – to open*
я	мó-**ю**	закрó-**ю**	открó-**ю**
ты	мó-**ешь**	закрó-**ешь**	открó-**ешь**
он/á	мó-**ет**	закрó-**ет**	открó-**ет**
мы	мó-**ем**	закрó-**ем**	открó-**ем**
вы	мó-**ете**	закрó-**ете**	открó-**ете**
они́	мó-**ют**	закрó-**ют**	открó-**ют**

жить-type verbs

	жить *impf. – to live*	**плыть** *– to swim, sail, float*
я	жив-**ý**	плыв-**ý**
ты	жив-**ёшь**	плыв-**ёшь**
он/á	жив-**ёт**	плыв-**ёт**
мы	жив-**ём**	плыв-**ём**
вы	жив-**ёте**	плыв-**ёте**
они́	жив-**ýт**	плыв-**ýт**
Past:	жил, жилá, жи́ли	плыл, плылá, плы́ли

ждать-type verbs

	ждать *impf. – to wait*	**брать** *impf. – to take*	**врать** *impf. – to lie*	**звать** *impf.* (зв > зов) *– to call, invite*
я	жд-**у**	бер-**ý**	вр-**у**	зов-**ý**
ты	жд-**ёшь**	бер-**ёшь**	вр-**ёшь**	зов-**ёшь**
он/á	жд-**ёт**	бер-**ёт**	вр-**ёт**	зов-**ёт**
мы	жд-**ём**	бер-**ём**	вр-**ём**	зов-**ём**
вы	жд-**ёте**	бер-**ёте**	вр-**ёте**	зов-**ёте**
они́	жд-**ут**	бер-**ýт**	вр-**ут**	зов-**ýт**
Past:	ждал, ждалá, жда́ли	брал, бралá, бра́ли	врал, вралá, вра́ли	звал, звалá, зва́ли

класть-type verbs

	класть impf. – to put (horizontally)	красть impf. – to steal	упа́сть pfv. – to fall down	вести́ impf. – to lead	сесть pfv. – to sit down
я	клад-**у́**	крад-**у́**	упад-**у́**	вед-**у́**	ся́д-**у**
ты	клад-**ёшь**	крад-**ёшь**	упад-**ёшь**	вед-**ёшь**	ся́д-**ешь**
он/а́	клад-**ёт**	крад-**ёт**	упад-**ёт**	вед-**ёт**	ся́д-**ет**
мы	клад-**ём**	крад-**ём**	упад-**ём**	вед-**ём**	ся́д-**ем**
вы	клад-**ёте**	крад-**ёте**	упад-**ёте**	вед-**ёте**	ся́д-**ете**
они́	клад-**у́т**	крад-**у́т**	упад-**у́т**	вед-**у́т**	ся́д-**ут**
Past:				вёл, вела́, вели́	

нача́ть/стать-type verbs

	нача́ть pfv. – to begin	стать pfv. – to become	встать pfv. – to get up	доста́ть pfv. – to obtain, get	уста́ть pfv. – to get tired
я	начн-**у́**	ста́н-**у**	вста́н-**у**	доста́н-**у**	уста́н-**у**
ты	начн-**ёшь**	ста́н-**ешь**	вста́н-**ешь**	доста́н-**ешь**	уста́н-**ешь**
он/а́	начн-**ёт**	ста́н-**ет**	вста́н-**ет**	доста́н-**ет**	уста́н-**ет**
мы	начн-**ём**	ста́н-**ем**	вста́н-**ем**	доста́н-**ем**	уста́н-**ем**
вы	начн-**ёте**	ста́н-**ете**	вста́н-**ете**	доста́н-**ете**	уста́н-**ете**
они́	начн-**у́т**	ста́н-**ут**	вста́н-**ут**	доста́н-**ут**	уста́н-**ут**
Past:	на́чал, начала́, на́чали				

снять-type verbs

	снять pfv. – to rent, take off	поня́ть pfv. – to understand	приня́ть pfv. – to accept, take	взять pfv. – to take
я	сним-**у́**	пойм-**у́**	прим-**у́**	возьм-**у́**
ты	сни́м-**ешь**	пойм-**ёшь**	при́м-**ешь**	возьм-**ёшь**
он/а́	сни́м-**ет**	пойм-**ёт**	при́м-**ет**	возьм-**ёт**
мы	сни́м-**ем**	пойм-**ём**	при́м-**ем**	возьм-**ём**
вы	сни́м-**ете**	пойм-**ёте**	при́м-**ете**	возьм-**ёте**
они́	сни́м-**ут**	пойм-**у́т**	при́м-**ут**	возьм-**ут**
Past:	снял, сняла́, сня́ли	по́нял, поняла́, по́няли	при́нял, приняла́, при́няли	взял, взяла́, взя́ли

дава́ть-type verbs

	дава́ть *impf. – to give*	встава́ть *impf. – to get up*	преподава́ть *impf. – to teach*	уставáть *impf. – to get tired*
я	да-**ю**	вста-**ю**	препода-**ю**	уста-**ю**
ты	да-**ёшь**	вста-**ёшь**	препода-**ёшь**	уста-**ёшь**
он/а́	да-**ёт**	вста-**ёт**	препода-**ёт**	уста-**ёт**
мы	да-**ём**	вста-**ём**	препода-**ём**	уста-**ём**
вы	да-**ёте**	вста-**ёте**	препода-**ёте**	уста-**ёте**
они́	да-**ют**	вста-**ют**	препода-**ют**	уста-**ют**
Past:	дал, дала́, да́ли			

сове́товать-type verbs

	сове́товать *impf. – to advise*	танцева́ть *impf. – to dance*	интересова́ть(ся) *impf. – to interest (to be interested in)*	чу́вствовать (себя́) *impf. – to feel*
я	сове́ту-**ю**	танцу́-**ю**	интересу́-**ю(сь)**	чу́вству-**ю**
ты	сове́ту-**ешь**	танцу́-**ешь**	интересу́-**ешь(ся)**	чу́вству-**ешь**
он/а́	сове́ту-**ет**	танцу́-**ет**	интересу́-**ет(ся)**	чу́вству-**ет**
мы	сове́ту-**ем**	танцу́-**ем**	интересу́-**ем(ся)**	чу́вству-**ем**
вы	сове́ту-**ете**	танцу́-**ете**	интересу́-**ете(сь)**	чу́вству-**ете**
они́	сове́ту-**ют**	танцу́-**ют**	интересу́-**ют(ся)**	чу́вству-**ют**

мочь-type verbs

	мочь *impf. – to be able*	помо́чь *pfv. – to help*	печь *impf. – to bake*	стричь *impf. – to cut, mow*	лечь *pfv. – to lie down*
я	мог-**у́**	помог-**у́**	пек-**у́**	стриг-**у́**	ля́г-**у**
ты	мо́ж-**ешь**	помо́ж-**ешь**	печ-**ёшь**	стриж-**ёшь**	ля́ж-**ешь**
он/а́	мо́ж-**ет**	помо́ж-**ет**	печ-**ёт**	стриж-**ёт**	ля́ж-**ет**
мы	мо́ж-**ем**	помо́ж-**ем**	печ-**ём**	стриж-**ём**	ля́ж-**ем**
вы	мо́ж-**ете**	помо́ж-**ете**	печ-**ёте**	стриж-**ёте**	ля́ж-**ете**
они́	мо́г-**ут**	помо́г-**ут**	пек-**у́т**	стриг-**у́т**	ля́г-**ут**
Past:	мог, могла́, могли́	помо́г, помогла́, помогли́	пёк, пекла́, пекли́	стриг, стри́гла, стри́гли	лёг, легла́, легли́

верну́ть-type verbs

	верну́ть *pfv. – to return*	привы́кнуть *pfv. – to get used to*	отдохну́ть *pfv. – to rest, relax*	улыбну́ться *pfv. – to smile*
я	верн-**у́**	привы́кн-**у**	отдохн-**у́**	улыбн-**у́сь**
ты	верн-**ёшь**	привы́кн-**ешь**	отдохн-**ёшь**	улыбн-**ёшься**
он/а́	верн-**ёт**	привы́кн-**ет**	отдохн-**ёт**	улыбн-**ётся**
мы	верн-**ём**	привы́кн-**ем**	отдохн-**ём**	улыбн-**ёмся**
вы	вер-**ёте**	привы́кн-**ете**	отдохн-**ёте**	улыбн-**ётесь**
они́	верн-**у́т**	привы́кн-**ут**	отдохн-**у́т**	улыбн-**у́тся**

нести́/везти́-type verbs

	нести́ *impf. – to carry*	**везти́** *impf. – to transport*
я	нес-у́	вез-у́
ты	нес-ёшь	вез-ёшь
он/а́	нес-ёт	вез-ёт
мы	нес-ём	вез-ём
вы	нес-ёте	вез-ёте
они́	нес-у́т	вез-у́т
Past:	нёс, несла́, несли́	вёз, везла, везли́

Other first-conjugation verbs

	быть *impf. – to be* (also: забы́ть *pfv.* – to forget)	**идти́** *impf. – to walk, go (on foot)*	**éхать** *impf. – to ride, drive, go (by vehicle)*	**петь** *impf. – to sing*
я	бу́д-у	ид-у́	éд-у	по-ю́
ты	бу́д-ешь	ид-ёшь	éд-ешь	по-ёшь
он/а́	бу́д-ет	ид-ёт	éд-ет	по-ёт
мы	бу́д-ем	ид-ём	éд-ем	по-ём
вы	бу́д-ете	ид-ёте	éд-ете	по-ёте
они́	бу́д-ут	ид-у́т	éд-ут	по-ю́т
Past:	был, была́, бы́ли	шёл, шла, шли		

3–2. Second-conjugation verbs. Второ́е спряже́ние

Most **second-conjugation** verbs have infinitives ending in **-ИТЬ**. In their conjugated form, these verbs have the following endings:

		говори́ть *impf. – to speak*	**положи́ть** – *to put (horizontally)*
я	**-ю (-у)**	говор-ю́	полож-у́
ты	– ишь	говор-и́шь	поло́ж-ишь
он/а́	– ит	говор-и́т	поло́ж-ит
мы	– им	говор-и́м	поло́ж-им
вы	– ите	говор-и́те	поло́ж-ите
они́	– ят (-ат)	говор-я́т	поло́ж-ат

Some second-conjugation verbs have consonant alternations before the first-person singular ending (я):

д → ж	ходи́ть *impf.*: я хожу́, они́ хо́дят
	ви́деть *impf.*: я ви́жу, они́ ви́дят
	сиде́ть *impf.*: я сижу́, они́ сидя́т
т → ч	отве́тить *pfv.*: я отве́чу, они́ отве́тят
	плати́ть *impf.*: я плачу́, они́ пла́тят
с → ш	спроси́ть *pfv.*: я спрошу́, они́ спро́сят

ст → щ	чи́стить *impf.*: я чи́**щу**, они́ чи́стят
б → бл	люби́ть *impf.*: я лю**блю́**, они́ лю́бят
в → вл	гото́вить *impf.*: я гото́**влю**, они́ гото́вят
п → пл	купи́ть *pfv.*: я куплю́, они́ ку́пят
м → мл	знако́мить *impf.*: я знако́**млю**, они́ знако́мят

Second-conjugation verbs with infinitives ending in -АТЬ/-ЯТЬ

	лежа́ть *impf. - to lie, be lying*	**дыша́ть** *impf. - to breathe*	**слы́шать** *impf. - to hear*	**спать** *impf. - to sleep*	**стоя́ть** *impf. - to stand, be standing*	**боя́ться** *impf. - to be afraid, to fear*
я	леж-**у́**	дыш-**у́**	слы́ш-**у**	спл-**ю́**	сто-**ю́**	бо-**ю́сь**
ты	леж-**и́шь**	ды́ш-**ишь**	слы́ш-**ишь**	сп-**и́шь**	сто-**и́шь**	бо-**и́шься**
он/а́	леж-**и́т**	ды́ш-**ит**	слы́ш-**ит**	сп-**и́т**	сто-**и́т**	бо-**и́тся**
мы	леж-**и́м**	ды́ш-**им**	слы́ш-**им**	сп-**и́м**	сто-**и́м**	бо-**и́мся**
вы	леж-**и́те**	ды́ш-**ите**	слы́ш-**ите**	сп-**и́те**	сто-**и́те**	бо-**и́тесь**
они́	леж-**а́т**	ды́ш-**ат**	слы́ш-**ат**	сп-**я́т**	сто-**я́т**	бо-**я́тся**
Past:				спал, спала́, спа́ли		

Second-conjugation verbs with infinitives ending in -ЕТЬ

	смотре́ть *impf. - to look*	**вы́глядеть** *impf. - to look, to appear*	**сиде́ть** *impf.* где? - *to sit*	**ненави́деть** *impf. - to hate*	**обиде́ться** *pfv. - to be offended*
я	смотр-**ю́**	выгляж-**у́**	сиж-**у́**	ненави́ж-у	обиж-**у́сь**
ты	смо́тр-**ишь**	вы́гляд-**ишь**	сид-**и́шь**	ненави́д-**ишь**	оби́д-**ишься**
он/а́	смо́тр-**ит**	вы́гляд-**ит**	сид-**и́т**	ненави́д-**ит**	оби́д-**ится**
мы	смо́тр-**им**	вы́гляд-**им**	сид-**и́м**	ненави́д-**им**	оби́д-**имся**
вы	смо́тр-**ите**	вы́гляд-**ите**	сид-**и́те**	ненави́д-**ите**	оби́д-**итесь**
они́	смо́тр-**ят**	вы́гляд-**ят**	сид-**я́т**	ненави́д-**ят**	оби́д-**ятся**

3–3. The past tense. Проше́дшее вре́мя

Some verbs do not have **-л** in the masculine past tense form. These verbs need to be memorized.

	ОН	**ОНА́**	**ОНО́**	**ОНИ́**
везти́ *impf. - to take, drive/transport*	вёз	везла́	везло́	везли́
нести́ *impf. - to take, carry (by foot)*	нёс	несла́	несло́	несли́
вы́нести *pfv.* **му́сор** - *to take out the trash*	вы́нес	вы́несла	вы́несло	вы́несли
вы́расти *pfv. - to grow up*	вы́рос	вы́росла	вы́росло	вы́расли

	ОН	**ОНА́**	**ОНО́**	**ОНИ́**
лечь *pfv.* **спать** – *to go to bed*	лёг	легла́	легло́	легли́
печь/испе́чь – *to bake*	(ис)пёк	(ис)пекла́	(ис)пекло́	(ис)пекли́
мо́чь *impf.* – *to be able*	мог	могла́	могло́	могли́
помо́чь *pfv.* – *to help*	помог	помогла́	помогло́	помогли́
принести́ *pfv.* – *to bring*	принёс	принесла́	принесло́	принесли́
стри́чься/постри́чься – *to get a haircut*	(по)стри́гся	(по)стри́глась	(по)стри́глось	(по)стри́глись
увле́чься *pfv.* – *to get carried away*	увлёкся	увлекла́сь	увлекло́сь	увлекли́сь

The verb **идти́** and its prefixed forms have an irregular past tense, which should also be memorized:

	ОН	**ОНА́**	**ОНО́**	**ОНИ́**
идти́ *impf.* – *to go, come*	шёл	шла	шло	шли
вы́йти за́муж *pfv.* – *to get married (for a woman)*	n/a	вы́шла	n/a	вы́шли
подойти́ *pfv.* – *to approach; fit*	подошёл	подошла́	подошло́	подошли́
пройти́ *pfv.* – *to pass; take place*	прошёл	прошла́	прошло́	прошли́
произойти́ *pfv.* – *to happen*	произошёл	произошла́	произошло́	произошли́
разойти́сь *pfv.* – *to break up*	разошёлся	разошла́сь	n/a	разошли́сь
найти́ *pfv.* – *to find*	нашёл	нашла́	нашло́	нашли́

3–4. Verbs with irregularities in their conjugations

The conjugations for the verbs **дать**, **есть**, **хоте́ть**, **бежа́ть** must be memorized.

	дать *pfv.* – *to give*	**есть** *impf.* – *to eat*	**хоте́ть** *impf.* – *to want*	**бежа́ть** *impf.* – *to run*
я	дам	ем	хочу́	бегу́
ты	дашь	ешь	хо́чешь	бежи́шь
он/а́	даст	ест	хо́чет	бежи́т
мы	дади́м	еди́м	хоти́м	бежи́м
вы	дади́те	еди́те	хоти́те	бежи́те
они́	даду́т	едя́т	хотя́т	бегу́т
Past:	дал, дала́, да́ли	ел, е́ла, е́ли	хоте́л, хоте́ла, хоте́ли	бежа́л, бежа́ла, бежа́ли

Appendix 4. Prepositions. Предлóги

Russian prepositions	English equivalents	Case governed by preposition
БЛАГОДАРЯ́	*thanks to*	dative
БЕЗ (БЕ́ЗО)	*without*	genitive
В (ВО)	*in, into, at*	accusative, prepositional
ДЛЯ	*for, for the purpose of*	genitive
ДО	*up to*	genitive
ЗА	*behind; for (to get); for* (in time expressions)	accusative, instrumental
ИЗ	*out of, from*	genitive
ИЗ-ЗА	*from behind; because of*	genitive
И́З-ПОД	*from under*	genitive
К (КО)	*to, toward*	dative
МЕ́ЖДУ	*between, among*	instrumental
НА	*on, onto; at; for* (in time expressions)	accusative, prepositional
НАД (НА́ДО)	*above*	instrumental
О́КОЛО	*close, nearby*	genitive
О (ОБ, О́БО)	*about*	prepositional
ОТ (О́ТО)	*from, from the side of, away from*	genitive
ПЕ́РЕД (ПЕ́РЕДО)	*in front of*	instrumental
ПО	*according to; on; along; by, across; distribution*	dative, accusative
ПОД (ПО́ДО)	*under, underneath, close to*	accusative, instrumental
ПО́СЛЕ	*after*	genitive
ПРИ	*in the presence of; in the time of*	prepositional
ПРО	*about* (colloquial)	accusative
РА́ДИ	*for the sake of*	genitive
С (СО)	*with; from, away from, off of; since*	genitive, instrumental
У	*at the home of, close, nearby; to express possession*	genitive
ЧЕ́РЕЗ	*through, across, over; in* (in time expressions)	accusative

Spelling of Prepositions

1. Prepositions ending in consonants usually add **О** in the following instances:
   a. When they combine with nouns that contain a fleeting vowel in the nominative case: во рту́, во сне́, ко сну́, ко дню́, со лба́, со льдо́м, подо льдо́м.
   b. When the word following the preposition begins with a consonant cluster: безо всех, во Влади́мире, во вто́рник, во Флори́де, во Фра́нции, ко вто́рнику, ко мне́, со стола́, со смета́ной, передо мно́й.
2. The preposition **О** is spelled **ОБ** before **А-, Э-, И-, О-, У-**: об э́той исто́рии, об Ольге, об Анне, об их де́тях. **But**: о его́ рабо́те, о Якове, о Евге́нии, о Юлии. **Обо** occurs before some pronouns. Memorize the following combinations: обо всём, обо всех, обо мне́.

Appendix 5. Numerals. Числи́тельные

The numeral оди́н, одна́, одно́, одни́

	Masc./Neut.	Fem.	Pl.
N	**оди́н/одно́**	**одна́**	**одни́**
A	N or G	одну́	N or G
G	одно**го́**	одн**о́й**	одни́х
D	одно**му́**	одн**о́й**	одни́м
I	одни́м	одн**о́й**	одни́ми
P	одн**о́м**	одн**о́й**	одни́х

The numerals 2, 3, 4

N	два	две	три	четы́ре
A	N or G		N or G	N or G
G	двух		трёх	четырёх
P	двух		трёх	четырёх
D	двум		трём	четырём
I	двумя́		тремя́	четырьмя́

The numerals 5–20

The numerals 5–10, 20, and 30 are stressed on their case endings. The numerals 11–19 are stem-stressed. These numerals have only three forms: 1) a nominative-accusative form; 2) a genitive, prepositional, dative form; 3) an instrumental form.

N/A	пять	во́семь	оди́ннадцать
G/D/P	пяти́	восьми́	оди́ннадцати
I	пятью́	восьмью́ (*also* восемью́)	оди́ннадцатью

The numerals 40, 90, 100

These numerals have only two forms: 1) a nominative-accusative form; 2) a genitive, prepositional, dative, and instrumental form that ends in **-a.**

N/A	со́рок	девяно́сто	сто
G/P/D/I	сорока́	девяно́ста	ста

The numerals 50, 60, 70, 80

These numerals have only three forms: 1) a nominative-accusative form; 2) a genitive, prepositional, dative form; 3) an instrumental form.

N/A	пятьдеся́т	се́мьдесят	во́семьдесят
G/D/P	пяти́десяти	семи́десяти	восьми́десяти
I	пятью́десятью	семью́десятью	восьмю́десятью

Note: The nominative forms of cardinal numerals are spelled with only one soft sign. In all numerals, including 30 and below, the soft sign is at the end; in numerals above 30, the soft sign is in the middle.

The numerals 200, 300, 400

N/A	две́сти	три́ста	четы́реста
G	двухсо́т	трёхсо́т	четырёхсо́т
D	двумста́м	трёмста́м	четырёмста́м
I	двумяста́ми	тремяста́ми	четырьмяста́ми
P	двухста́х	трёхста́х	четырёхста́х

The numerals 500–900

N/A	пятьсо́т	восемьсо́т	девятьсо́т
G	пятисо́т	восьмисо́т	девятисо́т
D	пятиста́м	восьмиста́м	девятиста́м
I	пятьюста́ми	восьмьюста́ми	девятьюста́ми
P	пятиста́х	восьмиста́х	девятиста́х

The numeral 1000

N	ты́сяча
A	ты́сячу
G	ты́сячи
D/P	ты́сяче
I	ты́сячей/ты́сячью

The numerals **миллио́н** and **миллиа́рд** decline like ordinary masculine nouns. Nouns are in the genitive plural after any form of **ты́сяча**, **миллио́н**, and **миллиа́рд**.

Compound numerals

All parts of compound numerals decline.

N/A	два́дцать три	четы́реста два́дцать три
G	двадцати́ трёх	четырёхсо́т двадцати́ трёх
P	двадцати́ трёх	четырёхстах двадцати́ трёх
D	двадцати́ трём	четырёмста́м двадцати́ трём
I	двадцатью тремя́	четырьмяста́ми двадцатью тремя́

The numeral о́ба/о́бе

N	о́ба	о́бе
A	N or G	N or G
G/P	обо́их	обе́их
D	обо́им	обе́им
I	обо́ими	обе́ими

Collective numerals дво́е, тро́е

N	дво́е	трое
A	N or G	N or G
G/P	двои́х	трои́х
D	двои́м	троим
I	двои́ми	трои́ми

Note: For **че́тверо, пя́теро, ше́стеро, се́меро, во́сьмеро, де́вятеро,** and **де́сятеро**, the endings **-их, -им, -ими** become **-ы́х, -ы́м, -ы́ми.**

The numeral полтора́/полторы́

	Masc./Neut.	Fem.
N/A	полтора́	полторы́
G//D/I/P	полу́тора	

Ordinal numerals. Поря́дковые числи́тельные

Cardinal		Ordinal
1	оди́н	пе́рвый, -ая, -ое, -ые
2	два	второ́й, -а́я, -о́е, -ы́е
3	три	тре́тий, тре́тья, тре́тье, тре́тьи
4	четы́ре	четвёртый, -ая, -ое, -ые
5	пять	пя́тый, -ая, -ое, -ые
6	шесть	шесто́й, -а́я, -о́е, -ы́е
7	семь	седьмо́й, -а́я, -о́е, -ы́е
8	во́семь	восьмо́й, -а́я, -о́е, -ы́е
9	де́вять	девя́тый, -ая, -ое, -ые
10	де́сять	деся́тый, -ая, -ое, -ые
11	оди́ннадцать	оди́ннадцатый, -ая, -ое, -ые
12	двена́дцать	двена́дцатый, -ая, -ое, -ые
13	трина́дцать	трина́дцатый, -ая, -ое, -ые
14	четы́рнадцать	четы́рнадцатый, -ая, -ое, -ые
15	пятна́дцать	пятна́дцатый, -ая, -ое, -ые
16	шестна́дцать	шестна́дцатый, -ая, -ое, -ые
17	семна́дцать	семна́дцатый, -ая, -ое, -ые
18	восемна́дцать	восемна́дцатый, -ая, -ое, -ые
19	девятна́дцать	девятна́дцатый, -ая, -ое, -ые
20	два́дцать	двадца́тый, -ая, -ое, -ые
30	три́дцать	тридца́тый, -ая, -ое, -ые
40	со́рок	сороково́й, -а́я, -о́е, -ы́е
50	пятьдеся́т	пятидеся́тый, -ая, -ое, -ые
60	шестьдеся́т	шестидеся́тый, -ая, -ое, -ые
70	се́мьдесят	семидеся́тый, -ая, -ое, -ые
80	во́семьдесят	восьмидеся́тый, -ая, -ое, -ые
90	девяно́сто	девяно́стый, -ая, -ое, -ые
100	сто	со́тый, -ая, -ое, -ые
1000	ты́сяча	ты́сячный, -ая, -ое, -ые
2000	две ты́сячи	двухты́сячный, -ая, -ое, -ые
1 000 000	миллио́н	миллио́нный, -ая, -ое, -ые
1 000 000 000	миллиа́рд	миллиа́рдный, -ая, -ое, -ые

Note: Remember that in compound ordinal numerals (e.g. 153rd "one hundred fifty-third") the first element of the numeral is a cardinal numeral; only the last part is an ordinal numeral.

25th	два́дцать **пя́тый**
1999th	ты́сяча девятьсо́т девяно́сто **девя́тый**
в 2000 году	в **двухты́сячном** году́
в 20018 году	в две ты́сячи **восемьнадцато́м** году́

Appendix 6. System of measurement. Систе́ма измере́ний

Length/Длина́:

The meter **метр** (39.37 inches) is the basic unit for measuring length, height, distance, and so on.

1 см (сантиме́тр) = 0,39 дю́йма (inch)
1 м (метр) = 39,37 дю́йма (inch)
1 км (килломе́тр) = 5/8 ми́ли (mile)

1 дюйм (inch) = 2,54 см
1 фут (foot) = 0,304 м и́ли 30,48 см
1 ярд (yard) = 0,9 м
1 ми́ля (mile) = 1609 м и́ли 1,609 км

Area/Пло́щадь:

1 м² (квадра́тный метр, кв. м) = 10,763 квадра́тных фу́тов (ft²)
1 га (гекта́р) = 2,47 а́кра

1 фут² (ft²) = 0,09 м² (кв. м)

1 акр (acre) = 0,405 га

Weight/Вес:

1 г (грамм) = 0,035 у́нции (oz)
1 кг (киллогра́м) = 2,20 фу́нта (lb)

1 у́нция (oz) = 28,3 г
1 фунт (lb) = 454 г и́ли 0,45 кг

Liquid/Жи́дкость:

1 л (литр) = 0,22 галло́на (gal)

1 галло́н (gal) = 3,78 л
1 пи́нта (pt) = 0,47 л
1 у́нция (oz) = 29,5 г

Temperature/Температу́ра:

To convert Fahrenheit **Фаренге́йт** into Celsius **Це́льсий** and vice versa, use the formulas:

$F° = (C° × 9/5) + 32$
$C° = (F° – 32) × 5/9$

Here are a few equivalents:

Цéльсий	Фаренгéйт
–40°	–40°
–17.8	0
–10°	14°
0°	32°
5°	41°
15°	59°
21.1°	70°
28°	82.4°
35°	95°
37°	98.6°
38°	100.4°
40°	104°
41.1°	106°
100°	212°

The English equivalents provided here are specific to the context in which they appear in this textbook. Consult a Russian-English dictionary for a more comprehensive set of translations.

Ава́рия 13 – *traffic accident*
авто́бус 12 – *bus*
автомоби́ль/маши́на 12 – *car*
автомо́йка 13 – *car wash*
аксессуа́ры 13, 15 – *accessories*
алкого́льный напи́ток 16 – *alcoholic drink*
аллерги́я 16 – *allergy*
альпини́зм 10 – *mountain climbing*
анги́на 16 – *strep throat*
анке́та 14 – *application form*
апельси́н 5 – *orange*
арбу́з 5 – *watermelon*
аре́нда 11 – *rent n.*
аспиранту́ра 1 – *graduate school*
афи́ша 10 – *poster*

Бана́н 5 – *banana*
банкома́т 13 – *ATM*
бараба́ны 10 – *drums*
баскетбо́л 10 – *basketball*
бег 10 – *running*
бежа́ть ~ бе́гать 12 – *to run*
　　Pres.: я бегу́, ты бежи́шь, они́ бегу́т/я бе́гаю, ты бе́гаешь, они́ бе́гают
　　Past: он бежа́л, она́ бежа́ла, они́ бежа́ли/он бе́гал, она́ бе́гала, они́ бе́гали
　　Imperative: (Не) Беги́/те! (Не) бе́гай/те!
без + *gen.* 3 – *without*
безве́тренный 15 – *windless, calm*
бел|о́|к, *pl.* белки́ 5 – *protein*
бензи́н 13 – *gasoline*
бе́рег, *prep.:* на берегу́ 1 – *coast, shore*
беспла́тный 14 – *free*
беспоко́ить *impf.* кого́? 16 – *to bother, disturb*
　　Pres.: я беспоко́ю, ты беспоко́ишь, они́ беспоко́ят
беспоко́иться *impf.* о ком? о чём? (за кого́? за что? *colloq.*) 16 – *to worry, be worried*
　　Pres.: я беспоко́юсь, ты беспоко́ишься, они́ беспоко́ятся
бижуте́рия 13 – *jewelry*
блин, *pl.* -ы́ 6 – *pancake*
блокно́т 7 – *notebook*
блонди́н/блонди́нка 2 – *blond (man)/blonde (woman)*
блу́зка 15 – *blouse*
блю́до 5 – *dish*
боеви́к 17 – *action movie*
бока́л 6 – *wine glass*

бокс 10 – *boxing*
боле́льщик 10 – *fan*
боле́ть *impf.* за кого́? за что? 10 – *to be a fan (of a sports team)*
   Pres.: я боле́ю, ты боле́ешь, они́ боле́ют
боле́ть/заболе́ть чем? 16 – *to get sick*
   Pres.: я (за)боле́ю, ты (за)боле́ешь, они́ (за)боле́ют
бо́льно 16 – *here: it is painful*
бо́льше всего́ 12 – *most of all*
бо́льше не 16 – *no longer, not anymore*
большинство́ кого́? чего́? 10 – *majority*
борода́ 2 – *beard*
боро́ться *impf.* с кем? с чем? 16 – *to fight*
   Pres.: я борю́сь, ты бо́решься, они́ бо́рются
боти́нки 15 – *boots*
боя́ться *impf. + inf.* 14 – *to be afraid*
   Pres.: я бою́сь, ты бои́шься, они́ боя́тся
брони́ровать/заброни́ровать что? 14 – *to book, reserve*
   Pres./Fut.: я (за)брони́рую, ты (за)брони́руешь, они́ (за)брони́руют
бронхи́т 16 – *bronchitis*
броса́ть/бро́сить курс по чему? (по исто́рии) 7 – *to drop a course (a history course)*
   Pres.: я броса́ю, ты броса́ешь, они́ броса́ют
   Fut.: я бро́шу, ты бро́сишь, они́ бро́сят
брю́ки *pl. only, gen.:* брюк 15 – *trousers, pants*
бу́дущий, -ая, -ее, -ие 8 – *future adj.*
бу́лочка 5 – *roll, bun*
буты́лка 6 – *bottle*
бы́вший муж 4 – *ex-husband*
бытова́я те́хника 11 – *appliances*
быть *impf.* в чём? 15 – *to be wearing (literally: to be "in") something*

В о́бщем 12 – *in general*
в-тре́тьих 7, 12 – *thirdly*
ва́жно 8 – *important adv.*
вари́ть/свари́ть что? где? (в кастрю́ле) 5 – *to cook in water, boil (in a pot)*
   Pres./Fut.: я (с)варю́, ты (с)ва́ришь, они́ (с)ва́рят
вдвоём 11 – *together (only two people)*
веду́щий, -ая, -ие 17 – *TV host*
везти́ ~ вози́ть кого́? что? куда́? 12 – *to take/transport (not by foot)*
   Pres.: я везу́, ты везёшь, они́ везу́т/я вожу́, ты во́зишь, они́ во́зят
   Past: он вёз, она́ везла́, они́ везли́/он вози́л, она́ вози́ла, они́ вози́ли
   Imperative: (Не) Вези́/те! (Не) вози́/те!
век 12 – *century*
вели́к, велика́, велико́, велики́ 15 – *(too) big*
ве́рить/пове́рить кому? чему? 14 – *to believe in, trust*
   Pres./Fut.: я (по)ве́рю, ты (по)ве́ришь, они́ (по)ве́рят
ве́рный, -ая, -ые 2 – *true, faithful*
весёлый, -ая, -ое, -ые 2 – *cheerful, fun-loving*

РУССКО-АНГЛИЙСКИЙ СЛОВАРЬ | RUSSIAN-ENGLISH VOCABULARY

вести́ ~ води́ть кого́? куда́? 12 – *to take, lead (by foot)*
   Pres.: я веду́, ты ведёшь, они́ веду́т/я вожу́, ты во́дишь, они́ во́дят
   Past: я вёл, ты вела́, они́ вели́/я води́л, ты води́ла, они́ води́ли
   Imperative: (Не) Веди́/те! (Не) води́/те!
вести́ ~ води́ть маши́ну 12 – *to drive a car*
весь (вся, всё, все) 1 – *all, the whole*
ве́треный/ве́трено *adj./adv.* 15 – *windy*
вечери́нка 4 – *party*
ве́шать/пове́сить что? куда́? где? 11 – *to hang, put (on a wall, ceiling)*
   Pres.: я ве́шаю, ты ве́шаешь, они́ ве́шают
   Fut.: я пове́шу, ты пове́сишь, они́ пове́сят
взро́слый, -ая, -ые *n./adj.* 4 – *adult; grown-up*
ви́ды спо́рта 10 – *sports*
ви́за 14 – *visa*
ви́лка 6, 11 – *fork*
виногра́д, *sg. only* 5 – *grapes*
висе́ть *impf.* где? 11 – *to hang, be hanging*
   Pres.: он/она́ виси́т, они́ вися́т
включа́ть/включи́ть что? 9 – *to turn on*
   Pres.: я включа́ю, ты включа́ешь, они́ включа́ют
   Fut.: я включу́, ты вклю́чишь, они́ вклю́чат
вку́сный, -ая, -ое, -ые 5, 6 – *delicious*
вла́жный/вла́жно *adj./adv.* 15 – *humid*
влюбля́ться/влюби́ться в кого́? 4 – *to fall in love*
   Pres.: я влюбля́юсь, ты влюбля́ешься, они́ влюбля́ются
   Fut.: я влюблю́сь, ты влю́бишься, они́ влю́бятся
   Past pfv.: он влюби́лся, она́ влюби́лась, они́ влюби́лись (друг в дру́га)
внима́ние 10 – *attention*
внима́тельный, -ая, -ое, -ые 2 – *attentive*
внук, *pl.* вну́ки 3 – *grandson*
вну́чка 3 – *granddaughter*
во вре́мя чего́? 14 – *during, while*
во-вто́рых 4, 7, 12 – *secondly*
во-пе́рвых 4, 7, 12 – *firstly*
води́тель 13 – *driver*
води́тельские права́ 7 – *driver's license*
возвраща́ться/верну́ться куда́? отку́да? 9 – *to come back, return*
   Pres.: я возвраща́юсь, ты возвраща́ешься, они́ возвраща́ются
   Fut.: я верну́сь, ты вернёшься, они́ верну́тся
во́здух 15 – *air*
возмо́жен, возмо́жна, возмо́жно, возмо́жны 15 – *here: there is chance of*
(не) возмо́жно 8 – *(im)possible*
волейбо́л 10 – *volleyball*
волнова́ться *impf.* 14 – *to worry*
   Pres.: я волну́юсь, ты волну́ешься, они́ волну́ются

воспи́тывать/воспита́ть кого? 3 – *to bring up, raise*
   Pres.: я воспи́тываю, ты воспи́тываешь, они́ воспи́тывают
   Fut.: я воспита́ю, ты воспита́ешь они́ воспита́ют
впечатле́ние 12 – *impression*
вре́дный, -ая, -ое, -ые/**вре́дно** 5 – *unhealthy adj./adv.;* **вре́дный**, 8 – *mean, malicious*
всё *n.* – *everything*/**все** 1 – *everyone*
всё вре́мя 4 – *all the time*
вспомина́ть/вспо́мнить кого? что? 14 – *to recall, recollect*
   Pres.: я вспомина́ю, ты вспомина́ешь, они́ вспомина́ют
   Fut.: я вспо́мню, ты вспо́мнишь, они́ вспо́мнят
встава́ть/встать 9 – *to get up*
   Pres.: я встаю́, ты встаёшь, они́ встаю́т
   Fut.: я вста́ну, ты вста́нешь, они́ вста́нут
встреча́ться *impf.* с кем? 4 – *to date; meet*
   Pres.: я встреча́юсь, ты встреча́ешься, они́ встреча́ются
   Past: он встреча́лся, она́ встреча́лась, они́ встреча́лись
встре́чная полоса́ 13 – *opposite lane (of oncoming traffic)*
выбира́ть/вы́брать что? факульте́т, специа́льность 7 – *to declare a major; 15 to choose*
   Pres.: я выбира́ю, ты выбира́ешь, они́ выбира́ют
   Fut.: я вы́беру, ты вы́берешь, они́ вы́берут
вы́глядеть *impf.* 2 – *to look like; 15 to look, appear*
   Pres.: я вы́гляжу, ты вы́глядишь, они́ вы́глядят
вы́звать *pfv.* кого? что? 15 – *to call, send for*
   Fut.: я вы́зову, ты вы́зовешь, они́ вы́зовут
выздора́вливать/вы́здороветь 16 – *to get better, to regain one's health*
   Pres.: я выздора́вливаю, ты выздора́вливаешь, они́ выздора́вливают
   Fut.: я вы́здоровею, ты вы́здоровеешь, они́ вы́здоровеют
   Past pfv.: он вы́здоровел, она́ вы́здоровела, они́ вы́здоровели
   Imperative: Выздора́вливай/те!
выи́грывать/вы́играть у кого? что? 10 – *to win*
   Pres.: я выи́грываю, ты выи́грываешь, они́ выи́грывают
   Fut.: я вы́играю, ты вы́играешь, они́ вы́играют
выключа́ть/вы́ключить что? 7, 9 – *to turn off;* **звук** – *to turn off the sound, to mute*
   Pres.: я выключа́ю, ты выключа́ешь, они́ выключа́ют
   Fut.: я вы́ключу, ты вы́ключишь, они́ вы́ключат
выноси́ть/вы́нести му́сор 11 – *to take out the trash*
   Pres.: я выношу́, ты выно́сишь, они́ выно́сят
   Fut.: я вы́несу, ты вы́несешь, они́ вы́несут
выпускни́к 7 – *alumnus;* **выпускни́ца** – alumna
вы́расти *pfv.* где? 1 – *to grow up*
   Past: он вы́рос, она́ вы́росла, они́ вы́росли
вы́ставка 10 – *art exhibition*
выступа́ть/вы́ступить 8 – *to perform*
   Pres.: я выступа́ю, ты выступа́ешь, они́ выступа́ют
   Fut.: я вы́ступлю, ты вы́ступишь, они́ вы́ступят

высыпа́ться/вы́спаться 9 – *to get enough sleep*
    Pres.: я высыпа́юсь, ты высыпа́ешься, они́ высыпа́ются
    Fut.: я вы́сплюсь, ты вы́спишься, они́ вы́спятся
выходи́ть/вы́йти в эфи́р 17 – *to go on the air*
    Pres.: я выхожу́, ты выхо́дишь, они́ выхо́дят
    Fut.: я вы́йду, ты вы́йдешь, они́ вы́йдут
    Past pfv.: он вы́шел, она́ вы́шла, они́ вы́шли
выходи́ть/вы́йти за́муж за кого́? 4 – *to get married (for a woman)*
    Pres.: я выхожу́, ты выхо́дишь, они́ выхо́дят за́муж
    Fut.: я вы́йду, ты вы́йдешь, они́ вы́йдут за́муж
    Past pfv.: она́ вы́шла за́муж, они́ вы́шли за́муж

Гардеро́бная 11 – *wardrobe, closet*
гарни́р 5 – *side dish*
гель для ду́ша 11 – *shower gel*
геро́й/герои́ня (фи́льма, телепрогра́ммы) 17 – *protagonist*
гимна́стика 10 – *gymnastics*
гита́ра 10 – *guitar*
гла́вная у́лица 12 – *main street*
гла́вное *n.* 8 – *the main thing*
гла́дить/погла́дить что? 11 – *to iron*
    Pres./Fut.: я (по)гла́жу, ты (по)гла́дишь, они́ (по)гла́дят
глу́по 14 – *stupid*
глу́пый, -ая, -ое, -ые 2 – *stupid*
говя́дина 5 – *beef*
го́лос 17 – *voice*
голосово́й помо́щник 15 – *voice assistant*
гольф 10 – *golf*
горди́ться *impf.* кем? чем? 10 – *to be proud*
    Pres.: я горжу́сь, ты горди́шься, они́ гордя́тся
горнолы́жный куро́рт 14 – *ski resort*
горя́чее (на горя́чее) *n.* 6 – *entrée, main course (as an entrée, main course)*
горя́чий, -ая, -ее, -ие 6 – *hot;* **горя́чая/холо́дная вода́** 11 – *hot/cold water*
гостеприи́мный, -ая, -ое, -ые 12 – *hospitable*
гото́вить/пригото́вить пра́здничный стол (обед, ужин) 6 – *to cook a holiday meal (literally: holiday table)*
    Pres./Fut.: я (при)гото́влю, ты (при)гото́вишь, они́ (при)гото́вят
гото́вить/пригото́вить что? из чего́? 5 – *to cook*
    Pres./Fut.: я (при)гото́влю, ты (при)гото́вишь, они́ (при)гото́вят
гото́виться/подгото́виться к чему́? 7 – *to prepare for, to study for (an exam)*
    Pres./Fut.: я (под)гото́влюсь, он (под)гото́вится, они́ (под)гото́вятся
грибы́ *pl.* 5 – *mushrooms*
гриль 5 – *grill*
грипп 16 – *the flu*
гру́стный, -ая, -ое, -ые 4 – *sad*
гру́ша 5 – *pear*
губна́я пома́да 14 – *lipstick*

гуля́ть *impf.* 2 – *to go for a walk, stroll; to go out, to party*
    Pres.: я гуля́ю, ты гуля́ешь, они́ гуля́ют

Да́лее 5 – *further*
(не)далеко́ от + *gen.* 12 – *(not) far from*
дари́ть/подари́ть что? (пода́рки) кому́? (ма́ме) 6 – *to give gifts*
    Pres./Fut.: я (по)дарю́, ты (по)да́ришь, они́ (по)да́рят
да́ча 14 – *summer house*
дворе́ц 13 – *palace*
двою́родный брат, двою́родная сестра́ 3 – *male cousin, female cousin*
двухме́стный но́мер 14 – *double room*
(моя́) де́вушка 4 – *girlfriend*
дегусти́ровать *impf.* что? – *to taste*/**дегуста́ция** 14 – *tasting*
    Pres.: я дегусти́рую, ты дегусти́руешь, они́ дегусти́руют
де́йствие (фи́льма) 17 – *the action (in a film)*
дека́н 8 – *dean*
декана́т 7 – *dean's office*
де́лать/сде́лать заря́дку 9 – *to exercise;* **поку́пки** 12 – *to shop, make purchases;*
    уко́л 16 – *to give a shot;* **опера́цию** 16 – *to have surgery*
дели́ться/подели́ться чем? с кем? 12 – *to share*
    Pres./Fut.: я (по)делю́сь, ты (по)де́лишься, они́ (по)де́лятся
держа́ть *impf.* кого́? что? – *to hold, keep; here: to have*
    Pres.: я держу́, ты де́ржишь, они́ де́ржат
детекти́в 17 – *mystery, detective show*
де́тский сад 12 – *preschool, kindergarten*
джи́нсы *pl. only, gen.:* джинс 15 – *jeans*
дива́н 11 – *couch*
дли́нные во́лосы *pl.* 2 – *long hair*
для + *gen.* 2 – *for, for the purpose of*
до того́ как *conj.* 8, 9 – *before*
добавля́ть/доба́вить что? куда́? 1, 5 – *to add*
    Pres.: я доба́вляю, ты добавля́ешь, они́ добавля́ют
    Fut.: я доба́влю, ты доба́вишь, они́ доба́вят
до́брый, -ая, -ое, -ые 2 – *kind*
дово́лен, дово́льна, дово́льны кем? чем? 10 – *satisfied*
доезжа́ть/дое́хать до чего? – *to get to, arrive at*
    Pres.: я доезжа́ю, ты доезжа́ешь, они́ доезжа́ют
    Fut.: я дое́ду, ты дое́дешь, они́ дое́дут
    Past pvf.: он дое́хал, она́ дое́хала, они́ дое́хали
документа́льное кино́, документа́льный фильм 7, 17 – *documentary*
дома́шний, -яя, -ее, -ие 6 – *homemade;* **дома́шнее живо́тное** 11 – *pet*
доро́га 12 – *road*
достопримеча́тельность 12 – *tourist attraction, place of interest*
дочь *gen.:* до́чери/**до́чка** 3 – *daughter*
дру́жба 2 – *friendship*
дружелю́бный, -ая, -ое, -ые 11 – *friendly*

дружи́ть *impf.* с кем? 2 – *to be friends*
    Pres.: я дружу́, ты дру́жишь, они́ дру́жат
дру́жная семья́ 3 – *happy family*
духо́вка 5 – *oven*
ды́ня 5 – *melon*
дыша́ть *impf.* 16 – *to breathe*
    Pres.: я дышу́, ты ды́шишь, они́ ды́шат
дя́дя 3 – *uncle*

Европе́йский, -ая, -ое, -ие 6 – *European*
ежедне́вно 15 – *daily*
е́хать ~ е́здить 12 – *to go, come (not by foot)*
    Pres.: я е́ду, ты е́дешь, они́ е́дут/я е́зжу, ты е́здишь, они́ е́здят
    Past: он е́хал, она́ е́хала, они́ е́хали/он е́здил, она́ е́здила, они́ е́здили
    Imperative: (Не) е́зди/те! Поезжа́й/те!
ещё 2, 4, 7, 12 – *in addition, also*

Жа́дный, -ая, -ое, -ые 4 – *greedy*
жара́ 15 – *heat*
жа́реный карто́фель 6 – *fried potatoes, home fries*
жа́рить/поджа́рить что? где? (на сковоро́дке, на гри́ле) 5 – *to fry (in a pan), grill*
    Pres./Fut.: я (под)жа́рю, ты (под)жа́ришь, они́ (под)жа́рят
жа́ркий/жа́рко *adj./adv.* 15 – *hot*
жела́ть/пожела́ть кому́? чего́? 6 – *to wish*
    Pres./Fut.: я (по)жела́ю, ты (по)жела́ешь, они́ (по)жела́ют
жени́ться *impfv. & pfv.* на ком? 4 – *to get married (for a man)*
    Pres./Fut.: я женю́сь, ты же́нишься, они́ же́нятся
    Past pfv.: он жени́лся, они́ жени́лись
жени́ться/пожени́ться 3, 4 – *to get married (for a couple)*
    Pres./Fut.: мы (по)же́нимся, вы (по)же́нитесь, они́ (по)же́нятся
    Past: они́ (по)жени́лись
жени́х 4 – *fiancé, groom*
жи́рный, -ая, -ое, -ые 5 – *greasy, rich*
жиры́ 5 – *fats*
жи́тель/-ница 12 – *resident*

За + *inst.* кем? чем? 11 – *behind*
за рубежо́м 8 – *abroad*
забо́титься/позабо́титься о ком? о чём? 4 – *to take care of*
    Pres./Fut.: я (по)забо́чусь, ты (по)забо́тишься, они́ (по)забо́тятся
забыва́ть/забы́ть кого́? что? + *inf.* 15 – *to forget*
    Pres.: я забыва́ю, ты забыва́ешь, они́ забыва́ют
    Fut.: я забу́ду, ты забу́дешь, они́ забу́дут
заве́дующий/-ая ка́федрой 8 – *department chair*
зави́сеть *impf.* от кого́? чего́? (Всё/Это зави́сит . . .) 16 – *to depend on (Everything/It depends on . . .)*

задава́ть/зада́ть вопро́с кому́? о ком? о чём? 7, 15 – *to ask a question*
Pres.: я задаю, ты задаёшь, они задают
Fut.: я задам, ты задашь, они зададут

зака́зывать/заказа́ть что? 6 – *to order;* **гости́ницу, биле́ты, экску́рсию** 14 – *to book a hotel, tickets, a tour*
Pres.: я заказываю, ты зака́зываешь, они заказывают
Fut.: я закажу́, ты зака́жешь, они зака́жут

заку́ска (на заку́ску) 6 – *appetizer (as an appetizer)*

замеча́тельный, -ая, -ое -ые 2 – *remarkable, wonderful*

занима́ться *impf.* где? 7 – *to do homework, prepare for class;* чем? **нау́кой** 8 – *to pursue science (this includes conducting research, publishing scholarly articles, attending conferences, etc.);*
чем? **бе́гом, те́ннисом** 10 – *to practice, to engage in, to play*
Pres.: я занима́юсь, ты занима́ешься, они занима́ются

заня́тие 7 – *class*

запека́ть/запе́чь в духо́вке (что? мя́со, о́вощи) 5 – *to roast in an oven*
Pres. я запека́ю, ты запека́ешь, они запека́ют
Fut.: я запеку́, ты запечёшь, они запеку́т
Past pfv.: он запёк, она́ запекла́, они запекли́

запи́сывать/записа́ть кого? куда́? 10 – *to register someone, sign someone up for something*
Pres.: я запи́сываю, ты запи́сываешь, они запи́сывают
Fut.: я запишу́, ты запи́шешь, они запи́шут

запи́сываться/записа́ться на курс по чему? 7 – *to register for, sign up for*
Pres.: я запи́сываюсь, ты запи́сываешься, они запи́сываются
Fut.: я запишу́сь, ты запи́шешься, они запи́шутся

запра́вка для маши́н 13 – *gas station*

заправля́ть/запра́вить маши́ну 13 – *to refuel the car*
Pres.: я заправля́ю, ты заправля́ешь, они заправля́ют
Fut.: я запра́влю, ты запра́вишь, они запра́вят

зарази́ть *pfv.* кого́? чем? 16 – *to infect*
Fut.: я заражу́, ты зарази́шь, они заразя́т

зарпла́та 12 – *salary*

заря́дка (для телефо́на) 14 – *charger*

зате́м 5 – *then*

звезда́ 10 – *star*

зда́ние 13 – *building*

зе́лень *f.* 14 – *here: vegetation, plants*

зе́ркало 11 – *mirror*

злой, -ая, -ое, -ые 12 – *angry, mean*

знако́мить/познако́мить кого? с кем? 4 – *to introduce somebody to someone*
Pres./Fut.: я (по)знако́млю, ты (по)знако́мишь, они (по)знако́мят

знамени́т, знамени́та, знамени́ты кем? чем? 10 – *renowned for*

знамени́тость *f.* 2 – *celebrity*

знамени́тый, -ая, -ое, -ые 14 – *renowned*

зна́ние 7 – *knowledge*
знато́к 17 – *connoisseur, expert*
зна́чить *impf.* (Это зна́чит, что . . .) 16 – *to mean (This means . . .)*
золото́й, -ая, -ое, -ые 15 – *gold*
зо́нтик 15 – *umbrella*

Игра́ть *impf.* **в(о)** что? (футбо́л, те́ннис) 10 – *to play (soccer, tennis);* **на** чём?
  (скри́пке, гита́ре) 10 – *to play (violin, guitar);* **игра́ть/сыгра́ть** (гла́вную) **роль**
  17 – *to play the (main) role*
идти́ ~ ходи́ть 12 – *to go, come (by foot)*
  Pres.: я иду́, ты идёшь, они́ иду́т/я хожу́, ты хо́дишь, они́ хо́дят
  Past: он шёл, она́ шла, они́ шли/он ходи́л, она́ ходи́ла, они́ ходи́ли
  Imperative: (Не) Иди́/те! Не ходи́/те!
идти́ *impf.* что? кому́? 15 – *to look nice on someone, to suit someone*
идти́/ходи́ть в го́сти 6 – *to visit*
и́з-за + *gen.* кого́? чего́? 11 – *because of, due to (usually has a negative connotation)*
и́з-за того́, что 11 – *because of*
изве́стен, изве́стна, изве́стны кем? чем? 10 – *well-known, famous for*
измени́ться *pfv.* 4 – *to change*
  Fut.: я изменю́сь, ты изме́нишься, они́ изме́нятся
изменя́ть/измени́ть кому́? с кем? 4 – *to cheat on somebody with someone;* 4 кого́?
  что? *to change someone or something*
  Pres.: я изменя́ю, ты изменя́ешь, они́ изменя́ют
  Fut.: я изменю́, ты изме́нишь, они́ изме́нят
изуча́ть/изучи́ть что? 7 – *to study something in depth*
  Pres.: я изуча́ю, ты изуча́ешь, они́ изуча́ют
  Fut.: я изучу́, ты изу́чишь, они́ изу́чат
имя: и́мени кого́? 13 – *named after*
име́ть *impf.* кого́? что? 4 – *to have, to own (formal)*
  Pres.: я име́ю, ты име́ешь, они́ име́ют
иммуните́т 16 – *immune system*
инде́йка 5, 6 – *turkey*
иска́ть *impf.* кого́? что? 2 – *to look for, search*
  Pres.: я ищу́, ты и́щешь, они́ и́щут
истори́ческий фильм 17 – *historical film*

Каза́ться/показа́ться кому́? (Мне ка́жется, что . . .) 16 – *to seem (It seems to me . . .)*
как 3 – *like, as*
капу́ста, *sg. only* 5 – *cabbage*
ка́рие глаза́ – *brown eyes*
карти́на 11 – *painting*
карто́фель, *sg. only* 5 – *potatoes;* **карто́ш|ка**, *gen. pl.* -ек 5 – *potato*
карто́фельное пюре́ 5 – *mashed potatoes*
ка́сса 15 – *cash register*
кастрю́ля 5, 11 – *pot*

ката́ться/поката́ться на чём? 10 – *to ride (for pleasure)*
  Pres./Fut.: я (по)ката́юсь, ты (по)ката́ешься, они́ (по)ката́ются
  на велосипе́де – *to ride a bike*
  на лы́жах – *to ski*
  на ро́ликах – *to rollerblade*
  на сноубо́рде – *to snowboard*
  на конька́х – *to skate*
  на самока́те – *to ride a scooter*
ка́чественный, -ая, -ое, -ые 8 – *high-quality*
ка́шлять *impf.* 16 – *to cough*
  Pres.: я ка́шляю, ты ка́шляешь, они́ ка́шляют
кварта́л 13 – *block*
ке́тчуп 5 – *ketchup*
кио́ск 6 – *kiosk, food stall*
класть/положи́ть что? куда́? где? 5, 11 – *to put, place (horizontally)*
  Pres.: я кладу́, ты кладёшь, они́ кладу́т
  Fut.: я положу́, ты поло́жишь, они́ поло́жат
кни́жная по́лка 11 – *bookshelf*
ковёр 11 – *rug*
колбаса́ 5 – *sausage*
кома́нда 10 – *team*
командиро́вка 14 – *business trip*
коме́дия 17 – *comedy*
комменти́ровать/прокомменти́ровать что? 2 – *to comment*
  Pres./Fut.: я (про)комменти́рую, ты (про)комменти́руешь, они́ (про)комменти́руют
комо́д 11 – *chest of drawers*
кондиционе́р 11 – *air conditioning*
ко́нкурс (музыка́льный) 10 – *contest*
консервато́рия 10 – *conservatory*
консульта́ция у кого́? по чему́? 7 – *office hours*
контро́льная рабо́та 7 – *test*
конфе́та 6 – *candy*
корми́ть/накорми́ть кого́? чем? 6 – *to serve food (literally: to feed)*
  Pres./Fut.: я (на)кормлю́, ты (на)ко́рмишь, они́ (на)ко́рмят
коро́бка 6 – *box*
коро́ткий, -ая, -ое, -ие 15 – *short;* **коро́ткие во́лосы** *pl.* 2 – *short hair*
коро́че 11 – *in short (used in informal conversation)*
косме́тика 13 – *cosmetics*
ко́смос 17 – *space*
костю́м 15, 17 – *suit*
котле́ты 5 – *ground meat patties*
ко́фта 15 – *button-down sweater, cardigan*
кра́ситься/накра́ситься 9 – *to put on makeup*
  Pres./Fut.: я (на)кра́шусь, ты (на)кра́сишься, они́ (на)кра́сятся
кратковре́менный дождь 15 – *brief rain shower*
креди́тная ка́рта 6, 7 – *credit card*

крем для лица 14 – *face cream;* **от солнца** 15 – *sunscreen*
кресло 11 – *armchair*
кровать *f.* 11 – *bed*
кроме того 2, 4, 7, 12 – *besides, furthermore*
кроссовки *pl.* 14, 15 – *sneakers*
кружка 11 – *mug*
круизный лайнер 14 – *a cruise ship*
крупнейший, -ая, -ее, -ие 8 – *largest, biggest*
кулинарное шоу 17 – *cooking show*
купальник 15 – *swimsuit*
курс 7 – *course*
куртка 15 – *sport jacket*
кухня 5, 6 – *cuisine; kitchen*
кухонные шкафчики 11 – *kitchen cabinets*

Лёд 10 – *ice n.*
лежать *impf.* 6, 9, 11 – *to lie/be lying*
    Pres.: я лежу́, ты лежи́шь, они́ лежа́т
    Past: он лежа́л, она́ лежа́ла, они́ лежа́ли
лекция 7 – *lecture*
ленивый, -ая, -ое, -ые 14 – *lazy*
лес 16 – *forest*
лететь ~ летать 12 – *to fly*
    Pres.: я лечу́, ты лети́шь, они́ летя́т/я лета́ю, ты лета́ешь, они́ лета́ют
    Past: он лете́л, она́ лете́ла, они́ лете́ли/он лета́л, она́ лета́ла, они́ лета́ли
    Imperative: (Не) Лети́/те!/(Не) лета́й/те!
лечить/вылечить кого? что? (анги́ну) 16 – *to treat, to cure (strep throat)*
    Pres./Fut.: я (вы́)лечу́, ты (вы́)ле́чишь, они́ (вы́)ле́чат
лечиться/вылечиться от чего? 16 – *to be treated/cured*
    Pres./Fut.: я (вы́)лечу́сь, ты (вы́)ле́чишься, они́ (вы́)ле́чатся
лимон 5 – *lemon*
лимонад 5 – *soda*
лифт 11 – *elevator*
личная жизнь 4 – *private life*
ложиться/лечь 9 – *to lie down;* **ложиться/лечь спать** 9 – *to go to bed*
    Pres.: я ложу́сь, ты ложи́шься, они́ ложа́тся
    Fut.: я ля́гу, ты ля́жешь, они́ ля́гут
    Past: он ложи́лся/лёг, она́ ложи́лась/легла́, они́ ложи́лись/легли́
ложка 6, 11 – *spoon*
ломать/сломать что? (ру́ку, но́гу) 16 – *to break*
    Pres./Fut.: я (с)лома́ю, ты (с)лома́ешь, они́ (с)лома́ют
лосось 5 – *salmon*
лук 5 – *onion*
лучший друг/подруга 2 – *best friend*
любитель/-ница (исто́рии) 12 – *fan, lover (history buff)*
любой, -ая, -ое, -ые 6 – *any*

Майоне́з 5 – *mayonnaise*

мал, мала́, мало́, малы́ 15 – *(too) small*

маршру́т 13 – *route*

маршру́тное такси́ (**маршру́тка**) 12 – *fixed route minibus/van*

матч (футбо́льный) 10 – *match, game*

мать, *gen.:* ма́тери 3 – *mother*

ма́чеха 3 – *stepmother*

ме́бель *f.* 11 – *furniture*

медици́нская страхо́вка 7 – *medical insurance*

ме́жду + *inst.* кем? чем? 11 – *between*

мелодра́ма 17 – *melodrama*

ме́сто *pl.* места́ 12 – *place;* **ме́сто в общежи́тии** 11 – *here: place in a dorm, vacancy*

метро́ 12 – *metro, subway*

мече́ть *f.* 14 – *mosque*

мечта́ – *dream*

мечта́ть *impf.* о ком? о чём? 1 – *to dream*
    Pres.: я мечта́ю, ты мечта́ешь, они́ мечта́ют

меша́ть/помеша́ть кому́? чему́? 4 – *to disturb, bother*
    Pres./Fut.: я (по)меша́ю, ты (по)меша́ешь, они́ (по)меша́ют

микроволно́вка 11 – *microwave*

мири́ться/помири́ться с кем? 3 – *to make up*
    Pres./Fut.: я (по)мирю́сь, ты (по)ми́ришься, они́ (по)ми́рятся

мла́дше/ста́рше кого́? 4 – *younger/older*

мно́гие *pl.* 16 – *many (but not all)*

мо́дный, -ая, -ое, -ые 15 – *fashionable*

морко́в|ка, *gen. pl.* морко́вок 5 – *carrot*

морко́вь *f., sg. only* 5 – *carrots*

мост че́рез что? 12 – *bridge across*

музыка́льный инструме́нт 10 – *musical instrument;* **шоу/переда́ча** 17 – *musical show*

мука́ *only sing.* 5 – *flour*

мультфи́льм 17 – *cartoon*

мы́ло 11 – *soap*

мыть/вы́мыть пол 6, 11 – *to mop the floor;* **посу́ду** – *to do the dishes*
    Pres.: я мо́ю, ты мо́ешь, они́ мо́ют
    Fut.: я вы́мою, ты вы́моешь, они́ вы́моют

мыть/помы́ть что? 5 – *to wash;* **посу́ду** 6 – *to do the dishes*
    Pres./Fut.: я (по)мо́ю, ты (по)мо́ешь, они́ (по)мо́ют
    Past: он (по)мы́л, она́ (по)мы́ла, они́ (по)мы́ли

мю́зикл 17 – *musical*

На́бережная 13 – *embankment*

наве́рное 16 – *probably*

над + *inst.* кем? чем? 11 – *over*

надева́ть/наде́ть что? 15 – *to put on (yourself), wear*
    Pres.: я надева́ю, ты надева́ешь, они́ надева́ют
    Fut.: я наде́ну, ты наде́нешь, они́ наде́нут

надеяться *impf.* на то, что 14 – *to hope for;* на кого? на что? (на помощь) – *rely on, to count on*
   Pres.: я надеюсь, ты надеешься, они надеются

называться *impf.* 1 – *to be named, called*
   Pres.: он (она, оно) называется, они называются

найти *pfv.* кого? что? 2 – *to find*
   Fut.: я найду, ты найдёшь, они найдут
   Past: он нашёл, она нашла, они нашли

наконец 5 – *finally*

накрывать/накрыть на стол 6 – *to set the table*
   Pres.: я накрываю, ты накрываешь, они накрывают
   Fut.: я накрою, ты накроешь, они накроют

наличные деньги *pl.* 6, 14 – *cash*

напоминать/напомнить кому? о чём? 15 – *to remind*
   Pres.: я напоминаю, ты напоминаешь, они напоминают
   Fut.: я напомню, ты напомнишь, они напомнят

направление к врачу 16 – *referral*

население 12 – *population*

насморк 16 – *runny nose, common cold*

настольные игры 10 – *board games*

настоящий, -ая, -ее, -ие 2 – *genuine, here: true*

научно-популярный фильм 17 – *educational film*

находиться *impf.* где? 1 – *to be located*
   Pres.: он (она, оно) находится, они находятся

начало чего? – *beginning/***окончание** чего? 9 – *ending*

небо 15 – *sky*

невеста 4 – *fiancée, bride*

ненавидеть *impf.* кого? что? 1 – *to hate*
   Pres.: я ненавижу, ты ненавидишь, они ненавидят

необходимый, -ая, -ое, -ые 11 – *necessary*

нервничать *impf.* 16 – *to be nervous*
   Pres.: я нервничаю, ты нервничаешь, они нервничают

нести ~ носить кого? что? 12 – *to take, carry (by foot)*
   Pres.: я несу, ты несёшь, они несут/я ношу, ты носишь, они носят
   Past: он нёс, она несла, они несли/он носил, она носила, они носили/
   Imperative: (Не) Неси/те! (Не) носи/те!

нож 6, 11 – *knife*

носить *impf.* что? 15 – *to wear*
   Pres.: я ношу, ты носишь, они носят

Обещать/пообещать кому? что? 14 – *to promise*
   Pres./Fut.: я (по)обещаю, ты (по)обещаешь, они (по)обещают

обзорная экскурсия 14 – *sightseeing tour*

обижаться/обидеться на кого? за что? 14 – *to be offended*
   Pres.: я обижаюсь, ты обижаешься, они обижаются
   Fut.: я обижусь, ты обидишься, они обидятся

обнима́ть/обня́ть кого́? что? 4 – *to hug*
   Pres.: я обнима́ю, ты обнима́ешь, они́ обнима́ют
   Fut.: я обниму́, ты обни́мешь, они́ обни́мут
обожа́ть *impf.* 12 – *to adore*
   Pres.: я обожа́ю, ты обожа́ешь, они́ обожа́ют
образова́ние 8 – *education*
обрати́ться *pfv.* **к врачу́** 16 – *to see a doctor*
   Fut.: я обращу́сь, ты обрати́шься, они́ обратя́тся
обра́тно (туда́ и обра́тно) 12 – *back (to there and back)*
о́бувь *f.* 11, 15 – *shoes, footwear*
обуче́ние (беспла́тное, пла́тное) 8 – *schooling, instruction, training (tuition-free education, non-tuition free education)*
обща́ться/пообща́ться с кем? 10 – *to speak with, communicate, hang out*
   Pres./Fut.: я (по)обща́юсь, ты (по)обща́ешься, они́ (по)обща́ются
обще́ственный тра́нспорт *only sing.* 12 – *public transportation*
о́бщий, -ая, -ее, -ие 12 – *general, common*
общи́тельный, -ая, -ые 7 – *sociable*
объясня́ть/объясни́ть что? кому́? 8 – *to explain*
   Pres.: я объясня́ю, ты объясня́ешь, они́ объясня́ют
   Fut.: я объясню́, ты объясни́шь, они́ объясня́т
обы́чный 9 – *usual, typical*
обяза́тельно 7 – *definitely, for sure*
овся́нка 5 – *oatmeal*
огуре́ц 5 – *cucumber*
одева́ться/оде́ться 9, 15 – *to get dressed*
   Pres.: я одева́юсь, ты одева́ешься, они́ одева́ются
   Fut.: я оде́нусь, ты оде́нешься, они́ оде́нутся
оде́жда 15 – *clothing*
одея́ло 11 – *blanket*
одна́ко 13 – *but, however*
однокла́ссник/однокла́ссница 2 – *classmate (in the same grade as you in elementary, middle or high school)*
одноку́рсник/одноку́рсница 2 – *classmate (studies the same major and is in your year in college)*
одноме́стный но́мер 14 – *single room*
оконча́ние (университе́та, шко́лы) 7, 9 – *graduation; ending*
око́нчить *pfv.* что? (шко́лу, ко́лледж, университе́т) 1 – *to graduate from*
   Fut.: я око́нчу, ты око́нчишь, они́ око́нчат
   Past: он око́нчил, она́ око́нчила, они́ око́нчили
оли́вковое ма́сло 5 – *olive oil*
опа́здывать/опозда́ть на что? 7 – *to be late for*
   Pres.: я опа́здываю, ты опа́здываешь, они́ опа́здывают
   Fut.: я опозда́ю, ты опозда́ешь, они́ опозда́ют
опа́сно 14 – *dangerous*
о́птика 13 – *eyewear/glasses and sunglasses*
оре́хи *pl.* 14 – *nuts*
осно́ван, -а, -о, -ы 12 – *founded, established*

осо́бенно 3 – *especially*

от|е́|ц 3 – *father*

отвеча́ть/отве́тить кому́? (на вопро́с) 15 – *to answer (a question)*
  Pres.: я отвеча́ю, ты отвеча́ешь, они́ отвеча́ют
  Fut.: я отве́чу, ты отве́тишь, они́ отве́тят

отдыха́ть/отдохну́ть 9 – *to relax*
  Pres.: я отдыха́ю, ты отдыха́ешь, они́ отдыха́ют
  Fut.: я отдохну́, ты отдохнёшь, они́ отдохну́т

о́тзыв 12 – *review*

отка́зываться/отказа́ться от кого́? от чего́? 5 – *to give something up*
  Pres.: я отка́зываюсь, ты отка́зываешься, они́ отка́зываются
  Fut.: я откажу́сь, ты отка́жешься, они́ отка́жутся

открыва́ться/откры́ться 13 – *to open*
  Pres.: он (она́, оно́) открыва́ется, они́ открыва́ются
  Fut.: он (она́, оно́) откро́ется, они́ откро́ются

отмеча́ть/отме́тить что? (пра́здник, день рожде́ния, сва́дьбу) 6 – *to observe, celebrate*
  Pres.: я отмеча́ю, ты отмеча́ешь, они́ отмеча́ют
  Fut.: я отме́чу, ты отме́тишь, они́ отме́тят

отноше́ния *pl.* 4 – *relationship*

о́тпуск 14 – *vacation, time off (from work)*

о́тчим 3 – *stepfather*

оце́нка по чему́? 7 – *grade*
  дво́йка, тро́йка, четвёрка, пятёрка 7 – *F, C, B, A (letter grades)*

о́чередь 7 – *line, queue*

очки́ *pl. only, gen.:* очко́в – *glasses;* **со́лнечные очки́** 15 – *sunglasses*

Па́дать/упа́сть 16 – *to fall down*
  Pres.: я па́даю, ты па́даешь, они́ па́дают
  Fut.: я упаду́, ты упадёшь, они́ упаду́т

пальто́ *n. does not decline* 15 – *coat*

па́мятник архитекту́ры 12 – *architectural landmark*

па́мятник кому́? 12 – *monument*

па́ра 7 – *90-minute lecture*

(мой) па́рень 4 – *boyfriend*

парикма́херская 4 – *hair salon*

паркова́ть/запаркова́ть маши́ну где? 13 – *to park the car*
  Pres./Fut.: я (за)парку́ю, ты (за)парку́ешь, они́ (за)парку́ют

парко́вка, стоя́нка 12 – *parking, parking lot*

парфюме́рия 13 – *perfumes*

па́смурный, -ая, ое, -ые/**па́смурно** 13, 15 – *overcast adj./adv.*

пе́на для бритья́ 11 – *shaving cream*

первоку́рсник 7 – *first-year student, freshman*

пе́ред + *inst.* кем? чем? 11, 14 – *in front of; before*

передава́ть/переда́ть что? **че́рез поро́г** 4 – *to give something over a threshold*
  Pres.: я передаю́, ты передаёшь, они́ передаю́т
  Fut.: я переда́м, ты переда́шь, они́ передаду́т

переда́ча 6, 17 – *TV show*
 о культу́ре и иску́сстве 17 – *show about culture and art*
 о приро́де и живо́тных 17 – *nature and wildlife show*
 о путеше́ствиях 17 – *travel show*
переезжа́ть/перее́хать куда? 2 – *to move*
 Pres.: я переезжа́ю, ты переезжа́ешь, они́ переезжа́ют
 Fut.: я перее́ду, ты перее́дешь, они́ перее́дут
пережи́ть *pfv.* что? **кри́зис** 17 – *to survive a crisis*
 Fut.: я переживу́, ты переживёшь, они́ переживу́т
 Past: он пережи́л, она́ пережила́, они́ пережи́ли
перекрёсток 13 – *intersection*
переку́с 5 – *snack*
переме́на 7 – *here: break between classes*
переме́шивать/перемеша́ть что? 5 – *to mix*
 Pres.: я переме́шиваю, ты переме́шиваешь, они́ переме́шивают
 Fut.: перемеша́ю, ты перемеша́ешь, они́ перемеша́ют
перестава́ть/переста́ть + *inf.* 16 – *to stop*
 Pres.: я перестаю́, ты перестаёшь, они́ перестаю́т
 Fut.: я переста́ну, ты переста́нешь, они́ переста́нут
перехо́д 13 – *crosswalk*
переходи́ть/перейти́ 4 – **доро́гу** *to cross a road;* **на англи́йский** *to switch to English*
 Pres.: я перехожу́, ты перехо́дишь, они́ перехо́дят
 Fut.: я перейду́, ты перейдёшь, они́ перейду́т
пе́рец 5 – *pepper*
перча́тка 15 – *glove*
печь/испе́чь что? где? (в духо́вке) 5 – *to bake (in an oven)*
 Pres./Fut.: я (ис)пеку́, ты (ис)печёшь, они́ (ис)пеку́т
 Past: он (ис)пёк, она́ (ис)пекла́, они́ (ис)пекли́
пиджа́к 15 – *jacket*
пирожки́ 5 – *small pies*
пиро́жное 5 – *any kind of pastry*
пла́вание 10 – *swimming*
пла́вки *pl. only, gen.:* пла́вок 15 – *swimming trunks*
пла́тье 15 – *dress*
плащ 15 – *raincoat*
племя́нник 3 – *nephew;* **племя́нница** 3 – *niece*
плита́ 11 – *stove*
пло́щадь го́рода 12 – *city's land area*
плыть ~ пла́вать 12 – *to swim, sail, float*
 Pres.: я плыву́, ты плывёшь, они́ плыву́т/я пла́ваю, ты пла́ваешь, они́ пла́вают
 Past: он плыл, она́ плыла́, они́ плы́ли/он пла́вал, она́ пла́вала, они́ пла́вали
 Imperative: (Не) Плыви́/те! (Не) пла́вай/те!
по твоему́/ва́шему мне́нию 15 – *in your opinion*
по-мо́ему (по-тво́ему) 12 – *in my (your) opinion*
побежда́ть/победи́ть кого? что? 10 – *to win*
 Pres.: я побежда́ю, ты побежда́ешь, они́ побежда́ют
 Fut.: я -, ты победи́шь, они́ победя́т

по́вар 5 – *cook, chef*

повора́чивать/поверну́ть нале́во/напра́во 13 – *to turn left/right*
  Pres.: я повора́чиваю, ты повора́чиваешь, они́ повора́чивают
  Fut.: я поверну́, ты повернёшь, они́ поверну́т

пого́да 15 – *weather*

под + *inst.* кем? чем? 11 – *under*

подава́ть/пода́ть что? кому́? 5 – *to serve;* **докуме́нты** куда́? 7 – *to submit documents, apply*
  Pres.: я подаю́, ты подаёшь, они́ подаю́т
  Fut.: я пода́м, ты пода́шь, они́ подаду́т

подзе́мная парко́вка 13 – *underground parking*

подписа́ться *pfv.* на кого́? на что? 1 – *to subscribe; follow*
  Fut.: я подпишу́сь, ты подпи́шешься, они́ подпи́шутся

подпи́счик 1 – *follower, subscriber*

поду́мать *pfv.* о ком? о чём? 16 – *to think about for a little while*
  Fut.: я поду́маю, ты поду́маешь, они́ поду́мают

поду́шка 11 – *pillow*

пожа́р 15 – *wildfire*

поздравля́ть/поздра́вить кого́? с чем? 6 – *to congratulate*
  Pres.: я поздравля́ю, ты поздравля́ешь, они́ поздравля́ют
  Fut.: я поздра́влю, ты поздра́вишь, они́ поздра́вят

позити́вный, -ая, -ое, -ые 2 – *positive*

пока́ 14 – *so far*

пока́зывать/показа́ть кому́? что? 17 – *to show, screen*
  Pres.: я пока́зываю, ты пока́зываешь, они́ пока́зывают
  Fut.: я покажу́, ты пока́жешь, они́ пока́жут

поку́пка 15 – *purchase*

пол (мужско́й, же́нский) 9 – *gender (male, female)*

полго́да 12 – *half a year*

поле́зная информа́ция 13 – *useful information*

поле́зный, -ая, -ое, -ые/**поле́зно** 5 – *healthy adj./adv.*

по́лный, -ая, -ое, -ые (по́лненький, -ая, -ое, -ие; полнова́тый, -ая, -ое, -ые) 2 – *full-figured*

полови́на 19, 2 – *half*

положи́ть *pfv.* что? 6, 11 – *to put (horizontally)*
  Fut.: я положу́, ты поло́жишь, они́ поло́жат

полоте́нце 11 – *towel*

получа́ть/получи́ть что? 1, 7, 8 – *to receive*
  Pres.: я получа́ю, ты получа́ешь, они́ получа́ют
  Fut.: я получу́, ты полу́чишь, они́ полу́чат
  оце́нку по чему́? 7 – *to get a grade*
  вы́сшее образова́ние 8 – *to receive higher education*
  дипло́м 8 – *to receive a diploma*
  сте́пень бакала́вра, маги́стра 1, 8 – *to receive a bachelor's degree, a master's degree*

до́кторскую сте́пень 8 – *to receive a Ph.D.*

о́пыт рабо́ты 8 – *(to gain) work experience*

стипе́ндию, нау́чный грант 8 – *to receive a scholarship, grant*

помидо́р 5 – *tomato*

понима́ть/поня́ть кого́? что? 4 – *to understand*
Pres.: я понима́ю, ты понима́ешь, они́ понима́ют
Fut.: я пойму́, ты поймёшь, они́ пойму́т
Past pfv.: он по́нял, она́ поняла́, они́ по́няли

пора́ кому́? + *inf.* 9 – *it's time to*

поря́док и чистота́ 11 – *tidiness and cleanliness*

посеща́ть/посети́ть кого́? что? 10 – *to attend, visit*
Pres.: я посеща́ю, ты посеща́ешь, они́ посеща́ют
Fut.: я посещу́, ты посети́шь, они́ посетя́т

по́сле + *gen.* 4 – *after*

по́сле того́ как *conj.* 8, 9 – *after*

поста́вить *pfv.* что? 6, 11 – *to put (vertically)*
Fut.: я поста́влю, ты поста́вишь, они́ поста́вят

постоя́нное ме́сто жи́тельство 12 – *permanent place of residence*

пострада́ть *pfv.* 13 – *here: to get injured*
Past: он пострада́л, она́ пострада́ла, они́ пострада́ли

поступи́ть *pfv.* куда́? (в ко́лледж, университе́т) 1 – *to apply; be accepted*
Fut.: я поступлю́, ты посту́пишь, они́ посту́пят
Past: он поступи́л, она́ поступи́ла, они́ поступи́ли

посу́да 6, 11 – *tableware, dishes*

посудомо́ечная маши́на 11 – *dishwasher*

посыла́ть/посла́ть (поздрави́тельные откры́тки, электро́нные сообще́ния и т.п.) 6 – *to send (greeting cards, emails)*
Pres.: я посыла́ю, ты посыла́ешь, они́ посыла́ют
Fut.: я пошлю́, ты пошлёшь, они́ пошлю́т

похо́д – *hike;* **ходи́ть в похо́д** 14 – *to hike*

похо́ж, похо́жа, похо́жи на кого́? 4 – *to look like someone*

почти́ 10 – *almost*

поэ́тому 8 – *therefore*

пра́здновать/отпра́здновать что? (день рожде́ния, сва́дьбу) 6 – *to celebrate, observe*
Pres./Fut.: я (от)пра́здную, ты (от)пра́зднуешь, они́ (от)пра́зднуют

пра́ктика 7 – *practical course, practicum*

пра́чечная 11 – *laundry room*

предлага́ть/предложи́ть кому́? что? 5, 8 – *to offer, suggest*
Pres.: я предлага́ю, ты предлага́ешь, они́ предлага́ют
Fut.: я предложу́, ты предло́жишь, они́ предло́жат

предме́т 7 – *subject*

прекра́сный, -ая, -ое, -ые 4 – *great adj.*

преподава́ть *impf.* что? кому́? 7 – *to teach (to give lessons, to instruct, lecture; to be a teacher)*
Pres.: я преподаю́, ты преподаёшь, они́ преподаю́т

привыка́ть/привы́кнуть к кому́? к чему́? 16 – *to get used to something, to adjust*
   Pres.: я привыка́ю, ты привыка́ешь, они́ привыка́ют
   Fut.: я привы́кну, ты привы́кнешь, они́ привы́кнут
приглаша́ть/пригласи́ть кого́? (госте́й) 6 – *to invite*
   Pres.: я приглаша́ю, ты приглаша́ешь, они́ приглаша́ют
   Fut.: я приглашу́, ты пригласи́шь, они́ приглася́т
приду́мывать/приду́мать что? 8, 17 – *come up with, invent*
   Pres.: я приду́мываю, ты приду́мываешь, они́ приду́мывают
   Fut.: я приду́маю, ты приду́маешь, они́ приду́мают
приезжа́ть/прие́хать куда́? откуда? 9 – *to come to/from*
   Pres.: я приезжа́ю, ты приезжа́ешь, они́ приезжа́ют
   Fut.: я прие́ду, ты прие́дешь, они́ прие́дут
приём у врача́ 16 – *doctor's appointment*
приключе́нческий фильм 17 – *adventure movie*
приложе́ние 15 – *here: smartphone app*
приме́рочная 15 – *fitting room*
примеря́ть/приме́рить что? 15 – *to try on*
   Pres: я примеря́ю, ты примеря́ешь, они́ примеря́ют
   Fut.: я приме́рю, ты приме́ришь, они́ приме́рят
принима́ть/приня́ть душ 9 – *to take a shower*
   Pres.: я принима́ю, ты принима́ешь, они́ принима́ют
   Fut.: я приму́, ты при́мешь, они́ при́мут
   Past pfv.: он при́нял, она́ приняла́, они́ при́няли
принима́ть/приня́ть 4, 6, 13, 16 – *to accept;* **креди́тные ка́рты** – *to accept credit*
   cards; **лека́рство** – *to take medicine;* **уча́стие** в чём? – *to participate*
приноси́ть/принести́ что? с собо́й 6 – *to bring*
   Pres.: я приношу́, ты прино́сишь, они́ прино́сят
   Fut.: я принесу́, ты принесёшь, они́ принесу́т
   Past pfv.: он принёс, она́ принесла́, они́ принесли́
припра́вы 5 – *seasonings*
приро́да (на приро́де) 6 – *nature (outdoors)*
присыла́ть/присла́ть кому́? что? 6 – *to send*
   Pres.: я присыла́ю, ты присыла́ешь, они́ присыла́ют
   Fut.: я пришлю́, ты пришлёшь, они́ пришлю́т
прихо́жая 11 – *entrance hall*
причёсываться/причеса́ться 9 – *to comb or brush one's hair*
   Pres.: я причёсываюсь, ты причёсываешься, они́ причёсываются
   Fut.: я причешу́сь, ты приче́шешься, они́ приче́шутся
причи́на 8 – *reason*
прия́тный, -ая, -ое, -ые 11 – *nice, sweet*
про́бка 12 – *traffic jam*
про́бовать/попро́бовать что? 6 – *to taste*
   Pres./Fut.: я (по)про́бую, ты (по)про́буешь, они́ (по)про́буют
прове́рка 7 – *quiz*
провинциа́льный, -ая, -ое, -ые 12 – *provincial*

проводи́ть/провести́ что? **иссле́дование** 8 – *to conduct research;* **вре́мя** 9 – *to spend time*
   Pres.: я провожу́, ты прово́дишь, они́ прово́дят
   Fut.: я проведу́, ты проведёшь, они́ проведу́т
   Past pfv.: он провёл, она́ провела́, они́ провели́
програ́мма новосте́й 17 – *news program*
прогу́ливать/прогуля́ть что? (заня́тия) 7 – *to skip (classes)*
   Pres.: я прогу́ливаю, ты прогу́ливаешь, они́ прогу́ливают
   Fut.: я прогуля́ю, ты прогуля́ешь, они́ прогуля́ют
прогу́лка 16 – *walk, stroll*
продолжа́ть/продо́лжить что? 17 – *to continue*
   Pres.: я продолжа́ю, ты продолжа́ешь, они́ продолжа́ют
   Fut.: я продо́лжу, ты продо́лжишь, они́ продо́лжат
продукто́вый магази́н 13 – *grocery store*
прожива́ние в гости́нице 14 – *hotel accommodation*
прои́грывать/проигра́ть кому́? что? 10 – *to lose*
   Pres.: я прои́грываю, ты прои́грываешь, они́ прои́грывают
   Fut.: я проигра́ю, ты проигра́ешь, они́ проигра́ют
производи́ть/произвести́ впечатле́ние 17 – *to make an impression*
   Pres.: я произвожу́, ты произво́дишь, они́ произво́дят
   Fut.: я произведу́, ты произведёшь, они́ произведу́т
   Past pfv.: он произвёл, она́ произвела́, они́ произвели́

происходи́ть/произойти́ где? 13, 17 – *to happen, take place*
   Pres.: он, она́, оно́ происхо́дит; они́ происхо́дят
   Fut.: он, она́, оно́ произойдёт; они́ произойду́т
   Past pfv.: произошёл, произошла́, произошло́, произошли́
происше́ствие 13 – *incident*
пропада́ть/пропа́сть 13 – *to disappear; to be missing*
   Pres.: я пропада́ю, ты пропада́ешь, они́ пропада́ют
   Fut.: я пропаду́, ты пропадёшь, они́ пропаду́т
проси́ть/попроси́ть кого́? + *inf.* 4 – *to ask*
   Pres./Fut.: я (по)прошу́, ты (по)про́сишь, они́ (по)про́сят
просто́й, -ая, -ое, -ые 5 – *simple*
просту́да 16 – *cold*
простужа́ться/простуди́ться 16 – *to get a cold*
   Pres.: я простужа́юсь, ты простужа́ешься, они́ простужа́ются
   Fut.: я простужу́сь, он просту́дится, они́ просту́дятся
просыпа́ться/просну́ться 9 – *to wake up*
   Pres.: я просыпа́юсь, ты просыпа́ешься, они́ просыпа́ются
   Fut.: я просну́сь, ты проснёшься, они́ просну́тся
   Past pfv.: он просну́лся, она́ просну́лась, они́ просну́лись
прохла́дный/прохла́дно 15 – *cool adj./adv.*

проходи́ть/пройти́ что? курс, пра́ктику, стажиро́вку 8 – *to take a course; to take a practical course, practicum; to get an internship;* 10 *to take place*
  Pres.: я прохожу́, ты прохо́дишь, они́ прохо́дят
  Fut.: я пройду́, ты пройдёшь, они́ пройду́т
  Past: проходи́л/прошёл, проходи́ла/прошла́, проходи́ли/прошли́
путеше́ствие 10 – *travel, journey (usually long)*
путеше́ствовать *impf.* по + *dat.* 14 – *to travel around somewhere*
  Pres.: я путеше́ствую, ты путеше́ствуешь, они́ путеше́ствуют
пухови́к 15 – *down jacket*
пылесо́сить/пропылесо́сить что? 11 – *to vacuum*
  Pres./Fut.: я (про)пылесо́шу, ты (про)пылесо́сишь, они́ (про)пылесо́сят

Ра́довать *impf.* кого́? 10 – *to make someone happy*
  Pres.: я ра́дую, ты ра́дуешь, они́ ра́дуют
ра́доваться *impf.* кому́? чему́? 10 – *to be happy, celebrate*
  Pres.: я ра́дуюсь, ты ра́дуешься, они́ ра́дуются
развива́ться *impf.* 8 – *to develop, progress*
  Pres.: я развива́юсь, ты развива́ешься, они́ развива́ются
разводи́ться/развести́сь с кем? 4 – *to get divorced*
  Pres.: я развожу́сь, ты разво́дишься, они́ разво́дятся
  Fut.: я разведу́сь, ты разведёшься, они́ разведу́тся
  Past pfv.: он развёлся, она́ развела́сь, они́ развели́сь
разме́р 15 – *size*
ра́зный, -ая, -ое, -ые 6 – *different; various*
рак 16 – *cancer*
распоря́док дня 9 – *daily routine*
распрода́жа 13 – *sale*
расстра́иваться/расстро́иться 10 – *to be upset*
  Pres.: я расстра́иваюсь, ты расстра́иваешься, они́ расстра́иваются
  Fut.: я расстро́юсь, ты расстро́ишься, они́ расстро́ятся
рассыпа́ть *pfv.* соль 4 – *to spill salt*
  Past: он рассы́пал, она́ рассы́пала, они́ рассы́пали
расходи́ться/разойти́сь с кем? 4 – *to break up*
  Pres.: я расхожу́сь, ты расхо́дишься, они́ расхо́дятся
  Fut.: я разойду́сь, он разойдётся, они́ разойду́тся
  Past pfv.: он разошёлся, она́ разошла́сь, они́ разошли́сь
расчёска 14 – *comb, hairbrush*
реализова́ть *impf./pfv.* что? (прое́кт, иде́ю) 8 – *to implement (a project, an idea)*
  Pres./Fut.: я реализу́ю, ты реализу́ешь, они́ реализу́ют
реа́лити-шо́у 17 – *reality show*
ребён|о|к *pl.:* де́ти 3 – *baby, child*
ревнова́ть *impf.* кого́? к кому́? 4 – *to be jealous*
  Pres.: я ревну́ю, ты ревну́ешь, они́ ревну́ют
  Past: он ревнова́л, она́ ревнова́ла, они́ ревнова́ли
режиссёр 17 – *director*
ре́зать/наре́зать что? 5 – *to slice, cut, chop*
  Pres./Fut.: я (на)ре́жу, ты (на)ре́жешь, они́ (на)ре́жут

ра́зный, -ая, -ое, -ые 6 – *different; various*

рекла́ма 13 – *advertisement*

реклами́ровать *impf.* что? 15 – *to advertise*
  Pres.: я реклами́рую, ты реклами́руешь, они́ реклами́руют

ре́ктор 8 – *rector, chancellor*

ремо́нт 11 – *remodeling, repairs*

ремонти́ровать/отремонти́ровать что? 12 – *to remodel, fix*
  Pres.: я (от)ремонти́рую, ты (от)ремонти́руешь, они́ (от)ремонти́руют

рентге́н 16 – *x-ray*

реце́пт 5 – *recipe*

речно́й порт 13 – *river port*

реша́ть/реши́ть пробле́му 16 – *to solve a problem*

реша́ть/реши́ть что? 4, 16 – *to decide;* **пробле́му** – *to solve a problem*
  Pres.: я реша́ю, ты реша́ешь, они́ реша́ют
  Fut.: я решу́, ты реши́шь, они́ реша́т

рисова́ние 10 – *painting, drawing n.*

роди́тели 3 – *parents;* **приёмные роди́тели** – *adopted parents*

роди́ться *pfv.* где? 1 – *to be born*
  Past: он роди́лся, она́ родила́сь, они́ роди́ли́сь

роя́ль, пиани́но 10 – *grand piano, piano*

руба́шка 15 – *dress shirt*

ручна́я кладь 14 – *carry-on luggage*

рыба́лка – *fishing;* **ходи́ть/е́здить на рыба́лку** 14 – *to go fishing*

рюкза́к 14 – *backpack*

ря́дом с + *inst.* кем? чем? 11 – *next to*

Сади́ться/сесть куда́? 9 – *to sit down, take a seat*
  Pres.: я сажу́сь, ты сади́шься, они́ садя́тся
  Fut.: я ся́ду, ты ся́дешь, они́ ся́дут
  Past pfv.: он сел, она́ се́ла, они́ се́ли

салфе́тки *pl.* 6, 14 – *napkins; tissues*

сам, -а́, -о́, -и 11 – *(by) oneself*

са́мый (са́мая, са́мое, са́мые) + adj. 14 – *(the) most + adj*

санда́лии *pl.*, санда́ли *colloq.* 15 – *sandals*

сапоги́ *pl.* 15 – *high boots*

са́хар, *sg. only* 5 – *sugar*

сбить *pfv.* кого́? что? 13 – *to hit, run into*
  Fut.: я собью́, ты собьёшь, они́ собью́т

сва́дьба 4 – *wedding, wedding reception*

све́жий, -ая, -ее, -ие 12 – *fresh*

светофо́р 13 – *traffic light*

свида́ние с кем? (идти́/ходи́ть на свида́ние) 4 – *date (to go on a date)*

свини́на 5 – *pork*

свисте́ть *impf.* 4 – *to whistle*
  Pres.: я свищу́, ты свисти́шь, они́ свистя́т

сви́тер 15 – *sweater*

свобо́да 8 – *freedom*

сдава́ть/сдать что? экза́мен, кварти́ру 7, 11 – *to take/pass an exam; to rent out (apartment)*
   Pres.: я сдаю́, ты сдаёшь, они́ сдаю́т
   Fut.: я сдам, ты сдашь, они́ сдаду́т

сде́лать *pfv.* **причёску** (маникю́р, педикю́р) 4 – *to get one's hair (nails, toes) done*

(о) себе́, *prep.* 1 – *(about) oneself (myself, yourself, himself, herself, ourselves, themselves)*

седо́й, -а́я, -ы́е – *gray haired*

селёдка 6 – *herring*

семе́стр 7 – *semester*

семина́р 7 – *seminar*

семья́ 3 – *family*

серёжки *pl.* 15 – *earrings*

серьёзный, -ая, -ое, -ые 2 – *serious*

се́ссия 7 – *finals week*

сиде́ть *impf.* где? 9 – *to sit, be sitting*
   Pres.: я сижу́, ты сиди́шь, они́ сидя́т

си́ла – *strength, energy*

си́льный, -ая, -ое, -ые 2 – *strong*

симпати́чный, -ая, -ые 2 – *good-looking, handsome/pretty*

систе́ма ски́док для клие́нтов 13 – *customer discount system*

скача́ть *pfv.* что? отку́да? 15 – *to download*
   Pres: я скача́ю, ты скача́ешь, они́ скача́ют

ски́дка до 13 – *discount up to*

сковоро́дка 5, 11 – *frying pan*

ско́рая по́мощь 13 – *ambulance*

ско́ро 16 – *soon*

скоростно́й по́езд 12 – *high-speed train*

ско́рость *f.* 10, 13 – *speed*

скри́пка 10 – *violin*

скро́мный, -ая, -ое, -ые 4 – *modest, humble*

ску́чно: Мне ску́чно. 4 – *I am bored.*

ску́чный, -ая, -ое, -ые 9 – *boring adj.*

сла́бый, -ая, -ое, -ые 16 – *weak*

сла́дкий, -ая, -ое, -ие (на сла́дкое) 5, 6 – *sweet (for dessert)*

сле́ва 13 – *on the left*

сло́жно 8 – *complicated*

случа́ться/случи́ться с кем? с чем? (Что случи́лось?) 16 – *to happen*

сме́лый, -ая, -ое, -ые 2 – *bold, daring*

смея́ться/посмея́ться 4 – *to laugh*
   Pres./Fut.: я (по)смею́сь, ты (по)смеёшься, они́ (по)смею́тся

снача́ла 9 – *at first*

снима́ть/снять фильм о ком? о чём? 17 – *to make a movie, direct a movie, to film*
   Pres.: я снима́ю, ты снима́ешь, они́ снима́ют
   Fut.: я сниму́, ты сни́мешь, они́ сни́мут

снима́ть/снять что? (кварти́ру) 11 – *to rent (an apartment)*
   Pres.: я снима́ю, ты снима́ешь, они́ снима́ют
   Fut.: я сниму́, ты сни́мешь, они́ сни́мут

собира́ть/собра́ть что? (ве́щи, су́мку, чемода́н) 14 – *to pack*
    Pres.: я собира́ю, ты собира́ешь, они́ собира́ют
    Fut.: я соберу́, ты соберёшь, они́ соберу́т
собира́ться/собра́ться (вме́сте всей семьёй, компа́нией) 6 – *to gather, get together*;
    куда́? (в университе́т, на рабо́ту) 9 – *to get ready for (school, work)*
    Pres.: я собира́юсь, ты собира́ешься, они́ собира́ются
    Fut.: я соберу́сь, ты соберёшься, они́ соберу́тся
собо́р 12 – *cathedral*
собы́тие 1, 13 – *event*
сове́т (дава́ть/дать сове́т) 4 – *advice (to give advice)*
сове́товать/посове́товать кому́? + *inf.* – *to advise*
    Pres./Fut.: я (по)сове́тую, ты (по)сове́туешь, они́ (по)сове́туют
совме́стный, -ая, -ое, -ые 11 – *joint adj., shared*
совреме́нный, -ая, -ое, -ые 13 – *contemporary, modern*
создава́ть/созда́ть что? 10 – *to create*
    Pres.: я создаю́, ты создаёшь, они́ создаю́т
    Fut.: я созда́м, ты созда́шь, они́ создаду́т
солёный, -ая, -ое, -ые 5 – *salty*
со́лнечный/со́лнечно 15 – *sunny adj./adv.*
соло́менная су́мка 15 – *straw bag*
соль *f.* 5 – *salt*
сообща́ть/сообщи́ть что? кому́? 10 – *to tell, report*
    Pres.: я сообща́ю, ты сообща́ешь, они́ сообща́ют
    Fut.: я сообщу́, ты сообщи́шь, они́ сообща́т
соревнова́ние по чему́? 10 – *competition (usually used when speaking about sports)*
сосе́д/сосе́дка (по кварти́ре, ко́мнате) 11 – *neighbor (roommate)*
соси́ски *pl.* 5 – *hot dogs*
социа́льная сеть 1 – *social network*
спе́ции 5 – *spices*
СПИД 16 – *AIDS*
споко́йный, -ая, -ое, -ые 2 – *calm*
спо́рить/поспо́рить с кем? о чём? 16 – *to argue*
    Pres./Fut.: я (по)спо́рю, ты (по)спо́ришь, они́ (по)спо́рят
спорти́вные това́ры 13 – *sporting goods*; **спорти́вная переда́ча** 17 – *sports show*
спра́ва 13 – *on the right*
спра́шивать/спроси́ть кого́? у кого́? о ком? чём? 15 – *to ask*
    Pres.: я спра́шиваю, ты спра́шиваешь, они́ спра́шивают
    Fut.: я спрошу́, ты спро́сишь, они́ спро́сят
сра́зу 3 – *immediately*
среди́ 4 – *among*
ссо́риться/поссо́риться с кем? 3 – *to quarrel, disagree*
    Pres./Fut.: я (по)ссо́рюсь, ты (по)ссо́ришься, они́ (по)ссо́рятся
ссы́лка 1 – *link*
ста́вить/поста́вить что? куда́? 1, 5, 11 – *to put, place (vertically)*; **лайк** – *to "like" a post (on social media)*
    Pres./Fut.: я (по)ста́влю, ты (по)ста́вишь, они́ (по)ста́вят

стака́н 6, 11 – *glass*

ста́нция метро́ 13 – *metro station*

стара́ться/постара́ться + *inf.* 9 – *to try, to make an effort*
Pres./Fut.: (по)стара́юсь, ты (по)стара́ешься, они́ (по)стара́ются

старе́йший, -ая, -ее, -ие 8 – *oldest*

стартова́ть *impf. & pfv.* 13 – *to start (a race or sporting event)*
Pres./Fut.: я старту́ю, ты старту́ешь, они́ старту́ют

ста́рше/мла́дше кого́? 4 – *older/younger*

старшеку́рсник 7 – *senior*

стать *pfv.* кем? 1 – *to become*
Fut.: я ста́ну, ты ста́нешь, они́ ста́нут

стиль чего́? 13 – *style*

стира́льная маши́на 11 – *washing machine*

стира́ть/постира́ть что? 11 – *to do laundry*
Pres./Fut.: я (по)стира́ю, ты (по)стира́ешь, они́ (по)стира́ют

сто́имость *f.* 10 – *cost*

столкну́ться *pfv.* с чем? 13 – *to collide*
Fut.: я столкну́сь, ты столкнёшься, они́ столкну́тся

стоя́нка, парко́вка 12 – *parking, parking lot*

стоя́ть *impf.* 6, 9, 11 – *to stand, be standing*
Pres.: я стою́, ты стои́шь они́ стоя́т

страхо́вка 14 – *insurance*

стра́шно 10 – *scary adv.*

стри́чься/постри́чься 9 – *to get a haircut*
Pres./Fut.: я (по)стригу́сь, ты (по)стрижёшься, они́ (по)стригу́тся
Past: он (по)стри́гся, она́ (по)стри́глась, они́ (по)стри́глись

строи́тельство 13 – *construction*

стро́ить/постро́ить что? 11 – *to build*
Pres./Fut.: я (по)стро́ю, ты (по) стро́ишь, они́ (по)стро́ят

стро́йный, -ая, -ое, -ые 2 – *slim, slender*

студе́нческий биле́т 7 – *student ID card*

суеве́рие 4 – *superstition*

сча́стлив, сча́стлива, сча́стливы 4 – *happy*

су́мка 13 – *handbag*

су́тки, *gen.*: су́т|о|к; **круглосу́точно** 13 – *day, 24-hour period; 24 hours a day*

сце́на 10 – *stage*

счёт 6 – *bill*

счита́ть *impf.* кого́? что? кем? чем? 10, 12 – *to consider*; что? – *to count*
Pres.: я счита́ю, ты счита́ешь, они́ счита́ют

сыро́й/сы́ро 15 – *damp adj./adv.*

сюже́т 17 – *plot*

сюсю́кающий язы́к 4 – *baby talk*

Так во́т 8 – *and so and so, (a conjunction used to sum up information or express a logical conclusion)*

та́к как 1 – *because*

та́кже 4, 7, 12 – *also*

тако́й, -ая, -ое, -ие 4 – *such*

такси́ 12 – *taxi*

таре́лка 6, 11 – *plate*

творо́г 5 – *cottage cheese*

телевизио́нная сеть 17 – *TV network*

телезри́тель 17 – *TV viewer*

телеигра́ 17 – *game show*

телепереда́ча 17 – *TV show*

телесериа́л 17 – *TV series*

те́ннис 10 – *tennis*

тепе́рь 14 – *now*

тёплый/тепло́ 12, 15 – *warm adj./adv.*

термо́метр 15 – *thermometer*

тётя 3 – *aunt*

това́рищ 7 – *here: friend, buddy, pal (This word is now rarely used.)*

тогда́ 14 – *then*

ток-шо́у 17 – *talk show*

торго́вый центр (ТЦ) 6, 13 – *shopping mall*

тормози́ть/затормози́ть 13 – *to brake*
    Pres./Fut.: я (за)торможу́, ты (за)тормози́шь, они́ (за)тормозя́т

травмато́лог 16 – *trauma surgeon*

трамва́й 12 – *tram*

тра́тить/потра́тить что? (вре́мя) 10 – *to spend (time)*
    Pres./Fut.: я (по)тра́чу, ты (по)тра́тишь, они́ (по)тра́тят

тренирова́ться *impf.* 10 – *to practice, train*
    Pres.: я трениру́юсь, ты трениру́ешься, они́ трениру́ются

трениро́вка 10 – *practice n.*

тролле́йбус 12 – *trolleybus*

тури́зм 10 – *hiking*

турни́р 10 – *tournament*

ту́фли *pl.*15 – *shoes*

тушь *f.* 14 – *mascara*

Убира́ть/убра́ть со стола́ 6 – *to clear the table*; ко́мнату, кварти́ру 11 – *to clean, tidy up*
    Pres.: я убира́ю, ты убира́ешь, они́ убира́ют
    Fut.: я уберу́, ты уберёшь, он уберу́т

уважа́ть *impf.* кого́? что? 8 – *to respect*
    Pres.: я уважа́ю, ты уважа́ешь, они́ уважа́ют

уве́рен, -а, -ы в ком? в чём? 8 – *(to be) sure (of), confident in*

увлека́ться *impf.* кем? чем? 10 – *to be really into something, to be passionate about something*
    Pres.: я увлека́юсь, ты увлека́ешься, они́ увлека́ются

увлече́ние 10 – *interest, hobby*

углево́ды 5 – *carbohydrates*

у́гол, *prep.:* в/на углу́ 4 – *corner*

удава́ться/уда́ться кому́? 9 – *to succeed, manage to do something*
   Pres./Fut.: кому́? удаётся + *inf.*/уда́стся + *pfv. inf.*
   Past: кому́? удава́лось + *inf.*/удало́сь + *pfv. inf.*

удиви́тельный, -ая, -ое, -ые 2 – *astonishing*

удивля́ть/удиви́ть кого́? чем? 14 – *to surprise*
   Pres.: я удивля́ю, ты удивля́ешь, они́ удивля́ют
   Fut.: я удивлю́, ты удиви́шь, они́ удивя́т

узнава́ть/узна́ть что? о ком? о чём? – *to find out*
   Pres.: я узнаю́, ты узнаёшь, они́ узнаю́т
   Fut.: я узна́ю, ты узна́ешь, они́ узна́ют

уко́л 16 – *injection;* де́лать/сде́лать уко́л 16 – *to give a shot*

улучша́ть/улу́чшить что? (здоро́вье) 16 – *to improve*
   Pres.: я улучша́ю, ты улучша́ешь, они́ улучша́ют
   Fut.: я улу́чшу, ты улу́чшишь, они́ улу́чшат

улыба́ться/улыбну́ться кому́? 7 – *to smile*
   Pres: я улыба́юсь, ты улыба́ешься, они́ улыба́ются
   Fut.: я улыбну́сь, ты улыбнёшься, они́ улыбну́тся

у́мный, -ая, -ое, -ые 2 – *smart, clever*

умыва́ться/умы́ться 9 – *to wash up, wash one's hands and face*
   Pres.: умыва́юсь, ты умыва́ешься, они́ умыва́ются
   Fut.: я умо́юсь, ты умо́ешься, они́ умо́ются

услу́га 14 – *service*

успева́ть/успе́ть + *inf.* 9 – *to have time to do something*
   Pres.: я успева́ю, ты успева́ешь, они́ успева́ют
   Fut.: я успе́ю, ты успе́ешь, они́ успе́ют

успоко́иться *pfv.* 14 – *to calm down*
   Fut.: я успоко́юсь, ты успоко́ишься, они́ успоко́ятся

устава́ть/уста́ть 9 – *to get tired*
   Pres.: я устаю́, ты устаёшь, они́ устаю́т
   Fut.: я уста́ну, ты уста́нешь, они́ уста́нут
   Past pfv.: он уста́л, она́ уста́ла, они́ уста́ли

усы́ *pl.* 2 – *mustache*

уча́ствовать *impf.* в чём? 8, 10 – *to participate in;* **в нау́чной конфере́нции** 8 – *to participate in an academic conference*
   Pres.: я уча́ствую, ты уча́ствуешь, они́ уча́ствуют

уча́стник чего́? 13 – *participant*

учёба 7 – *studies, schooling*

уче́бный ко́рпус 8, 11 – *campus building*

учёный 8 – *scientist, scholar*

учи́ть/вы́учить что? 7 – *to learn, study something (to memorize)*
   Pres./Fut.: я (вы́)учу, ты (вы́)учишь, они́ (вы́)учат

учи́ть/научи́ть кого́? + *inf.* 7 – *to teach someone to do something*
   Pres./Fut.: я (на)учу́, ты (на)у́чишь, они́ (на)у́чат

учи́ться *impf.* где? (в шко́ле, ко́лледже, университе́те) 1 – *to study*
   Pres.: я учу́сь, ты у́чишься, они́ у́чатся
   Past: он учи́лся, она́ учи́лась, они́ учи́лись

учи́ться/научи́ться + *inf.* 7 – *to learn, study (to gain new knowledge, skills and experience)*
  Pres./Fut.: я (на)учу́сь, ты (на)у́чишься, они́ (на)у́чатся
  Past: он (на)учи́лся, она́ (на)учи́лась, они́ (на)учи́лись
ую́тный, -ая, -ое -ые 11 – *cozy*

Фарш 5 – *ground meat*
фехтова́ние 10 – *fencing*
фигу́рное ката́ние 10 – *figure skating*
фильм у́жасов 17 – *horror movie*
финиши́ровать *impf./pfv.* 13 – *to finish (a race or sporting event)*
  Pres./Fut.: я финиши́рую, ты финиши́руешь, они́ финиши́руют
фле́йта 10 – *flute*
футбо́л 10 – *soccer*
футбо́лка 15 – *T-shirt*

Хвата́ть/хвати́ть 8 – *to be sufficient, enough*
  Кому́? (не) хвата́ет/хва́тит чего́? де́нег и вре́мени.
  There's not/There won't be enough money and time.
химчи́стка 11 – *dry cleaners*
хозя́ин/хозя́йка (кварти́ры) *pl.:* хозя́ева 11 – *homeowner, landlord/landlady*
хокке́й 10 – *hockey*
холоди́льник 11 – *refrigerator*
холо́дный/хо́лодно 15 – *cold adj./adv.*
холо́дная/горя́чая вода́ 11 – *hot/cold water*
хор 8 – *choir*
хотя́ 13 – *although*
худе́ть/похуде́ть 5 – *to lose weight*
  Pres./Fut.: я (по)худе́ю, ты (по)худе́ешь, они́ (по)худе́ют
худо́жественный фильм 17 – *narrative feature film*
худо́й, -ая, -ое, -ые (ху́денький, -ая, -ое, -ие) 2 – *thin, slim*

Цена́ 15 – *price*
цени́ться *impf. only* 8 – *to be valued*
  Pres.: он/она́ це́нится, они́ це́нятся
  Past.: он цени́лся, она́ цени́лась, они́ цени́лись
це́рковь *f.* 12 – *church*
це́лый (день) – *entire (day)*

Ча́йник 11 – *teapot, kettle*
часы́ 15 – *here: watch*
ча́шка 6, 11 – *cup*
чек 15 – *receipt*
чемода́н 14 – *suitcase*
чемпиона́т по чему́? (те́ннису) 10 – *(tennis) championship*
чесно́к 5 – *garlic*
че́стный, -ая, -ое, -ые 2 – *honest*

че́тверть *f.* 7, 9 – *quarter*
чи́стить/почи́стить что? 5 – *to clean, peel, scrub;* **зу́бы** 9 – *to brush one's teeth*
    Pres./Fut.: я (по)чи́щу, ты (по)чи́стишь, они́ (по)чи́стят
чистота́ и поря́док 11 – *cleanliness and tidiness*
чита́тельский биле́т 7 – *library card*
чиха́ть/чихну́ть 16 – *to sneeze*
    Pres.: я чиха́ю, ты чиха́ешь, они́ чиха́ют
    Fut.: я чихну́, ты чихнёшь, они́ чихну́т
член семьи́ 3 – *family member*
ЧП (чрезвыча́йное происше́ствие) 13 – *emergency*
что́-то 7 – *something*
что́бы 13 – *in order to*
чу́вствовать себя́ *impf.* 16 – *to feel*
    Pres: я чу́вствую, ты чу́вствуешь, они́ чу́вствуют

Шампу́нь 11 – *shampoo*
ша́пка 15 – *cap, hat*
шарм *only sing.* 15 – *charm*
шарф 15 – *scarf*
ша́хматы 10 – *chess*
шкаф 11 – *cabinet; cupboard*
шо́рты *pl. only, gen.:* шорт 15 – *shorts*
штаны́ *pl. only, gen.:* штано́в 15 – *pants*
шу́тка 2 – *joke*

Экза́мен 7 – *exam*
экраниза́ция чего? (рома́на, расска́за) 17 – *film adaptation (of a novel, story)*
энерги́чный, -ая, -ое, -ые 2 – *energetic*

Ю́бка 15 – *skirt*
юмористи́ческий, -ая, -ое, -ие 17 – *humorous;* **юмористи́ческое шоу/програ́мма**
    17 – *comedy show*

Я́блоко 5 – *apple*
явля́ться *impf.* кем? чем? 12 – *to be (in official or formal contexts)*
    Pres.: я явля́юсь, ты явля́ешься, они́ явля́ются
я́года 6 – *berry*
яи́чница 6 – *fried eggs*
я́ркий, -ая, -ое, -ие 14 – *bright*

EXPRESSIONS:

Будь здоро́в/а! Бу́дьте здоро́вы! 16 – *Be healthy! (said when someone sneezes)*
Бу́дь/те как до́ма. 6 – *Make yourself at home.*
Бу́дьте сча́стливы! 4 – *Be happy!*

в общем 12 – *in general*

в честь кого? чего? 12 – *in honor of*

Век живи – век учись! 7 – *You're never too old to learn (a proverb, literally: "Live for a century, learn for a century")*

Всё будет хорошо! 4 – *Everything will be fine!*

Всё готово! 6 – *Everything is ready!*

Всё по-старому. 9 – *Same old./Everything's the same.*

Всё/Это зависит от кого? чего? 16 – *Everything/It depends on . . .*

Всего доброго! 4 – *All the best!*

Всего хорошего! 3 – *All the best!*

ВУЗ (высшее учебное заведение) 7 – *institution of higher education, such as* академия, университет, институт, колледж

Вход свободный 10 – *free admission*

Выздоравливай/те! 16 – *Get well!*

Да, конечно. 9 – *Yes, of course.*

До встречи! 14 – *See you!*

До скорой встречи! 2 – *See you soon!*

Добро пожаловать! 3, 5 – *Welcome!*

ЕГЭ (единый государственный экзамен) 7 – *a series of exams every student must pass after graduation from high school to enter a university*

Ещё увидимся! 2, 4 – *We'll see each other again!*

Жаль, но не могу! 9 – *I'm sorry, but I can't.*

и т. п. (и тому подобное) 13 – *etc. (and so forth)*

Идёт дождь. 15 – *It's raining.*

Идёт снег. 15 – *It's snowing.*

Извини/те, что я тебя/вас задержал/а! 5 – *I'm sorry I've kept you.*

к сожалению 2, 17 – *Unfortunately*

Как настроение? 14 – *How's your mood?*

Как твоя/ваша жизнь? 2 – *How's life?*

Конечно, да! 4 – *Certainly!* **Конечно, нет!** 4 – *Of course not!*

кроме того 2 – *besides, furthermore*

лучше всего 13 – *best of all, here: It is best . . .*

лучший, -ая, -ое, -ие **в мире** 10 – *best in the world*

Мне кажется, что . . . 16 – *It seems to me that . . .*

Мне тоже! 3 – *Me, too!*

Настроение отличное! 14 – *I'm in a great mood!*

Не жалуюсь. 6 – *I can't complain.*

Не за что! 3 – *No problem!/You're welcome!*

Не переживай! 4 – *Don't worry about it! Take it easy!*

Не расстраивайся! 4 – *Don't be upset!*

Неважно. 16 – *Not so good.*

Отлично! 14 – *Great!*

Передай/те хлеб! 6 – *Pass the bread.*

по линии моей матери/моего отца 3 – *on my mother's/father's side*

по моему мнению, . . . 16 – *In my opinion . . .*

по твоему/вашему мнению 15 – *in your opinion*

по-моему (по-твоему, по-вашему) 12 – *in my (your) opinion*

РУССКО-АНГЛИЙСКИЙ СЛОВАРЬ | RUSSIAN-ENGLISH VOCABULARY

Положи́/те на стол. 6 – *Put it on the table (horizontally).*
Поста́вь/те на стол. 6 – *Put it on the table (vertically).*
Пра́вда? 15 – *here: Right? Isn't it?*
Прекра́сно! 14 – *Wonderful!*
при э́том 2 – *at the same time, at that*
При́нято, что . . . 6 – *It is customary . . .*
Прия́тного аппети́та! 5 – *Enjoy your meal!*
Раздева́йся/рездева́йтесь. 6 – *Take off your coat/jacket and shoes/boots.*
С ра́достью! 9 – *Gladly!*
С уваже́нием 6 – *Respectfully*
С удово́льствием приду́! 6 – *I would love to come!*
С удово́льствием! 6, 9 – *With pleasure!*
Све́тит со́лнце. 15 – *The sun shines/is shining.*
смотря́ (куда́? когда́? с кем? и т.д.) 10 – *it depends (on where, when, with whom, etc.)*
Совсе́м нет. 4, 5 – *Not at all.*
Спаси́бо за гостеприи́мство! 6 – *Thank you for your hospitality!*
Ста́рый друг – лу́чше но́вых двух. 2 – *Make new friends, but keep the old. One is silver, the other gold. (Literally: "An old friend is better than two new ones.")*
Счастли́во! 3 – *Good luck!*
Ты прав/права́. 16 – *You are right.*
У него́ спорти́вная фигу́ра. 2 – *He has an athletic figure.*
У него́/неё есть чу́вство ю́мора. 2 – *He/she has a good sense of humor*
У него́/неё хоро́ший/плохо́й хара́ктер. 2 – *He/she has a good/bad temper.*
У неё хоро́шая фигу́ра. 2 – *She has a good figure.*
Ура́! 7 – *Hooray!*
Ху́же не́куда! 16 – *Couldn't be worse!*
Что но́вого? 9 – *What's new?*
Что случи́лось? 16 – *What happened?*
Что-что? 3 – *What was that?*
Это зна́чит, что . . . 16 – *This means that . . .*
Это кла́ссно/кру́то! 2 – *That's cool!*
Это ужа́сно! 4 – *That's terrible!*
Это что-то но́вое! 4 – *That's something new!*
Я голо́дный/ая! 6 – *I am hungry!*
Я рад/ра́да тебя́/вас ви́деть! 3 – *I'm glad to see you!*
Я так нае́лся/лась! 6 – *I am so full!*

www.ingramcontent.com/pod-product-compliance
Ingram Content Group UK Ltd.
Pitfield, Milton Keynes, MK11 3LW, UK
UKHW011559210225
455290UK00036B/248